中国人必备枕边书

年轻人要熟知的 2000个 国学常识

梦远 主编

中国华侨出版社
北京

图书在版编目（CIP）数据

年轻人要熟知的 2000 个国学常识 / 梦远主编. —北京：中国华侨
出版社，2014.4（2020.6 重印）

ISBN 978-7-5113-4577-6

Ⅰ.①年… Ⅱ.①梦… Ⅲ.①国学—青年读物 Ⅳ.①Z126-49

中国版本图书馆 CIP 数据核字（2014）第 081309 号

年轻人要熟知的 2000 个国学常识

主　　编：梦　远
责任编辑：子　墨
封面设计：韩立强
文字编辑：朱立春
图文制作：北京东方视点数据技术有限公司
经　　销：新华书店
开　　本：720mm×1020mm　1/16　印张：28　字数：680 千字
印　　刷：鑫海达（天津）印务有限公司
版　　次：2014 年 7 月第 1 版　2020 年 6 月第 4 次印刷
书　　号：ISBN 978-7-5113-4577-6
定　　价：68.00 元

中国华侨出版社　北京市朝阳区西坝河东里 77 号楼底商 5 号　邮编：100028
法律顾问：陈鹰律师事务所
发 行 部：(010)58815874　　　　传　真：(010)58815857
网　　址：www.oveaschin.com　　E-mail：oveaschin@sina.com

如果发现印装质量问题，影响阅读，请与印刷厂联系调换。

前言

　　每当我们拿到一本书，总会去猜想，这里面会有多少秘密在等着我们去揭晓，会有多少未知在等着我们去发现，会有多少惊喜在等着我们去惊呼。翻开扉页，首先映入眼帘的是前言，和整本书的内容相比，前言是短小精悍的。它就像你探索秘密森林时，最先接待你的小精灵。通过它让我们预先揭开这本书的面纱吧！

　　中国是一个泱泱文明大国，上下几千年的历史积淀，它渊博厚重、雄伟浩瀚，优秀的炎黄子孙们以他们非同寻常的智慧，创造了一个个让我们为之骄傲、为之敬仰的奇迹。探索中国文化历史长河，这些仿佛就是那些闪亮的珍珠。古往今来，无论是中国传统文化还是中国新文化，它们都是一脉相承、不容分割的。我们去了解这些，也是对中国文化的一种传承。

　　《年轻人要熟知的2000个国学常识》内容涉及历史文化、政治军事、民俗礼仪等。可谓是内容丰富、包罗万象，却又井然有序。它远到混沌初开时和原始社会时期，贯穿至近，几千年史事浑然一体。它带你穿越到那个文明初见端倪的时代，讲述三皇五帝，无论是通过神话传说还是史料记载，让你惊叹我们祖先那非凡的聪明才智和神奇的创造发明；它带你走进不同的民俗胜地，让你领略到大千世界无奇不有，让你了解不同风俗习惯；它带你走进阶级森严的皇家，让你了解到那样孤立的一类人所拥有的那些不为人知的秘密；它带你展望当代的中国，让你为祖国感到前所未有的自豪……

　　《年轻人要熟知的2000个国学常识》内容涉及很广，语言却通俗易懂，连识字孩童都能够阅览，并能深感其中妙趣。它化繁为简，每一个事件、故事都不再冗长，以最简洁的语言讲述，这不仅节约了读者时间，也是对我们编者水平的考验。一本好书不但要给读者带来丰富的知识，更重要的是精神上的满足，让你拥有丰富的阅历，还会更让你加深对中国文化的好奇与探索。

　　现在的文化传播形式已经是以大众传媒为主了，在享受文化快餐的同时，依然有很多人选择读书，读书是一种享受、一种沉淀。中国优秀文化也是沉淀的一部分，在历史的长河中，大浪淘沙，留下来的就是值得让我们流传千古的。人生也是一种沉淀，喜怒哀乐时常有，我们需要静下来去思考，而读书，则是帮助我们思考的很好的方式。当一个人认真看书时，那么他必定已是心平气和的，而书中的一些名人轶事，也会让人略有所思。这时又要不得不提到这本《年轻人要熟知的2000个国学常识》了，它读起来不觉得深奥，虽然不是个个都是妙语连珠，可也算是言辞优美、言简意赅了，内容也是引人入胜。读完它，你也算是"通古博今"了。

纵观如今庞大的图书市场，我们能挑选一本好书也实属一件不易之事。中国其实是世界上最爱读书的国家，中国有优秀的文化传统并且国人都很勤奋好学。做一本好的文化类书籍，也很不易。这本书的内容选材都是经过编者精心筛选的。这本书从材料的收集到编写、审查，编者们都是日夜操劳，不辞辛苦。本书的完成可以说花费了编者们的大量心血，为的就是能为读者提供一本好书、益书。

中国文化源远流长，浩瀚无疆，而这文化一千问也不过是文化世界里的沧海一粟。万事不尽有十全十美，限于编者能力有限，本书也许会有一些不足之处。比如读者想知道一个故事的详细介绍，而我们区区几百字就把故事的前因后果、时间地点、人物、大概经过给介绍清楚了，这是我们的短处同时也是我们的长处。《年轻人要熟知的2000个国学常识》中还有很多亮点期待你去发现。

目录

◎ 第一章　国学名人 ◎

第二章　哲学法律

第三章　语言文字

第四章　文学文献

第五章　书画艺术

◎ 第八章　医学科技 ◎

9

第九章　民俗礼仪

◎ 第十章　名典名句 ◎

◎ 第十一章　政治军事 ◎

◎ 第十二章　饮食文化 ◎

◎ 第十三章　建筑名胜 ◎

年轻人要熟知的2000个国学常识

◎第一章 国学名人◎

"三皇五帝"是指哪些领袖人物?

三皇:伏羲、黄帝、神农

此为河南焦作影视城中的三皇雕像,从左至右依次是伏羲(教人畜牧)、黄帝(管理军政)、神农(教人稼穑)。

我国古代有把远古三个帝王和上古五个帝王合称为三皇五帝的传说,秦始皇为表示其地位之崇高无比,曾采用三皇之"皇"、五帝之"帝"构成皇帝的称号。然而,历史上关于三皇五帝却说法不一。

第一种说法是三皇指天皇、地皇、泰皇,这种说法认为泰皇最贵。另一种说法提出三皇指天皇、地皇、人皇。还有古人认为三皇应为燧人、伏羲、神农,或燧人、伏羲、女娲。此外,《帝王世纪》以伏羲、神农、黄帝为三皇,《通鉴外纪》又以伏羲、神农、共工为三皇。由此可见伏羲和神农占有三皇之两席,诸说基本一致,而第三位,分歧较大。

至于五帝的说法也有所不同,有种说法是黄帝、颛顼、帝喾、唐尧、虞舜这五个人。后来有人认为"五帝"是指伏羲、神农、黄帝、尧、舜。另外,还有炎帝、高辛等人也被列为五帝之中。五帝主要是指传说中原始社会里杰出的部落首领。

多数人认为燧人氏、伏羲氏、神农氏三人是"三皇",黄帝、颛顼、帝喾、尧帝、舜帝称为"五帝",该说法大致起源于春秋战国时期。

尧帝有哪些功绩?

尧是中国古代传说的圣王,姓伊祁,号放勋。因封于唐,故称"唐尧",《尚书》和《史记》都说他名叫放勋。后代又传说他号陶唐,姓伊祁氏,故亦称为唐尧。

尧父乃帝喾,号高辛氏。帝喾在位70年崩,传位给儿子挚。尧13岁辅佐挚,封于陶地,15岁改封于唐地,所以尧号曰陶唐氏。18岁,尧代挚为天子,都于蒲阪。

《史记》说:尧帝"其仁如天,其知如神,就之如日,望之如云。"接近他如太阳一般,远望他如云霞一样灿烂。尧在位时，天下洪水汤汤，他用鲧治水，九年无功而返，又启用禹，使洪水得以治理。尧设置谏言之鼓，让天下百姓尽其言；立诽谤之木，让天下百姓攻击他的过错。他治天下五十年，问天下治与不治？百姓爱戴自己与否？左右不知，朝野不知。他于是微服访于民间，在田边听到一位老人唱道："日出而作，日入而息，凿井而饮，耕田而食，帝力于我何有哉？"这就是著名的《击壤歌》。

尧帝开创了帝王禅让之先河，他认为儿子丹朱不成器，于是决定从民间选用贤良之才。他听说舜非常贤明，便微服私访，来到舜居住的历山一带，方圆百里都夸舜是一个贤良之才。尧便决定试一试舜，他把两个女儿娥皇、女英嫁给舜，让两个女儿观其德；把九个男儿安排在舜周围，让九个男儿观其行。把舜放进深山之中，虎豹毒蛇都被他驯服。舜头脑清醒，方向明确，深山之中不迷失，很快就走了出来。尧先让舜在朝中作虞官，试舜三年后，带着舜在尧的文庙祭拜了先祖，此后，舜开始代行天子之政。

尧立 70 年得舜，3 年后舜代替尧执政，尧让位 28 年后去世。

舜帝有哪些功绩？

舜，历来与尧并称，为传说中的圣王。相传舜的家世甚为寒微，虽然是帝颛顼的后裔，但五世为庶人，处于社会下层。舜的遭遇更为不幸，父亲瞽叟，是个盲人，母亲很早去世。瞽叟续娶，继母生弟名叫象。舜生活在"父顽、母嚣、象傲"的家庭环境里，父亲心术不正，继母两面三刀，弟弟桀骜不驯，几个人串通一气，几次必欲置舜于死地而后快；然而舜对父母不失子道，十分孝顺；与弟弟十分友善，多年如一日，没有丝毫懈怠。舜在家里人要加害于他的时候，及时逃避；稍有好转，马上回到他们身边，尽可能给予帮助，所以是"欲杀，不可得；即求，尝（常）在侧"。身世如此不幸，环境如此恶劣，舜却能表现出非凡的品德，处理好家庭关系，这是他在传说故事中独具特色的一个方面。

由于舜品德高尚，在民间威望很高，无论他到了哪里，人们都愿意追随。不久，在他周围就形成了一个村落。当时部落联盟领袖尧年纪已高，要选继承人，大家都推举舜。于是，尧就把自己的两个女儿娥皇、女英嫁给舜，又派人侍奉其左右，观察其德行，并让舜管理百官，观察其能力。经过考查，尧发现舜是个难得的贤才，就禅位于舜。

舜执政以后，传说有一系列的重大政治行动，一派励精图治的气象。他重新修订历法，又举行祭祀上帝、天地四时、山川群神的大典；还把诸侯的信圭收集起来，再择定吉日，召见各地诸侯君长，举行隆重的典礼，重新颁发信圭。尧死以后，舜在政治上又有一番大的兴革。

舜任命禹担任司空，治理水土；**尧舜禅位图**

命后稷主持农业，掌管农业；命契为司徒，掌管教化；命皋陶为司法官，执掌刑法；命益担任虞官，掌管山林；命伯夷为秩宗，主管祭祀典礼；命夔为乐官，执掌音乐和教育；命龙为纳言，负责传达命令，收集意见；等等。舜还规定，每三年考核一次官员的政绩，根据三次考察的结果决定官员的提升或罢免。经过这番整顿，官员职守分明，建立了辉煌的业绩，百业由此兴旺。

舜在年老的时候，认为自己的儿子商均不肖，就确定了威望最高的禹为继任者，并由禹来摄行政事。舜与尧一样，都是禅位让贤的圣王。

据说舜在尧死之后，在位39年，到南方巡守时，死于苍梧之野，葬于江南九嶷山，称为"零陵"。

大禹有哪些功绩？

禹，通常尊称为大禹，与尧舜并称为传说中的古圣王，又是夏王朝的开国君主。《史记》说他名文命，《帝王世纪》说字密。"帝禹为夏后而别氏，姓姒氏"，但一般称作夏禹。

传说禹为"黄帝之玄孙"，既是贵胄，其家又世为大臣。禹父即治水无功的鲧，于帝尧的时代登用，帝舜时被放逐。

禹于舜时为司空，治理水土，其主要工作是治水，接续其父未竟的事业。

大禹治水的传说故事，历来传颂不绝。禹受命治水，并有益和后稷做助手。禹这个人聪慧机敏，勤恳踏实，言行一致，又能身为表率。他走遍天下，"陆行乘车，水行乘船，泥行乘橇，山行乘辇"，踏勘水情地势，规划治水大计。

禹治洪水采用的方法，以疏导为主。大禹治水，最感人的是关于他自身的传说。他在治水中表现的艰苦卓绝的作风，忘我的精神，坚韧不拔的意志，在中国人民心目中历久弥新。禹在外治水，无暇顾及家庭，曾"三过家门而不入"。

在我国到处都有关于大禹的遗迹和传闻。安徽怀远县境内有禹墟和禹王宫，陕西韩城有禹门，山西河津县城有禹门口，山西夏县中条山麓有禹王城址，河南开封市郊有禹王台，禹县城内有禹王锁蛟井，湖北武汉龟山东端有禹功矶，湖南长沙岳麓山巅有禹王碑，甚至远在西南的四川南江县还建有禹王宫，而河南洛阳更有大禹开凿龙门的传说。这些遍布中国的大禹遗迹，记刻着大禹的丰功和人们的思念。

大禹像

商汤有哪些功绩？

汤是帝喾之子契的14世孙，商族第15代首领，商王朝的建立者，又称太乙、武汤、武王、天乙、成汤、成唐等。商族原来是活动在夏朝东边部落，因汤施行仁政，爱护百姓，深得民众的拥护，周围的一些小国慕名前来归附，商族的势力迅速强大起来。

当时，夏王桀残暴无道，王朝内部动荡不安。汤趁此时机开始取代夏的计划。他在伊尹和仲虺的帮助下，先灭掉了商附近的一小国葛国，之后经过 11 次出征，先后灭掉周边十余个拥护夏朝的小国，成为当时的强国。汤发布征伐夏桀的誓师辞《汤誓》，于鸣条之战中一举灭夏，建立了中国历史上第二个奴隶制国家商朝，定都于亳。

周文王有哪些功绩？

周文王是商朝末年周族的首领，姬昌、周侯、西伯、姬伯等都是对他的称呼，文王是他死后追封的尊号。

周文王原为商朝的诸侯，位居三公，封为西伯。他是一位礼贤下士、尊老爱少的统治者，因不满商纣王暴政，被拘于羑里。《史记》中说"文王拘而演周易"就是记载他被拘时的作为。文王归周后，不断发展生产，训练军队，灭掉周围的小国，势力日增。至姬昌去世，周已有三分之二的天下，为武王灭商奠定了基础。

为什么说周公是儒学的奠基人？

周公旦，姓姬，名旦，亦称叔旦，周代第一位周公。西周时期的政治家、军事家、思想家、教育家，被尊为"元圣"，周公是周文王的第四子，周武王的同母弟。因采邑在周，称为周公。武王死后，其子成王年幼，由他摄政当国。当时其兄弟管叔、蔡叔和霍叔等人勾结商纣子武庚和徐、奄等东方夷族反叛。他奉命出师，三年后平叛，并将势力扩展至海。后建成周洛邑，作为东都。相传他制礼作乐，建立典章制度，在巩固和发展周王朝的统治上起了关键性的作用，对中国历史的发展产生了深远影响。其言论见于《尚书》诸篇，他也被尊为儒学奠基人，是孔子最崇敬的古代圣人之一，《论语》中曾说："甚矣吾衰也！久矣吾不复梦见周公。"

董狐"秉笔直书"是怎么回事？

董狐，春秋晋国太史，亦称史狐，生卒年不详。周太史辛有的后裔，因董督典籍，故姓董氏。据说今翼城县东 50 里的良狐村即其故里。董狐秉笔直书的事迹，实开我国史学直笔传统的先河。

《左传·宣公二年》记载，晋灵公夷皋聚敛钱财，残害臣民，举国上下为之不安。作为正卿的执政大臣赵盾，多次苦心劝谏，灵公非但不改，反而肆意残害。他先派人刺杀赵盾，未遂，又于宴会上伏甲兵袭杀，未果。赵盾被逼无奈，只好出逃。当逃到晋国边境时，听说灵公已被其族弟赵穿带兵杀死，于是返回国都，继续执政。

太史董狐以"赵盾弑其君"记载此事，并宣示于朝臣，以示笔伐。赵盾辩解，说是赵穿所杀，不是他的罪。董狐申明理由说："子为正卿，亡不越境，反不讨贼，非子而谁？"意思是他作为执政大臣，在逃亡未过国境时，原有的君臣之义就没有断绝，回到朝中，就应当组织人马讨伐乱臣，不讨伐就未尽到职责，因此"弑君"之名应由他承当，这是按写史之"书法"决定的。

孔子为什么对管仲推崇备至？

管仲（？—前 645 年）因辅佐齐桓公成为春秋时期的第一霸主而被称为"春秋第一相"，他名夷吾，又名敬仲，字仲，又称管敬仲，颍上（今属安徽）人。

管仲少时丧父，家庭生活贫困，为了维持家庭生计经营商业，为后来辅助齐桓公经济富国思想提供了实践基础。后来管仲从事政治活动，曾支持公子纠与小白（齐桓公）争夺

君位。小白取得君位后，经鲍叔牙的力荐，不计前嫌，拜为齐国上卿（丞相）。

在政治上，管仲推行君主、二世卿共同分管齐国，并在国中设立各级军事编制、设官吏管理，还建立了人才选拔制度，规定了士、农、工、商各行其业；对外积极促使齐桓公采取尊王攘夷的方针以建立霸权。在经济上，管仲主张发展经济以富国强兵，进行了按土地分等征税、禁止贵族掠夺私产、发展盐铁业、铸造货币、调剂物价等一系列经济改革，齐国由此国力大振。

管仲的改革实质上推动了奴隶制向封建制过渡，成效显著，对整顿齐国内政、发展经济、充实国力等方面起了重要作用，孔子曾感叹说："假如没有管仲，我也要穿异族服装了。"

管仲的政治、经济思想收录在《管子》中，该书共24卷，85篇，今存76篇。

管仲像

我们为什么尊孔子为"圣人"？

孔子（公元前551—前479年），名丘，字仲尼。儒家的创始人，被后世尊称为"万世师表"，也被称为"圣人"。

孔子一生周游列国，先后到过卫、陈、蔡、楚、宋等国，致力于宣扬其政治抱负，恢复周代时的礼乐，但终究未能成功。后来返回鲁国，此时孔子已经68岁。此后，他潜心于讲学和著书，为民间私学的兴起奠定了基础。在此期间，他与弟子重新编订了《五经》，并撰写了《春秋》，记载了春秋时期所发生的大事，并借此阐发儒家的价值观。

孔子去世后，他的弟子们将他一生的言论，去粗取精地摘录了下来，这就是著名的《论语》，对中国思想界、学术界产生了深远的影响。

孟子为什么被尊为"亚圣"？

孟子（公元前372—前289年），名轲，字子舆，又字子车、子居。他是孔子之孙子思的再传弟子。鉴于他对儒学的巨大贡献，后世奉其为"亚圣"。因此历史上总把孟子和孔子相提并论，提及儒家，必说"孔孟"。

孟子自幼便在母亲的教育下，用功读书，学成以后便以孔子的继承者自称，广招弟子，并且到各国游学，宣扬他的"仁政""王道"等主张。他先后到过齐、宋、鲁、滕、梁等国，拜见过梁惠王、齐宣王等君主。虽然受到了尊敬与礼遇，可是因其思想保守，和当时的主流思想背道而驰，因此并没有得到重用，唯有滕文公曾经试图推行他的政治主张，最后也未能成功。

到了晚年，孟子回乡讲学，与他的弟子万章、公孙丑等人，共同著书，写成了《孟子》七篇。它的篇目分别为：梁惠王、公孙丑、滕文公、离娄、万章、告子以及尽心。由于每篇的分量都很多，故而又分为上、下两篇，因此，全书共分十四卷。孟子的言论和事迹大多保存在这七篇当中。

荀子的儒家思想有哪些特别之处？

荀子（公元前313—前235年），名况，字卿，赵国郇邑人，战国后期著名的思想家、教育家。历史上关于荀子的记载很少，而且出入很大。荀子是继孔子和孟子之后最大的儒学家。他的思想都记载于《荀子》一书中，对中国两千多年的封建社会产生了广泛而深远的影响。荀子曾经游历燕、齐、楚、秦、赵等多国，后来，在兰陵安居下来，一直到死。

在兰陵时荀子开始从事教书与著书的工作，历史上著名的韩非和李斯就是他在这时候的学生，他也正是在这段时间完成了他的代表作品——《荀子》。荀子虽然是儒家的继承人，但他并没有盲目地将儒家学说照单全收。而是将其融会贯通、加以发挥，并提出了"性本恶"等对后世产生深远影响的观点。

为什么说老子是道家思想的创始人？

老子姓李，名耳，字伯阳，生卒年不详，约生活在春秋末年，楚苦县历乡曲仁里人，也就是今天的亳州市涡阳县闸北郑店。谥聃。有人叫他李耳，也有人叫他老聃。他是春秋战国时期的思想家、哲学家，道家学派的创始人，被道教奉为教主或教祖，尊为"道德天尊"。老子修道德，其学主无为之说，以自隐无名为务。据《史记》记载：老子曾担任"周藏室之史"，深懂周朝的图书典籍，学识渊博，目睹了周王室的衰微后，便弃官西去，抵达函谷关时，遇到了关令尹喜。尹喜请求他著书，"老子乃著书上下篇言道德之意，五千余言，而去"，最终成了隐士，"莫知所终"。这里说的"五千余言"其实就是著名的《道德经》。

老子骑牛图　明　陈洪绶

为什么说庄子是战国时期道家思想的代表人物？

庄子（约公元前369—前286年）名周，字子休，战国时代宋国蒙人，据《史记》所记载与梁惠王、齐宣王是同一时期的人。

庄子是著名的思想家、哲学家、文学家，是道家学派的代表人物，因继承并发展了老子的哲学思想，后世习惯将他与老子并提，称作"老庄"，而将他们的哲学称作"老庄哲学"。

庄子早期曾在蒙地做过漆园吏，后来一直隐居。他生活清苦，却淡泊名利，楚王听说了他的贤德，便派使者以千金相馈赠，并邀请他出任宰相，被他拒绝了。随即终身不再出仕，隐居于抱犊山中。

庄子一生学识渊博，交游甚广，著有《庄子》一书，主导思想是对《老子》的继承，然而却也有很多自己独到的见解。《庄子》全书十余万言，大多采用寓言的形式。其中，《渔父》《盗跖》《箧》等篇，主要是用来攻击孔子的言论，从而辨明老子的学说的。他的著作是中国哲学史上的又一座丰碑。

韩非子有哪些成就？

韩非（？—前 233 年），姓韩名非，战国末年韩国人，出身于贵族，是韩国的公子。韩非口吃，不善于言谈，喜好著书。他曾与李斯是同学，共同师从荀子。

韩非目睹当时韩国衰微，多次劝谏韩王，但韩王并没有听从他的谏言。韩非痛恨朝廷不能修明法治，实行富国强兵的政策，反而重用一些没有实际经验好空发牢骚的人。于是他借鉴了历史的得失变乱，写下了《孤愤》《五蠹》《内外储》《说林》《说难》等十余万言，成为法家思想的集大成者。

韩非的著作面世后，秦王大加赞赏。后来韩非子奉韩王之命出使秦国，因为李斯的嫉贤妒能，使得韩非受到了秦王的猜忌，最终被李斯用毒药毒死。

韩非像

为什么说屈原是伟大的诗人？

屈原（约公元前 339—约前 278 年），名平，出身于楚国的贵族家庭，是战国时期楚国的诗人、政治家，秭归三闾乡乐平里人。

屈原自幼勤奋好学，胸怀大志，26 岁就担任楚国左徒兼三闾大夫。

顷襄王即位后，屈原受到迫害，并被放逐到江南。

公元前 278 年，秦国大将白起带兵南下，攻破了楚国国都，屈原的政治理想破灭，对前途感到绝望，只得以死明志，就在同年五月五日端午节这天投汨罗江自杀。

屈原不但是一位具有远见卓识的政治家，也是楚辞的创始人和代表作家，是三峡里的"第一流才子"。屈原的政治生活虽然是个悲剧，但作为诗人，他给后人留下了《离骚》《天问》等 20 多篇不朽的诗篇。这些都是中国文学宝库的珍贵遗产。

商鞅是怎样实现自己抱负的？

商鞅（公元前 390—前 338 年），姓公孙，名鞅，秦孝公时封于商邑，故名商鞅，号为商君。商鞅为卫国庶出公子，故也称为卫鞅。商鞅起先在魏相公叔痤的手下担任中庶子一职。公叔痤得知商鞅怀才不遇，便向魏惠王推荐商鞅。商鞅并未被惠王重用，等到公叔痤去世后，秦孝公下令于国中求贤能之人，于是商鞅西行进入秦国。

商鞅入秦后，秦孝公前后四次接见他。孝公拒绝施行儒家的仁政德治，而对霸道非常崇尚，这与商鞅的法家思想不谋而合，于是商鞅在秦国一度得到了重用，并在秦国推行了最为彻底的变法运动。

商鞅在秦国先后两次实行变法，较为彻底地革除了旧的封建制度，实行了新制度，使得秦国迅速走上了强盛之路，成为战国时期第一等强国。后来，因为商鞅的变法触及了贵族保守派的利益，所以受到了他们的陷害，最终死后被车裂。

秦始皇的功过应该如何评说？

秦始皇（公元前 259—前 210 年），是中国的第一个皇帝，名嬴政，秦庄襄王之子（有人说他是吕不韦的私生子），中国历史上杰出的政治家、军事家，也是著名的暴君。嬴政出生在赵国，在赵国过了 9 年孤独的生活，13 岁即王位，39 岁称帝，建立了中国历史上第一个统一的、多民族的、专制主义中央集权制国家——秦朝。

秦始皇的并天下、称皇帝、废封建、置郡县、销兵器、迁富豪、夷险阻、征百越、逐匈奴、通沟渠、车同轨、书同文、一法度等措施，对于全国之大一统，对于中国政制之创建、中国版图之确立、中华民族之传承，都有着重大影响。

可是，秦始皇的专制独裁、横征暴敛、严刑峻法，使秦朝在统一中国后只历时十五年即告覆亡。

秦始皇一方面是首创统一局面的"千古一帝"，另一方面是专制独裁的"暴君"，对于其功过，我们应辩证地看待。

李斯的政绩有哪些?

李斯是秦代丞相，也是秦汉时代著名的文学家。他早年为楚国郡小吏，后来跟随荀子学帝王之术。当看到"楚王不足事，而六国皆弱"后，便在战国末年入秦。初为吕不韦舍人，因向嬴政献灭六国统一天下之大计，受到重用，拜为长史。公元前 237 年，大臣建议驱逐六国客卿。李斯上《谏逐客书》阻止，被秦王采纳，不久官为廷尉。

秦统一天下后，李斯官至丞相。他主张废分封，设郡县；明法度，定律令；禁私学，以加强专制主义中央集权的统治；以小篆为标准，统一全国文字；销毁民间兵器，加强对人民的统治。

秦始皇死后，李斯与赵高合谋伪造遗诏，迫扶苏自杀，立胡亥为二世皇帝。公元前 208 年，李斯被赵高诬陷为谋反，腰斩于咸阳闹市。

汉高祖对中华文化有哪些影响?

汉高祖刘邦（公元前 256—前 195 年），字季（一说原名季），沛县丰邑中阳里（今江苏丰县）人，起兵于沛（今江苏沛县）。

刘邦在兄弟四人中排行第三。秦朝时曾担任泗水亭长，在秦末农民战争中起义，登高一呼，天下英雄云集于麾下。

公元前 207 年十二月，刘邦所率义军率先攻入秦都咸阳，公元前 206 年被义军盟主项羽封为汉王，封地为汉中、巴蜀（因此在战胜项羽后建国时，国号定为"汉"）；公元前 202 年，刘邦击败项羽，在定陶城边的汜水北岸称帝，七月建都长安（今陕西省西安市）。

歌风台

汉高祖平定英布叛乱后，于归途中经故乡沛县，酒酣之时，有感于昔日亡秦灭楚的戎马生涯，欣喜于既成帝业，即兴击筑而歌："大风起兮云飞扬，威加海内兮归故乡，安得猛士兮守四方。"后陪人于鸣唱处筑"歌风台"以纪念。

登基后，刘邦采取休养生息的宽松政策，不仅安抚了人民、凝聚了中华，也促成了汉代雍容大度的文化基础。可以说刘邦使四分五裂的中国真正统一起来，而且还逐渐把分崩离析的民心凝集起来。

他对汉民族的统一、中国的统一强大、汉文化的保护发扬有决定性的贡献。

汉武帝对中华文化做出了哪些贡献？

汉武帝刘彻（公元前 157—前 87 年），字通，幼名彘，汉朝第七位皇帝，中国历史上伟大的政治家、战略家。汉武帝是汉景帝刘启之子。4 岁被册立为胶东王，7 岁时被册立为太子，16 岁登基，在位五十四年（公元前 141 年—前 87 年），其间，他任用卫青、霍去病北击匈奴，基本解除了汉朝北方的边患，建立了西汉王朝最辉煌的功业。他的雄才大略、文治武功使汉朝成为当时世界上最强大的国家，他也因此成为中国历史上伟大的皇帝。但他统治期间连年征战，损耗了国力，因此后世也批评他穷兵黩武。

汉武帝创造了六个"第一"：第一个用儒家学说统一思想的皇帝；第一个创立太学培养人才的皇帝；第一个大力拓展中国疆土的皇帝；第一个开通西域的皇帝；第一个用皇帝年号来纪元的皇帝；第一个用罪己诏形式进行自我批评的皇帝。

董仲舒对儒家学说的贡献有哪些？

董仲舒（公元前 179—前 104 年），西汉时期著名的思想家。他提出的"罢黜百家，独尊儒术"主张确立了儒学的主导地位，对中国的政治、思想产生了深远的影响。董仲舒思想的主要特色，是以儒家学说为基础，引入阴阳五行理论，构建"大一统"和"天人感应"的新思想体系。董仲舒的思想，是西汉在总结历史经验的基础上，选择出适合中国历史的官方哲学，对巩固汉代统治秩序与维护大一统的局面起到了积极的作用，也为后世封建统治者提供了统治的理论基础。

桑弘羊推行的经济政策有哪些？

桑弘羊，汉武帝时大臣。洛阳人。出身商人家庭，自幼有心算才能，13 岁入侍宫中。自元狩三年（公元前 120 年）起，终武帝之世，历任大司农中丞、大司农、御史大夫等重要职务，深得武帝宠信。元狩年间以后，在桑弘羊的参与和主持下，先后实行了盐、铁、酒官营，均输、平准、算缗、告缗，统一铸币等经济政策。此外，还组织了 60 万人屯田戍边，防御匈奴。这些措施都在不同程度上取得了成功，暂时缓解了经济危机，史称当时"民不益赋而天下用饶"。桑弘羊以此赐爵左庶长。武帝后元二年（公元前 87 年），桑弘羊由搜粟都尉迁任御史大夫，与霍光、田千秋、金日、上官桀四人同受遗诏辅佐昭帝。始元六年（公元前 81 年），昭帝召集各地贤良文士至长安，会议盐铁等国家大事。贤良文士反对盐铁官营和均输平准等与民争利的政策，力主改弦更张，桑弘羊与之展开辩论。由于桑弘羊的坚持和封建国家财政方面的需要，当时除废止酒类专卖改为征税外，盐铁官营等各项重要政策仍沿袭不变。次年，桑弘羊因与霍光政见发生分歧，被卷入燕王旦和上官桀父子的谋反事件，最终被处死。

司马迁对中国史学有哪些开创之功？

司马迁（公元前 145 或前 135—？），字子长，左冯翊夏阳（今陕西韩城西南）人。西汉史学家、文学家。

司马迁 10 岁开始学习古文书传。约在汉武帝元光、元朔年间，向董仲舒和孔安国学习。20 岁时，从京师长安南下漫游，江淮流域和中原地区都留下了他的足迹，每到一个地方，都考察风俗，采集传说。

司马迁祠

元封三年（前108年），司马迁继承其父司马谈之职，任太史令，此后，司马迁开始撰写《史记》。后因替投降匈奴的李陵辩护，获罪下狱，受腐刑。出狱后任中书令，继续发愤著书，终于完成了《史记》的撰写。人称其书为《太史公书》。是中国第一部纪传体通史，为后世留下了一笔珍贵的文化遗产。

司马迁还撰有《报任安书》，记述了他下狱受刑的经过和著书的抱负，为历代所传颂。

王莽是怎样篡夺汉室天下的？

王莽（公元前45—23年），字巨君，新朝的建立者，魏郡元城（今河北大名县东）人。公元8年—23年在位。

西汉哀帝自元寿二年（公元前1年）六月去世后，9岁的汉平帝即位，太皇太后王政君临朝称制，以其侄王莽为辅政大臣，出任大司马，封"安汉公"。初始元年（8年），王莽篡位称帝，登基成为一朝开国君主，改国号为"新"，年号"始建国"。其后推行了一系列改制措施，但其改制不但没有挽救西汉末年的危机，反而使矛盾进一步激化，导致了以赤眉绿林为主的农民起义。公元23年，赤眉绿林军攻入长安，王莽被杀，在位15年，死时69岁。

张道陵为什么被道教尊为"祖天师"？

张道陵（34—156年），道教创始人，第一代天师。本名张陵，东汉沛国丰邑（今江苏丰县）人。据传为汉留侯张良的八世孙。建武十年（34年）正月十五夜，生于吴之天目山，7岁读老子道德二篇，即了其义。为太学书生，通晓天文、地理、诸子、五经，从学者千余人。

永平二年（59 年）以直言极谏科中，拜巴郡江州令（今重庆），时年 26 岁。因素志于黄老之道，见世风日下，不久遂弃官隐于北邙山（今河南洛阳北）。汉章帝、和帝诏征，皆不就。后与弟子王长从淮入江西鄱阳，诉流至云锦山（今龙虎山），炼九天神丹，三年丹成而龙虎见，山因以名。又闻蜀中民风淳厚，易可教化，便入蜀居鹤鸣山修道。

汉安元年（142 年）感太上授以正一盟威之道或云三天正法正一科术要道法文，创立了道教。立二十四治，以祭酒分领，不喜施刑罚，廉耻治民，符水治病，百姓奉之为师。尊老子为教祖，奉《老子五千文》撰《老子想尔注》，阐扬道教教义，称"道"即是"一"，"一散形为气，聚形为太上老君"。以"道"为最高信仰。永寿二年（156 年），以盟威都功诸品秘、玉册、剑印付子张衡，与夫人雍氏升仙而去，年 123 岁。唐天宝七载（748 年）册赠"太师"，僖宗中和四年（884 年）封为"三天扶教大法师"。宋理宗加封"正一静应显佑真君"。道教尊为祖天师，泰玄上相，降魔护道天尊。

"中国道教发源地"碑

王充的思想有哪些独特之处？

王充（27—约 97 年），东汉唯物主义哲学家，在中国哲学史上也非常著名。他反对当时流行的天人感应说，提出"元气"说，认为"元气"是天地万物的基础，人也是由天地之气而形成的，这是古代朴素唯物主义的体现。此外，王充还反对有神论，认为人的生命与精神，均以"精气"为物质基础，"死而精气灭"。王充曾作《问孔》和《刺孟》等篇，反对儒家古是今非的观点，提出"汉高于周"的历史进步观点。王充的主要著作有《讥俗》《政务》《论衡》《养性》等，今仅存《论衡》。他的思想对中国唯物主义思想的发展影响很大。

为什么说诸葛亮是中华民族智慧的化身？

诸葛亮（181—234 年），字孔明，号卧龙，三国时期杰出的政治家、军事家、战略家、散文家、外交家、发明家。千百年来，诸葛亮已经成为中华民族智慧的化身，其传奇性的故事亦为世人所歌颂。

诸葛亮娴熟韬略，学识渊博，兼通天文地理，奇门遁甲。多谋略，善巧思，曾革新"连弩"，造"木牛""流马"，推演兵法，作"八阵图"。

207 年，刘备"三顾茅庐"于襄阳隆中，诸葛亮提出了著名的《隆中

成都武侯祠　三国

对》，"足不出户而知天下三分"。223 年，后主刘禅即位，诸葛亮受封武乡侯，勤勉谨慎，事必躬亲，赏罚严明。与东吴联盟，改善和西南各族的关系，实行屯田，加强战备。227 年，上疏《出师表》于刘禅，率军出驻汉中，前后六次北伐中原，多以粮尽无功。234 年，终因积劳成疾，病逝于五丈原军中。实现了他"鞠躬尽瘁，死而后已"的诺言。

名士何晏是个什么样的人？

何晏（约 193—249 年），三国魏玄学家。字平叔，南阳宛县（今河南南阳）人。汉大将军何进之孙，《魏略》认为其有可能是何进弟何苗之孙。因晏父早逝，曹操纳晏母尹氏为妾，晏被收养，为操所宠爱。少以才秀知名，好老、庄之言。"美姿仪而色白"，犹如敷粉，"行步顾影"，人称"傅粉何郎"。《晋书》称他"好服妇人之服"。服散，称"服五石散，非唯治病，亦觉神明开朗"。娶魏金乡公主。服饰拟于魏太子曹丕，故为曹丕所憎，称其为"假子"，文帝时未授官职。明帝以其浮华，亦抑之，仅授冗官。正始年间（240—248 年）曹爽秉政，何晏党附爽，因而累官侍中、吏部尚书，典选举，爵列侯，仗势专政，后因依附曹爽，为司马懿所杀，夷三族。

何晏与夏侯玄、王弼倡导玄学，崇尚清谈，为玄学的奠基人之一。其主要著作有《论语集解》《道德论》等。

英年早逝的王弼有哪些成就？

王弼（226—249 年），魏晋玄学理论的奠基人之一。字辅嗣，山阳高平（今山东邹城、金乡一带）人。

王弼"幼而察慧，年十余，好老氏，通辩能言"。何晏曾叹称："仲尼称后生可畏，若斯人者，可与言天人之际乎！"据何劭《王弼传》载，王弼 10 多岁时，即"好老氏，通辩能言"。他曾与当时许多清谈名士辩论各种问题，以"当其所得，莫能夺也"，深得当时名士的赏识。王弼为人高傲，"颇以所长笑人，故时为士君子所疾"。正始中，大将军曹爽擅权，王弼补台郎。正始十年（249 年），曹爽被杀，王弼受案件牵连丢职。同年秋天，遭疠疾亡，年仅 24 岁。

王弼人生短暂，但学术成就卓著，其著作有《周易注》《老子注》《论语释疑》等，颇有创见，为后世所重。

葛洪在炼丹和医学方面有哪些贡献？

葛洪（283—363 年），字稚川，自号抱朴子，丹阳句容（今属江苏）人，为东晋道教学者、炼丹家、医药学家。

葛洪读书很多，学识非常渊博。他曾经当过中小官吏，晚年在罗浮山修道炼丹，从事著述，直到逝世。他的著作共有 200 多卷，流传到现在的，主要有《抱朴子》和《肘后备急方》。

葛洪对炼丹术很有研究。《抱朴子》中内篇《金丹》《仙药》和《黄白》三篇，就是我国古代的炼丹术名著。葛洪通过炼丹，掌握了不少化学知识。葛洪在炼丹过程中所用的原料，也比前人多得多。

葛洪对医学也很有研究。《抱朴子》和《肘后备急方》中记载了不少植物药和矿物药的性能和功用，此外，他还在世界上首次记载了天花病，比西方早了 500 多年。

葛洪对吐纳术也很有研究。他说："吐故纳新者，因气以长气。"这是一种以运气为主的锻炼身体的方法，对于后来医学中的气功疗法影响很大。

陆修静对道教有哪些贡献？

陆修静（406—477年）为南朝著名道士，早期道教的重要建设者。字元德，吴兴东迁（今浙江吴兴东）人。三国吴丞相陆凯之后裔。少宗儒学，博通坟籍，旁究象纬。又喜道术，精研玉书。及长，好方外游，遗弃妻子，入山修道。初隐云梦，继栖仙都。为搜求道书，寻访仙踪，乃遍游名山，声名远播。宋元嘉（424—453年）末，陆修静辗转至京师，宋文帝刘义隆钦慕其道风，召入内宫，讲理说法。时太后王氏雅信黄老，降母后之尊，为其执门徒之礼。后因避太初之乱南游。于大明五年（461年），至庐山，在东南瀑布岩下营造精庐，隐居修道。宋明帝刘即位，思弘道教，泰始三年（467年）召见于华林园延贤馆，"先生鹿巾谒帝而升，天子肃然增敬，躬自问道，咨求宗极。先生标阐玄门，敷释流统，莫非妙范，帝心悦焉"。明帝乃于北郊天印山筑崇虚馆以居之。

陆修静禁止道官自行署职，实行按级晋升的制度，并强调"采求道官，勿以人负官，勿以官负人"的组织措施。他还对道教经典进行了整理和分类，编撰了《灵宝经目》一书，并创造了三洞四辅十二类的道教典籍分类体系，此体系为后世整理道书、编修"道藏"所沿用。此外，他还重视道教斋仪的作用，汲取儒家的封建礼法、道德规范等，使道教斋法不仅有了系统的仪式戒科，而且使斋戒仪范的理论更加完备。

元徽五年（477年）卒，时年72岁。弟子奉其灵柩还庐山。诏谥简寂先生，以庐山旧居为简寂馆。宋徽宗宣和（1119—1125年）年间，封为丹元真人。其弟子最著者有孙游岳、李果之等。

为什么说陶弘景是"山中宰相"？

陶弘景（456—536年），字通明，自号阳陶隐，人称"山中宰相"，南朝梁时丹阳秣陵（今江苏南京）人。南朝齐、梁时期的道教思想家、医药家、炼丹家、文学家，晚号华阳隐居，卒谥贞白先生。南朝南齐南梁时期的道教茅山派代表人物之一。

天地水三官大帝像　明彩绘

他自幼聪明异常，10岁读葛洪《神仙传》，便立志养生，15岁著《寻山志》。20岁被引为诸王侍读，后拜左卫殿中将军。36岁梁代齐而立，隐居句曲山（茅山）华阳洞。梁武帝早年便与陶弘景认识，称帝之后，想让其出山为官，辅佐朝政。陶于是画了一张画，两头牛，一头自在地吃草，另一头带着金笼头，被拿着鞭子的人牵着鼻子。梁武帝一见，便知其意，虽不为官，但书信不断，常以朝廷大事与他商讨，人称"山中宰相"。

陶弘景的思想脱胎于老庄哲学和葛洪的神仙道教，杂有儒家和佛教观点。工草隶，行书尤妙。对历算、地理、医药等都有一定研究。曾整理古代的《神农百草经》，并增收魏晋间名医所用新药，成《本草经集注》七卷，共载药物730种，并首创沿用至今的药物分类方法，以玉石、草木、虫、兽、果、菜、米实分类，对本草学的发展有一定的影响。另著有《真诰》《真灵位业图》《陶氏效验方》《补阙肘后百一方》《陶隐居本草》《药总诀》等。

寇谦之对道教有哪些改革？

寇谦之（365—448年）为北魏著名道士，南北朝新天师道（也称"北天师道"）的改革者和代表人物。原名谦，字辅真。祖籍上谷昌平（今属北京），后迁居冯翊万年（今陕西临潼）。自称东汉光武帝时雍奴侯寇恂的十三世孙。其父修之，为苻坚东莱太守；其兄寇赞在北魏初任南雍州刺史。

寇谦之夙好仙道，有绝俗之心，少年时曾修张鲁之术，服食饵药，历年无效。后随仙人成公兴，随之入华山，采食药物不复饥。继隐嵩山，修道七载，声名渐著。后出山入世，整理改革已不大合时宜的天师道旧制度及科范礼仪、道官教义等，为后世道教斋仪奠定了基础。世称寇天师。

玄奘对中国佛教的发展有哪些贡献？

玄奘（602—664年），名祎，洛州缑氏（今河南偃师滑国故城）人。世称三藏法师，俗称唐僧。唐高僧，佛教学者、旅行家，与鸠摩罗什、真谛、义净并称为中国佛教四大翻译家，唯识宗的创始者之一。出家后遍访佛教名师，因感各派学说分歧，难得定论，便决心至天竺学习佛教。唐太宗贞观三年（629年，一说贞观元年），从凉州出玉门关西行，历经艰难抵达天竺。初在那烂陀寺从戒贤受学。后又游学天竺各地，并与当地学者论辩，名震天竺。求学17年后，于贞观十九年（645年）回到长安。组织译经，共译出经、论75部，凡1335卷。所译佛经，多用直译，笔法谨严，丰富了祖国古代文化，并为古印度佛教保存了珍贵典籍，世称"新译"。曾编译《成唯识论》，论证"我"（主体）、"法"不过是"识"的变现，都非真实存在，只有破除"我执""法执"，才能达到"成佛"境界。所撰又有《大唐西域记》，是研究印度、尼泊尔、巴基斯坦、孟加拉国以及中亚等地古代历史地理的重要资料。历代民间广泛流传其故事，如元吴昌龄《唐三藏西天取经》杂剧，明吴承恩《西游记》小说等，均由其事迹衍生。

慈恩唐三藏玄奘法师

玄奘
玄奘是唐代著名高僧，佛教唯识宗的实际创始人。他历尽艰险，前往天竺求取真经，回国后又翻译了大量佛经，为中国佛教的发展做出了巨大贡献。

为什么说唐太宗是一位卓越的政治家？

唐太宗（598—649年）即李世民，李渊次子，是唐朝第二代皇帝，中国封建社会伟大的军事家、卓越的政治家、著名的书法家和诗人。

李世民在位23年（627—649年），在位期间选贤任能，兼听纳谏，视民如子，不分华夷，海纳百川，国泰民安，社会安定，经济发展繁荣，世誉"贞观之治"，也是中国历史上最繁荣强盛的时期之一。

李世民精于战法，善于运用骑兵，出奇制胜。临战身先士卒，统军驭将，恩威并用。对降将和少数民族将领，能竭诚相待，委以重任，被夷狄蛮羌尊为"天可汗"。

李世民不仅将封建社会推向鼎盛高峰，还身体力行地倡导书法，他也是我国书法史上以行书刻碑的首创人物。

为什么说杨炎是唐代著名的财政改革家？

杨炎（727—781 年），字公南，凤翔天兴人，别号小杨山人。杨炎是唐代著名的财政改革家，两税法的倡导者。唐德宗时任宰相，在此期间，他将国家赋税从归皇帝私有、由宦官掌握的大盈库收归国库大藏库，恢复了安史之乱前国家公赋与皇帝私藏分管的制度，维护了国家公赋收支独立的原则。建中元年（780 年），杨炎主持在全国施行两税法。他提出与西周以后的"量出为入"原则相对立的"量入为出"的财政概念；并主张"人无丁（丁男）、中（中男），以贫富为差"，作为两税法的课税基础，抛弃了唐代原来以人丁为征课标准的租庸调制，转而以土地、业产等财富的多寡，按每户的贫富差别进行课征。这使得封建人身依附关系有所削弱，适应了当时社会经济发展的需要。计资而税的两税法代替西晋以来计丁而税的制度，是一项带有划时代意义的措施，在中国财政思想史上是一个大突破。两税法还采用了以钱定税的原则，除谷米外，均按田亩计算货币缴纳，反映了唐代中叶货币经济的发展。两税法大为简化了税制，便利了租税的征收，免去了税吏许多催索的苛扰，不但使国家的财政收入增加，而且也减轻了人民的负担。

唐太宗像

中国历史上唯一的女皇帝是谁？

武则天（624—705 年），是中国历史上唯一的女皇帝，且其在位时颇有政绩，这在千年前的男权社会中难能可贵。关于她的事迹千百年来一直是人们谈论的对象。

武则天自幼聪慧好学，胆识超人。在父亲的栽培下，十三四岁就博览群书，通晓事理。

14 岁时，武则天以俊美的长相被选入宫中，受封"才人"。良好的个人素质加上姿色娇艳，令唐太宗起初很喜欢她，赐号"媚娘"。后来失宠，结识李治。

经过一系列的磨难，武则天终于成为高宗李治的皇后。强劲的武皇后协助高宗处理军国大事，佐持朝政 30 年后，亲登帝位，自称圣神皇帝，改国号为周，成为中国历史上空前绝后的唯一女皇。

唐末农民起义最重要的领袖是谁？

黄巢（？—884 年），曹州冤句（今山东菏泽）人，初为盐帮首领，乾符二年（875年），王仙芝反唐，黄巢在家乡与子侄起兵起兵响应，后二人分道扬镳。乾符五年（878年），王仙芝兵败被杀，余部投奔黄巢，黄巢实力大增，自立为黄王，自称"冲天大将军"，此后带领属下流动作战，转战大半个中国，曾四次渡过长江，两次渡过黄河，于中和元年

（881 年）攻陷长安，自立为帝，建立大齐政权。但好景不长，次年，唐军组织反击，黄巢决策失误，一路向东败退，于中和四年（884 年）在山东被部下所杀。黄巢残暴毒虐，观念狭隘，滥杀无辜，史称"黄巢杀人八百万"。

为什么说王安石是一位伟大的改革家？

王安石（1021—1086 年）。字介甫，晚号半山，卒谥"文"，小字獾郎。封荆国公，世人又称王荆公。江西临川（今江西省抚州市东乡区）人。北宋杰出的政治家、思想家、文学家、改革家，唐宋八大家之一。在文学中具有突出成就。其诗"学杜得其瘦硬"，长于说理与修辞，善用典，风格遒劲有力，警辟精绝，亦有情韵深婉之作。著有《临川先生文集》。

治平四年（1067 年）神宗初即位，诏王安石知江宁府，旋召为翰林学士。熙宁二年（1069年）提为参知政事，从熙宁三年起，两度任同中书门下平章事（相当于宰相），开始推行新法，但由于保守派的阻挠以及用人不当，导致变法失败，于熙宁九年罢相，此后隐居，病死于江宁（今江苏南京市）钟山，谥号"文"，又称王文

王安石像

公。其政治变法对北宋后期社会经济具有很深远的影响，已具备近代变革的特点，被列宁誉为"中国十一世纪伟大的改革家"。

宋太祖的功过应该如何分析？

宋太祖赵匡胤（927—976 年），宋朝开国君主，涿州人。后周时任殿前都点检，武艺高强，创太祖长拳，领宋州归德军节度使，掌握兵权。后发动陈桥兵变，即帝位，国号宋，结束五代扰攘的局面。赵匡胤生平最大的贡献就是重新恢复了华夏主要地区的统一，使民众有了安定的环境，为社会的繁荣发展创造了良好的条件。在统治时期，赵匡胤汲取了唐朝宦官专权、藩镇割据导致灭亡的教训，奉行"文以靖国"这一理念，削夺了武官的权力，实行"重文轻武"的基本国策。通过尊孔崇儒、完善科举、任用贤能、以法治国、发展生产等措施，扭转了唐末以来武夫专权的黑暗局面，令经济、文化空前繁盛。但他过度重文轻武、偏重防内，造成宋朝长期积弱不振。赵匡胤在位16 年，庙号太祖。

司马光有哪些成就？

司马光（1019—1086 年），北宋时期著名政治家、史学家、散文家。北宋陕州夏县涑水乡（今山西运城安邑镇东北）人，字君实，号迂夫，晚年号迂叟，世称涑水先生。赠太师、温国公，谥文正。司马光自幼嗜学，尤喜《春秋左氏传》。

宋仁宗宝元元年（1038 年），司马光年方二十，中进士甲科。宋英宗继位前任谏议大夫，宋神宗熙宁年间拜翰林学士、御史中丞。

熙宁三年（1070 年），司马光因反对王安石变法，出知永兴军。次年，判西京御史台，

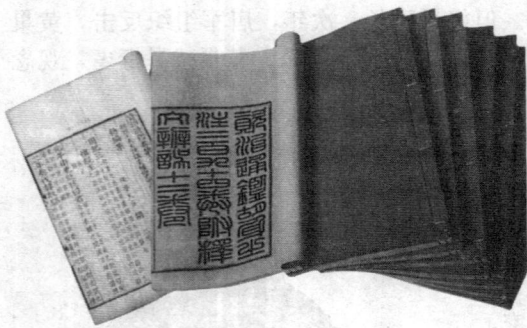

《资治通鉴》书影

居洛阳 15 年，专门从事《资治通鉴》的编撰。哲宗即位，还朝任职。元丰八年（1085年），任尚书左仆射兼门下侍郎，主持朝政，排斥新党，废止新法。数月后去世。追赠太师、温国公，谥文正，著作收在《司马文正公集》中。

司马光和王安石是同时代的人物，二人虽然政见相左，但私交却很好，被后世引为美谈。

是谁开创了道教全真派？

王重阳（1112—1170 年），金代道士，全真道创始人。原名中字，字允卿，后改名世雄，字德威。入道后，改名，字知明，号重阳子。祖籍陕西咸阳大魏村，出生于庶族地主家庭，后迁终南县刘蒋村。幼好读书，后入府学，中进士，系京兆学籍。金天眷元年（1138 年），应武略，中甲科，遂易名世雄。47 岁时，深感"天遣文武之进两无成焉"，愤然辞职，慨然入道，隐栖山林。金正隆四年（1159 年），弃家外游，自称于甘河镇遇异人授以内炼真诀，悟道出家。金大定元年（1161 年），在南时村挖穴墓，取名"活死人墓"，自居其中，潜心修持 2 年。大定三年，功成丹圆，迁居刘蒋村。七年，独自乞食，东出潼关，前往山东布教，建立全真道。其善于随机施教，尤长于以诗词歌曲劝诱世人，以神奇诡异惊世骇俗。在山东宁海等地宣讲教法。同时，先后收马钰、孙不二、谭处端、刘处玄、丘处机、郝大通、王处一为弟子，即全真七子。大定十年携弟子马钰、谭处端、刘处玄、丘处机 4 人返归关中，卒于开封途中。葬于终南刘蒋村故庵（今陕西省西安市鄠邑区祖庵镇）。

至元六年（1269 年）王重阳被追封为"重阳全真开化真君"，至大三年（1310 年），进封为"重阳开化辅极帝君"。

王重阳糅合儒释道三家思想，主张三教合一，声称"儒门释户道相通，三教从来一祖风"。他认为修道之根本在于修心，只要心地清净，则身在凡尘而心已在圣境。其著作有《重阳立教十五论》《重阳教化集》等，均收入《正统道藏》。

丘处机是如何将全真派发扬光大的？

丘处机（1148—1227 年），金代登州栖霞（今属山东）人，字通密，号长春子，后赠号长春真人。年十九出家于宁海昆仑山（今山东牟平东南），师王重阳。丘处机在王重阳去世后入溪穴居，历时六年，行携蓑笠，人称"蓑笠先生"。后又赴饶州龙门山（今宝鸡市）隐居潜修七年，成为全真道龙门派创始人。

1220 年，丘处机应成吉思汗征召，不远万里前往大雪山（今阿富汗兴都库什山）与成吉思汗会见。进言"敬天爱民为本"，"清心寡欲为要"，被尊为"神仙"。从此丘处机所代表的道教全真派得到了蒙古皇室的扶持，显赫一时。

为什么说成吉思汗是"一代天骄"？

元太祖成吉思汗（1162—1227 年），字儿只斤氏，名铁木真。蒙古族，世界历史上的杰出政治家、军事家。1206 年，被推举为蒙古帝国的大汗，统一蒙古高原各部落。在位期间，多次发动征服战争，征服地域西达黑海海滨，东括几乎整个东亚，建立了世界历史上著名的横跨欧亚两洲的大帝国。1227 年七月，在蒙古军围困西夏首都时，成吉思汗病逝于今宁夏南部六盘山〔一说灵州〕，终年 66 岁。元世祖至元二年（1265 年）上庙号太祖。次年，追上谥号圣武皇帝，至大二年（1309 年）加谥法天启运圣武皇帝。

成吉思汗像

张载对理学有什么贡献？

张载（1020—1077 年），字子厚。北宋陕西凤翔县（今陕西眉县）人，世称横渠先生。张载是程颢、程颐的表叔，他们三人与周敦颐、邵雍并称为"北宋五子"。张载是关学的开创者，也是理学的奠基者之一。张载于宋仁宗嘉二年（1057 年）中进士，历授崇文院校书、知太常礼院。后因反对王安石变法遭贬，就此辞官。归家后，专注于读书讲学，开创"关学"，名震一时。

张载年少时博览群书，颇有出仕建功之志，但在范仲淹勉励下，投身学术研究。出入佛老，终于形成了自己独到的儒家思想。他一生主张"实学"，强调经世致用。与二程的"洛学"不同，张载认为世界的"本源"是"气"，而非"理"。通过"气"的概念，张载构建起了一个独特的"一元论"哲学体系。他曾提出著名的"横渠四句"，认为读书人要"为天地立心，为生民立命，为往圣继绝学，为万世开太平"。

南宋嘉定十三年（1220 年），宋宁宗赐谥"明"，宋理宗淳元年（1241 年），封伯，从祀孔庙。《正蒙》一书是张载最后的著作，也是其一生思想的最高总结。

"二程"对理学的发展有什么贡献？

"二程"即程颢（1032—1085 年）、程颐（1033—1107 年），程颢字伯淳，世称明道先生；程颐字正叔，世称伊川先生。二人祖籍洛阳，生于湖北黄陂，他们早年一同求学于周敦颐。

"二程"共同创立了"洛学"，为理学奠定了基础。其学说被称为"二程学派""二程儒学"。"二程"在哲学上发挥了孟子至周敦颐的性理之学，建立了以"天理"为核心的理学体系。在学术上，他们提出的最重要的命题是"万物皆只是一个天理"。认为阴阳二气和五行只是"理"或"天理"创生万物的材料。

从此，"理"或"天理"被当作中国哲学的最高范畴使用，被视为世界的本体。

"二程"认为人类社会的制度及与之相适应的社会道德规范，也都是"理"在人间社会的具体表现形态。二程的"人性论"来源于子思、孟子的性善论。但二程的人性论在性善论的基础上又进一步深化，回答了性为什么至善，为什么会产生恶的因素等一系列问题。二程认为人性有"天命之性"和"气质之性"的区别，前者是天理在人性中的体现，未受任何损害和扭曲，因而是至善无疵的；后者则气化而生的，不可避免地受到"气"的侵蚀，产生弊端，因而具有恶的因素。

二程儒学后来由朱熹发扬光大，在明朝成为官学，被称为"程朱理学"。

朱熹对理学的发展有什么贡献?

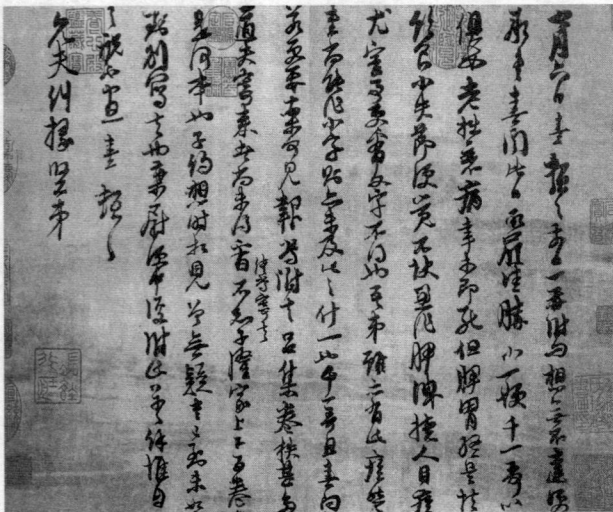

朱熹(1130—1202年)南宋著名理学家、思想家,字元晦,后改仲晦,号晦庵。别号紫阳,祖籍徽州婺源(今属江西),侨寓建阳(今属福建)崇安。18岁举建州乡贡,19岁登王佑榜进士,22岁授左迪功郎,初任泉州同安县主簿,为官四十八年。庆元六年(1200年)病逝,享年71岁。赐谥曰"文"(称朱文公),累赠太师,追封信国公,后改徽国公,从祀孔子庙。明朝通称先儒朱子,清康熙五十一年(1712年)诏升大成殿配享,位列十哲之次。

朱熹曾在岳麓书院讲学,他还重建了庐山的白鹿洞书院,邀请了吕祖谦、陆九渊等学者讲学。

朱熹行书墨迹

朱熹把《大学》重新整理,认为"经一章盖孔子之言,而曾子述之;其传十章,则曾子之意而门人记之也。"他又将《论语》跟《孟子》,以及《礼记》一书中的两篇《大学》《中庸》,合订为一部书,定名《四书》。《四书》遂与《五经》合称为《四书五经》,成为后来科举考试的核心内容。

朱熹发扬《大学》中的"格物、致知、诚意、正心、修身、齐家、治国、平天下"的思想,成为后世学者必宗的追求。朱熹的学说对中国影响深远,此后的各朝各代都以他的儒学理论为正统,道学家甚至以朱熹的是非为是非,而他所倡导的封建礼教,也成为束缚中国人思想解放的精神枷锁。

陆九渊的"心学"是怎么回事?

陆九渊(1139—1192年),号象山,字子静。南宋著名哲学家、教育家。抚州金溪(今属江西)人。与当时著名的理学家朱熹齐名,史称"朱陆"。陆九渊是中国"心学"的创始人。明代王阳明发展其学说,成为中国哲学史上著名的"陆王学派",对近代中国理学产生深远影响。被后人称为"陆子"。

陆九渊曾在贵溪龙虎山建茅舍聚徒讲学,因其山形如象,自号象山翁,世称象山先生、陆象山。"居山五年,阅其簿,来见者逾数千人"。南宋淳熙二年(1175年),吕祖谦邀请陆九渊、朱熹等人参加"鹅湖之会",会上陆九渊雄辩滔滔,朱熹认为陆九渊的学说简略空疏,而陆九渊则指出朱熹的学说支离破碎。双方最终不欢而散。

陆九渊是"心学"的创始人,他主张"吾心即是宇宙","明心见性","心即是理",重视持敬的内省功夫。明代王守仁将陆九渊的"心学"发扬光大,被学界称为"陆王学派"。

王守仁对"心学"的发展有什么贡献?

王守仁(1472—1528年),字伯安,别号阳明,浙江余姚人。是我国明代著名的文学家、哲学家、思想家、政治家和军事家,曾带兵平定了宁王朱宸濠的叛乱。他的主要成就在于"心学",他继承并发展了陆九渊的学说,被学界称为"陆王学派"。王守仁反对程颐、朱熹通过事事物物追求"至理"的"格物致知"方法,而提倡从自己内心中去寻找"理",认为"理"全在人"心","理"化生宇宙天地万物,人秉其秀气,故人心自秉其精要。在知与行的关系上,王守仁从"天地万物本吾一体"的理论出发,反对朱熹的"先知后行"之说,而主张"知行合一"。临终前,王守仁对自己哲学思想进行了简要概括,即著名的"四句教":无善无恶心之体,有善有恶意之动,知善知恶是良知,为善去恶是格物。

王守仁

因王守仁曾在余姚阳明洞天结庐,且自号阳明子,故被学者称为阳明先生,现在一般都称他为王阳明,其学说世称"阳明学"。在中国、日本、朝鲜半岛以及东南亚国家都有重要而深远的影响。蒋介石对王守仁推崇备至,曾改台北的草山为阳明山。日本近代的著名军事家东乡平八郎,也为王阳明学说所折服,特意佩一方印章,上刻"一生俯首拜阳明"。

罗钦顺的"气学"又是怎么回事?

罗钦顺(1465—1547年)字允升,号整庵,泰和(今属江西)人,明朝哲学家、大儒。明代"气学"的代表人物,是和王阳明分庭抗礼的大学者。弘治六年(1493年)进士,官至南京吏部尚书。被称为"江右"大儒。年八十三卒,赐太子太保,谥"文庄"。

罗钦顺对程朱理学的改造、对"气学"的创建、对佛学的批判,使他在中国古代思想史上有着重要影响与地位。著有《困知记》《整庵存稿》《整庵续稿》。

对于陆九渊和王阳明的心学,罗钦顺的态度是批判。对于程朱理学,罗钦顺的态度是部分扬弃,用理气为一物修正了朱熹理气二分的理气论。罗钦顺晚年潜心格物致知之学,继承、改造了朱熹的格物致知说,指出格物是格天下之物,不只是格此心;穷理是穷天下事物之理,不只是穷心中之理。主张"资于外求",达到"通彻无间"、内外合一的境界。

明中期许多学者都曾与罗钦顺通信讨论过学术问题,王阳明和罗钦顺在不少学术观点上发生过激烈的争论,而王阳明的弟子欧阳德也曾在"良知""格物"等问题上和罗钦顺辩论过。罗钦顺的思想远传日本,影响了日本德川时代一些著名哲人的思想。黄宗羲也认为罗钦顺"大有功于圣门"。

顾炎武有哪些学术成果?

顾炎武(1613—1682年),苏州府昆山县(今江苏昆山)人,原名绛,字忠清。明亡后改名炎武,字宁人,亦自署蒋山佣。世称亭林先生。明末清初著名的思想家、史学家、语言学家。曾参加抗清斗争,后来致力于学术研究,留心于经世致用之学。对宋明所传心性之学深感不满。晚年侧重经学的考证，考订古音，分古韵为 10 部。著有《日知录》《音学五书》等，他是清代古韵学的开山祖，成果累累。

顾炎武一反宋明理学的唯心主义内容，转而强调客观的调查研究，提出以"实学"代替"理学"的主张。开一代之新风，提出"君子为学，以明道也，以救世也。徒以诗文而已，所谓雕虫篆刻，亦何益哉？"顾炎武还倡导对经史进行严谨考证，他的这一思想主张直接影响了清代中期的"乾嘉学派"，他甚至被视为此派思想的主要奠基人。

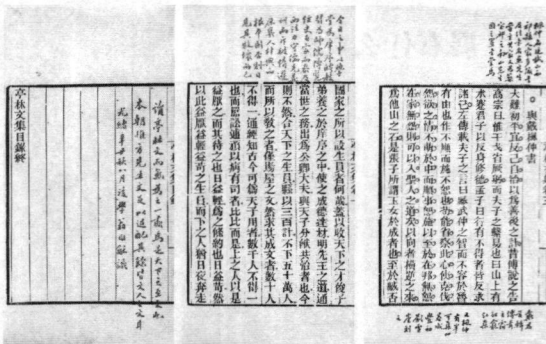

顾炎武的《亭林文集》

顾炎武被人尊称为亭林先生，此为晚清翁同龢所收藏的《亭林文集》，上面还有翁同龢的读书笔记。

顾炎武强调做学问必须先立人格："礼义廉耻，是谓四维。"提倡"天下兴亡，匹夫有责"，他的这一观点激励了后世的无数仁人志士。

为什么说黄宗羲是"中国思想启蒙之父"？

黄宗羲（1610—1695 年），字太冲，号梨洲，世称南雷先生或梨洲先生，浙江宁波余姚明伟乡黄竹浦（今黄埠镇）人。黄宗羲与顾炎武、王夫之并称明末清初三大思想家（或明末清初三大儒）；与弟黄宗炎、黄宗会号称"浙东三黄"；与顾炎武、方以智、王夫之、朱舜水并称为"明末清初五大师"。黄宗羲亦有"中国思想启蒙之父"之誉。

黄宗羲的父亲是东林党人，被阉党所害，后来他又组织复社与阉党斗争，清军南下时，他曾组织乡勇抵抗。此后隐居讲学，康熙曾屡次征召，皆不应，后参与《明史》编纂。

黄宗羲学识渊博，大凡天文、历算、音律、经史百家、释道、农工等无不深究。治学以捍卫阳明心学自任，力主诚意慎独之说。他反对朱熹等人"理在气先"的理论，认为"理"并不是客观存在的物质实体，而是"气"的运动规律，认为"气质人心是浑然流行之体，公共之物也"，他的这一观点具有唯物论的特色。

黄宗羲和顾炎武、王夫之等人是明代中国民本思想萌芽的代表人物，黄宗羲提出"天下为主，君为客"，"有治法而后有治人"，"天子之所是未必是，天子之所非未必非"，对君权的绝对提出了质疑，有的学者认为黄宗羲的思想是近代民主思想，西方学者称黄宗羲为"中国自由主义先驱"。

黄宗羲的著作有《明夷待访录》《行朝录》《明儒学案》《宋元学案》等，其中《明儒学案》是中国第一部学术史。

"船山先生"王夫之是一个怎样的人物？

王夫之（1619—1692 年），字而农，号涢斋，别号一壶道人，晚年居衡阳之石船山，世称"船山先生"。明末清初杰出的思想家、哲学家，与顾炎武、黄宗羲同称为明末三大学者。明崇祯年间，王夫之求学岳麓书院，师从吴道行，崇祯十一年（1638 年）肄业。在校期间，吴道行教以湖湘家学，传授朱张之道，较早地影响了王夫之的思想，形成了王夫之湖湘学统中的济世救民的基本脉络。明亡后，清顺治五年（1648 年），王夫之在衡阳举兵抗清，阻击清军南下，战败退肇庆，任南明桂王政府行人司行人，以反对王化澄，几陷大狱。至桂林依瞿式耜，桂林陷没，式耜殉难，乃决心隐遁。辗转湘西以及郴、永、涟、邵间，窜身洞窟，伏处深山，后回到家乡衡阳潜心治学，在石船山下筑草堂而居，人称"湘西草堂"，在此撰写了许多重要的学术著作。王夫之33岁以后就开始"栖伏林谷，随地托迹"，甚至变姓名为瑶人以避世，直到他死去。刻苦研究，勤恳著述，垂40年，得"完发以终"，始终未剃发。他是一个孤高耿介的人，是中国知识分子中稀有的人物。

为什么说张居正是明朝著名的改革家？

张居正（1525—1582年），字叔大，少名白圭，号太岳，谥号"文忠"，湖广江陵（今属湖北）人，又称张江陵。明代政治家、改革家。

张居正5岁入学，7岁能通六经大义，12岁考中了秀才，13岁时就参加了乡试，写了一篇非常漂亮的文章，只因湖广巡抚顾璘有意让张居正多磨炼几年，才未中举。16岁中了举人，23岁时为嘉靖二十六年（1547年）进士，由编修官至侍讲学士令翰林事。隆庆元年（1567年）任吏部左侍郎兼东阁大学士。隆庆时与高拱并为宰辅，为吏部尚书、建极殿大学士。万历初年，与宦官冯保合谋逐高拱，代为首辅。当时明神宗年幼，一

张居正像

切军政大事均由居正主持裁决，前后当国10年，实行了一系列改革措施，成效卓著。他清查地主隐瞒的田地，推行一条鞭法，改变赋税制度，使明朝政府的财政状况有所改善；用名将戚继光、李成梁等练兵，加强北部边防，整饬边镇防务；用潘季驯主持浚治黄淮，亦颇有成效。万历十年（1582年）卒，赠上柱国，谥文忠。死后不久即被宦官张诚及守旧官僚所攻讦，籍其家；至天启时方恢复名誉。著有《张太岳集》《书经直解》等。

徐渭在书法方面有哪些成就？

徐渭（1521—1593年），是明代杰出的书画家、文学家，山阴（今浙江省绍兴）人。初字文清，改字文长，号天池山人，或署田水月、青藤老人、青藤道人、青藤居士、天池渔隐、金垒、金回山人、山阴布衣、白鹇山人、鹅鼻山侬等别号。

徐渭自幼聪慧，文思敏捷，胸有大志，但一生遭遇十分坎坷，可谓"落魄人间"。曾入胡宗宪幕府，为抗倭大计屡出奇谋，后胡宗宪遭谗，他也受到牵连，甚至一度发狂。后来又因杀妻而入狱七年，出狱后游历塞外，教名将李如松兵法，并结识蒙古首领俺答汗之妻三娘子。晚年回到绍兴，以卖画为生。

徐渭中年学画，继承梁楷减笔和林良、沈周等写意花卉的画法，故擅长画水墨花卉，用笔放纵，画残菊败荷，水墨淋漓，古拙淡雅，别有风致。兼绘山水，纵横不拘绳墨，画人物亦生动；其笔法更趋奔放、简练，干笔、湿笔、破笔兼用，风格清新，恣情汪洋，自成一家，形成"青藤画派"。他自己尤以书法自重。自称"吾书第一、诗二、文三、画四"。其传世著名作品有《墨葡萄图》轴、《山水人物花鸟》册、《牡丹蕉石图》轴、《墨花》九段卷等。

魏忠贤为什么被后人所贬斥?

魏忠贤 (1568—1627 年),原名李进忠。明朝末期宦官。北直隶肃宁 (今属河北) 人。出身于市井无赖,后为赌债所逼遂自阉入宫做太监,在宫中结交太子宫太监王安,得其佑庇。后又结识皇长孙朱由校奶妈客氏,与之对食。对皇长孙,则极尽诣媚事,引诱其宴游,甚得其欢心。泰昌元年 (1620 年),朱由校即位,是为熹宗。魏升为司礼秉笔太监。

时东林党人士吏部尚书赵南星在朝廷中排斥反对派,于是非东林派愤而结交魏忠贤。1624 年,魏忠贤遭到杨涟的弹劾,但幸免于难,于是开始大规模迫害镇压东林党人士,天启五年 (1625 年) 魏忠贤借熊廷弼事件,诬陷东林党的左光斗、杨涟、周起元、周顺昌、缪昌期等人有贪赃之罪,大肆搜捕东林党人。天启六年 (1626 年),魏忠贤又杀害了高攀龙、周宗建、黄尊素、李应升等人,东林书院被全部拆毁,讲学亦告中止。至此,东林党被阉党势力彻底消灭,时东林“累累相接,骈首就诛”。

魏忠贤极受宠信,被封为“九千岁”。在其全盛时期,各地官吏阿谀奉承,纷纷为他设立生祠。崇祯帝朱由检登位以后,遭到弹劾,被流放凤阳,在途中畏罪自杀。

“闯王”李自成是怎样由成功转而失败的?

李自成雕像

李自成 (1606—1645 年),明末农民起义领袖。原名鸿基。称帝时以李继迁为太祖。世居陕西米脂李继迁寨。童年时给地主牧羊 (一说家中非常富裕),曾为银川驿卒。崇祯二年 (1629 年) 起义,后为闯王高迎祥部下的闯将,勇猛有识略。崇祯八年 (1635 年) 荥阳大会时,提出分兵定向、四路攻战的方案,受到各部首领的赞同,声望日高。次年高迎祥牺牲后,他继称闯王。崇祯十一年在潼关战败,仅率刘宗敏等十余人,隐伏商雒丛山中 (在豫陕边区)。次年出山再起。崇祯十三年又在巴西鱼腹山 (腹一作复) 被困,以五十骑突围,进入河南。其时中原灾荒严重,阶级矛盾极度尖锐。李岩提出“均田免赋”等口号,获得广大人民的欢迎,散布“迎闯王,不纳粮”的歌谣。部队发展到百万之众,成为农民战争中的主力军。崇祯十六年在襄阳称新顺王。同年,在河南汝州 (今临汝) 歼灭明陕西总督孙传庭的主力,旋乘胜进占西安。次年正月,建立大顺政权,年号永昌。不久攻克北京,推翻明王朝。由于起义军领袖犯了胜利时骄傲的错误,迫害吴三桂的家属。逼反吴三桂,清朝贵族入关,联合进攻农民军。李自成迎战失利,退出北京,率军在河南、陕西抗击。永昌二年 (1645 年),李自成在湖北通山九宫山考察地形时神秘消失,李自成余部降清后,又再度反叛,继续坚持抗清斗争。

康熙帝有哪些文治武功?

康熙即清圣祖 (1654—1722 年),名爱新觉罗·玄烨,是大清入关后第一位皇帝——顺治皇帝的第三子,后被封为皇太子,继而即位为大清皇帝。康熙皇帝 8 岁登基,在位 61 年。

康熙 10 岁丧母，在其祖母孝庄太后的教导下长大成人。他虽年幼，却年少老成，16 岁便铲除了鳌拜，继而平定三藩，稳定了西南边陲；他收复台湾，扩大了大清的版图，他讨伐准噶尔噶尔丹，更加稳定了大清的西北疆土。在位期间政治清明，民族矛盾得到缓和，开创了封建王朝的最后一个盛世——康乾盛世。

乾隆帝的功与过应该如何评说？

乾隆即清高宗（1711—1799 年），爱新觉罗·弘历，清世宗四子，1735—1795 年在位。继位后，先后讨平西北、西南，抗击廓尔喀入侵，鼓励垦荒，颁布禁书令，迭兴文字狱，开四库全书馆，编纂《四库全书》《续三通》《皇朝三通》等。晚年，自号"十全老人"，陶醉于文治武功，听任和珅专权，日益腐败。而且他观念保守，推行闭关政策，并排斥科学技术，直接导致了中国近代的落后。

颜元的思想主张有哪些？

颜元（1635—1704 年），字易直，又字浑然，号习斋，直隶博县北杨村（今属河北省）人。

颜元的学术思想有一个变化发展过程。24 岁时，他"深喜陆、王，手抄《要语》一册"。26 岁时，始知程朱理学之学旨，34 岁"因司周公之六德、六行、六艺，孔子之四教，正学；静坐读书，乃知程朱王为禅学、俗学所浸淫，非正务也"。从此以后，他力主恢复尧舜周孔之道，猛烈抨击程朱陆王学说，从原来笃信理学变成批判理学的杰出代表，学术思想发生了根本性的转变。他主张读书的目的应该是"经世致用"，而非程朱理学所倡导的"格物致知"。

颜元毕生从事教育活动。62 岁时，应郝公函之聘，主持肥乡漳南书院。他亲自规划书院规模，制定了"宁粗而实，勿妄而虚"的办学宗旨，这比较集中地反映了他的教育主张。颜元一生培养了众多的学生，其中有记录可查者达 100 多人。高足李恭（1650—1733 年），继承和发展了颜元的学说，形成了当时一个较为著名的学派，后人称为"颜李学派"。

章学诚对史学的发展做出了哪些贡献？

章学诚（1738—1801 年），清代史学家、思想家、方志学家。字实斋，会稽（今浙江绍兴）人。乾隆四十三年（1778 年）进士。曾援授国子监典籍，主讲定州定武、保定莲池、归德文正等书院。后入湖广总督毕沅幕府，协助编纂《续资治通鉴》等书。

早年博涉史书，中年入京，遍览群籍。53 岁入湖广总督毕沅幕府，主修湖北通志。晚年目盲，著述不辍。身处嘉乾汉学鼎盛之世，力倡史学，独树一帜。以"六经皆史"说纠正重经轻史的偏失，反对"舍今而求古，舍人事而言性天"的学风。主张"史学所以经世""作史贵知其意"。阐发史学义例，表彰通史撰述，重视方志编纂，提出"辨章学术，考镜源流"的目录学思想，建立了较为系统的历史学和目录学理论。因其说与一时学术界好尚不合，直至晚清始得传播。所编和州、永清、亳州诸志，深受后世推重。代表作品为《文史通义》《校雠通义》，学术价值甚高。另有《方志略例》《实斋文集》等。后人辑为《章士遗书》刊行。曾辑《史籍考》，志愿宏大，惜未成书，稿亦散失。

慈禧太后对中国历史走向产生了哪些影响?

慈禧太后像

孝钦显皇后（1835—1908年），名叶赫那拉·杏贞，通称慈禧太后，又称"西太后""那拉太后""老佛爷"，满族，咸丰帝的妃子，同治帝生母，光绪帝养母。1861年至1908年间清朝的实际统治者。

叶赫那拉氏于咸丰元年（1851年）被选秀入宫，赐号兰贵人，后册封懿嫔。1856年三月，生皇长子载淳即同治帝，诏晋封懿妃。未几又晋封懿贵妃。1861年七月，同治帝载淳即位，与孝贞显皇后（慈安太后）并尊为皇太后。她联合恭亲王奕䜣发动辛酉政变，计杀怡亲王载垣、郑亲王端华、协办大学士尚书肃顺等辅政大臣，开始垂帘听政。在外国列强的支持下，先后镇压了太平天国运动及云南、甘肃等地苗民、回民起义。1874年十二月，同治帝病逝。她立5岁的载湉为帝，两太后又垂帘听政，依靠洋务派李鸿章等一伙封建官僚，开办军事工业，训练海军和陆军，残酷镇压人民反抗斗争。1889年二月，名义上由光绪帝亲政，自掌实权。中日甲午海战失败后，她又竭力扼杀资产阶级改良派发起的戊戌变法。

1898年幽禁光绪帝，杀害了谭嗣同等六人。1900年八国联军侵入北京后，携光绪帝逃往西安，下令屠杀义和团，并与八国联军签订了丧权辱国的《辛丑条约》。1906年又宣布预备立宪。1908年11月14日，光绪帝死。她命立醇亲王载沣子、年仅3岁的溥仪为帝，年号宣统。次日，慈禧病死，年74岁，葬于河北遵化定东陵。

洪秀全领导的太平天国运动为什么会失败?

洪秀全（1814—1864年），原名洪仁坤、小名火秀，太平天国创建者及思想指导者，称"天王"。广州市花都区人。道光年间屡应科举不中，遂吸取早期基督教义中的平等思想，创立拜上帝会，撰《原道救世歌》以布教，主张建立远古"天下为公"的盛世。

道光三十年十二月初十（1851年1月11日）洪秀全发动金田起义，建国号太平天国。咸丰三年（1853年）定都南京，称天京。颁布《天朝田亩制度》，又分兵西征、北伐。咸丰八年，因掌握军政实权的东王杨秀清"威权逼己"，遂密诏（一说无密诏）北王韦昌辉率军返京诛杨。韦又扩大事态，滥杀无辜。洪秀全迫于众怨，只好杀死韦昌辉，以翼王石达开主政。

次年，石达开受猜忌负气出走，太平天国濒危。洪秀全重用陈玉成、李秀成等后起良将，自兼军师，又采取减赋和加强宗教宣传等措施，渡过难关。同治二年（1863年）冬，天京为清军围困，粮尽援绝。洪秀全拒绝李秀成突围的建议，固守天京。次年四月病卒。所著诗文及诏旨、文告等多收入《太平天国》（中国近代史资料丛刊之一）及《太平天国史料》等书中。

后世为什么对曾国藩推崇备至?

曾国藩(1811—1872年),湖南湘乡(今双峰县)人。是中国近代史上最有影响的人物之一。他中进士留京师后十年七迁,连升十级,37岁任礼部侍郎,官至二品。后因丧母回乡丁忧,恰逢太平天国横扫湖湘,他因势在家乡创办湘军,为清王朝平定了太平天国运动,被封为一等勇毅侯,且世袭罔替,成为清代以文人而封武侯的第一人,后历任两江总督、直隶总督,在任上处理"天津教案"时对外国人妥协,致其声誉受损,两年后病逝,死后谥"文正"。

曾国藩一生谨慎,梁启超曾称他"立德、立功、立言三不朽"。

李鸿章何以招致身前身后骂名?

李鸿章(1823—1901年),晚清军政重臣,淮军创始人和统帅,洋务运动的主要倡导者。字子黻、渐甫,号少荃、仪叟。安徽合肥人。1847年中进士。1853年,受命回籍办团练,多次领兵与太平军作战。1858年,入曾国藩幕府襄办营务。1860年,统带淮扬水师。湘军占领安庆后,被曾国藩奏荐"才可大用"。1862年,编成淮勇五营,曾国藩以上海系"筹饷膏腴之地",命淮勇乘英国轮船抵沪,自成一军,是为淮军。1863—1864年,率淮军攻陷苏州、常州等地,和湘军一起镇压了太平天国。1865年,分别在上海和江宁(今江苏南京)创立江南机器制造总局和金陵机器制造局。1866年,继曾国藩署钦差大臣,专办镇压捻军事务。次年,授湖广总督。其后,采取"就地圈围""坚壁清野"等战略,相继在山东、江苏间和直隶(约今河北)、山东间剿灭东、西捻军。

李鸿章

李鸿章也靠镇压太平天国运动起家,成为晚清的实力派。然而他甲午海战失利,又主持签署了众多不平等条约,因而招致身后骂名。

1870年,继曾国藩任直隶总督兼北洋通商大臣,从此控制北洋达25年之久,并参与掌管清政府外交、军事、经济大权,成为清末权势最为显赫的封疆大吏。1888年,建成北洋海军。1901年去世。谥文忠,晋封一等侯。著有《李文忠公全集》。

太平天国被镇压以后,李鸿章开始着手操办洋务,设立了江南制造局、金陵制造局、天津机器局、轮船招商局等,发展近代工业、航运业,推动了中国的近代化。1888年,李鸿章着手创立北洋水师,是中国第一支近代化海军舰队,但在甲午海战中,北洋水师全军覆没,李鸿章被迫代表清廷与日本签订丧权辱国的《马关条约》。

李鸿章一生共签下包括《马关条约》《辛丑条约》在内的30多个不平等条约,这也是他招致身前身后骂名的主要原因。然而这些外交失败的根源在于近代中国的落后,也不能全怪在李鸿章头上,他曾自言自己不过是大清破屋的一个裱糊匠而已。梁启超在《李鸿章传》对他的评价是:"吾敬李鸿章之才,吾惜李鸿章之识,吾悲李鸿章之遇。"

张之洞为发展洋务运动提出了什么主张?

张之洞（1837—1909 年），字孝达，号香涛、香岩，又号壹公、无竞居士，晚年自号抱冰。直隶南皮（今河北南皮）人。咸丰二年（1852 年）顺天府解元，13 岁中举人，26 岁中进士。同治二年（1863 年）探花，庶吉士，历任翰林院编修、教习、侍读、侍讲学士及内阁学士等职，一度是清流派健将，后期转化为洋务派的主要代表人物，大力倡导"中学为体，西学为用"。

他筹建了汉阳铁厂，兴办了湖北纺纱局、织布局、缫丝局等，促进了军用工业和民用工业的发展。他还创办和整顿了许多书院和学堂，派遣留学生到日本留学，为社会发展做出了积极的贡献。

张之洞

◎第二章 **哲学法律**◎

"无极"出自哪里?

"无极"原意是"无边际,无穷尽",出自《庄子·逍遥游》,指的是一种古代哲学思想,代表"道"的终极性。

"无极"还指派生万物的本体,即世界的本源。传说中这一本体"无味、无臭、无声、无色、无始、无终",因此无法起名,所以称它为无极。《老子·第二十八章》:"为天下式,常德不忒,复归于无极。"

无极是比太极更加原始也更加终极的状态。无极,本来是老子用来指称道的终极性的概念,这是无极概念的第一次出现。老子的原意是:虽然知道洁白,却对于昏黑习以为常,就可以做天下的模式。作为天下的模式,永恒的德性永不缺失,回复到不可穷尽的真道。因此无极的原义就是道,是不能穷尽的。老子以后的道门人士,都是在这一意义上使用无极的概念,只是在不同场合引申的侧重点稍有不同而已。庄子在《逍遥游》中说"无极之外,复无极也,"意思就是世界是无边无际的,无穷之外,还是无穷,无极就是无穷。

汉代的河上公作的《老子章句》中认为复归无极就是长生久视,按照道门观念,只有得道的人,才能长生久视,所以将无极解释成"道"或者解释成"长生久视"是相互统一的。道是无穷的,天地生成之前,道就已经存在了无限的时间,并且会永恒地存在下去,道在空间上也是无穷的,不局限于任何一个具体的概念,因此用无极的范畴来解释道。

在宇宙演化的角度使用"无极"一词用来与太极对比,用来指比天地起始的混沌状态更加古老、更加无穷的阶段。这一阶段,就是我们所说的道。所以无极是太极的根源。

"道法自然"的观点是谁提出来的?

老子,也称老聃、李耳,我国古代伟大的哲学家和思想家,道家学派开山鼻祖,后来被唐皇武后封为太上老君,同时也是世界百位历史名人之一,他所著的《道德经》(又称《老子》)提出了"道法自然"的观点。

老子作品的精华是朴素的辩证法,他提出了无为而治,老子学说的提出深刻影响了中国哲学的发展。老子的学说是道教形成的基础,其中"无为"是老子思想的核心,其著作《老子》用"道"解释宇宙万物的变化,"道"就是客观的自然规律,同时又具有"独立不改,周行而不殆"的永恒意义。《老子》书中包含了大量的朴素辩证法观点,如他提出人世间的万事万物都是"有"和"无"的统一，"有""无"之间是紧密联系的整体，"无"是"有"的基础，"天下万物生于有，有生于无"。他还提出自然万物的道理是削减多余的来弥补不足的，而人世间的道理则是相反的，即用不足的来供养多余的，即削减不足；又以为一切事物均具有正反两面，"反者道之动"，并能由对立而转化。

老子所提出的哲学思想以及他所创立的道家学派，不仅对我国古代思想文化的发展做出了卓越贡献，而且还极大地影响了我国现代的思想文化。

他所著的《道德经》和《易经》被公认为是我国古代思想文化的杰出代表。《道德经》虽然仅仅 5000 字，却讲述了深刻的道理，被奉为道家经典，深刻影响了中国文化历史的发展。

《道德经》与道教有什么关联？

《道德经》，又叫作《道德真经》《老子》《五千言》《老子五千文》，是中国古代先秦百家争鸣前的一部著作，是中国历史上第一部完整的哲学著作。

当时的学者对里面的内容十分信服，成为中国道家哲学思想的重要来源。《道德经》分上下两篇，原文上篇《德经》、下篇《道经》，不分章。

《道德经》常会被划分为道教学说，其实哲学上道家的内涵，和宗教上的道教，根本不是一回事，不过《道德经》作为道教基本教义的重要组成部分之一，被道教当作重要经典，老子也被道教尊为三清尊神之一道德天尊的化身，又被后人神话为太上老君，所以应该说道教大量吸纳了道家思想，道家思想完善了道教。

《道德经》提出了"无为而治"的主张，成为中国历史上部分朝代的治国方略，在经济上可以缓解人民的压力，有利于中国社会早期的稳定。历史上为《道德经》作注的人有很多，里面甚至还有几位皇帝，如唐开元二十三年（735 年），唐玄宗亲注《老子》。《道德经》和老子"天尊像"曾被日本使者名代请回日本，促进了日本社会经济的发展。

帛书《老子道德经》乙本　西汉
1973 年湖南省长沙市马王堆 3 号墓出土。《老子道德经》是中国最早用书法的形式表现文学作品的实物。

《道德经》在历史上被誉为"万经之王"，对中国古代的哲学、科学、政治、宗教等方面，产生过深刻的影响，它对中华民族性格的铸成、政治的统一与稳定、经济的发展也都起着非常重要的作用。《道德经》的世界意义也日渐显著，越来越多的西方学者不遗余力地探求其中的科学奥秘，寻求人类文明的源头，深究古代智慧的底蕴。

儒家学派的创始人是谁？

孔子（公元前 551—前 479 年），名丘，字仲尼，春秋时期鲁国人。孔子是我国古代伟大的思想家、教育家和政治理论家，儒家学派的创始人。他主持编纂了我国第一部编年体史书《春秋》。

孔子生于鲁国陬邑昌平乡（今山东曲阜），73 岁去世，其思想及言行被记载在《论语》及司马迁所著的《史记·孔子世家》中。

孔子的祖先原本是殷商贵族，所以以子为姓，从孔子的六世祖孔父嘉开始，子孙后代

们才开始以孔为氏。在宋国内战期间，孔子的曾祖父孔防叔为了逃避这场战乱，带领家人从宋国出逃到鲁国，孔氏自此便在鲁国定居。孔子的父亲是叔梁纥，母颜氏。

叔梁纥在孔子3岁的时候病逝了，从此之后，孔子一家开始过着贫寒的生活，在这种生活中孔子逐渐确立了他"仁政"的儒家思想，由于孔子生活的时代正值乱世，所以孔子所主张的"仁政"一直不被统治者所重视。政治上的不得意使得孔子将大部分精力投入教育事业当中。孔子在鲁国担任司寇一职时曾卸职携众多弟子周游列国，历尽艰辛后重返鲁国专心教学。孔子首创私学，为平民百姓接受教育提供了条件，他的弟子有3000人之多，其中十分出色的有72个，被人们称为"七十二贤"，他们中有很多人在各国担任高官，为儒家思想的延续做出了贡献。

孔子曾修订《诗》《书》《礼》《乐》和《易经》五经，并著有《春秋》一书。《春秋》既不是王朝之官史的国别史，也不是诸侯间各自的国别史，而是一部当时的大通史，也可说是"当时的世界史"。这本书与历史自然合一，所以被人们称之为"天人合一"。远在2500年前，孔子早已有眼光，有见解，可以说《春秋》是人类当时文化一部大整体的大全史，在世界人类文化史史学上有着无与伦比的价值。后来由孔子的弟子及其再传弟子编撰了一部儒家学派的经典著作——《论语》，与《大学》《中庸》《孟子》并称为"四书"。它主要以语录体和对话文体为主，并记录了孔子及其弟子的言行，集中体现了圣人孔子的政治主张、伦理思想、道德观念，以及教育原则等。

孔子的思想对后世有着极为深远的影响，"天纵之圣""天之木铎""千古圣人"是他在世时人们给他的尊称。他是当时社会上公认的博学者之一，被后世尊称为"至圣"（圣人之中的圣人）、"万世师表"，在古代，小孩进学堂的第一天就要拜孔子。美国诗人、哲学家爱默生曾称赞地说"孔子是全世界各民族的光荣"。

第一次提出"性善论"的人是谁?

"性善论"是战国时期孟子提出的关于人性的论点，其主要观点为：性善可以通过人所具有的普遍的心理活动来进行验证，在此种假设下，这种心理活动是普遍的，那么性善就是出于人的本性的，孟子称这一本性为"良知""良能"。

"性善论"其实是一种唯心主义观点，然而孟子用"性善论"作为修养品德和施行仁政的理论根据，是具有积极意义的。孟子（公元前372—前289年），名轲，生于战国时期的鲁国，后来成为儒家重要代表人物之一，著名思想家和教育家，他的思想被记载在其所著的《孟子》一书中。孟子继承并发扬了孔子的思想，在儒家的地位仅次于孔子，被人们尊为"亚圣"。

孟子在学术界的地位在孟子生活的年代十分一般，到了汉代《孟子》一书才被公认为是辅注"经书"的"传"，与孔子的《论语》相提并论，中唐时期的韩愈所著的《原道》中提到孟子是先秦儒家中继承孔子"道统"思想的唯一一人，之后孟子其人、其书的地位才渐渐上升。

之后，五代时期的后蜀主孟昶将《易》《书》《诗》《礼》《周礼》《仪记》《公羊传》《谷梁传》《左传》《论语》《孟子》11部经书制成刻石。宋神宗熙宁四年（1071年），《孟子》一书被正式列入科举考试科目中。元丰六年（1083年），官方追封孟子为"邹国公"，自此以后，《孟子》一书被尊奉为儒家经典。在南宋时期，另一儒学集大成者朱熹把《孟子》与《论语》《大学》《中庸》合并为"四书"，《大学》和《中庸》是孔子的弟子曾参和孔子的孙子子思的著作，如此一来《孟子》一书便和孔子的著作并驾齐驱。

孟子在元朝至顺元年（1330年）被官方加封为"亚圣公"，成为仅次于孔子的人物。根据明清两代的官方规定：科举考试的题目必须是从《四书》中选取，其目的在于"代圣人立言"。《孟子》一书由此成为明清两代士子们的必读书目。

第一次提出"性恶论"的人是谁？

"性恶论"是中国古代有关人性的重要学说之一，此观点认为人的本性是"恶"的，战国末期的荀子是这种理论的首倡者。

荀子（公元约前313—前238年）名况，字卿，战国末期赵国猗氏（今山西安泽）人。荀子作为著名思想家、文学家、政治家，是战国时期儒家的代表人物之一，被当时人尊称为"荀卿"。荀子继承发展了儒家思想，人们经常把他所提倡的"性恶论"与孟子的"性善论"做比较，荀子在整理儒家典籍方面也有独特的贡献。

《史记·孟子荀卿列传》中记录了荀子的生平。荀子50岁时在齐国游学，并在齐襄王的时代"三为祭酒"。后来到了楚国，春申君任命他为兰陵令，春申君死后，荀子丢掉了官职。法家著名的学者韩非子和李斯都出自他的门下，因为这两位弟子都是法家的代表人物，所以有部分学者对荀子是否属于儒家学者产生了怀疑。

荀子提出了以社会脉络为出发点来规范社会秩序，重视人为努力而反对神秘主义思想。荀子继孔孟二人的"仁"和"义"之后提出了"礼""法"学说，重视社会上的行为规范。荀子认为孔子为圣人，但以孟子和子思为首的"思孟学派"却遭到他的强烈反对，他认为孔子思想的继承者是自己。荀子认为人想满足欲望的趋向是与生俱来的，欲望一旦得不到满足就会引起争执，因此主张人性本恶，一定要由礼法的教化来"化性起伪"，克制欲望。

荀子的思想与孔子和孟子相比，其现实主义倾向更为明显。他一方面强调道德教育的重要作用，另一方面又强调政法制度的约束作用。因其思想与一般儒家学者有诸多不同，所以其思想在很长一段内被视为"异端"。

墨家学派的创始人是谁？

墨翟创办的墨家学派是中国古代重要的学术派别之一，大约产生于战国时期。墨家是一个纪律严密的学术团体，其首领被称为"矩子"，墨家成员在各国当官时必须在当地推行墨家主张，所得俸禄也必须奉献给团体。

墨学在战国时期影响很大。墨家学派分前期和后期，前期思想主要关于社会政治、伦理及认识论等问题；后期墨家在逻辑学方面做出了重要贡献。其创始人墨翟是中国古代著名思想家之一，其生卒年为公元前479—前381年。墨翟是春秋战国时期的思想家、政治家。他创立墨家学说，提出"兼爱""非攻""尚贤"等观点，并著有《墨子》一书。

相传墨翟原本是宋国人，曾经长期在鲁国学习儒术，因墨翟不满儒家"礼"的烦琐，索性另立新说，聚徒讲学，因此墨家是儒家的主要反对派。据说楚王曾打算攻宋，墨子听说此事后就前往劝说楚王罢兵，他在与公输般（人们所说的巧匠鲁

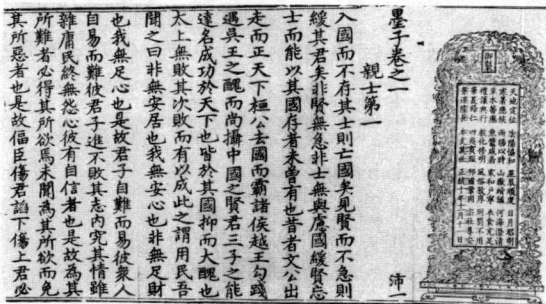

《墨子》内页

《墨子》一书总计53篇，大多为墨翟弟子及其后世门人对墨翟言行的记述。

班）的模拟攻城战中取得胜利，使得楚王退兵。

墨家学者们创造的墨家学派是中国古代第一个比较完整的逻辑体系，在后期墨家对概念、判断和推理等逻辑学方面做出了十分详细的研究，并且意识到劳动人民也需要艺术来丰富精神生活。

"五德终始"学说的思想基础是什么？

"五德终始"又称"五德转移"，其创始人为阴阳家邹衍。"五德终始"学说运用阴阳五行理论对宇宙演变和历史兴衰做出解释，在历史上影响非常大。吕不韦的《吕氏春秋》、刘向的《洪范五行传论》中的相关理论，都是以阴阳五行作为主要思想基础的。

"五德"特指五行的属性，即土德、木德、金德、水德、火德。根据阴阳家的学说，宇宙万物与五行一一对应，各具其德。"五德转移"引起了天道的运行、人世的变迁、王朝的更替等。"五德终始"的目的是为社会变革进行合理论证，但不幸陷入历史循环论的漩涡里。

早期的五行学说，经历了春秋时期的"必有胜"和墨家学派的"毋常胜"再到邹衍提出的"五德终始""循环相胜"的核心观点。根据"五德终始"理论：虞（舜）、夏、殷、周的历史就是一个胜负转化的变化过程。它按照土、木、金、火、水的顺序具有阶段性地依次相胜，并按照"始于土、终于水、徙于土"的循环往复作为它的周期，"阴阳消息"的矛盾运动是"五德转移"的根本动力，同时还决定着"并世（当世）盛衰"。

在木胜土、金胜木、火胜金、水胜火的相生相克中，每一阶段都存在着两种不同势力的互相斗争，斗争中的胜利者可以创造历史，但是这种"五德相胜"的规律，又是被机械的周期律决定的。"五德相胜"的观点认为"凡帝王者之将兴也，天必先见祥乎下民"，也就是说王朝的兴起一定有天象或祥瑞作为验证。这种天人感应理论是为产生于周秦之际的新兴统治者服务的，所以说"邹衍以阴阳主运显于诸侯"。

"五德终始"说在封建时代有着深远的影响，"五德终始"说认为人类社会是变化发展的，具有一定的合理性，然而使用五行相生相克的理论来解释历史，不免过于机械化。

首倡"矛盾之说"的人是谁？

"矛盾之说"是战国时期法家学者韩非提出的一种逻辑学说，其主要观点是：具有不相容关系的两个命题不可能同时成立，如果同时对两个不相容的命题做出肯定，就是矛盾之说。矛盾之说简洁明确地表述了传统逻辑中矛盾的实质，还涉及了全称量词和关系命题的问题。

韩非，战国晚期韩国（今河南新郑，新郑是郑韩故城）人，法家思想的集大成者。根据《史记》记载，韩非精于"刑名法术之学"，和秦相李斯同为荀子的学生。韩非的文章非常好，连李斯都自愧不如。他的著作主要收集在《韩非子》一书中。韩非是战国末期带有唯物主义色彩的哲学家和法学家，但由于韩非的著作一大部分都是关于阴谋的，因而有很多人认为韩非是一个阴谋学家。

韩非的谋略受到秦王嬴政的赏识，在秦国受到了重用，这引起了丞相李斯的妒忌，于是李斯便设计在秦王面前陷害韩非，秦王误信谗言，将韩非投入监狱，最后逼他自尽。尽管韩非提出了矛盾之说，但他并没有准确地认识到命题之间的矛盾关系。他学说中的"矛盾"和"不相容"，实质上是指命题的反对关系，因为"我的矛能刺破任何东西"和"我的盾不能被任何东西刺破"，这两个关系命题虽然不能同真，却可能同假。"矛盾之说"虽然不够完善，但对后世仍有着巨大影响，东汉末年的王符对韩非的矛盾之说极为推崇。

三国时的嵇康用"矛盾之说"去反驳论敌的"两可之说"；东晋时的孙盛则用"矛盾之说"来驳斥老子学说中的自相矛盾之处；唐朝刘禹锡、柳宗元的有关论辩的著作中，对"矛盾之说"的运用也十分常见；现代汉语中使用"矛盾"这个词来表示两个不能同真也不能同假的命题之间的关系，也是从韩非这里借用的。

最早提出"六家"的人是谁?

"六家"特指春秋战国百家争鸣时期的阴阳家、儒家、墨家、名家、法家、道德家。司马谈（卒于公元前110年）是第一个对"百家"进行分类的人，他是《史记》的作者司马迁（公元前145—前86年）的父亲。《史记》的最后一篇引用了司马谈的一篇题为"论六家要指"的文章，这篇文章把前几个世纪的哲学派别划分为"六家"。

第一是阴阳家：他们的学说是一种宇宙生成论。此派别由"阴""阳"得名。在中国思想里，阴、阳是宇宙形成的两个基本元素，中国人认为阴阳的互相作用是一切宇宙现象产生的原因。

第二是儒家：这一家又被称为"孔子学派"。早期"儒"字的意思是"文士"或"学者"，所以西方称其为"孔子学派"就不太确切，因为这一家的人并非都是学者或者思想家。他们不同于别家的是，他们都是传道授业的教师，也是古代文化遗产的保存者。孔子的确是儒家的领袖人物，说他是儒家的创建人也没有错，但是"儒"字不仅仅限于指孔子学派的人，它的含义还要再广泛些。

第三是墨家：这一家有着严密的组织和严格的纪律。墨家的门徒在生活中自称"墨者"，因而这一家的名称并不是司马谈起的，而其他几家的名称有一部分是他起的。

第四是名家：这一家的人，只对他们所谓的"名""实"之辨感兴趣。

第五是法家："法"就是法式、法律的意思，这一家的主要成员是一群政治家。他们认为合格的政府必须建立在完善的法律基础上，而不是建立在儒者标榜的道德礼法上。

第六是道德家：这一家的人把形而上学和社会哲学集中到一个概念上来，也就是"道"，"道"集中于个体之中，就会变成人的自然德性，这就是"德"。这一家被司马谈称作"道德家"，再后来就简称"道家"，它与道教存在一定的区别。

"六家"在提出之后被广泛应用于对先秦思想的分类和研究中。

"古文经学"是什么?

"古文经学"指的是经学中从事古文经籍研究的学术流派，与"今文经学"相对。

"古文经"指的是秦始皇嬴政完成大一统之前的儒家经书。秦始皇在焚书坑儒期间，民间儒生将一些古文经书埋藏保存起来，到了汉代前期这些书被相继发现。景帝时，河间献王使用重金在民间征集古文经书，还有武帝时期鲁恭王从孔子故宅壁间所发现的古文经籍。诸王将这类经书先后献给朝廷，藏于秘府。"今文经"指的是汉初由老儒背诵，口耳相传的经文与注释，由弟子用隶书记录下来的经典。

汉武帝时期所立五经博士都是今文经学，因此今文经学长期垄断汉代官学。后来今文经学逐渐陷入了僵化和烦琐，并且与谶纬结合，流于妄诞，西汉后期渐渐衰落。与此同时，古文经学不断发展壮大，王莽当政时一度被列入学官，东汉后期渐渐形成了压倒今文经学的趋势。

汉末，古文经学家马融、郑玄兼采今古文著书立说，今、古文之争得到了平息。到了清代，今、古文经学之争又渐渐兴起，古文经学的治学路数被乾嘉学派和章太炎等学者所发扬，今文经学则被常州学派所复兴，最终成为康有为变法维新的理论依据。

第一次提出"罢黜百家，独尊儒术"的人是谁？

董仲舒在元光元年（公元前134年）提出了"罢黜百家，独尊儒术"，该思想的实质并非是春秋战国时期儒家思想的内容，而是将儒家、道家、法家、阴阳五行家的学说相混合所形成的思想，具有与时俱进的意义。

"罢黜百家，独尊儒术"的思想有力地维护了封建统治秩序，因而受到了中国历代封建统治者的推崇，同时也成为中国传统文化的正统和主流思想。

汉武帝即位时，西汉的社会经济已得到很大的恢复和发展，在政治和经济上对专制主义中央集权制度进行强化已成为统治者们的迫切需要。因此，儒家的春秋大一统思想、仁义思想等主要观念正好和汉王朝当时所面临的形势和历史使命相适应，所以在思想领域，儒家思想渐渐取代了道家的统治地位。

董仲舒像

建元元年（公元前140年），董仲舒向汉武帝提出建议：但凡不在六艺之科、孔子之术的各家学术，都要从博士官学中排除出去。汉武帝对董仲舒的大一统思想极为赏识，元光元年（公元前134年），他将不熟悉儒家《五经》的太常博士一律免官，将儒家以外的百家言论排斥在官学之外，招揽儒生数百人为官，还准许博士官置弟子50人，根据成绩高下补郎中文学掌故，历史上有名的"罢黜百家，独尊儒术"便是由此而来。

"罢黜百家，独尊儒术"以后，政府官员主要出自儒生，儒家思想逐步成为此后2000年间占主导地位的正统思想。虽然此举不利于学术文化的健康发展，但在当时却有利于专制制度的强化和国家的统一。

第一个提出"形质神用"的人是谁？

"形质神用"理论是中国南朝齐、梁时期著名无神论者范缜提出的一个重要哲学命题，是用以反对有神论的。

范缜对"形神关系"做出了客观而正确的分析，并对信神者的"神不灭论"做出了彻底的批判。他在《神灭论》中系统地辨析了"形""神"二者无法分离的关系，明确地肯定：形是神的实质，神是形的表现；也可以是神是形的实质，形是神表现，形与神是相辅相成的（《梁书·范缜传》），这里的"质"是指"形质"、实体；"形质神用"中的"用"是指"功用""作用"，包含着派生的意思。

范缜在"形质神用"的理论中，用"质"和"用"这对范畴来证明"形体"和"精神"不是两个物体的简单拼凑或组合，而是统一体中的两个方面；"形体"和"精神"不是并列的，精神作用依赖于物质形体，如果人的形体死亡了，那么人的精神也必然随之消亡，精神是不可能脱离形体而独立存在的。

为了充分解释这一论点，范缜做了一个浅显易懂的譬喻，精神作用（神）和物质形体（形），就像"锋利"（利，作用）和刀刃（刃，实体）的关系一样，刀刃没有了，"锋利"

是不可能存在的。

范缜"形质神用"的思想有力地驳斥了有神论，还克服了秦汉以来的哲学家在形神关系问题讨论上的二元论倾向，肯定了物质的第一性，精神的第二性，坚持了唯物主义一元论。"形质神用"说在中国哲学史上可谓"前无古人"。

第一个提出"先天学"的人是谁？

"先天学"是中国北宋学者邵雍的学说。邵雍著作中的"先天"一词，在他的宇宙生成论、本体论、社会政治论以及易学中，都有着不同的用法及不同的本质内涵，而这些本质内涵的特征都与形而上造化本体有关，这就是所谓"先天学"的本义。

"先天学"又称"先天象数学"，属于象数学的一种。邵雍所谓的"先天""后天"，均有其特殊含义，"先天"就是自然的原则和规律，"后天"就是人为的规定。

邵雍根据《易·说卦》中有关八卦方位的两个不同的说法：一种认为"天地定位一节，明伏羲八卦也"，就是说乾南坤北，离东坎西，震东北兑东南，巽西南艮西北；从乾卦到震卦为顺，数从一到四，象征天左旋；从巽卦到坤卦为逆，数从五到八，象征地右转，认为这是先天卦位图。另一种说法是：把卦位改为乾西北坤西南，离南坎北，震东兑西，巽东南艮东北，这样原始顺序就发生了改变，把"王者之法"，称为后天卦位图。

邵雍认为伏羲八卦是先天之学，文王八卦是后天之学。他根据先天卦位制定了六十四卦方图、圆图和卦气图等诸多图式。他还用二进制数序检验先天图，推算出八卦的位序是：天左旋——乾七、兑六、离五、震四；地右转——巽三、坎二、艮一、坤零，这种推算是符合"易逆数也"的说法的。

"先天论"也被邵雍用于社会历史中，他说："顺应先天自然状态，循道无为，称为皇；其次，尊德恩信，称为帝；其次，尚功公正，称为王；更次，崇力用智，则为霸。""历史是由道而德、而功、而力，亦即由皇而帝、而王、而霸，一代不如一代。"其实这是一种麻木的历史观，是邵雍消极守旧思想的表现。

邵雍的"先天象数"具有一定的数理逻辑的科学价值，但作为一种哲学观点，用它来说明天地起源、自然演化的规律，把神秘的数看成是万物的起源，就陷入了唯心主义。

中国古代理学的开山祖师是谁？

周敦颐（1017—1073 年），汉族人，字茂叔，号濂溪，宋营道楼田堡（今属湖南）人，在学术界是公认的理学派开山祖师，是北宋著名哲学家。

周敦颐的主要思想记载于《周子全书》一书。因为他曾在莲花峰下创办濂溪书院，因此世称"濂溪先生"，他的学说对后世理学的发展产生了深远影响。周敦颐还是把世界本源当作哲学命题加以系统论证的鼻祖。

周敦颐是我国理学的首创者，受到后世人的尊敬。他所提倡的理学思想也在中国哲学史上起到了承前启后的重大作用。他继承《易传》和部分道家学说，提出了一个简单而系统的宇宙构成论，说"无极而太极"，"太极"一动一静发生作用，产生了阴阳万物，圣人模仿"太极"建立了"人极"。"人极"就是"诚"，"诚"就是我们日常所说的五常之木和百行之源，也就是道德修养的最高境界。只有做到了主静、无欲，才能达到这一境界。这一理论对以后 700 多年的学术史产生了极大的影响，他所提出的哲学范畴，如无极、阴阳、五行、太极、动静、善恶等，也成为后世理学详加研究的课题。

周敦颐在生前并不被人们熟知，他的学术地位也较低。根据记载，他"政事精绝"，宦业"过人"，尤有"山林之志"，胸怀洒脱，但是他的理学思想却少有人知，只有南安通判程太中了解他的理学造诣，还把两个儿子——程颢、程颐送到他的门下，后来这二人都成了著名的理学家。到了南宋，朱熹这一理学集大成者对周敦颐有很高的评价，名家张栻将他称为"道学宗主"，周敦颐的声名渐渐才为人所知，九江、道州、南安等地纷纷建祠来纪念他。

宋宁宗时赐敦颐谥号为"元"，周敦颐"元公"的称号由此而来。宋理宗时，周敦颐从祀孔子庙庭，周敦颐的理学祖师地位被正式确立下来。

第一个提出"民胞物与"的人是谁？

第一个提出"民胞物与"的是北宋张载。他认为世界的本源是"气"，人只是物中之物，和天地万物相同都是来源于"气"，人的本性也就是天地万物的本性，因此他提出"民吾同胞，物吾与也"的抽象命题。

张载提出我们要像爱同胞手足一样去爱所有人，还进一步扩展到"视天下无一物非我"的境界。张载是我国古代重要的思想家和关学的开山鼻祖，也是理学的奠基者之一。他的学术思想在中国思想文化发展史上占有重要地位，对以后思想界的影响甚为巨大，他的著作一直被明清两代政府视为正统哲学的代表之一，作为科举考试的必考之书。

张载说："太虚无形，气之本体，气有聚散而无生天，气聚则有形而见形成万物，气散则无形可见化为太虚。"他认为宇宙是一个没有始终的无限过程，在这个过程中充满了浮与沉、升与降、动与静等矛盾的对立运动。事物之间的矛盾变化运动也被张载系统地概括为"两与一"的关系，说：矛盾之间是对立统一的，如果没有两者之间的对立，也就没有统一。他认为"两"和"一"是相互联系、紧密依存的，"有两则有一"，"若一则有两"。

张载在认识论方面又提出了"见闻之知"和"德性之知"之间的不同，他认为"见闻之知"是从感觉经验得来的，"德性之知"是通过修养获得的精神境界，人一旦进入这种境界，就能"大其心则能体天下之物"。他在社会伦理方面则提出了"天地之性"与"气质之性"的不同。他指出想要"尽性"，就应该先扩充道德修养和认识能力。他主张通过温和的社会变革来实行井田制，达到"富者不失其富"，"贫者不失其贫"的理想效果。他还严格地区分了天、道、性、心等哲学概念，准确地表达了理学的基本精神。

"民胞物与"思想主张把儒家伦理学说转变成人们生活中的准则，表现了对劳苦大众的同情，这一思想对于现代和谐社会的建设也具有积极意义。

最早提出"理气论"的人是谁？

最早提出"理气论"的人是南宋的朱熹（1130—1200年）。朱熹，字元晦，人称朱子，是继孔子、孟子之后中国历史上最为杰出的儒学大师，也是南宋著名的理学家，理学集大成者。

朱熹继承周敦颐、二程的思想同时兼用释、道各家学说，建立了一个庞大的哲学体系。这一体系的核心范畴就是"理"，也称"道"或"太极"。朱熹所谓的理，有几个不同而又互相联系的含义：首先理是比自然现象和社会新现象先出现；其次理是万事万物的规律和原则；再次理能作为伦理道德的基本标准。

朱熹把天地万物的总体称为理，"太极只是一个理字"。太极包括万物之理，万物也可以分别体现整个太极。每一个人和物都以这一抽象的理作为它存在的理由，而且每一个人和物的理都是完整的，就是"理一"原则。另外，气也是朱熹哲学体系中非常重要的一个范畴。气属于形而下者，它是有情、有状、有迹的；气具有凝聚、造作等特性，因此气是形成万物的基础。万事万物都是理和气相统一相结合的产物。朱熹认为理和气的关系存在主次之分，理生气且寓于气中，理为主，是第一性的，气为客，是第二性的。

朱熹认为理依气而生物，并从气开始进行一分为二、动静不息的规律性运动，这便是"一气化二气"，动的是阳，静的是阴，阴阳又分做五气（金、木、水、火、土），化为万物。

朱熹认为是由于对立统一才引起事物的变化无穷。他把运动和静止看成是一个无限连续的过程，时空的无限性说明了动静的无限性，动静又是不可

朱熹像

分的，这表现了朱熹思想的辩证法观点，因此朱熹的理气观具有一定的时代合理性。

"事功之学"的集大成者是谁？

"事功之学"是在南宋时期提出的，它是一门反对理学空谈心性而强调事功的学说。浙江永嘉的叶适和永康的陈亮是"事功之学"的集大成者。

当时的学者陈傅良（1137—1203 年）把"事功之学"的思想归纳为："功到成处，便是有德，事到济处，便是有理"，将事业的成功与否作为评价言论的标准。

叶适推崇"功利之学"，用他的话说"既无功利，则道义者乃无用之虚语"，因此他力主"通商惠工，以国家之力扶持商贾，流通货币"（《学习记言》），不支持传统的"重本抑末"政策，也就是重视农业而忽略工商发展的政策。叶适还认为"道"存在于事物内部，"物之所在，道则在焉"，物的组成单位是气，水、火等五行都是气的变化形态。

叶适在逻辑学上提出了"一物为两""一而不同"的关于事物自我矛盾而又对立统一的命题，事物对立面相互依存而又相互转化，却又"止于中庸"，即事物的变化是有限度的。他在认识论上主张"以物用不以己月"，就是提倡通过对事物进行实际考察来确定义理，其目的在于当时理学的空谈，他甚至还把理学家们所最崇拜的人物如曾子、孟子等进行了大胆而合理的批判，理学家更进一步糅合儒、佛、道三家思想炼化出的"无极""太极"等学说的错误之处。

叶适等人虽然重视事功，提倡"务实而不务虚"，但他绝非"专言事功"，只是使用"功利"来衡量义理是否正确。理论必须通过实践来检验方能下结论，倘若不加检验，那么就成了"无验于事者，其言不合，无考于器者，其道不化"。在人身上表现为道德不可能脱离功利而独立存在，即"既无功利，则道义者，乃无用之虚语"。

叶适等人的"事功之学"对于抵制当时朱熹、陆九渊等人的唯心主义哲学中的消极成分有一定意义，对近代魏源所提倡的"实事""实功"和在认识上的"及之而后知"的唯物主义思想也有积极影响。

永康学派的创始人是谁？

永康学派是南宋时期以学者陈亮为代表的学派，因其创始人陈亮籍贯婺州永康（今属浙江），故有此称谓。

陈亮的学术思想没有特定的师承关系，言论和传统观点也多有不同，永康学派承认客

39

观规律的实在性，强调"道"存在于实物之中，反对道学家对义理的无为空谈，认为道义不能脱离功利。

陈亮是南宋思想家、文学家、诗人，字同甫，号龙川，人称龙川先生，著有《龙川文集》《龙川词》，存词70余首。陈亮在少年时期就博览群书，谈古论今；淳熙五年（1178年）以平民身份上书论国事，后来两次被诬入狱；光宗绍熙四年（1193年）考中进士，在殿试中又得了第一，被授予建康军节度判官厅公事的职位，但他还未到任就去世了。

陈亮极力主张抗金，曾多次向孝宗上书来反对"偏安定命"，痛斥秦桧等人的卖国行径。他的哲学论文极具朴素唯物主义思想，因此成为永康学派的代表。陈亮提倡"实事实功"，即做事要有益于国计民生，反对理学家空谈"尽心知性"，讽刺他们是"皆风痹不知痛痒之人"。他还与理学大家朱熹进行了多次辩论，据理力争，不让半步。陈亮的文章说理透辟，笔力纵横遒劲，气势雄浑激昂，自称"人中之龙，文中之虎"，真可谓"推倒一世之智勇，开拓万古之心胸"（《甲辰答朱元晦书》）。

永嘉学派主张国家自强，反对无为空谈，在国家遭受外来侵略的时代背景下，具有积极意义。

"心学"的开山祖是谁？

心学，是儒学的一门分支学派，最早可追溯到孟子，北宋程颢开启了心学。到了南宋，学者陆九渊将心学发扬光大，和朱熹的理学分庭抗礼，因此陆九渊是公认的宋明两代主观唯心主义——"心学"的开山祖。

陆九渊（1139—1193年）号象山，字子静，世人称其为存斋先生，因为他曾在贵溪龙虎山修建屋舍聚徒讲学，而龙虎山的形状类似大象，因此陆九渊又自称象山翁。陆九渊是历史上著名的理学家、教育家，和著名的理学家朱熹一样声名显赫，二人被人们合称为"朱陆"。明代王阳明发展了陆九渊的学说，中国哲学史上有名的"陆王学派"就此形成，陆九渊的学说对近代中国理学产生深远影响，因此他被后人称为"陆子"。

陆九渊最为辉煌的地方就在于创立学派，致力于传道授业，受到他教育的学生有数千人之多。陆九渊官位并不显要，学术上也没有师承，但他融合了孟子"万物皆备于我"和"良知""良能"等观点和佛教禅宗"心生""心灭"的论点，大胆提出了"心即理"的哲学命题，哲学上新的学派——"心学"就此形成。

陆九渊断言天理、人理、物理存在于人的心中，心是唯一的实在："宇宙是吾心，吾心便是宇宙"，认为心就是理，这是永恒不变的，"千万世之前，有圣人出焉，同此心同此理也；千万世之后，有圣人出焉，同此心同此理也。"这就把心和理、和封建伦理纲常等同起来，希望由此证明所谓的"天理"，也就是封建等级秩序和封建伦理纲常，都是人心所固有并且恒久不变的。他宣扬的治学方法，主要是"发明本心"，不必多加外求，注重内心的涵养功夫。

陆九渊的思想经后人不断充实、发扬，渐渐成为明清时期的主要哲学思潮，对近现代中国的思想界也多有裨益。著名学者郭沫若、马一浮等人都深受陆九渊思想的影响。

"居敬穷理"是哪一个学派提出的？

"居敬穷理"是宋代程朱学派提出并倡导的一种道德修养方法。"居敬"语出《论语·雍也》中的"居敬而行简"，意思是以恭敬自持；"穷理"语见《周易·说卦》中的"穷理尽性以至于命"，意思是穷究万物的道理。

"程朱学派"是宋代理学最主要的代表。它于北宋的理学家周敦颐，周敦颐融合道学、佛学、儒学等各家，建立了一套用于探讨宇宙本原、万物生成、人性、伦理等基本问题的理论体系。他的弟子程颢、程颐是理学的奠基人，提出了较为系统的"理气说""人性论""格物致知说"等。二程的四传弟子、南宋的朱熹继承并充实了理学学说，还吸取了北宋其他理学家的部分观点，丰富了"天理论""住论""格物致知论"等学说，成为理学的集大成者。后人把对建立这一理学体系功劳最大的二程和朱熹的学派合称为"程朱学派"。

程朱理学家提出所谓"居敬"，指的是"心"的"主一""专一""自作主宰"，不为外物而遭到牵累；所谓"穷理"，指的是"欲知事物之所以然与其所当然者而已"，也就是致知明理，因此，"居敬""穷理"就是主张"存天理，灭人欲"，要求人人都要遵守封建道德的基本原则。

程朱学派把"居敬"和"穷理"两者相结合，认为此两者可以互相促进，而在实际上是以"穷理"为主，但是，他们提出的"居敬"更多指的是闭门思过，还提出了"心包万物""穷理"功夫即"尽心"功夫等不切实际的主张，所以所谓的"居敬穷理"，其本质是一种脱离社会实践的、抽象的、近乎形式主义的道德修养方法。朱程学说在宋代以后渐渐得到了统治阶级的提倡，逐步取得了学术界的主导地位，称为官方哲学，影响极其深远。

"心即理"是哪一个学派提出的？

"心即理"是宋明时期陆王心学派的哲学命题，语出陆九渊《与李宰书》中"人皆有是心，心皆具是理，心即理也"。王阳明的《传习录上》也有提及"心即理也，天下又有心外之事，心外之里乎？"心学派的学者把理看成是心的体现，将程朱学派的理派生万物的客观唯心论变成心派生万物的主观唯心论。

陆王心学十分强调把人的本心作为道德主体，道德法则和伦理规范由人来决定，如此一来道德实践的主体性原则便凸显出来了。心学是儒学的一门学派，其起源可以追溯到孟子，南宋的陆九渊和明朝的王阳明是心学的集大成者，王阳明首度提出"心学"两字，并进一步提出心学的宗旨在于"致良知"，自此以后心学开始有清晰而独立的学术脉络，在长期的发展中，几乎可以同朱程理学相提并论。

以陆九渊和王阳明为代表的心学学派，是在与道学学派的辩论中不断丰富发展的。陆九渊提出"心"是宇宙万物的本原以及"心"就是"理"的观点，也就是书中说的"宇宙便是吾心，吾心便是真理"，陆九渊认为天地万物都在心中，"心学"的名称就是如此得来的，这一学派认为穷理不需要多加向外探求，只需反省内心即可。

心学的创始人陆九渊，多次与朱熹进行了辩论，辩论的范围几乎包括了理学的所有核心问题，辩论的影响也波及了当时的多个学派。有关"心即理"的争辩，以及后学就此展开的朱陆异同之辩，绵延至今长达八百余年却仍未结束，并且还随着理学的传播扩展到日本和古代的朝鲜，形成了遍及东亚地区的学术话题。

《童心说》是谁写的？

《童心说》是明代末期"异端"思想家李贽的一篇散文，他在文中首次提出了"童心"的文学观念，"童心"的意思是真心，"一念之本心"，李贽将童心作为认知的是非标准，他宣扬文学一定要真实坦率地表露作者发自内心的情感和人生的欲望。

《童心说》的主要目的是揭露道学和相关教育的反动性和虚伪性，阐明了作者的作文教育观，洋溢着用自由主义教育来取代封建教育的美好愿望和追求个性解放的精神，文中提出：要保持"童心"，使文学存真去假，就必须割断与道学的联系，将那些儒学经典大胆斥为与"童心之言"相对立的伪道学的根据，这在当时的环境中有它的进步性与深刻性。

李贽以"童心"为出发点，毫不留情地揭露了道学家的虚伪本质，把"六经"，《论语》《孟子》等圣经视为一切虚假的总根源，对传统的经典教材进行了大胆的否定。李贽认为这些所谓的"圣经贤传"真假难考且是非不辨，没有被奉为经典的资格，就算是圣人所说的话，也只是针对圣人的弟子来讲的，把这些话当成万世之论简直就是荒唐，所以他提出了"六经语孟，乃道学之口实，假人之渊薮也，断断乎其不可以语于童心之言明矣"的观点，这种观点表现了李贽反教条、反传统、反权威的无畏精神。

《童心说》极具近代启蒙思想的色彩，它是对封建专制伦理压抑人的个性成长和摧残人们精神和理智的顽强抗争。它提倡个性解放，以及自由发展的以人为本的思想。《童心说》的见解在当时时代背景下具有振聋发聩的作用，无论是对文学批评，还是对教育理论的实施，都具有深刻的积极意义。

第一次提出"知行合一"的人是谁？

"知行合一"指的是客体顺应主体，"知"就是科学知识，"行"就是人的实践，这一观点是明朝哲学家王阳明提出来的。他认为认识事物的道理与在现实中运用道理是密不可分的。

中国古代哲学的观点一向是：不仅要认识（"知"），更加应当实践（"行"），只有把"知"和"行"结合起来，才能达到完美的境界。

在知与行的关系上，王阳明将"天地万物本吾一体"作为出发点，他不认同朱熹的"先知后行"的说法。王阳明认为如果知道了这个道理，就一定要去实行。如果只是知道却不去实行，那就不算是真正知道，真正的知识是无法同实践分离的，比如，当明白孝顺的道理时，就可以对父母做到孝顺和关心；明白仁爱的道理时，就可以以仁爱的方式对待朋友，这就是"知行合一"；小偷在偷窃时生怕被人发现，是因为他知道偷窃是不对的，明知不对还要去做，这就是"知行不合一"。真正的知行合一在于按照所知来采取行动，知和行是没有先后的。

王阳明的"知行合一"和"知行并进"说，旨在反对宋儒如程颐等"知先行后"以及各种割裂知行关系的说法。王阳明认为："无善无恶者心之体，有善有恶者心之用，知善知恶者是良知，为善去恶者是格物"他将这四句话作为自己讲学的宗旨。王阳明大胆断言："夫万事万物之理不外于吾心"，"心明便是天理"，要求通过反求内心的修养方法来达到"万物一体"的最佳境界。

王阳明"知行合一"的学说以"反传统"的特殊姿态出现，明代中期以后，阳明学派渐渐形成，影响很大。王阳明的门徒遍及各地。王阳明死后，"王学"虽然分成了几个流派，但同出一宗，各见其长。王阳明的哲学思想经人传播后远播海外，尤其对日本学术界产生了重大影响。日本海军大将东乡平八郎有一块腰牌，上书"一生伏首拜阳明"。

"经世致用"是哪一个学派提出的？

《辞源》中对"经世"的解释为：治理世事；将"致用"解释为：尽其所用。"经世致用"指的是明清之际主张做学问有益于国计民生的学术思潮，这一思想展现了中国传统知识分子注重功利、求实、务实的思想特点以及"以天下为己任"的情怀。

经世致用这一思想的历史至少可以上溯到先秦思想家——孔子。由孔子所创立的儒家思想，是中华文明的重要载体。对儒家思想加以分析不难看到，传统儒的本质是一种"入世哲学"，作为独立的思想体系，儒家思想的一大特点是不尚思辨。它不同于其他的哲学思想，用极强的思辨性去对世界的本原问题进行解释，也不关心人世与鬼神的关系等问题，而是实实在在的，甚至可以说是极为实用地教人们怎样做人做事，教统治者怎样治国。

明朝末期，由于王阳明后学的一度盛行，士林学风一时间"束书不观，游谈无根"（黄宗羲语），十分空疏。针对明末学风的弊端，清初一些学者大力提倡"实学"。所谓的"实学"，用当时学者们的话说就是"实习、实讲、实行、实用之学"，而贯穿这所谓"实学"的一大思想，就是经世致用的精神。这一精神就是反对脱离当前的社会现实去进行学术研究，并强调把学术研究和现实问题结合起来。

学者们以解释古代典籍为手段来发挥自己的政治见解，并在社会变革中加以使用。被称为"清初三大儒"的黄宗羲、李颙、孙夏峰就是这一派的代表人物，其他如顾炎武、王夫之、魏禧、朱之瑜、唐甄、方以智、陆世仪、傅山、顾祖禹等，也是这一思潮中的主要人物（他们提倡的程度和方面，各有不同）。他们都提倡一种与传统的理学不同的崭新学风，并针对现实提出了各不相同的"匡时济民"的社会改革方案。

在哲学信仰上这些学者们各有千秋：有的是唯物论者，有的是唯心论者，有的信仰程朱，有的信仰陆王，有的折中程朱、陆王，有的对程朱和陆王都加以批判，显得错综复杂；但在"经世致用"这一方面，他们是极其一致的。这一思潮促进了思想解放，带有启蒙色彩，极具时代特色。

哪一个学派最早以"致良知"为宗旨？

"致良知"是明代学者王阳明提出的心学主旨，"良知"语出《孟子·尽心上》："人之所不学而能者，其良能也，所不虑而知者，其良知也。"《大学》曾提到"致知在格物"。王阳明的看法是："致知"就是与内心存在的良知达成一致。

王阳明所说的"良知"，既指道德意识，也指最高本体。在他看来：良知是人人都具有的，可以自我满足，也是一种不假外力的内在力量。"致良知"就是把良知推广、扩充到万事万物。"致"本身是一个兼知兼行的过程，也就是自觉致知与知行合一的过程，"致良知"和知行合一在本质上是一回事。"良知"具有"知是知非"能力，"致"是在实践中磨炼，将认识应用于客观实际。"致良知"就是在实际行动中实现良知，达到知行合一。"致良知"这一思想是王阳明心学的本体论与修养论完整统一的表现。

"良知是虚的，功夫是实的。"要达到知行合一，就是要做到把知识与实践、功夫与本体融合起来，"良知"前加上一个"致"字，可谓恰如其分、恰到好处地点出了要害。

把握住良知这个根本要素，然后加以合理的推导，就是王阳明教学的直白明了的方法。曾经有人用"知之匪艰，行之惟艰"这句话来怀疑知行合一这一命题，王阳明回答他："良知自知，原本十分容易。只是不能致那良知，便是'知之匪艰，行之惟艰'。"能否得道，还是看你是否心诚志坚，人都可以成圣，但不是人人都能成，若是真想成圣，就要"很斗私心一闪念，时时刻刻致良知"，用阳明的话说叫"随物而格"。

"致良知"的学说为学术界拓展了思辨空间，也增进了世人对读书成圣的信心，在思想史上别具一格。

第一个系统地提出"六经皆史"的人是谁？

六经就是《诗》《书》《礼》《易》《乐》《春秋》，其中的《春秋》与《尚书》本身就是史书，是用来记录历史的，而其他的如《诗经》《礼经》《易经》以及《乐经》虽然不是直接记录历史的，但是其中的内容反映了所在时代的社会状况，读者可以从中间接了解历史的面目，所以说"六经皆史"。"六经皆史"的正式提出者是清末学者章学诚。

章学诚，清代杰出的历史理论家和方志学家，原名文酕，字实斋，号少岩，绍兴人。章学诚早年就博览诗书，对史料尤为喜爱。乾隆四十三年（1778年），章学诚中了进士，担任国子监典籍职务，离职后曾在保定莲池、归德文正等书院教书；53岁时加入湖广总督毕沅的幕府中，主持修订湖北通志。章学诚晚年双目失明，却依然不断著书立说，发扬史学，独树一帜。

章学诚使用"六经皆史"的观点来纠正重经轻史的弊端，反对当时"舍今而求古，舍人事而言性天"的学风。极力主张"史学所以经世""作史贵知其意"等治学态度，提出了"辨章学术，考镜源流"的目录学思想，并且建立了较为系统的历史学及目录学理论。由于他的学说与当时的正统学说不合，所以直到晚清才得以传播。

章学诚把阐发史意作为最高宗旨，与当时的学术背景有密切的关系。自从清代初期的顾炎武开创考据学派之后，清政府采取了高压与怀柔相结合的文化专制政策，到了乾嘉时期，醉心于考据的学者们终日埋头典籍，不问世事。章学诚认为，这是从无本空谈的极端又走到了过分证实的另一个极端，所以对考据学风应当有所引导。

章学诚的"六经皆史"理论提倡发挥治学者的主观见解，作文以表达自己以史意为宗旨，对于矫正时下不良的学风有积极的作用。

哪个学派第一个提出"法治"的思想？

先秦诸子中法家把法律放在非常重要的位置，他们最早提出了"法治"的思想，而且还提出了与之相对应的理论和方法，为后来秦国建立中央集权的制度提供了广泛的理论依据。

汉朝后来继承了秦朝的集权体制和法律体制，形成了我国古代封建社会政治和法制的主体。法家还在法理学等方面做出了巨大而富有成效的贡献。但是，另外法家的思想也是有很多缺点的，如将法律的作用神圣化，主张用刑、德来牵制百官；强调依法治国，"以刑去刑"，对道德作用认识的不是很到位。在他们看来，人的本性都是自私的，道德是不能约束人们的行为的，所以，只能通过利益和惩戒措施来使人们遵纪守法。

法家重视法律，反对儒家的"礼"，在他们看来当时的新兴地主阶级要求按功劳与才干授予官职和土地私有，是很公平的、正确的，相反，贵族垄断经济和政治利益的世袭特权则是不公正的、错误的。在法家看来，法律最重要的作用就是"定分止争"，也就是明确规定各项事务；其次是"兴功惧暴"，也就是通过各种方式奖励那些立过战功的人，而使那些不法之徒感到害怕，兴功的最终目的是为了富国强兵，增强国家的实力，在兼并战争中取得胜利。

法家还认为"好利恶害"或者"就利避害"是

焚书坑儒图
秦朝重用法家，甚至把其他学说视为异端。

人的本性。管子曾经说过，"商人日夜赶路，是因为有利益在前边，所以一千里路也觉得近在眼前；捕鱼的人不畏风浪，逆流而上，就算行百里也心甘情愿，这也是利益驱使的结果。"根据这些相同的思想，商鞅得出"人生有好恶，故民可治也"的结论。

法家是主张进行变革的一派，反对固守陈规。他们认为历史的规律就是向前发展的，所有的法律和制度都要随历史的发展而发展，如果不能跟上历史的潮流，就会阻碍历史的发展。

我国历史上第一个反对"礼治"的人是谁？

邓析（公元前545—前501年），郑国大夫，河南新郑人，是春秋末期著名思想家，他倡导"名辩之学"。他和子产是同时代的人物，两人都是名家学派的代表人物，他代表的是新兴地主阶级革新派的利益，是我国历史上第一个提出反对"礼治"思想的人。

"不法先王，不是礼义"是邓析思想观点的核心。邓析的法律思想主要包括：第一，反对"刑书"，私造"竹刑"，他不仅反对以子产为代表的新贵族，而且还反对旧的奴隶主贵族；第二，他曾私自教授百姓法律。在春秋时期，他经常在人多的地方讲学，还招收大量弟子，传授他们法律知识和诉讼方法，还经常用诉讼师的身份帮助百姓申冤（被戏称为春秋末期的律师）。

邓析在子产执政时期还担任过郑国大夫，是一位具有法家思想的政治家和思想家。《荀子·非十二子》中曾经提到邓析"不法先王，不是礼义。"他认为把先王作为自己学习和模仿的榜样是不正确的，他是我国历史上思想解放的先驱。

邓析坚持正义，敢于在诉讼的过程中提出自己的独到见解，当时，郑国在他的倡导下出现了一股新的思想潮流，这种思想甚至严重威胁到了当时郑国统治者的统治。在子产、大叔之后执掌郑国政权的姬驷歂不能应付这种混乱的局面，于是下令用竹刑处死了邓析。

除了反对"礼制"外，邓析还提出了"两可说"，这是一种模棱两可、混淆是非的理论。但是在邓析看来，辩论只能根据实际情况，不能胡乱说话，否则就会带来祸患，尤其是辩论必须遵循其一定的规矩和标准、准则，所以"两可"虽然是一种辩说方法，但也不能乱用。

哪部法典是我国第一部比较系统的成文法典？

中国历史上第一部比较系统的成文法典是《法经》，但它并不是我国历史上第一部成文法典，在此之前已经有了许多并不完善的法典。《法经》是历代法典的蓝本，是由战国时期著名的改革家李悝制定的。

战国时期各国为了增强国家实力，纷纷进行变法。李悝在这种情况下接受魏国魏文侯的支持开始进行变法，推行新政。新政中的一项就是制定《法经》。根据李悝的生卒年月（公元前455—前395年）能够推断出《法经》产生于公元前5世纪下半叶。《法经》产生的战国初期，正是中国社会由奴隶社会向封建社会转变的时期，所以《法经》所代表的法律文化是以新兴的封建自然经济为基础的，它是受封建的自然经济关系制约的。

《法经》共分为《盗法》《贼法》《网法》《捕法》《杂法》《具法》6篇。李悝是孔子的嫡传弟子子夏的徒弟。在孔子的所有弟子里面，子夏精于"务外之学"，是"务外派"的代表人物，他以"重礼"和"博学"为思想核心。李悝虽然跳出了儒家思想的框架，但却不能避免"重礼"的思想，所以《法经》虽然废除了世卿世禄，但是又确立了和封建等级相适应的权利和义务关系，宣布大夫的家里如果有侯爵的物品就逾越了规矩，应当被诛杀，体现了残酷的等级制度。

《法经》在中国历史上产生了深远影响。首先，《法经》是战国时期封建立法的典型代表和全面总结，也是这一时期政治变革的重要成果；其次，《法经》的体例和内容，为后世成文法典的编纂提供了范例。

在内容上，《法经》中"盗""贼""囚""捕""杂""具"各篇的主要内容也大都为后世法典所继承与发展。从体例上看，秦朝和汉朝直接继承了《法经》六篇，成为这两朝律法的主要篇目，魏、晋以后在此基础上又进一步发展，最终形成了以《名例》为统率，以各篇为分则的完善的法典体例。

我国第一个封建专制主义者是谁？

秦始皇嬴政（公元前 259—前 210 年）是秦国庄襄王的儿子，也是中国历史上具有赫赫功绩的君王。他开创了中国第一个统一的封建大帝国，建立了最早的专制主义中央集权制度，是我国第一个封建专制主义者，同时他也是杰出的政治家、军事家。

秦始皇生于动荡的战国时期，他领导秦王朝完成了统一中国的大业，是中国历史上的首位皇帝，对中国和世界历史的发展产生了深远而重大的影响，被明代思想家李贽誉为"千古一帝"。

公元前 247 年，年仅 13 岁的秦王嬴政即位；前 238 年，22 岁的秦始皇，在故都雍城举行了自己的加冕仪式，开始"亲理朝政"；公元前 230—前 221 年，他先后派兵灭掉韩、赵、魏、楚、燕、齐六国，39 岁时完成了统一中国的大业，建立起第一个以汉族为主体的统一的中央集权的封建国家——秦朝，以咸阳为首都。

秦始皇统一中国后认为自己的功劳比以前的三皇五帝还高，于是就和大臣商议将尊号定为"皇帝"，他自称"始皇帝"，但秦始皇的暴政统治让他建立的统一王国一夕崩塌，仅存二世，令人叹惋。

"皇帝"这个称谓的出现，不仅是名号的简单变更，而且也标志着一种新的统治观念应运而生了。在古代，"皇"就是"大"的意思，只有祖先神或其他一些神明才被人们称为"皇"。"帝"在科学不发达的古代是人们想象出来的主宰天地万物的最高天神。秦始皇把"皇"和"帝"两个字结合起来，说明了两点：第一，他的地位是至高无上，神圣不可侵犯的；第二，反映了他不满足于仅仅做人间的统治者，还要当神的统治者。由此可见，"皇帝"的称号，乃是秦王神化君权的一个产物。

他开创的专制主义制度，为以后各个朝代加强君权、巩固专制主义提供了范例。

先秦时期法家思想的集大成者是谁？

韩非子（约公元前 281—前 233 年），先秦时期著名人物，在政论、哲学、散文方面成就颇大，法家思想的集大成者，后世人称其为"韩子"或"韩非子"，韩非子其实是韩国国君的儿子，秦灭六国后开始效忠秦始皇。

韩非子是位才能非常出众的人物，但鲜为人知的是他是个结巴，不善与人交谈，但在写书方面很有天赋。他和李斯都拜荀子为师，韩非子聪明睿智，思维敏捷，博学多才，连李斯都自叹不如。

韩非子的家世是典型的贵族世家。他当时所在的韩国由于积贫积弱，经常遭受周围大国的欺负和骚扰，面对这种境况韩王却不思进取，安于现状，多次拒绝韩非子的建议。在这种背景下韩非子愤然写下了《孤愤》等一系列的文章，后来被收录进《韩非子》一书。

秦王嬴政在看了韩非的文章后，非常欣赏，就让韩非子效忠秦国，但是正直的韩非子在秦国一直受到大臣的排挤，最终被陷害而死。

韩非子的文章是非常出名的，其构思巧妙，描写细致，语言幽默，用平实的文字讲述深刻的道理，非常耐人寻味，而且还能激励世人奋发图强。韩非子最擅长的就是用许多人们耳熟能详的故事和丰富的历史知识来作为论证的依据，用来说明抽象的道理，将他的法家思想和对社会人生的深刻认识淋漓尽致地表现出来。凡是读过韩非子文章的人，基本上都会赞叹他出众的文采和不凡的见识，韩非子还写了《韩非子》这一旷世佳作。

韩非子虽然跟随荀子学习，但是他没有继承荀子的思想观念，而是选择了法家思想，韩非子的理论和黄老之法相似，都清简无为，君臣自正，崇尚质朴。他继承并发展了法家思想，成为战国末年法家思想的代表人物。

"法"字有些什么特殊的含义？

"法"的繁体写作"灋"，由"水""廌""去"三部分组成。按三部分意思来说，它们体现了公平、公正、决断。

"水"是指执法要像水一样平如镜，代表公平。

"廌"（音"志"）是一种神兽，又名"獬豸"。传说它天性爱主持正义，能判别真假虚实。它头上长有一只角，看到两人动手争斗，便立即用角准确地猛撞无理一方；见到有人吵架争论起来，亦马上用嘴去咬胡搅蛮缠之人。神兽会秉公办事仗义执言，所以，古代执法官员戴"獬豸冠"。"廌"字当然代表仗义公正。

"去"是去掉，引申作解决、法断之意。

由此可见，古"灋"字是这三方面意思的组合，体现出古人造此字时颇费了一番心机呢！不过它难写难认，后来便简化成"法"字了。

中国古代的法律形式有哪些？

中国古代的法律形式很多，总结起来有如下几种：刑、法、律、令、典、式、格、诏、诰、科、比、例。

刑：在夏、商、西周和春秋时期通用。其含义和法相同，基本指刑律，不指刑罚。后来，刑称为法或律，战国以后常指肉刑或刑罚。

法：这是商鞅变法之前的常用法律形式，春秋战国时期，各国变法时都以法为名称，如魏国的《法经》，晋国的《被庐之法》。到商鞅变法将法改为律后，法仅仅在广义上使用。

律：这是商鞅变法后中国古代常用的法律形式，应用广泛，如秦的《田律》，汉朝《九章律》，魏晋之后，有《魏律》《晋律》《北齐律》《隋律》《唐律》《大明律》《大清律》。

令：统治者就某一具体事务颁布的命令。是律的辅助性法律，在隋唐时期有专门法典，如《开皇令》和《贞观令》。

典：最早出现于唐朝的《唐六典》，是中国历史上第一部行政法典。后来的宋和元明清都有此类法典。

格：格也是一种行政法规。格作为独立的法律形式，最早出现于东魏的《麟趾格》。明清时将格的内容归入了会典和其他形式的法规，不再独立。

科：汉朝到南北朝时期的法律形式，科意思是断，所以依法断罪叫作科罪。在隋唐以后，敕的地位重要，科被敕和格所代替。

例：和比一样，例也是一种断罪原则，也是汉、唐、宋、明、清时期的法律形式，但名称不同。秦称"廷行事",即法庭成例。汉朝称为"故事",即以《春秋》中已有的故事作为断罪的依据。到了明清时,例和律并行,日益重要,在清朝时,其效力甚至高过了律。

诏:是古代皇帝发布的命令,也是很重要的一种法律形式,又叫诏令。皇帝的诏令经常具有最高的法律效力。既可以认可、公布法律,也可以改变、废除法律。

除了以上的法律形式之外,还有敕、诰、命、制、程等。值得注意的是,中国古代是专制集权社会,皇帝的权力是至高无上的,所以,他可以用诏、敕、诰等法律形式来发布新的命令,任意破坏现存的法律。这就构成了中国古代法律的最重要的一个特点:法自君出。

中国古代的司法机关经历了怎样的演变?

中国古代的司法机关在西周时期有了明确的从事司法审判的司寇,在此之前的夏商时期只是有了监狱这种司法执行机关,到西周时古代的司法机关基本形成。秦朝建立后,中央司法机关是廷尉府,最高司法官是廷尉。秦地方的司法机关由郡守和县令兼任。疑难案件上报中央,一般的则自己处理。秦朝的司法机关体制奠定了以后中国历代王朝司法机关的基础。

汉朝基本继承了秦朝的制度,包括司法体制,汉朝中央的司法机关仍然是廷尉,地方则与秦朝相同。但汉武帝之后,王权逐渐加强,出现了尚书台这种中枢组织,从而侵夺了廷尉的司法权。汉朝时皇权对司法权的控制进一步加强。

到了三国两晋南北朝,除了基本继承汉朝司法制度外,也有了一些发展。北齐将廷尉改称大理寺,下属官员也增多了,扩大了司法机关的规模。更重要的一点是,死刑的复核权收归了皇帝,这是古代司法制度的一大变化。

吏部尚书王忠肃公　明　《三才图会》

王忠肃公即王翱,明朝名臣,历任御史、右都御史、提督辽东军务、总督两广军务、吏部尚书等职,任内刚明廉直。

在隋唐时期,古代的司法制度基本成熟、制度化。隋唐的司法机关有三个:大理寺、刑部和御史台。宋朝的司法机关也是继承了唐朝的体制,但有些变化,如宋太宗时期设置了审刑院,侵夺了大理寺和刑部的部分职权,到神宗时撤销,职权又分归大理寺和刑部。宋朝还规定地方司法官必须亲自审理案件,否则处以徒二年的刑罚。从这以后,一直到明清时期,八百多年的时间里,州(府)县官员都要亲自审判案件。

元朝在继承前朝的体制基础上,也有变化,在保留刑部和御史台的同时,设置大宗正府来代替大理寺。蒙古人享受了很多司法特权。

明清时期也是以三法司为主要司法机关。但是其职权发生了变化,大理寺的审判权归了刑部,而刑部的复核权则给了大理寺,御史台改名为都察院。

明朝的特务组织如锦衣卫、东厂、西厂也都有司法审判权,甚至还凌驾于普通三法司之上,直接受皇帝管辖,自行审判、执行。

古代司法机关的发展变化,体现出皇权逐步加强的趋势，司法机关一直隶属于行政，最终隶属于皇帝，说明了司法仅是君主专制的一种工具，司法的独立是很难出现的。

古代对诉讼有哪些规定？

古代的诉讼制度规定，诉讼必须逐级告状，一般不许越级告状。但有重大冤情被压制无法申诉的，可以直接向皇帝告状，但经常要冒承担冲撞皇帝仪仗责任的危险。

为了防止乖戾之徒诬告别人，在告状时，诉状上要写明事实，不许说自己不能确定的事。同时，如果写匿名信告别人的状，要被流放两千里。

古代社会的诉讼权受到很大限制，除了谋反、谋大逆、谋叛外，各朝代都规定，子孙不许控告父母和祖父母，奴婢不许告主人及主人的亲属。如果违反，要处绞刑。但是，如果任何人犯了上述三种重罪，那么任何人都必须向官府举报。可见，封建社会法律是以维护皇权为第一目的的。

对于民事诉讼一般是要在基层根据伦理道德进行调解，调解不成才可以到官府告状，不经过调解私自到官府的，要被处罚，并被视为刁民。

礼与刑有着怎样的关系？

周公制礼后，礼在西周就具备了法的性质。礼从积极方面来规定人们应该做什么，而刑则从消极方面来规定人违礼以后如何处罚。礼包括两个方面：一是国家系统的典章制度，如宗法制、分封制和国家活动等；二是人们的行为规范和婚、丧、冠、祭等各种礼仪。刑则指《吕刑》，是西周中期穆王命司寇吕侯制作的，以论刑为主，强调执法慎重。

礼主要在贵族内部执行，所以一般都是用教化的方式推行，使人们自觉遵守，防止犯上作乱。如果违背了礼，就要受到刑的制裁。

汉文帝时期的刑制改革有哪些重要意义？

公元前167年，汉文帝下诏废除肉刑，开始进行刑制改革。这就是中国历史上有名的文帝刑制改革。

刑制改革起源于一次案件，当时齐国的太仓令淳于公犯罪要被处以肉刑，他只有五个女儿，没有儿子，小女儿缇萦便陪同父亲到了京城长安，向文帝上书，说愿意去做官奴，以赎父亲的肉刑。文帝很感动，让丞相张苍和御史大夫冯敬商议改革方案，方案将原来要执行的墨刑、劓刑和斩左、右趾改成笞刑和死刑。

这次改革改变了原来包括肉刑的奴隶制五刑制度，这是奴隶制五刑向封建五刑制过渡的开始。景帝即位后，继续刑制改革，两次颁布诏书，将肉刑数量大幅度减少。同时，还规定了刑具的长短薄厚，以及受刑的部位，行刑中间不许换人等。但宫刑在这次改革中没有废除。

这次刑制改革是中国古代刑制从野蛮时期到文明时期的转折点，此后，到南北朝时期，肉刑逐渐被废除，封建五刑制到北齐时出现了雏形，为隋唐封建五刑制的定型奠定了基础。

什么是"重法地"制度？

重法地是宋朝的一种法律制度，对某些特殊地区的特定犯罪施加重刑，这个地区就叫作重法地。

北宋时，为了保证京城以及其他重要城市的安全，宋仁宗创建了重法地这种制度。在开始的时候，只在京城地区适用，即开封府各县。到了神宗时，颁布新法律，加重处罚，而且株连家属，没收家产，对累犯和惯犯也施加重刑。以后，重法地又有发展，适用的地区越来越多，不但将某地直接宣布为重法地，而且在非重法地对于一些特定犯罪行为也用重法来处理。

北宋时适用重法地的地区占了领土的三分之一多，基本包括了长江以北所有地区。重法地制度执行了四十年后，在宋哲宗时被废除。

什么是朝审？

朝审是明朝的一种审判制度，在秋后处决犯人之前，召集朝廷大臣共同复审死罪囚犯。这实际上是一种会审复核制度，表示对人生命的重视。

这种制度开始于明英宗时期，他认为人命至关重要，一旦处死就无法复生，后果难以挽回。所以英宗规定，在每年的霜降以后，对于将要处决的死罪犯要重新复审，参加的大臣除了司法部门外，几乎包括了在京的所有重臣，如公、侯、伯、驸马、内阁学士、六部尚书、侍郎等。由于参与的官员级别很高，基本包括了在京的最主要官员，所以朝审也号称"九卿圆审"。

一般朝审的死刑犯都是普通的死罪犯人，重犯都已经遵照"决不待时"（不等到秋冬季节就执行死刑）的原则在平时被处决了。因此，在秋后处决的死罪犯都是一般的杀人犯、严重的盗窃犯。

平遥县署
县署即县衙，是古代县官办公审案之地，堂中悬挂着"明镜高悬"匾额，象征办案官员目光敏锐，识见高明，能洞察一切。

什么是"秋审"?

秋审是清朝的一种审判制度,从明朝发展而来。秋审的对象是复审各省上报的被处以死刑的囚犯。审判官的组成是中央各部院的长官。

秋审执行于顺治十五年(1658年),首先要求各省的督抚将自己省内所有被判处斩和斩监候案件和布政使、按察史会通复审,分别提出四种处理意见:情实、缓决、可矜、可疑。然后将有关案件的情况汇总报送刑部,而囚犯则集中到省城关押。在每年八月,中央各部院长官会审后,提出处理意见,报皇帝审批。如果确认实情,秋后就要处决。缓决如果连续了三次,就可以免死罪,减轻发落。如果是可矜,也可以免死减等发落。可疑的则退回各省重新审理。

秋审体现了对死刑的重视,但其判决有时也根据当时形势的需要来定,如果是治安混乱时期,就有可能加重,如果是太平时期,可能会减轻。

古代的监狱经历了哪些演变?

监狱的起源可以追溯到远古时代,狱是原始人驯养野兽的井槛或者岩穴,到氏族社会后,用来关押俘虏,驱使他们劳动。国家产生之后,作为国家机器的一部分,监狱也产生了。

"监狱"一开始并不叫监狱。夏朝时叫'官'。商朝叫"圉",周朝叫"圜土",秦朝叫"囹圄",直到汉朝才开始叫"狱"。秦时,不仅京城有狱,地方也开始设狱。汉时,监狱更是名目繁多。南北朝时期的北朝,又开始掘地为狱,发明了"地牢"。唐朝时,州县都有了监狱。宋朝各州都设置了类似周朝的圜土的狱,犯人白天劳役,晚上监禁。明朝京、州、府、县都有监狱,称狱为监也自明律始,清朝沿袭下来。监狱的职能,即对犯罪的事实要进行核实,对犯人进行教改。

什么是刑讯?

在中国古代的司法审判中,用刑具对受审的人进行肉体折磨,以此强取口供作为定罪的证据,这就是一般所说的刑讯。秦朝的刑讯称"榜掠",李斯就是被赵高用"榜掠"逼供被迫认罪的。到了汉代,刑讯已经制度化。

秦汉时期规定,如果审判时,被告经常推翻口供,拒不认罪的,就可以使用刑讯。在魏晋南北朝时期,刑讯的弊端得到一些抑制,统治阶层提出了依法刑讯的主张,对于刑讯的刑具和规格都做了规定。

唐朝时,刑讯制度基本法制化。唐律规定,官僚贵族和70岁以上、15岁以下的人,还有残疾人和孕妇可以免于刑讯。唐朝之后的宋、元、明、清都继承了唐朝的刑讯制度。为了防止法外刑讯激起民众反抗,皇帝中有的颁布诏书,严禁非法刑讯,并对违法官吏处以重刑。

什么是审讯的"五听"?

五听是封建社会法官审判案件的主要方式,确立于西周,要求法官通过对原告和被告察言观色,通过五种具体方式审理清楚案情,然后进行公正的判决。听即是判断。

五听是:

一、辞听,根据当时的言语错乱判断他在说谎。

二、色听,观其颜色,看是否因说谎而脸红。

三、气听，如果无理则会喘息加重。

四、耳听，如果理亏就听不清法官的话，可能在设法自圆其说。

五、目听，如果无理则两眼慌乱无神。

通过这五种方式，再结合当事人的话，核实证据，做出合理判决。此后，中国历代官员都用这种方式审理案件。

什么是"秋决"?

古代执行死刑一般是在秋冬季节，这与古人的自然神权观念有关，即顺应天意。春夏是万物生长的季节，而秋冬是树木凋零的季节，象征肃杀。处决犯人也是如此。

从西周开始就有了秋冬行刑的做法，到了汉朝成了制度。除了谋反等大罪可以立即处决外，一般死刑犯都要等到秋天霜降后冬至以前才能执行。

古代还有行刑的禁忌，唐宋规定正月、五月、九月为断屠月，每月的十斋日为禁杀日（初一、初八、十四、十五、十八、二十三、二十四、二十八、二十九），即使谋反重罪也不能在这些日子处死。明朝也规定十斋日禁止行刑，否则笞四十。国家进行大的祭祀活动时也禁止行刑。

古代的死刑有哪些种类?

中国古代的死刑种类有很多，死刑不仅是剥夺犯罪人的生命，还包括了羞辱、报复等含义。有的是一种很残忍的酷刑。其种类有：凌迟、斩首、绞、赐死、弃市、车裂、脯、戮、炮格、磔、烹、焚、枭首等。有的是法定刑，如斩首、弃市、凌迟、绞，其他的则是一些临时设置或使用的酷刑。

什么是奴隶制社会的"五刑"?

五刑中国古代的五刑是五种刑罚的统称，可分为奴隶制五刑和封建制五刑。奴隶制五刑是指墨、劓（音易）、剕（音月）、宫、大辟。封建制五刑指笞、杖、徒、流、死。奴隶制五刑在汉文帝之前通行，封建制五刑在隋唐之后通行。两种五刑制只是对古代刑罚的一种概括，不能完全包括古代的刑罚制度。

奴隶制五刑中除了大辟即死刑外，其他四种又叫作肉刑，因为这四种刑罚是对肉体的刑罚，而且受刑后无法复原。

墨：又叫作黥（音晴）刑，先割破人的面部，然后涂墨，伤好后留下深色的伤疤。汉文帝废除肉刑后，经过魏晋

溪山秋净图 清 王智

秋风肃杀，天地一派萧瑟之象。为了和自然的肃杀之气相应，古人就把死刑选择在秋季执行，同时选择执行日期时，还要经过择吉，选择适宜行刑的日子，以求顺天而行。

隋唐，都没有此刑，但五代和宋又恢复，辽金元明清都有刺面刑，但有的轻罪则刺胳膊。到清末光绪末期，彻底废除。

劓：即割鼻子，汉文帝废除肉刑后，用笞三百代替，后来，又减少了笞数。

刖：夏朝称膑，周时称刖。是指斩掉左脚、右脚或者斩双脚。有的说称膑是去掉膝盖骨。秦朝称为斩趾。

宫：又叫淫刑、腐刑、蚕室刑。开始是惩罚那些有淫乱行为的人，后来处此刑的人与淫乱无关。宫刑是五刑中仅次于死刑的一种重刑。东汉时曾经用这种刑罚来作为死罪减等刑。隋朝法律正式废除。

大辟：即死刑。秦汉以前的死刑种类很多，如戮、烹、车裂、枭首、弃市、绞、凌迟等。

什么是封建社会的"五刑"？

封建制五刑在隋唐以前已经存在，到了隋唐正式定为法定刑罚使用。

答：笞打，原来的刑具用小荆条拧成，到了清朝则用竹板做成。这种刑一般打臀部。受刑的轻重和行刑人有关，可以徇私舞弊。

杖：用粗荆条拧成，到隋朝时定为法定刑，击打部位是背、臀和腿。宋、明、清和隋唐相同，到清朝末年法律改革时废除。

徒：强制犯人劳役的刑罚，即劳役。唐朝不附加杖刑，而宋朝则加脊杖。

流：就是将犯人流放到边远地区，不准回乡。隋的流刑分三等：1000里、1500里、2000里，分别劳役两年、两年半和三年。唐朝则各加1000里，但劳役时间减少，都是一年。

死：隋唐之后，死刑一般是两种，绞和斩。宋、元、明、清还加上了凌迟。明、清加枭首。

女犯五刑有哪些？

女犯五刑是专门为女子制定的五种刑罚。分别是刑舂、拶、杖、赐死和幽闭。

刑舂：在施以黥、劓等肉刑后押送官府或边境军营，服晒谷、舂米之劳役。

拶刑：拶是夹犯人手指头的刑罚，故又称拶指，唐、宋、明、清各代，官府对女犯惯用此逼供。

杖刑：隋唐以来五刑之一。宋、明、清三代规定妇人犯了奸罪，必须"去衣受杖"，除造成皮肉之苦外，并达到凌辱之效。

赐死：古代对身份特殊的罪人采用赐毒酒、赐剑、赐绫、赐绳等物，由其自毙。妇人多赐绫缎，历代沿用。

幽闭：开始于秦汉。即使用木槌击妇人腹部，人为地造成子宫脱垂，是对犯淫罪者实施的一种酷刑。

什么是宫刑？

宫刑，又称腐刑、阴刑、蚕室或栋刑。即"丈夫割其势，女子闭于宫"。割除生殖器官，对于本人来说，毁灭了他的人生乐趣，对他的家族来说，剥夺了他遗传的权利。因此，宫刑是对人非常严厉的惩罚。

传说中宫刑早在尧舜时期就有了。据考证，宫刑最初的作用是为了惩罚男女之间不正当的性关系，但是，随着时代的发展，宫刑的施刑范围扩大了，扩大到与初意完全不相干的地步，成为滥施惩罚、压迫民众的一种严酷手段。西周时受宫刑的罪名已相当多见，而且受刑对象是广大奴隶和一般平民。

宫刑在汉王朝更为普遍。三国时，曹操曾提出将某些死刑改为宫刑，很多大臣都反对。晋王朝也有人提出恢复宫刑的主张，也没有能够实行。南北朝时期，宫刑又死灰复燃。北魏时宫刑一般多用于被认为是谋反大逆者的子孙。西魏、北周末见宫刑事例，但也未见废除宫刑的文告，直到隋王朝杨坚才正式下诏将宫刑废除。

隋代以后，正式规定使用宫刑的王朝有辽和明。到了清朝，有所谓"闰刑"，即一些在刑制上没有明确列出条目的酷刑，其中也难免没有宫刑了。

在刑罚中，杀和戮有什么区别？

杀和戮都有杀死的意思，但二者又有一些区别。在古代，人们将戮刑视为奇耻大辱，所以，在这里戮又有了羞辱和耻辱的含义。戮可以分为两种，即生戮和死戮。

生戮即先将犯人示众，然后再杀死。死戮是先将人杀死，然后再陈尸示众，如果没有被杀就已经死的，就陈尸示众，有时为了泄愤，还要鞭尸。或者将尸骨故意弄得到处都是，叫作鞭尸扬灰，这不但是对死者的侮辱，还是对他在世亲属的羞辱。戮刑是对要受刑人的一种羞辱，所以，到近代以后，都注重人的尊严和荣誉，处死犯人时一般要秘密处死。

宦官俑

什么是"干名犯义"？

"干名犯义"是在元朝确立的一种罪名，除了反叛、谋逆、故意杀人以外，儿子不许作证父亲所犯的罪行，奴隶不许告发自己的主人，妻妾、弟弟、侄子不许告发自己的丈夫、哥哥、叔叔伯伯，如果违背法令，出现告发行为，就是违背伦理道德、大伤风化的"干名犯义"。

如果有人不遵守法令规定，出现告发情况，对于被告作自首处理，对于告发的人则给予惩罚。这是元朝加强对诉讼人身份控制的一种措施，主要目的是维护封建的伦理道德。元朝的这种制度明朝和清朝都继承了。

诛九族的"九族"怎么算？

"株连九族"是古代一种酷刑。那么"九族"是哪九族呢？

说法一，是指父族四、母族三、妻族二；

说法二，是指父族三、母族三、妻族三。

父族四是指姑之子（姑姑的子女）、姊妹之子（外甥）、女儿之子（外孙）、己之同族（父母、兄弟、姐妹、儿女）；母族三是指母之父（外祖父）、母之母（外祖母）、从母子（娘舅）；妻族二是指岳父、岳母。父族三比父族四少了姊妹之子。妻族三比妻族二多了妻兄弟、姐妹。

还有一种说法是从己身往上数：父，祖，曾祖，高祖；在自己身往下数：子，孙，曾孙，玄孙。共九族。如果再加上门生，就是十族了。

什么是人殉？

人殉，就是用人殉葬。奴隶社会时期，奴隶主死后，要用妻妾、亲信、奴隶等陪葬，这就是人殉。

这种制度起源较早，考古和文献资料表明，人殉的野蛮习俗在商代曾达到顶峰。在商人眼里，鬼神比活人更有威力，活人解决不了的疑难和祸福，都要通过占卜请示祖先。所以，商人崇拜祖先，重视祭祀。活着的奴隶主贵族役使着成群的奴隶，为了表示孝心，就屠杀奴隶祭祀祖先，让祖先在鬼神世界享用。

春秋时期，奴隶制走向崩溃，人殉现象逐渐减少，代之以泥木人形的制品殉葬。从汉朝到元朝，人殉制度基本上被废止了。

然而，明朝建立后，太祖朱元璋又恢复了人殉制。明英宗之后，惨无人道的人殉制度才被废止。

"十恶大罪"有哪些？

在古代，这十恶是有所指的。古代封建刑法制度中的"十恶"之名，原来称"重罪十条"，设立于南北朝时期的《北齐律》中，是将严重危害国家利益和伦理道德的行为归纳成十条，以示重点镇压对象。"列重罪十条：一曰反逆，二曰大逆，三曰叛，四曰降，五曰恶逆，六曰不道，七曰不敬，八曰不孝，九曰不义，十曰内乱。"到隋唐时，随着佛教的兴盛，统治者遂将佛教之中的"十恶"之名引入律法，代替了《齐律》中的"重罪十条"，即谋反、谋大逆、谋叛、恶逆、不道、大不敬、不孝、不睦、不义、内乱。

明太祖 明 《三才图会》

明太祖朱元璋恢复殉葬制度，在其陵墓中，有46名后宫女子殉葬。明成祖有30多人，明仁宗有5人，明宣宗有10人，直到明英宗时，才彻底废止了殉葬制度。

55

谋反：妄图危害皇帝的政权，即夺位。古文是"谋危社稷"，国家通称社稷，代称君主。

谋大逆：图谋侵害皇帝的宫殿、宗庙、陵墓。

谋叛：即预谋叛国，投向敌对政权。

恶逆：殴打及谋杀父母、祖父母，杀伯叔父母、姑、兄姊、外祖父母、丈夫、丈夫的祖父母、父母。

不道：杀死一家没有犯死罪的三人，而且将尸体肢解。

大不敬：触犯皇帝尊严地位的七种犯罪。

不孝：告发、咒骂父母、祖父母，祖父母健在时分家，供养不及时，诈称父母、祖父母死等。

不睦：谋杀五服内的亲属，殴打、告发丈夫，殴打其他亲属等。

不义：丈夫去世隐瞒不办丧事，为丈夫守孝期间擅自脱孝服穿喜庆衣服，擅自改嫁。

内乱：指家族内的乱伦。

由于"十恶"之罪直接危害了封建专制制度的核心——君权、父权、神权和夫权，所以自隋代在《开皇律》中首次确立"十恶"之罪以后，历代封建法典皆将之作为不赦之重罪，因此，民间遂有"十恶不赦"之说。

什么是"免死铁券"？

明英宗赐给保国公朱永的铁券

铁券是皇帝分封功臣做诸侯王时所颁发的凭据，起于汉代。《汉书·高帝纪》载："（刘邦）又与功臣剖符作誓，丹书铁契，金匮石室，藏之宗庙。"由于分封功臣的誓词是用丹砂写在铁制的契券上，所以称为"丹书铁券"，或"誓书铁券"。为了取信和防止假冒，将铁券从中剖开，朝廷和诸侯王各保存一半。唐以后铁券不是"丹书"而是嵌金，券词黄金镶嵌。誓词有所封的爵衔、官职、邑地及据以受封的功绩，另刻有"卿恕九死，子孙三死，或犯常刑，有司不得加责"。明代铁券依唐制，不过"所谓免死"，除谋反大逆，一切死刑皆免。但免死之后要革爵革禄，不许仍袭故封。

◎第三章 **语言文字**◎

人类是从什么时候开始结绳记事的?

在文字发明之前及文字使用初期,人类常用在绳索或类似物件上打结的方法记录数字或某件事,用以传达记录信息的方法,即结绳记事。

在原始社会后期,结绳记事的产生使人类的计量、记录方法的发展有了质的飞跃。结绳是原始人通过在绳上打结的方式进行计量、记录如数字的多少等简单问题的一种方法,可以说是标志着人类会计的起源。结绳记事虽然不能对事情本身做记录,而且也不可能记得太多,但它能起到提醒记忆的作用。

我国结绳记事这一方法的应用有着悠久的历史。史书上对结绳记事的记载有很多,关于它的研究结论也大多一致。在东汉武梁祠浮雕上有关于"伏羲仓精,初造王业,画卦结绳,以理海内"的记载,说明伏羲氏在做部落首领时,就已经能够借助他创制的八卦及结绳记数、记事等方法在生产活动及日常生活中管理部落。

关于结绳记事的产生,有这样的推断。根据考古发现分析,在远古时代一般大一些的鱼网,网坠大都是石质,在负荷较重的网上绳结相应要大一些;而小一些的鱼网,网坠很多都是陶质,因此,负荷较轻,网上绳结相应要小一些。人们在长时间结网捕鱼的生涯中,从中领悟到可以根据绳结的大小来记事、记数。这种推断和历史书记载上的结绳记事所产生的年代、地域具有一致性,应该说是具有一定的合理性的。

关于结绳记事的原则,在《周易正义》中讲到"事大,大结其绳;事小,小结其绳,结之多少,随物众寡",即根据所记事情的重要程度,大事情就打一个较大的绳结,小事情则在绳子上打一个较小的绳结,看到不同大小的绳结就能知道事情的重要程度。

在近代,一些没有文字的民族,仍然在采用结绳记事来记录和传播信息。在没有文字的年代里,看似简单的结绳记事却有着重要的作用。

刻木记事产生于什么时候?

刻木记事是人类早期记录方式的一种,我国考古发现最早的刻木记事类型文物是青海乐都柳湾马厂类型墓葬(距今 4500—3500 年)遗址中的骨片。刻木记事中的刻木一般使用宽度约为一指的木片或竹片,长度根据所记事情的多少而定。刻记的方式既可以在木片上烙洞,也可以用木炭在上面画一些符号。

简单刻记是原始人最初采用的一种计量、记录方法。是人类在旧石器时期采用的两种计量、记录方式中的一种。而刻木记事相比较而言又更向前发展了一步,时代也较晚。

在青海乐都柳湾马厂类型墓葬遗址中发现的骨片,产生于新石器时代中期,距今约有

4000多年的历史。这些骨片上的标记有了一定的规律，缺口大都刻在骨片中部的两边，在40片骨片上所刻下的缺口数量大都在1至3个。

刻木记事在我国史书中很早就有记载。《隋书·突厥传》中记载了北方突厥人刻木记事的事情，《旧唐书·西南夷传》也记载了当时我国南方一些少数民族采用刻木记事的情况。

刻木记事一般是以坚硬的石器作为刻画的工具，在石片、骨片等载体之上刻画出一些线条或纹路，或者是刻出一些缺口，代表一定数量或是记载事物，但这些标记所代表的含义一般只有刻画者自己才知道。

在近代，我国云南地区的一些少数民族仍然在使用刻木或刻竹的记事方法，用于记数、记事的方式与柳湾出土的刻骨雷同。另外，在四川木里县发现的摩梭人进行刻木记数、记事采用的刻画符号同柳湾人的数字符号及刻写方法也是一样的。

这些发现都证实了中国历史上的刻木记事作为早期人类用于记数和记事的方式是广泛存在的。这种方式虽然在现在看来很简单，在当时却发挥了极大的作用。

汉语属于什么语系？

汉语属于汉藏语系。汉藏语系是通用的名称，有时也称为"藏汉语系"和"印支语系"。

汉藏语系指的是以汉语和藏语为代表的亚洲一个有亲属关系的语言群，是语言学家按照谱系分类法划分的一组语群。由于汉藏语系语言和一些地方的方言的区别很小，所以汉藏语系具体有多少种语言，是很难估计的。汉藏语系主要分布在中国、越南、老挝、缅甸、尼泊尔、柬埔寨、印度、泰国、不丹、孟加拉等国家。汉语也是属于汉藏语系中的一员。

中国是汉藏语系中使用人数最多的国家，在中国南方大多数的少数民族都是汉藏语系民族。汉藏语系的语种及分类说法向来不一致，大家普遍能够认可的有两种：一种是分为汉语族、藏缅语族、苗瑶语族、壮侗语族；另一种分类法认为汉藏语系包括汉语和藏—克伦语两类，同时，又在藏—克伦语下面分藏缅语和克伦语两类，这种观点的代表是美国学者白保罗。

以汉藏语系中的某一语言为国语或主要语言的国家，有中国以汉语为主要语言、泰国以泰语为主要语言、老挝以老挝语为主要语言、缅甸以缅甸语为主要语言等。中国是使用汉藏语系语言的人口最多、语种也最多的国家。到目前为止，已确定的语言有30多种，分属不同的语族、语支。其中汉语分布遍及全国各地，下分官话、吴、湘、赣、客家、粤、闽七大方言。

按照使用人数来计算的话，汉藏语系是世界上第二大语系，仅次于印欧语系。

我国主要有几种方言？

方言就是人们通常所说的"地方话"，是民族共同语在长期的历史发展中分化变异出来的地域性变体，它的地域性就是指相对于民族共同语而言，其适用范围有限。汉语方言也是相对于普通话而言，普通话是通行于全国不受地区差异限制的语言；方言只是通行于某几个省或某个省，或者是更小的地区、群体内部，是某一地方的通用语言。

方言只能为局部地方的人民服务，而普通话为全体汉族人民乃至整个中华民族服务。方言之间、方言与普通话之间，从它们的语音、词汇、语法等方面来看，可谓是"同中有异，异中有同"。它们都是同一语言发展和分化的结果。

我国地域辽阔，民族众多，各地方言繁杂，且都有自己的特征。总的来说，我国的方言可分为7种：第一是流通在我国中原、东北、西北和西南的广大地区的北方方言。第二是吴方言，即分布在江苏省的江南地区和浙江省大部的江浙话。其中，苏州话、上海话是江浙话的主要代表。第三是主要通行于江西省和福建省西北部和湖南省的东部以及湖北省的东南部等地区的赣方言，即江西话。第四是分布在我国的湖南省大部的湘方言，即湖南话。湖南话以长沙话为主要代表（旧时以双峰话为代表）。第五是客家方言，又叫客家话。客家话分布比较分散，相对集中的地方是广东省东北部、福建省西北部、江西省与湖北、广东、福建接壤的地区，以及四川、广西和台湾等地。第六是粤方言。第七是闽方言。

在七大方言中，北方话分布区域最为广泛，大约占我国国土面积的70%；使用的人数也最多，占使用汉语人口的70%。方言之间的分歧虽然说主要是语音差异，但不同的方言之间词汇的差异也很大。

谁创作了我国第一部方言著作？

我国第一部方言著作是《輶轩使者绝代语释别国方言》，简称《方言》，是西汉时期扬雄所著。该书汇总了从先秦到汉代两个时代的方言。

扬雄（公元前53—18年）字子云，西汉蜀郡成都（今属四川成都）人，西汉著名学者。扬雄，本姓杨，因为他自己为了标新，改姓为扬。扬雄少年时就非常好学，博览群书，擅长辞赋。40多岁时，扬雄进京，被大司马王音召为门下史，并推荐他为待诏。后经人引荐，被召入宫廷，侍从祭祀游猎，任给事黄门郎。王莽称帝后，扬雄被任命为大夫。另有《太玄》《法言》《训纂篇》等作品。

秦朝以前，政府会在每年八月派遣"輶轩使者"到各地搜集方言，并进行记录和整理。但由于战乱，这些资料都散失了。扬雄对此却很感兴趣，经过27年的努力，他写成了这部方言，全书9000字，经过后人增补为12000字。如今，我们所能见到的《方言注》一书是晋代郭璞为《方言》所做的注释本，有13卷。

从《方言》所记载的方言区域来看，地域非常广阔，包括了当时的行政区域的大部分地区，甚至还包括现在的朝鲜北部的一些方言。从《方言》记载的内容看，包括古方言、今方言和打破了区域限制的普通话。全书的体例与《尔雅》相似，基本上采用分类编次法，但是没有《尔雅》那样明确地标明门类。之后，清代很多语言研究者纷纷为《方言》注疏，影响较大的有戴震的《方言疏证》、周祖谟的《方言校笺》等。

《方言》的记录对象是各地的活方言，突破了文献和文字的限制，在研究方言时能够综合不同时间和不同的地域，这种研究方法为后世开创了优良传统。这本书不仅在中国方言学史上具有重要地位，在世界的方言学史上也是一部不朽之作。

第一个发现甲骨文的人是谁？

我国最早发现甲骨文的人是清朝末期官至国子监祭酒的王懿荣。

王懿荣（1845—1900年）字正儒，一字廉生，山东福山（今山东烟台福山区）古现村人。他是光绪六年的进士，1883年任翰林院编修，官至国子监祭酒。王懿荣是我国近代著名的金石学家，同时也是一位爱国志士，《清史稿》中有他的传记。

他出身于士大夫家庭，聪颖勤奋，潜心钻研金石学说，撰有《汉石存目》《南北朝存石目》《福山金石志》等书。1899年，他在无意中发现了甲骨文，并将其判断为商代的文字。这一发现轰动了中外学术界，为中国文字学、历史学研究开创了新的局面。

王懿荣发现甲骨文可以说是很偶然的事。一次，他生病了，在看医生开具的药方时看見其中一味叫龙骨的药材，在翻看药渣时，看到有一种看似文字的图案在龙骨之上。于是，他到药店把所有的龙骨都买了下来，经过仔细观察，发现很多龙骨上都有类似的图案。

凭借自己的金石研究经验，他感觉这是一种文字，而且应该是具有了比较完善系统的文字，并认为这应该是殷商时期的文字。随后，王懿荣遍查各种史料典籍，了解了古人占卜的情况，之后，他确定了这就是先祖们占卜用的龟甲！此后，他又从骨头上发现了商代几位国王的名字，对照《史记》，得到了初步的印证，这也是他能够断定这些甲骨上的文字是商朝文字的一个重要依据。王懿荣认为，这应该是比篆籀更早的上古文字。最古老的文字发现了，虽然是偶然，但没有王懿荣深厚的金石学功底和强烈的好奇心，甲骨文的发现可能还要晚很多年。

后来，人们找到了龙骨出土的源头——河南安阳小屯村，又在那里发掘出土了一大批龙骨。因为这些龙骨主要是龟类兽类的甲骨，所以人们将龙骨上的文字命名为"甲骨文"，研究它的学科叫作"甲骨学"。由于甲骨文是用刀刻成的，而刀有锐有钝，骨质有粗细软硬的不同，所以字的笔画粗细不一，以细笔居多，有的纤细如发，但在笔画的连接处浑厚粗重。在文字结构上，大小长短各不同，但也正因为如此，才能够看出当时文字的简单朴实。

甲骨文的发现意义重大，它将我国汉字的使用历史推到了公元前1700多年的殷商时代，为中国文字和文化史研究做出了巨大贡献。

第一部有关甲骨文的著作是什么？

我国历史上的第一部有关甲骨文的著作是《铁云藏龟》，是由清朝末期小说家刘鹗编著的。1903年抱残守缺斋（刘鹗的书斋）石印出版。

甲骨文的发现者王懿荣去世后，其收藏的甲骨由他儿子送给了刘鹗。1903年，刘鹗从他所收藏的5000多片甲骨中挑选了1058片文字比较清晰的甲骨，拓印下来编成《铁云藏龟》6册。原刊本有罗振玉序、吴昌绶序和刘鹗自序。在自序中，刘鹗描写了自发现甲骨文字以及王懿荣收骨买骨的过程，这为后来考证甲骨文的发现提供了佐证。

刘鹗（1857—1909年），清末小说家，原名孟鹏，字云抟、公约；后更名为鹗，字铁云，又字公约，号老残，江苏丹徒（今镇江市）人，寄籍山阳（今淮安市楚州）。他出身于官僚家庭，但不喜欢科场考试的文字风格。他受到家庭环境的影响，致力于数学、医学、水利、算学等实用学问的研究，并纵览百家，收集书画碑帖、金石甲骨是他的兴趣爱好。

刘鹗青年时期师从太谷学派，从事实业，抱着能够实现太谷学派"教养天下"的目的，投资兴办教育。在《铁云藏龟》的自序中，刘鹗记述了发现甲骨文字的过程，还论述了文字从古籀到隶书的演变过程。该书的出版使得甲骨文不再那样神秘，甲骨文不仅是只供少数学者观赏研究的"古董"，而且变为广大学者研究的资料和一般读者阅读的书籍，在甲骨学研究史上有很重要的开创作用。其后，原先在刘家任家塾先生的罗振玉，从刘氏赠送他的未曾著录过的甲骨中精选数十板，在1915年影印出版，定名为《铁云藏龟之余》。

1931年，上海隐庐重印吴、刘两序本，后附罗振玉编写的《铁云藏龟之余》，除了甲骨文字的正文之外还附有鲍鼎的注释。1959年台湾艺文印书馆重印该本，同时拓本旁又附有摹本。后来，严一萍又重新整理《铁云藏龟》一书，重新进行分类，编为《铁云藏龟新编》，在1975年出版，共收录甲骨1043片。

《铁云藏龟》一书，最早将甲骨文由书籍的形式向大众公开，这对于后世人们认识和研究甲骨文具有非常重大的意义，甲骨文和甲骨学也因此得到了进一步发展。

中国最早较为成熟的文字是什么？在哪里出土的？

中国已发现的最早的较为系统、成熟的文字是甲骨文。甲骨文是1986年在陕西西郊发现的。甲骨文主要指殷墟甲骨文，又称为"殷墟文字""殷契"，指的是殷商时代刻在龟甲兽骨上的文字。

19世纪末年在殷代都城遗址发现大量甲骨文，是中国商代后期王室用于占卜的卜辞和为了记事而刻在龟甲和兽骨上的文字，它继承了陶文的造字方法。殷商灭亡后，甲骨文还继续使用了一段时期。

甲骨文因镌刻于龟甲和兽骨上而得名，已发现的甲骨文中的内容主要记录了盘庚迁殷至纣王间270年的占卜事情，是最早的文字。当时在决定进行渔捞、征伐、农业等诸多事情前都要进行占卜，这才使得后世能够看到甲骨文，成为研究中国文字重要的资料。通过了解甲骨文，也可以了解殷商时期人们的生活状况和经济发展情况，研究甲骨文也是研究当时社会状况的有效途径。

在字的构造方面，甲骨文中的一些象形字只要求神似，不注重具体的笔画，这体现了甲骨文中的原始绘画的痕迹。甲骨文的会意字，也没有固定的格式，因此，甲骨文中有非常多的异体字，甚至一个字可以有几十种不同的写法。因为甲骨文是用刀刻在较硬的兽骨上，所以笔画粗细不均，以细笔、方笔居多。

从甲骨上的文字结构中可以看到当时的文字已经具备了中国书法的用笔、结字、章法等要素。甲骨文因为是用刀刻写的，所以对后世篆刻的用笔、用刀受到了甲骨文很大的影响。从文字结构而言，文字虽然有很多变化，且大小不一，但比较均衡对称，字的结构已经趋于稳定。章法上，甲骨文虽受到骨片大小和形状的限制，但仍表现了镌刻的技巧和书写的艺术特色，有着追求美观的内涵。现今在一些书法家和书法爱好者中流行的"甲骨书法"，就证明了甲骨文的这种书写形式的魅力。

甲骨文的发现，在学术界引起了很大的轰动。甲骨文作为中国已经发现的最早的文字，如今已经发展成为一门有着重要影响力的世界性学科，从事研究的中外学者众多，发表的专著、论文等有3000多种。

甲骨文是我国古代先民在龟壳、兽骨上刻画留下的文字符号，是我国最古老的文字体系。最初在光绪二十五年（1899年）河南安阳小屯村的"殷墟"出土。在殷墟中发现的甲骨文单字有4500字左右，经过分析可以辨识的有约1700个。

1986年，在陕西省西安市西郊相继出土两批甲骨。这些甲骨上的文字字体极其细小，笔画细微，但刚劲有力，字形清晰，字体结构布局整齐，与殷代甲骨文字体较为接近，但是，正是由于字体较小，不仔细观察很难看到上面的文字。1986年10月，山东召开了中国古文字学会年会，1987年2月24日，文化部在北京召开关于西安出土的两批原始甲骨文字审议会，经过大会讨论和研究，大家一致认为西安出土的甲骨文是夏朝的文字，比安阳地区的出土的甲骨文要早1200多年，是我国最早的甲骨文。经考古学家、古文字专家考证，这批甲骨中可以辨认的字有"万""人""退""羊"等，其他的字还要经过相互考证才能得到辨认。

有很多象形字出现在甲骨文中，同时，汉字的"六书"原则在甲骨文中已经体现出来，但因为文字较为原始，仍然有着鲜明的图画痕迹。甲骨文的形体，根据所描绘的实物繁简不同而大小不一，有的一个字可以占上几个字的位置，有长、有短。在字的结构方面，很多字追求突出实物的特征，笔画多少、正反向背很不统一。其中，一些会意字，只要求偏旁会合起来含义明确，而没有固定形式。因此，在甲骨文中有很多的异体字，有的一个字有十几个甚至几十个写法，但是，我们不能苛求当时的人们写出现在这样规范的汉字，甲骨文的产生已经能够说明先民们具有的极高的创造力和智慧了。

在陕西省西安市西郊发现的甲骨文具有重要意义，它把中国最早使用文字的历史提前到了 4500 年至 5000 年前，为中国文化史研究提供了很有价值的参考资料。

收录甲骨文最全的著作是什么？

甲骨文从出现的那天起就吸引了众多的国内外学者的研究。《甲骨文合集》是我国现代甲骨学方面的资料的汇编集成之作，是收录甲骨文最全的一本书。该书由中国社会科学院历史研究所《甲骨文合集》编辑组集体编辑完成，郭沫若任主编，胡厚宣任总编辑。

《甲骨文合集》一书选录了当时的殷墟甲骨拓片、照片和摹本 41956 片，分装 13 册。前 12 册是拓片及原骨照片，第 13 册为摹本。其中有的已被著录成书，有的没有收入著作。《甲骨文

大型涂朱红牛骨刻辞　商
商朝的甲骨文是占卜时刻在龟甲或者兽骨上的象形文字，也称卜辞。河南安阳殷墟有大量出土。

合集》在所收录的甲古文中，大部分都是发表过的，但对于甲骨文研究而言这样一本汇编性质的图书还是很有意义的。

书中拓片的主要部分剪取已著录书中原有的拓片，原书中拓片不清楚的就重新墨拓。编辑时先剔除伪片，校出重复，缀合断片，然后采用董作宾先生的五期分期标准分类编排。五期分期即第一期，武丁；第二期，祖庚、祖甲；第三期，廪辛、康丁；第四期，武乙、文丁；第五期，帝乙、帝辛。在 13 册中，第一至第六册为第一期，第七册为第一期附，第八册为第二期，第九、第十册前半部分为第三期，第十册后半部分和第十一册为第四期，第十二册为第五期，第十三册为相关的甲骨文的摹本，同样也是按五期分期的方法编排。在编排时，每一期甲骨从社会史的角度把主要内容分为 4 大类，21 小类。

通过对甲骨的分期，使每一片甲骨都可落实到它所处的年代，把内容相同时代不同的甲骨文集中在一起，也便于比较研究。本书基本收齐了已有的甲骨文资料，并经过辨伪、去重、断片缀合、分期、分类等较为科学的整理，为之后甲骨学的发展研究提供丰富的材料，奠定了甲骨学研究的基础。

《甲骨文合集》一书的问世，是我国各界学者大协作的成果，是由 10 多处重点单位、近 80 个甲骨收藏单位和个人共同协作完成的。它的出版使我国古文字和古代社会的研究领域更加活跃，尤其是对甲骨文的研究意义重大。

我国最长的一篇金文有多少字？

我国迄今发现的最长的金文是西周晚期的毛公鼎铭文，全篇共 497 字。

金文是流行于殷周时期刻写在青铜器上的铭文，周以前把铜也称作"金"，所以铜器上的铭文就叫作"金文"，又因为当时这类青铜器以钟鼎为主，而且上面的字数最多，所以又叫作"钟鼎文"。由于载体的限制，金文篇幅一般较短。

金文与甲骨文文笔细、多直笔、转折处为方形等特点不同，金文笔道较粗，多弯笔和团块。金文根据年代的不同大致可分为殷商金文、西周金文、东周金文和秦汉金文等。

商代时期，金文最长的不足 50 字，记叙内容简单。到了西周时期，金文作为商代金文的进一步发展，在简短铭文仍然存在的同时，出现了许多长篇铭文，记录重大史事，成为了解那段历史的重要资料。西周早期的金文字体多豪放；到西周中期则转趋规整，格式也逐渐固定下来；中晚期的册命金文，其内容大多叙述周王对臣下命赐之礼，与当时职官制度极有关系，从中还可看出那时的等级区分；西周晚期的金文内容多反映战争及社会动乱等历史重大事件。因此，这些金文的翻译研究对于了解当时社会的历史事件具有重要参考价值。

春秋时期周王朝东迁后，金文逐渐减少，诸侯国的金文开始大量出现。这个时期，大、小诸侯国都有金文，而且金文的地方性不断增强。战国中晚期金文的作用转为"物勒工名"（指器物制造者把自己的名字刻在上面以方便管理者检验其质量），此类金文对于研究当时官职制度、地理变迁、度量衡制等有很大价值。

秦代最具特色的金文是秦始皇统一度量衡的诏书和秦二世胡亥的诏书，称为"两诏"。汉代金文继承了秦代金文的风格，但格式上更为规整和统一，考古发现的汉代金文的数量也较多，对研究汉代社会制度有着重要而特殊的意义。

金文的使用开始于商代的早期，至秦汉约有 1000 多年，作为特殊的文字形式，对于研究西周、春秋、战国等时期的文字发展具有重要意义，同时也是研究先秦历史较为珍贵的历史档案。

最早的刻石文字是什么？

石鼓文，因为文字是刻在 10 个鼓形的石头上，故称"石鼓文"，是我国最早的石刻文字，被称为"石刻之祖"，现藏于故宫博物院。

唐初时石鼓文被发现，自杜甫、韦应物、韩愈作诗以后，开始被世人所知，刻石上没有具体年月日期，唐人韦应物和韩愈都认为是周宣王时期的刻石。

刻石为鼓形，共有 10 块，每一块石鼓上分别刻有一首四言诗，石鼓直径约 1 米。其内容记述的是秦国君游猎的情形，故又称"猎碣"，因曾被丢弃在陈仓，也称为"陈仓十碣"。刻石上的文字为籀文，即秦始皇统一文字前的大篆。

石鼓文的字体处于承前启后的时期，与金文有较大差别，具有明显的动感。上承西周时期的金文，继了秦国文字的风格，向下开启秦代小篆。可以说石鼓文是集大篆之成，开小篆之先河，是由大篆向小篆衍变而又尚未定型的过渡性字体。从书法角度来看，石鼓文字体较为方正丰厚，用笔起止均有藏锋，浑劲圆融，匀称适中，有雄秀之美，同时透露着古朴。

石鼓文对后世的书法与绘画艺术的发展有着重大影响，被历代书家视为学习篆书的重要范本，有"书家第一法则"的美称。这种影响到清代时达到最盛，如著名篆书家杨沂孙、吴昌硕，他们书法风格的形成就是主要得力于石鼓文。

在唐朝就有石鼓文的有关拓本，但因为年代久远没有流传下来。宋安国所藏石鼓宋拓本，被民国时期人秦文锦售给日本东京河井荃庐氏。此外，社会上所流传的早期拓本有北宋的《先锋》《中权》《后劲》三种，其中天一阁所藏北宋拓存四百二十二字本较为完整、保存较好。然而原拓早已失传，现在所能见到的是郭沫若先生 20 世纪 30 年代在日本收集的此三种拓本的照片。

石鼓是我国较为珍贵的文物，而石鼓文具有很高的史料价值和艺术欣赏价值。

《史籀篇》中的"史籀"是人名吗?

《史籀篇》是我国古代有文字记载的最早的字书之一,相传是周宣王时"太史籀"所作,已经散轶。因为年代久远,且原书遗失,关于它的成书时间和作者历来有很多不同观点。

《史籀篇》是见于著录的最早的一部字书。秦始皇统一文字时,李斯的《仓颉篇》、赵高的《爰历篇》、胡母敬的《博学篇》,都是根据《史籀篇》写作而成的。

《史籀篇》原书四字一句,编成韵语,是教儿童识字的课本,这也是中国历史上有记载最早的儿童识字教科书。原书中约有200字被收录在许慎的《说文解字》中。其字体较小篆繁复,字呈正方形,笔画优美。与小篆不同,被称为"籀文",又称为"大篆"。字体与金文及石鼓文相似,清朝学者王国维认为应该是属于周秦间西土文字。《汉书·艺文志》注解为"周宣王太史作",《说文解字·序》认为是"周宣王太史籀"所作,因此很多人认为是史籀所作。

但是,到了近现代,有许多学者提出了"史籀"不是人名的观点,对于成书时间也有所质疑。东汉许慎《说文解字·序》、唐代张怀瑾的《书断》等很多古代书籍中都一贯认为《史籀篇》是"史籀"所作,"史籀"是人名。

王国维在《史籀篇疏证叙录》中提出对"史籀"是不是人名的质疑,认为"籀"是诵读的意思,"太史籀书"是《史籀篇》的首句,是"太史读书"的意思。而以"史籀"二字作书名,"史籀"不一定是人名。王国维根据《说文解字》所保留的一些《史籀篇》文字,推断其字体处于石鼓文与秦刻石之间,认为作者应该是春秋战国间的秦人。

近代唐兰在《中国文字学》中指出史籀是战国时周元王时的"史留",因"元"与"宣"音近,《汉书·艺文志》所说周宣王可能是元王,后人以讹传讹,都说成是周宣王时代的史籀了。虽然唐兰提出的"史留就是史籀"一说缺乏有力的证据,不过其认为《史籀篇》的成书时间是周元王时代,这个看法和王国维的意见却是一致的。

汉字源远流长,字书的出现年代也比较早,虽然关于《史籀篇》确切的作者和成熟年代仍有争议,但这本书的价值和意义仍然是无可非议的。

巴蜀符号有多少个?

巴蜀符号,又称巴蜀图语或巴蜀图形文字,是古巴蜀文化体系的一种表现。巴蜀符号大约有200多个不同图符,它们大部分出现在中国四川省出土的战国至西汉初期的文物上。

巴蜀符号大约出现在西周,并流行于战国时期,可能产生于古蜀国的开明王朝时期。巴蜀文字是在巴蜀符号的基础上发展而成的,但是,秦始皇统一六国后,巴蜀符号和巴蜀文字被废除,后来逐渐消失。

巴蜀符号主要出现在铜制的兵器、乐器、印玺等器物上,大多数是用錾刻的方式刻上去的。在地位较高的王、侯等人的墓葬中才有"巴蜀符号"的印玺出土,是很罕见的。已发现的成组的有一定意义的巴蜀符号有200种以上,带有"巴蜀符号"的器物已经发现的有几千件。它们多数是模仿事物的图像,属于看图解寓意的符号,没有实词和连接词,也没有数目字,还不能构成完整的句子,表示完整的意思,所以不同于甲骨文、古彝文等文字系统。

典型的巴蜀符号常见的图形有虎、龟、花蒂、孔雀等。虽然有一定的装饰作用,但它们的意义超越了装饰性作用。我国有学者认为这些图符是一种拼音文字,也有人推测"巴蜀符号"可能和金文一样，属于四川远古时代遗留下来的象形文字，但至今没有人能够读出其中的意义，巴蜀符号中的秘密一直没有被破解。

巴蜀符号是一个巨大的谜团，但是这个谜团本身也是一个窗口，它集中了巴蜀文明所有的神奇，是了解和发掘巴蜀古代文明的钥匙。现在还不能完全破解巴蜀符号，但它在中华民族史上具有举足轻重的地位。

《缯书》的书写材料是什么？

《缯书》以白色丝帛为书写材料。1942年9月在湖南长沙东郊的战国楚墓中出土的《缯书》，距今已有2000多年的历史，是我国现存最早的缯书。

楚墓中出土的《缯书》是一本用毛笔水墨书写、彩绘白色在丝织品上的书，约高30厘米、长39厘米。在中间位置写着一篇较长的文字，分左右两部分：左侧13行，右侧11行为倒写，全篇共计600多字。

《缯书》使用的是战国时代的古文字体，大多不能辨识。其内容共分天象、灾变、四时运转和月令禁忌三部分，不仅载录了楚地流传的神话传说和风俗，而且还包含阴阳五行、天人感应等思想。在文字的四周绘有12个怪异的神像，先以细线勾描，然后平涂色彩，姿态各异，活灵活现，栩栩如生，其间还注有说明文字，同时又显示出很强的写实性，一些神像身上的斑纹，描绘得惟妙惟肖，仿佛是从虎豹身上揭下来的一样。特别是帛书四周用青红白黑四色描绘的树木，繁枝摇曳，依像图貌，在精细的笔工中，显示出作者极高的技艺。

从艺术角度来看，《缯书》全文间距基本相同，排列整齐，在力求规范整齐之中又有自然随性之态。其字体扁平，对称均衡，端正严肃，介于篆书和隶书之间。笔法粗细变化有致，又显得秀美，在点画顿挫中展示出自己的韵味，充分展现了作者将文字艺术化的追求。

《缯书》不仅是中国古代艺术中的珍品，也是世界艺术史上的瑰宝，有极高的研究价值和艺术价值。但由于历史原因，1946年《缯书》被美国人柯克思带到了华盛顿，现藏于耶鲁大学图书馆。

秦始皇统一文字之后的字体是什么？

秦朝是我国历史上第一个统一的多民族中央集权的君主专制国家，秦王朝在统一六国后实行了一系列的措施来维护统治，其中就有"书同文"，意即统一文字，而这种统一使用的文字就是小篆。

我国地广人多，各地生活环境和习惯不同，产生了大量的方言，文字也大不相同。后来，历史上又多次出现分裂割据的局面，文字、语言各地差异很大。秦始皇统一六国后，在文化上控制天下，达到统一，最重要的措施就是统一文字。文字的统一，是维系中华民族历史发展进步的一条生动鲜明的纽带，是产生文化认同的有效的方法。

战国时期各国的政治、经济是分裂的，文字不统一，六国的文字差异很大，而且这些千变万化的文字，连写法也没有一定的体系和结构规律。文字的差异给政令的推行和各地的文化交流造成了很大的阻碍。文字的统一是政令统一的前提，而政令的

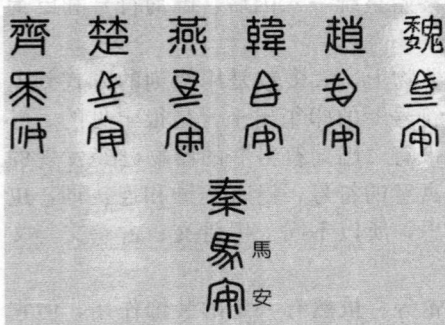

秦统一文字示意表

统一又是保证国家统一的必要措施，所以秦始皇决定统一文字。

公元前221年，秦始皇下令"书同文"，命令李斯和赵高等人整理文字，以简化的秦文"小篆"作为标准文字，通行全国，废除了其他正在使用的异体文字。同时，在秦始皇出巡时，所到之处，他都要立碑刻字以示天下，如泰山石刻，这在一定程度上也达到了推行统一文字的效果。

先秦文字经过这次整理之后，字样结构得以定型，这对贯彻法令、传播文化起了重大作用。

文字的统一，为中华民族文化的统一做出了巨大贡献，促进了我国各民族间的交流，为政治、经济、文化等各个方面的发展产生了巨大影响。文字的统一，使民众在文化上有了一致的归属感。

第一部解释词义的词典是什么？

我国历史上第一部解释词义的词典是《尔雅》，它是中国最早的词典，也是我国第一部按照词义系统和事物分类编纂而成的词典。《尔雅》大约是在秦汉时期的学者收集整理春秋战国以及秦汉间的文章的基础上，不断增益而成的。

在古汉语中，"尔"是"近"的意思，"雅"是"正"的意思，在这里指"雅言"，即合乎礼乐规范的标准语言。《尔雅》的功能正如它的名字一样，是为了使语言接近或符合标准语言，书中即以雅言解释古语词、方言词，使之接近规范。《尔雅》是儒家经典十三经之一，是后代考证古代词语的一部重要著作。《尔雅》在训诂学、音韵学、词源学、古文字学方面都有着重要意义和影响，它被认为是中国训诂学的开山之作，是疏通包括五经在内的上古文献中词语古文的重要工具书。

关于《尔雅》一书的记载最早见于《汉书》，但有关其作者历来有着不同的说法。有人认为是孔子的弟子所作；还有观点认为是周公所作，只是孔子及其弟子对其做过增补。后人经过研究考证，大都认为《尔雅》是秦汉时期成书，在历代相传的过程中，有所增益，西汉时经过整理加工，形成固定形式。

从它的性质来看，《尔雅》是一部以解释"五经"为主的辞书，在经历了秦汉间的战火之后，这部书在汉代初年重新问世。汉代经学家们纷纷注解先秦时期保留下来的儒家经典文本，并把这些随文而释的各种典籍的注解汇集在一起，按照一定的体例分类编排而成，后来又经过不断的增补，才有了今天所见到的《尔雅》一书。

《尔雅》全书大约收录词语有4300个，其中有2091个条目。根据内容的不同共分为19篇，包括"释诂""释言""释亲""释训""释宫""释乐""释器""释天""释地""释山""释丘""释水""释鸟""释兽""释木""释虫""释草""释鱼""释畜"。

《尔雅》在体例上首创按义分类编排以及创造了多种释词方法，这些对后代词书、类书的编写和发展产生了巨大的影响，后世出现过很多模仿《尔雅》的辞书，如《小尔雅》《通雅》等。

我国的第一部字典出现在什么时候？

我国第一部字典是《说文解字》，简称《说文》。它是中国第一部较为系统地分析汉字字形和考证字源的字书，由东汉经学家、文字学家许慎历时21年写成。

汉代时期学术思想界掀起了一场今文经学与古文经学哪个能更好地为统治者服务的争论，《说文解字》这部巨著，就产生于这场经学斗争中。

秦代统一中国之前，典籍都是用六国时的文字书写，汉代称当时的文字为"古文"，而用古文书写的经书就被称为"古文经"。秦始皇统一中国之后，实行愚民政策，颁行了"焚书"政策，古文经被大量焚毁。西汉初年，一些老儒生凭自己的印象把古文经口授给弟子，他们的弟子用当时被称为"今文"的隶书将其记录下来，这些用隶书写的经书，称今文经。但后来陆续发现了一些古文经，这就形成了今文经学家和古文经学家两个派别，今文经学家侧重对经书作牵强附会的解释和宣扬迷信的谶纬之学；而古文经学家则认为要重视语言事实，真正理解儒学精髓。

许慎属于古文经学派，他编著《说文解字》的目的就是要扩大古文经的学术和政治影响力。

《说文解字》中许慎创立了汉字的540个部首，并按照形体相似或意义相近的原则进行排列。全书将9353字分别归入540部，另有1163个重文（异体字），附在正字后面。全书共15篇，将540部归为14大类，为14篇，卷末有目别一篇。在《说文》一书中，许慎系统地阐述了这一汉字的造字规律，分为"象形""指事""会意""形声""转注""假借"等"六书"说。全书的体例是先列出汉字的小篆，在古文和籀文不同的情况下，则在后面另外写出，他先解释字义，再解释字形与字义或字音间的关系。

《说文解字》是我国第一部按照偏旁部首编排的字典，该书在保存大部分先秦字体以及文字训诂的同时，也再现了很多古汉语字词的原始面貌，是研究汉字，尤其是古汉字的经典著作，在我国的文字学史上有着重要的地位。

《说文解字》是我国文字学史上的奠基之作。它系统、完整地保存了小篆和部分籀文，规范了汉字，是我们现在研究甲骨文和金文等古文字的桥梁，是探求古代汉语音韵、词汇的钥匙。

我国古代最杰出的文字学家是谁？

许慎是东汉时期经学家，也是我国古代最杰出的文字学家。他编撰的《说文解字》是我国第一部字典，对中国文字的规范和发展起到了不可替代的作用。

汉字是世界上最古老的文字之一，有着悠久的历史。在当今社会，人们研究汉字时，首先就会想到许慎和他的《说文解字》。如果少了《说文解字》，我们或许将不能认识秦、汉以来的篆书，更不要说更早的古文。

许慎（约58—约147年），字叔重，东汉汝南召陵（今河南召陵）人，人们对他有"五经无双许叔重"的赞赏。他是汉代著名的经学家、文字学家，后人称之为有"字圣"，是我国古代的语言学家，中国文字学的奠基人。许慎师从经学大师贾逵，曾担任太尉府祭酒。

东汉和帝永元十二年（100年）许慎著成中国历史上首部字典《说文解字》。他另著有《五经异义》《淮南鸿烈解诂》等书，但均已失传。为了纪念许慎的贡献，后人相继为他立碑，赞扬他的功绩。

康熙四十六年（1707年），当时的郾城县（今河南郾城）知县温德裕为他立"孝廉许公之墓"碑。光绪年间，王风森立"许夫子从祀文庙碑"。1985年，许慎研究会在召开第一次会议时，立"重修许慎墓碑记"。为了纪念许慎的功绩，人们在河南省漯河市郾城区许慎路为他设立了许慎祠堂。

我国最早的韵书是什么？

三国时期李登编著的《声类》是我国最早的韵书。但由于年代久远，这本书已经散失。

汉魏时期汉字字形发生了很大变化，文字的读音就没有了一定的标准，不仅写作文章变得困难起来，就是人们的日常交流也出现了问题。这使得规定文字正确读音成为时代需要，韵书也就应运而生了。另外，当时产生了使用反切的方法来标注字音，并且应用很广。这些都为韵书的产生准备了条件和动力。

三国时期的魏国人李登所写的《声类》，全书收字 11520 个，但是史书中很少有关于李登及其著述的《声类》的相关资料的记载。在《魏书·江氏传》有记载说："《声类》十卷，以宫、商、角、徵、羽五声区别字音，尚未分立韵部，是最早的一部韵书。"《隋书·经籍志》记载云："《声类》十卷，魏左校尉李登撰。"

《韵集》是稍晚于《声类》的一部较早期的韵书，是生活在西晋末年的音韵学家吕静所著。和《声类》一样，《韵集》也已经散佚，但其中的一些文章仍散见于一些古代文献中，在部分介绍或注解后代的韵书中时有提到《韵集》。参与修订《切韵》的颜之推，在他的《颜氏家训》里曾经提到吕静作韵书的分韵情况，而且从中可以看出《韵集》与后来的《切韵》一书中的分韵是不同的。

《隋书·潘徽传》中有云："有李登《声类》、吕静《韵集》，始判清浊，才分宫羽。"因此，作为一种把汉字按照字音分韵编排的书，韵书起到了分辨、规定文字的正确读音的作用。同时它又有关于文字字体的记载和字义的解释，在一定程度上也能起辞书或字典的作用。

虽然《声类》《韵集》这两本产生较早的韵书已经散佚，但从后世的文章中不难发现，这两本书在历史上起到了非常重要的作用，具有很大的研究价值和意义。

《熹平石经》都有什么内容？

《熹平石经》是我国最早的石刻书，被称为"汉石经"，其所用字体是一字隶书，故又被称为"一字石经"。石经内容包括《诗》《书》《礼》《易》《春秋》五经，以及《公羊》和《论语》。

《熹平石经》是中国最早的刻于石碑上的官定儒家经典版本。汉武帝时"罢黜百家，独尊儒术"，儒家书籍被奉为经典，它被定为儒生们的教科书，设有专门博士官讲授，成为判断是非标准与决策依据。但皇家藏书楼里的标准本"兰台漆书"由于官员腐败而遭偷改，已不能再作为范本使用。鉴于此，汉灵帝熹平四年（公元 175 年），蔡邕等人上书希望正定六经文字，并得到许可。于是，他们开始了校订六经文字的工作。参校诸体文字的经书，都由蔡邕等人书写，镌刻 46 碑，立于洛阳太学讲堂（在今河南偃师境内）前，作为研读儒家经典的范本。石碑高一丈多，宽四尺。所刻经书有《周易》《尚书》《鲁诗》《仪礼》《春秋》和《公羊传》《论语》。这对纠正原有典籍中的谬误之处、维护经书中文字的统一具有重要意义。

但原有石碑已毁，不过自北宋以来经常有残石被发现。1933 年，于右任买来一块东汉刻石，经史学家张扶万鉴定，确为《熹平石经》的一部分。这块石经残石为两面刻，一面刻《周易·家人》迄《归妹》十八卦，有 286 字；另一面刻《说卦》和《文言》两篇，但仅存有 205 字。1940 年，因抗日战争形势日益严峻，于右任为确保碑石安全，将其从上海转运至西

《熹平石经》残石

安，后来捐赠给西安碑林，至今仍陈列于西安碑林。

《熹平石经》从图书的复制过程来说可以认为是在发明印刷术之前的一种图书编辑出版活动，不过工程量较大，不便于推广。但石碑制作中发明的捶拓方法，确实为后来的雕版印刷术的出现奠定了技术基础。

《熹平石经》在形式和内容上对后世都产生了巨大的影响。一方面，它起到了统一典籍的书写形式，平息各家纷争的作用，为读书人提供了一套儒家经典的范本；另一方面，它开创了我国历代用刻石的方法向天下人公布经文范本的先河。此后，魏三体石经、唐开成石经、宋石经、清石经等石径的相继出现，在一定程度上都受到了《熹平石经》的影响。

我国影响最大的韵书是什么？

我国影响最大的韵书是隋朝陆法言所著的《切韵》。该书完成于隋文帝仁寿元年（601年），唐朝初期被定为官韵。

陆法言是隋朝音韵学家，临漳（今河北临漳）人。隋文帝开皇初年，与刘臻、萧该、颜之推、卢思道、李若、辛德源、薛道衡、魏彦渊8人讨论音韵学，评点古今。他们认为，自西晋吕静《韵集》以后所写的韵书，定韵缺乏标准，都有错误。为此，陆法言执笔把他们讨论商定的审音原则一一记下来，并根据议论的要点，在经过对记录资料的认真讨论、整理之后，在仁寿元年（601年）编成《切韵》一书。

《切韵》全书有5卷，共收录汉字1.15万个。全书汉字以韵目为纲，分平声54韵，上声51韵，去声56韵，入声32韵，共193韵。在编写中，同音字全被归在一起，每一音前标有一个圆圈（称为韵纽），头一字下以反切注音，每一个字都有解释字义的内容。

《切韵》吸取了前人韵书的长处，问世后，六朝时期的韵书逐渐被取代，消失不见了，到唐以后更是大为流行。《切韵》成为后人考订古音及作诗文的根据，研究汉语的中古音韵的主要资料。之后，有不少人以《切韵》为基础，修改编写了不少韵书，如唐朝孙愐的《唐韵》、宋朝陈彭年的《广韵》等。

《切韵》原书早已失传，现在我们能够看到的是敦煌出土的唐人抄本《切韵》的片段和一些后人的增订本。但其所定的音韵系统得以保留在《广韵》中，流传至今，发挥了重要的作用。近代也陆续出土了《切韵》的残本，与《广韵》中的内容得以相互印证。

在汉语发展史上，《切韵》对于古汉语和唐宋汉语，有着承前启后的重要作用。又因为《切韵》代表了中国研究语音的规则标准，所以它是汉语音韵学的第一经典，是汉语研究中的一部重要的工具书，可以说掌握《切韵》音韵系统是了解和研究语音史的基础。同时，《切韵》所开创的韵书的编写体例，从隋唐一直沿用至近代。

中国最早的曲韵著作是什么？

中国出现最早的曲韵著作是《中原音韵》。《中原音韵》出版于1324年，是近代官话的一部具有代表性的韵书，作者是元朝学者周德清。

周德清（1277—1365年），字日湛，号挺斋，高安（今江西省高安市）人。时人评价他"工乐府，善音律"，他对于元代的北曲的创作和演唱方法有着深入的研究。当时人们作曲、唱曲一般不大讲究格律，他认为出现这些乱象的原因是没有一部较为系统的曲韵书籍作为指导和学习。

为了使北曲具有更高的艺术欣赏价值，周德清认为必须明确规范体制、音律等，尤其是规范语音。另外，元朝汉语语音发生了很大的变化，原有的韵书已不能适应现实的需要，必须进行修改以符合实际的语音系统。因此，他在吸收借鉴前代韵书的基础上，从理论上对自己作曲的经验进行了一番总结和提升，编著完成了《中原音韵》。

《中原音韵》一书共两卷，收录 5000 多字。其中，前卷为韵书，后卷为附论。周德清根据元朝的北曲用韵，把字分成 19 个韵部，首创"平分阴阳，入派三声"，即每个韵部再分为平声阴、平声阳、上声、去声等类，入声则按照当时曲子里行腔的念法归入以上各类中，而不用反切注音。其后半部分，是用各种实例来解释韵谱的具体使用方法以及北曲创作规范存在的问题等。周德清归纳曲韵的主要依据是元曲四大家的作品，同时摒弃了他们在用韵方面不规范的地方。

《中原音韵》是根据当时的实际音音的韵部分析整理归纳而成的一部韵书，在一定程度上摆脱了原有的模仿古代韵书的束缚，在中国韵书发展史上独树一帜，形成了不同于《切韵》系列的北音韵书。同时，《中原音韵》对于北曲的创作起到了很好的指导作用，规范了作曲中的用韵。而且，它成为了之后的许多曲韵著作的模仿对象。因此，《中原音韵》对于我国戏曲史和汉语史的研究来说，是非常珍贵的史料。

现存最早的韵书是哪一部？

我国历史上现存最早的一部韵书是《广韵》，全称《大宋重修广韵》。该书是我国北宋时代官修的一部韵书，由陈彭年、丘雍等奉旨在前代韵书的基础上修编而成，是我国韵书的集大成者。

《广韵》平声分上下两卷，上、去、入声各一卷，共五卷。分 206 韵，包括平声 57 韵（上平声 28 韵，下平声 29 韵），上声 55 韵，去声 60 韵，入声 34 韵。共收单字 26194 个，注释共 191692 字。每韵以广韵开头一个字作为该韵的名称，叫"韵目"。每一韵中则按字音声母或韵头的不同分组排列；每组收同音字不等，称为一个"小韵"，与 206 个"大韵"相对而言，后人也有人管它叫作"纽"。

《广韵》共有 3800 多个小韵，每个小韵在第一个字下用反切注明读音，并标明该小韵所收的字数；小韵中的其他字则只作或繁或简的释义，不再注音；如果是出现"又音"的，则注明又切或"又音"，但这种"又音"只是这个被注的字本身，与同小韵的其他字无关，与小韵第一个字的下反切注音的性质是不一样的。

《广韵》一书记录了大量中古汉语的音、义，尤其是很多反切音，为后人研究这一时期的语音面貌完整而详细地保存了资料。同时，研究上古音和近代音也可以以《广韵》作为桥梁和基础，因为它是汉语语音史上一部承上启下的著作，保留了相当一部分的古音，对于音韵的学习和研究来说是必不可少的。

《佩文韵府》是什么时候编撰的？

《佩文韵府》是我国规模最大的韵典，是清代张玉书、陈廷敬、李光地等 76 人奉康熙皇帝的命令编写的大型辞藻典故辞典。它是一本专供文人作诗填词时选取辞藻和查找典故，以便押韵对句之用的工具书。"佩文"是康熙的书斋名。

张玉书等人自康熙四十三年（1704 年）十二月在京城开始编写工作，康熙五十一年完成书稿运到扬州刊刻，到康熙五十二年（1713 年）九月完工，前后历时近 10 年，可以说是工程量巨大。

《佩文韵府》以元代阴时夫《韵府群玉》和明朝凌稚隆《韵府群玉》两本书为基础，再汇抄其他类书中有关音韵的材料增补而成。全书 444 卷，收录约 1 万个单字，典故辞藻大约有 140 万条。全书音韵分平、上、去、入四声，每一声按韵母的顺序排列，每一字下标注有反切音和较早的意义。所收录的词又分为"韵藻""增""对语""摘句"4 类，每一类根据构词字数的不同进行排列，字数相同的词按照经、史、子、集的顺序，同时考虑时间顺序。"韵藻"部分是借用《韵府群玉》《韵府群玉》两书原有内容。每个词下引用古书中的例子，但引文一般只标注书名，引诗只标明作者。每一韵部后有"韵藻补"一项，收录阴、凌两书中所没有的字。《佩文》的查词方法与其他词典的不同，《佩文》的检索方法是要查词的最后一个字，即词尾，是倒序的方法，而其他辞典在检索时，要查找词的第一个字。

《佩文韵府》所引书证很多，但编制不够精细，依据的大多是相互转借抄写的，存在不少错误，且引书没有注明篇名，使用起来很不方便。但是，《佩文韵府》收录的词很多、很全。从先秦古籍，直到明代的文人著作，内容十分广泛，不仅对于当时的语言学习和研究有很重要的价值，至今仍然是人们查阅古代词语、成语和典故出处的极为重要的工具书。

第一部以"字典"命名的汉语辞书是什么？

中国第一部以字典命名的汉语辞书是《康熙字典》。该书的编撰工作开始于康熙四十九年（1710 年），成书于康熙五十五年（1716 年），因此叫《康熙字典》。

到了清朝康熙年间，人们所使用的文字工具书，仍然是明朝的《字汇》和《正字通》。已经不能适应当时的语言使用习惯和文字研究，因此康熙皇帝同意编撰一本新的字典。当时的文华殿大学士兼户部尚书张玉书和文渊阁大学士兼吏部尚书陈廷敬担任《康熙字典》主编，带领修纂官凌绍霄、史夔、周起渭、陈世儒等人，依据明朝《字汇》《正字通》共同编撰完成了《康熙字典》。

《康熙字典》共收录汉字 47035 个，在《中华大字典》出版以前，《康熙字典》一直是中国收录汉字最多的字典。在解释字源时，引用了古代诗文，同时还注明了历代的用法以佐证其变迁，是一部比较系统的字典。

《康熙字典》采用部首分类法，收录的汉字按笔画排列，共分为 12 集，每集按照十二地支划分篇名，每集又分为上、中、下 3 卷，以韵母、声调以及音节分类排列，是研究汉字重要的工具书之一。

但该字典也有一些缺点：一是全书反切和训释罗列现象没有一定的标准，作者很少提出自己的见解，只是简单的堆砌；二是其中疏漏和错误很多，王引之《康熙字典考证》12 卷，纠正其错误 2500 多条，而这还只是其中的一部分错误，可见错误之多。但考虑当时的编写条件，出现错误也在所难免。

《康熙字典》自编成以来，版本甚多，有康熙内府刻本，也就是人们通常所说的武英殿版本，包括有开化纸和太史连纸两种纸本。康熙内府刻本用于内廷赏赐，装订非常豪华，民间很少有人能够见到。此外还有道光七年的内府重刊本以及一些木刻本，在清末还出现了石印本、铅印本、影印本等不同版本。其中发行量最大、最流行的一种版本是清朝末期上海同文书局的石印本。

《康熙字典》产生的年代虽然久远，但至今仍是阅读古籍、古文献整理、古文化研究的重要工具书，有着不可替代的作用。书中的字音、字义、书证仍被广泛引用，它的编写体例也是后世争相效仿的对象。作为中国汉字研究和使用方面的重要参考文献，《康熙字典》具有很高的研究价值和实用价值。

第一部汉语语法著作是什么？

我国第一部用现代语言学理论研究中国语法的著作是《马氏文通》，简称《文通》，在我国语言学史上有着重要意义。《马氏文通》的作者是清末学者马建忠，这部著作是中西方文化结合的产物，是我国首部汉语语法著作。

马建忠精通拉丁语、英语等多门外语，又有着研究中国古籍和传统语文的深厚功底。他长期从事翻译工作，从而具有很强的语法观念，更重要的一点是他认为写作《文通》一书是发展民族文化、实现国家富强的良策之一。

19世纪末的中国，清政府腐败无能。帝国主义利用自己的坚船利炮，打开了中国的大门，也惊醒了中国人民，尤其是当时一批有先进思想的知识分子，马建忠也是这些爱国知识分子中的一员。他认为中国之所以落后，在于掌握汉语这一知识的载体有很大难度，而困难的原因是汉语中的"规矩"，即语法没能被揭示出来。马建忠有一位精通西方语言并有着多年双语教学和翻译工作经验的哥哥马相伯，两人经常在一起商量讨论。历经10多年，马建忠终于完成了30多万字的《马氏文通》，从而使中国语言研究史上出现了一部著名的语法著作。

《马氏文通》全书共10卷，是一个完整的体系。卷一是《正名》，是全书的纲。第二卷到第九卷主要讲字类，第十卷讲句读。整个语法体系可以分4个层次：字类、词、位次、句读。从现代语法学的角度来看，字类属于词法问题，而词、位次、句读三者属于句法研究的范畴。

《马氏文通》是我国语言学现代化、语法学现代化的开创之作，也是研究中国语法学史的开端。在中国文化发展史中，它不仅引进了语法学这一全新的观念和新的语言研究方法，而且建立了一个完整的语法学系统。他使当时的国人认识到，古老的汉语也是可以用另一种方法来研究的。

《汉语大字典》收录了多少个汉字？

《汉语大字典》是当今世界上规模最大、收集汉字单字最多、释义最全的一部汉语字典。全书约2000万字，共收单字56000多个，几乎包括了各种古今文献和图书资料中出现的所有汉字，可以说是汉语字典的集大成者。

该书注重形音义的配合，尽可能系统地、正确地反映汉字形音义的发展变化，它释义准确、义项完备、例证丰富，是学习研究中可靠的工具书。

在编排体例上，《汉语大字典》使用部首排序法。在传统的214个部首的基础上，修改为了200个部首，删除了一些不合适的部首分类。全书正文有7卷，每一卷前有"总部首目录""部首排检法说明""新旧字形对照举例"、每一卷的"部首目录"和"检字表"，内容详细，使用方便。第八卷是附录、分卷部首表、全书笔画检字表和补遗。

在字音上，字典对收录的每一个汉字尽可能地标注了现代读音，并收录了中古时期的反切，标注了上古的韵部，对于古汉语研究也是很有帮助的。在字形方面，单字条目下，收录了甲骨文、金文、小篆和隶书等可以反映形体演变关系的有代表性的字体，并对其结构的变化作了简要说明。在字义方面，该书不仅收录汉字的常用义，而且注意考释常用字的生僻义，对于一些生僻字的义项也十分注重，还适当地收录了复音词中的词素义。

1992年，《汉语大字典》第一版出版，1999年正式启动《汉语大字典》第二版修订工作。新版《汉语大字典》收单字60370个，全书1500多万字，字数是《康熙字典》的4倍。

在修订中对第一版中注音、释义、例文等方面存在的错误进行了更正，并对意义、例句等有所缺漏的进行必要的增补。新版大字典还增加了《难检字表》和《音序检字表》，并重新编制了《笔画检字表》，以适应现代读者的阅读习惯。

该书曾获得国家图书奖、国家辞书奖、中国图书奖等一系列大奖，被列入中华人民共和国常备书目、曾入选《基尼斯世界大全》，可称之为当今世界汉语字典的"世界之最"。该字典的出版是我国文字史和字典史上的一座里程碑。

古今四声有什么不同？

平声、上声、去声和入声是中古汉语中以表示音节的高低变化的四种声调分类。其中，去声又称舒声，入声又称为促声。韵尾以元音或者鼻音结尾的是舒声，以塞音结尾的为促声韵尾。四声发展到现在，和以前相比，产生了巨大的变化。

现在通行的普通话的声调已经不是以前的四声了，现在四声简称为"阴、阳、上、去"而古代四声则是"平、上、去、入"四声。

四声在汉语的发展过程中经历了巨大的变化，主要有平声分阴阳，全浊上变去，入声消失等。阴阳四声根据声纽（开头辅音）的清浊，分为两种，清者为阴，浊者为阳。唐朝的日本《悉昙藏》说："承和之末，正法师来……声势太奇，四声之中，各有轻重。"可以证明当时四声已经发生变化或者开始发生分化，只是分化程度不如现在明显，据考证音调的变化也是发生在唐代。

全浊音是指中古汉语中的浊塞音、浊擦音、浊塞擦音等。全浊上变去就是说以这些辅音开头的上声字，如道，都归入去声字。全国方言极少有例外。

入声消失。入声现在只是在极少数的方言，如粤语、闽南语、客家语等仍然完整地保存着中古汉语的入声系统。对于大多数方言来说，入声系统有不同程度的减少。中古汉语原有的 p、t、k 三个塞音韵尾，在闽、客家的一些次方言中已经被归并剩一个或两个，有些同时发展出一个喉塞音韵尾。

各方言入声消失的进程并不一致，但总体来说，是自己内部先发生归并，最后并入其他声韵。这一过程到元朝已经基本完成。

汉字的读音发生变化并不是没有规律。中古全浊音被清音化，因此中古清音平声在普通话里变为阴平即我们通常所说的普通话第一声；中古浊音平声、中古全浊入声变为阳平即普通话第二声；中古全浊上声、中古次浊入声在普通话里变为去声即普通话第四声。

◎第四章　**文学文献**◎

哪本诗集是我国第一本诗歌总集?

　　《诗经》是我国第一部诗歌总集,收录了从西周初年到春秋中期五百多年的三百余篇诗歌,所以又叫《诗三百》,先秦称这本诗集为《诗》,或取它的整数称《诗三百》。西汉时被尊为儒家经典之后才开始叫《诗经》,是"五经"之一,《诗经》这个名称一直用到现在。

　　《诗经》一共有305首,被称作是我国最早的现实主义诗歌总集,按照它的用途和音韵分"风、雅、颂"三部分,其中各地方的民间歌谣被称为"风";"雅"这个部分大多数讲的是贵族的宫廷正乐;而周天子和诸侯用来进行宗庙祭祀的舞乐则称为"颂";赋、比、兴是《诗经》的主要表现手法,"兴"指的是先言他物以引起所咏之物;而直陈其事叫"赋";譬喻叫"比"。其赋、比、兴的表现手法与风、雅、颂合称为"六义"。

　　"风"的意思是土风、风谣。"风"加起来总共有160篇,包括了15个地方的民歌,所以又叫"十五国风",由于篇幅众多,"风"被视为是《诗经》中最核心的内容。"雅"是正声雅乐,指的是贵族享宴或者诸侯朝拜天子时奏唱的乐歌,有"大雅""小雅"之分,主要包括了大雅31篇以及小雅74篇,共105篇。而《诗经》中"颂"的部分主要是祭祀乐歌的内容,一共40篇,包括"周颂"31篇、"鲁颂"4篇以及"商颂"5篇。

　　这些诗在以前都是配乐歌唱的歌词,都保留着古代诗歌、音乐、舞蹈相结合的形式,但是长期在战火的摧残下,就只剩下诗歌了。到了战国时期,由于战乱频繁,大量乐谱失传,剩下来的歌词则编入《诗经》。

　　《诗经》中的诗歌,大多数都无法确定其具体的创作年代。大致地说,产生年代较早的"颂"和"雅",基本上都在西周时期;"国风"除"豳风"及"二南"的一部分外,则产生于晚一点的春秋前期和中期。

八月剥枣　绢本　清　吴求

此图选自《诗经图册》。图绘村野一隅,众人剥枣的情景。一老妪于旁边指点,面露喜色,另外几人或执竿打枣,或以衣摆接枣、或往篮、篓里装枣,这热火朝天的场景甚至感染了小孩子,他趴在地上亦加入了大人们的行列。

从诗歌的性质来说，"雅""颂"大部分都是为特定的目的而创作、在特定场合中使用的乐歌，"国风"则以民歌为主，但是还有一小部分"小雅"与国风类似。

《诗经》全面地展示了中国周代时期的社会生活，真实地再现了中国奴隶社会由盛转衰的历史。

我国最早的语录体著作是什么？

《论语》是我国最早的语录体著作，是儒家学派的经典著作之一，它是由孔子的弟子及其再传弟子编撰而成的儒家典籍，记录了孔子及其弟子言行。

孔丘（公元前 551—前 479 年）。字仲尼，春秋时期鲁国人。孔子是我国古代伟大的思想家和教育家、文学家、政治家、社会活动家、古文献整理家、儒家学派创始人，世界著名文化名人之一。孔子的言行思想主要保存在语录体散文集《论语》及先秦和秦汉时期保存下的《史记·孔子世家》。

相传孔子曾经修订《诗》《书》，订《礼》《乐》，序《周易》，作《春秋》。他一辈子从事教育事业，授业解惑，我国人民尊称他为"至圣先师，万世师表"。

孔子与孟子并称"孔孟"，孔子被尊为"至圣""素王"，孔子言行被他的学生写成创世巨作《论语》。《论语》采用语录体和对话文体的形式，详细记下了孔子和他的弟子的言行，这些言行集中表达了孔子的政治主张、伦理思想、道德观念以及教育原则等。

《论语》以语录体和对话文体为主，集中体现了孔子的理论思想、政治主张、道德观念和教育原则等。《论语》与《大学》《中庸》《孟子》并称"四书"，通行本《论语》共 20 篇。《论语》的语言言简意赅，具有深刻含义，其中有许多言论至今仍被世人视为真理。在古代，小孩去学堂首先要拜的就是孔子。

孔子对后世影响深远，被国人尊称为"孔圣人"，他也是目前世界上最著名的文化名人之一。

我国最早最长的抒情诗是哪首？

中国古代诗歌史上最长的具有现实意义的浪漫主义抒情诗是战国诗人屈原的代表作《离骚》。诗人从自己的身世、品德、理想写起，抒发了自己遭小人陷害后的苦闷与矛盾，斥责了楚王昏庸、小人猖獗的黑暗政治，表现了诗人坚持"美政"理想，抨击黑暗现实，不与小人同流合污以及矢志不移的爱国热情。

屈原（公元前 340—前 278 年），汉族，芈姓屈氏，名平，字原，战国末期楚国丹阳（今湖北秭归）人，楚武王熊通之子屈瑕的后代。他创造了"楚辞"这种文体，被誉为"衣被词人，非一代也"，他还是中国历史上著名的爱国诗人，在他的作品中，有 25 篇都被记载在《汉书·艺文志》中，主要有《离骚》《九章》《九歌》《天问》《哀郢》《怀沙》等。

《离骚》是屈原的代表作，全诗共 370 多句，2400 多字，被视为是中国古代最长的政治抒情诗。王逸《楚辞章句》题作《离骚经》，宋代洪兴祖在《楚辞补注》中指出："盖后世之士祖述其词，尊之为经耳。"从汉朝到南北朝，《离骚》就成了屈原所有作品的集本代名词。在文学史上，"风""骚"还常常并称，"风"主要是用来描述《诗经》的，而"骚"则是用来概括《楚辞》的。

《离骚》采用楚国人民口头创作的形式，在此基础上又进行改造，它精练的语言，吸收了不少楚国的方言，造句也颇有特色，给后人留下了宝贵的文化遗产。《离骚》历来都被文人墨客看作是具有现实浪漫主义的一部抒情诗著作，诗人采用大量夸张的浪漫主义表现手法来塑造诗中主人公形象和事物的描述，充分运用了我国古代的神话传说，从而使其浪漫主义的气韵更加浓厚，而比、兴手法更是《离骚》中经常应用的。进入 20 世纪后，屈原被推举为世界文化名人而受到人们的广泛关注与纪念。

现存最早的楚辞注本是谁写的？

现存最早的一部完整的《楚辞》注本，是东汉王逸的《楚辞章句》。

《楚辞》是从战国到东汉历时百年才编纂成的，景、武二帝的时候，淮南王刘安及其宾客编辑的《楚辞》影响较大，是当时最流行的本子，奠定了《楚辞》的基础。后来到了元、成二帝的时候，刘向对其进行了增补，最终定型下来，一共分为了 16 卷，成为总集之祖，后来王逸把自己写的《九思》一卷加进去，改编成 17 卷。

王逸是东汉时期非常著名的文学大家，字叔师，是南郡宜城（今湖北襄阳宜城）人，官至豫州刺史，豫章太守。此外，他尤其擅长文学，参与编修过《东观汉记》，后人把他一生的作品整理成《王逸集》，但是大多都失散了，只有《楚辞章句》被完整地保存下来。他作的《楚辞章句》，被称作是《楚辞》最早的完整注本，其成书年代大约为安帝元初四年（117 年）。因为《楚辞章句》保存了屈宋及汉人的楚辞作品，所以学术界非常重视它。《九章·抽思》以下的许多注文，往往隔句用韵，对古韵研究亦颇有价值。

《楚辞章句》一书对《楚辞》各篇作了文字注解，并记述了各篇的创作原因和作者，然后再对每篇作品逐句作注，重点解释词语的意思。王逸做的注把汉代的不少旧说法都保留下来了，也解释了《楚辞》中诸多的方言土语，是《楚辞》最早的完整注本。

王逸运用经学里的思想来评论屈原的作品，他觉得屈原作品的价值核心就是"讽谏"。虽然班固称屈原的作品"其文弘博丽雅，为辞赋宗"，认为屈原是"妙才"，但是却全盘否定了屈原所表现出来的精神。

不管怎么说，班固和王逸对待"经义"的不同态度也从另一方面说明了屈原精神所具有的影响力是很大的。正是这种尖锐的交锋，以及王逸发愤所著的《楚辞章句》，使得屈原精神更加闪耀。

我国在什么时候出现了五言诗？

五言诗指的是一种每一句只包含 5 个字的诗体，它是一种独立的诗体，其大概出现于西汉，到了东汉末年才趋于成熟。一般认为，最早由文人创作的五言诗要算是东汉班固的《咏史》。

虽然《诗经》里边早就存在了五言的诗句，就像《召南·行露》里写的一样："谁谓雀无角，何以穿我屋？谁谓女无家，何以速我狱？"汉魏六朝时期的作品，也以五言为主，但这并不是五言诗的起源。

另外还有秦始皇时期唱的民歌《长城谣》："生男慎勿举，生女哺用脯。不见长城下，尸骸相支柱。"使用的就是五言。汉代的乐府诗如《江南》《白头吟》《陌上桑》以及《孔雀东南飞》等用的也是五言。

文人五言诗究竟什么时候出现的，前人并没有统一的说法。有说法是西汉枚乘、李陵、苏武、班婕妤等人最先开始创作五言作品，实际上这是不可靠的。现存最早的文人的五言诗当为东汉班固的《咏史》，等到东汉末年无名氏《古诗十九首》的出现，则标志着五言诗已经达到成熟阶段。至建安和魏晋南北朝时期，五言诗已经成为最重要的文学形式，流传下来大量的文学作品。

而五言诗的基本句式是在四言诗的基础上每个句子增加一个字，在句子的节奏上增加了一拍，形成了"二二一"或"二一二"的节拍群。另外，由四言变为五言，句子容量的增大也有利于增强句子的表现力。

《诗品·序》说："五言居文词之要，是众作之有滋味者也。"所以，纵观历史上的诗作，还是属五言诗最多。唐人如李白、杜甫等人也写有大量的五言古风及五言律绝。

现存最早的七言诗是什么？

曹丕的《燕歌行》是我国现存最早的一首七言诗，这首诗主要讲述了一位女子对丈夫无尽的思念，语言清丽，感情缠绵，笔致委婉，因此，情景交融成了这首诗最大的特点。

曹魏高祖文皇帝曹丕，字子桓，是三国时期著名的政治家和文学家，也是建安文学的主要代表人物之一，他不仅是曹魏的开国皇帝，同时也是三国时代的第一位皇帝，是他结束了东汉的统治，公元220—226年在位。因为他的文学造诣很高，所以与其父曹操、其弟曹植合称为"三曹"。

《燕歌行》中每一句都是押韵的，并且都是平声，格调清丽宛转，是七言古诗发展的一个阶段。这种格式还被晋宋时期的诗人采用。后来又经过南朝萧绎、鲍照、庾信等人的努力，到唐代卢照邻、骆宾王时代隔句押韵、平仄相押的鸿篇巨制出现的时候，就代表着七言古诗过渡到了另外一个新的发展阶段。

从诗歌史的发展角度来看，《燕歌行》二首诗是七言诗的发展史上重要的一个环节。《诗经》大体上都是四言体，但是也会有部分的七言句子，只是其数量特别少。《楚辞》属于楚歌体，有七言句，不过基本上每一句话都会带有"兮"字，与七言诗的格式韵味都不同。汉代乐府中有一部分杂言体，其中包含部分七言句，这些对于七言诗的发展都起到了促进作用，但其中的七言诗句还不占主导地位。

在东汉、西汉前后400年的历史中，常被人提起的全篇由七言构成的诗目只有两首，第一首是汉武帝时的君臣联句，即所谓《柏梁台诗》，第二首是张衡的《四愁诗》，但是这两首还称不上是合格的七言诗。正因为如此，曹丕的《燕歌行》才真正使七言诗摆脱了汉乐府的羁绊，进入了自己的发展空间。

当然，我们还可以看到曹丕学习汉代乐府的痕迹，这也正表现了他学习前人诗歌，在形式上勇于探索、勇于创新的精神。

"建安七子"的称谓最早出自哪里？

"建安七子"是建安年间（196—220年）7位文学家的合称，包括：孔融、陈琳、王粲、徐干、阮瑀、应玚、刘桢。"建安七子"的说法最早见于曹丕的《典论·论文》。

"建安七子"基本上代表了建安时期除曹操父子之外的文人最高水平，所以后世普遍都承认了"七子"这个说法。他们对于诗、赋、散文的发展，都做出过不小的贡献。七子中除了孔融与曹操政见不合外，其余6家后来投奔曹操，他们多视曹操为知己，想依赖他干一番事业，因此他们和曹氏父子在文风、诗风上都有一定程度的相似。由于建安七子曾经都居住在魏都邺（今河北临漳）中，又号"邺中七子"。

"建安七子"在中国文学史上具有相当重要的地位。他们与曹氏父子3人一起，构成建安作家的主力军。"七子"的创作各有特色，每个人都有自己的风格。"建安七子"以写五言诗为主。五言诗是直到东汉后期才兴盛起来的新诗体，桓、灵两帝在位的时候"古诗"的出现，标志着五言诗已经初步成熟。

建安七子图

最早提出"七子"之说的是曹丕（见《典论·论文》）。"建安七子"之文都具有梗概多气的建安风格，后被誉为"建安风骨"。

"建安七子"在五言诗上的优秀作品，文采飞扬，变化多致，使五言诗的发展趋于成熟，对后世产生了深远的影响，如徐干的《室思》就比同一题材的《青青河畔草》或《冉冉孤生竹》写得细腻深厚。

"七子"的创作风格也存在着一些共同点，这也就是建安文学的时代风格。这种时代风格的具体表现和形成原因，在刘勰《文心雕龙·时序》中有所查证："观看他们的文章，高雅并且慷慨激昂，是由于经常累积离愁和乱世情感，风化不好，而他们志向远大，笔力雄健，所以慷慨的激情多一点啊！"

我国最早的田园诗人是谁？

陶渊明（365—427 年），我国历史上第一个田园诗人，字元亮，号五柳先生，谥号靖节先生，入刘宋后改名潜，所以也叫陶潜。他是生活在东晋末期南朝宋初时期的诗人、文学家、辞赋家以及散文家，是浔阳柴桑（今江西九江）人。他的代表作品有《饮酒》《归园田居》《桃花源记》《五柳先生传》《归去来兮辞》《桃花源诗》等。

陶渊明是我国第一位田园诗人，曾经担任江州祭酒、建威参军、镇军参军、彭泽县令这样一类的小官职，后来放弃做官归隐田园，后世称他为靖节先生。他一生所作都收录在《陶渊明集》里。

"柔、淡、远"是陶渊明隐逸文化的风格特点。他被称为"隐逸诗人之宗"。他的创作开创了田园诗这一个体系，为我国古典诗歌开创了一个新的境界。从古代到现在，敬重陶渊明寄意田园，固守寒庐，超凡脱俗的人生哲学的人不在少数，他们还学习陶渊明恬静自然、冲淡渺远的艺术风格。

少年时的陶渊明受到家教和儒家思想的影响，怀有兼济天下，大济苍生的壮志。但是，由于当时门阀制度的盛行，庶族子弟根本没有能力突破士族大门阀对高官的控制，在这样的情况下，陶渊明兼济天下的梦想终究是实现不了的，这也是他后来辞官隐居的一个原因。

陶渊明是两汉魏晋南北朝以来我国最杰出的诗人，同时他也是杰出的辞赋家与散文家。现在所保留下来的诗歌一共有 125 首，其中四言诗 9 首，五言诗 116 首。现存的文章有 12 篇，计有辞赋 3 篇、韵文 5 篇、散文 4 篇。陶渊明写诗朴素真挚、感情自然，不时流露出乐天安命的老庄思想，因此，陶渊明有"田园诗人"之称，也是田园诗派的鼻祖。而后人根据其内容可以把他的诗分为饮酒诗、咏怀诗和田园诗三类。

陶渊明的文学地位，在其死后几十年里一直没有受到重视。直到梁朝的昭明太子萧统编辑《文选》的时候，才开始对陶渊明的诗文予以重视，并亲自为其编集、作序、作传。

我国最早的回文诗是哪一首？

回文在文体上被称作"回文体"，它是汉语中特有的运用词序回环往复的一种修辞手段。回文诗通常是按照一定的法则把字词排列成文，回环往复都能够诵读。现在可见到的最早的回文诗，就是苏伯玉妻的《盘中诗》。

文学史上究竟是谁第一个创做出了回文诗？朱存孝在《回文类聚·序》中说，自从苏伯玉妻《盘中诗》作为开端，到窦滔妻创作《璇玑图》而成熟。学界里关于《盘中诗》是否就是回文诗的开端的争议直到现在还存在，也不能分清谁对谁错，但说回文诗因《璇玑图》而成熟，却是从古至今被文人公认的事实。

以前有说法认为温峤和苏蕙的诗是最早的回文诗，这是相当不准确的，温峤是东晋元帝时（317—320年）人；苏蕙为苻秦时代的人（351年苻秦建国）；苏伯玉妻为西晋初年人；按时间看来应该是苏伯玉妻的回文诗最早。

回文诗的创作由来已久。回文诗形式多样，非常活泼。能上下颠倒读，能斜读，能顺读倒读，能交互读。只要找到规律，都能读成优美的诗篇，就像清朝人朱存孝所说的："诗体不一，而回文优异。"

《盘中诗》是世界纪录协会收录的中国最早的回文诗。自西晋以来，各个朝代的诗人都效仿作回文诗，并且个人都有优点，各领风骚，如庾信、白居易、王安石、苏轼、黄庭坚、秦观、高启、汤显祖等，都有回文诗留给后世。经过历代诗人的共同努力，回文诗呈现出了千姿百态的形象：有藏头拆字体、连环回文体、借字回文体、叠字回文体、诗词双回文体等。

据说苏若兰的丈夫窦涛在发达以后想要抛弃苏若兰，而苏若兰则写了一首回文诗织在布上，让人带给窦涛，窦涛看后悔恨不已，就把若兰接到了城里，这匹布就是著名的《璇玑图》。

我国现存最早的诗文总集是什么？

我国现存最早的诗文总集是萧统编著的《文选》。萧统（501—531年），字德施，小字维摩，是梁代著名的文学家，也是梁武帝萧衍的长子。

萧统自己十分擅长研究文学，并取得了一定的成果，他召集文人学士，收集了古代到当时的3万卷典籍，编著了30卷的《文选》。《文选》是中国古代第一部文学作品选集，将先秦至梁以前各种文体的代表作按照一定的选文标准收录其中，对后世影响很大。

后世的人习惯于把萧统主编的《文选》称为《昭明文选》，这主要是因为他死后谥号为昭明。魏晋到梁陈，这一时期是中国文学史上各种文学形式趋于稳定成熟的时期，涌现出了大批的优秀作家和作品，与这种文化繁荣相适应的是文艺理论中对文学概念的探讨和文学体制的辨析日益精密。

《文选》有以下几个选择标准：一不选宣传圣贤道德的经书；二不选诸子百家的辩论类著作；三不选择史书中的叙事部分和浮藻之词。萧统认为文章应该"丽而不浮，典而不野"，他选择的作品，都应该是"事出于沉思，义归乎翰藻"，可见萧统在文学上既注重内容，又要求形式，是文质并重的。

由于《文选》本身具有很多的优点，因此比同类的其他诗文总集影响更大。唐代以诗赋取士，其文学又和六朝文学具有密切的继承关系，因此《文选》就成为人们学习诗赋的最适当的一种范本。

宋代初年继承唐代制度，也用诗赋取士，《文选》仍然是士人的必读书，甚至有"《文选》烂，秀才半"（出自陆游《老学庵笔记》）的谚语。王安石在任左丞相的时候，通过考试新学来录取人才，所以《文选》就不再是学者们的课本了。然而作为一部经典的文学作品，它依然具有很重要的文学研究价值和史料价值。

唐代最著名的边塞诗人是谁?

王昌龄是盛唐时期最著名的边塞诗人,作品有《王昌龄集》,存诗 170 余首,代表作有《出塞》《芙蓉楼送辛渐》等。

王昌龄(698—756 年),字少伯。年轻时候他家里贫穷,地位低贱,直到 40 多岁才考中进士。他写的诗以七绝见长,有"七绝圣手"之称。在考中进士之前,在西北边塞所作边塞诗最为著名,其作品格调高昂,气势非凡,充满了乐观向上的精神。王昌龄的爱国主义、英雄主义精神在他边塞诗中充分得到了体现,另外还深深蕴含了他对社会底层人民的关怀,体现了诗人广阔的视野和博大的胸怀。他的代表作《出塞》情景交融的结构方法,勾画了一片广阔的天地,在最平实无华的主题之中凝练出贯穿于时间与空间中永恒的思考。

王昌龄是盛唐时享有盛誉的一位诗人。殷璠《河岳英灵集》推举他作为"风骨"的代表,赞美他的诗是"中兴高作",入选的作品中也以他的最为繁盛,这些都表明了他在诗坛上有着极高的地位。王昌龄的诗以三类题材居多,即边塞、闺情宫怨和送别。《全唐诗》对昌龄诗的评价是"绪密而思清",他的七绝诗堪与李白媲美。尤其是他的边塞诗,流畅通脱,高昂向上,深受后人推崇。

唐代最伟大的现实主义诗人是谁?

杜甫(712—770 年)是盛唐时期最伟大的现实主义诗人,字子美,自号少陵野老,代表作有"三吏"(《新安吏》《石壕吏》《潼关吏》)以及"三别"(《新婚别》《垂老别》《无家别》)等。

安史之乱时,杜甫在四川避难,朋友推荐他做剑南节度府参谋,加检校工部员外郎。所以后世又称他杜拾遗、杜工部。他忧国忧民,心怀天下,一生写诗 1500 多首,诗艺精湛,被后世尊称为"诗圣"。因为他的诗风沉郁顿挫,多描写当时社会的具体情况,以及诗人自己对黑暗社会现实的批判,所以杜甫的诗被称为"诗史"。

杜甫和晋代陶渊明一样,在当朝并没有过多地显露自己的价值,经过后世的不间断研究,才凸显了他的价值,他的作品最终对中国文学和日本文学有着较为深远的影响。杜甫共有大约 1500 首诗歌被保留了下来,作品集为《杜工部集》。其中很多是传颂千古的名篇,如"三吏"和"三别"。

儒家思想是杜甫思想的核心。"致君尧舜上,再使风俗淳"是他的宏伟抱负。杜甫热爱生活,热爱人民,热爱祖国的大好河山。他疾恶如仇,在诗歌中批评社会的黑暗和不公,揭露朝廷的腐败。

杜甫的诗也影响到了元稹和白居易倡导的"新乐府运动"的文艺思想及李商隐的近体讽喻时事诗。宋代以后,王禹偁、王安石、苏轼、黄庭坚、陆游等人对杜甫推崇备至,文天祥则更以杜甫的诗为坚守民族气节的精神力量。

杜甫虽然是个现实主义诗人,但是他也有狂放不羁的一面,从其名作《饮中八仙歌》不难看出杜甫干云的豪气。唐诗里面流传的最多的就是杜甫的诗篇,他是唐代最杰出的诗人之一。杜甫诗作的影响,从古到今,已经远远超出了文艺的范围。

唐代最伟大的浪漫主义诗人是谁?

李白(701—762 年),字太白,号青莲居士,是唐朝甚至是中国最伟大的浪漫主义诗人,号"谪仙人",被贺知章称为"诗仙"。他与杜甫并称为"大李杜"。他写得比较多的就是山水诗和表现自己内心情感的诗。

李白在盛唐时期出生，在漫游中度过大半生，游历了大半个中国。李白以"奋其智能，愿为辅弼，使寰区大定，海县清一"的功业自许，有着矢志不渝的追求安天下、定社稷的伟大理想。他强烈鄙视那些依靠门第而入仕的人，以此来表现出他傲岸不屈的性格。他不屑与俗沉浮，并蔑视封建权贵。但是黑暗的现实打破了他的梦想，他渴望在封建礼教等级制度的束缚下获得自由和解放，于是就采取狂放不羁的生活态度来挣脱封建等级制度的桎梏、争取自由。

李白在追求自由的时候寄情于山水，把美好的大自然作为理想的寄托、自由的化身来歌颂。同时，盛世时代的生活造就了他豪迈的性格，他热爱祖国山河，足迹遍布祖国大地，一生写出大量赞美名山大川的壮丽诗篇。他笔下的峨眉山、华山、庐山等中国名山，吐纳风云，巍峨雄奇；他所描绘出来的长江黄河，气势汹涌，表现了诗人桀骜不驯的性格和冲破羁绊的强烈愿望。

李白的诗，既豪迈奔放如搏击苍穹的雄鹰，又清新飘逸若山间潺潺的小溪，而且想象丰富，意境奇妙，语言轻快，人们称他为"诗仙"，也只有"诗中之仙"才能恰当地评价出他的成就。

太白醉酒图 清 改琦

唐代大诗人杜甫于唐玄宗天宝五载（746年）初至长安，分咏当时八位著名酒徒的个人性情和艺术成就。其中有这样的诗句"李白斗酒诗百篇，长安市上酒家眠。天子呼来不上船，自称臣是酒中仙"，淋漓尽致地描绘了李白作为"诗仙"的狂妄和放逸不拘。此图是清代著名画家改琦为这一诗句所作的人物画，再现了李白的洒脱和轻狂。

花间派最有名的词人是谁？

温庭筠，唐代著名诗人、词人，本名岐，字飞卿，汉族，太原祁（今山西祁县）人。温庭筠是花间词派最为重要的作家，《新唐书》与《旧唐书》都有关于温庭筠的传记。

温庭筠年轻时苦心学文，才思敏捷。晚唐考试律赋，规定八韵一篇。据说他叉手一吟便成一韵，八叉过后八韵即告完稿，时人因此称他为"温八叉""温八吟"。温庭筠诗词都很擅长，诗与李商隐齐名，并称"温李"；词与韦庄齐名，并称"温韦"。

温庭筠的生活轨迹同白居易、柳宗元等著名诗人一样，一生的绝大部分时间是在家乡之外度过的。据考证，温庭筠在幼时就随家客居江淮，后定居于鄠县（今陕西省西安市鄠邑区）郊野，靠近杜陵，所以他曾经自称为杜陵游客。他年轻的时候以词赋知名，因为屡试不第而在淮间云游。唐宣宗时期的科举中，温庭筠为他人代笔作赋，被判扰乱科场，贬为隋县尉。后襄阳刺史任命他为巡官，授检校员外郎，温庭筠不久离开襄阳，居住在江陵。唐懿宗时曾任方城尉，官终国子助教。他喜欢讥刺权贵，多次触犯忌讳，又不受羁束，纵酒放浪，因此一生坎坷，终身潦倒。他的诗辞藻华丽，多写个人遭际，于时政亦有所反映，吊古行旅之作感慨深切，气韵清新，犹存风骨。他的词多写女子闺情，风格秾艳精巧，清新明快。他是花间词派的重要作家之一，被称为花间鼻祖。

温庭筠是现存词数量最多的唐人，其作品大都收入《花间集》。温庭筠原来著有自己的作品集，但已散失。后人编著了《温庭筠诗集》《金荃词》以及有关他的传奇小说集《乾巽子》，原本也已丢失，《太平广记》引录甚多。

被称作"小杜"的诗人是谁？

杜牧（803—852年），字牧之，号樊川居士，汉族，京兆万年（今陕西西安）人，唐代诗人。人称杜牧为"小杜"，以别于杜甫，因晚年居长安南樊川别墅，故后世称"杜樊川"，著有《樊川文集》。

杜牧主张凡为文"以意为主，以气为辅"，注重词句的搭配效果，对作品内容与形式的关系有比较正确的理解，并能吸收、融化前人的长处，以形成自己特殊的风格。在诗歌创作上，他的古体诗受杜甫、韩愈的影响，题材广阔，笔力峭健。他的近体诗则以文辞清丽、情韵跌宕见长。

晚唐诗歌总的趋向是浮绘绮密，杜牧受时代风气影响，也有注重辞采的一面。这种注重辞采的共同倾向和他个人"雄姿英发"的特色相结合，风华流美而又神韵疏朗，气势豪宕而又精致婉约。这些诗文采清丽，画面鲜明，风调悠扬，可以看出他才气的俊爽与思致的活泼。但他的诗中存在着感情消极的一面，带有浓厚的个人潦倒失意的感伤情调，缺乏理想的光彩。

杜牧作诗比较重视思想内容，他说自己的创作是"苦心为诗，本求高绝，不务奇丽，不涉习俗，不今不古，处于中间"。通过这些话，可以看出他在诗歌理论上的主张和创作上的积极追求。但在创作实践上，他的词风浓艳华丽，多写颓废享乐生活的诗，显然和自己"不务奇丽，不涉习俗"的主张是自相矛盾的。

杜牧的文学创作有多方面的成就，诗、赋、古文都堪称名家。他与著名的"诗鬼"李商隐被世人合称为"小李杜"。

我国文学史上第一部词集是哪本？

《花间集》是后蜀人赵崇祚编辑的一部词集，它是我国文学史上的第一部词集，而且我国第一个词派就是花间派。

《花间集》虽然没有可圈可点的内容，也没有太多的可取之处，但是在词史上却是一座里程碑，标志着词体已正式登上文坛，要与诗分庭抗礼了。

《花间集》收录的十八位词人除温庭筠、皇甫松、和凝三位与西蜀没有关系之外，剩下的十五个人都是活跃在五代十国的西蜀时期。他们或者出生在蜀中，或者在蜀中居住当官，他们分别是韦庄、薛昭蕴、牛峤、张泌、毛文锡、顾敻、牛希济、欧阳炯、孙光宪、魏承班、鹿虔扆、阎选、尹鹗、毛熙震、李珣。这些西蜀的词人故意对温庭筠艳丽香软的词风进行模仿，词作的主要特点是描绘闺中妇女日常生活情态，彼此互相唱和，从而就形成了花间词派。

在晚唐五代，填词已经成为文人们的一种风气。唐代文人为了躲避战乱纷纷进入蜀，填词风气也由中原带入西蜀。西蜀是唐末五代填词风气最盛、成就最高的地方，其次就是南唐。《花间集》把温庭筠、韦庄等人的经典作品收录其中，集中而典型地反映了我国早期词的发展史上文人词创作的审美情趣、体貌风格、主体取向和艺术成就。该词集一共收录500首词，大体上分为10卷。

《花间集》客观全面地体现出了早期词由民间状态向文人创作转换、发展过程的全部面貌。花间词对于词的文学体裁和美学特征都做出了相应的规范，而且在一定程度上确立了词的地位，并对宋元明清词人的创作产生了深远影响。

我国第一部诗话是什么？

北宋欧阳修编著的《六一诗话》被认为是我国的第一部诗话，它开创了后世诗歌理论著作的新体裁。

《六一诗话》的言说方式是"泛应曲当"，随着具体的事情发表相应的看法，并没有按照固定和必然的逻辑联系来给各则诗话条目排列顺序。

从全局看《六一诗话》，它对于语言与意义的综合思考就是从基本的逻辑说起。这可以分为3个层次：第一个层次是在其"意义"方面，欧阳修主张应当事理真实，也就是"事信"，反对只求好句而不顾事理是否真实可信，认为艺术的真实应当与生活的真实相一致；第二个层次是在其"言语"方面，欧阳修反对不加修饰而过于浅，主张精工雕琢；最后一个层次是在其言与意、事理与好句之间的关系上，欧阳修主张"意新语工"。

上面所讲的3个方面，就是以《六一诗话》内在的逻辑为起点谈起的，根据这个可以推演出其他的东西。由于主张艺术真实应与生活真实相一致，因此欧阳修认为诗歌可以具有像史书那样的作用，可以使那些上不了正史的人物有所依靠，而得以名传后世。

由于主张"意新语工"，《六一诗话》就把这个作为标准，用大量的篇幅来品评鉴赏那些炼意新奇而造语精巧的佳诗好句，属于此类的共计14则，相当于整本书的一半。

欧阳修是北宋时期著名的文学家和史学家，他在中国文学史上有重要的地位，极力倡导诗文革新运动，使唐末到宋初形式主义的文风和诗风得到极大的改善，文坛焕然一新。

我国最杰出的女词人是谁？

李清照（1084—1155年），济南章丘（今属山东）人，号易安居士，宋代女词人，婉约词派代表，是我国最杰出的女词人。

李清照的一生留下了大量人们耳熟能详的作品，著有《易安居士文集》《易安词》等，已散佚。后人有《漱玉词》辑本。人们读李清照的词，无不惊叹她过人的文采和高尚的情趣。

她早期生活条件好，和丈夫一起搜集整理书画典籍。金兵进入中原后，她流落南方，生活一度困窘，在这种情况下所作的词，和前期描写悠闲生活相比，更多的是悲叹身世，情调感伤，也流露出对中原故土和丈夫的怀念。在词的形式上善用白描手法，自辟途径，语言清丽。她在论词方面特别强调协律，崇尚典雅，还提出了词"别是一家"的这个说法，反对用写文章的方法来写词。她也能写诗，但是流传下来的不多，部分篇章感时咏史，情辞慷慨，与其词风不同。

李清照现在所保存下来的诗文集是后人所辑，有《漱玉词》1卷，《漱玉集》5卷。她的词流传

千秋绝艳图之李清照像　明　佚名
南宋初年，李清照别是一家，为婉约派词人的代表。

至今的，据今人所辑约有 45 首，另存疑 10 余首。代表作有《一剪梅》《声声慢》《如梦令》《武陵春》《醉花阴》《夏日绝句》等。李清照的词，被人们称为是"易安词""漱玉词"，以其号与集而闻名于世。

李清照具有非常高深的文学修养，同时还有大胆的创造精神。从总的情况看，她的创作内容也因为她生活条件和环境的不同而呈现出不同的内容。李清照前期的词真实地反映了她的闺中生活和思想感情，题材集中于写自然风光和离别相思；而后期则由于生活环境的变化，主要是抒发伤时念旧和怀乡悼亡的情感，表达自己孤独生活中的无尽哀愁。

李清照作为一名词人，不仅对中国文学的发展做出了贡献，而且对中国史学也做出了巨大的贡献。她的第一个重要贡献，就是帮助赵明诚纂修《金石录》并历尽艰辛将它保存下来，她对史学的另外一个重要的贡献就是帮助保留下来了一本宋代的《哲宗皇帝实录》孤本。

苏门三学士中谁最有名？

苏门三学士中最有名的就是苏轼。苏轼（1037—1101 年），字子瞻，又字和仲，号东坡居士。北宋文学家、书画家。他与父苏洵、弟苏辙合称"三苏"也是"唐宋八大家"之一，与欧阳修并称"欧苏"。

苏轼在文学方面可以说是全才。他的文章汪洋恣肆，明白畅达。现存的苏轼的诗大约有 4000 多首，其诗的内容广阔，风格多样，以豪放为主，抒情激情澎湃。苏轼的文章风格平易流畅，豪放自如。释德洪在《跋东坡池录》中说："其文焕然如水之质，漫衍浩荡，则其波亦自然成文"。

苏轼的诗清新豪健，善于运用夸张和比喻的手法，在艺术表现方面独具风格，和黄庭坚并称"苏黄"。他的词是豪放派的开创者也是集大成者，对后世影响很大，与辛弃疾并称"苏辛"。他还擅长行书、楷书，与黄庭坚、米芾、蔡襄并称书法宋四家。

苏轼著有诗集《东坡七集》等，词集《东坡乐府》。苏轼的文学观点和欧阳修一脉相承，但他更强调文学的独创性、表现力和艺术价值。他强调"有为而作"，崇尚自然，不愿有束缚，认为要"出新意于法度之中，寄妙理于豪放之外"。他认为做文章应该达到的境界是"如行云流水，初无定质，但常行于所当行，常止于所不可不止。文理自然，姿态横生"。苏轼的散文也很出色，与韩愈、柳宗元和欧阳修三家并称。

苏轼是继欧阳修之后北宋文坛的领袖人物，享有巨大的声誉，是时人和后人学习效仿的对象。此外，他当政期间选贤任能，注重提拔新人。当时和他交游或接受他的指导的人非常多，北宋文学家黄庭坚、秦观、晁补之和张耒都曾受到他的教诲或提拔。

"临川先生"指的是谁？

王安石（1021—1086 年），字介甫，号半山，小字獾郎，晚年封荆国公，世人又称他为王荆公，世称"临川先生"。他是北宋杰出的政治家、思想家、文学家、改革家，唐宋八大家之一。

王安石是我国古代杰出的政治家、文学家、思想家和改革家。他的诗"学杜得其瘦硬"，擅于说理和修辞，多用典故，风格遒劲有力，警辟精绝，但也有很多抒情深情委婉的作品。他著有《临川先生文集》《临川集拾遗》等。

王安石的政治变法对北宋后期社会的发展具有很大的影响，其中一些已经具有现代改革的一些特点，他被列宁誉为"中国十一世纪伟大的改革家"。他与"韩愈、柳宗元、欧阳修、苏洵、苏轼、苏辙、曾巩",并称为"唐宋八大家"。

　　王安石不仅是杰出的政治家和思想家,同时还是一位卓越的文学家。他把文学创作和政治运动紧密结合在一起,强调文学的作用首先是为社会服务的,强调文章的现实功能和社会效果,主张文道合一,反对浮夸、虚无的文风。

　　王安石的散文雄健简练、奇崛峭拔,有很多书、序等论说文,大多用来阐述自己的政治见解与主张,为变法提供舆论支持。这些文章大多能够针对时政或社会问题,观点鲜明,有一定的深度。王安石的政论文在唐宋八大家中是突出的。他有极强的语言驾驭能力,语言简练明快,却不妨碍于笔力雄健,以折为峭而浑灏流转为胜,词简而意无不到,这和他自身就是一位政治家是有很大的关系的。

　　王安石前期的诗歌,以说理见长,倾向性十分鲜明,涉及了许多重大而尖锐的社会问题,关注下层人民的生活,为他们发出了不平的声音。然而王安石后期的隐居生活,带来了他的诗歌创作上的变化。他流连、陶醉于山水田园中,题材内容变的较为狭窄,写景诗、咏物诗取代了之前政治诗的位置,大多抒发一种闲恬的情趣,没有了政论的深刻。

　　王安石在艺术表现上很成熟,他观察细致,诗文意境幽远清新,表现了对大自然美的歌颂和热爱,有很多名篇为后人传诵。

婉约派的代表词人是谁?

　　婉约派的代表词人是柳永。柳永(约987—约1053年),字耆卿,汉族,北宋词人。婉约派创始人之一,和李清照一起开创了婉约派的词风,代表作《雨霖铃》等。

　　柳永,原名三变,字景庄。后改名永,字耆卿。因他排行第七,所以又称柳七。宋仁宗朝时进士,官至屯田员外郎,所以后世都称他为柳屯田。他自称"奉旨填词柳三变",毕生精力用于作词,并自诩为"白衣卿相"。

　　柳永的词作流传极广,有"凡有井水饮处,皆能歌柳词"的说法。许多篇章用凄切的曲调真实感人地唱出了盛世中一些落魄文人的痛苦。他是北宋前期最有成就的词人,著有《乐章集》。柳永是婉约派四大旗帜之一,在四旗中号"情长",有"豪苏腻柳"之称,柳词清新婉约,细腻独到,情感描写细致。

　　柳永的词凄婉缠绵,儿女情长,但却不靡靡。他的词构词意境脱俗,豪放不羁。虽有花间词派遗风,亦标新立异,独树一帜,以至于"教坊乐工,每得新腔,必求永为词,始行于世"。

　　整个唐五代时期,小令是词的主要体式,慢词总共不过10多首。但是到了宋代之后,词人擅长和习用的仍是小令。与柳永同处一个朝代,但是比他晚一点的张先、晏殊和欧阳修等人的创作中慢词仍然是其词作总数的一小部分。但是柳永一个人独立就创作了慢词87首,在当时众多文人中是创作慢词最多的。柳永大力创作慢词,从根本上改变了唐五代以来词坛上小令一统天下的局面,使慢词与小令两种体式齐头并进都有所发展。

　　柳永大胆地革新了词的语言表达方式。他与晚唐五代以来的文人词那只是提取高雅的书面语言不同,而是充分运用生活中的日常口语和俚语、俗语等。诸如代词"我""你""伊""自家"和一些副词"恁""怎""争"等,动词"都来""看承""抵死""消得"等。

　　柳永的词富有很强的表现力,不只生动活泼,而且由于口语化的特点,读起来像是直接与人对话或者是在向人诉说,拉近了读者和词的距离,同时又易于读者理解接受。

《过零丁洋》是谁写的?

文天祥(1236—1283年),南宋民族英雄、诗人。《过零丁洋》是他的代表作品。

文天祥以忠烈名传后世,他宁死不屈,从容赴义,与陆秀夫、张世杰被称为"宋末三杰"。从至元十六年(1279年)十月,文天祥抵达大都。三年后的十二月被杀。在被囚禁的那段时间,元朝千方百计地对文天祥进行威逼利诱,众多的人物参与劝降,并许以优厚的条件,创造了劝降宋的记录,这也是历代罕见的,但没能动摇文天祥的决心,从《正气歌》中就能够读出文天祥誓死不屈的精神。

元十九年(1282年)十二月初九,文天祥慷慨赴义。这一天,兵马司监狱内外,到处是全副武装的士兵,戒备森严。上万市民听到文天祥就义的消息,大家都聚集在街道两旁。从监狱到刑场,文天祥走得神态自若。行刑前,文天祥向着南方拜了几拜。监斩官问:"丞相有什么话要说? 回奏尚可免死。"文天祥没有说话,从容就义,终年47岁。

文天祥就义后,各地人民通过各种方式纪念他。曾经参加义军的王炎午写了《望祭文丞相文》一文,赞扬文天祥的气节和精神。

文天祥是一个爱国者。同时,他也是一个政治家。他的一生极富传奇色彩,生前,他忠君爱国,死后受历代人们的尊敬。

豪放派的代表人物是谁?

辛弃疾,原字坦夫,改字幼安,别号稼轩,历城(今山东济南)人。他是我国历史上伟大的军事家和政治家,是豪放派的代表人物。

辛弃疾出生时,中原的广大土地已被金国所占领。他年少时参加抗金义军,不久归南宋,曾任南宋多省的安抚使。他所呈递的《美芹十论》与《九议》,详细地论述了防守战的策略,表现了辛弃疾在军事方面的才能与爱国热忱。

辛弃疾的存词有600多首,基本思想内容以强烈的爱国主义思想和战斗精神为主。他强烈的爱国情怀一直是其词的主旋律,同时也有不少吟咏祖国河山的作品。他的代表作有作品集《稼轩长短句》《辛稼轩诗文钞存》等。

在抗金斗争中,辛弃疾将原名"坦夫"改为"弃疾",寓意自己能够像汉朝大将军霍去病一样,奋勇杀敌,抵抗外族侵扰。

宋宁宗开禧元年(1205年),65岁高龄的辛弃疾前往镇江接任知府,他登上北固亭,面对祖国支离破碎的河山,怀着忧心忡忡的心境,写下了《永遇乐·京口北固亭怀古》这篇传唱千古之作。

辛弃疾在文学上与苏轼齐名,号称"苏辛",与李清照并称"济南二安"。有人这样赞美过他:稼轩者,人中之杰,词中之龙。

辛弃疾的一生壮志难酬,在政治生涯中屡受挫折,加之操劳过度,致使晚年体弱多病,最终在开禧三年(1207年)秋天溘然长逝,享年67岁。

我国现存最大的唐五代诗歌总集是什么?

明代胡震亨编著的《唐音统签》是我国现存最大的唐五代诗歌总集。

胡震亨,字孝辕,号遁叟,是浙江海盐人。他曾经于万历二十五年(1597年)考中了举人,著有《读书杂记》《赤城山人稿》《海盐县图经》《杜诗通》《李诗通》《唐音统签》等作品。特别是《唐音统签》这本书,里面收录了唐五代诗,内容十分丰富,卷帙浩繁,被誉为我国一部最大的唐五代诗歌总集。

《明史·艺文志》著录此书一共 1024 卷，《千顷堂书目》著录一共 1032 卷，《四库全书总目》著录一共 1027 卷，只有故宫博物院珍藏的范希仁抄补本 1033 卷最完整。整本书用十天干为纪，从《甲签》到《壬签》，按时间先后顺序收录唐朝以及五代时期的诗作以及词曲、歌谣、谚语、酒令、占辞等。《癸签》则包括体裁、评汇、乐通、诂笺、法微、谈丛、集录等部分，是胡震亨自己常年收集资料时的总结。

这本书系统论证了唐诗的源流与变革、风格流派的异同、作家的高下、体制的形成以及有关的知人论世的材料；注释和考证了常用的词汇，并且分门别类交代了唐诗别集、总集、金石著录、唐诗评论的综合目录；这本书所引明人的诗话，有一些今天也不容易见到，所以它本身具有一定的文献价值。

除此之外，书中各家诗人的小传也具有较高的学术价值，除新旧《唐书》外，书中还引用了杂史、笔记、地志、诗话以及其他各家别集的大量资料，并加以考订。特别是收录了许多诗人的遗闻逸事，加入小注里面，而里面所引用的材料一般都是注明其出处的，有时还注明编纂时所援用的版本。这些，对唐诗研究都是非常有帮助的。

《全唐诗》的创作就是在《唐音统签》及季振宜《唐诗》的基础上完成的。例如《全唐诗》中的殷尧藩诗，就是据《唐音统签》补充的。此外，《全唐诗》收录的散佚诗篇和断章零句，大多数也是来自《唐音统签》。

《唐音统签》对于保存和研究唐代诗歌文化起到了巨大的作用。

哪本书体现了我国志怪小说的最高成就？

东晋的史学家干宝所著的《搜神记》体现了我国志怪小说的最高成就。它是一部以我国古代民间传说中的神奇怪异故事为主要内容的小说集。

干宝，字令升，河南新蔡人。据史料记载，自西晋永嘉元年（307 年），干宝就做了刺史的从属官吏，后来因为刘聪、石勒叛乱致使西晋灭亡，东晋成立，南北朝对立。干宝把家搬迁到灵泉乡（今属海宁）。永嘉四年（310 年），干宝的父亲去世，葬在澉浦青山的南面，干宝为父亲守孝。后来又搬到海园（今海盐通元），从此以后，在海盐定居下来。

《搜神记》记录了共 410 多篇古代的神异故事，它不同于地理博物类作品，它是以辑录鬼怪神仙故事为主，同时也包括一些琐闻杂记，是受到了《穆天子传》和《山海经》的直接影响和启发而创作的作品。

《搜神记》不但语言雅致清峻、曲尽幽情，而且内容也极为丰富，是"直而能婉"的典范。它的艺术成就在两晋志怪小说中很突出，对后世影响也很大。它不但成为后世志怪小说的模范，同时也是后人取材的源泉，传奇、话本、戏曲、通俗小说多次从其中选取材料，更有不计其数的故事被后人当作典故使用。

为《搜神记》作续和模仿它进行创作的人也很多，最著名的就是署名陶潜的 10 卷《搜神后记》。目前难以确定这部书是不是陶渊明所作。该书除少数故事与《搜神记》《灵鬼志》等书一样外，绝大部分收集自当时的民间传闻。书中多是讲神仙故事，其中有不少名篇，如卷五的海螺女故事和"阿香推雷车"的故事等，被历代传诵。但在艺术方面，它尚处于小说发展的初期阶段，一般是粗陈故事的梗概。

在一定程度上来说，《搜神记》反映了我国古代人民的思想感情，开创了我国古代神话小说的先河，同时也是集大成者。

记述魏晋文人轶事的是哪部笔记小说?

《世说新语》是南朝临川王刘义庆(403—444年)组织文人编写的,梁代刘峻为这本书作了注,它是一部以魏晋人物言谈轶事为主要内容的笔记小说。

刘义庆(403—444年)汉族,彭城(今江苏徐州)人,字季伯,南朝时期文学家。《宋书》本传说他"性简素,寡嗜欲"。他喜爱文学,这为他后来组织编书提供了可能。他是刘宋王权的宗室,世袭了临川王的爵位,并且担任荆州刺史等官职。在担任荆州刺史的8年,他政绩斐然。后来,他担任江州刺史,一年后,因为同情被贬的王义康触怒了文帝,被调回京城,改任南京州刺史、都督和开府仪同三司。不久之后,以生病为理由告老还乡,元嘉二十一年(444年)在建康(今江苏南京)去世。除了《世说新语》以外,他还著有《幽明录》,是一本志怪小说。

《世说新语》原书共8卷,刘孝标注本分为10卷,现在流传下来的内容只剩下3卷,分为德行、言语、政事、文学、方正、雅量等共36门,全书共有古史1000多则,记述了自汉末到当时的一些名士贵族的轶事趣闻,其中主要是人物评论和文人们的风流韵事。

《世说新语》的语言简约含蓄,文字隽永,流传出了许多大家耳熟能详的成语。《世说新语》的艺术成就很高,鲁迅先生在《中国小说史略》中曾把它的艺术特色概括为"记言则玄远冷隽,记行则高简瑰奇"。

《世说新语》中刘孝标注的各类人物1500多个,基本覆盖了各个阶层,无论帝王将相,还是隐士、僧侣,都包括在内。它对人物的描写,无论相貌、才学、心理,都表现得酣畅淋漓,使之跃然纸上,如同站在了读者面前。

《世说新语》对后世产生了深刻的影响,不断出现模仿它的小说,而且创做出了很多取材于它的戏剧。

我国第一部小说总集是什么?

我国第一部小说总集是《太平广记》,它是我国古代类书性质的一部典籍。该书成书于宋代,全书共500卷,目录10卷,收录了汉代到宋代初年的野史小说和佛教道教的小说,另外也有一部分小说家的介绍。

《太平广记》是宋太宗命令李昉、徐铉、扈蒙、李穆、宋白、赵邻几、吕文仲等12人进行编纂的。编纂开始于太平兴国二年(公元977年),并于次年完成。因为成书的完成时间是宋太宗太平兴国年间,和《太平御览》同时编纂,所以叫作《太平广记》。

《太平广记》大概引用了400多种书,在篇末一般都有注明,但仍然存在一些错误,如同书异名或异书同名等。因此,根据它做出精确的统计是有一定困难的。现在书前面的引用目录,共343种,这与书中实际引用的情况不符合,大概是后人补加上去的。此外,《太平广记》是分类编纂的,全书共分为92大类,每类又细分为150多小类,比较方便查阅。

从内容上看,《太平广记》收得最多的是小说,它实际上就是一部宋代之前的小说总集,其中很多书现在已经失传了。《太平广记》并没有统一的分类标准,有很多书按照类别一时很难找到。同时,书中把神仙、道术放在异僧、释证等类的前面,明显带有尊崇民族文化的意味。

从小说方面来说,宣扬佛法灵验和因果报应的故事很多,虽然它们具有一定的诱惑性,但是从艺术角度来说,与神仙故事差距很大。唐代小说里大多会讲仙女下凡,以及大量的神奇灵异的变化等,眩人耳目,很吸引人。当然,所有神仙鬼怪的故事,都是来自幻想,很多都带有出世的消极的迷信色彩。所以，我们需要用批判的眼光来看待和阅读。

唐代和唐代以前的许多小说，通过《太平广记》而得以保存下来。《太平广记》引书很多，几乎把篇幅短小的书都整本收录了，有传本的书也可以用它校勘、辑补，为我国古代小说的整理和研究做出了巨大的贡献。

我国第一部历史题材的章回小说是哪本？

《三国演义》是我国第一部历史题材的章回体小说，作者是元末明初著名的小说家罗贯中。罗贯中名本，字贯中，号湖海散人，汉族，山西太原（今山西省太原市清徐县）人。他是我国著名的小说家和戏曲家，同时被称为中国章回小说的鼻祖。

罗贯中的一生中创作了不少优秀的作品，主要包括剧本《忠正孝子连环谏》《三平章死哭蜚虎子》《赵太祖龙虎风云会》；小说《残唐五代史演义》《隋唐两朝志传》《粉妆楼》《三遂平妖传》及代表作《三国演义》等。

《三国演义》是一部以描写战争为主的历史演义小说。这部小说把三国时期的动乱纷争作为大背景，一幕幕气势磅礴，波澜起伏的战争场面，成功刻画了数百个英雄人物，其中曹操、刘备、孙权、诸葛亮、周瑜、关羽、张飞、赵云等脍炙人口的人物形象，对后世有深远的影响。

《三国演义》中也反映了丰富的人物名称、地理名称、主要事件等历史内容，这些与《三国志》的契合度很高。人物性格也是在《三国志》形成的固定形象基础上，进行再次发挥，通过夸张、美化、恶搞、丑化等进行再次塑造。其实这是历史演义小说的一贯套路，历史演义小说都有古今兼顾，讽古说今；虚实相间，穿越恶搞；一个人物，兼具两朝，一段故事，说两朝事情等特点。

《三国演义》充分发挥了这种艺术，一方面，尽量真实地反映三国历史，满足了广大民众想要了解真实历史的愿望；另一方面，考虑到明朝社会一定存在着与三国人物相似类型的人物，所以又尽量符合明朝时期的现实生活情况，并且还按照明朝社会的实际情况对三国人物进行了一定程度的夸张、美化、恶搞以及丑化等改动，从而希望给读者一定的启发与引导，兼顾到了读者希望增长见识，统治者希望巩固统治双方的需要。在还原三国历史的真实面貌方面非常贴切，它同时还反映出许多明朝的社会风貌。

《三国演义》的出现可以说是开创了我国历史演义小说的先河。从《三国演义》之后，众多文人纷纷效仿，将中国几千年来的浩瀚历史写成了各种历史演义小说，但是仍然没有一部小说的成就能够超越《三国演义》。

三顾茅庐　年画

三顾茅庐是《三国演义》中较经典的一个情节。作为"四大奇书"之一，《三国演义》的出现使得明以后的历史演义小说如雨后春笋，不断问世。

我国第一部描写农民起义的小说是什么?

《水浒传》又名《忠义水浒传》,一般简称《水浒》,元末明初著名作家施耐庵所作。《水浒传》是中国历史上第一部用白话文写成的章回小说,也是中国历史上第一部描写农民起义的小说,是中国四大名著之一。

在历代封建专制统治者眼中,造反都是不对的,而造反的人都是杀人放火、面目狰狞的妖魔鬼怪形象,但是《水浒传》却反其道而行,为所谓的"造反者"歌功颂德,并大肆渲染他们豪侠仗义、除暴安良的英雄壮举,把他们塑造成读者心目中的英雄人物。《水浒传》里详细地描述了北宋末年官逼民反,梁山英雄聚众起义的故事,讲述了封建时代农民起义从发生、发展到失败的全过程,而且还塑造了武松、林冲、吴用、张顺、李逵、鲁智深等深入人心的英雄形象。

《水浒传》原名为《水浒全传》或《江湖豪客传》,后来罗贯中才把它命名为《水浒传》,正式出书的时候是《宋江》,明末,又和《三国演义》合称为《英雄谱》。在当时《水浒传》是禁书。《水浒传》的作者向来颇有争议,明朝人对于《水浒传》的作者一般有三种说法:施耐庵作、罗贯中作和施、罗合作。现在学术界大都认为是施耐庵作。通常,人们都认为是在民间流传的宋江起义的故事基础上,由施耐庵和罗贯中二人共同完成。不管怎么说,《水浒传》都是我国第一部使用白话语言而写成的历史长篇小说。

吴梅《顾曲麈谈》里记载着施耐庵就是元末的剧作家施惠,这个说法不是很可靠。自20世纪20年代以来,苏兴化地区陆续发现了一些有关施耐庵的材料,如《马氏长门谱》《马氏族谱》和《悲剧帝王传》所载的《施耐庵墓志》和《施耐庵传》等,但是这些材料大都矛盾重重,并且可信度不高。

虽然关于《水浒传》的作者的争议很多,但是它的确不愧为我国古代的优秀长篇小说之一,与《西游记》《三国演义》和《红楼梦》一起被誉为是我国的四大名著。

谁写出了中国最著名的志怪小说《聊斋志异》?

《聊斋志异图》册页之《画皮》
《聊斋志异》是中国最富有创造性、文学成就最高的短篇文言小说集,郭沫若曾评曰:"写鬼写妖高人一筹,刺贪刺虐入骨三分。"

我国古代最著名的志怪小说就是清代小说家蒲松龄写成的《聊斋志异》。蒲松龄(1640—1715年),字留仙,一字剑臣,号柳泉居士,世称聊斋先生,自称为异史氏。他出生于一个逐渐败落的中小地主兼商人家庭,19岁应童子试,接连考取县、府、道三个第一,轰动一时。之后,一直考试都没有考中进士,直至71岁时才成为贡生。

蒲松龄穷其一生创做出著名的文言文短篇小说集《聊斋志异》。《聊斋志异》是一部积极的浪漫主义作品。它的浪漫主义精神,主要表现在对正面理想人物的塑造上,特别是表现在由花妖狐魅变来的女性形象上。另外,也表现在对浪漫主义手法的运用上。作者善于运用梦境和上天入地、虚无变幻的大量虚构情节,冲破现实的束缚,表现自己的理想,解决现实中无法解决的矛盾。

《聊斋志异》与传统的同类小说不同,它不是一部消闲的作品,也不是宣扬鬼神仙怪的小说。蒲松龄是为抒发和消除自己内心沉积的悲愤和不平而创作的。他在这部小说集中，将《聊斋志异》称为一部"孤愤之书"，并感叹道，"寄托在这上边，已经足够了啊！"

应该指出的是，《聊斋志异》是一部具有独特艺术风貌和思想风貌的文言文短篇小说集。大多数小说是通过幻想的形式谈狐说鬼，但内容却深深地扎根于现实生活的土壤之中，曲折地反映了蒲松龄所生活的时代的社会矛盾和人民的思想愿望，熔铸进了作家对生活的独特感受和认识。

蒲松龄在书中所寄托的"孤愤"并不仅仅是他个人的怀才不遇、穷困潦倒，而是代表了广大人民群众反压迫、反剥削的要求，抒发了他们对黑暗现实的强烈愤恨和对美好生活的热切向往。

我国最早的散文集是哪本书？

我国最早的散文集是《尚书》，又称《书》《书经》，是一部多体裁的文献汇编，是中国现存最早的史书。《尚书》是《虞书》《夏书》《商书》《周书》的综合，战国时称为《书》，汉代改称《尚书》，即"上古之书"。

因为《尚书》是儒家 5 部经典之一，又称《书经》。现存的《尚书》之中记录的并不完全是真实发生的事件。《尚书》一方面被认为是一部历史典籍。另一方面一直以来被文学史家称为我国最早的散文总集，这是和《诗经》并列的一个文学体类。但是《尚书》中的散文，用今天的标准来看，大多数都是各级政府的公文。准确地讲，它似乎是一部更加详细完备的公文总集。

《尚书》是我国最早的皇室文集，是我国第一部上古历史文件和部分追述古代事迹著作的汇编，它对西周，尤其是对西周初年一些史料的保存起到了巨大的作用。《尚书》相传由孔子编撰而成，但是也有一些是后来的儒学大家添加进去的。西汉初年《尚书》仅仅存下来 28 篇，因为使用汉代隶书抄写，所以叫《今文尚书》。

从文学角度来说，中国古代散文已经形成的标志就是《尚书》。根据《左传》等书记载，在《尚书》之前，有《三坟》《五典》《八索》《九丘》。但是，这些书先后都失传了，而《尚书》中最先出现了叙述先秦时期情况的散文。书中的文章，结构渐趋完整，有一定的层次，已注意在命意谋篇上用功夫。春秋战国时期继承和发扬了这种散文体例。秦汉以后，各个朝代的制诰、诏令、章奏之文，受《尚书》的影响越来越明显。

《尚书》最引人注目的思想倾向，是以天命观念解释历史兴亡，为现实提供借鉴。这种天命观念具有敬德和重民的理性内核。《尚书》的文字语言对于现代人来说是很难以理解的，但它标志着史官记事散文的进步：首先，已经开始注重人物的声气口吻；其次，注重语言的形象化以及语言表达的意趣；最后，它非常重视对场面的具体描写。

《尚书》作为我国第一部散文集，对后世文学的发展起到了巨大的作用。

唐代最著名的散文家是谁？

韩愈（768—824 年），字退之，汉族，唐河内河阳（今河南孟州市）人，是唐代最著名的散文家。他自称郡望昌黎，世称韩昌黎。

韩愈 25 岁考中进士，29 岁入朝为官，但是在官场上却屡屡受挫。他倡导了唐代的古文运动，苏轼称他为"文起八代之衰"，明朝人把他推举为"唐宋八大家"之首，他和柳宗元合称为"韩柳"，同时还有"文章巨公"和"百代文宗"的称呼，并著有《韩昌黎集》40 卷，《外集》10 卷，《师说》等作品。

明万历中（1587—1598 年），韩愈与李宽、周敦颐、朱熹、张栻、李士真、黄干同祀石鼓书院七贤祠，世称"石鼓七贤"。

韩愈的散文，内容复杂丰富，形式也多种多样。他的"杂著"或"杂文"，发挥了散文的战斗性的功能，不少作品达到了思想艺术完整的统一。韩愈是我国古代运用语言的巨匠之一，他的散文语言有简练、准确、鲜明、生动的特点。他善于创造性地使用古代词语，又善于吸收当代口语创造出新的文学语言，因此他的散文词汇丰富，绝少陈词滥调，句式的结构也灵活多变。他随所要表达的内容和语言的自然音节，曲折舒展，文从字顺；间亦杂以骈俪句法，硬语生辞，映带生姿。韩愈新创的许多精炼的语句，有不少已经成为成语，至今还在人们的口头流传。

中国第一部叙事历史著作是什么？

《左氏春秋》又名《左传》，汉代时改为《春秋左氏传》，简称《左传》。《左传》是我国历史上第一部叙事完整的编年体史书，据说是春秋末年左丘明为解释孔子的《春秋》而作。

《左传》实质上是一部独立撰写的史书。它叙事起自鲁隐公元年（公元前 722 年），到鲁悼公十四年（公元前 453 年）结束，以《春秋》为本，通过记述春秋时期的具体史实来说明《春秋》的纲目，是儒家重要经典之一。它与《春秋公羊传》《春秋谷梁传》合称"春秋三传"。

左丘明是《左传》的作者，这一点是司马迁和班固都证明过的，并且这是目前最为可信的史料。现在有些学者认为《左传》不是左丘明写的，但是都遭到了质疑，虽然《左传》中某些文章的叙事风格与其他不符，但并没有史料证明是别人作的，所以这个说法只是主观推断。

《左传》对后世的影响首先体现在历史学方面。它不仅发展了《春秋》的编年体，而且引用并保存了一部分当时的应用文体例，为后世应用写作的发展提供了借鉴。仅仅根据宋人陈骙在《文则》中的列举，就有命、誓、盟、祷、谏、让、书、对 8 种应用文，实际上还远远不止这些，后世的人普遍认为檄文也是出自《左传》。

《左传》还有鲜明的政治与道德倾向。它里面强调等级秩序与宗法伦理，重视尊卑长幼的顺序，同时也有"民本"的思想在里面，这一点与儒家思想是契合的，因此它也是研究先秦儒家思想的重要历史资料。

此外书中体现了作者的政治主张。作者认为执掌国家宗法神器的统治者，不可逞一己私欲，而要从整个统治集团和他们所拥有的国家的长远利益考虑问题，这些都和儒家思想不谋而合。《左传》本来不属于儒家经典，但自从它立于学官，后来又附在《春秋》之后，于是便被儒家学者当作是儒家经典。

《左传》也是一部优秀的文学著作，历代学者都把《左传》和《史记》并称，尊为历史散文之祖，"文之有左、马，犹书之有羲、献"。《左传》里特别善于记述有关于战争的事，故有人称之为"相砍书"（相斫书），又善于刻画人物，重视记录辞令。

《左传》在史学中的地位被评论为继《尚书》《春秋》之后，开《史记》《汉书》之先河的重要典籍。

我国第一部国别体史书是谁创作的？

我国最早的一部国别体史书是左丘明编写的《国语》。《国语》记录了周朝王室和齐国、鲁国、郑国、晋国、吴国、楚国、越国等诸侯国的历史。记事从周穆王十二年西征犬戎开始，到智伯被灭（公元前453年）结束，包括各国贵族间朝聘、宴飨、讽谏、辩说、应对之辞以及部分历史事件与传说。

《国语》的作者左丘明，春秋时的史学家，鲁国人，其双目失明。春秋时有称为"瞽"的盲史官，靠口耳相传，背诵、讲述有关的古代历史故事和传说，用来补充和丰富文字记载的史料，左丘明即为"瞽"之一。公元前451年，左丘明病逝，葬于东衡鱼村东北处。

根据流传下来的刘向的《别录》佚文"左丘明授曾申"，以及陆德明在《经典释文·序录》记载的"左丘明作《传》以授曾申"等历史资料来判断，可以推测出左丘明大概与孔子晚年弟子曾参及曹恤等人处于同一时代。

《国语》记载西周末年至春秋时期周王室及鲁、齐、晋、郑、楚、吴、越诸国史实，偏重记述君臣言论，是我国最早的国别史。其文学、科技、军事价值和历史价值不可估量，备受历代史学家和文人所推崇。

唐贞观二十一年（647年），唐太宗把左丘明封为"经师"，还专门在他的墓前打造了墓碑；明嘉靖九年（1530年），明世宗又将左丘明封为"先儒"；明崇祯十五年（1642年），朱由检封左丘明为"先贤"；清雍正三年（1725年），人民奉旨在"丘"旁加"阝"改为邱氏，这只是为了避孔子名讳而已，现在石横邱氏都是左丘明的后人。

左丘明撰写的《国语》，对后世影响深远，它同《春秋左氏传》一起被誉为珠联璧合的历史文化巨著。

谁撰写了我国最早的纪传体通史？

司马迁撰写了中国第一部纪传体通史《史记》。《史记》最初成书的时候没有固定的名字，有时候称"太史公书"，有时候称"太史公传"，也会省略地称"太史公"。

司马迁（公元前145或前135—？），西汉伟大的史学家和文学家，字子长。他撰写的《史记》被公认为是中国史书的典范，因此史迁、太史公都是后世对他的尊称。他也是西汉著名的史学家、思想家和文学家。除了著有《史记》之外，《汉书·艺文志》收录有《司马迁赋》8篇，《隋书·经籍志》有《司马迁集》一卷。

早在20岁的时候，司马迁就离开首都长安游访名山大川，实地考察历史遗迹，了解到许多历史人物的珍闻逸事以及一些民俗与各地的经济生活。这些对以后他编写《史记》帮助很大。司马迁的父亲司马谈曾经担任太史令，但是没有实现自己写一本博古通今的史书的愿望，临终时要求司马迁完成其夙愿。之后，司马迁继任父亲太史令的职位，开始写《史记》，笔耕不辍10余年，终于完成。

司马迁以其"究天人之际，通古今之变，成一家之言"的史识，铸就了《史记》这一我国历史上首部纪传体通史。全书总共52万余字，130篇，包括十二本纪、十表、八书、三十世家和七十列传，对后世产生了巨大的影响，被称为"实录、信史"，还被列为前"四史"之首，和《资治通鉴》一起被称为史学"双璧"。西汉刘向等人认为此书"善序事理，辩而不华，质而不俚"。司马迁因此被后世尊称为史迁、史圣，与司马光并称"史界两司马"，与司马相如合称

《史记》书影

"文章西汉两司马"。

《史记》对后世产生了深远影响。史学上，它首创的纪传体编史方法为后来历代"正史"所继承，另外，《史记》被公认为是中国文学史上地位重要的一部优秀文学著作，被鲁迅誉为"史家之绝唱，无韵之《离骚》"，文学价值极高。

我国第一部断代史是谁编写的？

东汉班固编写的《汉书》开创了我国纪传体断代史史书，奠定了编修正史的体例，《汉书》也是我国第一部断代史。

班固（32—92年），字孟坚，汉族，扶风安陵人（今陕西咸阳东北），东汉史学家、文学家。他曾任兰台令史、典校秘书等职务，并在其潜心二十余年后，终于修成了《汉书》。

班固的父亲班彪是一个史学家，曾经写了《后传》六十五篇来续补《史记》。而班固则是在《后传》的基础之上完成了《汉书》的写作。班固在和帝永元元年随从车骑将军窦宪出击匈奴，在军中做幕僚，后来因罪入狱后不久便死在了狱中。但是《汉书》还有八表和《天文志》没有写成，汉和帝便让班固的妹妹班昭补作，在马续的协助下，班昭作了《天文志》《汉书》包括表八篇、本纪十二篇、列传七十篇、志十篇，一共一百篇，后人把它划分为一百二十卷。它的记事从汉高帝刘邦元年开始，到王莽地皇四年结束。

《汉书》的体例已经不同于《史记》。《史记》是一部通史，《汉书》则是一部断代史。《汉书》把《史记》的"列传"省称"传"，"书"改曰"志"，"本纪"省称"纪"，同时取消了《史记》中的"世家"，把汉代勋臣世家都编入传。这些方面的变化，也被后来的一些史书继承和沿袭下来。

同时，《汉书》新增加了《刑法志》《五行志》《地理志》《艺文志》，广泛涉猎了当时的政治、地理和经济等各方面的内容，较《史记》更为完善。

班固编写的《汉书》开创了全新的史书模式，为后世很多编写史书的人所效仿，班固也因此受到了后代人的尊敬。

我国第一个女史学家是谁？

班昭（约49—约120年）一名姬，字惠班，汉族，扶风安陵（今陕西咸阳东北）人，是东汉史学家，我国古代历史上第一个女历史学家。她是史学家班彪之女、班固与班超的妹妹，博学高才，是我国历史上有名的才女，因为她丈夫姓曹，历史上又称曹大家（音姑）。

班昭在自己作的《女则》《女范》《女孝经》中提出了封建社会妇女应当遵守伦理规范，在这个方面她受到儒家学派的尊敬，她的儿子曹成被封为关内侯。

班昭作为中国第一个女历史学家，她的文采首先表现在帮她的哥哥班固修《汉书》。班固作《汉书》的时候，八表及《天文志》遗稿散乱，没有完成就去世了，班昭继承他的志向，独立完成了第七表"百官公卿表"与第六志"天文志"，至此《汉书》才写成。班昭凭借自己出众的文采，完成了哥哥班固的《汉书》，这件事打动了汉和帝的心，使哥哥班超得以回归洛阳。

《汉书》是我国的第一部纪传体断代史，在众多正史中是写得比较好的一部，人们称赞它言赅事备，《汉书》与《史记》齐名，一共分为纪、传、表、志几个类别。《汉书》出版以后，立即就得到了很高的评价，学者争相传诵，《汉书》中最棘手的是第七表"百官公卿表"，第六志"天文志"，而这两个部分是班昭在其兄长班固逝世之后自己独立完成的，但是班昭依然很谦虚的写上了自己哥哥班固的名字。

班昭除了帮班固编著《汉书》之外，还写有赋，颂，铭，诔，哀辞，书，论等共计十六篇文章。原有集三卷，但是大部分都失传了。昭明太子萧统还选择了班昭所作的《东征赋》一篇编入《文选》之中，一直呆留了下来。《东征赋》是班昭跟随自己的儿子到陈留赴任时，根据自己的亲身经历而写成的作品。班昭还曾经给班固的《幽通赋》作注，现在保存在《文选》李善注中。

班昭的文采还表现在她写的《女诫》七篇上。《女诫》包括：卑弱、夫妇、敬慎、妇行、专心、曲从和叔妹七章。《女诫》本来是用来教育自己家女儿的私人课本，不料京城世家却争相传抄，不久之后便风行全国各地，她也凭借这个得到儒家尊敬，被推上了"女圣人"的地位。

谁编著了我国第一部笑话集？

邯郸淳（约132—221年），有人称为邯郸浮，又名竺，字子叔，又字子礼，是东汉时颍川阳翟（今禹州市）人。他因为编著有三卷《笑林》、一卷《艺经》而闻名于世，被称为"笑林始祖"，与丁仪、丁廙、杨修为曹植的"四友"。

邯郸淳是颍川郡（今属河南）人。汉末文学家、书法家，邺下文人之一。邯郸淳从小就有才子的名气，博学多艺，擅长写文章，又懂得多种字体，附近的人都知道他的名字。他虽然做过官，政绩也不错，在书法上也有造诣，并且得到过东汉大书法家蔡邕的夸赞，但是令他名垂千古的并不是这些，而在于他不经意的闲逸文作《笑林》和《艺经》，讲述了当时的许多噱头、笑话、讥讽、善喻、幽默趣事以及流行于当世的诸如投壶、掷砖、米夹、马射、棋局、弹棋、食籁之类的游艺项目，使这两本书成为中国最早的笑话和杂耍类书籍。《笑林》是我国古代最早的关于笑话方面的专书，内容大多是一些短小精悍的小笑话，并且相当具有讽刺意义。总的来说，《笑林》幽默生动，讽刺辛辣，所以流传的十分广泛。宋代的时候原书已经遗失，现存鲁迅先生《古小说钩沉》辑本。

但是对于我国第一本笑话集的作者，史书并没有过多的记载，甚至我们只能靠《后汉书·曹娥传》和《三国志·魏志·三羡传》注以及后世关于书法的材料中来推测这位作者的一些事情，他应当是出生于汉顺帝阳嘉元年（132年）。邯郸淳到曹魏文帝黄初二年（221年）的时候，就已经90岁了。在汉朝的时候，能活到90岁的人，可谓少之又少，不仅需要一个好的体魄，也需要一个良好的心态。所以，当我们知道他曾撰有《笑林》三卷的时候，就能够理解了。

《笑林》的出现，极大地影响了我国后来笑话书的编纂。《笑林》现存的二十九则笑话，大都是经典之作，如《胶柱鼓瑟》《一叶障目》等。

我国文学史上第一部文学专论是什么？

《典论·论文》是我国文学史上第一篇文学专论，它的作者是三国时期的魏文帝曹丕。

《典论》是曹丕在建安后期当魏国太子时撰写的一部政治、社会、道德、文化论集，整部书由许多篇专文构成。《论文》只是《典论》的二十篇文章之一，按照"子"书的形式写成的关于社会生活方面的文学论集。不幸的是，《典论》的二十篇文章大多已经失散，只有《论文》被南朝的萧统选入《昭明文选》，幸运地保存下来。

曹丕（187—226年）是三国时期著名的政治家及建安文学代表者之一，也是魏朝的开国皇帝，220—226年在位，其庙号为高祖（《资治通鉴》作世祖），谥为文皇帝（魏文帝），死后葬于首阳陵（今洛阳东首阳山）。

曹丕也是汉魏时期重要的文学理论批评家，他撰写的评论文学只有两篇留存下来，一篇是《与吴质书》，而另外一篇是著名的《典论·论文》。

《典论·论文》是一篇非常重要的文论著作，也是中国文学理论批评史上具有划时代意义的一篇著作，因为在此之前并没有严格意义上精心撰写的文学理论专著。它的产生标志着中国古代文论开始步入自觉期。

曹丕的《典论·论文》是在建安文学风气的氛围中产生的比较系统的文学批评论著。他对这篇文章有很高的评价。他肯定文章（指诗、赋、散文、应用文）是"经国之大业，不朽之盛事"，肯定文章比立德和立言更重要，这种价值观是他对传统的文章（"立言"）是"立德、立功"之次思想的重大突破，是文学自觉的一种表现，对文学创作和文学理论批评发展有重大意义和影响。

不过令人惋惜的是，曹丕并没有在《典论·论文》里对以上观点做出具体论述。不过他这种思想已突破了此前轻视文学的观点，指出了文学的重要地位。

我国第一部诗歌理论和评论专著是什么？

我国第一部诗歌理论和评论专著是钟嵘作的《诗品》。

在钟嵘（约468—约518年）所处的南北朝时期，诗风衰落的程度比之前更为严重。在序里，他写到当时士族社会已经形成一种写诗的潮流，甚至那些"才能胜衣，甫就小学"的士族子弟也都忙不迭地写诗，因而造成了诗坛混乱的情况。王公贵族更是随意品评诗作，所以钟嵘就仿汉代"九品论人，七略裁士"的著作先例写成《诗品》，想借以扭转诗坛混乱的现象。

《诗品》主要是以五言诗为主要的论述范围品评的诗人共122位，时间上为两汉至梁代。其中上品诗人11人，中品诗人39人，下品诗人72人。

钟嵘论诗坚决反对用典。他尖锐批判品诗时滥用典故，使自己的文章像抄的书一样的那种行为。但他并非单纯地反对用典，他只是强调典故要用得准确恰当。

钟嵘论诗有一个很大的特色，那就是他善于概括诗人独特的艺术风格。他主要是从以下四个方面入手概括别人的诗风：一是论诗的风骨和文采；二是重视诗味；三是论赋比兴；四是摘录和称赞诗中佳句。

除以上几点以外，钟嵘还能够运用形容比喻的词语来描绘出诗歌的风格特征，同时，他论诗的时候有一定的历史观念。钟嵘论诗一方面是反对形式主义，但同时也受到了形式主义潮流的影响。他品评诗人，放在第一位的往往是诗词，涉及他们作品思想成就的很少。所以，他就把"才高词赡，举体华美"的陆机放在左思之上，称为"太康之英"；把"才高词盛，富艳难踪"的谢灵运放在陶潜、鲍照之前，称为"元嘉之雄"。

他在对诗人划分等级时，把开建安诗风的曹操列为下品，把陶潜、鲍照列为中品。这些做法，显然并不符合他序中所说的风格和文采并重的观点。他摘句论诗的评价方式，在一定程度上反映了当时创作上"争价一句之奇"的倾向，但也开了后代摘句批评的不良风气。

钟嵘的《诗品》作为第一部论诗的著作，对后代诗歌评论产生了很大影响。在观点上、方法上和词句形式上，后世如唐司空图，宋严羽、袁枚、洪亮吉等人都不同程度地受到他的学术观点和思想的影响。

我国第一部史学理论专著是什么？

唐朝刘知几所作的《史通》是中国第一部系统性的史学理论专著。全书主要以论述史籍源流与前人修史的得失，以及评论史书的编写体例和写作方法等为主要内容。

《史通》包括的范围十分广泛，大体上可以分为历史批评和历史理论两部分。史学理论指关于史学体例、编纂方法和史官制度等方面的论述；史学批评则包括研讨史籍得失、评论和考订史事的正误异同等内容。

史学评论是随着史学研究的不断发展而发展起来的，这是新出现的一种以论述史籍得失、评论史学体例、研究撰史方法为主要内容的新的史论形式。这种新史论在秦代发端，到唐代趋于完善。

《史通》的编著时间开始于唐代武后长安二年（703年），成书于唐中宗景龙四年（710年）。唐人刘知几是在继承前人的批判精神的基础上，把新的历史论发展成为一本"总括万殊，包吞千有"的史论著作，写出我国第一部系统性的史论专著《史通》。它是集唐以前史论之大成的宏伟巨著。

刘知几（661—721年），字子玄，彭城（今江苏徐州）人，名门之后，他的父亲和哥哥都是唐高宗和唐玄宗时的官僚，由于诗词做得好而闻名于世。刘知几由于家庭原因，自幼博览群书，起初主要学习史学，后又专攻文学。他20岁时中进士，任获嘉（今河南获嘉）主簿。武则天圣历二年（699年），刘知几调回长安，任王府仓曹。之后，改任著作佐郎兼修国史，又升为左史，参与编撰唐史。

唐中宗景龙二年（708年），刘知几担任秘书少监。同时，从事编修历史的事情。当时，由于权贵控制史馆，史官没有著书的自由，什么事都要听上头的旨意，刘知几对此十分不满。但也只能"退而私撰《史通》以见其志"，用以打破史馆的垄断地位。两年之后的景龙四年（710年），《史通》一书写成。

《史通》写成之后，刘知几名扬天下，升任官太子左庶子，兼任崇文馆学士，加银青光禄大夫。唐玄宗时期，又升职为散骑常侍。尽管他的官职多次改变，但他一直兼任着修编史书的职务，先后参与编撰了《姓族系录》《则天实录》《中宗实录》《睿宗实录》《玄宗实录》等书。《史通》总结了唐朝之前史学上所出现的问题，因此，其史学地位很高，对后世史学的发展产生了很大的影响。

中国以日记体为主的地理名著是什么？

中国以日记体为主的中国地理名著是《徐霞客游记》。它是明朝末年的徐霞客经34年旅行之后撰写出来的日记体地理名著。

徐霞客（1587—1641年），名弘祖，字振之，号霞客，汉族，明朝南直隶江阴（今江苏江阴）人。他作为中国古代伟大的地理学家、旅行家和冒险家曾经用了五十五天时间，先后游历衡阳市，遍访衡州境内的秀美山水和许多人文大观，写下了表述这一地区风土人情的衡游日记。并且，他记录了石鼓山和石鼓书院的详细情况，为后人修复石鼓书院提供了珍贵的参考资料。

《徐霞客游记》书影

徐霞客的一生写有《雁荡山》《天台山》《黄山》《庐山》等名山游记 17 篇和《浙游日记》《江右游日记》《黔游日记》《粤西游日记》《楚游日记》《滇游日记》等，除了散失的书籍之外，留存在世的有 60 余万字游记资料。《徐霞客游记》是别人在他去世后整理而成的。

《徐霞客游记》传世的有 10 卷、12 卷、20 卷等多种版本，主要是以日记的形式，记述了作者 1613 年到 1639 年间的旅行游历所得，记录了所经过地方的地理、水文、地质、植物等现象，在地理学和文学上都具有很高的成就。

《徐霞客游记》还是中国最早的一部比较详细记录当地地理环境的游记著作，也是世界上最早的记录岩溶地貌并探究其成因的作品。徐霞客除了在家中发生重大变故的时候留在家里以外，一生中几乎一直都在旅游，并记录下了在旅途中的所见所闻。

徐霞客在游历过程中曾经多次遭遇险境，已远非游玩所能相比，而是探险或者说是冒险了。这份执着就是被现代的旅行家们称为"徐霞客精神"，而徐霞客本身也成为那些富有冒险精神、敢于探索的旅游爱好者们所推崇和敬佩的对象。

《徐霞客游记》中所描述的那秀丽灵动的江河和高峻雄伟的山峦，似乎正在催动着人们那渴望冒险的心，而它就是一本旅游指南，同时，对于研究者也是一份珍贵的地理科学著作。

被誉为"中国思想启蒙之父"的是谁?

有"中国思想启蒙之父"之誉的是黄宗羲（1610—1695 年）。他是明末清初著名的史学家、思想家、经学家、天文历算学家、地理学家、教育家，字太冲，一字德冰，号南雷，别号梨洲老人、鱼澄洞主、双瀑院长、蓝水渔人、梨洲山人、古藏室史臣等，很多学者称他为梨洲先生。

黄宗羲著有《明夷待访录》《明儒学案》《宋元学案》《南雷文定》《南雷诗历》等。后人编有《黄梨洲文集》。它的一生著述大致可以分为经学、地理、史学、数学、律历、诗文杂著等 50 余种不同类型的作品。

黄宗羲所著的《明夷待访录》有 300 多卷，其中最为重要的是《明儒学案》《明夷待访录》《宋元学案》《葬制或问》《破邪论》《孟子师说》《易学象数论》《思旧录》《明文海》《行朝录》《今水经》《大统历推法》《四明山志》等篇章。

《南雷文案》是黄宗羲生前整理编定的，又删订为《南雷文定》《文约》。黄宗羲的《明儒学案》及其后人所著《宋元学案》，在中国史学史上有非常重要的地位，开创了"学案体"这一中国史学上的新体裁。这种体裁采用学派分类的方式介绍一定时代的学术史，在清朝广为盛行，成为后来写作中国古代学术史的主要体裁形式。

黄宗羲以学富五车的才华，与顾炎武、王夫之并称为明末清初三大思想家。他与弟弟黄宗炎、黄宗会被人们称为"浙东三黄"。他在我国近代思想史上具有重要的地位。

我国古代讽刺小说的典范是什么?

清代吴敬梓创作的长篇小说《儒林外史》，是我国古代讽刺小说的典范。该书共 56 回，约 40 万字，一共描写了 200 多个人物。小说通过描写明代的故事，深刻揭露了康乾时期科举制度下读书人的生存状况。

吴敬梓（1701—1754 年），字敏轩，号粒民，晚年又号文木老人，清代小说家，汉族，安徽全椒人。吴敬梓生于康熙四十年（1701 年），逝世于乾隆十九年（1754 年），享年 54 岁。有《文木山房诗文集》12 卷，收录了他一生创作的诗歌、散文和史学研究，但现在仅存 4 卷。他花费了近 20 年的时间，在 1750 年前后，也就是他 49 岁时才完成了长篇讽刺小说《儒林外史》，这本书确立了他在中国文学史上的杰出地位。

《儒林外史》主要以封建社会后期知识分子及官绅为主要描写对象，反映他们的活动和精神面貌。全书故事虽然没有一个主干情节，但是反映科举制度和封建礼教的毒害的中心贯穿其间，本书讽刺了因热衷功名而造成的极端虚伪、恶劣的社会风气。在当时甚至在现代，这样的思想内容都具有重大的现实意义和教育意义。再加上他运用白话语言，准确、生动、简练地将人物形象塑造的栩栩如生。优美细腻的景物描写，出色的讽刺手法，使这本书也获得了巨大的艺术上的成功。

《儒林外史》全书共 56 回，串联了许多生动的小故事，这些故事都是以真人真事为原型塑造的，以抨击僵化的考试制度以及由此引发的社会问题为中心。《儒林外史》不仅直接影响了近代谴责小说，而且对于现代讽刺文学也具有启发意义。

吴敬梓把生活在封建末世和科举制度下的封建文人形象生动地塑造出来，反映了封建科举制度对人性的残害，这使他成为我国古代文学史上杰出的批判现实主义作家之一。如今，《儒林外史》已被翻译成多种语言在国内外流传，被国外的相关学者称为是世界上一部最有诗意的散文叙述体的经典著作。

哪部小说描写了清末官僚丑恶的形态？

《官场现形记》是中国晚清时期谴责小说中最有代表性的作品，它深刻揭露了清末官场中的种种丑态。

《官场现形记》署名是"南亭亭长著"，是晚清谴责小说家李伯元（1867—1906 年）所写。李伯元，名宝嘉，号南亭亭长，江苏武进人。他 3 岁时丧父，被伯父抚养长大。少年时就擅长诗文，中秀才第一名，但后来几次参加考试，都没有考中举人。1896 年，他到上海办《指南报》，后来又主办《游戏报》《繁华报》。1903 年，到商务印书馆主编《绣像小说》半月刊。此后，他陆续写出了《官场现形记》六十回、《中国现在记》十二回、《海天鸿雪记》二十回、《文明小史》六十回、《活地狱》四十二回、《庚子国变弹词》四十回等作品。

《官场现形记》共 60 回，结构安排上模仿《儒林外史》，说完一个人之后马上转到下一个人身上，如此接连不断。全书从中举捐官的下层士子赵温和干杂活的小吏钱典史写起，连缀串起清政府的各个级别的、形形色色的官僚，从而揭露他们为升官而逢迎钻营，无所不用其极的丑恶形态，这部小说勾勒出了一幅清末腐朽丑陋的官场的历史画卷。

《官场现形记》作为一部优秀的谴责小说，具有很强的讽刺性和现实主义的特色。它是一部揭露官场黑暗和堕落的力作，解剖了已经处于崩溃边缘的中国封建官僚体系制度。

李伯元的《官场现形记》也是我国第一部在报刊上连载而取得轰动效应的长篇章回小说，是我国近代谴责小说的代表作，开创了近代小说批判社会现实的风气。

我国最早的地理文献是哪一篇？

我国最早的地理文献是《禹贡》，它并不是专门的地理文献，而是《尚书》中的一篇，大约在公元前 5 世纪的春秋战国时期成书，书中内容基本来源于那一时期人们所了解的地理范围和地理知识。由于那时人们认识的差异，所以书中很多内容的记载都是不正确甚至是不真实的。

《禹贡》中提及的地理范围很广，主要是山东半岛和长江中下游、黄河中下游的大片地区。所涉及的地形也很多，有平原、丘陵、山地等具体的地理形态。

《禹贡》全篇共 1200 多字，分为"九州""导山""导水""五服"四个部分，对后世影响最大的算是"九州"。在中这一部分，描述地区被分为冀、兖、青、徐、扬、荆、豫、梁、雍九州，而依据就是依据自然条件中的河流、山脉和大海，如把山西、陕西交界的黄河以东、河南黄河以北、河北黄河以西的地区划为冀州。以自然地理分界线来划分行政区域的方式是自然区划思想的萌芽，一直以来被后代沿用，直到现在，很多地方的名字中都有"河""山"等字，很明显是这种分法的烙印。

《禹贡》在划分好行政区域后，便对这些区域内的山川、湖泽、土壤、植被、特产、田赋和运输路线等自然条件做了具体而详细的描述，这些描述比较真实地记录了当时各个地区的地理特色。例如在关于冀州和兖州的描述中，记载着冀州有一种松散的白色土壤，在这种白色土壤的田地种植作物，收成很差。当然，关于这些东西《禹贡》也只是记载，因为当时人们并不明白这是所谓的"盐碱地"。还有在兖州的某些地方的土壤是黑色的，在这种黑色土壤中生长出来的作物收成很好，而且很适宜养蚕，而且这些蚕织出来的蚕丝大部分被用作贡品。

关于所描述地区的气候特点，在《禹贡》中也有较为细致的记录。例如书中有这样的记载：由兖州南下至徐州，这一地区基本上已经"落木萧萧"，而同一时期南方的扬州依然还是草木繁茂。这些正确反映了淮河下游和长江三角洲之间的自然景观以及气候的变化。

《禹贡》是先秦时期科学性最强的地理文献，这部文献对后世人们地理的研究产生了深刻的影响，在地理学上具有很高的价值。

我国最早的经济地理著作是哪一部？

我国最早的经济地理著作是《史记·货殖列传》，这篇文章出自《史记》卷第一百二十九、列传第六十九，是一篇专门记叙从事"货殖"活动的杰出人物的传记。同时，它也是集中反映司马迁经济思想和物质观。

"货殖"是指谋求"滋生资货财利"以致富而言，即利用货物的生产和交换来进行商业活动，从中谋利。司马迁所指的货殖内容较为宽泛，还包括各种手工业，农、牧、渔、冶炼等行业的经营活动。

史学界认为："历史思想及于经济，是书盖为创举。"《史记·货殖列传》体现了重视社会生产活动，反映了政治上的治乱兴衰与社会经济情况密切相连；社会经济活动是不以人们意志为转移的客观过程，强调应该发展工商业，倾向于经济放任改革，反对人为干涉。

该文主要是为春秋末期至秦汉以来的大货殖家作传，如范蠡、子贡、白圭、猗顿、卓氏、程郑、孔氏、师氏、任氏等。通过介绍他们的言论、事迹、社会经济地位，以及他们所处的时代、重要经济地区的特产商品、商业城市和商业活动、各地的生产情况和社会经济发展的情况，讲述他们的致富之道，表述了作者自己的经济思想。

司马迁认为，社会经济的发展是不以人的意志为转移的，商业发展和经济都市的出现是自然趋势，人们都会追求富足。因此，他主张应根据实际情况，任商人自由发展，进行正确的引导，促使他们积极生产和交换，国家不需要强行干涉，更不能同他们争利。这集中反映了他反对"重本抑末"，主张"农工商虞并重"的经济思想和物质观。他强调工商活动对社会发展的作用，商业发展是社会的趋势；肯定了工商业者追求物质利益的合理性与合法性；提出了经济发展水平关系着国家的发展和命运。

在当时历史条件下，司马迁能够注意社会的经济生活，并认识到生产交易和物质财富的重要性，客观看待和分析商业和农业之间的关系是难能可贵，对后人也是有一定的借鉴意义的。

中国第一部以"地理"命名的地理著作是哪一部？

中国第一部以"地理"命名的地理著作是由东汉学者班固撰写的《汉书·地理志》，成书于公元 54 年至公元 92 年间，为《汉书》十志之一。

《汉书·地理志》共包含三个方面的内容：

一是转录《尚书·禹贡》和《周礼·职方》的全文，并略加注释，简述前代政治地理的演变和发展情况。

二是叙述西汉末期疆域政区的设置情况，并根据地域特点的不同，分别记录有关山川、水利、特产、祠庙、古迹等的情况。根据统计，《汉书·地理志》中共记载盐官共 36 处，铁官共 48 处，反映了当时官营盐、铁产地的分布；记有水道和陂、泽、湖、池等 300 多处，较大河流还记有所纳的支流和行径里数。这些记录为今后研究我国历代河道的变迁，提供了可靠依据，这些内容也是《汉书·地理志》的主要部分。

三是依据刘向的《域分》和朱赣的《风俗》，对汉代的经济、人文地理情况作了叙述，同时还划分了全国的区域，并对不同的区域作了概述，还载有南海各国的情况和通航的路线。

《汉书·地理志》是中国最早以疆域政区为主体的地理著作，开创了疆域地理志和沿革地理的体例，成为汉代以后众多正史地理志和各种地理总志的编纂典范。

《汉书·地理志》与其他地理志相比，特点鲜明：书中对各郡、县记述的内容丰富、全面又突出重点，具有全国区域地理总论性质。记述的对象突破了西汉当代的地理，还包含历史地理，对汉以前古籍上所载的地名都有相关的注释，而后人也因此才对这些地方有明确的了解。书中记载的地区东至日本海，西至甘肃西部，南至越南中部，北至阴山，范围极为辽阔，对边区记载也较详悉。所以，《汉书·地理志》也是研究古代边疆地理的必读书。

《汉书·地理志》对汉代郡县封国的建置，以及各地的山川、户口、物产、风俗和文化等作了综述，保存了汉代及其以前的许多珍贵的地理资料。它是中国地理学史上一部具有划时代意义的著作。

"中国科学制图学之父"指的是谁？

裴秀所作的《禹贡地域图》，开创了我国古代地图绘制学的先河。他被李约瑟誉为"中国科学制图学之父"，与欧洲古希腊著名地图学家托勒密齐名，是世界古代地图学史上一颗璀璨的明星。裴秀（224—271 年）字季彦，西晋大臣、学者，历任三国魏散骑常侍、尚书仆射、晋光禄大夫、司空，封钜鹿郡公，魏晋期间河东闻喜（今山西闻喜）人。

裴秀自幼聪明好学，在当地小有才名。裴秀成年之后袭父爵，做了尚书令，后任廷尉正。257 年，司马昭到淮南征讨诸葛诞，34 岁的裴秀跟随前往。由于裴秀在战争中出谋划策有功，被任为尚书，不久又升为尚书仆射。晋武帝司马炎代魏称帝后，裴秀又先后担任尚书令和司空。他在担任司空之职期间，除负责朝廷中政务外，还负责管理国家的地图和户籍人口。

由于在职务上的权利较大，裴秀得以接触到众多的地理和地图知识，他也由此产生了对地图学的巨大兴趣。裴秀对古代地理和地图进行了仔细整理和精心研究，并在此基础上提出了"制图六体"的原则，即一为"分率"；二为"准望"；三为"道里"；四为"高下"；五为"方邪"；六为"迂直"。裴秀提出的这些制图原则，是绘制平面地图的基本科学理论。

中国的地图学虽然在裴秀以前积累了十分丰富的实践经验，但是却缺少必要的理论概括和指导。裴秀的"制图六体"一经提出，就为中国地图学者所普遍接受，如唐代的贾耽和宋代的沈括等都曾在论述中表明，裴秀"六体"是他们绘制地图的规范。裴秀的"六体"一直是中国古代绘制地图的重要原则，在明末清初欧洲的地图投影方法传入中国之前，对中国传统地图学的发展影响极大。

裴秀作为"中国科学制图学之父"，一直影响着清代以前中国传统的制图学，在中国地图学的发展史上具有划时代的意义。他为编制地图奠定了科学的基础，在世界地图学史上占有重要地位。

中国最早的地图制图理论是什么？

中国最早的地图制图学理论叫"制图六体"，"制图六体"中对地图比例尺、方位和距离的关系做了具体的阐述，深刻影响了后代的制图技术。很多古代制图学家的著名地图，都是制图六体原则的继承与发展，例如唐代贾耽、宋代沈括、元代朱思本和明代的罗洪先等。

裴秀是制图六体的发明者。在"六军所经，地域远近，山川险易，征路迂直"原则的指导下，他校验了魏国留下的旧图。在这一过程中，他发现旧图绘制粗略，而且很多地方的地名已经改变，于是他与门客京相合作，共同编制了我国最早的地图集——《禹贡地域图》和《地形方丈图》。

在编制地图的过程中，裴秀详细考订了《禹贡》的记载的关于地理方面的知识，大到九州的范域，小到具体的山脉、河流、湖泊，他都一一考察落实。同时，他又结合当时的实际情况，探明了历代的地理沿革，连古代时期的诸侯结盟地与水陆交通也一一摸清，有些自己也确定不了的，他就"随事注列"，决不敷衍。

经过很长时间的努力，一幅比例尺为 1：1800000 的《禹贡地域图》终于现世。这是当时最完备、最精详的地图集，它代表了当时绘制地图的最高成就。然而，很不幸的是后来裴秀绘制的这套地图集失传，现在存世的只有由他撰写的这套地图集的序言。在这篇序言中，详细介绍了"制图六体"的理论，深刻影响了后世制图的原则与方法。

在裴秀看来，"制图六体"并不是割裂的。地图在没有分率只有图形的情况下，是无法比较和量测实际距离与和图上距离的；可是如果只是按比例尺绘图，那么整幅地图的比例尺就会有很大的不同，也就是这一处的地图可能是 1：2000 的比例尺，另一处可能就是 1：300000 了。

"制图六体"中还有很多关于绘制地图的原则和方法，这些原则和方法在继承我国明代以前地图制图学理论的基础上又有所创新与发展，在我国和世界地图制图学史上有重要地位。一直到现在，在绘制地图的时候，基本上都遵循"制图六体"所体现出来的原则。

《水经注》是在何时写成的？

《水经注》成书于 6 世纪北魏时期。作者是当时的地理学家郦道元，《水经注》是我国古代一部比较完整的以记载河道水系为主的综合性地理著作，在我国历史发展进程中产生了深远影响。

关于郦道元写作《水经注》的原因，他在自己序文中就写道：古代地理书籍，如一些史书中关于地理的记载不够系统和详细，二是《水经注》没有记述水道以外地理情况。因此，他利用在游历大好河山时的所见所闻，选定《水经注》一书为纲来描述全国地理情况，把他自己丰富的地理知识传给后人。正如王先谦所说，郦道元注《水经注》的目的在于"因水以证地，即地以存古"。另外，郦道元认识到地理现象是在不断变化的，部族迁徙、城市兴衰、河道变迁、名称交互更替等都十分复杂，都会影响地理环境。所以他决定以水道为纲，进而描述经常变化的地理情况。

郦道元当时身处政局分裂的时代，他向往祖国统一，着眼于《禹贡》所描写过历史上曾经出现过的版图广大的祖国，他利用属于全国的自然因素河流水系来作纲，可以打破当时人为的政治疆界的限制，从而体现出了他要实施祖国统一的决心和愿望。因此，郦道元是一位爱国主义者，而《水经注》虽然是一部地理著作，它也是一部爱国主义著作。

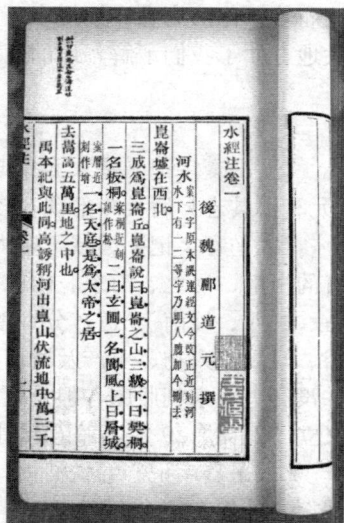

《水经注》书影

《水经注》文笔优美，既是古代地理名著，也是优秀的山水文学作品，是一部具有文学价值的地理著作。在书中郦道元全面而系统地介绍了水道所流经地区的自然地理和经济地理等内容。所以，《水经注》是一部历史、地理、文学价值都极高的综合性地理著作。

我国现存最早的地理总志是什么？

《元和郡县志》原名为《元和郡县图志》，是由唐朝李吉甫撰写的，也是我国现存最早的地理总志。这本书一共有 40 卷，另外还有总目和目录各一卷。宋代以来，《元和志》已有残缺，现存的版本有十九、二十、二三、二四、三五、三六共 6 卷，另外，卷十八缺后半，卷二五也有缺页。

李吉甫（758—814 年），是唐宪宗时的宰相，字弘宪，我国古代著名的地理学家、政治家、思想家，赵郡（今河北赞皇）人。历任刺史、淮南节度使、中书侍郎、平章事等官职。他的著述丰富，如今可以考证的有讲六典诸职的《百司举要》1 卷，缀录两汉、魏、晋、周、隋这六个朝代成败得失的《六代略》30 卷，十道郡县建制的《十道图》10 卷以及记户赋兵籍的《元和国计簿》十卷，辑录天下藩镇险易故事，《元和郡县图志》40 卷等。但是传世的只有《元和郡县志》一本。

《元和郡县志》能够传世的原因有以下几点：第一，作者当了长时间的宰相，经常阅读地方文案和国家典籍文献，所以这本书的内容丰富精炼，从而被历代学界所重视，经受时代沧桑磨难，终于流传下来。这本书所记载的固定疆域并不仅仅局限在唐代，往往上溯到两汉时期，其中所记东晋南北朝时期的地理资料最为珍贵。

第二，这本书的体例完整地继承了《汉志》以来正史地理志以一朝的疆域范围为限，以州郡为纲县为目，记建置沿或系以山川、古迹、城邑、户口、亭障、关塞、物产等，而且也受到六朝图文相辅而行的固经本影响。又开创了府（州）境、八到、贡赋等项，其直接影响远及清末民初。

其三，作者身为唐相，本身著述众多，基本上都是政治家安上的书籍，这不是一般封建文人的著作所能比拟的。

《元和郡县志》所记载的州郡县建置沿革、户口数、山川位置、重要关、亭、寨、障和祠庙等，比两唐志详细得多。《元和郡县志》还创造了每州州境的"四至"及"八到"，极大地方便了我们了解各地的面积和当地的交通状况。

宋代最完整的地理总志是什么？

《太平寰宇记》是宋太宗赵炅时所编的地理总志，是宋代最完整的地理总志，也是继《元和郡县志》后又一部现存较早并且较完整的地理总志。

《太平寰宇记》编撰于宋太宗太平兴国年间（976—983 年），前 171 卷按照宋朝初年设置的河南、河北、河东、山南西、山南东、江南东、江南西、剑南西、剑南东、淮南、陇右、关西、岭南 13 道，分别叙述了各个州府的沿革、领县、州府境、四至八到、户口、风俗、姓氏、人物、土产及所属各县的概况、山川湖泽、古迹要塞等情况。幽云十六州虽然并没有进入宋朝版图，但是也在叙述的范围之内，以表明希望收复失地的志向。13 道之外，又立"四夷"29 卷，来记录周边各民族的具体情况。

《太平寰宇记》卷帙浩博，考据精准，广泛引用了历代史书、地志、文集、碑刻、诗赋甚至是仙佛杂记，大概有 200 多种，并且都保留了出处，为后世留下了弥足珍贵的史料。这本书对于后世地理志的影响巨大，虽然效仿唐代地理总志的体例，但是又有所创新，增加了风俗、姓氏、人物等分类，即使后人有些看不惯"人物琐事登载不遗"的做法，但是这种把自然地理和人文地理结合起来的方式确实被后世地理志奉为典范。

由于《太平寰宇记》中所引用的诸多书目都已失散，所以《太平寰宇记》的记载，对于研究从汉朝到宋朝，特别是唐史和五代十国的历史，具有重要的资料价值。该书还首次记录了宋朝绝大多数州郡的主户与客户户口统计，这也是研究宋朝的人口、户籍、阶级状况的一份极为珍贵的资料。

《太平寰宇记》是一部继往开来、承前启后的划时代巨著，是中国地理学发展史上的一本重要著作，也是如今研究地理和历史的重要文献。

我国最早的航海图是哪一幅？

我国最早的航海图是《郑和航海图》，但是《郑和航海图》在出现后并没有流传到世界各地。因此，它只是中国地图史上的一大贡献。但是相比之下，在绘制世界地图这一方面，西方的"地理发现"也没有留下什么可以与之相抗衡的成果。

从地图上看，东西方的观念、态度是不一样的。中国古代地图学是以平面的，以地面为基础的，然而《郑和航海图》是一种对景图，虽然没有确切的目的地方向，但是利用航线各处的山形、水势、星辰位置可以判别船舶的方位，因此可以前进。其标注的针路注记是实践的总结，可以直接使用，具有很强的实用性。《波托兰海图》上的方位线，追求的是航线的理论位置线，方位有时并不很正确，从这点而言，《郑和航海图》还是有一定优点的。另一方面，《郑和航海图》的范围从中国东南沿海直至非洲东岸，包括南海及印度洋水域，内容更丰富，范围更广泛。

《郑和航海图》的制图方法是行船者站在船头，将观测有关景物时产生的视觉感受一一描绘下来，可以说是全景式的写实性的记录绘制而成，中国古代的江河航行图，大多采用的都是这种绘法。航海者对照海图和实景，依"景"而行，就能够到达目的地。《郑和航海图》在绘制中还采用了不同的比例，航程总图和山陆岛屿放大图绘在一起，用虚线表示航线。它在离岸较远的航线上注记了针位（航向、方位）和更数（航程、距离），有时还注记出航道深度、航行注意事项等，是我国航海史上最早不需要海道专书而能独立指导航海的地图。

《郑和航海图》比荷兰的瓦赫纳尔的著名海图集还要早 100 多年。郑和带领以大规模的船队远航征服海洋，使东西方有了第一次的大规模接触。这不仅是中国，也是世界航海史上的一件大事，中国和世界都应该纪念这个创纪录的壮举。而在这样的成就中，《郑和航海图》功不可没，发挥了重要作用。

我国最早刊行的地图册是哪一本？

我国最早刊行的地图册是罗洪先编绘的《广舆图》，它出现于明代，流传极广，影响很大。

罗洪先，字达天，号念庵，江西吉水人。明嘉靖八年（1529 年），他考中进士，被授予编修的职务。不久因上书得罪皇帝而被贬。被贬后，他专心进行元人朱思本《舆地图》错误之处的订正和增补工作，便不再出仕了。历尽数年艰辛，他终于在嘉靖二十年（1541 年）前后编制成了《广舆图》2 卷。

《广舆图》不仅画工精细，而且用不同的符号表示不同等级的居民地，在不同的符号内标注名称。不同的颜色表示不同的地理要素：红色标示省界，特别醒目；黄色的是黄河，很直观；棕色的是山丘、岛屿底部，顶部为绿色，有很强的立体感；湖泊、海洋为蓝色并绘有波纹线，具有很强的动感。东起鸭绿江、西至嘉峪关以西的长城，如同一条巨龙蜿蜒于山岭之间。为弥补地图绘画的不足，在图下有文字进行说明，详细记载了全国的行政名称、绘图目的和参考资料等。尤其是地图下部以"凡例"的形式，用文字叙述的方式，一一列出图中所用的居民地符号。

这幅地图对后世地图的绘制产生了很大的影响，如：明嘉靖十五年（1536）刻制的《皇明一统地理之图》、明万历二十二年（1594 年）王洋题识的《舆地图》、崇祯辛未年（1631 年）孙起枢重刻的《皇明舆地之图》等，在内容和画法上大多是模仿的这幅地图，可以说《广舆图》是地形、地物用传统的形象画法绘制地图的代表作。

《广舆图》既是一幅内容丰富、科学性较强的地图，更是一幅反映古代中国壮丽山河的艺术品。它形象直观地把各种事物呈现出来了，而色彩艳丽的地图符合实际的需要。所以，这类地图得到了发展，并长期流传。后世的很多地图仍然得益于《广舆图》。

国内现存唯一的据刻本摹绘的世界地图是哪一幅？

国内现存最早的、也是唯一的一幅据刻本摹绘的世界地图是《坤舆万国全图》。它是意大利耶稣会的传教士利玛窦在中国传教时所绘制的一幅世界地图。

《坤舆万国全图》是明万历年间意大利人利玛窦编绘的世界地图，万历三十六年（1608 年）由明宫廷艺人摹绘 12 份。地图的原本是六幅条屏的形式，如今装裱为一大幅。通幅长 380.2 厘米，宽 168.7 厘米。图首右上角题"坤舆万国全图"6 字。主图为椭圆形的世界地图。此外，附有一些尺寸较小的天文图和地理图，包括：九重天图在右上角，天地仪图在右下角，左上角是赤道北地半球之图和日、月食图，左下角是赤道南地半球之图和中气图，主图内的左下方是量天尺图。在图中，各大洋绘有各种帆船共 9 艘，鲸、鲨、海狮等海生动物共 15 头，南极大陆上绘有陆上动物共 8 头，有犀牛、狮子、鸵鸟等。

摹绘本的主体颜色有 3 种：南北美洲和南极洲是粉红色，亚洲是土黄色，欧洲和非洲是白色。少数几个岛屿的边缘是朱红色，用淡绿色勾勒出山脉，海洋用深绿色绘出密密的水波纹，显得汪洋浩淼。"五大洲"的名字各用朱红色书写，其他地名包括国名一律是水墨，只是通过字体大小不同作为区别。

图中文字除地名及有关该地附注说明外，还有部分文字是对世界地图和诸小图的说明。其中，全图说明和"论地球比九重天之星远且大几何"两篇的署名是利玛窦。其他说明如九重天说明、天地仪说明、四行论、昼长昼短说明、量天尺说明、日月食说明、中气说明、南北两半球说明等均没有署名。此外，还有太阳出入赤道纬度表、横度里数表等。地图的另一部分是利玛窦的自序以及李之藻、陈民志、杨景淳、祁光宗的题跋。

明朝时期利玛窦在中国绘制的《坤舆万国全图》的摹本的发现，足以证明当时明朝已经知道了世界地图，当时中国和世界其他国家有着交流和往来。

我国内容最丰富的地理志是哪一部？

我国内容最丰富的地理志是《大清一统志》，从清康熙二十五年（1686 年）至道光二十二年（1842 年），前后编辑过 3 部：即康熙《大清一统志》、乾隆《大清一统志》《嘉庆重修一统志》。

清朝自努尔哈赤统一长城以北之后，在康熙三年（1662 年）灭南明，二十年（1681年）平定三藩之乱，二十四年（1685 年）又击败沙俄侵略者，国内出现了空前稳定的局面。同明代相比，无论是政区、边界，还是职官、户口、田赋、物产等，都有程度不同的变化，为了全面了解并掌握国内的情况，进一步治理国家，清圣祖下令编纂《大清一统志》，以反映当时国内变化了的情况。由于工程浩大，特别是地图的绘制，资料的收集，需要花费很长的时间，同时人事又有很多周折，断断续续，以致清圣祖于康熙六十一年（1722 年）去世时，这部总志尚未完成。

《大清一统志》至乾隆八年（1743 年）才最后成书，俗称乾隆旧志。又因为该志的时间至康熙时为止，所以世人称之为康熙《大清一统志》。

《大清一统志》不仅是嘉庆二十五年以前的清代地理总志，而且也包含了以往各代的地理志内容，因此，成了每一个研究中国历史、地理工作者的必读物，因而受到官方、学者的重视。同时，它也为我们研究清史提供了许多宝贵的资料。可见，它的价值和重要性，超过了以往的任何一部地理总志。

《大清一统志》的最大缺点是只反映到清嘉庆二十五年（1820 年）为止。由于编辑者中学术水平不一，其中不少内容存在错误，封建糟粕也不少。还有，它把当时派使臣来华的所有国家，统统称作"朝贡各国"，专门列出，排于书尾，这与史实不相符合。

然而这是受时代背景的限制，是封建时代任何一部官修地理志所无法避免的。但是，这些缺点并不能否定《大清一统志》伟大的学术价值与重要性，也不能掩盖它在世界历史地理著作中的光辉地位。

我国第一部分类目录是什么？

我国第一部分类目录是刘歆编的《七略》，他通过把刘向的《别录》叙录的内容加以简化，把著录的书分为六略，即六艺略、诸子略、诗赋略、兵书略、术数略、方技略，再在前面加上一个总论性质的"辑略"，就编成了我国第一部分类目录《七略》。

《七略》奠定了我国目录学的基础，同时形成了我国目录学的特点，这个特点，就是清代章学诚《校雠通义》中所说的"辨章学术，考镜源流"。例如《七略》，它以六略三十八类的分类法进行条分缕析，其内容包括先秦到西汉的各种文化学术流派的文字贡献；《七略》采用辑略的形式，在整体上评述了各种文化学术的兴衰分合，又以各书叙录，详细地介绍了各种学术文化著作的优劣真伪是非。后世普遍赞扬其是一部先秦至西汉的学术文化史。

后来的班固对《七略》进行了创新，他将《七略》的《辑略》，也就是《七略》对各家学说著作及流派的论述按其内容分开，作为各略各类的大、小序散入各略各类之后，使论述和分类著录更紧密地结合起来。这样一来，读者就可以免省反复检寻之劳，在看到各家著作的著录同时，就能读到总论式的大小序。这就像每个大"橱窗"的总说明书。比如六艺略论语类中有"《论语》古二十一篇"，小注便说："出孔子壁中，两《子张》。"再比如"《齐（论语）》二十二篇"，小注便说："多《问王》《知道》。"这一来，这两种《论语》篇目与今本篇目的不同就很明白了。

《七略》就这样，用分类、大小序、小注的形式，保存了分类、辑略、叙录的大概面貌，起到了"辨章学术，考镜源流"的作用，在这个学术大"橱窗"中，可以看到先秦到西汉琳琅满目、灿烂辉煌的学术文化的成就与发展脉络。

第一部图书分类总目录是如何完成的？

《七略》是我国西汉经学家、天文学家、目录学家刘歆在公元前6到前5年间编成的。它是中国第一部综合性图书分类目录。

刘歆（约公元前53—23年），字子骏，后改名秀，在他父亲刘向去世后，刘歆担任中垒校尉。哀帝即位后，他担任侍中太中大夫，迁骑都尉、奉车光禄大夫。刘歆继承父业，继续校书。王莽篡位后，因谋诛王莽，事情泄露而自杀。

《七略》是政府新校本图书的总目录。公元前26年，汉成帝刘骜命光禄大夫刘向领导政府的校书工作。刘向负责校经传诸子诗赋，步兵校尉任宏校对兵书，太史令尹咸校对数术，侍医李柱国校方技。校定本完成后，都由刘向写一叙录，随书奏上。刘向所写叙录单行录出后，汇编成为《别录》。公元前6年刘向去世。汉哀帝刘欣命刘歆继承父业，将新校本集中于天禄阁，综合编目成《七略》7卷。第一卷为辑略，是写在六略之前的一篇概括性的学术简史，是序文。所以，《七略》实际上是六略，即六艺、诸子、诗赋、兵书、数术、方技。六大类又分为38个二级类，著录图书603家，13219卷。《别录》《七略》对中国古代校书编目活动影响深远，但都失传了。东汉班固以《七略》为蓝本编成《汉书·艺文志》，使《七略》的基本内容得以借《汉书·艺文志》流传后世。

全书以六略、三十八类的分类法，条分缕析先秦到西汉的各种文化学术流派；以辑略的形式，在整体上评述了各种文化学术的兴衰分合；用各书叙录，具体而简略地介绍了各种学术文化著作的优劣、真伪，称得上是一部先秦至西汉的学术文化简史。

《七略》对其后的图书分类学、目录学的发展影响深远，奠定了我国目录学的基础，也为我国后来目录学特征的形成奠定了基础。

我国最早采用四分法的书目是什么？

唐代魏征等人编撰的《隋书·经籍志》是继《汉书·艺文志》之后，我国现存较早的史志目录，也是我国最早采用四分法编撰的书目。

《隋书·经籍志》原本是唐贞观年间《五代史志》的原稿，后并入《隋书》，根据《隋大业正御书目》，并且在参考阮孝绪《七录》分类体系的基础上编撰而成，充分利用隋代遗留下来的14466部，89666卷书，与《隋大业正御书目》核对，删去重复的内容，按照经、史、子、集四部四十类著录，它既反映了隋朝的藏书，又记载六朝时代图书变动情况，并且确立了四分法在目录学中的地位。同时，它也是我国现存最早的四分法目录书。

另外，《隋志》是在经史子集四部后面附上儒家和道家的典籍，所以它并不能算是完全的四分法，确切说应该算是六分之法。

经部按《书》《诗》《纬书》《礼》《易》《乐》《孝经》《春秋》《论语》《小学》十个大类，著录经学文献共 627 部，5371 卷，再加上散失的书，一共是 950 部，7290 卷。

史部 13 类：古史、正史、霸史、杂史、仪注、旧事、起居注、职官、杂传、地理、谱系、刑法、簿录。

子部儒家类共著录儒家文献 62 部，530 卷，通计全书合 67 部，609 卷。分 14 类：儒、道、法、名、墨、纵横、杂、农、小说、兵、天文、历数、五行、医方。

集部则分为楚辞、别集、总集 3 类。

《隋书·经籍志》按四部分类，开头先写一篇总序，记叙目录学演变和编写经籍志的原因。此后，每部下面都有大序，序中简要说明每类的学术源流及其演变过程。类下著录书名及卷数，类下又有小序，又常常加上简明的注释，指明注者，纪录作者的生平和官职爵位，间或注明书的内容真伪及存亡残缺，并在散失的书目中加入了夹注。

《隋书·经籍志》开创了中国古代图书著录四分法经史子集命名的先河，确定了四分法在古代目录学中的地位。这本书中所收录的经部著作及其儒家类文献，并大序、小序、注释等，至今仍然是考证唐朝以前儒家著述概况的重要资料。

我国最受欢迎的古籍目录是哪一本？

我国最受欢迎的古籍目录是清朝钱曾所著的《读书敏求记》。

钱曾在其父钱裔肃去世后继承了父亲的大量藏书，还多方搜集传抄，使其藏书日益丰富。康熙初年，钱曾根据家藏图书编成《也是园藏书目》和《述古堂书目》两种。后又遴选藏书中之精粹撰写解题，编成《读书敏求记》4 卷。"经"部分礼乐、字学、韵书、书、数、小学 6 类；"史"部分时令、器用、食经、种艺、豢养、传记、谱牒、科第、地理舆图、别志 10 类；"子"部分杂家、农家、兵家、天文、五行、六壬、太乙、奇门、历法、卜筮、星命、相法、宅经、葬书、医家、针灸、本草方书、伤寒、摄生、艺术、类家 21 类；"集"部分诗集、总集、诗文评、词 4 类。总计著录图书 634 种。著录各书均标注了卷数及完整情况，作者名氏，交代了书中内容的起源和考证评论。对于书中的文笔优劣、版本优劣的辨别论述较多。

关于《读书敏求记》，有一个流传很广的故事，说是成书之初，钱曾一度秘不示人，朱彝遵想观看此书，但这个愿望很久都没能达成。后来，他摆下宴席，请来了钱曾和朋友们，酒酣耳热之际，朱彝尊用黄金翠裘买通了钱曾的书童，从而偷出《读书敏求记》，让待命于密室中的数十位抄书人连夜抄就后返还原书。钱曾得知此事后，朱氏还给钱曾发过誓，说好不外传。但最终，朱氏怕故人之书湮灭不存，晚年才将其流传开来。

《读书敏求记》面市后，受到了很高的评价。爱书的人们把它看作宝中之宝，吴焯在所题跋语中指出：自己得到这本书的时候，对赠书人"以白金一斤为寿，再拜受之，亦设誓词焉"，"牧翁以十万金钱购置奇书，而遵王耳闻目见，尽平生之致力，仅载此六百余种，所谓选其精华。观者不当以寻常书录视之也。"

300 年来，《读书敏求记》抄本无数，刻本也有五六百种之多，可见其影响之大。当代的读书人，也爱极了这本书，黄裳先生在他的文集中也说"《读书敏求记》真是读书人不可多得的禁脔"。

首次介绍西方世界的书籍是哪一本？

我国首次介绍西方世界的书籍是《瀛寰志略》，是19世纪中叶由清朝的徐继畲编纂成书的。《瀛寰志略》全书共10卷，约14.5万字，内含插图42张。除关于大清国疆土的皇清一统舆地全图以及朝鲜、日本的地图以外，其他地图都是临摹欧洲人的地图所制。

徐继畲在书中将地球作为引子，介绍了东西半球的概况。这本书的内容按照亚洲、欧洲、非洲，美洲的顺序依次介绍了世界各国的风土人情。徐继畲在书中摒弃了中国古代众多士大夫惯有的对外地的鄙夷与偏见，在介绍印度文明，阿拉伯文明以及欧洲文明时，做到了最大限度的客观真实。在介绍西方文明源头的基督教时，他在书中写道："摩西十诫，虽浅近而尚无怪说。耶稣著神异之迹，而其劝人为善，亦不外摩西大旨。周孔之外无由宣之重译，彼土聪明特达之人，起而训俗劝善，其用意亦无恶于天下。"这一点就在很大程度上树立了他求真、追求客观的风格。徐继畲还在书中对西方的民主制度进行了介绍，这在中国历史上是前所未有的。

在徐继畲作的《瀛寰志略》初版中，他将"皇清一统舆地全图"放在了"亚细亚"之后，后来在好友的提醒下，担心这和安排可能会触动国内文人士大夫的抵触，徐继畲就把皇清一统舆地全图放在了卷一的卷首。

徐继畲在《瀛环志略》的编撰中，始终坚持科学求实的精神和追求客观真实的原则。《瀛环志略》冲破了当时社会的世俗观念和夜郎自大的大国心态，勇于承认他国的优点与自身的不足之处，在国人面前真实地展现了世界各国的社会画卷，这也是作者开放的价值观和心态的外在表现。

徐继畲的《瀛环志略》是中西文化对峙下中国对西方重新审视的杰作。《瀛环志略》将中国是世界中的一分子的观念确立下来，同时也流露出以商富国的理念，表达了对西方资本主义民主政治制度的关注和欣赏。

我国现存最大的经籍目录是什么？

清朱彝尊考证历代经籍存失情况所做的《经义考》是我国现存最大的经籍目录，一共300卷。

清代初年，由于学风的逐渐好转，学者们日渐注重倡导经学，注重考据，朱彝尊也详考历代经籍存佚情况，撰写了《经义考》。

《经义考》原名《经义存亡考》只列出了存、亡二例，后来分别列出了存、阙、佚、未见四例，因改名《经义考》。这本书将历代经籍分为《书》《诗》《周礼》《易》《仪礼》《礼记》《通礼》《春秋》《论语》《孝经》《孟子》《乐》《尔雅》《群经》《四书》《著录》《通说》《承师》《宣讲》《立学》《刊石》《书壁》《镂版》《家学》《逸经》《毖纬》《拟经》《自述》凡20余类，下列书目。在每一本书的下面，首先列出作者、卷数，若卷数有异同者，则注明是谁做了哪几卷。然后考述该书存、佚、阙、未见各情形，并一一详载该书序、跋及诸家评论，至于自己的评论，就用案语的形式附录在最后面。

《经义考》资料丰富，考证严谨，对研究古代经籍及有关文献，提供了极具参考价值的史料。《四库全书总目》评论该书，于"上下二千年间，元元本本，使传经原委，一一可稽，亦可以云详赡矣。"但是由于作者见闻以及资料方面的局限，该书所考证的一些经籍的佚、阙情形不尽确切，其后翁方纲撰《经义考补正》一书，对这本书做了许多修正，也可以作为重要的参考资料。《经义考》主要有《四库全书》和《四部备要》本等。同时它也是中国经学文献的专科目录。

《经义考》既是中国学术及文化的主要载体，也是研究中国古代哲学、历史、文学和社会制度等的基本典籍。

我国第一部农业百科全书是什么？

《齐民要术》大约成书于北魏末年，是北魏时期杰出的农学家贾思勰所著的一部综合性农书，是我国的第一部农业百科全书，同时也是中国现存最完整的农书。

《齐民要术》大约成书于公元6世纪三四十年代，它是在一定的时代背景和客观条件的基础上出现的。我国北方在北魏之前，长期处于分裂割据局面。鲜卑族的拓跋氏在100多年以后，建立了北魏政权并逐步统一了北方地区，社会经济也随着社会秩序的逐渐稳定而从屡遭破坏的萧条景象中逐渐恢复过来。为了刺激农业生产的发展，北魏孝文帝在社会经济方面实施了一系列改革，促进了社会经济的进步。贾思勰在当时已经认识到农业科技水平的与国家富强有着很多的内在关系，于是他便萌生了撰写农书的想法。

贾思勰为官期间非常重视农业生产。他到过山东、河北、河南等许多地方，每到一处，他都亲自从事农业生产实践，进行各种实验，饲养过牲畜、栽种过粮食。同时贾思勰还善于向经验丰富的老农学习，吸收劳动人民在长期的生产生活中总结出的宝贵经验。

《齐民要术》由序、杂说和正文三大部分组成，系统地总结了6世纪以前黄河中下游地区农牧业生产经验、食品的加工与贮藏、野生植物的利用等，正文共92篇，分10卷，共计11万字。其中正文约7万字，注释约4万字。另外，书前还有"自序""杂说"各一篇，其中的"序"广泛引用历代明君注重农业的事例，以及由于注重农业而取得的显著成效。杂说部分普遍被认为是后人加进去的。

《齐民要术》书中内容相当丰富，涉及了各种农作物的栽培，各种经济林木的生产，以及各种野生植物的利用等。《齐民要术》还详细介绍了各种家禽、家畜、鱼、蚕等的饲养和疾病防治，并把农副产品的加工（如酿造）以及食品加工、文具和日用品生产等形形色色的内容都囊括在内。

《齐民要术》作为我国第一部综合性农书，对后世的农业生产影响巨大，对我国现今的农业研究也具有重大意义。

哪部书是我国的第一部工农业生产技术论著？

《天工开物》是我国明朝科学家宋应星所著的一部百科全书式的著作，它是我国第一部工农业生产技术论著，同时也是世界上第一部关于农业和手工业生产的综合性著作。

宋应星（1587—1661年），字长庚，江西奉新人，明末时期我国著名的科学家。他把自己直接观察和研究所得的内容写成我国第一部工农业生产技术论著《天工开物》。

《天工开物》全书分为上、中、下三篇18卷，记载了明朝中叶以前中国古代的各

天工开物·采玉图一

项技术，收录了农业、手工业、工业——诸如机械、砖瓦、陶瓷、硫黄、烛、纸、兵器、火药、纺织、染色、制盐、采煤、榨油等生产技术，并附有 121 幅插图，描绘了 130 多项生产技术和工具的名称、形状、工序。

《天工开物》中用大量确切的数据详细叙述了各种农作物和工业原料的种类、产地、生产技术和工艺装备等。上卷主要记载了谷物豆麻的栽培和加工方法，蚕丝棉苎的纺织和染色技术，以及制盐、制糖工艺。中卷内容包括砖瓦、陶瓷的制作，车

天工开物·采玉图二

船的建造，金属的铸锻，煤炭、石灰、硫黄、白矾的开采和烧制以及榨油、造纸方法等。下卷记载了金属矿物的开采和冶炼、兵器的制造、颜料、酒曲的生产以及珠玉的采集加工等。

《天工开物》对古代农业生产方面的丰富经验进行了总结，全面反映了我国古代工艺技术的成就。这本书对中国古代的各项技术进行了系统地总结，构成了一个完整的科学技术体系。书中记述的许多生产技术，一直沿用到近代，对近代中国工农业的发展也产生了极大的影响。

宋应星的著作具有珍贵的历史价值和科学价值。宋应星在"五金"卷中，第一次在世界上科学地论述锌和铜锌合金（黄铜）。他的重大发现使中国在很长一段时间里成为世界上唯一能大规模炼锌的国家。

《天工开物》的内容中体现出了很强的生态理念，宋应星当时所强调的人类要和自然相协调的理念时至今日已经成了全世界人民的共同追求。《天工开物》自问世以后，先后被翻译成众多不同的外文版本，被外国学者称为"中国 17 世纪的工艺百科全书"。

第一部药典成书于什么时候？

世界上最早的一部药典是苏敬等人编著的《新修本草》，该书完成于公元 659 年，即唐显庆四年，故世称《唐本草》。它比世界上有名的欧洲《纽伦堡药典》要早 800 余年。

随着时代的进步和发展，药物品种不断增加，内容日益丰富。而当时医家奉为用药指南的《本草经集注》，有很多不足，已经不能适应人们的需要。因此，苏敬于唐显庆二年（657 年）上书请修订本草，得到唐高宗的批准，并命李勣等组织 22 人修订，实际上是由苏敬负责的。

本书在编写过程中借鉴了《本经》，同时在学术上能采纳多方意见，做到"上禀神规，下询众议"。资料收集的范围比较广泛，"普颁天下，营求药物，羽毛鳞介，无远不臻；根茎花实，有名咸萃"。对药物的功用，他们详细探讨，多方考订，改变了简单抄录的编书陋习，使该书学术性增强了很多。

本书在编纂体裁上有所创新，为了便于采药和用药时的正确辨认，除传统用文字记述的《本草》外，书中还首创详细绘画《药图》，且以《图经》加以说明。做到了有文、有图，图文对照，便于学习和使用。这种编写方法，开创了药学著作的先例。所以，唐朝规定该书为学医者必读的书。

《新修本草》收载药物 844 种，其中考证原有的本草经籍所载有差错的药物 400 余种，增补一百多种，并对药物的性味、产地、功效及主治的疾病进行详细的记述。该书流传广泛，而且流传时间久远，自公元 659 年开始，一直沿用到公元 10 世纪的中叶（宋代）。该书在国外也有一定的影响。如公元 713 年日本就有此书的传抄本，对日本医药事业也产生了深远影响。因其重要性，日本和中国的医家都把它作为必读之书。

作为一部以政府名义编纂的药典，《新修本草》是一部具有承前启后性质的大著作。它对药物品种等内容进行了较全面的考订，纠正了《本草经集注》中的许多错误。此书的完成是中国药物学向前发展的标志，对我国药学的发展起到很大的推动作用。

我国第一部植物学词典是什么？

我国第一部植物学词典是由宋代人陈景沂编撰的《全芳备祖》。该书大约完成于公元 1256 年。《全芳备祖》是宋代花谱类著作的集大成者。

此书专辑植物，尤其是栽培植物的资料，故称"芳"。在自序中作者提到："独于花、果、草、木，尤全且备"，"所辑凡四百余门"，故称"全芳"；又因为涉及有关每一植物的"事实、赋咏、乐赋，必稽其始"，故称"备祖"。所以，这本书取名《全芳备祖》。

陈泳（1035—1112 年），南宋人，字景沂，号肥遁，又号愚一子。他原本姓吴，天台平镇三宅人（今浙江天台）。他年少是就聪颖明敏，博览群书。20 岁出外游学，他先到浙西教书，后在开封、苏州、南京等地执教。教学之余，对植物学发生了深厚的兴趣，他不倦地披阅典籍杂著，开始植物学的研究。

《全芳备祖》收集了 400 多种植物的起源、栽种等知识，连同有关该植物的诗词文赋，分前后两集。前集有 27 卷，为花部，记载各种花卉，共有花卉 120 种左右。后集 31 卷，分为 7 个部分，有 9 卷记果，3 卷记卉，1 卷记草，6 卷记木，3 卷记农桑，5 卷记蔬，4 卷记药。每一种植物下面又分三大部分：一是"事实祖"，记载古今图书中所见的各种文献资料；二是"赋咏祖"，收集文人墨客有关的诗、词、歌、赋；三是"乐赋祖"，分别以词牌标目，收录有关的词。

书中很注意各部每一种植物的序次。例如花部以牡丹首，果部以荔枝为首，卉部以芝为首，木部以松树为首。这种排列虽然没有科学的依据，但却是时尚的反映，在一定程度上反映了当时人们的审美标准。谱录类著作的一大特点是面向观赏，是为观赏服务的，就必然要对所观赏的对象品评高下，进行一定的评点。因此，划等分级也就成为这一类著作的另一主要内容，《全芳备祖》作为谱录类著作的集成，自然也是如此。

《全芳备祖》在侧重辞藻的同时，也有探求植物学原理的用意。作为一部全备的植物学著作，它保留了不少人间罕见或不传的珍品，是留给后人很大的一笔财富。

我国最著名的一部大型古代典籍是什么？

我国最著名的一部大型古代典籍是《永乐大典》，大典编撰于明永乐年间，初名《文献大成》，全书目录 60 卷，正文 22877 卷，装成 11095 册，约 3.7 亿字，是中国百科全书式的文献集。

《永乐大典》汇集了古今图书七八千种，因遭历史浩劫，大多亡于战火，现存不到 800 卷。

解缙和姚广孝是主持编纂《永乐大典》的两个大功臣。解缙生于明洪武二年（1369 年），他的才华深受明成祖朱棣的赏识，任用他主持《太祖实录》和《列女传》的编纂。姚

114

广孝生于元统三年（1335 年），比解缙年长 34 岁，14 岁时便出家当了和尚，法名道衍。因为解缙编纂的《永乐大典》要遵循儒家正统，所以明成祖朱棣就将姚广孝请出来主持纂修《永乐大典》。

《永乐大典》第一次编纂开始于明成祖永乐元年（1403 年），由解缙、胡广、胡俨、杨士奇等人负责，召集了 147 人，于次年完成了编纂工作。但这部书当时并没有兼收佛道，所以到了永乐三年（1405 年），明成祖再命姚广孝、解缙等人重纂，这次采选的书籍众多，参与的朝臣文士、宿学老儒达到 2169 人。明朝廷在《永乐大典》完成后，又在各地征召了大批缮书人进行描栏、清抄、绘图和圈点工作。

《永乐大典》的规模远远超过了前代编纂的所有类书，保存了 14 世纪以前中国的历史地理、文学艺术、哲学宗教和百科文献，是中国最著名的一部大型古代典籍。

据统计，《永乐大典》采择和保存的古代典籍有七八千种之多，数量是前代《艺文类聚》《太平御览》《册府元龟》等书的五六倍，就是清代编纂的大型丛书《四库全书》，收书也不过 3000 多种。

《永乐大典》与法国狄德罗编纂的百科全书和英国的《大英百科全书》相比，年代都要早 300 多年，堪称世界文化遗产的珍品。

我国现存规模最大、资料最丰富的类书是哪部？

《古今图书集成》是清朝康熙时期由福建侯官人陈梦雷（1650—1741 年）所编辑的大型类书，原名叫《古今图书汇编》，全书共分 6 编 32 典，共 10000 卷，目录 40 卷，是我国现存规模最大、资料最丰富的类书。

《古今图书集成》是由康熙皇帝钦赐书名，康熙皇三子胤祉奉康熙之命与侍读陈梦雷等编纂，并由雍正皇帝亲自写序的一部大型类书。这部类书从康熙四十年（1701 年）开始编纂，历时两朝二十八年，于雍正六年（1728 年）印制完成。

《古今图书汇编》全书按天、地、人、物、事次序展开，规模宏大、分类细密、纵横交错，包括了天文地理、人伦规范、文史哲学、自然艺术、经济政治、教育科举、农桑渔牧、医药良方、百家考工等内容，图文并茂，因此成为查找古代资料文献的十分重要的百科全书。这部类书正文有 10000 卷，目录 40 卷，共分为 5020 册，520 函，42 万余筒子页，1.6 亿字，内容分为 6 汇编、32 典、6117 部。

《古今图书集成》如果按字数统计的话，是之前的类书《太平御览》的 32 倍，《册府元龟》的 16 倍。并且这部书文献搜罗完备而编次井然，分类缜密而宏富壮观，可谓中国图书史上的浩瀚之作。由于康熙死后，诸皇子之间纷争不断，所以《古今图书集成》上并没有陈梦雷的名字，而且他还于雍正元年被流放于卜魁（今齐齐哈尔），从此他成了一位模糊不清甚或下落不明的人物。沈阳的著名清史学者张玉兴先生在陈梦雷死后 244 年，才在《关于陈梦雷第二次被流放的问题》一文中考证清楚：陈梦雷于乾隆五年（1740 年）死于流放地。

《古今图书集成》与《永乐大典》《四库全书》并列成为中国古代三部皇家巨作。八国联军侵华时期，《古今图书集成》在战乱中大多数被毁，现在留存下来的不足 4%。国家图书馆保存有完好的雍正版内府铜活字本，将这本巨著以另一种方式留存了下来，所以此书成为现存规模最大、保存最完整的类书。

哪部著作被誉为"中国科学史的坐标"?

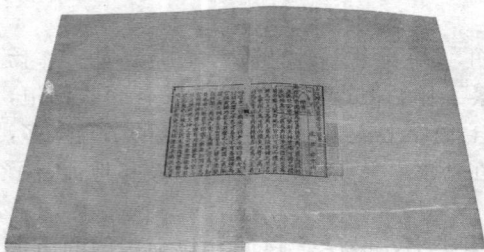

元代蝴蝶装《梦溪笔谈》

沈括（1031—1095 年），字存中，号梦溪丈人，杭州钱塘（今浙江杭州）人，是我国北宋时期著名的科学家、改革家。他精通天文、数学、物理学、化学、地质学、气象学、地理学、农学和医学等诸多领域。他所著的《梦溪笔谈》被誉为是"中国 17 世纪的百科全书"。

《梦溪笔谈》大约成书于 1086 年至 1093 年，是沈括晚年时在镇江梦溪园根据平生所见撰写的笔记体著作。

在天文方面，沈括所提倡的新历法，与今天的阳历相似。在数学方面，他创立隙积术（二阶等差级数的求和法）、会圆术（已知圆的直径和弓形的高，求弓形的弦和弧长的方法）。在物理学方面，他阐述了凹面镜成像的原理，还记录了指南针原理及多种制作法，并且发现了地磁偏角的存在，这个发现比欧洲早了 400 多年。在地质学方面，他首先提出石油的命名，并在冲积平原形成、水的侵蚀作用等方面建树颇深。在医学方面，他有多部医学著作，记录了大量有效的药方。除此之外，他还详细记载了当时科学发展和生产技术的情况，如毕昇发明的活字印刷术、金属冶炼的方法等。

《梦溪笔谈》是一本涵盖历史、文艺、科学等诸多领域的笔记文学体裁。《宋史》中曾称赞沈括"博学善文，于天文、方志、律历、音乐、医药、卜算无所不能"。英国科技史专家李约瑟将他所写的《梦溪笔谈》称为"中国科技史上的里程碑"和"中国科学史的坐标"。

《梦溪笔谈》是一部百科全书式的著作，是中国科学技术史上的重要文献。沈括作为一位非常博学多才、成就显著的科学家，是我国历史上最卓越的科学家之一。

◎第五章 **书画艺术**◎

最早的绘画产生在什么时代?

新石器时代的彩陶纹饰和岩画是史料记载中所发现的中国最早的绘画。这些绘画表达了远古时代人们的生活状态以及对美好生活的向往。这些作品虽然都比较粗糙,但是不难看出当时人们已经掌握了初步的绘画技巧。

最早的彩绘出现在距今 6000 年左右的半坡文化时期,当时人们已经能在彩陶上绘制一些简单的图案。那时人类进入新石器时代,农耕文化逐渐发展,人们生活相对安定,有了一定的住所,烧陶技术随之出现。关中地区大约在公元前 6000 年的老官台文化时期就有了较发达的陶器,有个别钵形器口沿装饰一条宽彩带,这是彩陶的萌芽。

在距今约 7000 年前的西安半坡村仰韶文化遗址中,人们发现了很多精美的彩陶。这表明当时彩绘艺术也达到了相当高的水平,并且人们已经能够熟练制作彩陶。彩陶的出现都是为服务于人们的日常生活,常见的有盆、瓶、罐、瓮、釜、鼎等。彩陶记载着人们进入文明社会后的经济生活、宗教文化等方面的信息。

中国的彩陶文化,绵延了 5000 多年,分布广泛,跨越大汶口、老官台、仰韶、屈家岭、马家窑、大溪、红山、齐家等众多文化领域,在世界彩陶历史中占有重要的地位。彩陶艺术中包含的创作思想、语言及风格,真实地记录了当时人们社会生活的各个方面,是中国文化中一道亮丽的瑰宝。

岩画是一种石刻文化,人类祖先以石器为载体,用他们所熟悉的方式记录、描绘他们的生产方式和生活内容。岩画中的图像,是人类社会最早的文献。一方面它们涉及原始社会人们的生活;另一方面,作为一种重要的艺术表现形式,它表明了远古时代人们对美的追求。

岩画是人类社会的早期文化现象,是先民们给后人的珍贵的文化遗产。人类社会早期,它作为一种记事方式存在,一直到文字出现,人们开始用文字记事,岩画逐渐退出历史舞台。

人类历史上最早的绘画形式是什么?

壁画,是指人们直接画在墙上的画,这是建筑物的附属部分。原始社会人类在洞壁上刻画各种图形被认为是中国最早的壁画,也是人类历史上最早的绘画形式。现在,绘画的装饰和美化功能逐渐突出,并成为环境艺术的一个重要方面。

洞窟和摩崖壁画是现在发现最多的史前绘画,最早的距今已有约 2 万年的历史。陕西咸阳秦宫出土的壁画残片,距今已有 2300 年的历史。汉代和魏晋南北朝时期是壁画发展的繁荣时期,据历史记载,汉武帝将很多神像画在墙上。

壁画的发展在唐代进入兴盛时期，如敦煌壁画、克孜尔石窟等，代表了当时壁画艺术的最高成就。宋代以后，随着国家实力的逐渐衰落，壁画也逐渐衰落。

以技法来区分，壁画有绘画型与绘画工艺型两类。绘画型指以绘画手段尤其是以手绘方法直接在壁面上完成，具体画法有：干壁画、湿壁画、蛋彩画、蜡画、油画丙烯画等，有时将这些画法混用，或与工艺制作、浮雕结合。绘画工艺型是指以工艺制作手段来完成最后效果的壁画，具体画法有：壁雕、壁刻、镶嵌壁画、陶瓷壁画等。另外，还可利用磨漆、漆画、织毯、印染、人造树脂、合成纤维等方法来制作壁画。

原始社会人们只是将在墙壁上画画作为记事的一种手段，后来在不断的发展过程中，壁画逐渐成为一种艺术。现代壁画涉及门类众多，它已成为集绘画、雕刻、工艺、建筑和现代工业技术为一体的艺术。

中国壁画最多的石窟是什么？

莫高窟，俗称千佛洞，位于中国甘肃敦煌，被誉为"20世纪最有价值的文化发现""东方卢浮宫"。莫高窟里边共有4.5万平方米的壁画，以精美的壁画和塑像闻名于世，是中国壁画最多的石窟，也是世界上现存规模最大、内容最丰富的佛教艺术圣地。

石窟壁画富丽多彩，壁画所绘内容记载着各种各样的佛经故事，还描绘了众多山川景物、亭台楼阁等建筑画和山水画、花卉图案、飞天佛像。这些画像再现了十六国至清代1500多年的民俗风貌和历史变迁，反映了当时劳动人民的生产生活方式以及人们对美好生活的向往。

在大量的壁画艺术中还发现，古代艺术家们将本土文化与外来文化进行了很好的结合，他们在中华文化的基础上，吸取了伊朗、印度、希腊等国的特点，创造出了更加丰富的文化艺术。

119

敦煌莫高窟中的各式各样的壁画是中华民族文明发达的象征。各朝代壁画表现出不同的绘画风格，是中国古代美术史的光辉篇章，反映出我国封建社会的政治、经济和文化状况，为研究中国古代史提供了丰富的实物资料。

近代，在帝国主义的侵略下，敦煌壁画和塑像蒙受了巨大的损失，目前所有唐宋时期的壁画均已不在敦煌。西方考古学家进入中国后，立刻就发现了石窟内壁画的巨大价值，大批壁画被他们用胶布粘走，为减少工作量，他们甚至只揭取壁画中一小块对他们有价值的图像。这些行为严重破坏了壁画的完整性。

石窟的看管者王圆篆看不出这些壁画的价值，给国家造成了巨大的损失。1922年，数百名俄罗斯沙皇军队士兵被关押在莫高窟，他们在洞窟中肆意妄为，破坏了不少壁画。

敦煌莫高窟"未生怨"壁画中习武的画面

直至中华人民共和国成立后，莫高窟的巨大价值才被国家重视。1961年，莫高窟成为第一批全国重点文物保护单位。1987年，莫高窟被列为世界文化遗产。

画像石的本质是什么？

画像石，是指在汉代的地下墓室、墓地祠堂、墓阙和庙阙等建筑上雕刻画像的建筑构石，实际上，汉画像石的本质是一种祭祀性丧葬艺术。画像石在汉代以前代表了中国古典美术艺术发展的巅峰，同时它对汉代以后的美术艺术也产生了深远的影响，是中国美学史上承前启后的一种艺术。

中国画像石的地域分布很广，分别以河南南阳、鄂北区，山东、苏北、皖北区，四川地区，陕北、晋西北区为中心。此外，在北京丰台，河南新密、永城，陕西邠县，浙江杭州等地都发现了画像石。据可靠资料分析，现在发现的汉画像石有1万块左右，数量之多令人惊叹。

画像石所描绘的内容丰富多彩，取材广泛，从各个不同的角度反映了汉代的社会状况、风土民情、典章制度、宗教信仰等社会生活。这些画像石不仅是精美的古代石刻艺术品，也是研究汉代政治、经济、文化的重要资料。

画像石大致可以分为三类：一是丰富多彩的现实生活，如车骑出行、庖厨宴饮、婚丧嫁娶、乐舞杂技、捕鱼狩猎等，广泛地反映出墓主生前的生活状况；二是教育后代的历史故事，汉代罢黜百家，独尊儒术，但实际上，各种思想在民间都非常活跃，人们追求精神生活的富足，于是出现了很多的历史故事；三是雄奇瑰丽的神仙世界，有各种各样的神话传说中的人物。这些内容的画像表达了墓主对死后美好生活的一种向往。

哪一幅壁画是古代壮族人民生活的缩影？

位于宁明县驮龙镇左江岸边的花山崖壁画，离南宁市180千米，距县城约25千米。花山崖壁画创作于春秋战国时期，距今已有2000多年的历史了。它的笔法和风格古朴粗犷，人物神态栩栩如生，是古代壮族人们生活的缩影，体现了古代壮族人民高超的艺术水准和高尚的审美情趣。

广西花山岩绘
宁明花山一带的祭祀仪式，是以一种盛大的祭祀舞蹈的形式出现。整个画面气氛活跃，色彩鲜明，给人热烈、勇猛、威武、朝气蓬勃的感觉，反映了古代人民的精神面貌和社会生活的丰富内容。

左江花山崖壁画分布范围广泛，作画地点陡峭，作画条件艰险，这种情况在国内外十分罕见。花崖壁画画面雄伟壮观、气势磅礴，在世界美术史上享有崇高的地位。现在花崖壁画这一壮族艺术瑰宝在国内外享有极高的声誉。

花山整座峭崖画满了各种各样的人像和物像，这些人像和物像均呈现出红色。人像中有的是侧面有的是正面，侧面人像两手平伸、两腿微蹲成跳跃式；正面人像两手高举、两脚叉开成立马式。物像中有似马似狗的，有像藤牌、锣鼓、太阳的。无论是人像还是物像，或是围绕在周围的小人物，各种物像，他们形态各异，联合起来组成了一幅幅奇妙绝伦的画面。

据相关考证认为，花山崖壁画的创作年代大约为春秋战国时期，距今已有2000多年的历史。壁画包含着丰富的社会内容，体现了壮族先民们的日常生活以及他们对美好生活的向往。许多历史学家和社会学家进行过多次考察和论证，发现这些壁画有的反映了壮族先民在战争中取得胜利，有的反映了壮族先民庆祝粮食丰收，也有的反映了古人祭祀水神。无论如何，从这些画中我们能看到当时人们的生活状态。

花山崖壁画有以下几个"之最"：第一，"地点"规模之最；第二，稻作文化之最；第三，直观历史之最；第四，画风绵延之最；第五，活态民俗之最。花山壁画的五个之最是壮族人民智慧的结晶，是中华民族民族精神的体现，是中国文化史上一笔宝贵的财富。

莫高窟内为什么有那么多的雕版佛画？

莫高窟的雕版佛画相当多，究其原因，是因为鸣沙山石质不适合雕像，所以聪明的古人就在这些洞里塑造了2414个泥塑像，又在墙壁上画满了壁画。目前，雕版佛画在莫高窟发现得最多。这是我国目前发现的最早的版画，是我国文化史上稀有的遗产，同时也可以看出我们的先民在一千年前已经熟练地运用雕版印刷术了。

在这些版画的遗迹中，较为著名的有《兜跋形毗沙门天王图》《菩萨像》《金刚力士图》《普贤菩萨图》《无量寿陀罗尼轮》《千转陀罗尼轮》《祇树给孤独园图》等，最为珍贵的几幅版画中有制作人的姓名、雕版人姓名和雕版的年月。

《兜跋形毗沙门天王图》现在在大英博物馆内。全幅的构图是这样子的：一个十分健壮的地神从地下露出半身，用他的两手托住毗沙门天王的脚。站在地神手掌上的毗沙门天王，身材魁梧，英俊潇洒，目光炯炯。在敦煌千佛洞的壁画中，发现了很多兜跋毗沙门的天王像，但很少有版画印刷的。

千佛图现在已经残损，仅留下不完全的几幅图。其中有两幅是这样的：一个四方连续矩形中，佛正面坐莲座上，左右有两个侍女，而且无矩形框，四方连续形，佛坐莲座上，无配饰，刻纹修饰简略。这种佛像，在民间很常见，是家家户户都会供养的。

甘肃敦煌鸣沙山千佛洞古物雕版佛画的发现，是我国近50年来学术史上的一件大事。千佛洞内的这些雕版佛画，为研究中国历代宗教、艺术、历史、文学等各方面都提供了丰富的实物资料，能让我们更好地认识历史，认识中国传统艺术的伟大。

在北京图书馆所藏的古物中，佛经占95％以上。这些佛经的卷首，大都利用了木刻版画。此外在西域各地，也有许多佛经卷轴的发现。

帛画兴起于什么时间？

帛画是中国古代绘画的一种，兴起于战国时期，到西汉发展至高峰。帛是一种质地为白色的丝织品，帛画是用笔墨和色彩在帛上描绘人物、走兽、飞鸟及神灵、异兽等各种形象的图画。目前中国发现最早的帛画是1973年在湖南省长沙市子弹库一号墓出土战国中期的《人物御龙》。

帛画是随着中国丝绸业的发展而迅速发展起来的。最初官员的官服上会依照等级不同绘上一些图案，帛画就是在这些图案的基础上派生出来的。春秋战国时代已有完整的绘画资料，多画天地、山川之神、古代圣贤之像。现存有江陵和长沙楚墓中出土的4幅，占全部帛画（共24幅）的1/6，其余的20幅帛画分别出土于长沙、广州、临沂、武威的汉墓中。

据考证，《人物御龙图》大概出现在战国中期以后，它所描绘的是墓主乘龙升天，反映了战国时盛行的神仙思想。画的正口是一位留有胡须的男子，侧身直立，身材修长，高冠

人物龙凤帛画

这是一件葬仪中用以引导死者灵魂升天的铭旌，也是我国现存最古老的帛画。画中女子侧身而立，细腰长裙，广袖宽袍，姿态优美大方，双手合掌前伸，似在祈祷。其前上方各有一对龙凤升腾起舞。

长袍，腰佩长剑，手执缰绳，驾驭一条巨龙，龙头高昂，龙尾上翘，龙身平伏，略似船形，似在冲风扬波。在龙尾上一只鹤昂首而立，圆目长喙，仰天长啸。人头上方为舆盖，三条飘带随风拂动。画幅左下角为鲤鱼。所有物件，拂动方向由左向右，均趋一致，充分显示了龙的威风。

整幅画以流畅的单线条勾勒为主，以平涂和渲染的色彩为辅，偶尔用金白粉色点缀。人物形象和屈原诗中"高余冠之岌岌兮，长余佩之陆离"的描写相互照应。画中人物比例相当准确，使用单线勾勒和平涂于渲染兼用的画法，技巧已经成熟。人物略施彩色，龙、鹤、舆盖基本上用白描。画上有的部分用了金白粉彩，是迄今发现用此画法的最早作品。

《人物御龙帛画》和《人物龙凤帛画》是我国迄今为止发现的最早的两幅帛画，被称为"早期国画的双璧"，作品的主题思想仍然是"升天"，但这两幅画不是由龙凤引导，而是驾驭飞龙升天，反映了先民们征服自然的愿望。

中国最早的独幅花鸟画叫什么名字？

我国已知最早的花鸟画是东汉陶仓楼上的壁画《双鸦栖树图》，现在收藏在美国纳尔逊·艾京斯艺术博物馆。南齐谢赫《画品》中记载的东晋画家刘胤祖，是目前中国已知最早的花鸟画家。

在传统的中国绘画中，花鸟画是一个广泛的概念，除了本意花卉和禽鸟之外，还包括了畜兽、虫鱼等动物以及树木、蔬果等植物。在原始彩陶和商用青铜器上都绘有一些花鸟图案。最早的"花鸟"可能与早期人类的生殖崇拜有一定关系，因此"花鸟"充满神秘色彩，遗留着图腾的气息。

花鸟画中的画法中有"工笔""写意""兼工带写"三种。用浓、淡墨勾勒动象，再深浅分层次着色，这是工笔花鸟画；用简练概括的手法描绘对象，这是写意花鸟画；介于工笔和写意之间的花鸟画就称为兼工带写。

在中国人审美观念的影响下，花鸟画在中国发展的结果就是形成了以写生为基础，以寓兴、写意为归依的传统模式。所谓写生就是在最自然的状态下向人们传达花鸟旺盛的生命力。所谓寓兴，就是"寄情于景"，作者将自己想要表达的情感融入花鸟画中，这类似于中国诗歌"赋、比、兴"的手段。所谓写意，就是强调将精神意念作为主导，不因对象的形状而束缚思想感情的表达。中国花鸟画追求"不似之似"与"似与不似之间"，也就是说要将描绘对象的神采与作者的情意很好地结合。

在构图上，中国花鸟画突出主体，讲求布局中的虚实对比与交相呼应。尤其是在写意花鸟画中，善于用书法把与画风协调的诗词写在适当的位置，辅以印章，成为一种以画为主的综合艺术形式。

在中国，历代花鸟画纷繁多样，如唐代薛稷的鹤、边鸾的孔雀、刁光胤的花竹；北宋赵昌的花、崔白的雀、吴元瑜的花鸟；元代李衍的竹、张守中的鸳鸯、王冕的梅；清代朱耷的鱼、恽寿平的荷、华喦的鸟；近代吴昌硕的花卉等，他们所作的花鸟画将永世流传。

古代绘画中的"六法论"是在哪本书中提出来的？

"六法论"是在《古画品录》中最先提出的。《古画品录》又称《古今画品》或《画》，是南朝齐、梁的艺术理论家谢赫所著的绘画论。成书于532—549年，有《津逮》本、《说郛》本、《百川学海》本、《书画谱》本、《美术丛书》本等版本。

在《古画品录》中，谢赫首先提出绘画的目的是："明劝诫，著升沉，千载寂寥，披图可鉴。"这就是指出了：通过真实的描写收到教育的效果。这一理论认识的出现是绘画理论进步的表现。全书评论了自三国吴到萧梁300年间历史上27个名画家的绘画作品。根据他们的艺术造诣，作者将其分成六品：第一品有陆探微、曹不兴、卫协、张墨、荀勖；第二品有顾骏之、陆绥、袁茜；第三品有姚昙度、顾恺之、毛惠远、夏瞻、戴逵、江僧宝、吴暕、张则、陆杲；第四品有蘧道愍、章继伯、顾宝光、王微、史道硕；第五品有刘顼、晋明帝、刘绍祖；第六品为宗炳、丁光。当然，这些都是作者运用个人的理论，以自己的审美标准所做出的评判，我们姑且不论他的评判对错与否，他在书中所提出的一系列的方法、理论还是值得后人学习的。

最重要的是他在书中提出了"六法论"。六论即气韵生动、骨法用笔、应物象形、随类赋彩、经营位置、传移模写，是人物画创作和品评的准则。他指出了绘画批评的典范，成为后世评论和鉴赏批评的标准。

"六法"一词，后来引申成为了中国画的代称，或理论、技法的总称。"六法"是我国古代绘画的实践经验，总结提高为理论的成果，反映了绘画艺术发展的一定阶段上完整的认识。而这种认识，在肯定了根据对象造型的必要性的同时，也提出了理解对象内在性质的重要性。他还提出笔墨是表现对象的重要手段。

《古画品录》是中国艺术历史上重要的里程碑。而书中提出的"六法论"是中国古代美术品评作品的标准和重要美学原则，一直为历代画家、鉴赏家们所遵循，有很大的理论意义和实用价值。

123

最擅长画鹤的是谁？

薛稷（649—713年）是唐朝名臣魏徵的外孙，字嗣通，蒲州汾阴（今山西万荣西南）人，官至太子少保、礼部尚书，人称"薛少保"。他的书法十分出名，是初唐书法四大家之一，也擅长画人物、佛像、鸟兽、树石等，尤其他画的鹤栩栩如生，是最擅长画鹤的人。李白、杜甫等都曾吟诗颂他画的鹤。

薛稷在画鹤方面有很高的成就，对后世有深远的影响。根据《历代名画记》的记载，屏风六扇鹤这种图画的范本是薛稷发明的。薛稷创出一种范本并为社会所接受，也奠定了他在中国画史上的地位。从此，"六鹤图"成为一种定格。五代时，黄荃曾在偏殿壁上绘六鹤图，于是此殿改称为"六鹤殿"，直至一千多年后的清代宫廷中还绘有六鹤屏风。

薛稷所画的鹤，形神兼备，几乎达到了"呼之欲出"的地步。李白曾有一首诗称赞他，"画色久欲尽，苍然犹出尘"。杜甫也说"鹤感至精以神变，可弄影而浮烟"。他画出来的鹤好像有生命，马上就会破壁而飞，令人不禁联想到"画龙点睛"的传说。

而世人称赞最多的，是他笔下的鹤具有一种超脱逸达、傲骨十足的气质，从某种意义上来说这是中国古代封建文人隐士的象征，即所谓"赤霄有真骨，耻饮洿池津，冥冥任所往，脱略谁能驯"以及"昂昂伫眙，霍若惊矫，形留座隅，势出天表"的清高品格。

宋代大画家米芾也认为薛稷所作的鹤，这一点最能吸引人、打动人。他在《题薛稷二鹤》诗中说，"从容雅步在庭除，浩荡闲心存万里。"又说："我平生也没有什么特别的嗜好，我就是喜欢薛稷所画的鹤的高贵气质"，这表达了他与薛稷之间穿越时代的强烈共鸣。

薛稷所画的鹤，现存的作品有《啄苔鹤图》《顾步鹤图》《瑞鹤图》《二鹤图》《戏鹤图》等，这些都是卷轴画。此外还有很多壁画，如唐秘书省、尚书省考工员外郎厅、洛阳尚书坊岐王宅、成都府衙院两厅、通泉县署等，也都是大家公认的杰作。

中国现存最早的纸画是什么？

纸画，顾名思义，就是在纸上画出来的图画。《五牛图》是目前国内所见最早的纸画。《五牛图》是中国十大传世名画之一，现藏于北京故宫博物院馆。

《五牛图》的命运有些坎坷。清代之前，它一直在民间流传，一次偶然的机会，乾隆皇帝将它从民间搜集到了宫中。1900 年，八国联军侵华，《五牛图》被带到国外，从此该画在海外漂流。1950 年年初，《五牛图》在香港露面，中国以 6 万港元在拍卖场上将其追回，至此，《五牛图》回到了中国的怀抱。

《五牛图》画面描绘了相对独立的五头牛，这五头牛的形态各异，有的在低头吃草，有的在引颈而鸣，有的缓步而行，有的回顾舐舌，有的翘首而驰，从各种角度表现了牛的生活形态和习性，结构标准，造型生动，形貌真切，栩栩如生。其实，牛的某些方面反映的是人的生活状态，牛的神情表现充满了人格化的魅力，甚至可以从中看出其个性与年龄来。持卷流连，我们似乎能感受到它们憨诚、隐忍、沉着、执拗的性格。

《五牛图》的作者是唐代的韩滉。韩滉（723—787 年），字太冲，长安（今陕西西安）人，他是唐代宰相韩休的儿子，在唐德宗时期历任宰相、两浙节度使等职。这位拥护统一、反对分裂割据的地主阶级政治家，最擅长的是画人物和畜兽，他所绘制的田家风俗和牛羊的画作栩栩如生，很受大众欢迎。

《五牛图》反映了唐代的繁荣，反映了统治者致力于发展生产生活和农耕文明下人们安静的生活状态。同时，这幅图作标志着在唐代我国的畜兽画作已经达到了极高的水平。因此，在同类题材的代表作品中，这一幅

《五牛图》局部
这头牛浑身透出稳重之气。

具有很高的价值，透过它，我们看到了唐代的绘画艺术风貌。

国画的代表是什么？

水墨画是用纯水墨作的画，是中国画的一个分支，是组成中国画体系的元素之一，也是国画的代表，在中国绘画史上占着重要地位。相传，水墨画始于唐代，成于五代，宋元时期发展到顶峰，明清及近代以来发展。

水墨画有着自己明显的特征。中国画讲求"神似"，追求一种"妙在似与不似之间"的感觉，讲究笔墨神韵。可以说西洋画是"再现"的艺术，中国画是"表现"的艺术。传统的水墨画讲究"神韵""神似"，不拘泥于物体外表的形态，多强调抒发作者的思想情感。

到现代社会，水墨画的表现内容更加丰富，从宇宙太空到自然景物甚至到显微镜下的微观世界，水墨画的题材已经不局限于传统的符号象征体系，越来越趋向于多样化和个体化。水墨画的走向，大致分为两类：一类是以中国传统绘画为基础，融入西方绘画元素，走一条融合中西的创作道路。另一类是只使用传统水墨画的笔、墨、纸等媒材，但画作观念上完全摆脱传统绘画的影响，完全用西方现代艺术的观念来进行创作。

董源在中国山水画历史上占据着重要的地位，是五代时南唐画家。董源，字叔达，江西钟陵（今江西南昌）人。南唐灭亡后，他进入宋朝为官，被看作是南派山水画的开山大师，并与范宽、李成被称为北宋初年的三大家。现在流传下来的董源山水画作近十幅，有《潇湘图》卷、《龙宿郊民图》轴、《溪岸图》轴等，从这些作品中我们可以看出董源山水画的艺术特征和董源画法的丰富性。他的山水画对后人产生了深远的影响。

经过一百多年的争论和试验，我们可以得出结论，中国水墨画有着强大的生命活力，随着中国整体文化软实力的提升而不断发展，在进入21世纪后，水墨画以其独特的魅力表达着我们日新月异的观念和感情。

什么时候将画院考试纳入科举考试之列？

五代十国时期，中国就已经出现了画院，公元960年，宋王朝统一中国后成立了翰林图画院，并将画院考试正式纳入科举考试之列。

宋代画院的兴盛同统治者对艺术的热爱密切相关。宋徽宗赵佶是一个颇有成就的画家和水平很高的鉴赏家，他对绘画的喜爱达到了痴迷的程度。他支持并倡导画院的发展，要求画家把握绘画对象的"情态形色"，尊重绘画对象原来的形象，并认为作品不能只是模仿前人，要学会创新，有自己的思想。

传说，有一次，赵佶要求画院的画师画一幅孔雀开屏的画作。画师画了好几次，他都很不满意。最后身边的人问他为什么，他说："孔雀开屏的时候应该是要抬左腿，但是画师每次画的都是抬右腿。"这个故事充分说明了赵佶对画作真实感的要求。

翰林图画院最兴盛的时期是从宋徽宗到高宗、孝宗时期（1101—1189年）。这一时期由于统治者的大力支持，画院结构日趋完备。作为宋代的皇家画院，翰林图画院是当时绘画界的权威代表，是全国绘画创作的中心。

宋代翰林图画院画家的选拔方式十分独特，具有浓厚的浪漫主义色彩。宋代邓椿所著的《画继》一书，有这样的记载，宋代宣和年间，画师如果想进入画院，就必须通过国家规定的考试，只有考试合格者才能成为翰林图画院的画师。考试的方法也很独特，考试的题目就是由宫廷主考人在古诗中随便找一句诗，应考的人必须要充分发挥自己的想象，把听到的文字画成一幅画。这种考试方法对创新思维的要求是很高的，画家所作不但要符合题目要求，而且必须构思巧妙，不落俗套，否则便不能被录取。所以，翰林图画院画师的画技都是相当好的。

北宋灭亡后，南宋统治者在杭州重建了翰林书画院。大批画家纷纷南渡，来到杭州，如李唐、李迪、刘宗古、张择端、苏汉臣、朱锐等。这些画家的到来刺激了南方文化的发展，使南北社会发展日趋持平。

中国历史上最著名的皇帝画家是谁？

人们都说宋徽宗赵佶是一个昏君，但我们不得不承认他在艺术上极高的造诣。他精通绘画、书法、诗词歌赋，是一位受人尊敬的艺术家，也是我国历史上最著名的皇帝画家。

赵佶十分擅长花鸟画。《宣和画谱》记录了2786件花鸟画，而宋徽宗的花鸟画占全部藏品的44%。赵佶的花鸟画，以极其严谨的创作态度，既从形象上充分掌握了花鸟的形态，又通过极其纯熟的笔法将花鸟的精神特质表现得淋漓尽致，达到了高度成熟的艺术境界。

赵佶的花鸟画"妙体众形，兼备六法"。从创作手法来看，赵佶既学吴元瑜、崔白也就是徐熙系统的用笔，又喜黄荃、黄居寀的用色。徐熙的手法飘逸自然，充满灵气，黄家的用色亮丽、富贵。徐、黄两派本来代表着两种截然不同的审美趣味，但赵佶还是将两者合而为一。

赵佶像

赵佶作为当朝皇帝，十分喜欢精工富丽的黄派风格。同时，他又处在文人画蔚然兴起的时代，受当时风气的熏染，加上周围聚集的贵官宗室如王诜、赵令穰等都是十分崇尚"自然"的人，所以赵佶深受影响。他与文人画的倡导者之一米芾关系也相当密切。米芾崇尚"平淡天真，不装巧趣"的美学观，他本人又有全面而又精深的文化艺术修养和极高的审美情趣，因此深受赵佶的喜爱。在他的长期影响下，赵佶也对"自然"创作花鸟画深有研究。

赵佶主张画作形神并举，提倡诗、书、画、印紧密结合。作为工笔画的创始人，花鸟、山水、人物、楼阁这些形象他无所不画。很少有人可以超越他在艺术上的成就。

艺赵佶才情俊朗，才华出众，不幸的是他出身皇室。他在位期间，北宋社会混乱，政局动荡，政治腐败，民不聊生。他却将精神寄托在诗文绘画方面，成为中国历史上颇有造诣的皇帝画家。

中国现存最早的雕版印刷品是什么？

中国最早出现的印刷形式是雕版印刷，现存最早的雕版印刷品是公元868年印制的《金刚经》。

《金刚经》是佛教重要经典，全名为《能断金刚般若波罗蜜经》，经名体现了它的中心思想、功德利益，充分流露了佛陀的大慈大悲。对于《金刚经》全名有如下的解释：

第一，金刚包含着三层意思，即坚固、锐利、光明。做事要像金刚一样坚强、有恒心，这样才会坚固；要敢于同奸恶势力做斗争，这叫锐利；为人处世要光明磊落，不欺诈。

第二，般若也就是智慧。佛陀教授我们用自己的智慧去做事情，凡事不能依靠暴力解决，要用智慧去做对人们有益的事情。

第三，"波罗蜜"在梵语里，是到达彼岸的意思。度生死苦海，到涅槃彼岸。佛陀教导我们做事要有头有尾，这样结果才会圆满。要帮助在苦难中挣扎的人，努力将他们从苦难此岸带到快乐的彼岸。

前些年，中央美术学院版画系主持的研究项目——大英博物馆藏《金刚经·说法图》的成功复制，具有重大的学术文献价值和收藏价值，对于中国传统文化的保护起着积极的作用。《金刚经·说法图》不同于一般的艺术作品，其复制难度和学术价值成正比。

《金刚经·说法图》描绘的是释迦牟尼佛在给孤独园的说法图，也是现存世界上最古老的版画作品之一，距今已有一千多年的历史。它在佛教美术史以及宗教发展史上都有着不可取代的特殊位置。而且它长期流亡国外，因此《说法图》的复制使国内学者和鉴赏家可以看到"庐山真面目"。

哪幅画标志着山水画成为一个独立的画科？

被宋徽宗题名的展子虔《游春图》是中国山水画的开山之作。这幅画作的问世，标志着山水画已成为一个独立的画科。《游春图》在六朝墨勾色晕的基础上创造了勾框填色的重彩青绿，开李氏父子（李思训及其子李昭道）青绿山水一派。

此图描绘了人们在风和日丽、春光明媚的季节到山间水旁"踏青"游玩的情景。全画以自然景色为主，放目远眺：绿水青山，湖光山色，波光粼粼，隐隐可见人物、佛寺等。湖边有一条曲折的小路，蜿蜒伸入幽静的山谷。人们或骑马，或步行，或乘车，沿途观赏着青山绿水、花团锦簇的胜境。此外，在山腰和山坳间还建有几处佛寺，十分幽静，令人神往。

游春图　隋　展子虔

此图描绘春游情景。图中山峦重叠，有寺院、村舍，山径上有游客乘骑行进。河面水波浩淼，一小舟载着游人荡漾其间，又有士人驻足于岸边，似在一面观景，一面吟咏。画面春光明媚，视野辽阔，人马舟船作为点缀，虽细小如豆，但笔法流利，形态毕现。此图开创了青绿山水的端绪，给后世以深远影响。

这幅画的技法特点是以简单的线条勾描事物的形象，色彩明丽，人物清晰，景色优美。唐李思训一派青绿山水画作受其双勾夹叶法和点花法的影响很深。《游春图》的出现，结束了山水画的早期幼稚阶段，使山水画进入青绿重彩工整细巧的崭新时期。

相传，《游春图》是中国隋朝画家展子虔所作。展子虔，山东渤海人，历经北齐、北周和隋朝三个朝代，擅画人物、车马、山水等，他的画作以晕染人物面部为主，描法细致，生动传神，具有极高的艺术价值。但他的传世作品很少，《游春图》是最贵的一幅，也是艺术成就最高的一幅。

《游春图》也是一件为历代鉴赏家所珍视的名画。它的"一生"相当曲折，在宋徽宗题签后价值倍增，于宋室南迁之际流传至民间，南宋奸臣贾似道辗转得到了它。之后随着王朝更替到了清王朝手中。后来八国联军侵华期间，《游春图》随溥仪出宫被携至长春。

1946年年初，故宫散失在东北的书画开始陆续出现。著名大收藏家张伯驹先生将所居房产出售，得到了这幅传世名作。1956年，张伯驹先生将它无偿捐献给国家。至此，这幅传世名作才结束了流浪生涯，现收藏于故宫博物院。

中国最著名的全景图是什么？

全景图是一种360度环绕的画，通常在大型建筑中展出，多以油画为主。中国画和日本画中的山水、风俗长卷，在一定意义上可认为是全景画。如今的全景画不多，主要是因为全景画必须有固定的场所，而且进入这些场所必须付费，所以它的吸引力就越来越小了。目前所知的中国最著名的全景图就是北宋张择端所作的《清明上河图》。

《清明上河图》是中国十大传世名画之一，是一幅描绘北宋风俗的作品。该画卷是北宋画家张择端仅存于世的一幅精品，属国宝级文物，现存于北京故宫博物院。作品以长卷形式，采用散点透视的构图法，生动地记录了中国北宋时期城市市民的生活状况。

《清明上河图》犹如一首韵律和谐的乐曲，是一幅具有重要历史价值的风俗长卷，它真实地演绎了900年前汴梁城的都市生活状况。张择端成功地描绘出汴京城内及近郊在清明时节社会上各阶层的生活景象。画中每个人物、景象、细节都安排得合情合理，疏密、繁简、动静、聚散等画面关系处理得恰到好处，达到了繁而不杂、多而不乱的效果，整体安排非常巧妙，具有极大的艺术价值和历史价值。

全图结构严谨，布局周密，分为三个段落，首段描写了汴京郊野的春光；中段描写了繁忙的汴河码头；后段描写了汴梁热闹的市区街道。总计为5米多长的画卷里，房屋、桥梁、城楼等各有特色，体现了宋代建筑的特征。该图共绘了550多个各色人物，牛、马、骡、驴等牲畜50余匹，车、轿20多辆，大小船只20多艘。这些都说明张择端非常善于观察生活，创作技巧也非常娴熟。

清明上河图　北宋　张择端

这是一幅巨幅风俗画，又称城市风景画。描绘的是北宋都城汴京（今河南开封）清明时节汴河及其两岸的风光。整幅画用笔道劲简率，城郭、房屋、舟车，无不比例恰当。人物刻画细致，神态各具，结构严谨，其间各物动静结合，跌宕起伏，令人感到繁而不乱，冗而不长。作品生动地记录了中国12世纪城市生活的面貌，这在中国乃至世界绘画史上都是独一无二的，堪称中国绘画史上的骄傲。

张择端的《清明上河图》属于现实主义的风俗画，细致入微地描写了北宋都城汴京的场景，具有极高的历史价值和艺术水平。

谁是中国指画的开山鼻祖？

高其佩，字韦之，号且园、南村、书且道人、山海关外人、创匠等，是著名的画家，也是指画的开山鼻祖，早年擅长画人物山水，画风苍浑沉厚，晚年后擅长用指头作画，基本不再用笔。

高其佩生于清顺治十七年（1660年），卒于雍正十二年（1734年），享年75岁。他8岁就开始学画，经过十几年的勤学苦练，终于取得了不错的成绩。后来他随叔父高承爵在广东游玩，广东官衙内有一个人作画不用笔，而用手指头，高其佩深受其影响。

17岁的时候，高其佩的父亲不幸去世，后由叔辈高承爵诸人抚养。成年后，他在多地担任官职，曾做过州牧、知县、按察使等职，1727年，高其佩因得罪小人惨遭革职，从此脱离仕途，时年六17岁。他虽久居他乡，身游宦海，但不忘故乡，在画上常题有："铁岭高其佩指画""铁岭高七郎""铁岭古狂"，因此时人对其有"高铁岭"之称。

晚年的时候，高其佩的指画曾声名远播至朝鲜半岛。他的指画有"叱石成羊"之妙。他创作山水、人物、花鸟、走兽时，均信手一挥而就，一会儿就能画十多幅，而且绝对没有重复的。他一生的作画数量是惊人的。正如孙高秉在《指头画说》一文中所述描述的：从他20岁到70岁之间，至少有4万余幅作品，只可惜其中大部分都已失传，保存下来的多藏于各地博物馆。

他的主要作品有《饱虎图》《雁行图》《怒容钟馗图》《梧桐喜鹊图》《虬松莫岫图》《高冈独立图》《稻穗螳螂图》《松阴小琪图》《指画人物》等，艺术成就极高。

中国最大的九龙壁画是什么样的？

建于清朝乾隆三十八年（1773年）的故宫九龙壁画，是一座长20.4米，高3.5米的高大的琉璃照壁，是中国最大的九龙壁画。九龙壁画的背景是山石、云气和海水，正面共由270块烧制的琉璃塑块拼接而成，照壁上装饰有9条巨龙，各戏一颗宝珠，这块九龙壁是中国三大古典龙壁之一。

9龙神态各异，他们之中有的"正襟危坐"一动不动，有的正在空中"翻云覆雨"，还有的正在水中嬉戏，翻腾自如。为了使龙的形象更加突出，照壁采取浮雕技术塑造烧制，立体感强，并采用亮丽的黄、蓝、白、紫等颜色，使得九龙壁的雕塑色彩亮丽，华美无比，异常精致。

九龙壁设计与装饰处处透露着儒家文化的印迹，它或明或暗地蕴藏着象征皇权和天子之尊的九五之数。九龙壁的主体有9条龙，庑殿顶设有5条脊；当中正脊上也有9条游动的行龙；斗拱之间采用45块龙纹垫拱板；整个壁面用了270块塑块，也是九五的倍数。因为在中国传统文化中，"五"是阳数的居中数，"九"是阳数的最高数，所以九五之数代表着皇权与天子。

其实九龙壁上的9条龙虽然不会动，但是它们给人的感觉是它们在动。尤其是正午阳光掠过时，光影纵横，9条龙就仿佛动起来一样，栩栩如生。这种现象的产生，要归功于琉璃砖。九龙壁使用的材料是七彩琉璃砖，它颜色鲜艳，经久不退，再加上光的反射，观者就会觉得龙好像活了。在九龙壁壁面上，从东数第三条白龙的腹部油漆已经脱落，是后人用木料雕刻成型后钉上去的。

传说，当年做到这条白龙的腹部的时候，工匠们不小心把龙腹烧坏了，而当时又没有足够的时间去重新做。在这种情况下，有位木匠师傅冒着犯有欺君之罪的生命危险，连夜用木料雕刻成那块龙腹，钉补上去，又刷上白色油漆，使它看起来和原来的白龙毫无异样。就这样，所有的工匠都免了一场杀身之祸。

中国现存最早的书法作品是什么？

《出师颂》是我国现存最早的书法作品，文为史孝山所作，书法为索靖所写，至今约有1500 多年。现藏于北京故宫博物院。

索靖（230—303 年），字幼安，敦煌人，是"草圣"张芝姊的孙子，也是西晋代表性的章草大家，官至征南司马。据宋代《宣和书谱》记载，索靖是一个"天才儿童"，与乡梓汜衷、张䶵、索介、索永一起被称为"敦煌五能"。索靖的书法在东晋时期就已经十分出名，后来章草被别的书法取代，索靖真迹才渐渐掩去盛名。

《出师颂》一直都由各朝皇家珍藏。1922 年，清末帝溥仪以此赏赐溥杰，从此这部书法便流传至民间。一直到 2003 年 7 月，嘉德拍卖行宣布将拍卖索靖唯一真迹《出师颂》，并宣称此作品为"中国现存最早的书法作品""西晋书法珍宝惊现""迄今为止发现的索靖唯一的墨迹"等。后来，故宫博物院购买了该作。

对于故宫斥巨资购买该作，媒体和公众的质疑声不断，故宫解释说其中最重要的一个原因是早期存世的章草墨迹寥寥无几，而《出师颂》是国家一级文物，将它购回弥补了中国书法藏品中隋代书法的不足和缺点。其次，故宫购买该作，是经过国家鉴定委员会的鉴定以及著名文物专家的多次研究后所做的决定，并得到了政府文化、文物和财政部门的大力支持。

中国最早的女书法家是谁？

据史料记载，卫夫人是我国最早的女书法家。卫夫人，名铄，字茂漪，河东安邑（今山西夏县）人，生于晋武帝泰始八年（272 年），卒于晋穆帝永和五年（349 年），是东晋的女书法家，相传她还做过王羲之的老师。

卫夫人最擅长的是草书，她的代表作有《四体书势》。卫夫人年幼的时候很好学，酷爱书法，很早就拜大书法家钟繇为师，并得到其真传，擅长隶书。她曾经作诗论及草隶书体，又奉朝廷之命写了《急就章》。但由于各种原因，她的书法作品未能流传至今。

根据前人的一些评论，我们可以窥见她的书法风格。卫夫人继承钟繇的书法风格，其作品流畅高洁，高逸清婉，但在继承钟繇书法基础上，又有所创新，流露出一种清婉灵动的韵味。她的书法还充溢着美感，充分体现了女性特有的妩媚娇柔，这些都和钟繇的作品有异曲同工之妙。

卫夫人不但在书法艺术实践上获得了重大突破，在书法艺术理论方面也有重大建树。她撰有《笔阵图》一卷，是一部有关书法理论的作品，全面深入地提出了自己对书法的独到见解。她主张学习书法首先要学会"临摹"，在此基础上再进行适当的创新与发展。同时，卫夫人强调工欲善其事，必先利其器，在学习和创作时，要选用质量较好的笔、墨、纸、砚。

同时，卫夫人对执笔有深刻的理论研究。她指出，执笔要有讲究，不同书体所用的执笔方法应该有所不同。她对书法艺术中的笔、意关系和书家修养等做出深刻的论述，超出了单纯论述执笔的范围。她认为，书写不同的字体要有不同的执笔方法，实质上是就此提出了书法家把握不同字体书写风格的问题。

卫夫人毕生从事书法艺术实践与理论研究，为后代书法家指出了努力的方向和途径，她的理论成为中国书法理论中的重要内容和评判标准，对历代书法理论和实践的发展都产生了巨大影响。

谁是"书圣"？

王羲之（303—361年），字逸少，号澹斋，原籍为琅琊临沂（今属山东），是中国东晋著名的书法家，有"书圣"之称，曾跟随卫夫人、钟繇等名家学习书法，著有《兰亭集序》。其子王献之书法亦佳，世人合称为"二王"。

与之前朝代的书法相比，王羲之书风的最明显的特征就是结构多变，用笔细腻。他把汉字书写从实用引入一种注重技法、讲究情趣的境界。王羲之最大的成就他在于在古人书法的基础上发展创新，将魏以来的古朴典雅的书体变为笔法精致、美轮美奂的书体。他的正书势巧形密，草书浓纤折中，行书遒劲自然。

王羲之唤醒了书法艺术，因而有"书圣"的美誉，他不仅发现了书法美，而且能将这种美表现得淋漓尽致。后来的书法家在练习书法的时候都会临摹王羲之的作品。他的楷书代表作有《乐毅论》《黄庭经》《东方朔画赞》。关于这些书法作品有各种各样的传说，有的甚至成为绘画的题材。世人称他的行草书为"草之圣"。由于年代久远等各种原因，现在王羲之没有原迹存世，但法书刻本很多，代表作有《十七帖》等。

王羲之的书法对他的后代子孙有深刻的影响。他的儿子王玄之、王焕之在草书方面都有很高的成就，王凝之的草书、隶书极佳；王献之则被后人称为"小圣"。后来王氏一门书法代代相传。女皇帝武则天曾四处寻求王羲之的书法作品。王羲之的九世重孙王方庆将家藏十一代祖至曾祖二十八人书迹10卷进呈，编为《万岁通天帖》。隋唐书法名家释智永为王羲之的七世孙，妙传家法，书法成就极高。

王羲之的书法影响了一代又一代的书苑。南朝梁之际第一次掀起了学习王羲之书法的高潮，第二次高潮则在唐代。唐太宗极度推尊王羲之，不仅在全国范围内收罗王羲之的作品，而且还亲自为《晋书·王羲之传》撰赞辞。

由于各朝统治者的推崇，王羲之在书学史上至高无上的地位被确立并巩固下来，他的作品是中国书法艺术中"尽善尽美"的象征。

"天下第一行书"是什么？

《兰亭集序》是在公元353年由东晋书法家王羲之撰写的。这篇书法作品具有极高的艺术价值，与颜真卿《祭侄季明文稿》、苏轼《寒食帖》并称为"三大行书书法帖"，历代书家都推《兰亭》为"天下第一行书"。

文章中，开篇就交代了作品的时间"永和九年，岁在癸丑"（公元353年三月三日），王羲之与谢安、孙绰等四十一人，在山阴县兰亭集会。会上每个人都作诗，王羲之为这些诗作序，便有了闻名于后世的《兰亭集序》。

文章中记叙兰亭周围的湖光山色和聚会的欢乐之情，作者抒发了"天底下没有不散的筵席"、死生无常的感慨，言简义丰，笔

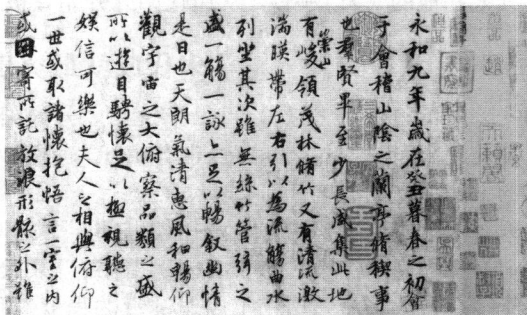

《兰亭集序》帖　东晋　王羲之

法细腻、结构严谨、感情真挚，具有较高的文学价值和史料价值。

《兰亭集序》共28行，324字，章法、结构、笔法以及内容都很完美，是王羲之33岁时的得意之作。现今，存世的摹本中以唐朝的《神龙本》最为著名，此本摹写精细，笔法、墨气、行款、神韵，都得以体现，是公认的最好摹本。唐太宗时冯承素号金印，故称为《兰亭神龙本》。

行书《兰亭序》潇洒飘逸，骨格清秀，质朴典雅，各处都蕴含着极为丰富的艺术美。无论横、竖、点、撇、钩、折、捺，真可说极尽用笔使锋之妙。与魏晋时期模山范水之作迥然不同。句式整齐而富于变化，以短句为主，在散句中参以偶句，韵律和谐，悦耳动听。

《兰亭序》代表着王羲之书法艺术的最高境界。在这件作品中充分表现了作者的气度、风神、襟怀和情愫。这篇文章还体现了王羲之积极入世的人生观，给后人以启迪、思考。

唐代最有名的草书书法家是谁？

怀素（725—785年），字藏真，僧名怀素，俗姓钱，汉族，永州零陵（湖南零陵）人，是唐代最有名的草书书法家。怀素年幼的时候就对佛教有很深的感悟，10岁的时候就在绿天奄出家为僧。他在草书上独领风骚，其草书被称为"狂草"，用笔圆劲有力，奔放流畅，一气呵成。

怀素是书法中古典浪漫主义派别的代表。他不仅在草书上取得了巨大的成就，在诗词歌赋方面也毫不逊色。他与李白、杜甫、苏涣等诗人都有交往。他的草书最初临摹著名的草书书法家张芝、张旭的作品，后来经过创新和发展，有了自己的特色。

怀素自幼聪明好学，而且有着惊人的毅力。他勤学苦练的精神很少有人能比得上。怀素小时候买不起纸张，就找来木板和圆盘，涂上白漆书写。后来，他觉得这个方法很不方便，就又在寺院附近的一块荒地，种植了一万多株芭蕉树，在芭蕉叶上练字。后来因为芭蕉生长的速度总也赶不上他练字的需要，他就站在芭蕉树前，对着鲜叶书写，不管刮风下雨，他都一直坚持练字，功夫不负有心人，他终于成为一代书法大家。

怀素凭借自己独特的书法造诣在长安取得了极高的声誉，歌颂他草书的诗篇有37篇之多。他草书中的代表作有《自叙帖》《苦笋帖》《食鱼帖》《圣母帖》《论书帖》《大草千文》《小草千文》《四十二章经》《千字文》《藏真帖》《七帖》《北亭草笔》等。他的草书有的极为瘦削，骨力强健，谨严沉着，《食鱼帖》就是其中的代表；而有的风韵荡漾，如《自叙帖》。

米芾在他的《海岳书评》中写道："怀素的草书如同壮士把剑，神采动人。"唐代诗人多有赞颂，如李白的《草书歌行》，曼冀的《怀素上人草书歌》。在草书的发展史上，怀素其人和他的《自叙帖》，从唐代中叶开始，被书法爱好者津津乐道了1200多年，直到现在。

宋代成就最突出的书法家是谁？

米芾（1051—1107年），字元章，号襄阳居士、海岳山人等，汉族，祖籍太原，后迁居湖北襄阳，长期居润州（今江苏镇江），是宋代成就最突出的书法家，宋代皇帝书法家赵佶的书法深受其影响。

米芾家族世代为官，曾任校书郎、书画博士、礼部员外郎等职，很擅长写诗，在书法上又有极高的造诣，对于隶书、楷书、行书、草书等字体，都有自己独到的见解。他还善于临摹古人书法，达到了以假乱真的程度。我们现今看到的"二王"的一些作品，有的并不是"真迹"，而是米芾的仿制品。

米芾刚开始的时候临摹欧阳询、柳公权的作品，字体紧结，笔画挺拔劲健，后来又临摹王羲之、王献之的作品，笔致浑厚爽劲，自谓"刷字"。他与苏轼、黄庭坚、蔡襄并称宋代四大书法家。米芾现存的书法墨迹有《向太后挽辞》《蜀素帖》《苕溪诗帖》《拜中岳命帖》《虹县诗卷》《草书九帖》《多景楼诗帖》等。

米芾不仅在诗词歌赋、书法上取得了巨大的成就，在绘画方面的能力也不可小觑。他擅长画树木、竹子、石头，尤其擅长画水墨山水，他用大笔触水墨将江山水在烟云风雨中的变化描绘得淋漓尽致，被后人称为"米氏云山"，十分富有创造性，但目前并无发现米芾的绘画作品。公元 1107 年，米芾病逝，享年 57 岁。

元代最有影响力的书法大家是谁？

赵孟頫（1254—1322 年），字子昂，号松雪、松雪道人，又号水精宫道人、鸥波，中年曾作孟俯，汉族，吴兴（今浙江湖州）人，是元代最有影响的书法家，其书法以行楷为主，也有部分草书，代表作有楷书《丹巴碑》《神福观记》，草书《千字文》等。

赵孟頫博学多才，能吟诗作对，懂经济，工书法，精绘艺，通音律，解鉴赏，尤其是在书法和绘画方面成就最高，开创了元代的新画风，被称为"元人冠冕"。赵孟頫的书法在我国书法史上承前启后，对明清书坛影响巨大，名望极高，追随者众多。

赵孟頫作为一代书画大家，一生几乎都处于矛盾、复杂、尴尬的境地。宋灭亡后，赵孟頫回归故乡闲居。1286 年，他被推荐给元世祖忽必烈，刚到京城就受到了元世祖的接见。元世祖赞赏他一表人才，给予种种礼遇，从此他成为元朝官吏。作为南宋遗臣出仕元朝，赵孟頫在历史上引起很多的争议。

但是无论如何，赵孟頫对中国书法艺术史的贡献不可小觑。在书法上，他的书法作品受到时人和后人的好评，而且他的书论也有自己独到的见解。在临摹古人法帖上，他指出了颇有意义的事实，他说："昔日人们在临摹古人作品的基础上创出属于自己的书法作品，有了自己的风格，连王羲之都是这样。我们要是也这样做，就不必担心自己不会超过前人了。"这些都可以给我们重要的启示。

赵孟頫擅长画竹子、花鸟，皆以笔墨圆润苍秀见长，以飞白法画石，以书法用笔写竹，力主变革南宋院体格调，遥追五代、北宋法度，开创了元代的新画风。

赵孟頫交友甚广，很多朋友在书法方面也有一些成就，与高克恭、钱选、王芝、李衎、郭祐之等相互切磋，直接受其指点的有陈琳、唐棣、朱德润、柯九思、黄公望、王蒙等。他是元代最有影响力的书法大家，凭借其在书法上的成就，赢得了世人的尊敬。

明代哪位书法家的成就最高？

董其昌（1555—1636 年），汉族，字玄宰，号思白、香光，华亭（今上海闵行区马桥镇）人，是明代后期著名的画家、书法家、书画理论家、书画鉴赏家，也是明代诸位书法家中成就最高的一位，是当时"华亭派"的主要代表。

董其昌出身于贫寒之家，从 1589 年中进士之后，在仕途上春风得意，青云直上，当过编修、讲官，后来官至南京礼部尚书，太子太保等职。几十年的仕途生涯使他对政治异常敏感，一有风波，他就坚决辞官归乡，好几次都被反复起用。

董其昌之所以最终走上书法艺术的道路，是因为在考试时书法不好。他在 17 岁时参加会考，本来以他的文才他是绝对的第一，但是因为他的字很差，考官就将他列为第二。这件事极大地刺激了董其昌，从此以后，他认真钻研书法，并取得了相当大的成就。他的代表作有《白居易琵琶行》《袁可立海市诗》《三世诰命》《草书诗册》《烟江叠嶂图跋》《倪宽赞》《前后赤壁赋册》。

董其昌针对中国传统文人画创作提出"南北宗"论,助长了绘画上的宗派之争,其负面影响很大。其书画创作主张在临摹古人作品的基础上发展创新,在笔墨的运用上追求先熟后生,拙中带秀,体现出文人创作中平淡天真的个性。再加上他当时显赫的政治地位,他的书画风成为明代艺坛的主流,著有《画禅室随笔》《容台集》《画旨》等文集。

董其昌在绘画方面也有一些涉及,他擅长画山水画,师从董源、巨然和黄公望。其画风笔意安闲温和、清新秀丽、古朴典雅。其山水作品用笔柔和,秀媚有余,魄力不足,缺乏气势,他提倡用摹古代替创作,如《峒关蒲雪图》《溪山平远图》等,皆为摹古之作。

董其昌虽然没有留下一部书论专著,但他在实践和研究中得出的心得和主张在大量的题跋中都可以看见。董其昌有句名言:"晋人书取韵,唐人书取法,宋人书取意。"这是历史上书法理论家第一次用韵、法、意三个概念划定晋、唐、宋三代书法的审美取向。这些观点对人们理解和学习古典书法有很大的帮助。

谁的漆书代表了清代漆书的最高成就?

金农(1687—1763 年),字寿门、司农、吉金,号冬心先生,钱塘(今浙江杭州)人,喜欢游历祖国各地,是扬州八怪之首,也是清代的书画家,在漆书方面有很高的造诣。他的字点画破圆为方,横粗直细,似用漆帚刷成,创造了扁笔书体,兼有楷、隶体势,时称"漆书",代表了清代漆书的最高成就。

金农从小便研习书文,有较高的文学造诣,但由于金农天性散淡,所以在扬州八怪中传世作品数量是最少的。他对行书和隶书均有着自己独到的见解。他早年的隶书风格规整,结构严密,笔画沉厚朴实,风格简洁朴素。

金农的行草最能反映他高超的书法艺术境界。他将楷书的笔法、隶书的笔势、篆书的笔意按自己独到的见解进行融合,自成一体,别具一格,其点画介于隶书和楷书、行书和草书之间,长横和竖钩都呈隶书笔形,而撇捺的笔姿又常常近于魏碑,他的行草苍劲、灵秀,有一种真率天成的韵味和意境,令人爱不释手。

金农的行书从早期开始就不入常格,而他的行草书,用笔率真,随心所欲。后来他将两者结合,创出了一种新的书法——"漆书",他是漆书的首创者和提倡者。漆书是一种特殊的用笔用墨方法,所用的墨浓厚似漆,写出的字凸出于纸面,所用的毛笔,像扁平的刷子,蘸上浓墨,行笔只折不转,像刷子刷漆一样。这种方法写出的字看起来粗俗简单,无章法可言,其实是大处着眼,气势磅礴,点画狼藉而又笔墨醇厚,粗头烂服之间,透出苍逸稚拙之趣,令人叹服,代表作品有《盛仲交赞》,是一本绢本漆书。

2009 年 12 月 19 日,金农的《花果册》在杭州拍卖会上以 3976 万元的价格创下西泠拍卖的最高成交纪录。他的书法对我国书法艺术的发展做出了巨大的贡献。

"文房四宝"这个名称起源于何时?

文房四宝,即纸、笔、墨、砚,是中国传统的书写、绘画工具。"文房"这个名称起源于中国历史上南北朝时期(420—589 年),"文房"专指文人的书房。"四宝"指笔、墨、纸、砚,由于四宝是在文房所使用,所以人们便称之为"文房四宝"。

3000 多年前,人们已经在使用笔和墨,2000 多年前,正规砚开始出现,人们开始使用纸,由此可以看出,并不是一开始就将笔、墨、纸、砚称为"文房四宝"的。

南唐后主李煜酷爱"澄心堂纸"。五代时，主要从产地归类，人们将"澄心堂纸""李廷珪墨""龙尾石砚"称为"新安三宝"。到了宋代，苏易简著《文房四谱》，第一次将纸、笔、墨、砚从文房用做专门研究，自始便有"文房四宝谱"。"文房四宝"的名称，来源于北宋诗人梅尧臣的诗句"文房四宝出二郡，生来赏爱君与予"。自此后，"文房四宝"的说法一直流传至今。

四宝中的佳品分别为湖笔、端砚、徽墨和宣纸。古代文房必备纸、笔、墨、砚，室内典藏文物古玩，博古架自不可少；文友相聚所需琴、棋、书、画更不能缺。文房追求笔墨用具精良，重视氛围清新、别致，富有儒雅的文人气息。传统书画工具的魅力就在于其能够淋漓尽致地表现出中国书画艺术的神韵，体现出人类文化与大自然的高度和谐，把文人士大夫的情趣表达得回肠荡气，乃至于可以反映出中华文化的内在精神。

在五千年中华文明不断传承和发展的历史长河中，文房四宝为中国书画独特的艺术风格和保持中华文明的民族独立性建立了不朽功勋。同时，也为促进世界文明和社会进步做出了巨大贡献，为弘扬中国文化、推动世界文明进步，曾立下卓著功绩，直到如今，仍发挥着重要的作用。

毛笔起源于什么时期？

毛笔是中国古代常用的一种传统书写工具，在湖南长沙左家公山和河南信阳长台关两处战国楚墓里分别出土了一支竹管毛笔，是目前发现最早的毛笔实物。毛笔是人们在生产、生活实践中发明的，它的起源可追溯到新石器时代。

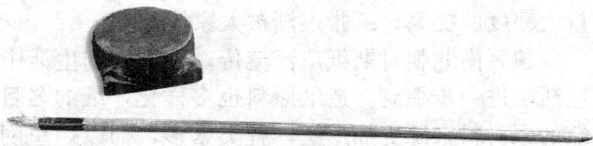

古代毛笔

1980年陕西临潼姜寨村的一座墓地中出土的实物证实，在五六千年前已有了毛笔或类似毛笔的笔。商代甲骨文中已出现笔的象形文字，形似手握笔的样子，一些卜骨上已经有了用毛笔书写的朱墨字迹。湖南长沙出土的那支笔后，考古学家从其制作工艺和文物出土分布地区分析得出毛笔在战国时已被广泛使用，只是那时并没有统一的名称。

春秋战国，各地诸侯割据称雄。此时，各国对毛笔的称呼都不同，秦始皇统一中国，一律称之为"毛笔"。后来，蒙恬又将毛笔做了一些改进，使它便于书写。

毛笔是用羽毛书写汉字的独具特色的书写、绘画工具。虽然现在有铅笔、圆珠笔、钢笔等，但毛笔却是替代不了的。在漫长的历史时期内，作为一种重要的书写工具，作为一种文字的载体，毛笔所起到的巨大作用是不容忽视的。自元代以来，浙江湖州生产的具有"尖、圆、健"特点的"湖笔"，成为全国最著名的毛笔品种。

随着人类社会的不断发展，人们不断地总结经验，取其精华，去其糟粕，敢于创新，勇于探索。几千年来，它为创造中华民族光辉灿烂的文化，为促进中国与世界各族的文化交流，做出了卓越的贡献。毛笔是中国对世界艺术宝库提供的一件珍宝。

蔡伦是造纸术的发明者吗？

蔡伦（61—121年），字敬仲，汉族，东汉桂阳郡人。很多人一直认为蔡伦发明了造纸术，实际上这是一个错误的观点，蔡伦只是改进了造纸术。最早发明造纸术的人已无史可考。

据考证，我国西汉时已开始有了纸，只是这一时期由于技术问题得不到解决，纸的质量很差，再加上成本也很高，所以就没有广泛流传。蔡伦认真总结了前人的经验，首先使

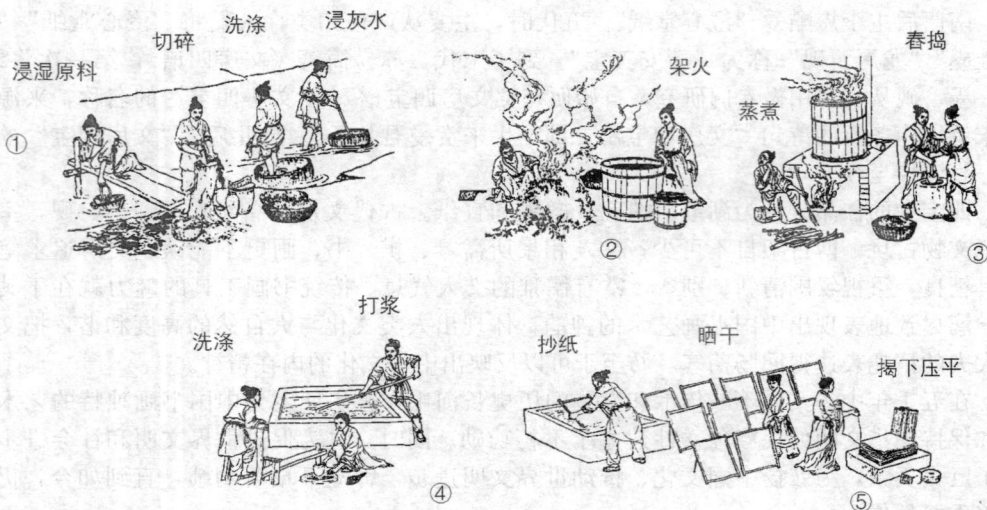

①浸湿原料 切碎 洗涤 浸灰水
②架火 蒸煮 ③春捣
④洗涤 打浆
⑤抄纸 晒干 揭下压平

造纸流程示意图

用树皮造纸，这样纸的原材料得到了扩展，改进了造纸技术，提高了纸张质量，使纸的产量大幅度的提高，纸张逐渐被大家接受。

魏晋南北朝时期纸广泛流传，成为人们生活中一种很常见的东西，造纸技术也在生产生活中进一步提高。造纸原料也多样化，纸的名目繁多如竹帘纸、藤纸、鱼卵纸……后来纸的原材料来源更加广泛，种类繁多，如以烂鱼网造的纸叫网纸，破布造的纸叫布纸。后来造纸术不到几百年时间就传到了亚洲地区，最后传到了全世界。

纸的兴盛时期处于中国政治、经济、文化各方面飞速发展的唐朝。据考证，唐朝时候，因为京畿地区纸的需求量很大，北张村的造纸技艺得到鼎盛发展，尤其是被视为精品的白麻纸甚至远销到朝鲜、日本等国。

蔡伦对纸的改进是书写材料的一次革命。它推动了中国、阿拉伯、欧洲乃至整个世界的文化发展。造纸是一项重要的化学工艺。纸的发明是中国对人类文化的传播和发展所做出的一项十分宝贵的贡献，是中国史上的一项重大的成就，对中国历史也产生了重要的影响。

最早的砚台是什么形状的？

砚台是用来研墨的器具，是伴随着笔和墨的发展而发展起来的。汉代以来，由于纸和墨的大力发展，刺激了砚台的发展。最早出现的砚台是蛇形砚台。

在中国文化史上，居有极其显赫地位的伏羲与女娲都是蛇身。所以，最早人们是根据神话中他们的形象来制作砚台的。蛇具有顽强的生命力和旺盛的生殖力，许多部族都将它视作图腾。文明的出现，国家的形成，蛇逐渐被龙代替，但是龙的很大一部分来自蛇，龙逐渐成为权力的象征。中国神话中的蛇龙意象，折射出中国上古时代曾经有过的自然和社会的历史性的变迁。

砚用于研墨，盛放磨好的墨汁和搭笔。汉代是砚台发展的一个起始时期，人们发明了人工制墨，砚台随之开始发展起来，出现了铜砚、陶砚、银砚、木胎漆砂砚等。最突出的就是瓷砚，出现在六朝至隋朝这一时期。唐代由于政治、经济、文化的大力发展，成为砚台发展的鼎盛时期，出现了端石和歙石两大砚材。明清时期制砚的材质更加多样，出现了瓦砚、铁砚、锡砚、玉砚、象牙砚、竹砚等。

136

砚台主要有四个流派，它们分别是端砚、歙砚、洮砚、澄泥砚。每个流派都有自己的特色。经过长时间的发展，砚台早已不再是单纯的文具，而成为集雕刻、绘画于一身的精美工艺品，很多文人墨客热衷于收藏的砚台。砚台与笔、墨、纸并称"文房四宝"，这充分反映出中国历代的文化人对砚台的珍爱。刻砚、赏砚、藏砚，逐渐成为一种时尚的风气。

砚台是经济社会发展的产物，它浓缩了中国各个朝代文化、经济乃至审美意识的各种信息，对于我们研究历史提供了一些重要的信息。在现代，砚台已经由一种实用品转化为艺术品，因而具有极高的收藏价值。

我国古代的"墨中之魁"是什么？

墨是一种书写材料，它是随着毛笔的产生而产生的。在人工制墨发明之前，一般都利用天然墨或半天然墨作为书写材料。我国古代素来以"徽墨"为"墨中之魁"。

徽墨，就是由安徽省古徽州府所辖歙县、黟县、祁门县、休宁县、绩溪县、婺源县等"一府六县"组成的"古徽州"。徽墨是我国制墨技艺中的一朵奇葩，受历代书画家的青睐。徽墨的色泽可分为焦、重、浓、淡、清五个层次。徽墨色泽黑润、坚而有光、入纸不晕、舔笔不胶、造型美观、质量上乘、经久不褪、馨香浓郁及防腐防蛀等特点，宜书宜画，素有"香彻肌骨，渣不留砚"之美称。

唐代末期是徽墨开始发展的阶段。安史之乱后，北方动荡，南方相对和平，大量北方墨工纷纷南迁，导致制墨中心南移。易州墨工奚超父子逃到江南歙州，见这里松林茂密、溪水清澈，便定居下来，在这里继续以制墨为生。徽墨开始发展。

南唐时后主李煜时期，徽州墨业进入第一个鼎盛时期。李煜将奚超父子设为"墨务官"，并赐国姓李作为奖赏，奚氏一家从此更姓李。从此，全国制墨中心也南移到了歙州。歙州李墨遂名扬天下，并有"黄金易得，李墨难获"之誉。

徽墨发展的另一个辉煌时期是在宋代。宋代统治者重视文治，科举考试制度进一步得到完善，再加上宋廷南迁，徽州的制墨业获得了一个千载难逢的机遇。墨工又在前人的基础上，添加药物成为"药墨"。从这时候开始，人们开始将墨作为一种收藏品。墨从实用品开始向工艺品转变。

到了明清时期，随着社会经济的迅猛发展，徽墨的制作进入盛世阶段，制墨技艺也不断进步，墨的图案绘刻和漆匣的装潢制作，都达到了登峰造极的境界。

当代以来，徽墨在继承传统工艺的基础上不断发展创新，并增添、开发了新的品种。另外，将墨锭制成各种艺术形态并施以五彩，嵌在锦匣当中，以供人们鉴藏，这种墨是我国目前高档的工艺美术品之一，也是现代制墨业的一大特色。

什么艺术是书法、章法、刀法三者的完美结合？

篆刻是指刻在印章上刻上精心书写或雕饰过的文字，由于文字多用篆文刻成，故称篆刻。篆刻迄今已有两三千年的历史，是书法、章法、刀法三者的完美结合，既有豪壮飘逸的书法笔意，又有优美悦目的绘画构图，并且更兼得刀法生动的雕刻神韵。

早在殷商时代，人们就用刀在龟甲上刻"字"，这些可以认为是最早的篆刻文字。秦国以前，篆刻印章称为"玺"。秦始皇统一六国后，天子所用的印章称为"玺"，其他人所用的印章称为"印"，从此有了"玺"和"印"之分。

在篆刻两千多年的发展历程中，出现了几个重要的时期：一个是战国、秦汉、魏晋六朝时期，这一时期的篆刻艺术的第一个高峰期，后世称之为"古代篆刻艺术时期"，篆刻用

137

料主要为玉石、金、牙、角等；二是唐、宋、元时期，在这一时期，篆刻处于艺术发展的衰微时期，主要是由于楷书的广泛应用，它取代了篆书成为官方字体，直到元末才出现了转机。明代是篆刻艺术的复兴时期。

明清以来，篆刻又迎来了它的第二个发展高峰期，这一时期篆刻艺术流派纷呈，如同百花齐放。在文彭的倡导下，"灯光石"冻石成为制印的主要材料。在这以后的一段时期内篆刻艺术迅速发展，出现了程邃、丁敬、邓石如等著名的篆刻艺术家，篆刻艺术呈现一派繁荣的景象。

传统有"七分篆三分刻"的说法。篆刻本身是一门与书法密切结合的艺术，所以在学习篆刻的时候一定要选择篆书碑帖进行临摹，经过一个阶段的训练，便会明显觉得篆印的便利。篆刻要根据文字具体的笔画、笔势、形体及字与字之间的相互关系设计出相宜的形式，以这种思想为指导，必然能得到事半功倍的效果。

一个小小的印章，在方寸之内充满了时间的古朴和空间的浑厚，篆刻以一种有情、有致的方式呈现出中国文字在时间、空间上的发展。虽然朝代更迭，它仍能以温润的光泽、古雅的韵趣，引人玩味，这就是篆刻的艺术。

最早的拓本出现在什么时候？

凡摹拓金石、碑碣、印章之本，皆称为"拓本"。它是指用纸紧覆在碑帖或金石等器物的文字或花纹上，用墨或其他颜色打出其文字、图形来的印刷品。拓本实物最早见于唐代，但这一时期由于年代较为久远，存世稀少，仅有几篇碑拓。

拓本的拓法在不同的历史时期，有其不同的特点。以下举几个例子来说明。

柳公权的拓本《金刚经》，由楷书所作。公元824年4月，此时柳公权年仅47岁，这是他年富力壮时的得意之作。这一拓本反映了"柳体"前期的面貌。柳公权所书的这本《金刚经》，很受当时人们的欢迎，数次被人模刻。可见当时"柳体"是何等的权威和名重。

宋代拓本以欧阳询《化度寺邕禅师舍利塔铭》为代表，有人说它是王羲之正楷的化身，也是欧书的第一代表作。这篇拓本拓工讲究，纸墨都精良。其实，在宋代，纸张的发展进入到一个新的时期，纸的品种很多，拓本所要用的纸都是根据捶拓需要而加以选择，而当时最重要的方法是墨拓法，这样拓出来的拓本也十分清楚。由于宋拓拓工精良，拓出的效果极佳，其风格有的锋棱毕露，有的淡雅清新，历来为后人拓墨皆效仿之，故历来就有"唐摹、宋拓"的美称。

清朝最好的拓本是乾隆时期的拓本。这是因为乾隆时期特别讲究所用的纸、墨。乾隆时期，墨的成分较细，又将明朝遗留下来的一些好墨掺入其中，这样旧墨新笔，写出的字光亮乌黑，如《三希堂法帖》的初拓本，都是一些漆黑发亮的佳拓本。清朝最著名的拓本代表作是乾隆所作地《唐蕃会盟碑》，此碑现藏于中国历史博物馆，见证了汉藏两族的亲密关系。

拓本的年代愈早愈有价值，唐代的拓本现在已很难收集到。名气大的或经前人著录过的拓本，更是可遇而不可求，其收藏价值极高。

铜鼎主要是用来做什么的？

铜鼎，顾名思义，是指用铜做成的鼎。它是从陶制的三足鼎演变而来的，最初用来烹煮食物，后主要用于祭祀和宴享，是商周时期最重要的礼器之一。

古代炊器，多用青铜铸成，也有的用铜、锡、铅所制，相当于现代的锅，煮或盛鱼肉用。一般鼎的形状多是体圆、腹大、两耳对立于口上，下有三足。每一个地方的设计都有极强的实用性，大腹是为了能装下东西，三足是为了支撑腾空以燃火，两耳便于抬举。鼎的形制因时代而异，各朝代情况不同：商代前期多圆腹尖足，商代后期，圆腹柱足鼎占多数，同时分裆鼎增多，尖足鼎逐渐消失；至秦汉时期，鼎演变成为敛口、硕腹、附耳、三短足、盖上有三环的形制。

商代晚期铸造技术进一步的发展，如最有名的后母戊鼎的鼎身和四足是整体铸造的，鼎耳则是在鼎身铸成后再在其上安装而成，冶铸时必须有较大的熔铜炉，根据其体积和重量估计，所需金属料当在 1000 千克以上，且有可能采用经地槽流注的方法进行浇铸。

商代晚期还发展了铜镶玉的技术，例如妇好墓出土的玉援铜戈即是将玉戈援纳入铜内的陶范中铸成；藁城等地发现的铁刃铜钺也是采用这种技术铸成的。有的鼎整体装饰复杂、精细，鼎身有圆涡纹、凤鸟纹、蝉纹等纹样，造型和装饰协调自然。

商代晚期，鼎上出现了铭文，较早的铭文字很少，族徽图像、人名占据大多数，如妇好之类。商代末年始有较长的铭文，最长有三四十字的。科学发掘以来所获商代铜器中铭文最长者是安阳后冈祭祀坑出土的戌嗣子鼎，有铭文 30 字，内容是因受赏而为父辈所作。

商后期所制的后母戊鼎商代后期制品。除鼎身四面中央是无纹饰的长方形素面外，其余各处皆有饰纹，最底层是细密的云雷纹，各部分主纹饰各具形态。其造型、纹饰、工艺水平极高，是商代青铜文化顶峰时期的代表作，现藏于中国历史博物馆。

最早的玉玺是什么？

在周朝时，中国人就用印来表示信用。秦始皇统一中国后，开始用玉玺，这样才有了玺和印之分，皇帝用的印叫玺，臣民所用只能称为印。中国最早的玉玺是传国玉玺。传国玉玺代表着至高无上的皇权，所谓"真命天子"必须拥有这个玉玺。

相传，传国玉玺取材于和氏璧。公元前 228 年，秦国大败赵国，得到了和氏璧。第二年统一天下以后，令李斯在和氏璧上刻"受命于天，既寿永昌"八个字，咸阳玉工王孙寿将和氏之璧精研细磨之后成为玉玺，从此开始有了传国玉玺。

公元前 219 年，秦始皇乘龙舟过洞庭湖，突然湖面风浪大作，在船即将倾翻的时候秦始皇慌忙将传国玉玺抛入湖中，祈求神灵保佑。玉玺由此失落。八年后，有人将传国玉玺从湖底捞出，交给皇上。从此，传国玉玺随着江山易主落入不同人手中，尝尽世间颠沛流离之苦。

传国玉玺是各朝代帝王维系其封建独裁统治的象征物。汉高祖刘邦全部继承了秦始皇创立的宝玺制度，形成了后来所谓的"秦汉八玺制"，这一制度也贯穿了整个"魏""晋""南北朝"和"隋"，这些朝代统治者全盘继承了秦汉的八玺制，甚至连规格、名称、文字都基本不差。

宋朝的时候，传国玉玺遗失，到明清两代，不时传有"传国玉玺"现身的谣言，然而都是仿造的赝品。清朝初年，紫禁城藏有御玺 39 个，其中一方即被称作"传国玉玺"。而乾隆时，高宗皇帝经过多方考据，钦定其为赝品，然而后来的当权并不管它的真假，聊以充数，亦无深究者，就将其认为是"传国玉玺"。

1924 年，冯玉祥将末代皇帝溥仪驱逐出宫，从此"假的""传国玉玺"也不见踪影。当时冯玉祥部将领鹿钟麟等人曾追索此玉玺，但最终毫无所获。至此，历经两千年风风雨雨的传国玉玺最终淡出中国政治舞台，湮没于历史的漫漫长河之中。

穿"金缕玉衣"入葬出现在什么时期?

金缕玉衣,顾名思义,用金子和玉做的衣服,形如铠甲,用金丝连接,是汉代规格最高的丧葬殓服,在西汉文景时期死者穿其入葬,按死者等级划分为金缕、银镂、铜缕三个级别。当时人们十分迷信玉能够保持尸骨不朽,并且玉代表着高贵和身份。

金缕玉衣在战国末期大概就有了雏形。在汉代史书中,玉衣出现的次数最为频繁。汉代皇帝和贵族,死时穿"玉衣"(又称"玉匣")入葬。它们是用许多四角穿有小孔的玉片,用金丝、银丝或铜丝编缀起来的,分别称为帝王穿"金缕玉衣"、诸侯王穿"银缕玉衣"、公侯穿"铜缕玉衣"。

我国目前已经出土玉衣的西汉墓葬共有十八座,其中金缕玉衣墓只有八座,最具代表性的是河北满城一号墓出土的中山靖王刘胜的金缕玉衣,整件玉衣设计精巧,做工细致,是旷世难得的艺术瑰宝。它是上百个工匠花了两年多的时间完成的。是用1000多克金丝连缀起2498块大小不等的玉片。1968年,这件金缕玉衣出土时,轰动了世界。

1994—1995年徐州楚王墓出土的金缕玉衣是现今出土最早、保存最好、玉片数量最多、玉质最好、工艺最精、做工最好、最有价值的国宝,现藏徐州市博物馆。玉衣玉片总数为4248片,金缕1576克,拼合得天衣无缝。

真正的金缕玉衣也只有中国才有。曾经有媒体报道过"埃及惊现1000具穿金缕玉衣黄金木乃伊",但那些黄金木乃伊也就是在身上镀了一层金而已,并没有玉的成分,称不上真正的"金缕玉衣"。玉雕技艺是我国独有的,玉雕装饰在汉朝时期极为流行,出土的金缕玉衣,有的并不只是简单磨成玉片,上面还雕有花纹,这充分体现了我国古代劳动人民高超的艺术技巧。

金缕玉衣是我国古代历史文化长廊中一道亮丽的瑰宝。

凤冠的用途是什么?

后妃礼服冠 清
清代皇后的服饰有礼服、朝服、吉服、便服等几种。皇后在何种场合该用何种服饰有着极为明确的规定。

凤冠是古代后妃冠饰,上面装饰有凤凰样珠宝。明朝时期,凤冠形制承宋之制而又加以发展和完善,皇后受册、谒庙、朝会时都会戴凤冠,雍容华贵之美。明清时期,凤冠成为一般女子结婚时所戴的礼冠。

凤冠上的装饰以龙凤为主,配以其他珍珠、宝石,冠上所饰珍珠、宝石及重量各不相等,最多的一顶上有宝石128块,最少的95块;珍珠最多5449颗,最少的3426颗。龙是用金丝堆累工艺焊接,呈镂空状,立体感很强;凤是用翠鸟毛粘贴,色彩艳丽。冠上嵌饰龙、凤、珠宝花、翠云、翠叶及博鬓,这些部件都是先单独作成,然后插嵌在冠上的插管内,组合成一顶凤冠。

凤冠造型庄重,制作精美,它的制作工艺繁复,包括花丝、镶嵌、錾雕、点翠、穿系等,点翠面积较大,工艺也比其他部分较为复杂,四顶凤冠上有翠凤23只,翠云翠叶翠花多达数百片,最后的组装更是最复杂的工序，必须安排合理，布局恰当。凤冠上金龙、翠凤、珠光宝气交相辉映，富丽堂皇，金龙升腾奔跃在翠云之上，翠凤展翅飞翔在珠宝花叶之中。

现存较为著名的凤冠有六龙三凤冠，高 35.5 厘米，冠底直径约 20 厘米，龙全部是真金所制，凤用的是点翠工艺，整个凤冠，共嵌 128 块宝石，5449 颗珍珠。龙凤珠花及博鬓均左右对称的设计使龙凤姿态生动，加上珠宝的亮丽，使得凤冠光彩照人，给人端庄而不板滞，绚丽而又和谐的艺术感受，充分体现了皇后母仪天下的高贵身份与气质。

还有一个就是十二龙七凤冠，冠上饰十二龙凤，每条龙姿态各异，龙下部是展翅飞翔的翠凤，龙凤均口衔珠宝串饰，龙凤下部饰珠花，每朵中心嵌宝石 1 块或 6、7、9 块不等，每块宝石周围绕珠串一圈或两圈，全冠共有宝石 121 块，珍珠 3588 颗。凤眼共嵌小红宝石 18 块。

龙凤冠设计之复杂、巧妙，早已超越了我们的想象。不得不说，它们是中华文化中灿烂的瑰宝。

雕塑是什么样的造型艺术，其历史地位如何？

雕塑是造型艺术的一种，是指以立体视觉艺术为载体的造型艺术。通过可雕、可刻的硬质材料创造出具有一定空间的可视、可触的艺术形象，并以此来反映社会现实生活、表达艺术家对社会生活或是某一件事情的理解以及自己的思想感情。雕塑的产生和发展与人类社会的生产生活息息相关，同时又受到各个时代宗教、哲学等社会意识形态的影响。处于旧石器时代的人类已经能雕刻粗糙的石雕、骨雕等。

距今 6000 至 5000 年前新石器时代的石雕、骨雕、人像和女神彩塑头像等，实质上反映了人类对大自然的畏惧以及对自身来源的浅层探索。位于陕西西安的秦始皇陵兵马俑再现了 2000 多年前的秦国军队的风貌。雕塑是时代、思想、和审美观念结合的结晶，是社会发展的缩影，透过它，我们可以看到一个时代的发展迹象。

传统的观念认为雕塑是静态的、可视的、可触的三维物体，但是由于爱因斯坦的相对论的出现，改变了人们的时空观，使雕塑艺术突破三维的、视觉的、静态的形式，从更高的层次上认识和表现世界。随着科学技术的发展，现代艺术中已经出现了四维雕塑、五维雕塑、声光雕塑、动态雕塑和软雕塑等。

中国雕塑的发展远远落后于西方，这是有着深刻的社会根源的：首先，在西方雕塑从业人员被称为雕塑家，而中国雕塑从业人员被称为工匠，处于社会底层，往往是为生活所迫而去从事这一职业；其次，中国雕塑人员的主要职责是为寺庙建筑塑像，工作地点并不固定，而且他们只是机械地去雕刻，很少有机会融入自己的创作思想。

在西方，雕塑人员在"工作室"自由创作，自由表达自己对这个社会的认识以及自己的思想情感。从这两个层面来看，中国传统社会中的雕塑是赶不上西方的。

中国古代建筑艺术中最具代表性的石雕艺术是什么？

石雕是一种造型艺术，是指雕塑家或工匠在石头上创造出具有一定空间的可视、可触的艺术形象，借以反映社会生活、表达艺术家的审美的一种造型艺术，是集创意、设计、制作于一身的艺术。中国古代建筑中最具代表性的石雕艺术就是明代天安门前的华表。

石雕在我国有着悠久的历史。在漫长的旧石器时代和新石器时代，岭南原始先民靠石器加工来谋生。目前，在珠江口发现的多处岩刻中，发现这些石雕基本是以复杂的抽象图案为主，采用凿刻的技法来表现事物。

西汉时期南越国王赵眜的陵墓，是迄今所知岭南规模最大的石室墓，墓中出土很多石雕。这些石雕雕刻技艺精美，并掌握着很多在当时十分先进的雕刻技术。石雕被放入帝王墓中，充分证明了石雕在当时也是一项被重视的工艺。

中国古代建筑史上的最后一次高峰发生于明清时期。这一时期中国封建社会逐渐走向没落，但当时的建筑艺术依然沿着古典艺术的足迹向前发展。明代的宫廷、陵园的规模都极其大，建筑石刻艺术受这些影响，在这一时期也取得了极高的成就。

明代天安门的白石华表集中代表了当时石雕艺术发展的成就。这座华表以多种雕刻手法塑造，柱身的主体由龙纹组成，中间夹杂着云雾，使得华表瑰丽而庄严。其下还有华丽的八角座，周围有雕刻的狮子。华表的总体造型，是对传统石雕艺术的升华。同时我们也看到，这一时期中外交流逐渐增多，华表本质上也是中西合成建筑，代表着两种文化的融合。

石雕艺术以其逼真的造型，圆润细腻的手法以及流畅洒脱的条纹而深受世界各国人民的欢迎。它的分类也有很多种，如园林雕塑、建筑雕塑、雕像、石雕工艺品等几大类。石雕所做的产品也有上百个品种。这是一种既富古老艺术的魅力，又有典雅明快时尚的现代术风格的艺术，在海内外享有"巧夺天工""石破天惊"之盛誉。

目前发现兵马俑最多的地方在哪里？

位于西安市临潼区城东5千米处骊山脚下的秦始皇陵兵马俑是目前发现兵马俑最多的地方。秦始皇兵马俑陪葬坑，是世界最大的地下军事博物馆。

根据史书记载，秦始皇即位后便开始在骊山营建陵墓，统一中国之后，扩大建陵工程的规模，70万劳力经过38年的时间才竣工。兵马俑是以陶土烧制的兵马群塑，大小共3000件，是秦始皇的随葬物品之一。

1974年3月，西杨村村民抗旱打井时，在陵墓以东三里的下和村和五垃村之间，发现规模宏大的秦始皇陵兵马俑坑。从此后，人们看到了埋葬于地下的2000多年前的秦俑宝藏的真正面目。1975年国家在俑坑原址上建立博物馆。1979年10月1日秦始皇兵马俑博物

兵马俑坑

馆开始向国内外参观者展出。

兵马俑的主要艺术特点是崇尚写实、手法严谨，武士俑身高 175—196 厘米，陶马高 150—172 厘米，长 200—203 厘米，这些都与实际物像不相上下，形貌服饰都是以现实为基础的。工匠们一丝不苟地刻画着人物的表情、动作、性格等，处处体现着陶塑匠师们严谨的创作态度和高超的技术。形象生动是秦俑的又一艺术特点，作者通过对眉眼、鼻翼、胡须等细节的刻画，着重塑造将士们坚毅勇敢的性格；同时又通过不同的衣冠服饰，表现出武士不同的级别身份。

秦始皇，公元前 210 年葬于陵墓的中心。在他陵墓的周围环绕着那些著名的陶俑。秦始皇仿照都城咸阳的格局设计建造了结构复杂的秦始皇陵。始皇连同他的兵士、战马、战车和武器一起带入到他的陵墓，成为现实主义的完美杰作，同时也保留了极高的历史价值。

自 1979 年 10 月秦始皇兵马俑博物馆开馆以来，到 2006 年已接待中外游客 5000 多万人次，兵马俑架起了中外文化交流的桥梁，促进了中国人民和世界人民的交流。秦兵马俑的发现，是民族的骄傲，世界的奇迹。

紫砂壶的发展历程如何？

紫砂壶，是中国特有的手工制造陶土工艺品，其特点是不夺茶香气又无熟汤气，壶壁吸附茶气，久而久之，在空壶里注入沸水也会有茶香。现在，它具有极高的收藏价值，名家大师的作品往往一壶难求。紫砂壶起源于中国，是中国文化长廊中一道亮丽的风景。

关于紫砂壶的起源已有 2400 多年的历史，最早可以追溯到春秋时代，据史料记载，越国大夫范蠡最先开始烧制紫砂壶。明代是紫砂壶发展的一个重要时期，名家辈出，不断有精品传世。明朝的龚春改良了紫砂壶烧制工艺，紫砂壶的发展进入到一个全新的时期。因为某种原因，现在所流传的龚春的作品多赝品。

第一期紫砂壶大师有龚春、时大彬、李仲芳、徐友泉等。时大彬的紫砂壶风格高雅清新，造型流畅，朴雅坚致，妙不可思。徐友泉，时大彬的徒弟，他制作的紫砂壶手工精细，庄重古朴，质朴浑厚，自成一家。

第二期紫砂壶大师有清代的陈鸣远、明代的惠孟臣等。陈鸣远将生活中常见的栗子、核桃、花生、菱角、慈姑、荸荠、荷花、青蛙等形象巧妙地融入紫砂壶中，他的作品生动、形象、活泼，充满了生机与活力。同时，他还发明了在壶底书款，壶盖内盖印的形式，到清代形成固定的工艺程序，对紫砂壶的发展产生了重大影响。惠孟臣，擅长制作小紫砂壶。

第三期紫砂壶大师是清代的陈鸿寿、杨彭年等人。陈洪绶主张创新，他对紫砂壶工艺的第一大贡献就是把诗文书画与紫砂壶陶艺结合起来，在壶上用竹刀题写诗文，雕刻绘画；第二大贡献就是他设计创造了紫砂壶的很多精美造型，给紫砂壶带来了勃勃生机。杨彭年首创捏嘴新工艺，他不用模子，信手捏来，随意而成，颇具天趣。

紫砂壶发展到现在，它的实用功能已经很小了，但是作为一种艺术品，它的价值是无穷的。紫砂壶的发明，是中国对世界文化的一个重要贡献。

盛行于唐代的陶器是什么？

唐三彩是一种陶器，盛行于唐代，始于南北朝时期出现的三彩釉陶，因为其造型生动逼真、色泽艳丽且富有生活气息，很受人们的欢迎，又因为它以黄、白、绿为基本釉色，又在唐代形成，所以被人称为"唐三彩"。

唐三彩是一种低温铅釉陶器。在色釉中加入不同的金属氧化物，经过焙烧，便可以形

143

成浅黄、赭黄、浅绿、深绿、天蓝、褐红、茄紫等多种不同的色彩，但它的主流色彩是黄、白、绿三色。在烘制过程中，色釉发生化学变化、互相浸润、斑驳淋漓、色彩自然协调、花纹流畅。唐三彩在色彩的相互辉映中，显出堂皇富丽的艺术魅力，这是一种具有中国独特风格的传统工艺品。

唐代是中国封建社会的鼎盛时期，经济上繁荣兴盛，文化艺术上群芳争艳，唐三彩就是这一时期产生的彩陶工艺品，唐三彩吸取了中国国画、雕塑等工艺美术的特点，采用堆贴、刻画等形式的装饰图案，线条粗犷有力。唐三彩的造型丰富多彩，一般可以分为动物、生活用具和人物三大类，而其中尤以动物居多。这可能和当时的时代背景有关，在我国古代马是人们重要的交通工具之一，战场上需要马，农民耕田需要马，交通运输也需要马，所以出土的唐三彩文物中"马"的形象居多。其次是骆驼较多，这可能和当时中外贸易有关，骆驼是长途跋涉必备的交通工具之一。至于人物造型，则有妇女、文官、武将、胡俑、天王等形状，根据人物的社会地位和等级，刻画出不同的性格和特征。贵妇面部丰圆，梳成各式发髻，穿着色彩鲜艳的服装；文官彬彬有礼；武士刚烈勇猛；胡俑高鼻深目；天王怒目威武、雄壮气概，足为我国古代雕塑的典范精品。

唐三彩是唐代陶器中的精华，在初唐、盛唐时达到高峰。安史之乱以后，随着唐王朝的逐步衰弱，三彩器制作逐步衰退。后来又产生了"辽三彩""金三彩"，但在数量、质量以及艺术性方面，都远远落后于唐三彩。

早期瓷器是从什么时候开始出现的?

大约在公元前16世纪的商代中期，中国就出现了早期的瓷器，由此中国成为瓷器的故乡。瓷器是瓷石、高岭土、石英石、莫来石等通过在窑内经过高温（约1280℃—1400℃）烧制，外表施有玻璃质釉或彩绘的物器。瓷器的发明是中华民族对世界文明的伟大贡献。中国最早的瓷器是1981年在正定南杨庄仰韶文化遗址出土的釉陶片。

原始瓷器起源于3000多年前，是从陶器发展演变而成的。原始瓷从商代出现后，经过西周、春秋战国到东汉，经过近两千年的变化发展，逐步走向成熟。

东汉时期中国瓷器生产已进入一个新时代，出现了青釉瓷器，从出土的文物来看，这些瓷器加工精细，胎质坚硬，表面施有一层青色玻璃质釉。隋唐时代，发展成为青瓷、白瓷为代表的以单色釉为主的两大瓷系，并开始用花纹来装饰瓷器。

五代瓷器制作工艺达到了一个新的高峰，分北瓷系统与南瓷系统：北瓷系统以河南柴窑为代表；南瓷系统以越窑"秘色瓷器"为代表。

宋代是中国瓷器发展最为繁荣的时期，名瓷名窑已遍及大半个中国，当时的五大名窑分别是汝窑、官窑、哥窑、钧窑和定窑。青花瓷素雅清新，充满生机，成为瓷器的代表。青花瓷一经出现便风靡一时，成为景德镇的传统名瓷之冠。与青花瓷共同并称四大名瓷的还有青花玲珑瓷、粉彩瓷和颜色釉瓷。元代瓷器盛行印花瓷及五彩戗金。明代流行"白底青花瓷"，又有"霁红瓷"，以瓷色如雨后霁色而得名。

清代生产"彩瓷"，图样新颖，瓷色华贵。现在著名瓷器产地有：江西景德镇、河北唐山、山西长治、广州石湾。这些地区在采用传统工艺的基础上引进现代化技术设备，烧制各种各色瓷器。

多姿多彩的瓷器是中国古代的伟大发明之一，精美绝伦的瓷器是中国的代表。作为古代中国的特产奢侈品之一，瓷器通过各种贸易渠道传到世界各国，中国古代瓷器有曾拍出天价的精品，它具有极大的收藏价值。很多西方人在结婚时，特别喜欢送赠高级瓷器茶具。

"瓷器之王"是什么?

青花瓷,是中国瓷器之中的精品,有"瓷器之王"之称,属釉下彩瓷。青花瓷具有烧成率高、呈色稳定、着色力强、发色鲜艳等五大特点,其绘画装饰清秀素雅,清爽干净,深受人们的欢迎。

青花瓷始于唐朝,这一时期青花瓷初步发展,产品并没有后代的精致,但它却为后代青花瓷的发展奠定了基础。从目前出土的青花瓷碎片可以看出,河南巩县窑是唐青花瓷的重要产地,而且唐青花瓷器主要供外销。唐青花经过初创期以后,并没有迅速发展起来,而是逐渐走向衰败。

元代是青花瓷的成熟时期。元代烧制青花瓷时采用了将瓷石和高岭土混合的二元配方,大大提高了青花瓷的质量。元青花瓷的纹饰较前代相比更为丰富,其最大的特点是构图丰满,层次虽多但是却很有条理。笔法以一笔点划多见,流畅有力;勾勒渲染则粗壮沉着。主题纹饰的题材有人物、动物、植物、诗文等。辅助纹饰多为卷草、莲瓣、古钱、海水、回纹、朵云、蕉叶等。

青花西厢记人物故事图瓶　元

明清时期青花瓷继承前一时期,继续向前发展,并走到鼎盛,最后由于彩瓷的发展逐渐走向衰落。这一时期的民窑作品随意、洒脱,画面写意性强。而官窑器制作严谨、精致;明清时期,还创烧了青花五彩、孔雀绿釉青花、豆青釉青花、青花红彩、黄地青花、哥釉青花等衍生品种。明永乐、宣德时期是青花瓷器发展的一个高峰,其主要特点是制作精美;清康熙时以"五彩青花"使青花瓷发展到了巅峰。从明晚期开始,青花绘画逐步吸收了一些中国画绘画技法的元素。清乾隆以后随着粉彩瓷的发展青花瓷逐渐走向衰退。

青花瓷发展到现在,其实用性几乎已经不存在了,但它的收藏价值极高。随着周杰伦一首《青花瓷》,越来越多的人认识了青花瓷。作为中国传统文化的一道亮丽的风景线,今后青花瓷将会继续展示它的风采。

"景泰蓝"这个名称是怎么来的?

景泰蓝,是一种瓷铜结合的独特工艺品,因为这项工艺始于明代景泰,而且初创时只有蓝色,所以叫景泰蓝。它集历史、文化、艺术与独特的传统工艺于一身,古朴典雅,精美华贵,色彩富丽,外观晶莹润泽,鲜艳夺目,金碧辉煌。并以其独特的民族风格和深刻的民族内涵闻名中外。

在我国拥有600多年历史的景泰蓝是古代劳动人民智慧的结晶,是我国著名的传统手工艺品。在历经元、明、清三代王朝的历史变革中,景泰蓝逐渐形成了自己独特的景泰蓝文化,并有着很强的时代印记。旧时的景泰蓝艺术品是权力与地位的象征,只有皇室贵族才可以享用。现在人们在昔日的皇室圣地紫禁城、皇家园林颐和园里能看到一些遗世的景泰蓝珍品。

现在我国最著名的生产景泰蓝的厂家是珐琅厂。他们生产的景泰蓝是将金银铜贵重金属,经过掐丝、烧焊、点蓝、烧蓝、磨光、镀金等十余道工艺,制作细致讲究,技艺精湛,以其极高的质量和浓厚的文化品位享誉国内外市场,并在继承古典景泰蓝的基础上有所创新，形成了全新简洁，具有时尚气息的新一代景泰蓝，引领着景泰蓝向着新的方向发展。

随着时间的不断推移，现在的景泰蓝制作工艺不断精湛，造型多样，纹饰品种繁多，并且价格逐渐趋向于平民化。现在景泰蓝的实用价值正在逐步被磨灭，它的欣赏价值及娱乐价值逐渐突出，成为我们与国际友人和亲朋好友互相往来的最佳礼品了。由张同禄设计制作的"十二生肖景泰蓝"是近年难得的佳作，这件作品采用传统景泰蓝制作工艺，外形古朴典雅，寓意富贵吉祥，并荣获"中华民族艺术珍品奖"和"天工艺苑百花杯金奖"。

景泰蓝的发展历经了时代的变迁，在中华人民共和国成立后，有了很大的发展，目前景泰蓝被世界各国人民所喜爱，已经成为家居生活中不可缺少的装饰品和长久不衰的工艺品。景泰蓝与雕漆、玉器、象牙被称为北京工艺品的四大名旦，她是工艺美术世界里一颗璀璨的明珠。

牙雕是一种什么样的雕刻技艺？

牙雕是一种在象牙上雕刻的造型艺术。象牙有着细腻的质地，柔和的光泽，细洁的牙纹，并且硬度适中，是制作高档工艺品的天然好材料；而且它表面没有珐琅质覆盖，非常怕酸，用弱酸将其腐化，当它变软时，在上面刻东西就是一件很容易的事了。

牙雕是一门古老的传统民间工艺美术。象牙光洁如玉、耐用、珍贵。用象牙雕刻的艺术品，坚实细密，色泽柔润光滑，倍受收藏家欢迎，在古玩中市场中独具特色，具有极高的艺术价值和收藏价值。

象牙雕刻艺术分为人物、动物、花卉及风景四个种类。主要题材来源于古代的神话传说或是历史名人，自然风景、山水、岛屿等。其中十二生肖在牙雕艺术中占有重要位置。

中国牙雕最早始于新石器时代。商周时代，我国的牙雕工艺就极其发达，后历经汉、唐、宋、元、明代，牙雕工艺更为精湛。清代中期是牙雕发展的繁盛时期，陆续形成了若干个相对集中的中心生产地。20世纪70年代后，交通的便捷使各地牙雕艺人有了频繁交往的机会，大家经常聚到一起切磋技艺，促进了我国的牙雕技术向着更为深远的方向发展。

在我国象牙雕刻分为南北两派，北派以北京牙雕为代表，主要是宫廷制品。这些宫廷石雕做工细腻，人物、花鸟纹饰栩栩如生，形似神更似，庄严、华丽、富贵、纤细、典雅是这些作品的特点；南派以广州牙雕为代表，广州象牙制作讲究的是雕刻和漂白色彩的结合，这些象牙制品质白莹润、精镂细刻、玲珑剔透，堪称是收藏界的精品。

中国古代流传下来的象牙艺术品，以其精美的雕刻工艺以及象牙本身的价值，曾引领国际玉器市场很多年，受到世界各国人民的喜爱和收藏家们的热烈追捧。一对清代宫廷象牙嵌翡翠珊瑚宫灯以420万港元的天价拍出。它不仅增进了世界人民对于中华民族古老文化的了解，也促进了我国文化和各国文化之间的交流。

中国玉雕的发展史是怎样的？

在中国古代，玉被当作美好品物的标志和君子风范的象征，玉石历来被人们当作珍宝。玉雕是中国最古老的雕刻品种之一。商周时期，玉器一直作为礼仪用具和装饰佩件而存在着。玉雕的品种多种多样，有人物、虫兽、花卉，也有别针、戒指这些精致的小东西。在距今5000年的仰韶文化时期，就已经出现了玉雕。

我国玉雕工艺，源远流长，为世所公认。作为中国独有的技艺，玉雕在长期的发展过程中形成了自己的文化体系，并且具有鲜明的时代特征，每个朝代的玉雕都有自己独特的造型。春秋战国时期就出现了玉雕。商周时期，玉雕工艺琢磨精细，纹饰优美，并新出现有鱼、龟、鸟、兽面、兔、蚕等形象的玉雕佩饰。

汉、唐时代玉雕装饰期，目前出土的西汉的金缕玉衣和"汉玉马"都是汉代珍品。唐代佛教盛行，玉石大多时候用来装饰佛像。元代是玉雕飞跃发展期，这一时期玉雕工艺的发展进入一个新的阶段，宫廷中设有"玉院"。明清是玉雕发展的鼎盛期，明末宋应星所著《天工开物》记载了很多良玉。并且玉雕艺人陆子冈发展了"刀刻法"以及"连环会"制作工艺，这对后世有着巨大的影响，他所制作的东西价值极高，是收藏家们梦寐以求的珍品。清代朝廷极其注重玉器的制作，在宫廷设有专门置办玉器的部门，宫廷中御用玉器极多。我国古代玉雕之王——"大禹治水图玉山子"玉雕就是这一时期的作品。

近代玉雕艺术发展到了最盛的时期。在北京"珍宝馆"有着各种各样精美的玉器，这里的作品代表着近代我国玉器的最高成就，我国著名的玉器宗师潘秉衡（1912—1970年）的玉雕作品，工艺精湛，品种繁多，堪称玉器中的极品，被誉为"东方瑰宝"。

中国的玉雕作品在世界上享有很高的声誉。自文明之始，以至今日，无论中国文化经历过何等巨大的激荡，崇玉与爱玉的民族情怀，仍是根深蒂固，玉雕艺术也绵延不绝，东方文明的智慧在玉器上闪烁着璀璨的光芒，它是中国传统手工艺中最富魅力的一种，值得我们珍爱。

什么被称为"立体的画"和"无声的诗"？

盆景源于中国，它是以植物和山石为基本材料在盆内表现自然景观的艺术品，是自然美和艺术美的有机结合。1972年在陕西乾陵发掘的唐代章怀太子墓甬道东壁，绘有侍女手托盆景的壁画，是迄今所知的世界上最早的盆景实录。盆景能在咫尺空间集中体现山川神貌和园林艺术之美，人们把它称为"立体的画"和"无声的诗"。

盆景究竟起源于何时，现在已无史可考。而"盆景"一词，最早即见于明代屠隆所著的《考盘余事》。宋代是盆景艺术发展的一个高峰时期，当时的著名文士如王十朋、陆游、苏东坡等，都对盆景做过细致的描述和赞美。元代有一位高僧取法自然，善于制作小型盆景。明清是盆景发展的繁盛时期，在这一时期，许多关于盆景的著述问世。

进入现代社会，尤其是20世纪50年代以后，在公共园林、苗圃和民间家庭到处都可以看见盆景。国家成立了盆景协会，经常举办盆景园和盆景艺术展览，这些举措对于保护中华民族的文化传统具有重要意义。

中国的盆景艺术最早传入邻国日本，称为"盆栽"。1909年，伦敦举办博览会，日本通过这次博览会将"盆栽"传到世界各国。第二次世界大战以后盆栽开始在西方世界极为流行。1980年在日本大阪召开了世界第一届盆景大会，同时举行了世界盆景展览。

中国盆景流派包括岭南盆景、川派盆景、海派盆景。每一个派别都有自己的特色。岭南盆景挺拔自然、飘逸豪放、灵动潇洒。川派盆景以成都盆景为代表苍古雄奇、豪迈奔放。海派盆景即上海盆景，这一派别博采各家之长，逐渐形成了自己的独特风格，清秀古雅、严整平稳、层次分明、曲尽其妙。

其实，盆景不单有欣赏的功能，还有很多实用价值，例如：有一种叫滴水观音的盆景，它有清除空气灰尘的功效；还有一种叫非洲茉莉的盆景，它能产生一种挥发性气体，这种气体可使人放松、有利于睡眠，还能提高工作效率。

哪种刺绣被称为中国刺绣的"活化石"?

刺绣是针线在织物上绣制的各种装饰图案的总称，就是用针将丝线或其他纤维、纱线以一定图案和色彩在绣料上穿刺，以缝迹构成花纹的装饰织物。在众多的品种中，水族马尾绣独树一帜，被誉为中国刺绣的"活化石"。

刺绣，古称针绣，是用绣针引彩线，按设计的花纹在纺织品上刺绣运针，以绣迹构成花纹图案的一种工艺，是中国民间传统手工艺之一，在中国至少有二三千年的历史，古代称"黹""针黹"。因刺绣多为妇女所作，故又名"女红"。据《尚书》载，远在 4000 多年前的章服制度，就规定"衣画而裳绣"，后世先后产了苏绣、粤绣、湘绣和蜀绣"四大名绣"。

在漫漫的历史长河中，心灵手巧的水族妇女创造了色彩斑斓的民族民间工艺，闻名遐迩的水族马尾绣独树一帜，被誉为中国刺绣的"活化石"，堪称世界一绝，也是研究水族民俗、民风、图腾崇拜及民族文化的珍贵艺术资料。

水族马尾绣是水族妇女世代传承的以马尾作为重要原材料的一种特殊刺绣技艺。马尾绣的制作过程烦琐复杂，成品古色古香，华美精致，结实耐用。马尾绣的刺绣图案古朴、典雅、抽象并具有固定的框架和模式。

关于水族马尾绣的历史，相关资料上不见记载，但这是一门传承了上千年的技艺，是水族先民智慧的结晶。传统大节水族端节（相当于汉族的春节）有赛马的习俗，在传统节日里，男子们赛马，女子们身着马尾绣盛装参与节日活动，成了美丽动人的习俗。这种以丝线裹马尾制作图案的刺绣方法，有两个好处：一是马尾质地较硬，图案不易变形，二是马尾不易腐败变质，经久耐用。

马尾绣还有另一奇特之处，就是绣品上缀有铜饰。铜饰形状做成古代钱币的样子，但很小，薄薄的直径只有黄豆大小，以红线穿贴于马尾绣片里，除了做装饰外，水族同胞还认为铜有驱邪避凶的功能。

随着时代变迁，马尾绣艺术也在变化：两条背带主色调发生了变化，新中国成立前的背带色调主黄色，新中国成立后的背带色调主红，与今天人们以红色为吉利的观念相同，在当地，人们把是否精通刺绣作为判断一个姑娘是否心灵手巧的标志。

◎第六章 **音乐舞蹈**◎

关于音乐的起源有哪些说法？

音乐是艺术门类中的一种，是伴随着人类社会的形成而出现的。关于音乐的诞生，也有着不同的说法，最有趣味的说法是"异性求爱学说"，最接近真相的说法应该是"劳动学说"。

异性求爱学说：有些科学家认为，音乐是异性求爱的产物，支持这个学说最著名的人是英国的生物学家达尔文。他研究发现动物在追求异性时，常常会发出各种鸣叫声。越是优美的声音，越能够吸引异性。为了延续种族的需要，动物们就会在自然选择的基础上向着能够发出婉约优美的声音的方向发展。达尔文根据这个联想到音乐的起源，原始部落中的一些民歌就是在模仿鸟类鸣叫的基础上，加入了动人的旋律。远古人类利用这些鸣叫声，求得异性的芳心，这样音乐便出现了。

劳动说：人类的音乐起源于非常古老的洪荒年代，当时人类还没有用来传递信息的语言，不过会利用声音的强弱、高低表达思想、感情。随着远古人类在劳动中的不断开展和进步，一些有着统一调子的声音出现了。尤其是劳动过程中会出现一些有节奏的号子，以作为劳动者之间相互传递信息之用。这就是音乐的雏形。如果人们遇到了丰收的年景，相应的会敲打石器、木器以表达喜悦之情。这种有规律、有节奏的声音延续、发展下来，就渐渐地形成了音乐。

音乐起源的"劳动说"是最受人们认可的说法，毕竟劳动在人类社会和人类文明的发展过程中起着巨大的作用，没有劳动，人类现在也许和狮子、老虎、山羊一样，在野外生活呢！

我国的说唱艺术有着怎样的特征？

"说唱艺术"是我国一种古老的民间曲艺形式，其中，"说唱音乐"具有非常深厚的群众基础，是人们喜闻乐见的艺术形式。

我国的说唱音乐非常独特。首先从说唱音乐的形成来看，它具有抒情性和叙事性的双面特征。说唱音乐与民歌不同，它是一种表演艺术，不像民歌只是吟唱者表达喜怒哀乐的自我抒发的过程，或者是劳动者在劳作间隙，相互吟唱、消除疲劳的娱乐方式。说唱音乐的篇幅比民歌长，唱词内容细致具体，是一种具有白描式的口语化叙述。唱词突出叙事特征，音乐与叙事语言紧密结合起来，讲究"按字行腔"。很多"说唱音乐"中都有独立的念诵性唱腔，比如山东琴书的"垛子板"、京韵大鼓中的"平腔"，这样的唱腔具有字多腔少，表演起来似说似唱，很强的抒情性和叙事性。

其次，"说唱音乐"采用了叙事与代言相结合的方式。"说唱音乐"的表演者叙事时，以第三人称叙述为主，一个或两个演员运用语言或音乐模拟多个人物的方式来叙述故事。演员表演时必须模拟书中剧情中的人物的姿态、语气和性格，把人物活灵活现地展现出来。

最后，"说唱音乐"突出念诵性的唱腔和语言性规律。"说唱音乐"在表演时，既像在叙说，又像在吟唱，唱词中的语言性很强。跳出了戏曲音乐的"散、慢、中、快、散"的套式结构，表现出了更为灵活的叙述手法。

随着社会的日新月异，这种古老的艺术形式也发生着许多变化，现今很多茶馆、书场都变成了酒吧舞厅，说唱音乐缺少了发展的土壤和环境，正面临绝迹。虽然，京东大鼓、苏州弹词、福建南音等一些"说唱音乐"还会偶尔出现，可是很难改变消逝的困境。

《韶乐》是"三皇五帝"中哪一位的作品？

《韶乐》是上古舜帝之乐，又名《九韶》《九歌》。据清同治刊《湘乡县志》载：相传舜南巡时，奏《韶乐》于此，凤为之下。这部乐曲是中国古代最具影响力的音乐，相传舜曾用它解除了被人围攻三天三夜的困境。

相传，舜帝为将中原文化传入苗地，南巡来到位于汉苗交界处的韶山。看到韶山的雄伟，舜帝就率众人登上最高峰来欣赏周围美景，忽然听到鼓声震天，随后就被手执弓矛的苗民土著团团围住，长达三天三夜，情势十分危急。舜帝于是命人奏起了美轮美奂的《韶乐》，一时间凤凰来仪，百鸟和鸣。在妙不可言的音乐声中，那些凶狠的苗民土著放下武器，和着节奏跳起舞来，危机顿时化解。

《韶乐》，又名《箫韶》，是人们用来欢庆狩猎胜利的一种群众性集体歌舞。原始人狩猎归来，将狩猎所得献给祖先，然后欢庆跳舞，这时候兽皮、鸟羽也派上了用场，他们用这些来模仿鸟兽。在舞蹈达到高潮的时候，凤凰伴着箫声从天而降。舞蹈有九段九种变化，所以有"箫韶九成，凤凰来仪"的说法。

而舜帝所奏《韶乐》正是在此基础上经过加工形成的，除了娱乐功能之外，还增加了教化的功能。后来又经过不断演变，《韶乐》逐渐演变成宫廷舞乐，成为皇家祭祀的专用乐曲，是天子宗庙制度的重要组成部分。

孔子于公元前517年在齐国闻韶乐而余音绕梁，三月不知肉味，并加以评论说："尽美矣，又尽善也。"从夏朝韶乐产生至清代韶乐失传，《韶乐》经历了4000多年的历史。

今天的《韶乐》是近年韶山韶乐艺术团的艺术家们借鉴浏阳古乐、韶山山歌及宋代《琴》谱等，在这些基础上进行研究、整理和创做出来的，是一部集诗、乐、舞为一体的史诗性乐舞。

今天的《韶乐》由祭司、部落战争、萧韶九成、南风歌、关雎、湘夫人、缶韵、潇湘水云、中和韶乐九部分组成。乐器方面，它使用有编钟、磬、健鼓、悬鼓、萧、埙、足鼓、琴、瑟等多达36种乐

孔子闻《韶》图

历代文人对音乐的贡献表现在哪些方面？

中国传统音乐包括宫廷音乐、宗教音乐、民间音乐和文人音乐。文人音乐指的是具有一定文化修养的知识分子参与创作的传统音乐，它包括两种类型：一个是琴乐，另一个是词调音乐。这也是历代文人对音乐做出贡献的重要方面。

琴乐，指的是七弦琴音乐。历代的文人们对七弦琴音乐的贡献，主要表现四个方面，分别是琴歌、琴曲、琴论和琴谱。琴歌指的是一种以琴来伴奏演唱的文字题材。琴和歌具有同等的地位，是琴乐的两个方面。文人们通常是在民间音乐的基础上，将自己的感受融入重新创作的琴歌之内，进而达到抒发感情的效果。琴曲，指的是没有歌词，单独用琴演奏出来的乐曲，文人们对此方面的贡献主要是传承整理以往的琴曲和创作新琴曲。琴论指的是用琴技巧和演唱技巧等方面的理论知识，这样是文人们通过自身对琴乐理论通透之后，整理出来的。历代文人在琴谱方面的贡献是对琴谱的搜集、整理、保存和流传等。

词调音乐，是用音乐伴奏，将词唱出来的一种音乐体裁。历代文人对这方面的贡献也表现在两方面，分别是择腔、创调与词调音乐的理论研究。择腔，指的是根据乐声填词，在旧有的乐曲中填入新词。文人对于旧词牌的运用和改良上面，做出了很大的贡献。创调，指的是自制曲。历代文人在对民间各种词牌掌握和领会的基础上，开创出新的词牌。在长期的文人音乐发展进程中，词调音乐也出现了令、引、近、慢四种类型，还有减字、偷声、摊破、促拍、犯调等变化形式。在词调音乐的理论研究方面，最值得一提的当属张炎（1248—1320 年），他对宋代词调音乐有着全面的研究，并著作了《词源》一书，成为后人珍贵的研究资料。此外，还有沈括《梦溪笔谈》、王灼《碧鸡漫志》、赵德麟《侯鲭录》等。

文人音乐和其他音乐相比最明显的特征就是有文人参加创作，因此这种音乐中有着极为深厚的文化内涵，通过文人音乐能够体会到文人内心的一些真实感受和想法。

我国的乐器有哪些种类？

我国古代的音乐已经发展成为一个非常成熟的体系，其所用到的乐器也丰富多彩。主要可以划分为五种类型，分别是弦乐器、木管乐器、铜管乐器、键盘乐器和打击乐器。

弦乐器，是乐器家族中的重要成员，在古典音乐和现代音乐中都占据着重要的地位。这类乐器的发音机理是依靠机械力量拉动紧绷的琴弦，发生震动，进而发出声音。弦乐器的声音具有柔美、音色统一、多层表现力的特征。在合奏时，激昂；独奏时，温婉。这种乐器包括二胡、古琴、琵琶、筝等。

木管乐器，是乐器家族中音色最为丰富的一族，起源也比较早，多由芦笛和牧笛发展演变而来，常常用来展现乡村气息和大自然的情景。木管乐器的发声机理是通过管腔内空气振动，引起共鸣而发声。在交响乐演奏时，木管乐器不论是独奏还是伴奏，都有着特殊的韵致。主要成员有长笛、短笛、笛子、笙、唢呐、箫等。

铜管乐器，是依靠演奏者嘴部气压和乐器相接通的"附加管"，改变音高来发声的。这种乐器的前身是狩猎时用的号角或打仗时的军号。铜管乐器管身大都是圆锥形状，音色热烈、辉煌、雄壮。主要成员有大号、小号、长号、圆号等。

键盘乐器的共同点就是都有键盘，不过发声机理却不尽相同。钢琴属于打击类键盘乐器，电子合成琴是李永乐现代电声科学技术，管风琴则属于簧鸣乐器类。键盘乐器有着宽广的音域，能够同时发出许多乐音，这个优势，使其在独奏时也能表现出丰富的和声效果。

键盘类乐器的主要成员有钢琴、管风琴、手风琴、电子琴等。

打击乐器，有可能是乐器家族中资历最老的一种，依靠敲击、摩擦、摇晃来发音。这类乐器的包含的种类非常多，音色大多较单纯，有些甚至不能称得上是乐音。不过，它们对于渲染乐器氛围却有着至关重要的作用。打击类乐器的主要成员有大鼓、小鼓、三角铁、锣、响板、钹、砂槌、编钟、木鱼、云锣等。

或气势非凡、或丰富多彩、或婉约动人、或袅袅声香的音乐，就是由以上五大类乐器演奏出来的，尤其是交响乐，需要各种乐器的配合才能够达到较好的效果。

我国笛子的鼻祖叫什么名字？

我国笛子的鼻祖叫骨笛。这种乐器大约出现在新石器时代，是目前世界上有据可查的最古老的乐器。

骨笛出土于中国浙江余杭的河姆渡文化遗址中。它的制作材质是鸟类和禽类的肢骨中段，骨笛的长度在6—10厘米，直径约为1厘米，骨哨中空，哨器略有一定弧度。

贾湖骨笛，出土于约9000年前的河南贾湖遗址中，它的出土不仅将中国的乐器史提前至原始社会时期，在世界同时期乐器遗存物中，它也是佼佼者，是保存最完整而且是音乐性能最好的音乐实物。

在贾湖骨笛还没有出土以前，古埃及第一王朝时期陶制器皿状笛子和在化妆板上刻画的类似后世阿拉伯竹笛的笛子形象被公认为世界上最早的笛子，然而，就是这一个骨笛将早已尘埃落定了几百年的历史事实推翻。

动物学家们经过研究发现，贾湖骨笛是锯去鹤类动物尺骨的两端关节，然后在上面钻孔制作而成，但是笛子在制作时并不只是锯断关节，钻几个小孔那么简单，贾湖人在骨笛制作之前都进行了精密的计算；大致完成之后，他们采取打钻另外一些小孔的方法来调整孔与孔之间的音差。这种制作方法与现在民族管乐器的制法相似。由此我们不得不感叹古人音律和计算水平的高超。

动物骨骼在远古时期是人们打制生活必需品的重要材料之一。有文字记载以来，随着生产力水平的不断提高，人们的物质文化发展水平走上了一个更高的层次，骨制生活必需品逐渐被陶制品、青铜制品所替代。

周代开辟了在雅乐中使用竹笛配器的先河，此后，古人就常用笛来配器，但偶尔也采用其他材料如铜、铁、银、瓷、玉等，骨也位列其中，只是十分少见。考察一些文献资料，我们仅发现两个用骨制作乐器的例子：一个是晋代的猿骨笛。唐《酉阳杂俎》记载："昔晋时有人以猿骨为笛，吹之，其声清圆，绝胜竹笛"；另一个是明代的鹤骨笛。冯海粟有《鹤骨笛》诗一首，诗云："胎仙脱骨字飞琼，换羽移宫学凤鸣。喷月未醒千载梦，彻云犹带九皋声。"诗人在诗中盛赞"飞琼"这支笛子，说它声调轻灵悠扬。晋猿骨笛也不逊色，用它演奏出来的曲子音调也远胜于竹笛的音质。有报道称，民歌《小白菜》曾被人用贾湖出土的鹰骨笛试吹过，听者听后皆为之动容。

由上可知，用中空的动物肢骨制作的骨笛，它的音色风味十分独特，是乐器史上不可多得的财富。

商代磬中之王叫什么？

商代虎纹石磬因其威武的外观，优美的音质而成为当之无愧的商代磬中之王。1950年在河南安阳殷墟武官村大墓出土，据测定，该磬有5个音阶，可演奏不同乐曲，演奏时只

153

需轻轻叩击，就能发出悠扬清越的声音。

石磬简称"磬"，是一种板制体鸣击奏乐器，是中国古代人民音乐生活中不可或缺的乐器之一，在人民心中占有重要地位。石磬又分为单悬的特磬（如虎纹石磬）和成组使用的编磬。

1973年，考古学家们在安阳殷墟小屯村村北的洹水南岸，又发现一件龙纹大石磬，这件石磬连同虎纹石磬一起被称为"商磬双璧"。

虎纹石磬出土时，考古学家在它的左侧，也就是墓椁室的西侧发现有24具殉葬的女性奴隶骨架，专家们由此推测在殉葬者中可能有乐奴，而随后在随葬品中发现了3个用作舞具的小铜戈，这更加证实了考古学家们的猜测。

虎纹石磬是用一整块白中透青的石头雕琢而成，长84厘米、厚2.5厘米。正面雕有虎形纹饰，虎张口露齿，双眼圆睁，竖耳翘尾，气势威武，虎纹的雕刻线条流畅、细腻精美。敲击时，声音清澈悠扬。是我国现存最古老、最完整的大型乐器之一。

商代石磬的制作水平已经相当高超，并成为祭祀天地万物、祖宗先帝时的专用乐器。《尚书·益稷篇》记载："击石拊石，百兽率舞"，即是先民敲击石磬，举行大型宗教舞蹈的场景。《诗经·商颂》中有描述殷人祭祀乐舞的诗句："鞉鼓渊渊，嘒嘒管声。既和且平，依我磬声。"这些文献再次印证，磬在当时的祭祀中发挥着重大作用。

由于磬在祭祀活动中日渐凸显出十分重要的地位，因此统治阶级也逐渐对这一乐器产生了兴趣，并将这一乐器视为自己尊贵身份和地位的象征。在当时，统治者还对石磬的悬架用十分明确的标准进行等级划分，磬由此也成为区别不同阶级的标志。

154

弹弦乐器中的"国乐之父"是什么乐器？

七弦琴是最古老的乐器之一，也是中国最早的弹弦乐器，历史悠久，源远流长，在中国传统民族乐器中占有重要地位，被后人称为"国乐之父"。是古时文人心中高雅的代表，琴声悠扬，流传至今。

七弦琴形制多样，目前发现最多的是"仲尼式"形制。这种形制的七弦琴一般由琴体（共鸣箱，由琴面、琴底和琴轸、雁足等部分组成）与琴弦系统（琴弦七根和岳山、龙龈、琴徽等部分）组成。琴身的琴面面板一般用桐木制作，琴的底板一般用梓木制作，琴弦现在也多为金属质地，以前有少许的丝质质地，琴徽多为贝壳或玉石制成。

古琴整体类似于一个扁长形音箱，长度大约是30厘米，琴身厚约5厘米，宽约20厘米。琴体表面设计为略微拱起形状，在琴首处钻有几个孔，用以固定琴弦，琴尾呈椭圆形。琴底与琴面的形状相似但不拱起。琴面背部设有音梁，又称项实。琴腹中有两个音柱，称天柱和地柱。弦轴又称琴轸，多为圆形或瓜棱形，中空。

古琴造型优美，常见的有仲尼式、连珠式、落霞式、伏羲式、月型式等。琴漆有断纹，这说明了古琴的年代久远。根据演奏振动的幅度以及古琴的木质和漆底都各不相同，断纹又分很多种，如梅花断、牛毛断、蛇腹断、冰裂断、龟纹等。琴也因为有了断纹而愈加珍贵，因为它琴音清越、外表美观。

七弦琴属于弦乐器族内的弹拨弦鸣乐器，它的演奏技巧复杂，表现力十分丰富。音量较低，音区低沉，音色明净，余音悠扬，它不似二胡凄凉悲切，却比二胡更加委婉缠绵，有点让人心痛；不如古筝欢快明亮，却平和稳重；也不像琵琶那么耀眼闪人，却锋芒初绽，具有浓厚的民族文化特色。

由于古琴的音色别具一格，因此能与古琴相和的，也只有箫，箫的幽怨迷离与琴的古雅脱俗相合，琴箫合鸣，曲声如林下之风，超脱现实之境，这也正是古琴被文人墨客们偏好的原因之一。

我国编钟史上的巅峰之作是什么？

曾侯乙编钟是我国考古历史上迄今发现的数量最多、保存最完整、音律最齐全、气势最宏伟的一套编钟，是编钟史上的巅峰之作。

1978 年，考古专家在湖北随县〔今随州〕成功发掘了曾侯乙编钟，与编钟一起出土的还有其他的将近 100 件乐器。据分析，这套编钟是战国早期的文物，它的主人是战国早期曾国的国君。编钟由 65 件青铜编钟组成，音域跨五个半八度，十二个半音齐备，是乐器界的"庞然大物"。这套编钟铸造技术如此高超，音乐性能如此良好，受到了中外乐器研究者们的一致好评，成为中外乐器史上当之无愧的"稀世珍宝"。

曾侯乙编钟体形巨大，但是历经千年仍完整无缺。编钟按大小和音高进行排序，共分为 8 组，分别悬挂在 3 层钟架上。最上层的 3 组共 19 件为钮钟，体格偏小，有方形钲，钮钟上面刻有篆体铭文，但文字呈圆柱形，柱状字在文字史上存在的比较少，主要起着标示音名的作用。中、下两层的 5 组共 45 件为甬钟，甬钟有长柄，钟体上刻有浮雕式蟠虺纹，纹路细致精美。除了这 64 件编钟之外，还有一件据考是当时楚惠王送的镈钟，合计共 65 枚。镈钟上也刻有音乐方面的错金铭文。另外，这套编钟还有其独特之处，即一般的物体只能发出一个乐音，但是编钟的每件钟都能发出两个乐音，而且互不干扰。

这套编钟不见天日已逾 2400 多年，但至今仍能演奏乐曲，并且音律精准，音色优美，音质纯正，成为研究先秦音乐的重要资料。春秋战国时期，编钟一般都追求气势恢宏，形制精美，后世受此影响较大，因此纷纷模仿。宋徽宗就是一个例子，他崇尚古物，命令工人仿照当时出土的六件春秋时期的"宋成钟"铸造了"大晟"编钟。但是宋朝战事频繁，这套编钟也没有被妥善保存，后来散落民间，有些甚至流传到了国外。

曾侯乙墓编钟的出土，震惊了世界考古学界。两千多年前，中国人就能铸造出如此精美的乐器，组织出一支气势恢宏的乐队，这在世界文化史上是绝无仅有的。

曾侯乙墓编钟的铸造，不仅代表着我国青铜铸造技术的巅峰，还向世界展示了我国古代音律科学的发达程度，是古代人民智慧的结晶，也是一个"文明古国"的辉煌成就之一。

中国的"箫笛之乡"在哪里？

贵州玉屏侗族自治县的箫笛源远流长，该县也享有"箫笛之乡"的美誉。"玉屏箫笛"名扬海外，在中国乐器中独树一帜，是玉屏历史文化的代表。"玉屏箫笛"又称"平箫玉笛"，始制于明永乐年间，在明清两朝被列为贡品，是"贵州三宝"之一。

箫笛的历史悠久，自古以来就深受中华民族的喜爱，在中国乐器中占有重要的地位。历代名人留下了大量吟箫诵笛的诗词歌赋。

玉屏箫笛多以雌雄配对，雌雄合鸣，恰似情人对唱，情意绵绵，趣味盎然，故又有"神箫仙笛"之美称。玉屏箫笛，是三屏侗、汉、苗、土家等多民族文化发展融合的结晶。它音质清越，曲调含蓄隽秀，制作细致精巧，是民族乐器中的精品。

玉屏箫笛从选料到制作都十分讲究。制作的材料限定为当地特有的一种长在阴山溪旁少见阳光的水竹。这种环境下生长的水竹竹节长、竹肉厚，通根基本一致，同人的拇指般粗细。不仅竹子的选择有讲究，砍竹的时间也有讲究，为使做出的箫笛不易开裂和霉变，人们一般是立冬后的两个月内上山砍竹。材料准备齐全之后，就要开始制作，制作的流程也十分复杂。制作要经过制坯、雕刻、成品三个程序，共七十多道工序，最后在箫笛表面刻上诗画。笛身为古铜色彩，上面刻上各种图案以及诗词，使箫笛更显得古朴典雅。在玉屏箫笛中，"龙凤屏箫"最受欢迎，吹奏起来雄箫声音浑厚但不低沉；雌箫声音圆润而不显刺耳尖锐。

在 1913 年的英国伦敦国际工艺品博览会上，玉屏箫笛获得银质奖；在 1915 年美国旧金山举行的太平洋万国博览会上，玉屏箫笛更是一举摘得桂冠。目前，玉屏侗族自治县有民间传承下来的箫笛手工作坊 30 余家，每年销售 50 万支箫笛，其中 30 万支销往海外。

玉屏箫笛，从乐器角度来说，是一种极好的民族乐器，从工艺品角度来说，也是一件值得收藏的高雅工艺品。

竖箜篌是何时传入中国的？

在公元 200 年的东汉时期，竖箜篌就沿着"丝绸之路"，被商贾们从波斯（今伊朗）经由西域传入我国中原一带，后来成为我国北方少数民族的弹拨弦鸣乐器，又被称为竖头箜篌、胡箜篌。

竖箜篌形制多样，历史悠久。它音域广阔、音色悠扬透澈，表现力强。它既有外形和西洋乐器——竖琴相像的角形箜篌，其中角形箜篌又分为大箜篌和小箜篌。另外还有琴头加饰的凤首箜篌与龙首箜篌。

唐代长孙无忌等撰《隋书·音乐志》中载："今曲项琵琶、竖头箜篌之徒，并出自西域，非华夏之旧器。"南朝宋人范晔在《后汉书·五行志》中记载："灵帝好胡服……胡箜篌、胡笛、胡舞，京都贵戚皆竞为之。"由此推测，竖箜篌至少也有 2000 年的历史了。这种古老乐器盛行于东晋直到唐宋两代。

我们今天虽然不能看到竖箜篌的实物，但是，在古代的许多雕刻壁画中，我们都可以看到它的影子，如北魏至唐宋的大同云冈石窟奏乐浮雕、敦煌的"隋代乐队"壁画以及成都五代前蜀皇帝王建墓的浮雕，这些古迹上都保存有弹奏竖箜篌的图像，它们与亚述浮雕上所见的竖琴非常相似，从而再次验证，波斯才是亚述式竖琴的发源地。

竖箜篌在传入中国后经过了不断地改进与完善，随后又传往世界各地。隋唐时期东传日本，并被应用于龟兹、疏勒、高丽、西凉、天竺诸乐中，明代以后这种乐器逐渐消亡，失传长达三百年。

日本古书内页
隋唐以来，中日两国音乐文化交往频繁。图为日本保存的一种关于唐乐舞、散乐和杂戏的古图录。

20 世纪中后期，我国音乐界、乐器界的有识之士竭力主张探寻这种古老乐器的悠久历史，他们历经艰辛，查阅了大量古籍，终于在 1984 年，他们的研究取得了丰硕成果，成功研制出了转调箜篌，登上了乐器制作科技的巅峰。

如今，千年古乐器重获生机，各种新式竖箜篌已广泛地应用于独奏、重奏、以及乐器合奏、歌舞伴奏或与乐队协奏，并成为民族管弦乐队和民族乐团中的一员，受到中外人民的一致好评。

竖箜篌经过一段时间的沉寂后，浴

火重生，正在中国蓬勃发展，目前在世界乐器中已经占有一定位置，并且逐渐进入外国音乐爱好者的视线。

奚琴是一种什么样的乐器？

奚琴是迄今为止考古史上发现的中国最早的拉弦乐器，原是朝鲜族人民喜欢使用的一种弓弦乐器，相传它是由中国宋代东北一带的奚部族制造的。奚琴主要的流行区域在东三省，尤其在吉林省延边朝鲜族自治州最为盛行。

奚琴历史悠久、形制古朴，广泛应用于独奏，合奏以及歌舞伴奏中。它能将各种乐曲表现得活灵活现，栩栩如生，用它弹奏出来的曲子，发音柔美，音色动听，每个节拍抑扬顿挫，顺承起合，连接自然，能将曲子中蕴含的各种喜怒哀乐惟妙惟肖地表现出来，特别是用它演奏出的滑音，简直是语言声腔的再现，异常逼真。

唐宋时期，奚琴既可以当作拉弦乐器，又可以当作弹弦乐器，两种演奏方法兼而有之。例如，北宋文人欧阳修，在他的《试院闻奚琴作》一诗中描述道："奚琴本出奚人乐，奚虏弹之双泪落"。诗句中描述的弹奏方法就是弹拨；宋代刘敞的诗中也提及："奚人作琴便马上，弦以双茧绝清壮。高堂一听风雪寒，坐客低回为凄怆。深入洞箫抗如歌，众音疑是此最多，可怜繁手无断续，谁道丝声不如竹。"这里描写的弹奏方法显然是拉弦。由此可见，唐宋两代是奚琴由拉弦乐器向弹弦乐器的过渡期。

奚琴的制作工序十分考究，它的原材料均采用长白山一带木质和木纹都特别好的刺楸木，用这种木板做振动面板所弹奏出来的乐曲音质清越，琴筒用内径在10厘米左右的毛竹制作，琴弦用蚕丝来替代，琴弓子用马尾和细杆制作。经过后人的一次次改进和创新，梧桐木逐渐替代刺楸木来做振动面板，钢丝也替代蚕丝成为新型琴弦；人们还将演奏方法也进行了改进，借鉴了小提琴的演奏手法，把"抓弦奏法"改为"手指按弦法"，演奏效果更加明显。

奚琴历史悠久，源远流长。然而在日本军国主义侵略中国时，这一珍贵民族文化遗产遭到破坏，奚琴艺术的流传也随之中断。中华人民共和国成立以后，朝鲜族人民恢复了奚琴生产，并不断提高演奏艺术。在国内外的艺术舞台上，许多朝鲜艺术家表演的奚琴独奏，受到中外人士的热烈欢迎。

中国民族乐器中唯一一件世界性的乐器是什么？

在中国民族乐器宝库中，唯独扬琴是一件世界性的乐器。扬琴曾广泛流传于世界各地，至今仍在多个国家流传。然而，扬琴却是从国外流传进来的。据相关史料推测，扬琴是在明代由广东沿海传入。最初流行于广东，后传入内地遍及全国，经过不断地完善与改进，才转化成如今的扬琴。

扬琴传入中国之初，大多数都是作为曲艺和地方戏曲的伴奏。随着民间乐器的日益兴起，扬琴在中国也得到了发展，主要体现在四个方面。

第一是扬琴制作工艺的改进。扬琴传入我国之后，一些音乐爱好者将它改变为中国式双七型传统小扬琴。但是，随着发展又出现了一些弊端，比如音域方面有些局限，于是又将扬琴先后改成双八型、双十型等品种，在我国民间广泛流传。

第二是击弦工具的改变。洋琴传入中国后，人民进行的最大改变是在击弦工具上。在传入我国之前，洋琴的击弦工具是木槌。但是木槌没有弹性，并且也不利于技法的创新，在展示扬琴的表现力方面有所欠缺。传入中国后，人们用竹子制作的琴竹替换了木槌，作

157

为新的击弦工具来演奏。这一次改进为扬琴在中国的发展奠定了基础。

第三是持竹和演奏方法的改变。击弦工具的改变的同时，扬琴的持竹方法和演奏方法也发生了变化。原来用食指和中指夹住木槌击弦的方法改为用手握琴的方法，用手握琴也有一定的技巧，它是将拇指、食指和手腕相结合来演奏扬琴。

第四是扬琴技法的创新。由于竹制琴竹富有弹性，再加上握竹方法改变，弹奏的灵活性就大大增加，这就为弹奏技法的创新提供了良好的条件。

综上所述，扬琴在我国流传数百年，足迹遍布大江南北，经民间演奏家世代相传，无论从形体、音质、击弦工具和演奏方法等方面都得到了脱胎换骨的变化。

将外国扬琴同化，使之成为中华民族自己的乐器，表明不仅仅那些我们自己创造的东西是中华民族的自豪和骄傲，这些被同化的外来乐器同样是我们的骄傲。

周代的乐器分类方法是什么？

在周代，我国的乐器分类方法是"八音"法，它同时也是我国最早的乐器分类方法。这种方法是根据乐器制作材料的不同进行分类，按材料不同分成金、石、丝、竹、匏、土、革、木八类。这种分类方法从唐末到清初的3000年中一直都在使用。

在这八类乐器中，革类乐器和竹类乐器占绝大多数，这和先民们长期进行狩猎有很大关系。大自然提供的天然制作材料，是先民们所能使用的最方便的材料。

皮革也是在人们在狩猎过程中容易得到的材料，它除了能供我们制作衣服之外，还能制成多种击奏乐器。当时人们所处的场所地广人稀，而这些乐器的声音宏大，能起到鼓舞人心、协调行动、传递信息、惊吓野兽等多种作用。

周朝时期，气候温暖，竹子可以在大江南北普遍生存，因此竹类乐器极易取材，用它制作乐器则工艺简单、音响洪亮悠扬、便于携带和传播，因此在先民的生活中，它是不可缺少的伴侣。

金类乐器虽然在种类上不如革类和竹类乐器那样品种繁多，但是它的音质较好。在制作工艺和技术上都比较复杂，尤其是在音律精密计算方面，金类乐器代表着当时的生产力、科学技术及音乐文化的高度发展。因此，金类乐器的产生与运用代表着当时社会文明的发展水平，有着特殊的地位和意义。

在周朝文献里，有七十多种乐器被记录在内，它们的适用场合和功能效果都各不相同。有的可独奏，有的可参加合奏，有的属于色彩性乐器……由此可以推测，周朝的乐器已经能演奏相当复杂的乐器合奏了。

"八音"这种乐器分类法，标志着古代的乐器制作技术已经步入一个比较成熟的阶段。因此，这种分类法对后世影响深远，同时对以后乐器的发展有着极其重要的意义。

简字谱是由什么演化而来的？

简字谱是由唐末琴家曹柔创立的一种古琴文字谱，又叫指法谱或手势谱，是将文字谱简化而形成的。它是对文字谱记谱法的一次重大改革，到今天仍在使用，是一种沿用千年而未被取代的古老记谱法。

简字谱使用减字来拼成某种符号记录左手按弦指法和右手弹奏指法，它只是将演奏法和音高记录下来，不管音名和节奏的记录。它的特点是：语句简单，意思清楚明白，文字简约，音律言简意赅。然而，简字谱尽管如此简练，但在传播过程中，还是有大量遗失。

文字谱是用文字来记述古琴弹奏指法、弦序和音位的一种记谱法，是弹奏古琴曲目的参考。目前我国唯一的文字谱是《碣石调·幽兰》，但是由于文字谱过于繁复，不便记录和保存，所以，文字谱发展到唐代的时候，已经无法适应音乐发展的需要，被唐代琴家曹柔进行简化，发展成为后来的简字谱。

文字谱虽然也能将弹奏方法记录下来，但是记录冗长，比如，记录一句琴曲就需要两三行文字，那么要记录一首琴曲的话，就要占用大量篇幅，不便于记录和写曲。所以，历代弹琴人觉得需要将文字谱进行改良，他们进行了两方面的尝试：一方面是尝试用更简单的符号表示指法，以容易上手；另一方面是尝试着将其简化，避免出现冗长，影响弹奏。结果第一种尝试失败，文字谱经过数百年的演化，慢慢发展成为简字谱。

最为典型的符号谱是隋代僧人马智辩的《手用指法仿佛》。《手用指法仿佛》中包含有文字以及很多其他的符号，这些符号有的像印度梵文，有的像八卦符号，有的学者还认为其中一些文字是汉代的"声曲折"谱符。这套指法符号，在传到日本之后被保存下来，可惜由于它与其他的记谱方案存在较大分歧，所以它不能在很大范围内流传推广。

明代袁均哲的《太音大全集》中明确指出了发明文字谱的是赵耶利（隋末人）；发明减字谱的是曹柔（唐末人）。其实无论哪种记谱方法都不可能由一个人单独完成，他们只是将这些散碎的方法进行整理，使之集大成，具有规范性。

"民乐之王"指的是哪种乐器？

琵琶，被称为"民乐之王"，"弹拨乐器之王"以及"弹拨乐器首座"，是一种拨弦类弦鸣乐器。南北朝时琵琶由印度经龟兹传入内地。琵琶音域广阔，为民族器乐之首，在表现力方面更是首屈一指。

南北朝时，曲项琵琶通过丝绸之路由波斯经今新疆传入我国。曲项琵琶为四弦、四相（无柱）梨形，横抱用拨子弹奏。曲项琵琶在北朝时期十分盛行，并在公元六世纪上半叶传到南方的长江沿岸。从北齐到唐代，是琵琶发展史的第一个高峰，曲项琵琶是隋唐九、十部乐中的主要演奏乐器，对盛唐歌舞艺术的发展起到了重大作用。透过敦煌壁画和云冈石刻，我们仍能感受到它当时在乐器中的主导地位。

唐代，琵琶的使用达到了高峰，涌现出了大量的琵琶演奏者和琵琶乐曲，如唐代世居长安的曹氏家族，都是著名的琵琶演奏家，备受世人的喜爱和推崇。曹纲的演奏，右手刚劲有力；与之齐名的裴兴奴，他的演奏技法主要体现在左手上，他的左手按弦微妙，善于拢捻，所以当时流传着"曹纲有右手，兴奴有左手"这一说法。来自西域疏勒的"五弦"名手裴神符是唐太宗最为看重的一位宫廷乐师，他首创了"琵琶手指弹法"。在唐代的一些文献记载中，有许多描述琵琶精彩演奏的篇章，这些文献充分说明，琵琶在当时发展迅速，演奏技法也趋于成熟。

唐代后期，琵琶从演奏技法到制作构造上都有较大改革。演奏技法上的突出改革是弹奏琵琶时由横抱改为竖抱，由手指直接演奏取代用拨子演奏。琵琶构造方面最明显的改变是由四个音位增至十六个（四相十二品）。另外，琵琶的颈部也加宽了一些，为了方便左手按下部音位，下部共鸣箱部位稍微变窄，这两项改革使得琵琶的演奏技法得到了空前的发展。

20世纪中后期，琵琶艺术又有新的发展，在琵琶制作方面，原来的丝质弦被尼龙钢丝弦所替代，一些珍贵的琵琶甚至使用银弦，加大了琵琶的音量和共鸣。在技法方面，左手大拇指以及和弦的运用，大大提高了琵琶的表现力。

中国古代乐器的发展经历了哪几个时期?

女乐图　唐

5名女伎演奏竖箜篌、筝、琵琶、五弦琵琶、笙，前方有一舞者，仅存舞裙飘动的一角；女伎背后站立4名侍女。生动描绘唐代音乐的辉煌与灿烂。

中国古代乐器发展史共分为四个发展时期：第一是远古时期，第二是先秦时期，第三是秦汉隋唐时期，第四是宋元明清时期。长时期的发展，使得乐器种类不断增加，制作工艺也日渐复杂。

根据出土的远古时期的实物来看，吹奏类乐器应该是出现最早的乐器，以河南舞阳出土的贾湖骨笛年代最为久远，另外，这段时期也出土了较多的击奏类乐器，这一时期的乐器主要是用来庆祝狩猎归来和进行歌舞伴奏。

先秦时期是我国乐器发展史的第一个高峰，这一时期确定了乐器的分类法——"八音"法。古琴在这一时期也开始出现，并很快发展成为一种十分重要的新型乐器。这一时期的乐器以击奏类为主，最为典型的是随州出土的曾侯乙编钟。

秦汉隋唐时期是我国乐器发展的鼎盛时期。便利的陆、海丝绸之路使中外文化之间的交流日渐频繁，大量外国乐器传入中国，弹奏类乐器发展到鼎盛时期。唐代则是我国乐器发展的最高峰，这一时期出现了古琴谱，目前我国现存的唯一一文字曲谱《幽兰》是我国最早的琴谱。晚唐曹柔又创造了简字谱，为古代音乐的保存提供了一个更好的途径。这一时期的乐器以弹拨类为主，最为盛行的是琵琶。

宋元明清时期是弓弦乐器发展的重要时期。弓弦乐器在此时传入并被普遍使用，戏曲、说唱音乐也因此得到不断发展。古琴的发展呈现出了百家争鸣的局面。明末扬琴由波斯传入，元代又出现了唢呐和云锣。这段时期宫廷音乐逐渐萧条，取而代之的是民间音乐的繁盛。

中国音乐的发展史是文明古国灿烂文化的重要组成部分。在数千年的历史长河中，中国民族音乐凭借着其品种的多姿多彩和体系的丰富完整而闻名于世。《吕氏春秋》说："音乐之所由来者远矣。"中国音乐同中国文化一样，它的发展从未间断，是世界文明的宝贵财富。

西周时期设立的音乐学校叫什么?

西周时期，是我国古代乐舞教育最鼎盛的时代，那时对音乐方面的教育也比较重视，设立了专门的音乐学校——大司乐。大司乐是西周的宫廷音乐机构，也是先秦时期规模最大、体制齐备的教育机构，同时也是我国最早的音乐学校。这一时期，音乐教育体系初步建立，音乐教育机构庞大，专业设置合理，教学管理严格，职能分工明确。

大司乐的职能分为三个部分，行政、教学和表演。作为一个音乐学校，它的一个重要职能是进行音乐教育工作，从教的工作人员也都分工明确。

大司乐由"大司乐"（乐官名称）、"乐师""大胥""小胥""大师"等人员组成。杨荫浏先生在《中国古代音乐史稿》中对大司乐的人数作了统计："其中的工作人员，包含乐师在内，除了属于表演民间乐舞的'旄人'的人数不能确定之外，其他的都有限定名额，为1463人。"

"大司乐"，最高领导者主要负责教国子们六代之乐；"乐师"们则主要负责教国子小舞；"大师"负责教授六律六同，五声八音。大司乐作为一个宫廷音乐机构，主要任务就是培养贵族子弟——世子（王和诸侯的长子）、国子（公卿大夫子弟）和学士（从平民中选出的青年），并按一定的学习程序进行。《礼记·内则》曰："十有三年，学乐、诵诗、舞《勺》；成童（15岁），舞《象》，学射御；二十而冠，始学礼。"

如果不考虑它的阶级性，单从音乐教育方面来看，大司乐是我国古代第一所音乐学校。它成立的目的就是为了配合礼乐制度，维护周王朝的最高统治。

大司乐的另外两个职能是：严格的行政管理与音乐表演职能。行政管理职能表现在大司乐中各级乐官分工明确，各司其职。表演职能表现在大司乐中的乐工要承担宫廷宴饮、祭祀等场合的表演任务。

孔子为何写下《幽兰》这一曲谱？

春秋战国时期，礼崩乐坏，战争连年，天下无道。遭逢乱世，孔子怀满腔抱负却无法施展，仁爱主张无人理会。在回家途中，他看到兰花，于是触景生情，创作《幽兰》一曲，借兰花来寄托自己的郁郁不得志。

汉蔡邕《琴操》云："孔子周游列国，皆不得重用，归途中见兰花盛开于幽谷。于是感慨，兰花原是香花之冠，如今却与野草杂处，犹如贤德之人与鄙夫为伍一样。"孔子触景伤怀，于是创作了这个曲子，来抒发心中的郁闷。

兰花是一种清静高雅的植物，大多生长在深山幽谷之中，然而只有真正懂花的人才会把它视为珍宝，而那些俗人只会把它们看作杂草。即使如此，由于兰花雅洁高贵，不同凡俗，所以总能宠辱不惊，依然故我。

《幽兰》传自南朝梁代的隐士丘明。梁朝末年，他隐居在九嶷山，擅长弹奏楚地曲调，他在《幽兰》曲名之前冠以调名，为《碣石调·幽兰》。该曲在他的弹奏下，更显美妙绝伦。这首传世古曲，受到后世文人雅士的追捧与喜爱。唐朝大诗人白居易聆听过此曲后，感叹不已，写下了"琴中古曲是幽兰，为我殷勤更弄看。欲得身心俱静好，自弹不及听人弹"的名句。

此曲之所以受到历代文人墨客的喜爱，自有其精妙之处。它的曲调透彻清幽，节奏缓慢悠扬。谱序中说："其声微而志远。"琴曲的开端低沉忧郁，中间段落音色的变化幅度较大。音色的

杏坛弦歌图　明　诚意

图绘孔门弦歌不辍盛况。图中杏林环绕，枝梢蓓蕾初绽，初春之气扑面，众儒生环立周围，夫子端坐中央，身后屏风兀立，身前左右各有一弟子俯案抚琴。众人专心致志，神与乐驰。

变化反映了作者内心的跌宕起伏，感慨万端。末尾以清澈的泛音演奏，明朗豁达，透过兰花的性格，表现阳光就在眼前。

虽然作者在作品中加入了生不逢时的苦闷抑郁，但整首曲子却哀而不伤，让人听后如入宁静致远无人之境，内心如湖水般平静。夜深人静时，独自细品，则另有一番清净无为、悠远旷达的意境。

孔子能够成为功载千秋，备受推崇的圣人，他的胸襟气魄，自然是无限宽广。纵使屡挫屡败，生不逢时，却仍能道心弥坚，愈挫愈勇。

蔡邕在音乐方面的专著是什么？

蔡邕是东汉的文学家、书法家，因为在汉献帝时期任职左中郎将，所以被后人称为"蔡中郎"。蔡邕不仅在书法方面有着极高的造诣，在音乐方面也有卓越的成就，《琴操》就是他流传后世的不朽之作。

《琴操》是一部解说琴曲标题的著作，是第一部中国古琴曲方面的专著。全书共分为两卷，是现存的介绍早期琴曲作品中最为丰富翔实的专著。包括诗歌5首、九引、十二操和河间杂歌20多首。

《琴操》开篇叙述不同琴的形制以及它们的不同用法，然后为50首琴曲作了题解及歌词。该书对每首作品后面隐藏的故事内容都进行了介绍，这些故事大多具有浓厚的民间传奇色彩，与史书往往有很大的出入，但正是如此，才能吸引更多的人阅读。《乐府解题》中说："《琴操》纪事好与本传相违"。其实，不为历史事实所局限，根据人们的美好主观愿望进行加工创造，正是民间创作的特点之一。

本书汇集了50多首民间传说，这些故事绝大多数源于先秦题材，只有两三首是西汉题材。同时书中作品大多附有"歌辞"（一种诗体形式），或解释为"歌"，这也是早期民间作品的特点。

蔡邕除通经史、善辞赋之外，书法方面的造诣也极高，他精于篆书和隶书，尤以隶书造诣最深，名望最高，有"蔡邕书骨气洞达，爽爽有神力"的评价。

蔡邕作为一名富有音乐天赋的文人，与"琴"这种乐器有着极深的渊源。他不仅搜集、整理先秦时期和两汉时期流行的琴曲，编著《琴操》，他还擅长弹琴，并且创作了《弹琴赋》。

古代乐府诗歌包括琴曲歌词以及汉代乐府诗等作品，主要保存在《琴操》一书中，因此，《琴操》是研究汉代乐府诗的重要文献。然而当时的人们主要关注相和歌辞、鼓吹曲辞，在琴曲歌词方面都略而不谈。因此，这部书在当时没有引起学界的重视，关于它的研究资料甚至还没有杂歌谣辞和舞曲歌词的多。

古琴与中国传统文化有着怎样的内在联系？

古琴，是千百年来中国文人雅士们爱不释手的器物，其韵致和内涵与中国传统文化有着非常深刻的内在联系。

古琴属于中国古典音乐中具有高度文化属性的一种乐器，古琴音乐向来与"清淡""雅致"等词汇相关联，琴乐之中更有意境深远的"弦外之音""韵外之致"。大诗人陶渊明对琴乐就有"但识琴中趣，何劳弦上音"的评价。琴乐及其琴身都包含着一种虚静高雅的韵味，这和中国传统文化之中，讲究高雅的情趣有异曲同工之妙。

儒家和道家是中国传统文化中的两大支柱。古琴对于儒家而言，是儒家音乐中的典范，是集儒家音乐精髓的大成者。儒家哲学主张入世，强调人伦和人生等显示问题，其音乐也讲究平和中正，不主张华美富丽之态。对于古琴而言，"琴者，禁也。禁止于邪，以正人心"，它讲究的是用琴乐洗涤人心，端正人心，禁止歪斜之念侵蚀人心。唐代的薛易简在其《琴诀》中论述说："琴为之乐，可以观风教，可以摄心魄，可以辨喜怒，可以悦情思，可以静神虑，可以壮胆勇，可以绝尘俗，可以格鬼神，此琴之善者也。"因此可见，古代琴乐对于儒家哲学是一种相辅相成，鼎力支撑之态。

道家尚自然，强调逍遥无为。道家音乐最理想最崇高的境界是"至乐无乐""大音希声"。而古代琴乐中追求的雅致和弦外之音，无不是对自然胜景的追求。庄子将音乐分为三类："天籁""地籁"和"人籁"，他认为天籁是音乐的最高境界，提倡音乐应追求自然之趣；后人受其影响，在琴乐上寻找到了"天籁之音"。陶渊明时常摆琴于桌上，每当酒酣耳热、兴致勃勃之时，总要抚琴一曲，以告慰心境之内的自然之趣。由此不难看出，琴乐中所渗透的道家思想。

古代琴乐追求的高雅境界，是摆琴者的心境与外部环境的平和闲逸合二为一后，心琴合一，琴声出自其心的一种艺术境界。这种境界也是文人雅士们所追求的崇高境界。正是因为如此，琴乐在与文人墨客心境相连的过程中，古琴也渐渐具有了一种深远的内涵和韵致。

琴学领域的"百科全书"是指哪本书？

《琴书大全》是现存书目中收录古代琴学文献最多的一部类书，其收录内容之丰富，堪称琴学领域中的"百科全书"，成为后人们系统全面整理琴学文献的典范，是研究者们的必读之书。

《琴书大全》的编者是蒋克谦，他们祖孙四代不断地搜集与整理相关资料，终于在明代万历庚寅年（1590年）完成此书。全书共22卷，前20卷收录历代有关琴学的记载，内容极为丰富，甚至一些失传已久的琴学专著和专论都被保存下来。最后两卷收录琴曲62首，其中包含一些独特的传谱。

《琴书大全》的文字部分收录有声律、琴制、指法、曲调、弹琴圣贤及有关琴的诗文681篇。其中的"声律"部分，糅合了宋代朱熹、徐理，元代陈敏子等人的有关著作，阐述了律制与宫调在琴曲中的运用。

该书的主要贡献在于它收录了较多的散佚书籍，为后人们研究古代琴学提供了充足资料。另外，书籍本身的编辑体例也很严谨，引用材料的地方都注明出处，方便读者进行更深一步的阅读，保存了大量独一无二的琴学知识。尤其是采纳了一部分早已失传的唐宋琴书，如唐陈拙的《琴书》、唐李勉的《琴徽字议》、唐王大力的《琴声律图》、宋田紫芝的《太古遗音》；还有南宋嘉定年间杨祖云的《琴苑须知》、宋《振古琴苑》、元陈敏子的《琴律发微》等，其中《琴律发微》一书几乎被全部纳入。

古筝十大名曲是什么？

古筝是中华民族的一种特色乐器，古筝音乐在我国历史上更是源远流长，从古至今，古筝音乐中产生了许多具有传世价值的名曲，最著名的十大名曲是《渔舟唱晚》《出水莲》《高山流水》《林冲夜奔》《侗族舞曲》《汉宫秋月》《寒鸦戏水》《东海渔歌》《香山射鼓》和《战台风》。

《渔舟唱晚》是中国传统的古筝独奏曲，曲名来自唐代诗人王勃所作的名篇《滕王阁序》中的"渔舟唱晚，响穷彭蠡之滨"一句。整首乐曲旋律流畅、先慢后快，节奏有韵感，富有诗情画意，生动地将夕阳西下的湖光景色以及渔人晚归的情景展现出来。这首曲子本是古筝名曲，后被移植为钢琴、小提琴、长笛等西洋乐曲独奏。

《出水莲》是广东潮州客家名曲，题目可作解为"盖以红莲出水喻乐之初奏，象征基艳嫩也"，整曲具有悠扬清丽的旋律，给人清醇剔透的感觉。尤其是《出水莲》这首曲子中寄寓了"出污泥而不染，濯清涟而不妖"的高尚情操，人们在聆听的时候，有种洗涤心灵的感觉。

《高山流水》是浙江筝派音乐的代表之作，全曲以清弹为主，分为两个部分：前半部分是"高山"，浑厚而优美的音乐，将高山的雄伟苍穹展露出来；后半部分是"流水"，运用了大量的上下行刮奏手法，将流水的不同形态细腻地展现出来。这是一首绘景写意的乐曲，风格清新、旋律流畅、意境深远。

《林冲夜奔》是陆修棠、王昇之于 1962 年所作，他们利用古筝的音色和弹奏技巧，将《水浒传》中林冲为奸臣所害，风雪之夜投奔梁山的故事展现出来。整曲气势壮烈、情绪激昂，是古筝曲目中少有的佳作。

《侗族舞曲》全曲分为四个部分。第一部分速度稍快，为侗寨之歌；第二部分比第一部分更快一些，展现的是粗犷热烈的芦笙舞；第三部分，速度较慢，描绘的是夜月之下，侗寨家的琵琶深情；第四部分，速度与第一部分接近，旨在赞美侗乡。整曲展现了侗寨风情，抒发了侗家人热爱生活的高涨情绪。

《汉宫秋月》是古典乐曲中的经典之作，全曲旨在描绘古代宫女受压迫后的幽怨、悲泣之情。古筝演奏时，应用了揉、吟、滑、按等许多技巧，使曲子具有独特的古雅韵味。词曲还有二胡演奏的版本，风格也别具一格。

《寒鸦戏水》是筝曲中的名作。全曲展现了寒鸦在水中追逐的情景，曲风清新明亮、轻盈而优雅，还有低厚的椰胡声穿插其中，分合有序，相得益彰。

《东海渔歌》创作于 20 世纪 70 年代，作者是张燕。曲子以描绘渔民紧张而欢乐的生活为主，旨在展现他们对新生活的向往之情。

《香山射鼓》创作于 1980 年，取材于先鼓乐中的同名乐曲《月儿高》。创作者在演奏时，融入了陕西秦筝的技巧，充满了浓厚的地方风味。整曲将一种虚无缥缈、空山梵音的意境展现出来，意境之深，世所罕见。

《战台风》是王昌元创作于 20 世纪 60 年代，主要展现的是码头工人和台风拼搏的顽强精神。全曲分为五个部分，第一部分描绘的是码头的劳动场面，第二部分模拟出台风呼啸奔腾的气势，第三部分渲染紧张而强烈的搏斗场面，第四部分抒发了工人战胜后的喜悦，第五部分，乐曲再次回到磅礴壮阔的气势之中，将生动鲜明的形象印刻到听众脑海之中。

马跋山伶余开瀛昙

高山流水遇知音

这十首古筝曲，是从古至今流传着的，具有典型意义的古筝曲，它们都有着流传后世的价值，是筝曲中的精品。

筝的起源和得名是怎么样的？

古筝是中华民族独特的民族乐器之一，具有优美的音色、广阔的音域，演奏时还必须掌握丰富的技巧，非常具有表现力。它发源于公元前 5 世纪到公元前 3 世纪的战国时代，当时主要流传于秦国地境，又被称作"秦筝"。

司马迁在《史记·李斯列传》中对秦国乐曲有一段描述，"夫击瓮，叩缶、弹筝、搏髀，而歌呜呜快耳者。真秦之声也。郑卫桑间，韶虞、武象者，异国之乐也。今弃叩缶、击瓮而就郑卫，退弹筝而取韶虞，若是者何也？快意当前，适观而已矣。"由此可以看出，筝确实出自秦地，"秦之声也"。

关于筝的起源，还有另外一种说法，说筝是战国时期的一种兵器，用法是竖起来挥动打人。古文献记载着这样一句话，"筝横为乐，立地成兵"，意思是说，筝横起来可以奏乐，竖起来能够当兵器。后来，人们在筝的上面加上了琴弦，拨动琴弦就能发出悦耳的声响，于是渐渐地筝便从兵器发展到了乐器。随着历史的演变，筝这种兵器，由于笨重，使用不便，也从战场上销声匿迹，作为乐器使用以后，其形体上渐渐出现了一些装饰品，而且形态也渐渐优美。在嬴政当政时期，筝已经属于宫廷乐器中的一种，而且地位要高于缶、瓮，是高雅的乐器。

关于筝的名字有两种说法：一种说法是瑟分劈而来，另一种说法是发出"铮铮"之声而闻名。《集韵》一书中对于"分瑟为筝"有这样的说法，"秦俗薄恶，父子有争瑟者，人各其半，当时名为筝。"关于发"铮"声而得名一说，刘熙在《释名》中记载说"筝，施弦高，筝筝然。"关于两种说法，"分瑟而名"一说不足为信，后说可信度较大。

古筝的流派有哪些？

古筝是极尽中国特色的乐器，其音色优美、善于表情达意，尤其善于抒发深沉而广博的音乐感情。自秦开始至现今，筝乐在发展过程中出现了许多流派，主要的流派有山东筝派、河南筝派、陕西筝派、浙江筝派、潮州筝派和客家筝派等。

山东筝派多与民间音乐、山东琴书联系在一起，以八板编组而成，多为宫调式。演奏风格淳朴古典雅致，极具山东地方特色，代表曲目有《汉宫秋月》《四段锦》《天下同》《美女思乡》等，代表人物有张为昭、张念胜、黎邦荣、王殿玉、赵玉斋、黎连俊、樊西雨、高自成、韩庭贵等。

河南筝派是秦筝流传进入河南以后，和当地民间音乐融合发展的结果，即后世有名的中州古调。《筝附·序》对河南筝曲的评价相当高，称其为"曲高和寡，妙技难工"。河南筝曲的代表作有《关雎》《小开手》《渔舟唱晚》《天下大同》等。

在广东潮州一带的筝曲属于潮州筝派，这里的筝乐受到闽南话的影响，形成了轻六、重六、活五等独特的曲调。潮州筝派的代表剧目有《寒鸦戏水》《秋思曲》等，代表人物有苏文贤、林毛根、郭鹰等。

客家筝派流传于广东梅县、大浦一带，具有悠久的历史。关东客家音乐，又被叫做汉乐，风格秀丽委婉、典雅文静。客家筝曲的代表人物是罗九香先生，他继承和发展了何育斋先生的演奏风格，并且经过创新 形成了自己独特的风格。《出水莲》《蕉窗夜雨》等是客家筝派的代表曲目。

浙江筝派的筝曲以移植琵琶曲为多，具有很强的戏剧性和抒情性，演奏时融入了左手的揉、吟、滑、按技法，演奏时能恰到好处的运用，并且不显夸张之色。浙江筝派的代表曲目有《高山流水》《将军令》等,代表人物为王巽之、项斯华、范尚娥等。

陕西筝派是近些年复兴起来的筝派。陕西是筝的发源地,不过在历史变迁的过程中,筝曲曾经没落了一段时期,现在陕西筝派又重新站起来。陕西筝派的曲子涉及戏种、乐种相当复杂繁多,既融合了秦腔的大起大落,又有眉户、碗碗腔音乐的细雨缠绵、委婉酸楚,非常有特色。

山东筝派、河南筝派、浙江筝派、潮州筝派、客家筝派有着深厚的群众基础,在中国民间流传较广,是影响较大的筝派。在各个筝派之间,并非是一种敌对态势,而是相互影响、相辅相成,它们共同构成了中国博大精深的古筝文化艺术。

中国历史上最早的音乐管理机构是什么?

教坊是唐高祖设置的用来管理音乐的机构,同时也是我国历史上最早的管理音乐的机构。唐高祖在位时期,在宫内设置教坊,负责教习音乐,隶属太常寺。在武则天时期,教坊改名为云韶府。

唐玄宗开元盛世时,将教坊设在蓬莱宫侧,同时在京都附近也开设了分支,掌管歌舞杂技,教授音乐,任命宦官为教坊使,教坊从此不再隶属太常寺。

元朝的教坊设在东皇华坊,如果在地图上校对,它与明朝黄华坊的地点相同。明嘉靖时的《京师五城坊巷胡同集》里黄华坊地区已经有了勾栏胡同(今内务部街)、东院、演乐胡同等与演出有关的地方。由此可知,今日演乐胡同一带就是元、明两代教坊的所在地。而三个地方之间的分工又有不同,教坊的核心在本司胡同,演出场所在勾栏胡同,排练节目的地方在演乐胡同。

元代时期东城教坊崛起,是因为那时元杂剧繁盛,而作为政治中心,元大都的文化也相当繁荣。明成祖是个文武兼修的全才,他不仅自己动手编写剧本,而且在欣赏评论方面造诣也比较高。明朝初年,他不避忌讳,经常召集元末教坊的旧艺人进宫表演,表演到精彩的地方,就举杯痛饮,大声喝彩。明成祖之后,明朝的几个皇帝也十分喜欢杂剧,演剧之风一度盛行。

从明武宗时期,教坊开始衰落。

"东方文艺复兴式的圣人"在音乐方面的毕生结晶是什么?

朱载堉是一位百科全书式的学者,在许多方面都有建树,被中外学者尊崇为"东方文艺复兴式的圣人"。他倾尽一生心血写出来的《乐律全书》是中国明代有关乐舞律历方面的百科性质的专著,共47卷,由《律学新说》《律吕精义》《操缦古乐谱》等15种著作汇刊而成,是中国音乐史上的传世之作。

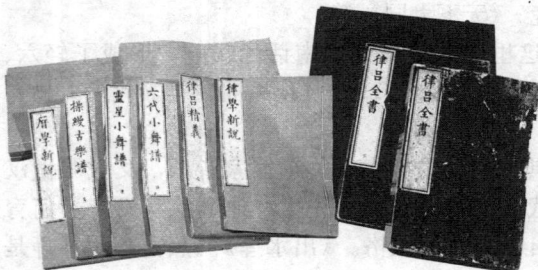

《乐律全书》书影　明　朱载堉
《乐律全书》包括《律学新说》《乐学新说》《算学新说》《律吕精义》等13种。

朱载堉是明太祖朱元璋的九世孙、郑藩的第六代世子。他深受父亲修身养性、布衣素食、能文能书、礼贤下士的影响,从小简朴敦厚,聪明好学。5岁时,他一家因卷入皇族之间的权力纷争而受牵连,朱载堉也从此开始了他席藁独处的淡泊生活。

在没落孤寂的独处生活中,他拜访贤士,广交朋友,同时一心攻读音律、天文历法,对科学的边缘领域进一步拓展。24

166

岁时他就写出了他的第一部学术专著《瑟谱》，之后又相继写出了《乐律全书》《律吕正论》《律吕质疑辩惑》等一系列音乐理论著作。

《乐律全书》凝结了他毕生的心血，全书反映了他在历学、律学、乐学、算学等多种学科上所取得的卓越成就。为了使这本书更加准确，他秉承父志，潜心研究，广泛涉猎，大量搜集古籍。该书继承了《吕氏春秋》和《淮南子》中关于音乐与度量数理分不开的美学思想，认为数理长久存在于古今音乐中。

我国现存最早的《太古遗音》是谁写的？

纵览历史，我们发现《太古遗音》竟多达4本，分别是宋田芝翁的《太音大全集》，明黄士达的《太古遗音》，杨抡的《太古遗音》，谢琳的《太古遗音》。就这四本的内容翔实与优劣来看，谢琳所著的应该是真正的我国现存最早的《太古遗音》。

这四部《太古遗音》，如果单纯按年份来排先后的话，以宋田芝翁的《太古遗音》年代最早，其次为谢琳的《太古遗音》（明正德六年撰刊），再就依次为黄士达、杨抡。但是，从后人对田芝翁的《太古遗音》的注释来看，这本书其实就是在内容方面叙述一下琴事，并不涉及琴谱之类的任何"遗音"，所以是名不副实。因此，谢琳《太古遗音》古琴谱才是目前最古的"太古遗音"。

"太古"是远古或上古时代的意思；"遗音"就是指遗留之音。因而，"太古遗音"是远古遗留之音的意思，使用这一词组作为琴谱集的名字意在表达曲谱的历史久远，有"自夸"之嫌。

谢琳的《太古遗音》琴谱共录有36首古琴曲，每首琴曲谱旁都注有歌词。据谱赋介绍，谢琳常在读书之余，收集各位大家们的乐谱，殚思竭虑地校对研勘，那么，这部《太古遗音》是他长年校勘的成果。

由于大量古谱的丢失，谢琳的《太古遗音》就显得弥足珍贵，透过这部曾参考百家曲谱的琴歌谱，我们可以了解到在此之前琴歌在形态、流存、创作等方面的发展状况。

北曲曲谱中的开山之作是哪部作品？

《太和正音谱》，又名《北雅》，北曲曲谱，由明代朱权撰写。它是北曲曲谱的开山之作，也是现存唯一最早的北杂剧曲谱，甚为珍贵。

《太和正音谱》成书于洪武三十一年（1398年），分上下2卷，共分《乐府体式》《古今英贤乐府格势》《杂剧十二科》《群英所编杂剧》《善歌之士》《音律宫调》《词林须知》《乐府》8章。内容可分为戏曲理论和史料、北杂剧的曲谱两部分。《太和正音谱》按照北曲黄钟、正宫、大石调、小石调、仙吕、中吕、南吕、双调、越调、商调、商角调、般涉调等十二宫调分类，逐个记录不同宫调曲牌的句谱格式。

《太和正音谱》的最大成就在于它对音韵格律的论述。《乐府》这一章占全书4/5的篇幅，写的全部是北曲杂剧曲谱。

第一部分是对北曲的简单介绍以及一些史料的列举，包括北杂剧题材分类、古剧角色源流考辨体例、北曲的不同流派、制曲技术等方面。有"乐府体式""古今英贤乐府格式""杂剧十二科""群英所编杂剧""善歌之士""音律宫调""词林须知"7个标题，涉及戏曲的体制、流派、制曲方法、杂剧题材分类、古剧角色源流以及对元初至明初的乐曲作家的评价等，并将一些杂剧作品的名称列举出来，形成一个目录。在戏曲声乐理论方面，列举了一些关于歌曲源流及历代歌唱家、歌唱方法、宫调性质的论述等方面的片段史料。

第二部分是曲谱，它依据北曲 12 宫调，分门别类，列举出每种曲牌的句谱格式，详细标注四声平仄，标明正衬，还在每支曲牌上列举出元代或明初的杂剧散曲作品，将其作为范例，共收 335 支曲牌，是专门为北曲创作制订的标本。

《太和正音谱》内容翔实，举例明确，为后人研究北曲曲谱的历史提供了一本完备的"工具书"。它列举的关于古典戏曲理论的史料对我们研究古典戏曲具有重要参考价值，特别是曲谱部分，是现存最古老的北杂剧曲谱，为后来明清人创作曲谱中的北曲部分提供依据，在保存古代文明方面起到了不可磨灭的作用。

琴曲谱集中哪一本书的史料价值最高？

《神奇秘谱》是最早的琴曲谱集，它保存的古代音乐作品史料价值最高。这本谱集由明太祖之子朱权编纂，成书于 1425 年。古琴谱中保存的古曲，被人们认为是"唯弹琴家犹传楚汉旧声"。

《神奇秘谱》一书共收录了 64 首琴曲，都是编者从当时的《琴谱数家所裁者千有余曲》中精挑细选出来的，书中也不乏一些历史上的经典之作。然而，音乐不似其他文物，它不便于保存，因此许多珍贵古曲因保存不当而就此失传，稍好一点的也还是残缺不全。所以这部作品的最大价值就在于它是对流失文物的"拯救"。

《神奇秘谱》全书共分为上中下 3 卷。上卷称为《太古神品》，收录 16 首作品。编者认为这些作品是远古或上古时期的作品，是古人不肯流传的秘密，他有意从当时传曲中选择了历史价值较高的《太古》传谱，如《广陵散》是"世有二谱"。然而这些古谱在当时已经没有人能看懂，更谈不上将其演奏出来，所以也不能在其中添加句读，他能做的只是尽可能地使它的谱式和章法保存更多的古代特征，以待后世的有缘之人为之解读。

《神奇秘谱》的中、下卷被称为《霞外神品》，收录 48 曲。其中有产生于汉代的《雉朝飞》《楚歌》；有根据晋代笛曲改编的《梅花三弄》，有传自南北朝西曲民歌的《乌夜啼》，有唐代流行的《大胡笳》等。这一部分作品曾长期活跃在古代琴坛上，经久不衰。后来编者通过琴师的师承传授，有了一些实际演奏的经验，在中下卷许多曲谱中都加上了句读，因此中下卷的谱式与上卷也大不相同。

这两卷之所以被命名为《霞外》，是因为当时宋代浙派有一部规模巨大的《紫霞洞琴谱》，收 400 余曲，在它的影响下，元代编有《霞外琴谱》一书，表明它直接师承宋、元浙派，它所收录的都是历史上声望最高的琴谱。

《神奇秘谱》的艺术价值不容小看。它收录的琴曲派系涉及广泛，将古琴的艺术特点全面反映。同时，书中琴曲取材广泛，反映了古人真实的生活情趣和音乐美学思想，同时还为我们保存了许多险些失传的名曲，为我们研究古人的音乐成就提供了重要史料。

《佳人曲》是谁的代表作？

李延年是西汉汉武帝时期的一位著名音乐家，他一生创作了很多曲目，其中最出名的则是他为他的妹妹，也就是后来的李夫人，所作的《佳人曲》。

李延年在他年轻时因为触犯了刑法而遭受腐刑，因此他作为一名宦官管理着宫廷里的宫犬，但李延年却因为善于唱歌，又能理解汉武帝对音乐的要求，所以备受汉武帝的喜爱。

李延年在音乐上之所以能达到很高的艺术成就，一个重要的原因则是因为他的出生和他的家庭。他出生在一个以乐舞为职业的家庭，他的父母及兄弟姐妹等都是擅长乐舞的能手，除此之外，李延年还有着动人的歌喉，使每一位听过他唱歌的人都很有感触，也正为如此，李延年才能深得汉武帝的喜爱，为他以后在音乐上的贡献打下了一定的基础。当李延年将他为她妹妹创作的《佳人曲》唱给汉武帝后，再经由平阳公主的引荐，李延年的妹妹得到了汉武帝的宠幸，而李延年也由此更得汉武帝器重，再加上他在音乐方面的天赋与才艺，使得他被汉武帝封为协律都尉，掌管着乐府的管理，并且享受着较高的俸禄。

李延年不仅会唱歌，在曲目的创造上，也有着很大的成就，他创作的曲目都有着很高的水平，如李延年为文人所写的郊祀歌作曲，根据张骞从西域带回的曲目，制作并编写了用于仪仗的军乐，同时他还能深入理解难懂的"尔雅之文"。在这些作品中，李延年都用了他那高超新颖的技巧，展示他那活跃的思维，这样的结果导致了他很多作品流传于后世。与此同时，李延年还加工整理了乐府收集的民间乐歌，对这些民间乐歌进行了编配，并繁衍出新的乐曲，促使了这些乐曲在民间的广泛流传，为民间乐舞的发展起了一定的推动作用，也为后来中国音乐的发展，奠定了基础。

李延年一生所创作的乐曲堪称一代佳话，多为后世敬仰，同时也影响着后世音乐的创作。

唐代大曲的曲式由哪三部分组成？

唐代大曲是唐朝时期盛行的一种大型的音乐套曲。大曲在汉魏时期已经出现，直到唐朝时期，才进入成熟阶段。唐朝的"歌"舞大曲，是当时最有代表性的流行音乐形式，是供高官贵族、皇帝皇妃们观赏娱乐的一种"歌"舞表演。它通常可分为三部分，分别是"散序""歌"和"破"。

"散序"是引子，以乐器演奏为主，节奏自由；"歌"，又被称作中序、歌头，以抒情类的慢板"歌"曲为主，节奏较慢，有器乐伴奏；"破"，又被叫作舞通，以舞蹈为主要的表现方式，也有器乐伴奏有时会有"歌"曲。"散序""歌""破"三部分分别由若干个乐段组成，这种乐段在当时被称为"叠"。"散序"中有种被称为"靸"的过渡段。在"歌"部分，有"歌头"和"正"等部分。"破"也有很多种，有"虚催""实催""入破""滚遍""歇拍""煞滚"等。

唐朝的大曲，比六朝时期的清乐大曲，结构要复杂得多。大曲中最典型的实例，就是《霓裳羽衣曲》，其中"散序""歌""破"，三部分一样也不少。不过，也有些大曲中，只有"歌"和"破"两部分，比如《胡渭州》和《水调》等。有的"叠"歌和破两部分中，出现的数目不受限定，可多，也可少。比如《伊州》的歌部分有三叠，《武媚娘》的歌部分有四"叠"。

唐代的"歌"舞大曲，数量之多，颇为惊人，这和唐朝的兴盛有极大的关系。唐朝时期，社会太平，人们安居乐业，文人雅士更是有闲暇时间做出大量的诗作。而许多大曲"歌"词，往往是截取诗歌的部分片段，如《伊州》就是出自王维的《渭城曲》。可见，唐朝大曲盛行和唐朝的诗歌盛行还有必然的联系。

赣南民歌有怎样的特色？

赣南地处赣江流域，上到巴陵，下至吴越，这里的自然条件、居民结构、社会风情等方面都有相对独立和完整的体系。赣南客家的民歌，也是赣南的一道独特的风景线，表现着赣南客家人们对生活的一种态度。

赣南民歌是从远古伐木歌发展而来的，中间经历了茶歌、红色山歌，进入新社会后，发展到彰显浓厚生活情趣的特色民歌。它是赣南客家劳动人们艰苦、曲折的发展道路的真实写照，是赣南社会的生动反映。

赣南的山歌表现着客家人的生活情趣，会出现在各个时间、各个地点、各种情况之下。人们劳作时、砍柴时、伐木放排时、铲松油时、摘木梓时，甚至是挑担子时，都会唱起来。有的是为了在大山里寻求同伴，以驱赶野兽；有的是为了消除疲劳，提起兴致；有的是为了倾诉幽怨愤懑，还有的则是青年男女表达爱慕之情。在他们的生活中，随时随地都可能会响起山歌。

"唱戏一半假，山歌句句真"。这句话真实地反映了赣南山歌内容的丰富多彩，可以说是客家人生活的一面镜子。情歌是赣南民歌中数量最多的一类，也是最富特色的一种。山歌中有很多表达爱慕、追求、热恋、试探、拒爱、送别、断情、相似的曲子，比如有一首赣南山歌是这样的，"高岭埂上打呼咒，细妹屋家吃晏昼；细妹听到呼咒响，筷子一扔碗一丢"，它细腻地表现出细妹闻听情哥的歌声后，连饭都无心吃下去的活泼形象。

在音律方面，赣南地区为山区，山歌讲究嘹亮、高扬，目的是为了传得远，能够听到的人多。各种高音，在第一句就会出现，有先声夺人的气势，然后渐渐地下行的主音结束全歌。修辞上也运用了很多手法，从最基本的赋、比、兴，到对偶、歇后、双关、排比等等，形式丰富多彩。也许，正是这种纯真、丰富多样的形式，才能够恰到好处地将赣南客家人的生活真实地展现出来。

荆楚民歌的内容有哪些方面？

在荆楚之地，各地各县的农民生来就会唱山歌，自古以来，相沿习成。《湖北通志》上对荆楚之地的民歌风俗有着详细的记载，"楚国南郢之地......杨歌，郢中田歌也。其别为三声子、五声子、曰樵声，通谓之杨歌，一人唱，和者以百数。"由此可见，民歌在荆楚之地有着极大的群众基础。

荆楚民歌的内容非常丰富，有打麦歌、车水歌、薅草歌、扯草歌等，内容形式多种多样。不过，关于荆楚民歌的内容分类，可以划分为三个大类别。一是歌颂党和领袖的，二是反映爱情婚姻生活，三是表现婚礼仪式的习俗。这三类民歌的数量最多，影响也最为广泛。

荆楚之地对于国家、党和领袖有着极为深厚的热情。荆楚民歌五大调喇叭调、伙计调、叮当调、啊呔调、嗬调中，全部都有歌颂党和领导的山歌。比如，江陵地区有一首民歌，"未曾开口喜在心，我唱个歌儿吐真情，唱个松柏万年青，唱个星星永远明，毛主席是我的大恩人。"这首山歌真挚、热情地表达出百姓对于毛主席的感恩之情和拥护之情。

荆楚民歌中反映爱情婚姻生活的歌数量最多。这类民歌中，有表现出反对父母包办婚姻的、有反映出要求男女平等的，还有反映追求婚姻自由的，内容形式多种多样。比如，江陵有一首传统民歌《火烧把》，"郎在高山薅粟苗，姐在家中把火烧，磨子推，箩筛摇，冷水调，猪油包，锅里焰，灶里烧，脚踏门槛手叉腰，口里喊，手又招，喊我的情哥回来吃火烧，看我的火烧泡不泡。"这首民歌反映了和睦相处的婚姻生活。还有公安民歌《栽秧歌》："泡种下秧一百一，手拿黄秧七十七，谷儿怀胎还要水，姐儿怀胎还要郎，郎是姐儿的救命王。"这首民歌就把男女爱情和生产劳作结合起来，达到了一种歌颂生活的意味和情趣。

荆楚之地还有一大类民歌，是表现婚姻仪式习俗的。这类民歌中代表作品有监利的

《撒床歌》、江陵的《拜堂歌》和石首的《闹洞房》等，这些民歌到现在为止，还在荆楚之地广泛流传。在松滋庆贺寺地区，流传着30首古老的《婚姻仪式歌》。这些山歌里面，全面系统地反映了荆棘地区的婚姻仪式。

荆楚民歌有着深厚的群众基础，生命力顽强，内容更是异彩纷呈。现在的荆楚民歌吸收了中国歌谣的很多音韵旋律，变得更具有现代气息。

年代最古老的舞蹈图像距今有多少年？

青海省大通县上孙寨出土的舞蹈纹彩陶盆，是最古老的原始舞蹈图像，距今约5000余年，属新石器时代遗物。

音乐和舞蹈在原始时期是紧密结合的。这些乐舞和狩猎、畜牧、耕种、战争等多方面的生活息息相关。在陶盆内壁上，有3组舞者，每组5人，手挽手列队舞蹈。在原始乐舞活动中，人们常把自己打扮成狩猎的对象或氏族的图腾所进行的乐舞，反映了先民的狩猎生活。

青海大通上孙寨出土的舞蹈纹盆

唐乐舞对唐诗有何影响？

唐乐舞气势磅礴，场面壮观，集诗、词、歌，赋予吹奏弹唱，融钟、鼓、琴、瑟于轻歌曼舞。乐曲高亢悠扬，动作舒展流畅，服饰华丽多姿，在历代乐舞表演中成就最大。唐乐舞的兴盛正是盛唐时期的歌舞升平、国泰民安的完美写照。如今人们根据出土的一些描写、描绘该乐舞的文字、壁画等编制出一套乐舞，重现古代唐朝长安乐舞的盛况。

诗歌与音乐、舞蹈从古至今联系密切，唐诗直接受到乐舞的兴盛影响。从诗人和诗作方面便可以考察这一影响，就诗人方面而言，一是指诗人借助乐舞抒发心中之情。抒情原是乐舞的本质。乐舞的发达，自然使诗人多了一条有力的抒情渠道，李白等借乐舞以抒发逸兴壮志诸例即是一个证明。二是大量外来乐舞使诗人大开眼界，从中不仅得到了乐舞艺术所带来的审美快感，还有对与中原乐舞的柔美婀娜迥然不同的矫健刚劲之美的深刻体验。这一体验对于诗人感受与表现粗犷雄浑的塞上生活是有很大帮助的。

从诗作方面来说，乐舞的影响也是极大的。唐诗的题材被扩大，进入了一个新境界，大量乐舞诗成为唐诗中一枝别具风姿的奇葩。

《尚书·益稷篇》载："击石拊石，百兽率舞"，从中我们看到古人在骨笛、陶唔、陶埙、石磬的伴奏下，欢乐歌舞的情景。乐舞荟萃历代歌舞所长，并且融合了西域少数民族的文化精华，充分体现了盛唐王朝繁荣强盛、民族交融的鼎盛景象和风土人情。

《六代舞》是六个时代的舞蹈吗？

六代舞是一种祭祀时所表演的乐舞，西周的周公旦进行集中整理和修改，融合了黄帝、唐尧、虞舜、夏禹、商汤及周武王伐纣这6个时代具有代表性的乐舞，而形成的一种利于王权统治，及祭祀时所用的乐舞。

黄帝时代的《云门大卷》简称《云门》，是黄帝氏族用于祭祀云的舞蹈，云在天上，因此在周代，《云门大卷》则是用于对上天的祭祀。唐尧时代的乐舞是《大咸》，又称之为

《大章》，是唐尧经过增修黄帝时期的乐舞而形成的，周代则用来对土地神的祭祀。《大韶》是虞舜时代的乐舞，是一种富有神圣性质的宗教乐舞，周代时期用于对日、月、星、海四方神的祭祀。夏禹时期的乐舞是《大夏》，颂扬的是大禹治水的功德，在周代时则用于对山川的祭祀。商汤时期的乐舞是《大濩》，歌颂的是商汤的英雄事迹，在周代则是用来祭祀女性祖先。《大武》是对周武王伐纣的歌颂，在经过整理后则是用来指对祖先的祭祀。《六代舞》的整合象征着王权的统治地位，且表演时有着隆重的场合，及众多的人数，为我国古代音乐带来了很大的发展。

《六代舞》是西周最高等级的雅乐，它那宏大的规模和平淡、缓慢的声调，给人以庄严肃静的感觉，概括了对天地、山川、日月星辰及祖先的祭祀，它服务于君王对社会至高无上的统治地位，逐渐成为古代正统的礼教礼仪，影响着后世礼仪的发展。

吴王夫差喜爱的舞蹈是什么？

"卧薪尝胆"这个成语故事家喻户晓，讲的是越王勾践被吴王夫差所败，布下美人计将西施献给吴王，并卧薪尝胆几十年，最后打败夫差，并灭亡吴国的故事。西施是这个故事中的关键人物，也是中国古代四大美人之一，此外，她还是中国古代著名的舞蹈家，尤其是她的响屐舞绝技，更使得夫差沉迷，而导致最终亡国。

西施本名施夷光，是春秋末期的人物，她天生丽质，有着"闭月羞花之貌，沉鱼落雁之容"，与王昭君、貂蝉、杨玉环并称为中国古代四大美女。越王和吴国大战，越王勾践战败后求和，为了谋求反败为胜的时机，甘愿到吴国为奴为仆，以此来保住越国。同时，在此国难当头之际，西施忍辱负重，甘愿作为勾践的礼物献给了好色的吴王，并成为夫差最宠爱的妃子。

吴王夫差得到西施后，终日沉迷于女色，无心朝政。当他得知西施擅长响屐舞后，就命人将其御花园的一条长廊地下挖空，然后在坑内放入大缸，岗上盖以木板，以此来达到共鸣箱的作用。西施每次跳响屐舞，都会在裙边缀许多小巧别致的铃铛，穿上木屐，在木板之上踩步起舞。每次踏脚，木屐和木板之间就发会出清脆的响声，而裙边的铃铛也会发出悦耳的声音。木板之声与铃铛之声，加上西施优美的舞姿，让夫差如痴如醉。这个长廊也因此被称为"响屐廊"。

西施迷惑了吴王夫差，令他荒废政务，吴国怨声载道、民不聊生，最后为越过所灭，夫差最后被迫自杀。因此，在某种程度上说，正是由于西施的响屐舞让吴王夫差亡了国。

盘鼓舞是一种什么样的舞蹈？

盘鼓舞是起源于汉代的一种特殊的舞蹈，在表演时以木做的盘子和面鼓为道具，是结合舞蹈和杂技的一种特殊形式的舞蹈表演。

盘鼓舞是汉代十分流行的舞蹈，跳舞的人赤足站在盘、鼓之上，周旋于盘鼓之间，或踩鼓下腰，或俯身击鼓，或飞舞长袖等。盘鼓舞在表演时很多时候巧妙地结合了杂技的技巧，表演者在盘面和鼓面上来回旋转，并且飞舞炫动，展现了舞者高超的舞蹈技能。表演者在盘鼓上表演时，不仅需要配合巧妙的舞姿，还要击出有节奏的鼓声，以配合舞蹈的进行，舞姿和鼓声之间是相辅相成的，若做不到协调一致，那么是没什么价值可说的。盘鼓舞在表现时不仅要有优美的舞蹈动作，反复旋转踏盘踏古的技巧和腿功，还得有很好的身体控制能力，这样才能将一场完整的盘鼓舞展现得淋漓尽致，从而达到一种完美的艺术效果。

盘鼓舞不仅仅是一种舞蹈形式的展现，很多时候往往伴随着意境的表现，在表演艺术上有着很高超的艺术水平，也是中国传统舞蹈的一种特殊体现。其丰富多彩的动作及高超的技艺，深受广大民众的喜爱，因此流传于中国的舞蹈界，影响着中国舞蹈的发展。

佛教舞蹈在不同时期有什么发展变化?

佛教舞蹈在北魏时传入我国寺院，随着佛教的传入，印度祭神仪式与歌舞形式也逐渐被我国佛教寺院所采用、吸收，并逐渐将其同化。

北魏寺院佛舞盛行，佛教寺院的舞蹈种类也很多，既有属于寺院斋会的佛教舞蹈，又有世俗民间舞蹈。在两种舞蹈都非常盛行时，一些艺术家们便将它们二者相融合创做出了亦俗亦佛的舞蹈，其中比较著名的如力士舞。

在唐代，无论是用于世俗娱乐的乐舞，还是用于宗庙祭祀和宫廷大典的乐舞，都发展到了鼎盛时期。

唐代佛教舞蹈的一个显著特点就是与娱乐表演性舞蹈相融合。这类融合现象，在敦煌莫高窟壁画中也有体现。莫高窟壁画中所绘的《破阵乐舞势图》，描绘的是唐初最著名的乐舞《破阵乐》，这些壁画再现了《破阵子》中气势磅礴的战争场面，彰显了唐朝开国者的豪迈英勇。

宋代的佛教舞蹈，基本上沿袭唐朝的传统，在表演《菩萨蛮舞》时，舞者身穿僧衣，头戴卷云冠，手执花盘，表演《菩萨献香花队》。他们在装束和道具上都充满佛教色彩，然而这些舞蹈并不是用于佛教祭祀，而是用于宫廷典礼。

元代统治者笃信藏传佛教，所以在元代藏传佛教较为盛行，这时的佛教舞蹈也主要以密宗为主，密宗乐舞与前代有明显差别。以前佛教舞蹈多为礼佛、娱佛，而元代佛教舞蹈多为饰佛，表演者都带有面具，有一种强烈的神秘色彩。密宗舞蹈戴面具表演，实际上是由礼佛转变为通灵，将表演佛教舞蹈视为一种修炼。

综观佛舞在中国的发展变化，我们可以看到民族、区域的差异，使得佛教舞蹈在不同朝代、不同地区呈现出不同的发展特点。这说明佛教舞蹈必须与本民族的审美心理和审美习惯相趋同，才能更好地传播和发展。

赵飞燕独创了什么舞步?

赵飞燕，是西汉也是中国古代历史上杰出的舞蹈家。"踽步"是赵飞燕独创的技巧，其他人都不能模仿得惟妙惟肖，更为神奇的是她还能控制呼吸，由此可见，她的舞蹈功底十分深厚。

赵飞燕在中国历史上是一位传奇人物和神话般的美女。虽然在《汉书》中对她只有零星几句的描述，但是却有许多关于她的野史。在中国民间和历史上，她以美貌著称，所谓"环肥燕瘦"讲的便是她和杨玉环，而"燕瘦"也通常用来比喻体态轻盈瘦弱的美女。

历代文人都在宣传她精美绝伦的舞技，唐代大诗人李白曾创作《清平调三章》来歌颂赵飞燕可以与杨贵妃媲美；我国历代文人学士在吟诗作

赵飞燕歌舞图
史传赵飞燕体态轻盈、舞步曼妙，能做掌上之舞。

赋时也多次提及她的名字，并创作了不少以赵飞燕为题材的小说、诗歌、绘画等文艺作品。

白纻舞是穿白纻制成的衣服而跳的舞吗？

白纻制成的舞衣，是一种质地细腻、色彩洁白犹如天上的云彩一样的舞艺，舞者在穿上这种舞衣跳舞时，在展现出优美舞姿的同时，也在向世人述说着劳动的美好。

白纻舞起源于三国时期吴国的民间，是织造白纻的女工，运用简单的舞蹈动作赞美自己的劳动成果，经过多年逐渐形成并且发展成为一种有着精美意境的舞蹈风格。白纻制成的白纻舞衣有着轻软的质地，在表演时长袖的回转则代表了白纻舞动作的特点，不同挥舞长袖的动作，展现了白纻舞的摇曳轻盈的动态舞姿，也刻画了舞者随风飘逸的美丽身姿，同时在表演时舞者还得配以的动态眼神，与观众通过眼神表现精神上的交流情景。白纻的舞蹈动作看似简单，实际在做起来时却没有那么容易，舞者表演时，从最开始缓慢的步子逐渐地变为急促的步伐，即使舞步和动作在加快，在表现出来时却总是给人轻快的感觉，不急不躁，形成一种飘逸的感觉，犹如天上的仙女一般，在脱离了世俗的羁绊后，飞向广阔的天空。

白纻舞是在人民在劳动过程中产生的，清新健康的风格是为了赞美自己的劳动成果，随着它的流传也慢慢地进入了宫廷，成为历代宫廷所保留的筵宴乐舞。美丽飘逸的白纻舞，有着多种舞袖的技艺，其多姿多彩的表演，成为我国传统舞蹈中具有特色舞艺的舞蹈之一，也表现了不同人物的思想感情，其精湛完美的舞姿颇为广大民众所喜爱。

哪部作品是舞蹈史上的璀璨明珠？

霓裳羽衣舞是唐朝时期著名的歌舞精品，也是一部具有很高艺术成就的宫廷乐舞，在乐曲的曲调上，以道家的道调为主，带有适当的佛曲，其舞蹈的内容讲述的是月宫仙女的事，再加上舞者的服饰也展现了道家的风格，因此，霓裳羽衣舞具有深厚的道家色彩。

霓裳羽衣舞是由唐玄宗所创作，杨贵妃编的舞。据说唐玄宗在一次睡梦中，梦见了天上虚无缥缈的仙境，及仙境中翩翩起舞的仙女，由此受到启发，再经过一段时间的冥思苦想及看到女儿山之后，借助和吸取了印度《婆罗门曲》的曲调，创立了这部适合于宫廷演奏的大曲——霓裳羽衣舞。霓裳羽衣舞有着高妙的编导手法，将舞中刚柔、强弱、急缓和动静等变化做了鲜明的对比，同时又结合了乐曲、歌唱和舞蹈的技艺，使得霓裳羽衣舞成为一种新颖独特的乐舞，展现在世人的眼前，给人一种身临其境的感觉，又让人产生无尽的想象，以至于被各式的文人雅士所赞颂，使得霓裳羽衣舞的传播达到了空前的繁盛。然而安史之乱却导致了霓裳羽衣舞原作的失传，后人在再次编排创作时只能根据文学上的记载和诗歌中的描写，即使如此，霓裳羽衣舞也展现了其独特的魅力，不失其卓越的艺术成就。

霓裳羽衣舞有着奇妙的构思。优美的乐调，其独特的艺术创造性，不仅在唐代舞蹈中占有了重要的地位，同时也是当今舞蹈界的一颗璀璨明珠，促进了中国舞蹈在后世的发展。

剑器舞是舞蹈吗？

剑器舞是众多舞蹈中的一种，是以剑器为主要道具的一种舞蹈表演形式，因此被命名为"剑器舞"。

剑，在古代往往是作为一种权力和地位的象征，随着它的盛行，剑也逐渐地衍变成一种人们锻炼身体和抒发自己情感的一种工具。剑舞在形成初期，起初只是作为一种男性舞蹈而呈现在人们的眼前，在剑舞长期的流传时间里，逐渐地衍变为女性舞蹈的一种。剑与舞的结合，形成了特色的剑器舞。剑器舞是以舞蹈的节奏为打令，在优美的舞姿中形成一种战斗的氛围，这种氛围使剑舞在某种程度上有了一定的可观性，之所以能盛行是因为在表演的过程中讲究身法、剑法、和舞步的协调一致，通过不同的力量与造型，使剑舞充满了无数的变化性，同时也增添了剑器舞的生色，在表演时也彰显了舞者的飒爽英姿，展现舞者高超的舞技，基于此，使舞者在表演时将剑器舞推向高潮，从而令观赏的人赏心悦目，惊叹不已。在众多的剑器舞表演者中，公孙大娘可谓是"一舞动四方"，从古至今响彻着整个剑舞表演界，她向我们展示精彩绝伦的剑舞表演，让世人享受着美妙艺术渲染。

剑器舞是结合了剑器的刚与舞蹈的柔，两者刚柔的融合，形成了一种新的舞蹈艺术——剑器舞。剑器舞是中国古典艺术中的一种结晶，也是作为中国舞蹈艺术的一种传承而流传于世，在很大程度上也影响着中国舞蹈的发展。

开元盛世的第一舞人是谁?

公孙大娘是众多梨园弟子中的一员，她有着高超的舞姿，坚韧的剑舞艺术，因此在众多梨园弟子中脱颖而出，被誉为开元盛世的第一舞人。

剑，原本是充满杀气的武器，但在公孙大娘的手中，剑就变成了具有高超技艺的表演道具，失去了它应有的杀掠功能。公孙大娘在舞剑时，运用了剑术专有的技能，并且又结合了舞蹈的柔美，两者一刚一柔的结合，将原本刚硬无情的剑变成柔美精湛的艺术，公孙大娘的剑舞也因此惊动于世。当她穿上戎装，舞动手中的剑器时，人们总是将表演的场地围得水泄不通，她的剑舞为人们展现了一幅幅惊心动魄的画面。

在诗圣杜甫的诗中我们可以看到他对公孙大娘的高超技艺的无限赞赏，看她那矫健敏锐的舞姿，让人觉得似乎是天上的神仙骑驾着天上的神龙在宇宙中翱翔，而她手中的剑所散发出来的剑光就像阳光般耀眼；每当公孙大娘开始起舞的时候，天地之间惊雷响动，为她的舞姿所渲染，也让在场的人们瞬间忘记了呼吸，在公孙大娘舞剑结束时，那平静的画面就犹如江海面上凝聚的波光，在这一幕幕的赞赏中，我们总能看见公孙大娘她那非同一般的舞技。公孙大娘卓越非凡的舞艺，不仅刺激和影响着人们的视觉和感觉，也有很多人拜入她的门下传承她的舞艺，就连我们现在所知张旭的草书和杜甫的《剑器行》都是源自公孙大娘剑舞的启发。

公孙大娘有着高超卓越的舞艺，上她的名字如雷贯耳地响彻于民间，同时她也是我国剑舞的开创者，她把曾经用于战场上的剑，带上了艺术的舞台，开创了一种新的舞蹈形式，为后世舞蹈文化的发展打下了一定的基础。

胡旋舞是不停旋转的舞吗?

胡旋舞是经由丝绸之路从西域传入唐朝的一种舞蹈形式，在表演时，胡旋舞有着奔腾欢快的节拍，连续的旋转伴随着轻盈快速的动作，胡旋舞在传入唐朝之后，逐渐地成为唐代盛行的舞蹈之一。

胡旋舞以旋转为主，节奏鲜明，节拍欢快奔腾，节奏快速，风格刚劲，多旋转蹬踏，伴奏音乐以打击乐为主。根据史料记载，公元 568 年 3 月，北周武帝宇文邕派使臣西出玉门关出使突厥，送上厚礼，向突厥可汗求婚，请求迎娶阿史那公主为皇后。当时突厥可汗也正想与强大的北周结好，所以答应了宇文邕的求婚。突厥可汗深知女儿酷爱音乐，便组建了一支由 300 人共同构成的庞大的西域乐舞队，作为陪嫁送到长安。乐舞队的舞蹈艺人带来了五弦琵琶、竖箜篌、哈甫、羯鼓等乐器和众多的舞女。也就是这次求婚，将胡旋舞

乐舞表演 敦煌莫高窟 172 窟　盛唐

中间舞伎 2 人，一人击腰鼓，一人反弹琵琶。乐队左右各 8 人，所奏乐器有鼓、横笛、拍板、排箫等。根据舞蹈动作和伴奏乐器可知，舞者所跳应属胡旋一类。

带入了中原。唐开元天宝以后，胡旋舞在中原广为流行。是当时最流行、最时髦的胡舞，以杨玉环的胡旋舞最为精湛。

胡旋舞大多是由女子所跳，舞者的服装是宽摆的长裙，带有很长的袖子，舞者旋转时，身体就像雪花飞舞一般，那急速欢快的节奏，似乎连飞奔的车轮都跟不上，就连那急速的旋风也黯然失色，尽管如此，那跳胡旋舞的女子仍然在不知疲倦不停地转动着，那快速旋转的节奏让看者热血沸腾。胡旋舞从起跳一直到结束，节奏都是欢快的，同时带有多次连续的旋转和蹬踏的动作，在音乐的伴奏上都以打击乐器为主，这些打击乐器因为有着很强的节奏感，音量也较大，同时还具备了响亮的音色，所以让打击乐器作为胡旋舞的伴奏，就更能适应胡旋舞快速的节奏和刚劲的风格。胡旋舞在传入中国后，其欢快的节奏很受宫廷人们的喜爱，人们很有兴趣地学习胡旋舞，让胡旋舞成为当时风靡一时的交际舞蹈。

胡旋舞有着"舞因为动而美，心因为舞而飞"这么一说，足见胡旋舞在跳动时以快速的节奏给人带来的一种美感。它融合了中原的传统舞蹈，为我国的民族音乐舞蹈带来新的发展起点。

胡腾舞是一种腾空而起的舞吗？

胡腾舞是中国健舞中的一种，它是由西域传入我国而逐渐形成的一种带有少数民族色彩的舞蹈。胡腾舞是以男子为独舞的一种舞蹈形式，其舞蹈动作以下肢的跳跃和急促多变的踢踏舞步为主。

胡腾舞是一种男子独舞，跳舞时，舞者的头顶戴尖顶帽，身穿短袖样的胡人的衣服，当跳跃式，腰部的腰带能发出声音，脚上穿一双棉靴，腾空而起时，往往双手插在腰上。胡腾舞在表演时，其动作既充满了热情的奔放，也带有潇洒的柔软，那雄健快速且急凑的舞步，使刚毅的舞蹈带上了一丝丝诙谐。胡腾舞其跳跃动作的敏捷灵活，变化多端的步伐，跳跃时轻巧且迅速的动作，无不展示了舞者深厚的腿脚功夫，那刚中有柔、刚柔并济的舞姿，将胡腾舞的表演展现得淋漓尽致，让观众目不暇接。其快速的腾空跳跃，以下肢不断变化的舞步，向我们展现了其生动激情的画面。

胡腾舞是西域文化与中原文化的一种融合，带有很强烈的民族特色，在彰显西部豪放质朴的民族特征的同时，也宣泄着西域民族激昂朴实的情感，是他们一种思想的流露。它在中国舞蹈史上占有了重要的位置，也对世界舞蹈的发展有着深远的影响。

哪个皇帝使得中国音乐进入鼎盛时期？

唐玄宗李隆基酷爱音乐，且具有很高的音乐天赋和才能。他在位时期，整个社会音乐文化高度繁荣，促使中国封建社会音乐进入鼎盛时期。

我国历史上向来不乏爱好音乐的帝王诸侯，如周穆王、秦始皇、汉高祖、汉元帝、魏武帝、北周武帝、唐太宗、武则天等，都和音乐结下了不解之缘，其中不少都是雄才大略、平定江山的政治人物。但是像李隆基这样痴迷的，在皇帝史中却是独一无二，无人能出其右的。

李隆基从小就接受了严格的贵族音乐教育。上层贵族对宫廷艺术教育的重视，为李隆基一生对音乐的极度偏爱奠定了基础。他的音乐活动涉及创作、演奏、排练、组织、理论等各个领域。

李隆基十分擅长写曲，在作曲时灵感如泉涌。唐代许多著名的音乐作品，如《霓裳羽衣曲》《夜半乐》《龙池乐》《小破阵乐》《雨霖铃》等，均出自唐玄宗之手。可以说唐玄宗的音乐人生是与作曲紧密相连的。

除了作曲之外，他还十分喜爱音乐演奏，他最擅长演奏羯鼓。羯鼓乃是"八音之领袖"，是乐器合奏的"指挥棒"。宰相宋璟称赞玄宗的演奏是"头如青山峰，手如白雨点"，这并非虚伪的奉承话，而是事实，唐玄宗演奏技巧的高超，实在让人佩服。

唐玄宗还擅长吹笛，在上朝期间，他仍身怀玉笛构思作曲，看似荒谬异常，却也反映出了他对音乐的痴迷。

唐玄宗还是一位杰出的排练者和指挥者。《旧唐书·音乐志》载："玄宗又于听政之暇，教太常乐工子弟三百人为丝竹之戏。音响齐发，有一声误，玄宗必觉而正之。"这说明唐玄宗有着一流音乐听觉水准。唐代宫廷音乐在"音乐内功"如此高的人的指点下，水平如果不高，也难以讲通。

盛唐时期音乐文化的高度发展，唐玄宗在其中发挥着巨大的领导作用。由此可知，统治者的爱好将影响着整个社会的思想形态，对社会风气的形成有着重要的影响。唐玄宗经常鼓励王室贵族研究音乐。因此，在唐玄宗的倡导下，大官贵族们都积极学习音乐，音乐在那时成也为一种社会风气。唐玄宗在中国音乐史上更是占有无可争议的地位。

什么是软舞?

软舞是我国唐代的表演性舞蹈，它广泛流行于宫廷贵族、士大夫家宴及民间堂会中，为女子独舞，节奏先慢后快，舞姿轻盈飘逸，以舞长袖为其特色，节奏舒缓，优美柔婉，风格与健舞相反，故名"软舞"。

软舞最初来自民间，后用于宴会。其中的舞蹈节目不是固定的。据《教坊记》和《乐府杂录》记载，"软舞"有春莺啭、垂手罗、回波乐、绿腰、乌夜啼、凉州等十几个节目，这些都是软舞的代表性舞蹈节目。一般是女子独舞，舞者穿着有修长衣襟的长袖舞衣。以舞袖动作为主，动作柔美，步态轻盈，节奏由慢渐快，舞至高潮时挥舞长袖，体如游龙，长袖飘逸。古时宫廷或士大夫家举行宴飨，主人就会安排软舞表演，借以娱乐。

绿腰又名录要或六幺，是软舞名曲，亦属唐宋歌舞大曲之一。唐代诗人白居易的《乐世》诗题解说："一曰绿腰，即录要也。贞元中乐二进曲，德宗令录出要者；因以名，后语讹为绿腰，软舞曲也。"五代画家顾闳中绘制的《韩熙载夜宴图》中就有舞姬王屋山表演六幺的形象场面。画中女子穿天蓝色长袖舞衣，挥舞长袖，表情含蓄、舞姿轻盈飘逸。唐代李群玉《长沙九日登东楼观舞》诗中描写："南国有佳人，轻盈舞绿腰……翩如兰苕翠，婉如游龙举……慢态不能穷，繁姿曲向终。"绿腰主旋律曾被移植编成琵琶曲演奏。所以白居易脍炙人口的名作《琵琶行》中就有"初为霓裳后六幺"来形容琵琶女高超的演奏技巧。

又有软舞名曲春莺啭，这种舞蹈的音乐有模拟黄莺的叫声，舞蹈轻柔，糅合了龟兹歌舞风格的舞蹈，是女子独舞，舞伎立于席上，进退旋转，婆娑缦妙。也有男子表演，舞者戴鸟冠，穿大袖袍而舞。

凉州是软舞曲，也是歌舞大曲之一。它是甘肃武威一带的舞蹈，颇具当地少数民族风韵。是持碗、盅之类的舞蹈，唐代诗人张祜的《悖儿舞》一诗中说："春风南内百花时，道唱梁州（凉州）急遍吹，揭手便拈金碗舞，上皇惊笑悖儿。"现在我国一些民族民间舞中仍有不少手持碗等食具的舞蹈。但凉州是否一定执碗而舞，尚未见到其他记载。

音乐界的"史记"指的是哪本书？

《乐府杂录》是我国最早的音乐史书，它同《史记》《资治通鉴》等史书的性质一样，是记录我国音乐发展过程的重要文献。

《乐府杂录》又名《琵琶记》，是一本记录中国古代音乐发展历史的著述，它的编写目的是补充《教坊记》的不完备之处。

历史上许多著名的曲子如《广陵散》《霓裳》等都在流传中散佚了，人们只能想象那些曲子的精妙之处，再加上当时的记音体系不是很发达，音乐的传承大多靠艺人们的口耳相传。而《乐府杂录》这本书，能让我们顺着声音的轨迹，触摸音乐的形体。

《乐府杂录》编书于唐代乾宁元年（894 年）之后，其中的"乐府"二字，并不是我们所理解的汉代乐府民歌，它囊括了唐中叶以后的音乐、歌舞、杂戏、技艺等，也就是说它收录了古代的乐舞百戏等杂艺。由此可见，唐朝虽已临近崩溃，但它仍然保持了音乐上的恢宏气势。

《乐府杂录》的内容主要是关于"歌""舞工""俳优"以及关于"琵琶""筝""箜篌""琴""阮咸""羯鼓""鼓""拍板"等乐器方面。主要是对音乐源流方面的考证，其中也捎带地谈到了一些演奏者的奇闻轶事。

与雅乐相比较，唐朝宫廷中所采用的是所谓的"俗乐"，这种"俗乐"盛行于开元、天宝年间。"安史之乱"之后，这些俗乐虽然大多数丧失了，但在民间仍然继续流行着，而且得到了不断丰富和发展。

段安节的《乐府杂录》一书所记载的，除了少数属于太常乐外，其余大部分都是俗乐。这也是编撰此书的一大突出贡献。此书所记载的这些材料，大大弥补了《教坊记》中的不足。

顿仁对南北曲的融合做了多大贡献？

顿仁，明朝一代才女顿文的祖父，是明代著名的北曲曲师，也是我国古代戏曲史上第一个见于记载的戏曲乐师。

顿仁原是明代陪都南京的一个教坊曲师，在正德年间曾经到过北京，学得北曲 50 余套。学成归来后，南曲却十分盛行，北曲在南方几乎无人问津。顿仁也因此多年怀才不遇，后被何良俊（元朗）聘为家庭教师，教授北曲。他家优伶所唱的 50 多套北曲，都是顿仁传授的。

经何良俊提倡，顿仁教授，何良俊家班演员均会北曲，北曲也渐渐地开始在南方流行。怀才不遇的顿仁和度曲知音的何良俊还经常在一起切磋北曲唱法，何良俊《四友斋丛说》中多处关于顿仁论曲的记载，对后来的研究者们产生很大影响。

顿仁对北曲的演唱及伴奏深有体会，何良俊评价说，他从不使《中原音韵》和《琼林雅韵》离手，开口、闭口所说的都是与四字阴阳相关的东西。由于学习过南北两种不同的曲调，顿仁对南北曲的差别深有体会。

《顾曲杂言》评论说："南曲箫管，谓之唱调，不入弦索，不可入谱。"又说："弦索九宫，或用滚弦，或用花和、大和钤弦，皆有定制；若南九宫，无定则可依，且笛、管稍长短其声，便可就板；弦索若多一弹、少一弹，即倨（音欹）板矣。"

顿仁对明代南北曲之间的融合做出了重大贡献。明代是南北曲进入全方位交流和发展的繁荣阶段，除纯南曲与纯北曲的演唱外，南北曲又在保持各自特色的基础上，不断吸收对方特色，形成了两种新的演唱方式——南曲北调和北曲南腔。

以往曲学界大多关注的是南北曲音乐的差异，并不从南北曲互渗的角度去关注曲唱，顿仁和何良俊两人关于南北曲调进行的切磋、融合的探索，为后人的研究提供了珍贵的材料。

"跳傩"指的是哪种舞蹈？

傩舞，又叫"大傩""跳傩"，俗称"鬼戏"或"跳鬼脸"。它源于上古氏族社会中的图腾信仰，后来发展成原始巫教中的一种仪式，并逐步演变成有固定目的和内容的节令祭仪。

这种民间舞蹈历史悠久，一般有两种表演形式：一种由 4 人组成表演，表演者头戴面具，身穿兽皮手拿戈矛，口中发出"傩傩"的声音；另一种由 12 人组成表演，每个人都头戴朱发画皮，手拿数尺长的麻鞭，将其甩动，并尽量使其响声震撼人心，在表演时还配合着音乐高呼各种专吃恶鬼、野兽的神明。

由于傩舞在不同的地区都有流传，其表演风格也各不相同，既有场面变化多端，表演细腻严谨，生活气息浓厚，舞蹈优美的"文傩"流派；又有气势磅礴，节奏欢快，情绪明朗，动作刚劲有力的"武傩"流派。这种古老传统傩舞之花，至今仍流行于江西省德安、武宁、都昌等县的舞台、厅堂和村镇田头。

萍乡傩舞堪称一绝，是中国文化中一种较为全面的傩文化。萍乡傩舞源于西汉初期，距今已有 3000 多年的历史，更被誉为"历史文化的活化石"。近来，为了将萍乡傩文化推向全国、推行世界，萍城还专门成立了"萍乡傩文化研究会"。同时，政府也大力着手筹建傩文化园的准备工作，力图通过这一文化遗产来带动经济发展。

邵武的傩舞主要是驱逐疫病和妖魔、祈求上天赐福。舞者头戴面具，脑后缀一块红布，以舞蹈动作走村串户，与古代"大傩"或"乡人傩"有明显的传承关系。

大傩图　石刻

傩舞不仅代表舞蹈本身，还代表中国传统文化中的民族融合。在现代化、科技化的今天，在全社会的共同努力下，在民间传统文化广泛受到关注、非物质文化遗产逐渐受到保护，傩舞一定会展现出它的原始魅力！

龙舞有哪些特色？

龙舞，因舞蹈者所持道具之形似龙一般而得名，是汉族的民间舞蹈，有着千余年的历史。龙，是中国古代神话中的神物，被古人视为中华民族的象征，能够行云布雨、消灾降福。因此，龙舞在古代多出现于久旱未雨时的求雨仪式上，有的也出现在农田内插秧结束后，用作求雨和驱虫。

在汉朝时期，中国就有了完整的龙舞，汉朝人董仲舒所做的《春秋繁露》曾提到过，人们在不同季节的祈雨祭祀中，会舞动不同颜色的龙。春天舞动青龙，夏天舞动黄龙和赤龙，秋天舞动白龙，冬天舞动黑龙。经过千余年的发展，舞龙的颜色对于季节已经没多大的要求，在技巧上和表演上却越来越丰富，越来越专业化。人们置身于龙神之下，手持称为"龙神"的木棒，将龙神高举与头顶之上，时而做出直刺云霄的动作，时而又俯冲直下，一会又如盘旋在云里雾里，此起彼伏，十分有气势。

有一种龙舞，被称为龙灯、火龙或金龙。龙头由竹篾扎成，龙身和龙尾有三到十节不等，每节龙身之间有绸布相连，龙身之内有灯烛，与舞龙人手中的木棒相连。这种龙在空中飞舞时，灯光将龙身照耀得醒目艳丽，丰富多彩，十分具有欣赏性。另外，还有布龙、香花龙、水龙、段龙等。布龙讲究的是动作快、幅度大，舞姿矫捷轻便，常规动作有"金龙喷水""白鹤亮翅""雪花盖顶""双跳龙门"等；香花龙指的是龙身上插满香火，舞动时星光闪闪，似乎进入云雾一般，时隐时现；水龙流行于浙江省，人们将荷花灯、荷叶灯和蝴蝶等装于木棒之上，最后用一只大型荷花灯做龙头，用蝴蝶等做龙鳞，其他等节作为龙身，舞动时犹如一条华龙在空中盘旋；段龙多流行于江苏一带，常有妇女舞动，龙头、龙身、龙尾不连贯在一起，每节龙身上都挂有红绸，舞姿轻盈优美。

各地区都有各自的龙舞特色，有一些少数民族也有舞龙的习俗。中华人民共和国成立以后，龙舞更成为中国特色的欢迎活动，每到重大节日的时候，总会有各种形式的龙舞出现。龙舞不仅是中华民族的特色舞蹈，更是中华民族的一个象征符号，对中华民族有着特殊的含义。

舞龙舞狮的场景是怎么样的？

在一些欢庆的场合，人们都喜欢以舞龙舞狮庆祝。舞龙时，一条龙身下有十几人站立，右手举着木棍，木棍上端顶起龙身。两条或多条长龙互相追逐，忽上忽下地飞腾跳跃。演员们配合得极好，长长的龙身不住地翻飞、跳跃。一般还会有狮子一边与长龙嬉戏，一边表演狮子出洞、二狮相戏、登高直立等高难度动作。

狮子为百兽之尊，形象雄伟俊武，给人以威严、勇猛之感。舞狮子是我国优秀的民间艺术，每逢元宵佳节或集会庆典，民间都以狮舞前来助兴。舞狮分"南""北"派。南派狮舞以广东为中心，风行于港澳，东南亚侨乡，以表演"文狮"为主，表演时讲究表情，有搔痒、抖毛、舔毛等动作，惟妙惟肖，逗人喜爱，也有难度较大的吐球等技巧。北派狮舞以表演"武狮"为主。小狮子由一个人舞，大狮则由双人舞，一人站立舞狮头，一人弯腰舞狮身和狮尾。舞狮人全身会披着狮被，下身穿着同狮身相同毛色的绿狮裤和金爪蹄靴。人们无法辨认舞狮人的形体，因为他们的外形和真狮极为相似。还有引狮人，他们着古代武士装扮，手握旋转绣球，配以京锣、鼓钹等逗引瑞狮。狮子在引狮人的引导下，表演腾翻、扑跌、跳跃、登高、朝拜等技巧，还有走梅花桩、窜桌子、踩滚球等高难度动作。南狮虽也是双人舞，但舞狮人下穿灯笼裤，上面仅仅披着一块彩色的狮被而舞。南狮流派众多，有清远、英德的"鸡公狮"，广州、佛山的"大头狮"，高鹤、中山的"鸭嘴狮"，东莞的"麒麟狮"等。南狮除外形不同外，还有性格的不同。白须狮舞法幅度不宽、花色品种不多，但沉着刚健，威严有力，民间称为"刘备狮"。黑须红面狮，人称"关公狮"，舞姿勇猛而雄伟，气概非凡。灰白胡须狮，动作粗犷好战，俗称"张飞狮"。

古人将狮子当作勇敢和力量的象征，认为它能驱邪镇妖、保佑人畜平安。所以人们

狮子舞 年画

逐渐形成了在元宵节时及其他重大活动里舞狮子的习俗，以祈望生活吉祥如意，事事平安。

秧歌有哪三大特点?

扭秧歌广泛流传于我国北方地区，是我国的一种民间舞蹈，带有极为强烈的热闹、欢悦的气氛。关于秧歌的起源，清朝的屈大均在《广东新语》提到扭秧歌，说每年春耕的时候，农家妇女和儿童一起到田地里插秧，鼓声一响，"群歌竞作，弥日不绝"，后演变为人们的一种庆祝活动，被称为"秧歌"。

秧歌最早是以歌唱的形式出现，后来渐渐变成舞蹈和戏剧的形式，尤其是在灯会、年节等节庆时，经常会看到这种民间艺术。这是一种集体舞蹈的形式，表演的时候，人们穿着各种各样的服装，几十个人，或者上百人组成秧歌队伍，扮演各种历史故事、神话故事中的人物，跟着锣鼓声的节奏，扭摆出各种各样的舞姿。

扭秧歌的四大特点，分别是扭、走场、扮和唱。扭，指表演者手拿扇子、手帕或彩绸等道具，踩着锣鼓点，一边唱着秧歌词一边步履轻盈地扭动身体。秧歌的舞姿没有特属的规定，有的甩胳膊，有的扭屁股，还有的蹦蹦跳跳，看起来非常凌乱，不过，却极大地表现出了喜庆的气氛。走场，场有大场和小场之分。开始和结束的时候，一般为大场，中间穿插的为小场。走大场，指的是庞大的秧歌队伍，组合成大型的集体舞，表演出"九连环""双过街""龙摆尾"等舞蹈图案。走小场指的是三两个人表演一些有情节的舞蹈，常见的有"车幺妹""傻子接媳妇""刘海英戏金蟾"等。扮，指的是表演者扮成民间故事或传说里的人物，有花花公子、少女、丑婆、货郎等。唱，指的是表演者一边扭一边舞，一边还要吟唱故事情节中的歌词。唱词的内容，有的与剧情相关，有的则是即兴发挥出来的，也有当地的小调。

秧歌具有极大的娱乐性和群众性，其中的许多动作也都诙谐幽默、朴实可爱，受到百姓极大的欢迎。现在在中国的北方，尤其是过节的时候，还经常会有秧歌队伍走街串巷，它给人们带来了无穷的欢乐。

秧歌与插秧有关吗？

陕北秧歌舞，又称扭秧歌，历史悠久，是我国人民喜闻乐见、具有代表性的一种民间舞蹈，也是民间广场中独具一格的一种集体歌舞艺术。它最初是农民在插秧时的一种歌咏活动，起源于农业生产劳动，与插秧有关。

清代屈大均《广东新语》里记述说：每年春耕时，农家的妇女儿童数以十计，一起到田里插秧，一人敲起了大鼓，鼓声一响，"群歌竞作，弥日不绝"，称之为"秧歌"。秧歌最早是以唱歌的形式出现，后来发展成舞蹈和戏剧表演的形式，并流行于我国南北各地，后来又逐步演变成灯会、年节中必须表演的习俗。

秧歌在我国北方的广大地区广泛流行。清初，北京正月到处都有"秧歌小队闹春阳"，围观的人摩肩接踵，盛况空前。湖州的灯节，各坊市都必须伴唱秧歌。

秧歌舞具有自己的风格特色，舞姿丰富多彩，深受农民欢迎。一般由舞队十多人至百人组成，扮成历史故事、神话传说和现实生活中的人物边舞边走。随着鼓声节奏，善于变换各种队形，热闹非凡。秧歌队的领头叫"伞头"，是这支秧歌队的总指挥。他手持一把伞边舞边唱，象征用伞庇佑百姓，让他们风调雨顺。他唱的内容基本上是即兴发挥，也有当地民间小调，后面跟着装扮成男女老少和丑角类的各种人物，走出各种队形，在锣鼓、唢呐的伴奏下，边扭边舞。秧歌舞的表演，有以下几个特点：一是扭，表演者手持扇子、手帕、彩绸等道具，踩着锣鼓点，口中唱着当地文人流行的秧歌词，步履轻盈，边扭边舞；二是走场，一般开始和结束时为大场，中间穿插为小场。大场是边走边舞的各种队形组合的大型集体舞，表演出"龙摆尾""双过街""九连环"等各种图案的舞蹈。小场是由两三人表演带有简单情节的舞蹈或歌舞小戏，如"刘海英戏金蟾""车幺妹""跑旱船""傻子接媳妇"等；三是扮，舞者扮成民间传说、历史故事中的各种人物，类型有文武公子、少妇、丑婆、货郎、渔翁和小孩等；四是唱，伴随着唢呐、锣鼓声，由歌手演唱当地的民间歌谣。既可以统一表演一个大型节目，也可以分别表演各自准备的小节目。还有一种"地秧歌"，动作难度不大，简单有趣，既不需要多大的体力，还可以通过这种娱乐活动舒松筋骨。所以，扭秧歌很适应于山区不同年龄的人参与。过去嘉陵区人民大多数都可以在闲时扭几步。现在，扭秧歌这一民间舞蹈，已经成为人们休闲娱乐的常选了。

◎第七章 **戏曲表演**◎

戏曲是在什么时候达到成熟的?

戏曲是在元代达到成熟的。元朝时期,"杂剧"在原有基础上得到迅速发展,演变成一种新型的戏剧。元杂剧具备了戏剧的基本特点,它的出现是我国戏剧进入成熟阶段的标志。

元杂剧发展于民间,是在继承前代各种文学艺术的基础上,经过教坊、行院、伶人、乐师及"书会"等人的不断努力,而改创出来的综合性舞台艺术。在形式上,元杂剧的故事情节来自北曲四大套数,用楔子把不连贯处结合起来,形成了一本四折一楔的通常格式,每折用同一宫调的若干曲牌组成套曲,必要时另加"楔子"。结尾用 2 句、4 句或 8 句诗句概括全剧的内容,叫"题目正名"。

曲词、说白(宾白)及科(科泛)三部分构成了每一折。曲词是按需要填写的文字,也叫曲文、唱词或是歌词。不但可以用来叙述故事情节、还能刻画人物性格。全部曲词都押同一韵脚。说白即戏曲表达形式中的朗诵形式,具有一定的音乐性和节奏性。科是动作、表情等。一本剧通常由正末或是正旦一人来唱,其他角色有白无唱。正末主唱的称"末本",正旦主唱的称"旦本"。

元杂剧大部分每本都分为四折(相当于今天的幕或场),每折一次写开端、发展、高潮和结局;也有由五折构成的。有的还有"楔子",一般放在第一幕之前,相当于现代剧的序幕,有时在两折之间也有,具有过场戏的性质。剧名,为题目正名的最后一句。

戏曲中的音乐有什么特征?

戏曲音乐作为中国戏曲的重要组成部分,与其他形式的音乐艺术有很大的区别,主要体现在对于戏剧性的要求上面。中国戏剧的音乐要求能推动剧情发展,能够营造情景氛围,能够表现戏剧人物的主要性格。这是一种戏剧化了的音乐,有着自身特有的表现手法、艺术形式和结构技巧,具有很强的民族风格。

民族音乐是中国戏曲音乐的本质属性。戏曲音乐的成长与发展都来自民间,其创作具有很多民间音乐的特征。

第一,戏曲音乐有着深厚的群众基础。它的产生与发展与各地的方言、民歌以及说唱音乐有着极为密切的关系,这些民间艺术经过民间艺术家的再加工,形成了系统的民间音乐。

第二,戏曲音乐是劳动人们的集体结晶,而不是由某个人创造出来的。所有的戏曲音乐的出现与发展都经历了漫长的历史进程,它不是某一个作家个人创做出来的,而是长年累月中音乐发展累积的产物,是世世代代集体创造的成果。

第三，戏剧音乐具有口头传承的特点。在戏剧音乐发展之初，由于各人条件不同，使用方言不同，戏剧音乐在传唱过程中，不断地发生变化。这种变化使得同一腔派的风格演变成不同的腔调；同一剧中的唱腔也形成了具有不同特色的流派。渐渐地已经形成的不同流派，记录了自己戏曲音乐的特点，并且汇集成谱。

第四，戏曲音乐的作曲过程和演奏过程是合二为一的。也就是说，演奏者就是作曲家，演奏者在演奏的时候也是在作曲。

戏剧音乐的另一个重要特征，就是它具有极为强烈的程式化。其程式贯穿在戏剧音乐的结构、唱腔体制形式中，小到曲牌、锣鼓点、板太唱腔等，都有程式化的痕迹，而且非常丰富，无所不在。

从产乐的角度看，戏曲属于中国人的音乐戏剧。它与西方歌剧及其作曲家个人专业创作的音乐传统有明显的区别。程式化音乐在戏剧中的应用，既具有严格的规范性，又具有足够的灵活和自由度，因此在长期实践中奠定出音乐程式的表现功能。中国戏曲音乐的民间性与程式性，也表现在其独特的民族特色和专业水平上，具有极强的美学意义。很多特点至今仍保留在中国戏曲音乐当中。

戏曲艺术的四项基本艺术手段是什么？

中国戏剧艺术的基本功主要表现在四个方面，分别是唱、念、做、打，被称为戏曲艺术的"四功"。同时，这四点也是戏曲表演的四种艺术手段。

戏曲演员从小就经历的严格训练，集中体现在这四个方面。不同的演员，重点训练的方面不同，唱老生集中在唱功上面训练，花旦以做功为主要训练科目，武净以打为主要训练科目，但想要成为一个好的戏曲演员，还必须在"唱念做打"这四项基本功上全面发展。

唱，指的是唱功，它是戏曲的主要表现手段之一。学习唱功首先要练习的就是吊嗓子、喊嗓子，提高音量、扩大音域，锻炼嗓子的耐力和音色。一个优秀的唱功演员，必须掌握四声阴阳、五音四呼、尖圆清浊、归韵、喷口、润腔等诸多技巧。不过，唱功更重要的是利用自己独有的声音技巧来展现戏剧人物的感情、性格和精神状态，通过唱乐的感染力，将观众融入戏剧之中。

念，指的是音乐性的念白，它与唱是构成歌舞化戏曲的两大要素。唱与念之间是一种互补、配合的关系。念功也是演员从小训练的基本科目。戏曲的念白可分为散白和韵白两大类，它们都是经过艺术提炼的语言，具有极强的音乐性和节奏感。

做，泛指表演技巧，常指具有舞蹈形态的肢体动作。它是戏曲区别于其他表演形式的标志之一。戏曲演员的做功不是纯粹的技术表演，而是具有特定内涵和表现的艺术形式。演员一举手、一投足之间，皆有内心的真实感情流露出来，和外在的做功相结合，达到内外交融、得心应手的地步。好的做功演员，务必能够利用手、眼、身、步的多种表现形式，水袖、翎子、甩发、髯口等多种技法，灵活地突显出戏剧人物的性格、身份和年龄。

打，是戏曲中舞蹈化的肢体语言，也是生活中格斗场面的高度提炼和艺术升华。戏曲演员的打功可以分为把子功和毯子功，无论哪种打功都需要身后的功底，都要求能够善于利用这些高难度的技巧展现戏剧人物的神情气质和精神面貌。

唱、念、做、打是戏曲艺术最强有力的表现形式和艺术手段，四者的有机结合，构成了戏曲这种艺术形式。由此可见，唱念做打对于一个戏曲演员来说，具有多么重要的作用和意义。

唐代训练乐工的机构叫什么?

唐代训练乐工的机构叫作梨园。

人们习惯将梨园叫戏剧班子,把表演戏曲的人称为"梨园子弟";如果一个家庭几代人都从事戏曲艺术则称之为"梨园世家";还可将戏剧界称为"梨园界"。

唐代宫里的果木园圃原被称梨园,由于唐玄宗在此地训练宫廷乐师而得名。在长安(今陕西西安)光化门北禁苑中,在其广场上面可以拔河打球。玄宗曾选坐部伎弟子 300 人与宫女数百人于梨园学歌舞,有时亲自教练,称为"皇帝梨园弟子",也称梨园弟子。

后人把它和戏曲艺术联系在一起,因此它也就成为艺术团体和演艺人士的代名词,称戏班为梨园,戏曲艺人是梨园弟子。唐朝的宫廷,特别是唐玄宗李隆基作为皇帝对歌舞戏剧的喜欢,使朝野上下采取了各种措施来促进戏曲的发展,因而唐朝为戏剧的繁荣提供了条件,这是唐代戏曲得以兴盛的前提。宫廷乐部机构的建立和充实为戏剧奠定了发展基础。

经济高度发展促进了唐代文学艺术的繁荣,同时也促进了戏曲艺术的自立门户,并给戏曲艺术以丰富的营养,诗歌的声律及叙事诗的成熟给了戏曲决定性影响。音乐舞蹈的昌盛,为戏曲的表演、唱腔奠定了雄厚的基础。教坊梨园有专门的研究人员,正规化训练,使艺人们掌握了较高的表演水平,加快了歌舞戏剧化历程,产生了一批用歌舞演故事的戏曲剧目。

处于开元盛世的唐朝,人们生活安居乐业,精神上需要群众性的戏曲活动,民间的娱乐活动,更多和农闲"自乐班"式的娱乐相近,也是他们交流感情,学文化、学历史、学道德的一种方式。

盛唐的每一个地方都飘荡着艺术的气息,到处弥漫着创造的思维与灵魂。戏剧,在这样丰厚肥沃的土壤中滋长。尽管,由于中国文化特质所决定,成熟的戏剧只能诞生于下一个历史阶段,但是,没有唐朝戏剧的贡献,戏剧发展的步伐要迟缓得多。

中国戏剧史上最早成熟的文艺戏剧是什么?

中国戏曲史上最早成熟的文艺戏剧是南戏。

北宋末年至明朝初年(12—14 世纪)南戏不仅是我国南方最早兴起的戏曲剧种,也是我国成熟最早的戏曲剧种之一。南戏在中国东部沿海广泛传播,由于它和"北曲杂剧"处于同一时代,为了便于区分,后人称之为南曲戏文、南戏或是戏文。同时又有温州杂剧、永嘉杂剧、鹘伶声嗽、南曲戏文等名称,明清间亦称为传奇。就其音乐——南曲来说,它是一种重要的戏曲声腔系统。为其后许多声腔剧种的兴起和发展奠定了基础,给明清以来各种地方戏发展提供了丰富的营养。

南戏是以宾白与曲牌联套相结合、以歌舞故事为主体的早期戏剧表现形式。现已知的宋元南戏剧目有 238 个,但流传者不到 1/10。在现存的戏剧中,具有代表性的是"永乐大典戏文五",它们分别是:《荆钗记》《白兔记》《拜月记》《杀狗记》以及《琵琶记》。南戏受各地方言及民间曲调的影响,衍变为"海盐""余姚""弋阳""昆山"四大声腔,影响至今。

南戏奠定了中国戏曲的基本特点,以反映阶级和民族压迫为题材,以战争多发、人民生活困苦为时代背景,现实性较强,富有强烈的斗争性。如《王焕》《蔡伯喈》《王魁》等。

元统一中国后,南戏和元杂剧相互交流使其在艺术上飞速发展。元中期以后,南戏逐渐流传至北方大都（今北京）等地。

明中叶以后，出现了很多优秀的作品，如梁伯龙的《浣纱记》、汤显祖的《牡丹亭》、以及清初洪昇的《长生殿》、孔尚任的《桃花扇》等，它们以盛行的昆腔和其他声腔演唱，这些作品一直传唱至今。

中国戏曲中的舞蹈发展概况是什么？

舞蹈是人类社会发展中最早出现的艺术形态。周代是中华乐舞的第一个高峰时期，音乐伴随舞蹈的艺术形式中融入了先秦儒家思想。舞蹈与音乐的结合，渐渐地就发展成今天的戏剧这种艺术形式。

在封建社会后期，中国的民间戏剧艺术得到了极大的发展。随着社会的发展，舞蹈和戏剧的融合程度更加深刻，在戏曲框架中有着极为强烈的表现地位。元代时期的杂剧中，出现了舞台表演动作说明性文字，这种文字被称为"科"。元朝杂剧中有"舞科""笑科""看科""睡科"和"怕科"等。"科"实际上是表现人物情节和动作表情的表演。"舞科"是元杂剧中与剧情关系不大的舞蹈段落；在演出末尾时，常常会有一场舞蹈表演，被称为"打散"，这也是杂剧的收尾。到了明清时期，戏曲艺术大量吸收融合传统的舞蹈，并将其融入情节发展之中。

在现代，很多戏曲舞蹈还保留了古代舞蹈的传统，如"舞袖"，就是戏曲从"长袖善舞"中吸取过来的。另外，戏曲舞蹈还大量吸收了民间的武术、杂记等动作表演。清代著名戏剧演员周桂林，将刀棒击技，精湛地用到戏剧之中，让观众看起来犹如飞花滚雪一般，非常有气势。从某个层面上讲，这就是舞蹈在戏曲中所起到的作用。

纵观戏曲舞蹈的形成和发展，戏曲的兴盛与舞蹈的融合有着很大的关系。舞蹈与戏曲融合的前期，表现为直接搬演舞蹈段落，后期也是相辅相成的融合状态，表现在人物出场、亮相、举手投足之间。舞蹈集中将戏剧的韵味展现出来，它是戏曲的表现工具。

市民游艺区在宋代叫什么？

市民游艺区在宋代叫瓦舍，是宋元时期流行一时的民间艺术表演场所，在中国戏剧史上有特殊的意义，具有独特的地位。

瓦舍是最早出现的市民游艺区。当年临安二十几个瓦舍里，约有上百个勾栏在演出，每个勾栏里都有上千或数百个观众，粗略地估计，当年杭州城里每天有观众2万至5万人在瓦舍里看戏，一年观众累计达700万到2000万人次。

瓦舍是一种固定的娱乐场所，宋朝时期，在大城市中分布着各种各样的瓦舍。瓦舍——也是城市商业性游艺区，也叫瓦子、瓦市。瓦舍里设置的演出场被称为勾栏，也称钩栏、勾阑、勾栏，它的原意为曲折的栏杆，相当于现在的演出场地，在当时是非常流行的名俗。

据史籍记载，南宋临安的瓦舍共有24座，这还不包括"独勾栏瓦市"，即在瓦舍中只有1个勾栏的娱乐场所。大部分的瓦舍都由多个勾栏构成，每一个瓦舍中的勾栏数量不同。在《西湖老人繁胜录》中记载："惟北瓦大，有勾栏一十三座。"另外，临安还有"独勾栏瓦市，稍远，于茶肆中作夜场"。

每个勾栏中能容纳的人数不同，据《东京梦华录》卷二称，汴京"中瓦子莲花棚、牡丹棚、里瓦子夜叉棚、象棚最大，可容数千人"。而每个勾栏的演出时间都是全天式，一年四季，没有间歇。正如南宋《西湖老人繁胜录》中称：临安市民常说在冬季没有社火看时便在瓦舍打发时间。《东京梦华录》中称：无论风雨还是寒暑，每天都会聚集在瓦舍观看节目。

瓦舍具有相当大的规模，大的瓦舍有十几座勾栏。瓦舍不光与中国真正完整意义上的戏剧——杂剧与南戏的演出相联系，它也是当年全国文化的聚集地。令人惋惜的是，曾经风靡了400年的"勾栏瓦舍"的演出样式，在600年前已经消亡。

《张协状元》是什么戏的剧本？

《张协状元》是南宋戏文早期的剧本。《张协状元》的创作者是当时温州九山书会里的才人，大概已经历了800年之久。是中国迄今发现最早的、保存最完整的中国古代戏曲剧本。

12世纪初叶，在中国的东南沿海地区流行戏曲形式，被后世称为南宋戏文。因为它最初在中国浙江的温州产生，所以又叫为温州杂剧，它对我国戏曲的发展有重大的影响。但这一时期创作的剧本绝大部分已经失传。

妇女在中国古代地位十分低下，她们的悲惨境况引起许多古代剧作家的同情。因此，在南宋时期，很多剧本都以妇女遭男子抛弃以及她们悲惨的生活遭遇为题材。史学界称这一类题材的戏曲为"负心戏"，它们都是写婚变中丈夫抛弃妻子的题材。

《张协状元》便是这样一出"负心戏"。其内容描写了古代的四川成都，有一名叫张协的秀才，做了个离奇的梦后便辞别家乡，进京考状元，途中被强盗劫伤。贫困交加之际，被贫女救助，后经邻居李大公夫妻做媒，与贫女结为夫妻，靠贫女卖发得到了赴京赶考的路费，并且考中状元。贫女寻夫至京，张协却不肯认自己的妻子，把贫女打出官邸，后又想置贫女于死地。

《张协状元》剧本的发现充满了传奇色彩。1920年，中国学者叶恭绰先生在欧洲旅行，在伦敦街头一家小古玩店偶然发现这本书，叶恭绰先生清楚此书的重大价值，购回后秘密保存在中国天津一家银行的保险库中。第二次世界大战期间，天津被日本侵略者侵占。此书又遭厄运，下落不明，至今这个谜底也没人解开。幸亏此书的抄本得以流传，收入《古本戏曲丛刊》，后又经著名戏曲理论家钱南扬先生整理为《永乐大典戏文三种校注本》，1979年10月第一次出版。

《张协状元》在中国戏曲发展史上有着非常重要的地位，为研究中国古代戏曲提供了重要史料，它被现代史学界誉为"中国第一戏"与"戏曲活化石"。

代表古代南戏最高成果的《拜月亭》是谁编纂的？

《拜月亭》是元代杂剧家关汉卿所著。它代表了古代南戏的最高成果。每楔子分为四折。它描述了战乱逃亡之中，与亲人失散的王瑞兰、书生蒋世隆相遇后共同逃难中产生感情，私下结为夫妇的故事。

它的作者关汉卿（约1220—1300年），元代著名杂剧作家。号已斋（一作一斋）、已斋叟。汉族，解州人（今山西运城），关于他的籍贯，还有祁州（今河北安国）伍仁村、大都（今北京）人等说法。关汉卿是"元曲四大家"之一，位于"元曲四大家"之首。《曲品》列《拜月亭》为"神品"第二，仅次于《琵琶记》。

《拜月亭》全名《闺怨佳人拜月亭》，有《元刻古今杂剧三十种》本、《元人杂剧全集》本。内容描写了战火纷飞中，百姓纷纷逃亡。王瑞兰和母亲失散，书生蒋世隆也与妹妹瑞莲失散。世隆与瑞兰相遇，逃难过程中产生感情，私下结为夫妇。瑞莲则与瑞兰的母亲结伴同行。瑞兰的父亲偶然在客店遇到瑞兰，世隆穷秀才的身份使得瑞兰父亲很不满，他认为门户不称，逼着瑞兰抛弃有病在身的世隆跟自己回家，在路上碰到老妻及瑞莲。

瑞兰心里念念不忘世隆，每天都去焚香，祷祝世隆平安，瑞莲看穿了她的心事。二人最后知道事实，姐妹之外又成姑嫂，感情更加亲密。蒋世隆与逃难途中的结义兄弟分别高中文武状元，瑞兰之父这才将他招为女婿。世隆与瑞兰相见，晓她忠贞，夫妻得以团聚。瑞莲则与世隆的结义兄弟成婚。

《拜月亭》刻画人物时对人物心理活动描写得惟妙惟肖，如王瑞兰被逼离开蒋世隆时内心深处的苦痛、眷恋和无可奈何，都以抒情性唱段得到淋漓尽致的表现。

郑光祖的代表作是什么？

郑光祖，汉族，生卒年不详，字德辉，平阳襄陵（今山西襄汾）人。他是元代著名的杂剧家和散曲家，他的杂剧在当时"名闻天下，声振闺阁"。同关汉卿、马致远、白朴齐名，被后人称为为"元曲四大家"。除杂剧外，郑光祖写散曲，有小令六首、套数二套流传。

郑光祖所作杂剧可考者18种，现存《周公摄政》《王粲登楼》《翰林风月》《倩女离魂》《无盐破连环》《伊尹扶汤》《老君堂》《三战吕布》8种；其中，《倩女离魂》是他的代表作，后曾被质疑并非郑光祖作品。

在现在并没有多少关于郑光祖生平事迹的记载，从同郑光祖同期的杂剧家钟嗣成《录鬼簿》中，我们了解到他早年习儒为业，后来在杭州路为吏，因而南居。他"为人方直"，不善于在官场为官，因此，受到官场诸官的鄙弃。

郑光祖常常有感于杭州的美丽风景与那里的伶人歌女。郑光祖穷毕生精力从事杂剧创作，他对这一民间艺术贡献了全部才华，在当时的艺术界享有很高的声誉。伶人都尊称他为郑老先生，他同苏杭一带的伶人有着紧密的联系，他死后，就是由伶人火葬于杭州的灵隐寺中的。

从这些可见的剧目中，我们了解到，他的剧目以两个主题为主，一个是青年男女的爱情故事，另一个是历史题材故事。这就说明，在对主题方面选择上，他不像关汉卿敢于面对现实，揭露现实，他的剧目充满着浪漫主义色彩。他写剧本，大多为艺术进行的创作，而不是服务于政治。

郑光祖同许多伟大的艺术家一样，尽管他们的作品流传甚广，人们却很少了解他们本人的身世。郑光祖在艺术园地里默默地耕耘，只把他的艺术成果让人们共享，而又默默地离开了这个人世。

关汉卿杂剧中的代表作是什么？

《窦娥冤》全称是《感天动地窦娥冤》，是关汉卿的杂剧中的代表作。关汉卿的戏曲语言通俗易懂，朴实生动，别具一格，"本色"是其杂剧的特色。关汉卿通过描写窦娥的悲惨遭遇，揭露了元代吏治的腐败残酷，抨击了当时的社会黑暗，赞扬了窦娥的善良心灵和反抗精神。

《窦娥冤》来源于"东海孝妇"的民间故事。贫儒窦天章因家里贫穷，无钱进京赶考，无奈之下将幼女窦娥卖给蔡婆家为童养媳。婚后窦娥的丈夫去世，婆媳相依为命。蔡婆外出讨债时，遇到流氓张驴儿父子，张驴儿想要霸占窦娥，见窦娥不从便想毒死蔡婆以威胁窦娥，不料误将他父亲毒死。张驴儿诬告窦娥杀人，官府严刑逼讯婆媳二人，窦娥为救婆婆自认杀人，被判斩刑。窦娥在临刑前发誓，死后必会血溅白练、六月飞雪、大旱3年，以明冤情，在她死后，这3件事全部应验。3年后窦天章任廉访使至楚州，重审此案，为女儿申冤。

《窦娥冤》是中国十大悲剧之一，具有相当高的文化价值，在民间有广泛群众基础。此剧后来被约86个剧种进行表演。《窦娥冤》是关汉卿的代表作，关汉卿并没有局限在传统的故事情节里，它将剧作和当时的现实紧紧联系起来，用窦娥的故事，真实而深刻地反映了元蒙统治下中国社会极端黑暗、残酷、混乱，表现了中国人民坚强不屈的斗争精神和争取独立生存的强烈要求。"窦娥"这个悲剧主人公形象成为元代被压迫、被剥削、被损害的妇女的代表，成为元代社会底层善良、坚强而走向反抗的妇女的典型。

作品在艺术上，融合了现实主义与浪漫主义风格，且蕴含了丰富的想象和大胆的夸张，创造了超越现实的情节，显示出正义的强大力量，作者鲜明的爱憎情感表现得淋漓尽致，同时也反映了广大人民伸张正义、惩治邪恶的愿望。

《双献功》是以水浒中哪个英雄为主角的？

《双献功》这部杂剧是以水浒英雄李逵为主角的。

《双献功》的内容是这样的：李逵下山保护郓城县孙孔目与妻子郭念儿到东岳庙进香还愿。郭念儿与权豪白衙内私通，相约在进香路上私奔。成功后白衙内借个大衙门坐堂，借机把来告状的孙孔目打入死囚牢里。李逵知道此事后，他一反传统，没有鲁莽地去劫狱救人，而是扮作一个痴呆的庄稼后生，以给孙孔目送饭为借口，凭借笨拙的言行麻痹官兵，进入囚室，在用蒙汗药放倒官兵之后，救出孙孔目，并且也将牢中的其他人放了出去。第二天，李逵又乔装打扮成一个下人，混进白衙内家中，趁白衙内昏睡之际，杀死白衙内与郭念儿，提着两个人头上梁山献功。

这出戏鲜明地反映了当时社会的黑暗。通过李逵只身深入敌人营垒、智劫牢狱、府衙杀奸等矛盾冲突，一反李逵鲁莽的传统形象，刻画了李逵的勇敢机智。

《双献功》的戏剧情节完整，发展脉络顺畅，首尾衔接紧密，较好地展示了人物性格的不同侧面。李逵丰满生动、勇谋相兼的形象通过不同侧面的连接给人留下了深刻的印象。这是本剧最为突出的艺术成就。

在剧情发展上，又突出了动作性强、富于喜剧效果的场面，以求戏剧节奏的起伏变化、错落有致。全剧最精彩的是探监一场，李逵以痴呆的庄家后生的身份与劳兵周旋，描写生动，语言风趣，具有强烈的喜剧气氛和演出效果。

《黑旋风双献功》在水浒戏中占有重要地位，与康进之创作的《李逵负荆》合称"黑旋风双璧"，在全部元杂剧中也属上乘之作。这些作品深刻地反映了当时人们生活的社会的黑暗，表达了人们对社会的不满。

《梧桐雨》的作者是谁？

白朴（1226—约1312年），字太素，号兰谷；原名恒，字仁甫，祖籍隩州（今山西河曲），后迁居真定（今河北省正定）。他是《梧桐雨》的作者。他与关汉卿、郑光祖、马致远并称为"元曲四大家"。

白朴出生时，金王朝已经危在旦夕，后被蒙古所灭。白朴幼年生活艰苦，母亲也在战乱中死亡。成年后，家世沦落，郁郁不欢，没有做官之意，数次拒绝官员的推荐，在中国大江南北漂泊15年之久。55岁时定居金陵。他的词和散曲中常常蕴含悲伤沧桑之情。

在元代，白朴是最早以文学世家的名士身份投身于戏剧创作的作家。见于著录的白朴作品有 16 种，完整留存的有《墙头马上》与《梧桐雨》两种。另有《东墙记》，被明人改写，所以它已不是原本，此外还有两种剧本残存有曲词。

从内容来看，白朴的杂剧以描写男女情事为主。白朴"幼经丧乱，仓皇失母"，心灵受到巨大伤害，长大后在外漂泊流浪时，对社会凋残山河破碎的凋残之景表现得十分担忧。1279 年南宋灭亡，东南战事平定，白朴也长期在南方居住，经常和耆老聚饮，题咏前朝名物，在作品中常常蕴含悲伤沧桑之情。

与关汉卿相比，白朴的生活圈子比较小，因此，环境的限制让他无法从社会下层找到素材，写出像关汉卿那感天动地的《窦娥冤》。但是，他善于利用历史题材，敷演故事，在旧题材上进行再创作，辞藻华丽，情意深切绵长，是关汉卿所缺少的。他在文学史及戏曲史上的地位和作用，以及他的剧作的艺术成就，早已成为文学艺术上的重要研究课题。

白朴生前，他的词作已编订成集，名曰《天籁集》。明朝时期已经不完整。清朝中叶，朱彝尊、洪升开始整理。全集收词 200 余首，除了一些应酬赠答、歌楼妓席之作外，大部分都是伤时感怀的作品。正是通过这部作品，我们才可以了解白朴的生涯。

王实甫对后世影响深远的一部戏剧是什么？

《西厢记》全名《崔莺莺待月西厢记》，是王实甫影响最为深远的一部戏剧。

王实甫，元代著名杂剧作家，他一生写作了 14 部剧本，《西厢记》大约写于元贞、大德年间，《西厢记》是他的代表作。此剧刚搬上舞台时期就惊倒四座，受到男女青年的追捧，被誉为"西厢记天下夺魁"。

《西厢记》的曲词华艳优美，充满诗的意境，算得上每首曲子都是一首美丽的抒情诗。是我国古典现实主义戏剧的佳作，对后来以爱情为题材的小说、戏剧创作影响深远。《牡丹亭》《红楼梦》都从《西厢记》中不同程度地吸取了反封建的民主精神。

历史上的文学作品往往都蕴含着"愿普天下有情人都成眷属"的美好愿望，《西厢记》是描绘这一主题的最成功的戏剧。

《西厢记》最成功的地方就是从根本上改变了《莺莺传》的主题思想和莺莺最后悲惨的结局，书中男女主人公被塑造成在爱情上坚贞不渝，敢于冲破封建礼教的束缚，并经过不懈的努力，终于得到美满结果的一对青年。

这样的改动使剧本具有更加鲜明的反封建倾向，把"愿普天下有情人都成眷属"的主题思想表现得十分突出。在艺术上，剧本通过错综复杂的戏剧冲突，对莺莺、张珙、红娘等艺术形象进行塑造，人物性格特征被描绘得淋漓尽致，作品的戏剧性更强。曹雪芹在《红楼梦》中，借林黛玉的之口，称赞它"曲词警人，余香满口"。

《西厢记》在我国已经是家喻户晓的古典戏剧名著，它表达了对封建婚姻制度的不满与反抗，及对美好爱情理想的憧憬和追求。几百年来，无数青年男女曾被它激励着。即使在今天，我们从作品中的主题思想和艺术形象，仍然可以加深对封建礼教罪恶本质的认识。

《录鬼簿》是谁编写的？

《录鬼簿》的作者是钟嗣成（约 1279—1360 年），号丑斋。祖籍大梁（今河南开封），寄居杭州。

钟嗣成约在 13 世纪末在杭州官学求学，是邓文原、曹鉴、刘濩的授业弟子。除《录鬼簿》外，《寄情韩翊章台柳》《讥货赂鲁褒钱神论》《宴瑶池王母蟠桃会》《孝谏郑庄公》《韩信泜水斩陈余》《汉高祖诈游云梦》《冯驩烧券》是他另外的 7 种杂剧。

我国文学发展的转折点就在元代，元代时期，文学从以抒情为主的诗词歌赋占统治地位转变为以小说、戏曲为代表的，反映世俗生活的文学样式。从唐代寺院的"俗讲"演变为宋、元平话，标志了白话小说的成熟；而从唐参军戏演变而为宋官本杂剧、金院本，直到元代杂剧和南曲戏文的空前繁盛，又开辟了戏曲发展的新道路。这就是《录鬼簿》产生的时代背景。城市经济的发展，城乡广大居民成为世俗文学的对象，从而新的审美观和文艺观产生，这乃是杂剧形成的源头。

《录鬼簿》具有史料价值，其中也蕴含了钟嗣成进步的文艺观点。首先，由于他屈居下僚，而人们又歧视他所从事的戏曲创作，因此他编撰此书，就是为了给才学洋溢而不被重视的戏曲作传，并且想要用它来激励后学，让杂剧更好地发展。其次，在书中他讽刺那些贵族之士的人以及对儒学不明真谛的浅薄之士为"酒囊饭袋""未死之鬼"，而盛赞有才华的戏曲家是"不死之鬼""虽死而不鬼者"。

钟嗣成认为杂剧要使人"感动咏叹"，情节要动人，要"搜奇索古""翻腾古今"，提倡创新精神，他还大略地把戏剧形式与传统的文学样式做了对比，认为戏剧形式出现了新特点。总之，《录鬼簿》在元朝杂剧蓬勃发展情况下产生，它适应了中国戏剧发展的需要。

《录鬼簿》对中国戏曲发展有重大影响。中国戏曲美学的萌芽就是以它为标志的，它对于我国戏曲理论的研究，有着开创性的贡献。

《太和正音谱》什么时间成书？

北曲曲谱的另一个名字为《北雅》，其中《太和正音谱》是现存最早的北曲曲谱。

它是由明代朱权撰写的，共2卷。在明洪武三十一年（1398年）写成。《太和正音谱》成书于洪武三十一年（1398年），分上下两卷。

《太和正音谱》内容有戏曲理论与史料之分、北杂剧的曲谱两个部分。第一部分有"乐府体式""古今英贤乐府格式""杂剧十二科""群英所编杂剧""善歌之士""音律宫调""词林须知"7个标目，对戏曲的体制、流派、制曲方法、杂剧题材分类、古剧角色源流及对元代至明初戏曲作家的评价等都有所涉及，杂剧作品目录也收录其中。有关于歌唱方法、宫调性质的论述、歌曲源流以及历代歌唱家的片段史料都收录在戏曲音乐理论中。"词林须知"部分的内容，在袭用了燕南芝庵的《唱论基础上》进行了再创造。

戏曲文学理论分布在前三章。《古今英贤乐府格势》章共评论元、明杂剧、散曲作家187人，以马致远为首。《群英所编杂剧》与《善歌之士》对元代和明初杂剧作家作品补遗，并列"知音善歌者"36人，有史料价值。《太和正音谱》的对音韵格律的论述上做了巨大贡献。

《乐府》章详尽地记述曲牌的句格谱式，注明四声平仄，标出正字、衬字，共收曲牌335支，作为现存唯一最早的北杂剧曲谱，十分珍贵。《太和正音谱》第二部分的曲谱依据北曲12宫调，分类列举每种曲牌的句格谱式。

元人或是明初杂剧、散曲作品都会在每支曲牌中成为引例。《太和正音谱》在古典戏曲理论的研究方面做出了巨大贡献，特别是曲谱部分，是现存最古的北杂剧曲谱，后来明清人的曲谱中北曲部分都是以《太和正音谱》为依据的。

被称为"清代戏曲双璧"的是什么？

"清代戏曲双璧"是《桃花扇》和《长生殿》。

《桃花扇》共有40出，是通过男女主人公侯方域（朝宗）和李香君的爱情故事反映明末南明灭亡的历史戏剧。借离合之情，写兴亡之感，实事实人，有凭有据。

考据学在清初正处于极盛时期，作者受之影响，忠于历史，剧本中绝大部分描述真实，剧本所写的一年中重大历史事件的考证甚至精确到了具体日期，剧中的故事情节以及人物感情的刻画，全面地反映现实，有很高的艺术表现力，是一部对后来影响很深的历史剧。

田沁鑫认为，欧阳予倩先生当时怀着强烈的爱国热情改编了这出戏，有着很强的借古讽今的意味。可以说《桃花扇》经过广泛的流传，原来的面貌已经改变，而我们则是想恢复其本真和古朴的原貌，即使只能整理出七八出。

田沁鑫所说的恢复《桃花扇》的"原貌"，主要是指结尾的改变。欧阳予倩版的结尾是李香君自尽，侯方域降清。而事实上，在原作中，剧的结局是侯、李二人在国破家亡后出家。

《长生殿》是清初剧作家洪昇（1645—1704年）所作的剧本，借鉴了

《桃花扇》插图　同治年间彩绘本

《桃花扇》借明末复社文人侯方域与秦淮名妓李香君的爱情故事来反映南明弘光王朝覆亡的历史。侯方域与李香君的爱情故事中，穿插了许多明末的历史故事，如左良玉等四镇的跋扈，马士英与阮大铖迎立福王，李自成攻陷北京，清兵南下，史可法沉江等。

193

《长恨歌》和《梧桐雨》，讲的是唐玄宗和贵妃杨玉环之间的爱情故事，但他在原有题材上，进行改编，一是融合了当时社会和政治方面的内容；二是改造和充实了爱情故事。

《长生殿》故事情节是这样的：唐玄宗宠幸贵妃杨玉环，终日游乐，将其哥哥杨国忠封为右相，其三个姐妹都封为夫人。为讨杨玉环的欢心，唐玄宗不惜耗费大量人力、物力从海南岛为杨玉环采集新鲜荔枝，乃至置百姓的利益于不顾。

由于唐玄宗沉溺于享乐，不理政事，导致安禄山造反，唐玄宗和随行官员逃离长安，在马嵬坡，军士强烈要求处死罪魁祸首杨国忠和杨玉环，唐玄宗不得已让高力士用马缰将杨玉环勒死。唐玄宗在杨玉环死后痛苦后悔。安史之乱平定后，唐玄宗回到长安，日夜思念杨玉环，闻铃肠断，见月伤心，对着杨玉环的雕像痛哭，派方士去海外寻找蓬莱仙山，最终感动了神仙，使两人在月宫中团圆。

孔尚任的《长生殿》和《桃花扇》都是影射和探索明代灭亡的教训的作品，《长生殿》重点描写了唐朝天宝年间皇帝昏庸、政治腐败给国家带来的巨大灾难，剧本虽然谴责了唐玄宗的穷奢极侈，但同时对唐玄宗和杨玉环之间的爱情又给予同情，寄托了对美好爱情的理想。

《桃花扇》和《长生殿》作为"清代戏曲双璧"在戏曲史上有很大的影响，成为后世戏曲创作的典范。

谁编纂了《六十种曲》？

毛晋（1599—1659年），字子晋，号潜在，原名凤苞，字子久，常熟（今属江苏）人，

明末著名的藏书家、出版家。少为诸生（指明清时期经考试录取而进入府、州、县各级学校学习的生员）。开始经营校勘刻书事业是在他30岁左右，建汲古阁、目耕楼，对宋代、元代刻本都是以高价回收，藏书8.4万余册。他致力于校勘工作，雇刻工、印工等多人，先后刻书600多种。

著名的有《十三经注疏》《十七史》《文选李注》《汉魏六朝百三名家集》《津逮秘书》等。有些宋刻本如《说文解字》等因得翻刻而传世。重刻的唐、宋人诗词，校对严格。在各书的版心下端均刻有"汲古阁"或"绿君亭"等。

历代私家刻书最多的就是毛晋刻书，罕见的秘籍也多抄写毛晋刻书，缮写精良，后人称为"毛钞"，尤其珍贵。明末江西出产竹纸，纸质细腻，不仅薄而且松软，平滑的表面吸水效果特别好，价格也便宜。当时，毛晋在江西大量订购稍厚实的竹纸后，在纸边盖上刻有"毛"字的印，称为"毛边纸"。著有《隐湖题跋》，并辑《毛诗陆疏广要》。

毛晋编纂的《六十种曲》特别珍贵，其中有大约20种戏曲剧本，是现存剧本的最早或是最好的版本。它是中国最早戏曲史上传奇总集，也是规模最大的戏曲总集。元明两代一些著名的作家作品在其中都有所收录。《六十种曲》在崇祯年间编写，分6帙，在三年内陆续出版。

刚开始印刷的版本没有总名称，而是在每帙第一种的扉页上题"绣刻演剧十本"，每一种又题"绣刻某某记定本"，所以有人称这部书为《绣刻演剧十本》，或是《绣刻演剧》。康熙年间重印时，6套同时出版，才有了《六十种曲》这一总标题。书中收录了《琵琶记》等传奇作品59种，杂剧《西厢记》1种，共60种。

《六十种曲》具有特色的版本。整体的编纂思想反映了编选者思想、艺术上较高的鉴别力。它对了解元、明两代南戏、传奇的概貌提供了重要的资料。

汤显祖最著名的戏曲是什么？

《牡丹亭》是明代大曲家汤显祖最著名的作品。

《牡丹亭》全名《牡丹亭还魂记》，同《紫钗记》《邯郸记》和《南柯记》合称"玉茗堂四梦"。剧中歌颂了青年男女大胆追求爱情自主的精神，对封建礼教压迫进行了强烈的批判，揭露、批判了程（程颐、程颢）朱（朱熹）理学"存天理、灭人欲"的虚伪与残酷，对封建社会没落时期思想、文化专制造成了一次强烈冲击。

《牡丹亭》是我国戏曲史上浪漫主义的杰作。作品通过杜丽娘与柳梦梅生死离合的爱情故事，充满了追求个人幸福、赞颂个性解放、反对封建制度的浪漫主义理想，令人感动不已。杜丽娘是我国古典文学里最动人的妇女形象之一，杜丽娘与柳梦梅的爱情婚姻，让我们看到当时人们对个性解放、爱情自由、婚姻自主的呼声，并且暴露了封建礼教对人们幸福生活与美好理想的摧残。《牡丹亭》文辞华丽，曲词兼用北曲泼辣动荡及南词宛转精丽的长处。

戏剧通过崭新的人物形象表现了崭新的思想，《牡丹亭》最突出的成就之一，是为中国文学人物画廊提供了一个光辉的杜丽娘形象。杜丽娘在追求爱情过程中表现出来的坚定执着是她最大的性格特点。

汤显祖是封建时代中敢于打破束缚，冲破牢笼，向往理想浪漫的先行者。《牡丹亭》也成为古代爱情戏中继《西厢记》以来影响最大、艺术成就最高的一部佳作。

第一部研究南戏的论著是谁写的？

《南词叙录》是第一部研究南戏的专著，它是明代杂剧代表作家徐渭创作的，此后的传奇作家们的创作受到这本书的极大影响。

明中叶前，一部分士大夫文人中尤其崇尚北曲，歧视南戏，《南词叙录》作者批评了这种重北轻南的传统观念，为南戏做辩护。明代自《香囊记》始，出现了一种"以时文为南曲"、流行用典故、追求辞藻华丽的不良倾向。

《南词叙录》被称为"南戏之厄"，主张"曲本取于感发人心，歌之使奴童妇女皆喻，乃为得体"，提倡每一句话都发自内心以求真实的南戏优良传统。这些特点，都有针砭时弊的积极意义。书末附录宋元南戏剧目 65 种，明初南戏剧目 48 种，为戏曲研究提供了珍贵的戏剧资料。

《南词叙录》是中国最早的、也是宋元明清四代唯一的专论南戏的著作。在书中，作者详尽地论述南戏的源流发展、风格特色、声律音韵等，还包括作家、作品的评论，术语、方言的考释。

《南词叙录》不但具有史料价值，还包含独到的见解，和明人多认为南戏产生在元杂剧之后，在北曲的基础上法阵而来的看法不同，此书认为南戏是由"宋人词而益以里巷歌谣"发展而来，从而揭露了中国戏曲发展史上一个重要问题的真相。

中国最长的唱词《榴花梦》作于何时？

中国最长的古典小说是《榴花梦》，创作于清代道光年间，女作家李桂玉穷其毕生精力写成了此书。全书 360 卷，约 483 万字，文笔流畅秀丽，韵如环扣，节律相称，是中国近代弹词中的名著。

《榴花梦》全篇用韵文写成，讲述了唐代中叶，一群女子在兵荒马乱时出来建功立业的故事。福建女作家李桂玉，生于陇西，自幼喜爱读书，知识渊博，擅长诗体。在闲暇的时候，她喜欢看历史，谈吐举止不凡，莫华蕴藉。她竭毕生精力除了创做出《榴花梦》外，还曾对《三奇缘传》进行删定。

《榴花梦》以唐朝为创作历史背景。女主人公桂恒魁幼出名门，生逢乱世。由于乱臣贼子勾结外藩联合入侵唐朝，唐天子被围于扬州。国家危难时刻，她毅然女扮男装，率兵抵抗。她先平定外藩，而后回兵救驾。平定叛乱之后，她被封为天下兵马大元帅，唐皇酬勋，又赐她誓书铁券，裂土封王。

但不久，唐皇对她产生疑忌，于是捏造各种罪名想置她于死地。外藩察觉朝廷情况之后，以为有可乘之机，再度入侵，桂恒魁又提兵歼灭南蛮，并回戈北上，清君侧，终于廓清宇内。全书兼写恒、罗、梅、桂四大族姓的生活，最后以吉庆终场。

《榴花梦》塑造了桂恒魁文武双全、智勇绝世的女英雄形象。作者将人们可以成就的各种功绩加注于恒魁一身，让闺阁女子冲破封建束缚，扬眉吐气。此书两篇序文均题作"道光辛丑（1841 年）年梅月（农历五月）"，当时正值鸦片战争爆发，帝国主义入侵中国的危难之际，投降派屈辱求和，抗敌爱国名臣林则徐、邓廷桢等则被迫害致死，作品此时问世，显然是借此讽刺当朝统治者的腐败。

作品中常借人物之口，直接谴责当道懦弱，权臣卖国求和、残害忠良，抨击昏庸官吏没有为国家做一点贡献。由此可知作者李桂玉的忧国忧民情怀。

但作品有一定的局限，作者仍拘泥于封建道德范畴所允许的所谓"功业"，未能突破传统桎梏，直面现实。

《古典戏曲存目》是由谁编写的？

《古典戏曲存目汇考》是乡先贤庄一拂先生积 30 年之力而撰成，其内容包括剧作家生平、剧作本事、情节源流等，对学界的研究作了巨大贡献。

庄一拂（1904—2001 年），原名庄临、号南溪。浙江嘉兴人。早年赴上海求学时，曾求教于名艺人陈凤鸣，由此开始接触昆曲，对昆曲进行了长期研究。1942 年，庄一拂同赵景深合作编辑《戏曲》月刊，他的自著《古今杂剧文学周刊》曾经被刊载过。此外，他积极参与曲刊活动，任《大成曲刊》的主编，撰《鸳湖冢》传奇十出，经朱尧文订谱，发表于该刊。

抗日战争胜利后庄一佛来到杭州，在浙江通志馆工作，参加编撰《浙江通志》。50 年代初期，他一门心思编纂《古曲戏曲存目汇考》，得赵景深、叶德均、吴晓玲等帮助，共收戏文、杂剧、传奇 4750 余种，内容巨繁，此书 1982 年 12 月由上海古籍出版社出版。

庄一拂一生写了很多著作、佳作纷呈。曾经以古橹李人笔名撰《十年记》传奇十出、注工谱、有影印本，又著有《南溪散曲》并在各报纸杂志发表多种关于昆曲史料掌故与理论研究的的文章。60 年代初曾与嘉兴曲师许鸿宾合作，为毛泽东诗词谱写昆腔工尺谱，由嘉兴市图书馆印本，其中北京昆曲研习社曲友合唱了《沁园春·雪》昆腔谱曲，1993 年 12 月 26 日毛泽东百年诞辰纪念日，《沁园春》昆曲的录音经中央人民广播电台向全国人民播放。《十年记》《鸳湖冢》等剧本都是他自己撰写的，著《遗曲韵编》《曲略》，主编《大成曲刊》等。而《古典戏曲存目汇考》是他所有著作中的代表，在该书中共有 2700 余种书籍的简介。

庄一佛先生穷毕生精力对戏曲进行研究，为学界留下了宝贵的一笔财富。

后人给李龟年的称号是什么？

李龟年，唐时乐工，擅长唱歌，还擅吹筚篥，演奏羯鼓更是一绝，作曲技巧精湛，被后人称为"乐圣"。

李龟年在开元初年特别出名，贵族豪门常邀请他歌唱。唐玄宗时，李龟年、李彭年、李鹤年兄弟三人文艺天赋显著，李彭年善舞，李龟年、李鹤年则善歌，李龟年还擅吹筚篥，擅奏羯鼓，也长于作曲等。他们创作的《渭川曲》得到唐玄宗的喜爱。作为梨园弟子的李龟年多年受到唐玄宗的恩宠，与玄宗的关系非常亲密。由于演艺精湛，他们经常到王公贵族家里演出，每次都能得到成千万的赏赐。

李龟年在"安史之乱"后流落江南，遇到良辰美景就触景生情，想起过往的美好生活，就忍不住歌唱，常常使听歌的人潸然泪下。

李龟年偏爱王维的诗，但更让他难忘的是他们在明皇时代常常演唱王维诗的情景。他唱的这些曲子，不仅表达了自己的兴亡之痛与无限愁思，也深深地打动了听众，勾起了他们对大唐盛世——开元、天宝年间的繁荣兴盛的眷恋之情。他唱王维的《伊川歌》："清风明月苦相思，荡子从戎十载余。征人去日殷勤嘱，归燕来时数附书。"以表达希望唐玄宗南幸的心愿。唱完后他突然昏倒，四天后才醒过来，因苦闷无乐，最终李龟年郁郁而终。

被称为"八大奇著"之首的《闲情偶寄》是谁创作的?

《闲情偶寄》,明末清初李渔所作,被称为"中国名士八大奇著"之首。

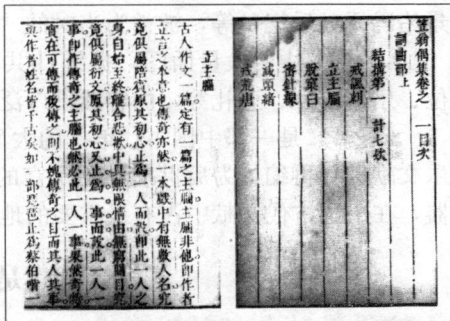

舞台演出实践是李渔的戏曲理论的基础,因而它把揭示戏曲创作的一般规律揭露得淋漓尽致。他认为,"填词之设,专为登场",批评金圣叹评《西厢记》只是文人在案头把玩的《西厢》,并非优伶扮演的《西厢》。李渔认为"结构第一",它含有命意、构思和布局,结构最重要,其次为"词采第二","音律第三","宾白第四","科诨第五","格局第六",对戏曲创作中的诸多问题进行了全面系统的论述,其中对结构、语言、题材等论述尤为精辟。

《闲情偶寄·词曲部》书影

《闲情偶寄》一书包括"词曲部""演习部""声容部""居室部""器玩部""饮馔部""种植部""颐养部"等8部,其中用相当大的篇幅论述了戏曲、歌舞、园林、建筑、花卉、器玩等艺术和生活中的各种审美现象。

李渔提出结构第一原则的同时又提出"立头脑""减头绪""密针线"等一整套理论,对当时戏曲舞台弊病的改变有重大影响。李渔提倡结构谨严,清洁紧密,组织严格细致,这不仅在当时具有较高的理论价值,甚至至今仍具艺术实践意义。

关于语言,他认为必须呈现舞台艺术的特征,戏曲为观众而作而不是给人看的案头之作,在这个原则下,他提出了曲文应当贵显浅、重机趣、戒浮泛、忌填塞,宾白应当语求肖似,说一人肖一人,禁止雷同;文贵洁净,声音必须铿锵等一系列独到见解。李渔尤其注重题材的创新,冲破传统的束缚为第一要务,既然以传奇命名的剧本,就必须要具有奇特之处,绝不可亦步亦趋,东施效颦。对导演和表演,李渔也给予了很多宝贵意见。

李渔是元、明以来戏曲理论的集大成者,由于《闲情偶寄》内容涉猎广泛。在中国传统雅文化中享有很高声誉,被誉为古代生活艺术大全。

李渔在书中融合了前人如王骥德《曲律》中的理论成果,与当时戏曲创作的时间联合,并结合自身创作经验的思考,建立了一套完整的戏曲理论体系,其深度和广度都达到了中国古典戏曲理论的高峰,在戏曲理论批评史乃至中国文学批评史具有里程碑的意义。

《乐书》是谁编纂的?

陈旸(1064—1128年),字晋之,闽清县人,是《乐书》的编纂者。陈旸贤良方正、能言善辩,及第后被封为顺昌军节度推官。陈旸精于乐律,北宋神宗到哲宗时期,是"升之文馆"的《乐书》主编,他是宋代宫廷雅乐派的代表人物之一。

陈旸主张太虚为音乐的本源,声音律吕以中声为本,而中声又以人心为本,他对"五声"以外使用高低音和变化音极度反对。

建中靖国元年(1101年),陈旸完成200卷《乐书》,升为太常丞,被封为驾部员外郎,成为讲议司参评礼乐官。崇宁二年(1103年),《乐书》正式进献宫廷,他又升官为鸿胪太常少卿、礼部侍郎。政和初(1111年),他独占盐铁专利,忤逆圣旨,被夺职。政和三年(1113年),他回到福建。不久后被平反。《乐书》在乾隆时期被收入《四库全书书目提要》。

《乐书》共200卷,目录20卷,可以说是一部音乐通史,记载了上自三代,下至宋朝的历代乐制、乐论、八音、歌曲、百戏、五礼之乐等,而且每一类目皆条贯古今,溯源明流，通其原委，详加论证。

《乐书》中的乐器图收录了散佚少见的《唐乐图》《乐法图》《律书乐图》《大周正乐》、景佑冯元《乐记》等，被誉为当时的"音乐百科全书"。

《乐书》中的大量插图，据统计共有插图 517 幅，涉及乐器、乐律、舞姿、舞器、舞位、乐器排列、五礼等，内容涉猎广泛。

《乐书》是一部中国古代编撰的大型音乐工具书，对早已散佚的唐、宋及以前的大量音乐文献进行再编，为后世提供了丰富的音乐资料，详尽地说明了音乐思想、音乐理论、乐器，在中国古代文献中占有最重要的地位，至今仍具有很高的历史价值。

参军戏是由什么演变而来的？

参军戏是由优伶演变而成的，是一种中国古代戏曲形式。

五胡十六国后赵石勒时，有一个参军官员贪污，他让优人穿上官服，假扮成参军，让别的优伶在旁边戏弄他，参军戏就是这样而得名的。大部分分为两个角色，被戏弄者名参军，戏弄者叫苍鹘。它以滑稽搞笑为主。至晚唐，参军戏不再只是由两人出演，戏剧情节更丰富，其中增加了女角色。参军戏对宋金杂剧的形成有着直接影响。

唐代不但歌舞戏繁荣，参军戏在这一时代的发展也相当迅速。参军戏有许多特征：在对白、动作之外还融合了歌唱和管弦伴奏。

参军戏开创了中国戏曲的角色行当。不少戏剧史家指出："参军"这个角色和后世戏曲中的净角是一样的、"苍鹘"的角色，即相当于丑角。唐代诗人李商隐在《骄儿》

唐参军戏陶俑

一诗中有"忽复学参军，按声唤苍鹘"之句，足见晚唐时期嬉戏的孩童都知道按既定行当划分的方法来模仿参军戏了。

参军戏与歌舞戏关系密切，二者间不断渗透，为即将形成的以歌舞、科白、表演融为一体的中国戏曲格局奠定了基础。

梅兰芳生平知多少？

梅兰芳（1894—1961 年），名澜，字畹华，乳名裙姊。汉族，生于北京，祖籍江苏泰州。出身于梨园世家，8 岁学戏，9 岁拜吴菱仙为师学青衣，10 岁登台。祖母无锡人，4 岁丧父，12 岁丧母。他主工青衣，兼演刀马旦。擅长旦角，扮相端丽，唱腔圆润，台风雍容大方，被称为旦行一代宗师。后又求教于秦稚芬和胡二庚学花旦。他刻苦学习昆曲、练武功，广泛观摩旦角本工戏和其他各行角色的演出，经过长期的舞台实践，对京剧旦角的唱腔、念白、舞蹈、音乐、服装、化妆等各方面都有所创造发展，形成了自己的艺术风格，世称"梅派"。

在艺术上的卓越成就引起了国外人士的重视，曾于 1949 年前先后赴日本、美国、苏联演出，并荣获美国波摩那学院和南加州大学的荣誉文学博士学位。

梅兰芳先生在促进我国与国际间文化交流方面做出了卓越的贡献。他是我国向海外传播京剧艺术的先驱。他曾于 1919 年、1924 年和 1956 年三次访问日本，1930 年访问美国，

1935 年和 1952 年两次访问苏联进行演出，获得盛誉，并结识了众多国际著名的艺术家、戏剧家、歌唱家、舞蹈家、作家和画家，同他们建立了诚挚的友谊。他的这些活动不仅增进了各国人民对中国文化的了解，也使我国京剧艺术跻入了世界戏剧之林。梅兰芳与斯坦尼斯拉夫斯基，布莱希特并称为世界三大表演体系。

地方戏曲"梆子腔"唱腔结构特点是什么？

"梆子腔"是我国一种戏曲声腔系统的总称，其最主要的特色是用硬木梆子击节来控制节奏。它是最早采用板式结构变化的戏曲之一，发源于明朝末年的西秦腔。西秦腔和各种民间音乐以及地方方言相结合，逐渐演变成为梆子腔支系。

梆子腔起源于我国陕西地区，陕西在战国时期属于秦地，所以梆子腔也是秦腔的一种，是陕西、甘肃一带的名歌、民间小戏法逐渐发展的一种产物。它以不同的板胡为主要演奏乐器，调式上面多为徵调式，分上下句的唱调，流畅华彩的花腔乐句夹杂其中，起到必要的辅助作用。曲调采用七音阶结构，多跳进式旋法，擅用闪板，音乐风格粗犷、激昂、悲壮又高亢。

从音乐的结构形式来划分，戏剧音乐可分为板式变化结构和曲牌联套结构。梆子腔就是我国最早的、最典型的一种板腔体结构戏曲。板腔体戏剧音乐，运用各种节拍形式，展现出不同的变化节奏。梆子腔的音乐将一对上下句作为基本的结构单位，上句和下句字数基本上相等，或 7 个字，或 10 个字，句子之间有明显的标志，也就是乐句的落音。这样既可以形成独立的乐曲，又能集中若干对上下句，组成一段乐曲，形式结构和运用方法非常灵活。在唱腔上，梆子腔的上句落音通常是不稳定的，下句落在主音上。其中，连结上下句的伴奏，称为"过门"。

从中国戏剧音乐发展的历史角度看，梆子腔的音乐相对于宋元时期的南北曲，以及明朝时期的昆曲、高腔，都有着非常开拓性的创新，它对于戏曲音乐的发展做出了杰出贡献，这也是梆子腔能够独立一派的重要原因。

秦腔是一种怎样的地方戏曲？

秦腔发源于我国古代的甘肃、陕西一带，是伴随着中国古代政治、文化中心长安的成长而渐渐发展起来的，经历了历代人们的不断发展与创新。

秦腔是一种相当古老的剧种，产生于秦朝时期，到了汉朝时期，快速发展和壮大，唐朝时期进入昌盛时期，完善成熟于元明时期。秦地的人们性情耿直豪爽、慷慨好义，又具有醇厚敦实、勤劳勇敢的民风民俗，所以较早地在戏曲中展现出各种情绪变化，并加入了秦腔艺人创造的一套完整表演技巧，形成了具有独立风格特色的剧种。很多秦腔剧目都反映了反对侵略战争、反抗压迫、忠奸之争，集中体现了秦腔艺人的爱憎分明。秦腔的发展过程，对许多剧种都有不同程度的影响，并且直接影响了许多梆子腔的形成，被称为梆子腔的鼻祖。清朝康熙时期，秦腔进入北京，对于京剧的形成产生了很大的影响。

秦腔唱腔分为苦音和欢音，前者抒发悲愤、凄惨之情，后者主要表现喜悦和欢乐之情。音乐丰富多彩，表演粗狂、朴实、豪放，具有夸张性。其主要乐器为板胡，能够发出清脆而尖细的声音。它在脸谱、身段、化妆、特技、声韵等方面都形成了自己独有的风格特色，角色可划分为四生（老生、须生、小生、幼生）、六旦（老旦、正旦、小旦、花旦、武旦、媒旦）、二净（大净、毛净）、一丑，总共十三个行当，因此又被称为"十三头网子"。

在不同的流行区域，秦腔衍变出很多流派：东路秦腔，流行于关中东部渭南地区；西府秦腔，流行于关中西部宝鸡等地区；汉调秦腔流行于汉中地区；西安乱弹流行于西安地区。各种秦腔在唱腔、语言、音乐等方面都有很大的差别，现在中路秦腔已经崛起，并成为秦腔中的一枝独秀，在西北地区的秦腔文化中占据绝对优势。

许多秦腔剧目取材于"列国""三国""杨家将"等具有传奇色彩或悲剧性的故事，也有一部分来源于神话或民间故事，剧目总数超过了 1 万多本，是我国 300 多种剧种中剧目最多的一种地方戏曲。很多剧目已经失传，留存的还有 4700 多个。秦腔具有深厚的文化底蕴，是中华民族的民间艺术形式之一。

秦腔的分类及艺术特点是什么？

秦腔《三滴血》场景雕塑

《三滴血》为秦腔"易俗社"作家范紫东所写，叙述了五台县令晋信书，不查实情，以滴血之法判嗣，拆散父子，造成冤案的故事，嘲讽了迷信教条和封建道学的虚伪。

秦腔源于古代陕西、甘肃一带的民间歌舞，是在中国古代政治、经济、文化中心长安生长壮大起来的，经历代代人民的创造而逐渐形成，因周代以来，关中地区就被称为"秦"，秦腔由此而得名，是相当古老的剧种。

秦腔的鼎盛时期在乾隆年间（1736—1795 年），这个时期，全国很多地方都有秦腔班社，仅西安地共就有 36 个秦腔班社，如保符班、江东班、双寨班、锦绣班等。

秦腔因其流行地区的不同，衍变成不同的流派：流行于关中东部渭南地区的称东路秦腔；流行于关中西部宝鸡地区的称西府秦腔；流行于汉中地区的叫汉调秦腔；流行于西安一带的称西安乱弹（就是中路秦腔）。

它的特点是高昂激越、强烈急促。尤其是花脸的演唱，更是扯开嗓子大声吼，当地人称之为"挣破头"。秦腔唱腔包括"板路"和"彩腔"两部分，每部分均有欢音和苦音之分。苦音腔最能代表秦腔特色，深沉哀婉、慷慨激昂，适合表现悲愤、怀念、凄哀的感情；欢音腔欢乐、明快、刚健、有力，擅长表现喜悦、欢快、爽朗的感情。

秦腔中的四大绝技是什么？

秦腔是从民间戏法和民间音乐中发展起来的一种地方戏曲艺术，在其传统的剧目之中还保留了许多民间戏法，并被视为秦腔的传统绝技。秦腔有八大传统绝技，分别是吹火、变脸、顶灯、打碗。

吹火，又称喷火，多出现在有妖怪、鬼魂等剧目中。《游西湖·救裴生》中的李慧娘就会使用这项绝技。吹火的方法是事前将松香研末，细箩过滤，然后选一种拉力强的白麻纸，将松香末包裹成可以放进口中的小包。吹火前，演员先要嚼开松包，后对着火把吹动动松香末，就会有猛然腾起的火焰出现。常见的吹火方式有直吹、斜吹、倾吹、俯吹、仰吹、翻身吹和蹦子翻身吹等。吹出口的形状有单口火、连火、翻身火、一条龙和蘑菇云火等。

变脸，在秦腔、西府秦腔、同州梆子、汉调桄桄和汉调二黄等剧目中，生、旦、丑角都有此绝技。变脸技法有两种变法。一种是变脸型，另一种是吹面灰型。秦腔《三人头·揭墓》使用的就是变脸型，揭墓贼演员需要用腰带做好圈套，一段挂在自己的脖子上，另一端挂在僵尸脖子上，当他扶起僵尸脱衣时，感情会发生复杂的变化，面部表情也随之变化。吹面灰型出现在西安乱弹《毒二娘》、汉调桃桃《药毒武大郎》等戏目中。这种变脸是依靠演员给自己脸上吹灰引起脸部发生变化的。《药毒武大郎》中，武大郎喝下毒酒，腹痛难忍，潘金莲遂下杀心，用被子捂住武大郎，到潘金莲坐在被子上时，脸面上已经吹上了一层灰，展现出一幅阴森黑煞的表情。

顶灯，指的是秦腔演员将一盏燃着的油灯顶在头上，做出各种动作。秦腔《三进士》中，常天宝被妻子处罚时，头顶油灯，会做出跪地、行走、钻椅、仰卧、上桌等动作，油灯在此过程中还不能灭，不能洒，更不能掉。这项技法全凭演员脖颈的平衡能力在掌控头顶上油灯的平衡。

打碗，是秦腔中出现的一种打鬼特级，《打台》《太和城》中均有此项绝技。表演方法是先将一碗抛在空中飞转，然后将另一只碗飞出击中前碗。打碗表演可分为平打和斜打两种打法，平打是先将一碗底朝下掷出去，后将另一碗底朝上掷出去；斜打指的是两手各执一碗，碗底相对转磨，打时先将碗侧立掷出，使其在空中如车轮滚行状旋转，然后将第二个碗如法掷出，以碗底边撞击而破碎。

被称为"百戏之祖、百戏之师"的是什么曲种？

昆曲被称为"百戏之祖，百戏之师"，它发源于江苏昆山，到目前已经有 600 多年的历史，许多地方剧种，像晋剧、蒲剧、上党戏、湘剧、川剧、赣剧、桂剧、邕剧、越剧和广东粤剧、闽剧、婺剧、滇剧等，都受到过昆曲艺术的影响。

昆曲，原名"昆山腔"或简称"昆腔"，是一种历史悠久的声腔，清代以来被称为"昆曲"，现又被称为"昆剧"。昆曲不但是中国汉族传统戏曲中最古老的剧种之一，也是中国汉族传统文化艺术，特别是戏曲艺术中的尤其珍贵的艺术品，被称为百花园中的一朵"兰花"。

昆曲的历史源远流长，它在元朝末年的昆山地区起源，至今已有 600 多年的历史。中国戏曲宋、元以来有南、北之分，在不同的地方南曲有不同的唱法，每个地方的唱法都别具一格。元末，顾坚等人把流行于昆山一带的南曲原有腔调加以整理和改进，称之为"昆山腔"，这是昆曲的雏形。明朝嘉靖年间，杰出的戏曲音乐家魏良辅改革创新了昆山腔的声律和唱法，在保持昆山腔自身流丽悠远的特点上吸取了海盐腔、弋阳腔等南曲的长处，又吸收了北曲结构严谨的特点，运用北曲的演唱方法，以笛、箫、笙、琵琶的伴奏乐器，造就了一种细腻优雅，集南北曲优点于一体的"水磨调"，通称昆曲。成为明朝中叶至清代中叶戏曲中具有最大影响的声腔剧种，在昆剧的基础上发展起来许多剧种，昆剧被称为"中国戏曲之母"。

中国戏曲史上具有最完整表演体系的剧种便是昆剧，它有较浓厚的基础和丰富的遗产，是中国汉族文化艺术高度发展的杰出代表，在中国文学史、戏曲史、音乐史、舞蹈史上占有重要的地位。

2001 年 5 月 18 日，共有 19 个申报项目入选联合国教科文组织在巴黎宣布第一批"人类口头和非物质遗产代表作"，其中包括中国的昆曲艺术。

昆曲是怎样起源和发展的?

昆曲是发源于中国苏州昆山的一种艺术体系,它杂糅了唱、念、做、表、舞蹈以及武术等艺术形式,具有独特的艺术风格。昆曲用鼓、板等乐器控制音乐节奏,用三弦、曲笛等为主要伴奏乐器,以苏州官话为说唱语言,是地方戏曲中出类拔萃的一种艺术形式。

昆曲起源于元末明初时期,农民起义推翻元朝统治,各族人民摆脱了政治枷锁,生产恢复、商业发展,人们的娱乐爱好也从"北剧(元杂剧)"偏向于"南戏"。南戏进入复兴时期,不过当时南戏的唱腔非常多,昆山腔就是众多南戏中的一种。

明朝万历之前,昆山腔还是仅仅流传于吴中的"小集南昌"的清曲,影响范围不大,特点是轻柔婉约。到了万历中叶后期,昆山腔才有了变革发展的趋势,嘉靖年间,北曲清唱家魏良辅来到吴中地区,发现南曲唱腔"率平直、无意致",于是在昆山腔的基础上,借鉴海盐、余姚等腔的优点,结合北曲中抑扬顿挫、索纤牵结、停声、依腔、贴调等唱法,将昆山腔进行了改革和创新。

而昆山腔的清唱被搬上舞台,是从梁辰鱼的《浣纱记》开始的。梁辰鱼是明朝著名的戏曲作家,通音律,擅诗词,魏良辅发展昆山腔后,他大受鼓舞,学习昆山腔的同时,创作了以西施为主要人物的《浣纱记》。《浣纱记》从音乐上弥补了水磨调的冷唱缺陷,同时把传统文学和新的唱腔有机地结合在一起,借助锣鼓之势以剧场的形式展现在观众眼前。从此以后,昆山腔正式发展成为昆曲。

昆曲在明朝中期广泛流传于江浙等地,成为南戏中具有绝对优势的剧种之一,后来很快传入北京,与弋阳腔并称为玉熙宫中大戏,这也是当时的"官腔"。2001年,昆曲被联合国教科文组织列为"人类口述和非物质遗产代表作"。它在数百年的发展过程中,对许多剧种都产生了深远的影响。

"因声见物"和"以声传情"是昆曲吟诵的至高境界吗?

昆腔中的吟诵是一门极为高雅的艺术表现形式。观众通过倾诉吟诵能够进入美轮美奂的诗的境界,还能通过声音联想到实物,进而达到生情、入境、陶醉的效果。所以,因声见物、以声传情是昆腔吟诵的最高艺术境界。

因声见物,可以理解为观众听到声音能够看到物象,也可以理解为吟诵人通过声音向观众们展现出实体物象。两种理解从"声"与"物",从声物的正反两个角度进行了解释,将观众和吟诵人紧密地联系起来。比如,李白的诗作《望庐山瀑布》,所述的物象有日、香炉(山峰)、瀑布、紫烟、银河。利用昆腔的吟诵讲究,"日"读入声,用短音高音将其形状塑出来;"香炉"两字为平声,长音拖腔能够描述其物象;"紫烟"二字,前卫上声,后声音上挑拉长,后为平声,声长、平和、舒缓,如此一来,紫烟之形象也展现无遗;"瀑布"二字中,"瀑"为入声,音短,"布"为平声,句尾字,要用高声、长声和吞吐之气;"银河"二字都为平声,与"香炉"二字相同,"九天"吟诵之声与"紫烟"比较相似,但又不能完全相同,因为"天"字为篇尾字,为收束全篇,拖腔会更长一些。昆腔吟诵者在吟诵时,利用吞吐和转折,将吟声处理的千变万化;听众感知到这种声音色彩后,能够迅速进入意境,感知到吟诵者提供的声音物象。

以声传情,是昆腔吟诵对吟诵者的要求标准,当然这也属于较高的标准要求。昆腔吟诵者吟诵之前,必须深刻领会作品要义,并想象自己就是作品的主人公,如此才能将真情诉诸声音之中,观众才能够从声音中体会到真情实感。比如,昆腔吟唱《易水歌》中的

"风萧萧兮易水寒，壮士一去兮不复还！"昆曲演员如果没有深刻地体会荆轲刺秦的悲壮，那么他也不能将自己化作荆轲，更不会吟诵出悲壮、高亢、视死如归的感情来。

昆腔在吟唱时，讲究沉着，讲究入情入境，只有吟诵者将自己的感情注入作品之中，观众才能够通过演员的一举一动、甚至是一个媚眼，体会到戏曲带给人们的艺术享受。因此，因声见物、以声传情，不仅是昆曲吟诵的至高境界，更是考核优秀昆曲演员的标准之一。

利用昆腔写作戏曲的创始者是谁？

梁辰鱼（约1521—1594年），字伯龙，号少白、仇池外史，明代戏剧家。《浣纱记》是他传奇中最著名作品。梁辰鱼是利用昆腔来写作戏曲的创始者和权威，由于梁辰鱼创作的作品脍炙人口，受到广泛的欢迎，为昆腔的传播做出了很大贡献。

昆腔从元末到魏良辅时期还只停留在清唱阶段，因为梁辰鱼的创造，昆腔才一改传统，焕发了勃勃生机，这是梁辰鱼在中国戏剧史上的重大贡献。辰鱼身家有华丽的房屋，是接纳四方奇士的专门场所。嘉靖年间以李攀龙、王世贞为首的后七子，和梁辰鱼关系甚好，戏剧家张凤翼也是他的好友。梁辰鱼曾向著名音乐家魏良辅学习，又与郑思笠等对音理进行钻研，对改革昆山腔做出了贡献。

梁辰鱼的传奇《浣纱记》，以春秋时代吴越兴亡的故事为题材。《浣纱记》开头写范蠡与西施在苎萝西村的溪水边相遇并相爱，西施把一缕溪纱赠予范蠡作为定情之物。后来越国为吴国所败，范蠡为了国事劝说西施到吴国去。临别时两人各拿溪纱的一半。结尾处写了吴国被灭后两人在太湖中成婚，并将分开的溪纱合二为一，两人划船而去。这些情节有利于塑造范蠡和西施两个富有自我牺牲精神的爱国者的形象。传奇以二人的爱情故事和一缕溪纱贯串全剧始终，让结构更加完整。剧本还严厉地批判了夫差对酒色的沉湎、不辨忠奸，以及伯嚭的卑鄙无耻，阿谀奉承，而对含冤死去、正直有远见的伍子胥则深表同情，这类描写在明代中叶都有一定的现实意义。

昆曲《牡丹亭·游园惊梦》
《牡丹亭》叙述了杜丽娘和柳梦梅的爱情故事。

梁辰鱼的作品吸收了元杂剧的成果。史书上的记载和有关的历史传说都没有《浣纱记》的情节丰富。在推广和改革昆山腔上，梁辰鱼起的作用是巨大的，所以梁辰鱼在昆剧发展史上具有不可替代的地位。

中国五大戏曲剧是什么？

中国传统的戏剧被称为戏曲。中国有五大戏曲剧，它们分别是：京剧、豫剧、评剧、越剧与黄梅戏。

京剧被称为东方的"歌剧"。京剧在19世纪中期的都城北平产生，安徽的徽调和湖北的汉调及昆曲、秦腔相互统一而形成了京剧。并在清朝年间宫廷内得到空前繁荣。它以西

203

皮和二黄的腔调为主，用胡琴和锣鼓等伴奏，被认为是中国的国粹。由于京剧在国都的快速发展，它的艺术水平在中国戏曲中也不断提高，后来在全中国流行，所以也被称为"国剧"。

豫剧是在河南梆子的基础上不断发展而来的。因河南简称"豫"，所以就称豫剧。在安徽北部地区豫剧成为梆剧，山东、江苏的部分地区仍称梆子戏。豫剧的流行区域主要在黄河、淮河流域，是我国最大的地方剧种。

评剧于清宣统元年（1909年）形成于唐山，所以又叫"唐山落子"。评剧源于冀东民间歌舞"秧歌"，民间农历新年花会活动中以秧歌为主要表演形式，秧歌由两人对歌对舞，群体为之伴唱伴舞，锣鼓击节，唢呐或丝竹配乐伴奏，歌的内容主要是民间生活故事、历史人物、四季风光。

越剧的前身是流行于浙江嵊州一带的"落地唱书"，后逐步发展成为"女子绍兴文戏"，40年代初女子越剧在上海发展极快，融合了昆剧和话剧的精华，逐渐成熟。以尹桂芳、徐玉兰、王文娟、袁雪芬为代表的老一辈艺术家，在体制与艺术上进行了大胆的改革，新编越剧《祥林嫂》的演出在越剧发展史上具有"里程碑"的意义。正是这批老艺术家创造了越剧独特的风格，逐渐形成了各具艺术特色的越剧流派。

黄梅戏原名"黄梅调"或"采茶戏"，是一种民间小戏，18世纪后期在皖、鄂、赣三省毗邻地区形成，其中一支逐渐东移到以安徽省怀宁县为中心的安庆地区，结合了当地的民间艺术，用当地的方言歌唱、说白，独树一帜，被称为"怀腔"或"怀调"。

戏剧表演的形式多种多样，有对白、音乐、歌唱舞蹈、武术、甚至杂技等，这有别于西方的歌剧、舞剧和话剧。

京剧角色的四大行当是什么？

中国京剧角色的四大行当指的是生、旦、净、丑。这是按戏剧人物的性别、年龄、身份和性格划分出来的。生一般是扮演男子的演员，旦则是对于戏曲中所有女角的通称，净一般指戏曲人物中有特色或特点的男子，丑指的则是"小花脸"，是个喜剧角色。

生，是戏曲中的男子角色，有老生、小生、武生之分。老生指的是老年男子角色，一般多为正面的角色，具有刚毅正直的个性。其台词一般是用京剧中的韵白表现出来，

《同·光十三绝》画像（摹本）　清代　沈容圃绘

沈容圃为光绪年间北京画师，绘清同治、光绪年间北京昆曲、京剧著名演员13人剧装写真图。全画长达丈余，绘13位演员。面目须眉，各具神情，色泽妍雅，栩栩如生。自左向右：郝兰田（饰《行路训子》康氏）、张胜奎（饰《一捧雪》莫成）、梅巧玲（饰《雁门关》萧太后）、刘赶三（饰《探亲家》乡下妈妈）、余紫云（饰《金水桥》银屏公主）、程长庚（饰《群英会》鲁肃）、徐小香（饰《群英会》周瑜）、时小福（饰《桑园会》罗敷）、杨鸣玉（饰昆曲《思志诚》闵天亮）、卢胜奎（饰《空城计》诸葛亮）、朱莲芬（饰《琴挑》陈妙常）、谭鑫培（饰《恶虎村》黄天霸）、杨月楼（饰《四郎探母》杨延辉）。它记录了同、光时期京剧舞台演出的一些实况，为研究京剧史的珍贵资料。

用真声演唱，风格醇厚、挺拔、刚劲、质朴，造型也多庄重。小生，顾名思义指的是青少年角色，演唱时采用真假声结合的方式，造型儒雅、风流倜傥，动作秀逸飞劲。武生指的是年轻的武将，一般都具有高超的武艺，此类角色不注重唱功，而具有娴熟的武打动作。

旦，有正旦、花旦、老旦、武旦之分。正旦指的是戏剧总的大家闺秀或有身份的女角，因其常常穿青色长衫，所以又被称为"青衣"。此类角色大都庄重秀雅、娴静柔婉，唱腔旋律细腻委婉。花旦，指的是天真活泼或放荡泼辣的女角，表演上侧重于念白和做功。武旦指的是擅长武艺的女角，角色多为侠女、女将甚至是女仙或女妖等。老旦指戏曲中的老年妇女，表演时常常需要迈出横八字步，多穿色彩偏暗的墨绿色或秋香色，用真声演唱。

净，多指京剧戏曲中的将军或神话人物，他们具有一定的社会地位，性格上有善恶之分，演员用真声演唱，声音洪亮浑厚粗壮，造型要求气度恢宏。这类角色的脸部化妆非常丰富，又被称为"大花脸"。

丑角的脸谱大都在鼻梁眼窝间勾画脸谱，多为滑稽调笑式的角色，表演以念白为重，要求口齿清晰流利，不重唱功。丑，又可分为武丑和文丑。武丑常常是一些绿林好汉、江湖侠盗，多具有风趣机警和高超的武艺等特点。文丑多指酒保、老兵、更夫、狱卒、花花公子等角色。

生、旦、净、丑是京剧艺术中的四大戏角，一部完整的戏剧大都由这四类角色构成，完整的戏剧艺术也少不了这四大行当。

旦角的头饰怎么分类？

戏曲的旦角装扮时会用到各种头饰，这种头饰在戏曲中的术语是"头面"。这一词汇源自古代女性的头上装束。她们多喜欢在头上装戴金银珠翠、鲜花等，这和一个女子的脸面具有同样重要地位，因此称为"头面"。戏曲舞台上的头面，都是旦角所用，主要有三种类型，分别是银泡头面、水钻头面和点翠头面。

银泡头面，为戏曲中的贫寒、寡居的妇女所用，多为半圆形球体，铜质镀银。这类角色扮相较苦，多为贫苦角色。这种头面头顶没有花，演员缺少高度扮相，比较矮的演员不宜装扮。

水钻头面是戏曲中最为华丽的角色头面，多由年轻女角或性格活泼的女角插戴。水转头面是用高级剥离仿制的钻石，镶嵌在金属上制成的，看起来非常漂亮。不过，带水钻头面的角色并非都是有钱人家的妇女，一些平民人家的妇女角色、乡下姑娘，甚至丫鬟也都戴水钻。这都是为了戏曲艺术，凸显出角色之美，而不是凸显出角色的家境。有些出家人，已剪去一头青丝，如果剧情设置她是一个漂亮的出家人，一样会装扮水钻头面。

点翠头面在戏曲中的角色大都是性格庄重、娴静的贵族女子。这种头面是用翠鸟羽毛剪贴到金属底板上做成的，翠羽富于变化，能够呈现出湖色、深藏青等色彩。这是头面中最高级的一种。不过，现在为了保护翠鸟，翠羽一般都用颜色相仿的缎子来代替。戴点翠头面的女角地位大都很高，父亲或者丈夫是朝中的高官。后宫的嫔妃不戴凤冠的时候，也会带点翠头面。

头面是一个女角在戏曲剧情中身份和地位的象征，不同的头面对于塑造人物形象具有极大的作用。人物一出场，单看其头面就能知晓她的背景，这对剧情理解有很大的帮助意义。

京剧中的服装是怎么分类的？

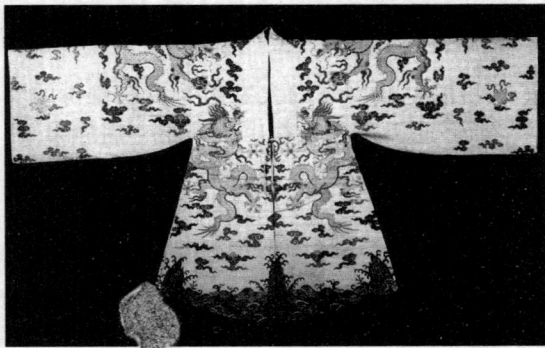

清代戏衣——女帔

帔一般为皇帝、文官便服和士绅常服。男帔及足，女帔及膝。夫妻之帔花色相对，称对帔。

京剧中的装束非常有讲究，尤其是服饰，最能够体现人物背景、身世、性格。不同的人物，身份不同、性格不同或地位不同，会有不同的服饰，以便区别，也便于观众理解。京剧中的服饰大体可以分为四类，分别是大衣、二衣、三衣和云肩。

大衣，是京剧内部的分工行当之一，此类服饰包括的服装有：蟒、改良蟒、旗蟒、官衣、改良官衣、学士官衣、判官衣、开氅、鹤氅、帔、八卦衣、法衣、僧衣、褶子、宫装、古装、裙、裤、袄以及其他服饰配件。从装束的角色范畴上面来看，穿着大衣的角色大都是文职官员、老爷太太、少爷小姐、丫鬟仆人等，它和二衣、三衣的区别是，蟒、帔、开氅、褶子、八卦衣、宫装、官衣等服装在袖口处都有水袖。大衣具有很明显的名称识别性能，对于塑造不同的人物起到了保证作用。

二衣，在技艺处理上和大衣有着共同之处，不过它们之间还是存在着很大的差异。二衣包括的服装有：靠、改良靠、箭衣（其中含龙箭衣，花箭衣，素缎箭衣，布箭衣）、马褂（其中含龙马褂，黄素缎马褂，铲子马褂）、抱衣（含花，素）、夸衣（含花，素，绒，布）、卒坎、龙套、大铠、青袍、茶衣、大袖等。除了不同的身份穿着不同的衣服外，角色还会佩戴一些物件和装饰品，如镖囊、弹囊、僧背心、道背心、绦子、大带等，这些对于区分不同的身份和处境也有帮助。

三衣，俗称"靴箱"，这类物品大多为人物所穿的靴鞋、内衣装束等，其物品还可分为两大类，即软片类和硬类。软片类又被称为软硬类，主要包括水衣子、胖袄、彩裤、护领、大袜等。硬类主要包括：厚底、朝方、福字履、登云履、皂鞋、薄底、彩鞋、彩薄底等物。在三衣行当中，还有一些专用的靴鞋，比如鱼鳞洒、虎头靴、黑白道打鞋、旗靴、小孩靴、僧靴等。

云肩，也叫披肩，是从隋朝（581—618年）以后发展而成的一种衣饰，常用四方四合云纹装饰，并多以彩锦绣制而成，晔如雨后云霞映日，晴空散彩虹。在汉民族服饰文化中，云肩是一种独特的服饰款式，装饰图案内涵丰富，符号的艺术语言，数字的寓意，文化底蕴哲理深邃。同时，云肩又是汉民族吸纳外来服饰文化，融会贯通，升华为自己民族服饰的结晶；也是中国服装史上，平面与立体设计巧妙构思的典范。

京剧的装束和表演在漫长的演化过程中，渐渐地发展到不可分割的地步。服装艺术的完善，为京剧艺术步入臻境做出了非常重要的贡献。

京剧四大流派创始人分别是谁？

在京剧发展的早期和中期，流派的分化除了有个人表演风格上的立意出新之外，主要是在艺术的宏观性和规范性上的发展，进入京剧发展的高潮期以后，流派的出现主要是以个人表演的风格不同，而自成一派。这使流派也趋于向着分工精细、专门化程度高的方向发展。

1927 年，北京《顺天时报》评选了当时最受欢迎的四大名旦，梅兰芳、程砚秋、尚小云、荀慧生分别当选，成为"首届京剧旦角最佳演员"。这标志着京剧四大流派的形成。"四大花旦"开创了四大流派，他们分别从不同的角度发展了京剧事业，使京剧进入另一个高超的艺术境界。

梅派，创始人是梅兰芳。他出生于京剧世家，8 岁开始学戏，11 岁登台演出，最擅长的是青衣。梅兰芳在 50 多年的舞台生涯中，在旦角念白、唱腔、舞蹈、服装、化妆、音乐等方面进行了开拓性的发展与创新，形成了独特的艺术风格。他京剧功底深厚，文武兼演，扮相优美，台风极佳，唱腔婉转，嗓音圆润，创造了许多形象各异的舞台艺术形象。梅派的代表作品有《贵妃醉酒》《宇宙锋》《断桥》《霸王别姬》和《穆桂英挂帅》等。梅兰芳还多次赴美国、日本、苏联演出，把中国戏剧传播到国外，使中国戏剧享誉国际！

程派，创始人是程砚秋。他自幼学戏，拜梅兰芳为师，擅长青衣。他在戏曲艺术中，追求声、情、美、水之间紧密融洽的结合，讲究音韵，并以其嗓音特色为基础，创造出一种婉约幽咽、起伏跌宕、似断似续、节奏变化无常的唱腔，具有独特的艺术风格。程砚秋的代表作大都是悲剧，有《荒山泪》《英台抗婚》《鸳鸯冢》《窦娥冤》等。

尚派，创始人是尚小云。他自幼开始学艺，少年时期荣获过"第一童伶"的称号。最初尚小云学的是武生，后来对正旦产生浓厚的兴趣，改学正旦。尚小云唱功深厚，嗓音洪亮浑厚，唱腔刚劲，他塑造出许多巾帼英雄、侠女烈妇的形象，代表作有《昭君出塞》《祭塔》《梁红玉》《二进宫》等。

荀派，创始人是荀慧生。他儿时学习河北梆子，19 岁改学京剧，擅长花旦、刀马旦。荀慧生的艺术风格吸取了河北梆子中旦角的特点，与京剧花旦融为一体，从而创造出独具特色的艺术风格，他擅长演温柔、天真、活泼类的妇女角色，代表作有《金玉奴》《红娘》《红楼二尤》《荀灌娘》和《钗头凤》等。

"四大花旦"通过自己的努力，将京剧旦角艺术，发挥到一个极高的艺术水平，形成了风靡于世的京剧四大流派，对京剧事业的发展做出了极大的贡献。

豫剧是我国最大的地方剧种吗？

2006 年，我国文化部门对豫剧区有专业数量豫剧人物造型进行了统计，它是全国拥有专业戏剧团体和从业人数最多的地方戏种。因此，豫剧是我国最大的地方剧种。

豫剧，又称"河南梆子""河南高调"，豫剧最早指的是河南各地的剧种，是一个统称，从 1947 年开封、洛阳、兰州、西安等报界用此名来专指河南梆子开始，豫剧成为河南梆子的专用名词。中华人民共和国成立以后，历代的艺术家们，在河南梆子的基础上，将豫剧进行了不断的改革和发展，豫剧艺术产生了质的飞跃，很快传遍了河南、河北、山西、山东、湖北、甘肃、陕西、新疆、台湾等 10 多个省，成为我国最有影响力的剧种之一。

豫剧可以划分为四大流派，分别是祥符调、豫东调、豫西调、沙河调。祥符调的唱法以开封为中心；豫东调，又叫东路调，唱法以商丘为中心；豫西调，又称为西府调，唱法以洛阳唱法为中心；沙河调，又叫作本地梆，流行于豫东南地区。新中国成立后，杨兰春等艺术家对四大流派进行了综合吸收和改革，融入科学的发音和歌剧元素，开创了"现代流派"。

豫剧以唱功见长，唱腔赋予激情，具有极大的情感感染力，在形象上面更加质朴，本色自然，和老百姓的生活极为贴近。此外，豫剧的音乐节奏有着鲜明的特点，节奏性强，配合着剧情的矛盾冲突，有头有尾、大棱大角地表现出主人公的性格特征。其曲调倾向于诙谐、欢快，不会给人压抑的感觉，其中又不乏帝王将相等气势恢宏的大场面。在关键剧情上，豫剧一般都会安排大板唱腔，用节奏鲜明、流畅和极具口语化的表演形式，表现出剧情主题。

关于豫剧的产生有三种说法：第一种是，明朝末年，秦腔和蒲州梆子进入河南后，同河南的民歌、小调相结合，进而产生的一种艺术形式；第二种说法是，豫剧有宋代的勾栏北曲弦索调直接发展而成的；第三种说法是，河南民间演唱艺术在数百年的发展过程中，尤其是明朝中后期，吸收"弦索"等艺术形式发展起来的。不过，根据大量的资料证实，许多专家都认为豫剧最早诞生于河南开封及其周围的各县。这种可能性非常大。开封是历史古都，历史文化积淀醇厚，还有丰富的乐舞活动，在宋朝时期，就出现了作为看戏用的勾栏瓦舍，所以，豫剧才能在这片有着深厚文化底蕴的土地上衍生出来。

豫剧的音乐结构是怎样的？

豫剧的唱腔音乐属于板式变化体，它有二八板、慢板、流水板和飞板四种声腔板式。

二八板，是最具有表现力的豫剧声腔板式，变化不拘一格，丰富多彩。除了二八板外，还有二八连板、慢二八板、快二八板、紧二八板等板式。二八板因以前的两个八板（8个小节）组成一个可以循环反复使用的乐段而得名。现在的二八板，结合了豫东调、豫西调的唱法，利用一板一眼，就能构成用于叙事的上百句大唱段。二八板还能够根据剧情和人物情感变化，表现出爽朗、明快、喜悦，或者紧张、悲痛、激愤等情感。

慢板包括慢板、迎风板、金钩挂和反金钩挂等板式，一般是 4/4 拍，上下句唱腔的起落都着落于板上。慢板是豫剧中较为常见的板式，有着多种前奏国门方式，最常用的是"四梆""六梆""导四梆""迎风一梆"等。慢板起腔有两种，分别是整板和散板。整板起腔，又叫"头句腔"，散板起腔是将上句长"栽板"，从下句起进入慢板。慢板一般在全句唱腔结束后，句尾落音处会有"八梆"的跟腔过门，有的减少为四梆或完全省略。慢板的速度具有很强的伸缩性，可以随着剧情的变化，出现慢、中、快三种不同的速度。

流水板是豫剧常用的声腔板式之一，分为快流水板、慢流水板、流水连板和流水板等。流水板唱腔大都是眼起板落的一板一眼的规范形式，也可根据需要选择不同的速度。曲调领过，旋律流畅，节奏明快，跳荡，既能够展现压抑、忧伤的悲情，又能够体现欢悦愉快的情景。流水板的主要特征是跨小节的切分节奏在旋律中出现的非常多，不管是起落的唱腔，还是旋律中的起伏、转折都会有出现切分节奏。

飞板，又本称作"非板"，无板无眼是最大的特征，节奏自由灵活，属于散板类。此外，散板还包括滚白、栽板、叫板等。飞板可以分为"哭韵""行韵"和"绝韵"三种格式。哭韵主要表现悲痛、幽怨之情；行韵，常常用于诉说叙述；绝韵，突显

河南梆子《红娘》

的是果断和激昂的感情。飞板长短一般都较短，或四句，或六句，或八句，就会进入其他板式。

豫剧的音乐格式富于变化性，能够体现出各种情感；而这些情景的体现，就是靠以上四种声腔板式的灵活变化和有机结合展现出来的。

评剧的创始人是谁？

成兆才，字捷三（又作洁三），艺名"东来顺"。近代中国著名的剧作家，北方杰出戏曲表演艺术家，他是评剧的创始人。

1874年12月20日，成兆才在一个贫苦的农民家庭出生，从12岁起就给本村大户人家打杂、做小工。年龄稍长，他的聪颖多艺受邻里赞美，如横笛、板胡、唢呐等诸般乐器无师自通。乡亲们在每年正月花会上都争着看他扮妞，15岁时他就在当地小有名气。少年的他就胸怀大志，他利用一切机会去识字。18岁结婚，为养家糊口，拜莲花落艺人金开福为师，学唱莲花落，并参加了二合班。

成兆才认为对口莲花落节目单调，往往无法满足观众的欣赏要求并限制演员的艺术水平发挥。光绪二十六年（1900年），他开始编写《乌龙院》等拆出剧本，作品多从其他剧种的剧本进行的移植，他的创作生涯从此开始。由于他的创作借助清末农村生活的某些侧面来反映农民中间朴素的道德观念和对美好、友善、和睦家庭的向往，因而在农村影响巨大。第二年，成兆才与二合、庆顺、义顺等9个班社，进入天津，在法租界天福楼、下天仙和胡家坟等地演出莲花落，被直隶总督杨子骧以"有伤风化、永干力禁"的禁令驱逐出天津。同年，成兆才家门不幸，内外交困，陷于悲苦之中。一连几年只在乡村断续演出，但艰苦的经历为他的创作积累了更多的情感。

成兆才的剧作构思精巧大胆，情节复杂多变，内容切中时弊，能够引起观众共鸣。他的名作一直在舞台上演出，新中国成立后，有些剧目还搬上了银幕，深受观众欢迎。为纪念成兆才，唐山市政府、滦南县人民政府在倴城修建"成兆才纪念馆"，纪念馆题写匾额由文化部副部长高占祥亲自题写。成兆才墓前的《墓志铭》记述了他的一生业绩。

评剧是在什么基础之上发展起来的？

评剧在我国具有重要地位的地方剧种之一。在19世纪末，河北唐山一带的贫苦农民于农闲时以唱莲花落谋生，1980年前后就逐渐出现了专业的莲花落艺人。莲花落即称"落子"，在民间长期流行，评剧就是在莲花落基础上发展起来的。

文化不断融合，东北民间艺术"蹦蹦"传进关内，河北的莲花落艺人将这种艺术融合在莲花落中，开始演唱如《王二小赶脚》《王二姐思夫》《杨二舍化缘》《王大娘锯大缸》《丁香割肉》《安安送米》等一类剧目，在当地农民中受到热烈欢迎。这些艺人后来又由农村进入工业城市唐山，唐山的工人，特别是煤矿和钢铁工人对这个剧种给予了很大支

十不闲莲花落　绘画
清乾隆朝后在北京、天津等地的莲花落与"十不闲"合流，称"十不闲莲花落"，并出现专业演员，演唱内容多关民间传说。

持。评剧在辛亥革命前后才算形成较为完整的艺术。当时已经出现了文明戏和话剧的舞台演出，一大批剧作者也应运而生，文艺圈子流动着自由的思想，这就促使评剧这个新兴的剧种产生了第一代的剧作家成兆才等人。成兆才原系莲花落艺人，在新时代思潮的影响下，他的艺术创造具有自由民主精神，于是就以他的剧作把莲花落演变成了蹦蹦戏，又从蹦蹦戏演进为评剧。

成兆才等人吸收了河北梆子的全套乐器从而把莲花落演变成"唐山落子"时，月明珠、金开芳都是当时的代表性演员。辛亥革命后，北京改称北平，京剧也随之称为平剧。以成兆才为首的"平剧"已经在天津有所发展，和由京剧改称的平剧成对峙之势。于是就定名为评剧，寓"评古论今"之意。

《马寡妇开店》《老妈开嗙》《花为媒》《卖油郎独占花魁》等是成兆才的早期作品，它们为评剧的发展做了奠基。这位剧作家对时代的变革相当敏感，他借鉴文明戏的表现方式，编演了一批很受群众欢迎的反映现实生活的时装戏，如《枪毙小老妈》《黑猫告状》《安重根刺伊藤博文》等，1919年编写的《杨三姐告状》最为著名，久演不衰，是评剧的代表剧目之一。

评剧的发展经历了哪三个时期？

评剧是我国北方流行的一种戏曲，位列我国五大戏曲之一。它是清末时期在河北滦县一带流行的莲花落的基础上发展起来的，其先流行于河北农村，进入唐山后快速发展，形成具有唐山风格的"唐山落子"。评剧的发展经历了四个时期，分别是孕育时期、萌芽时期、开花结果时期和成熟时期。

孕育时期，指的是评剧的前身莲花落的孕育和发展时期。莲花落，俗称蹦蹦戏，是一种民间说唱艺术，广泛流传于我国的大江南北。最开始的时候，作为穷人乞讨时的演唱形式出现，或说唱故事，或说唱吉利话，人们大多喜欢听。刚开始的时候，是由一人说唱，以竹板作为伴奏乐器，渐渐地发展为两个人或三个人，这个时期成为"对口莲花落"。慢慢地一些民间艺术家们，从秧歌等民间艺术中吸取一些内容，融入莲花落中，并形成了挨村卖唱的朋友班、一家班、师徒班。同时也出现了丑角、旦角和生角的划分。专门说唱一些婆媳姑嫂姑娌之间的琐事，也有男轻女爱孝子贤孙的佳话，唱词大都通俗易懂，富有浓厚的生活气息，贫苦大众都十分喜爱。这个时期的后期，简单的主板伴奏被淘汰，加入了唢呐、板胡等，不过音乐上仍显单纯。对口莲花落融入了很多戏曲因素，不过还不是完整的戏剧。

萌芽时期。孕育时期的莲花落虽然还没有形成戏剧，不过却孕育出了"拆出莲花落"。这个名字只是对于莲花落发展时期的一个命定而已。在这个时期，演员、道具、扮装还相对简单，没有舞台，广泛流传在乡间，收费也不高。不过，为艺人们解决了生计问题。同时艺人们为了获得更多的收入，开始发展、创新莲花落，将其发展为一种艺术形态，进而提高身价。观众们也不再满足于粗犷的叙事演唱，开始追求更加细腻的莲花落艺术。渐渐地，从事莲花落演唱的人越来越多，剧本台词也从叙事体发展为代言体，出现了固定的角色、固定的台词，有了更为细致的老旦、老生、小旦、青衣的角色分化，还出现了二六板、踩板等唱腔板式，乐器方面也增加了大笛子和三弦等。拆出莲花落的快速发展，使得莲花落艺术具备了戏剧的诸多要素。

开花结果时期。这个时期的莲花落发展，以唐山地区最为显著。1908年，莲花落被禁演，许许多多的莲花落艺人丢了饭碗，不过他们非常清楚莲花落有着深厚的群众基础，为求生存发展，成兆才、张化文、张化龙、金菊花、任连会、任善庆、张玉琛、张德礼等艺人聚到滦州吴家坨（今属滦县），众多的莲花落艺术家们，以长期的演出实践为基础，根据观众的需求，开始对拆出莲花落进行改良。改良后的拆出莲花落，剧情复杂化，人物性格鲜明化，还发展了多样化的演唱腔调和板式。表演方面，拆出莲花落吸收了京剧、梆子等戏曲的传统程式，进一步规范舞台动作，演员表演也更加生活化，更加逼真。扮装、伴奏乐器等也进行了大举改良。1909 年冬天，改良后的莲花落在滦州吴家坨进行首演，大获成功，从此"庆春班"名声大震。庆春班也因此获得了合法的演出资格，莲花落也改称为"平腔梆子戏"。1918 年，庆春班应邀到山海关兴业茶园演出，当地名绅奎旭东建议庆春班更名为"警世戏社"。从 1909 年发展到 1918 年，平腔梆子形成了赫赫有名的"唐山落子"。

成熟时期。1919 年，唐山落子名家月明珠和京剧名家梅艳芳、程砚秋应张作霖之约，举办赈灾义演，获得军政界、工商界的热烈欢迎。警世戏社在长春、哈尔滨、奉天一代名噪一时。月明珠于 1922 年卒于奉天，不久，成兆才和王凤亭推出金开芳，重振警世戏社。1923 年，警世戏社进入天津演出，巡清太保吕海寰认为平腔已经发展为一个大剧种，于是建议"平腔"改为"评剧"，从此评剧问世，并逐渐得到世人的认可。1929 年，评剧表演艺术家、评剧创始人成兆才逝世，同年《评剧大观》问世，这本书中汇聚了成兆才先生的评剧珍品。

评剧源于群众，枝繁叶盛，有着广阔的市场，因此发展和流传也特别迅速。从莲花落到评剧，只用了短短几十年，评剧便成为全国五大戏曲剧种之一。

评剧旦角的六大流派分别由谁开创？

中华人民共和国成立以后，评剧的发展进入一个新的时期，也出现了很多流派，不过，以旦角的流派最为瞩目。评剧旦角的六大流派分别是新白派、新派、鲜派、韩派、花派和筱派。

新白派的创始人是小白玉霜（1922—1967 年）。小白玉霜的原名是李再雯，山东人。她是 20 世纪五六十年代评剧的领头人物，5 岁时随父亲逃荒入京，后被白玉霜收为养女，继承了白玉霜的演唱风格。14 岁时便开始登台演出。小白玉霜的演唱风格圆润婉转、低回隽永，节奏的变化非常有对比性，或快或慢、或轻或重，变化分割恰到好处。她的代表作品有《打狗劝夫》《临江驿》《玉堂春》《珍珠衫》《红娘》《劝爱宝》等。她把评剧的白派艺术发展到一个极高的水平。

新派，创始人是新凤霞（1927—1998 年）。新凤霞的原名是杨淑敏，天津人。6 岁开始学戏，主攻京剧，12 岁改学评剧，14 岁登台演出。她具有纯熟的演唱技巧，能够细致入微地刻画人物，塑造出许多鲜活的青春少女的形象。她塑造张无可的艺术形象，以电影的形式出现在大银幕上，广泛流传于全国各地，以及东南亚各国，使得新派艺术风靡国际。另外，新凤霞还主演了《会计姑娘》《花为媒》《杨三姐告状》《杨乃武与小白菜》《三看御妹》《调风月》《阮文追》等几十出剧目。

鲜派，创始人是仙灵霞（1920—1993 年）。仙灵霞原名郑淑云，河北文安人。1923 年随母亲逃荒到天津，在天津自学了不少评戏，1934 年拜入评剧前辈刘宝山门下。仙灵霞的演唱特点是嗓音高亢、洪亮、清脆，音域广，音韵醇厚，能够以声传情，声情

新凤霞像

并茂；表演上自然洒脱、朴实豪放，扮相更是光彩夺目。她的代表作品有《杜十娘》《王二姐思夫》《井台会》《包公三勘蝴蝶梦》《夫人城》《锯碗丁》等。

韩派，创始人是韩少云（1931—2003年），河北玉田人，9岁入梨园开始学戏。1949年前后在唐山一带声名鹊起。1952年她携作品《小女婿》参加了全国第一届戏曲观摩大会，斩获一等奖。韩少云的唱腔非常别致，声色圆润、醇厚、吐字清晰，擅长运用腭音，塑造出许多栩栩如生、惟妙惟肖的妇女形象。她对我国评剧艺术的发展做出了杰出贡献。

花派，创始人是花淑兰（1929—2005年）。花淑兰原名葛淑兰，生于梨园世家，8岁开始学戏，11岁登台，12岁便开始在秦皇岛、唐山、天津演出。花淑兰音质纯净、音域宽广、嗓音甜润清脆，唱腔上更是吸取众家之长，声情并茂，形成自己独特的艺术风格。她戏路宽，擅长青衣、小旦、花旦，还兼演小生，文物兼备。其代表作有《黛诺》《牧羊圈》《茶瓶计》《谢瑶环》等。

筱派，创始人筱俊亭。筱俊亭8岁开始学唱民间小曲，后拜老艺人杨义学习蹦蹦戏。青年时期，她特别喜欢白玉霜、爱莲君、刘翠霞，并且努力学习她们的优点。1951年，筱俊亭到锦州演出，第二年参加了锦州评剧团，同年秋天开始对青衣唱腔进行系统改革。她根据自身嗓音的特点，有意识地将自己和评剧唱腔有机地结合起来，对于评剧的发展做出了极大的贡献。筱俊亭塑造了众多不同年龄、不同性格、不同身份的妇女形象，其代表作有《古国风云》《洪湖赤卫队》《江姐》《穆桂英挂帅》《南海长城》《丰收之后》《社长的女儿》等。

全国第二大剧种是什么？

越剧是中国汉族五大戏曲种类之一，是目前中国第二大剧种。越剧抒情表现得极为优秀，以唱为主，声腔宛转悠扬，表演真实感人，充满着江南灵秀色彩，大部分越剧都以"才子佳人"题材的戏为主，艺术流派纷呈。

越剧主要流行于浙江、上海、江苏、福建等江南地区，在鼎盛时期全国除西藏、广东、广西等少数省、自治区外都有专业剧团存在，据初步统计，约有280多个，更有成千上万个业余剧团，不胜统计。越剧在海内外都备受欢迎并且群众基础广泛和广泛的群众基础，当为流传最广之地方剧种。2006年5月20日经国务院批准列入第一批国家级非物质文化遗产名录。

越剧是清末起源于浙江嵊州（古越国所在地而得名），在当地民间基础上形成的。它发祥于上海，在发展中汲取了昆曲、话剧、绍剧等特色剧种之大成。最先的越剧是以男角为主，后来发展成以女角为主。曾称小歌班、的笃班、绍兴戏剧、绍兴文戏、髦儿小歌班、绍剧、嵊剧、剡剧。1925年9月17日上海《申报》演出广告中首次以"越剧"称此剧种。

绍兴小百花越剧团表演剧照
现今的越剧团继承了传统越剧的艺术精华，又大胆创新，形成了独树一帜的艺术风格，创造了不少精品力作。

1938 年始，多数戏班、剧团称"越剧"。"越剧"在中华人民共和国成立后才统一称谓。

1928 年 1 月起，上海出现很多女班。至 1941 年下半年增至 36 个。上海几乎荟萃了越剧所有著名的女演员。报纸评论称"上海的女子越剧风靡一时，到近来竟有凌驾一切之势"。而男班由于演员后继无人，最终被女班取代。

1944 年 9 月，尹桂芳、竺水招也在龙门戏院进行评剧改革。此后，上海主要越剧团都投入"新越剧"的行列，越剧的面貌在短短几年中发生了巨大变化。随着越剧的改革观众的构成也发生了变化，大批工厂女工和女中学生也成为越剧的观众。上海解放前夕，中国共产党对几个主要越剧剧团如"雪声""东山""玉兰""云华""少壮"都产生直接或间接的影响，使得越剧生气勃勃。

越剧在其发展过程中经历了哪些变革？

中国的戏曲剧种繁多，而越剧却能位居中国五大剧种中的第二位，越剧能有今天这样的成就，可以说与它在发展过程中经历的一系列变革是有着很大的关系。

越剧起源于浙江嵊州，在上海发展壮大，起初的"越剧"却是以"落地说唱"的形式呈现于人们面前，并且这种方式的表演都是由一半是农民一半是艺术家的男性农民演出的，随着其发展，逐渐形成了女子越剧。

女子越剧的形成和发展，是顺应了时代的发展，而越剧的变革却是为了适应当时环境和观众的需求，于是以姚水娟为首的越剧演员对越剧进行了一定的变革。在短短的几年时间里，各种越剧剧团在增加新剧目的同时，演出形式也发生了相应的变化，并且破除了封建性质的陈规与旧俗。然而越剧真正意义上的全面改革却是在 1944 年袁雪芬吸收了新的文艺工作者之后，此时的越剧被称为"新越剧"。

新越剧首先是在剧目上，建立了完整的剧本制度，废除了封建时期的幕表制，剧本的内容更大地重视了社会效益，新越剧时期的剧本和演出更多地倾向于反封建、揭露当时黑暗的社会以及宣传爱国主义思想。在唱腔上，新越剧摒弃了原来明快跳跃的主腔，形成了柔美哀怨的尺调腔和弦下腔，为后来流派的发展奠定了基础。在表演方面，越剧更倾向于对人物性格及心理活动的描写，并且学习其他剧种如昆剧、京剧等舞蹈，使越剧逐渐在表演上形成了写意和写实相结合的独特风格。而在舞台方面，通过对布景、灯光、音响、化妆和服饰的改革，使得越剧在舞台整体效果上，显得更有立体感和形象性。

越剧在经历了一系列的改革之后，使得今天的越剧在表演上，显得更加真切细腻、风格更优美，从而促使了越剧的全面繁荣。越剧在遍布全国各地的同时也走向了世界，在海内外拥有了很高的声誉和群众基础，而流传于世界各地。

越剧主要的流派有哪些？

越剧的流派是在尺调腔和弦下腔的基础上逐渐形成的。流派在其形成时运用了独特的唱腔风格和手法技巧，因此形成了不同的流派体系，而所有流派中，艺术成就比较高的流派包括了"袁派""尹派""徐派""范派""傅派"和"戚派"等。

"袁派"是由袁雪芬创立的，袁派的唱腔特点表现为淳朴且平易近人，深沉含蓄的唱法是在叙事，也是在抒情，同时也重视人物形象的刻画和心理活动的展现，袁派的唱腔也有着变化多端的节奏，带有了有很浓的韵味。

"尹派"是由尹桂芳创立的，尹派的唱腔特点注重以字制腔、以情带声，而形成别具风味的腔调，并且通过对重音和音色的运用，刻画出许多风流倜傥、温文尔雅的书生形象，独具一格的尹派曲调，听起来让人觉得很优美很舒展，同时又缠绵柔和。

"徐派"是由徐玉兰创立的，徐派的唱腔特点因为融入了绍剧的粗暴哀壮性，及京剧的刚健坚实性，所以在音调上显得豪爽高昂、热情奔放、大起大落，并且也体现着早期越剧中小生的唱腔，因此徐派更加地展现了其洒脱流畅，感情炽热，刚柔并济的独特艺术风格。

"范派"是由范瑞娟创立的，范派的唱腔特点在于追求男性的稳健轩昂和阳刚之美，所以在音调上显得宽厚响亮，并且充满热情，有着坚实稳重的吐词、起伏多变的旋律。

"傅派"是由傅全香创立的。傅派的唱腔结合了真假嗓音，在唱调上俏丽多变，并且跌宕婉转，体现了很强的表现力，常常展现出了动之以情的个性魅力，曲调上的波澜起伏，使其表演更有激情。

"戚派"是由戚雅仙创立的，戚派的曲调感情真挚浓厚，朴实流畅，并且花腔不多，戚派因为结合了多家的长处，所以在边线上有着严密的组织，鲜明的节奏、简练的音型给了人们深刻的印象，并且显得更加通俗易学。

除了以上的流派以外，越剧还存在着很多的流派，比如像王文娟创立的"王派"，陆锦花创立"陆派"，吕瑞英创立的"吕派"等其他派别，每一派别在形成时，都有着各自独特的唱腔特点，为越剧在戏剧中的发展做出了卓越的贡献，并且得到了观众的广泛认可和喜爱，也促使了越剧在世界范围内的推广。

黄梅戏是因为黄梅花而得名的吗？

黄梅戏起源湖北黄梅县，但却是在安徽安庆逐渐发展并壮大起来的，古书有云"'黄梅'出黄梅成其'黄梅'，安庆有'黄梅'更美'黄梅'"。（其意思是：因为黄梅戏来自湖北的黄梅县，所以它称为黄梅戏；然而安徽安庆的黄梅戏却比它的原产地，在唱风上更加的优美。）

黄梅戏由最初的民间小戏，在历经好几个历史时期，而逐渐形成，并成为当今中国非物质文化遗产中的一种。

1784 年，黄梅县在发生大旱之后紧接着又是大水，于是导致了当地灾民游走他乡，以卖唱的方式维持生计，因为其唱出的曲调优美，又融合了当地民间艺术，因此形成了自己独特的特点，黄梅戏也就在这种情形下而产生了萌芽。

从清朝乾隆末期至民国辛亥革命前后，这一时段，是黄梅戏初步发展的阶段。此时期，民间小戏因为受到青阳调和弹腔的影响，所以它形成了具有故事情节的整本的戏剧形式，尽管如此，这一时期的戏剧仍然是以农村劳动者自唱自乐的形式出现，虽然体现了农村劳动者的生活，但却没有形成固定的演奏形式。

从辛亥革命到 1949 年期间，是黄梅戏逐渐形成职业化的时期。这一时期，黄梅戏由原来的农村风格走上了城市的舞台，黄梅戏的戏班也逐渐走向正规固定的模式，在融合了京剧等其他戏剧程序的同时，黄梅戏的演出形式也逐渐地发生了很大的变化，在表演上显得更加的丰富，在言词上更加的通俗易通，而被观众所接受。

自中华人民共和国成立后，黄梅戏迎来了它的高速发展时期。它的高速发展，造就了一批又一批优秀的黄梅戏艺术家，然而这些艺术家的诞生，也促进了黄梅戏的不断发展壮大，同时也带动了像《天仙配》《女驸马》《牛郎织女》等经典曲目在民间的广泛流传，而享誉全球。同时这些经典的曲目也被制成了电视，使更多的人受到了黄梅戏的影响，也影响着中国的文化。

黄梅戏在中国文化中经历了一个由小到大、从无到有的漫长历史发展时期，其独特的唱调也被誉为中国的五大戏剧之一。

黄梅戏在五大戏剧中有什么独特的艺术特点？

黄梅戏是中国五大戏剧之一，在其发展过程中，有着其独特的艺术特点，且不同于其他 4 个戏剧，黄梅戏的艺术特点主要表现在唱腔、伴奏和角色行当这三个方面上。

黄梅戏的唱腔包括了主腔、花腔和三腔。主腔又称之正腔，是黄梅戏中的正本唱腔，主腔有着庄重严肃、优美大方的曲调，因此具备了戏剧性的表现力，也显示了黄梅戏在适应性方面的复杂多样的变化。主腔听起来让人觉得委婉悠扬，因此常常用于大段的叙述和抒情的故事情节上。花腔主要用于演小戏，它的曲调在大体上保持着同一中宫调，所以显得简单，然而花腔的节奏却是健康、朴实、明快、优美的，在表演形式上也显得活泼欢快，并且带有了浓厚的民间生活气息和民歌小调的色彩。三腔是彩腔、仙腔和阴司腔的总称；三腔因为融合了曲牌体和板腔体的音乐风格，所以在表演时呈现了"准板腔体"的状态，相比于主腔和花腔，三腔的男女腔调在旋律上也有着很大的差别，并且也更倾向于对抒情叙事的表现。

黄梅戏在伴奏上，由最初的打击乐器逐渐发展为以民族乐器为主、西洋乐器为辅的特色，这样，演奏乐队不仅适应了黄梅戏在表演和声腔上的需要，也增强了黄梅戏对音乐的表现力，促使黄梅戏在表演形式上和风格上逐渐丰富了起来。

黄梅戏的角色行当被分为上四角和下四角。上四角包括正旦、老生、正生和花脸；下四角包括了小生、花旦、小丑和老旦。正旦又称青衣，在黄梅戏中重唱，正旦扮演的是庄重、正派的成熟妇女，在表演时要求稳重大方。正生又称挂须，而因为挂须的颜色有黑白之分，所以挂白须者称为老生，而挂黑须者则是正生，在表演中挂须者重念，正生和老生在表演时讲究吐字铿锵有力且喷口。花脸是黄梅戏中具有专工戏极少的角色，大多是恶霸、寨主之类的角色。小生是青少年男子的扮演者，在表演时需用到大嗓子并且手拿折扇。花旦又称为小旦，是活泼、多情的少女或少妇的扮演者，在表演时，花旦的声调要求脆嫩甜美，手中常拿有手帕或扇子之类的东西。小丑的手中拿有一个烟袋，在黄梅戏中主要是调节演出的气氛，即使如此，小丑在戏中很受观众欢迎。老旦一般是黄梅戏中的配角，多是扮演的老年妇女。

黄梅戏其独特的艺术特点奠定了它独特的艺术风格。黄梅戏的出现，反映了浓郁的生活片段的同时，也体现了劳动人民对美好生活的向往，它通俗易懂的言语，在民间普及的同时，也深受各地人民的喜爱。

215

《女驸马》剧照

黄梅戏《女驸马》说的是民女冯素贞冒死救夫，经历了种种曲折，终于如愿以偿，成就了美满姻缘的故事。此剧先后被拍成戏曲电影、电视剧。

口技的溯源可以追溯到什么时期？

口技起源特别早，可以一直追溯至上古时代。口技是表演者用人体发声器官来模拟和表现在现实生活和自然界中发出的各种声音，同时配以表情动作进行表演的一种技巧和技艺。

上古时期的人们为了狩猎，锻炼出了可以熟练模仿鸟兽声音的技能来欺骗并引诱它们。为了驱赶围猎野兽，他们也模仿其他野兽的吼声。至于那时的"寻声问路"，就是用不同的吼叫声在山涧森林里寻找、区分同伴，人类的语言来源于此，但那时的"寻声问路"只是口技的萌芽，还不是真正意义上的口技。

源远流长的中国口技技术精湛。据专家考证，现在的相声和四川相书都起源于口技。口技在清代属于"百戏"的一种，表演者在布幔或屏风后边表演，俗称"隔壁戏"。在表演中还使用有腹语术，运用嘴、舌、喉、鼻、等发音技巧来模仿各种声音，如火车声、鸟鸣声等，表演时还加配一些动作，加强了真实感。

口技的用途逐渐扩展，不仅在杂技节目表演中运用，在相声、小品、评书、四川相书、东北二人转等曲艺和地方剧种节目中也有运用，口技同时还被使用于手影戏、皮影戏、音乐广播剧、影视剧的配音、拟音等艺术形式中，特别是被经常使用于即兴表演。

20 世纪末以来，各种文艺表演体裁形式都不断地加入口技成分，口技被视为一种独特的表演艺术。这种技艺，古代称相声，亦作象声、象生、口戏，由于口技是演员用口来模仿各种声音，故又称拟声。口技虽然是一种仿声艺术，但它与现代以逗乐为目的的曲艺相声并不相同。

好的口技作品，能使听众产生丰富的联想和身临其境的感觉，在欢乐中潜移默化地得到教育和美好的艺术享受。表演者用口模仿各种声音，能使听的人产生一种身临其境的感觉，它是中国古老的民间传统表演绝活，是我国也是世界的宝贵文化艺术遗产之一。

小令分为几种形式？

小令分为以下四种。

一、寻常小令：指单阕之曲，是曲中最简练的一种，和诗一首、词一阕相同。二、摘调小令：从套曲中摘出的曲调，如词中之摘遍一样，所摘之调必是套中精粹。三、带过曲：即作者填一调后，意犹未尽，再续其他调，把音律又适当地衔接上。四、集曲：即集合数调之美声，后衔接为一新曲，南曲是这方面的代表。

小令原是民间的小调，为元朝散曲的一种。一般在 58 字以内，但近代学者并不以字数进行分类，小令通常以一支曲子为独立单位，但可以重复，各首用韵可以不同。

宋词在元时衰落，民间小调给了伶人新的启发。文人的小令多半有典雅的特点，民间的小令语言通俗易懂。民间小令以描写为主，比起唐、宋诗词通俗生动，确有一番独特风格与精神。

小令为词的发展奠定了基础。因为在小令盛行的五代时期，还没有出现慢词。北宋庆历年间，翰林学士聂冠卿作的《多丽》，是迄今可见的最早的慢词，而柳永是第一个大量填作慢词的文人。然而最早的小令在隋炀帝时期就出现了，可见小令的源起便是词的源起。

若要填小令的词，首先要学习作律诗。有了律诗修养，才能控制词的篇幅，把较少的单片扩展到多片，而且小令在音乐上也有雌雄问答的讲究，因此，双阕小令才最符合词人的性格和音乐的特征。

小令有齐句和有长短句。在《尊前集》及其以前的小令里，长短句只占1/2，到《花间集》时已占到了4/5，由此说明在唐代，大部分小令跟五言绝句是相似的，但随着词本身的发展，长短句逐渐压过小令，独领风骚，以至于后人便把词称为"长短句"了。

小令具有自由度。宋人依声作词，因此唐宋词常有词牌固定而字句不同的情况，那是在音乐之下的歌词可以有所增减的缘故。

小令代替了词成为文人抒发感青的一种更为方便的文学形式，形式上的自由，创作要求的放松使得小令更容易被人们理解。

木偶戏在什么朝代被应用到战争中？

据司马迁在《史记》中的记述，木偶曾用于汉高祖的开国战争。木偶在西汉时还广泛用于"丧家之乐"和"宾婚嘉会"。

高祖采用陈平的计谋在城楼装配许多貌若仙女的木偶人，心怀妒意的匈奴单于的妻子阏氏害怕丈夫破城后贪恋女色，唆使丈夫解除对平城的包围。因此高祖得以脱险，这一故事被后人改编，作为一部戏曲进行袁演。

木偶造型是由人雕绘成的戏剧演员，它是被人操作的器具。元、明、清以来，木偶戏逐渐走进民间，木偶的造型艺术经过人们的不断改进，形成了多种风格、流派，加上地域不同，国内出现了各具特色的木偶形象：泉州嘉礼戏、漳州布袋戏、广东杖头、潮州铁枝、合阳线戏、吴桥扁担戏、四川大木偶。

木偶造型花样翻新，或行当齐备（生、旦、净、丑俱全），或工艺细致，或精雕细琢，或旷达广元，风韵各异，出现了江加走、徐子清这样闻名于世的雕刻大师。近几十年，木偶戏逐渐走出民间实现了专业化，演出由露天走入剧场。木偶造型逐步现代化，雕绘工艺也达到了前所未有的高度，就整体而言，当今中国木偶造型艺术的水平，是与时代同步的。

传统傀儡戏舞台，在很长一段时间内承袭了戏曲的舞美特征，一些舞台甚至和戏曲的演出场所都是在一起的。提线戏舞台，大部分是露天的舞台，背部设有遮挡操纵者的帷幕，以及"出将""入相"的木偶上下场门，演员持线板立于幕后操纵木偶表演，这样观众可以从三个方向欣赏表演。典型的有布袋戏舞台，这种舞台具有中国殿阁建筑风格，堪称工艺绝品。

木偶在 20 世纪七八十年代变革突飞猛进，突出"偶性"成为观念更新和探索的焦点。动作的假定性更加强烈，打破框式结构，撤去遮挡物舞台上是人偶同台，一个作品中同时出现提线、杖头、布袋等几个木偶品种，多景区的空间调度，大舞台手段的运

傀儡戏婴图　宋

傀儡戏有着悠久的历史，汉到唐代列入散乐，表演歌舞节目。宋代有悬丝傀儡、杖头槐傀儡、水傀儡、药法傀儡数种。图中所展示的应属悬丝傀儡。

用，木偶艺术的独立品格得到进一步强化，受到了观众的热烈欢迎。

杂技的产生及发展是怎样的？

中国的杂技大约在新石器时代就已经产生。原始人在狩猎中形成了独特的武技和超常的体能，在休息和娱乐时，便将这些技艺表演出来，久而久之，就逐渐形成了技艺表演，最早的杂技艺术就是这样演化而来的。

根据记载，中国最早的杂技节目是《飞去来器》。杂技界认为，原始部落的猎手们常用硬木片削成的十字形武器打击飞禽走兽，而在不断抛掷中，他们发现，在风力的影响下，不同的十字交叉，能够回旋"来去"，于是在原始部落的氏族盛会中它成了表演的节目。

《飞去来器》在现在的民俗活动中依然流传着，内蒙古草原上一年一度的"那达慕"盛会不仅有赛马、摔跤、角斗等各种技艺竞赛，《飞去来器》也包括在内，它是以投掷的远近和击中目标的准确程度来评定优劣的。

《飞去来器》被杂技艺人加以艺术加工，形成一种巧妙神奇的艺术节目，受到了现代人的热烈欢迎。由于杂技艺术来源于五花八门、缤纷多姿的现实生活，"杂"成为它的整体特征，故而"杂技"之名就在历史长河中被确定下来。

杂技艺术在中国已经有2000多年的历史。杂技在汉代称为"百戏"，隋唐时称为"散乐"，唐宋以后为了区别其他歌舞、杂剧，才将之称为"杂技"。在我国古代文献中，很早就有关于杂技的记载。《史记·李斯传》中记载，秦二世曾经在甘泉宫看角抵戏。当时的角抵戏如同今天的摔跤表演。

隋炀帝曾专门设立太常寺，教授杂技技艺，并于大业六年（公元610年），在长安端门外天津街举行百戏演出。

唐代时期杂技发展迅速，到了宋代，杂技艺术已发展成了40多个节目，那时，在一根绳索上表演挑水的节目已经出现了。可见，当时杂技艺术的发展程度之高。

中华人民共和国成立之后，杂技艺术呈现新的面貌，许多省、市成立了专业剧团，许多新兴节目应运而生，增添了灯光、布景、乐队。许多杂技艺术团相继出国访问，并屡获国际大奖，我国成为世界著名的杂技大国。

汉代成组杂技陶俑有怎样的艺术特点？

汉代陶塑珍品是一套成组杂技陶俑，是1969年在山东济南市郊无影山西汉墓中出土的。

杂技陶俑展现的是一幅表演杂技的场面。在一个长方形陶盘上，有21人，登场表演杂技的有7人，姿态各异，其中穿长袖花衣的两个女子，相向起舞；还有两人作"拿大顶"姿态，形象稳健有力；一人正在腾空翻跟头，另一个作难度很大的柔术表演，双足由身后上屈放于头侧。表演者左前方有一个穿朱红色长衣的人，可以转动，似为指挥。

右乐队7人伴奏，使用的乐器有钟、建鼓、小鼓、瑟、笙等。两女子长跪吹笙，其余都是男性。陶盘左右两端有7人，衣服着地，作观赏状。一侧3人戴冕形冠，另侧4人头戴环形帽。整组造型有些笨拙，仅仅是人体轮廓塑造，姿态亦稍呆滞，但色彩艳丽，人物繁多，充分地渲染了市井意趣。

随着政治、经济各方面变化，西汉晚期开始出现表现世情浓郁的百戏、说唱等情境的陶塑，尤其是和着音乐跳舞的陶俑较多，出土于山东济南市无影山西汉墓的这组陶俑，是一组彩绘杂技乐舞陶俑，它构成了一个完整的舞台演出场面，是迄今为止发现的中国古代艺术品中年代最早的一件。它集舞蹈、音乐、杂技于一体，进行了井然有序的布局，有欢快的气氛，刻画的人物生动传神，再现了当时风行的"百戏"演出时的热闹场面。

汉代盛行杂技表演，文献记载上也多存记述。新中国成立后也挖掘出了不少以杂技表演为题材的汉画像砖和画像石，但是像成组杂技陶俑的发现，较为稀少。在这张陶板上，汉代艺术家为我们保留了当时风行市井的"百戏"演出时的热闹场面，展现了汉代社会生活，具有高度的文化价值。

川剧在哪个地区流行最广泛？

川剧在中国戏曲宝库中有重要的地位。它广泛流传于四川、云南、贵州等西南几省。川剧历史悠久，保存了很多优秀传统剧目和丰富的乐曲与精湛的表演艺术。

川剧在清代乾隆时形成，它以本地车灯戏为基础，融汇苏、赣、皖、鄂、陕、甘各地声腔，形成含有高腔、胡琴、昆腔、灯戏、弹戏5种声腔。其中川剧高腔有丰富的曲牌，唱腔最具地方特色，是川剧的主要演唱形式。领腔、合腔、合唱、伴唱、重唱等方式是川剧的帮腔，意味隽永，引人入胜。川剧语言以生动活泼、幽默风趣为主，地方色彩浓厚，并且具有浓郁的生活气息和广泛的群众基础。

高、昆、胡、弹灯在融汇成统一的川剧过程中都有其自身的特点。昆腔，源自江苏，流入四川，逐渐演变成具有地方特色的"川昆"。高腔，川剧中重要的唱腔。源于江西弋阳腔，明末清初已流入四川，在楚、蜀之地称为"清戏"。在不违反"以一人唱而众和之，亦有紧板、慢板"的传统上，又汲取四川秧歌、号子、神曲、连响中丰富的营养，丰富和发展了"帮、打、唱"紧密结合的特点，形成别具一格的四川高腔。胡琴腔，又称"丝弦子"，徽调和汉调是它的源头，也吸收了陕西"汉中二黄"的成分，先后通过"做唱胡琴"和舞台演出与四川方言和川剧锣鼓相结合，在腔调与音乐过门上起了不少变化，形成具有四川风味的胡琴腔。弹戏，即乱弹，又称"盖板子""川梆子"，它得名于主奏乐器盖板胡琴和击节梆子，其源出于陕西的秦腔同州梆子。秦腔流入四川后，与川北的灯戏、高腔相融合，四川方言加入，便逐渐形成独具风格的四川梆子——弹戏。

川剧，是四川文化的一个代表，成都是戏剧之乡。早在唐代就有"蜀戏冠天下"的说法。

川剧中的五个声调在其表演上都有怎样的特色呢？

川剧是中国众多剧种的一种，它流传于中国的西南部，而它的声调却融合了昆曲、高腔、胡琴、弹戏和灯调五种声调，在其发展的过程中形成了独特的艺术表演形式。

昆曲是川剧中的一种曲板体唱腔，在伴奏时多用笛子或洞箫，在表现形式上则偏重于歌唱。昆曲的词白多是由文人所做，所以其词典雅有严格规范的格律，而在演唱时因为讲究字词的正确发音和曲调的圆滑，所以其节奏缓慢，反而更善于抒发人的感情。而川剧却只是融合了昆曲善于唱歌和利于舞蹈的特点。昆曲在整个曲目的表现形式上，更多地倾向于穿插在其他声调之中，或与其他声调产生共和。

高调是川剧五种声调中最重要的一种声调，高调在川剧流传中结合了多种形式，如四川方言、民间歌谣等，而形成了川剧中具有地方特色的一种声腔音乐。高调是以打击乐器和人身"帮腔"的徒歌形式呈现于观众的眼前，也因此在唱腔上更能凸显出人物的复杂感情的变化，从而抒发人物的情感，因为演唱时没有乐器的伴奏，所以唱起来比较容易，也会因为失去音律而唱起来相对艰难。

胡琴是川剧中的一种伴奏乐器，也是二黄和西皮腔的总称，在人物的刻画方面，二黄使人物显得含蓄深沉，而西皮腔却更突显人物的激昂豪放。

弹戏又称为"川梆子"，是一种板腔体的唱腔，在伴奏上以盖板胡为主，同时用梆子进行敲击，既能表现出人物轻快激动的情绪，也能深切地表现人物的思想感情。弹戏源自秦腔，但同时也结合了四川的地方语言，从而形成了具有浓郁地方色彩的独特的艺术风格。

灯调是一种带有地方色彩的、流行于四川农村的地方戏歌舞小戏，灯调在伴奏上多以二胡、唢呐为主，灯调在乐曲上短小精悍，节奏鲜明轻快，带有了很浓厚的四川地方风味，在取材上大多来自农村，因此也是当地生活气息的强烈体现。

川剧的声调是五种声调的融合，其精彩形象的演出，主要在于川剧中的锣鼓贯穿于整个曲目，锣鼓在调节着舞台节奏的同时，又通过拟声的手法描述物体的形状，描写人物的情志，以及烘托出整场戏的气氛，因此也体现了锣鼓在川剧中的重要地位。

川剧因为有了五种声调的结合，经过长期的实践磨合，使得川剧在表演上充满了生活的表演气息，让人很有亲切感，以使得川剧能经久不衰，而风靡全国。

川剧中最有名的技巧是什么？

川剧中最有名的技巧是变脸。所以川剧脸谱是川剧表演艺术中重要的组成部分，它是历代川剧艺人流传下来的瑰宝。

川剧上演前，不同角色会绘上不同的脸谱，以展示人物的身份、形貌、性格特征。在历史上，演员都是自己画脸谱，没有专业的脸谱画师。画脸谱过程中，在不违反人物基本特征前提下，演员可以创造性地绘制最适合自己的脸谱，以取得最好的演出效果。所以川剧脸谱具有个性化和多样性的特征。

最初的脸谱都是用纸壳做成的面具，后来发展为草纸绘制的脸谱，表演时在烟火或折扇掩护下，层层地揭去脸谱进行变脸表演。中华人民共和国成立后，随着变脸绝技的飞速发展，制作脸谱的材料也发展成为现在使用的绸缎面料，使得演员的表演更加方便。

通常一些不知名人士，包括侠士、鬼怪之类的造型会成为变脸的脸谱，而流传较广泛的脸谱，如关公、曹操、包公等人物的脸谱一般不用于变脸。绘制变脸脸谱笔锋要独特有力，并且运用强烈的颜色对比以形成炫目的礼堂效果，在进行着色时，剧中人物的道德品质和角色种类是依据，或歌颂赞扬、或揭露讽刺、或鞭挞批判，或贬或褒，在脸谱中都能一一呈现出来。

变脸的手法大体上可以分为"抹脸""吹脸""扯脸"三种。此外，还有一种"运气"变脸。抹脸：在脸上某一特定位置抹上化妆油彩，表演时用手往脸上一抹，就完成了变脸，当把油彩抹在眉毛上就是变整张脸，如果只变下半部脸，则将油彩涂在脸上或鼻子上。吹脸：用粉末状的化妆品，表演时，演员只需贴近容器一吹，粉末就会扑在脸上，演员吹粉时必须闭眼、闭口、闭气。运气：顾名思义，运用气功变脸。传说已故川剧名演员彭泗洪，在扮演《空城计》中

川剧绝活——变脸

变脸是戏曲的情绪化妆。用于表现剧中人物情绪的突然变化，或惊恐，或绝望，或愤怒等。许多剧种都有变脸，以川剧最为著名。

的诸葛亮时，他能够运用气功而使脸由红变白，再由白转青，以表现诸葛亮如释重负后的后怕。

此外，川剧脸谱历史上传承的方式都是"师带徒"，师父把画脸谱的秘诀口传给徒弟。徒弟通过向师傅学习，也将所绘脸谱慢慢烂熟于心并可有改变。

被称为川剧变脸之王的是谁？

王道正被称为川剧的变脸之王，王道正的舞台表演在20世纪60年代达到顶峰，他的演出中有很多传统曲目，"文革"开始后，受历史条件的限制，王道正演出了多部现代戏，但同样获得了成功。

川剧让王道正名声远扬，但同时也给他带来了无奈和遗憾。他是一名武生演员，因为他执着敬业的精神，即使带着伤病也坚持在舞台上摸爬滚打。1981年是王道正事业一个转折点，武生演员出身的他被领导指定出演《白蛇传》中的紫金铙钹，学习变脸。王道正接过新的服装和道具，开始了新的戏剧生涯。

王道正的变脸受到了热烈欢迎，紫金铙钹也成为川剧《白蛇传》中最受欢迎的角色。因为王道正的表演让很多人开始喜欢上《白蛇传》，喜欢上了川剧。在长期的舞台实践中，王道正坚持对变脸进行研究，改进了变脸的技巧，使变脸成为中国戏剧中独树一帜的绝技，被确定为国家二级机密。

王道正"变脸"有3大特点：一、所变得8张脸都是全脸。大部分"变脸"都是半截脸，有点类似影片《佐罗》，嘴巴露在外面；王道正则只变全脸，并且解决了呼气、吸气与发声这一难题，看上去就是直接画在脸上的脸谱；二、双向变脸。王道正先将脸谱依次扯下来，揭开自己的"庐山真面目"，最后还要凭空蒙上一张金脸，隐去真身；三、通过紧密结合剧情发展来表达人物内心感情。紫金铙钹情绪不断发生改变，现出第4张"喜鹊闹梅"的棕色脸谱，自以为计策成功，降服了白娘子，像小孩子般拍手跳脚。当揭开法宝发现白娘子不见时，顿时气得脸色发青，周身发火。在这里，王道正创造了一张黑脸，还要眼冒金星，头上、胸前、后背冒光，形象生动无比。

王道正蜚声国内外，西方的媒体曾称王道正为"化装和角色变幻的世界大师"，香港《大公报》把王道正誉为"变脸王"。

川剧中的特技表演只有变脸吗？

每当我们一提到川剧，首先想到的是川剧中的变脸，然而变脸只是川剧表演中的一种特技，除此之外，川剧的特技还包含了吐火、藏刀、顶油灯等具有特殊技巧的表演方式。

吐火也是川剧的特技表演之一，同时也是川剧中最具有刺激性的表演。表演者的口中含有易燃烧的物质，经体内微微运气，将口中具有燃烧性的物质喷在火把上，使火顺势燃烧，在喷火时动作要快，在眼前火还没有熄灭的时候，表演者是不能吸气的，否则会将自己烧伤；有时会让表演达到一定特定性，需要连续地喷火，因此，表演者会将煤油灯放于衣服内隐蔽的位置，在不被观众发现的情况下，迅速地含一口，持续喷出。吐火在表演时往往结合着变脸，在促使了精彩表演的同时，也使人物刻画得更加形象。

藏刀也是川剧中比较著名的特技表演，在表演中，将藏刀人的性格特征表现得形象而深刻，对人物性格的真实写照，及其在特定情形下，钢刀时而出现，时而消失得无影无踪，在渲染了紧张气氛的同时，也满足了观众的审美需求和好奇心理，从而使得川剧在表演中更具备了独特的表演艺术风格。

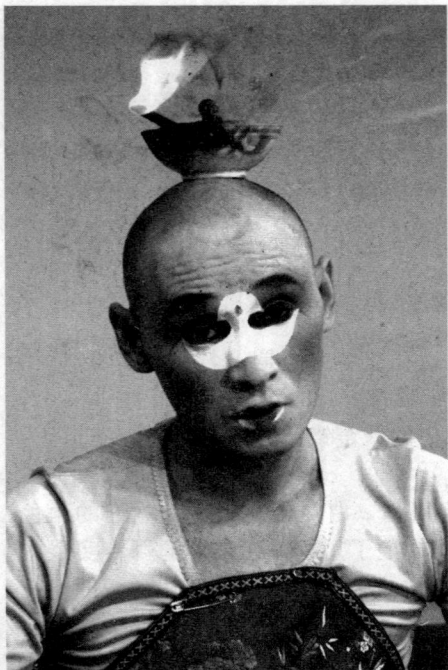

《滚灯》剧照

顶油灯是川剧中丑角戏用到的一种特技，在表演时，头上顶着一盏燃烧的油灯进行一系列如在地上打滚、钻长凳、跳舞及将头顶的油灯吹灭等的表演技巧。顶油灯在表演时带有一定的喜剧性，表演者即滑稽又高超的表演风格，使得观众眼前一亮，叹为惊止。

当然，除了以上的特技以外，在川剧的表演中还有很多让人惊叹的技艺。这些特殊技巧的运用，使得川剧的演出更加独特的同时，也让川剧的表演更加神秘，从而形成一种独特的艺术特色。

越剧服装的风格是什么？

由于不懈地探索和积累，越剧服装形成了轻柔、淡雅、清丽的独特风格。越剧服装经过不断巩固和发展，在国内外演出中产生了很大的影响，从而成为我国戏曲服装中另一种服装风格样式。

古装衣是越剧的特色服装，在剧中年轻女子和中年妇女的上衣有水袖或者本色连袖，外加云肩或飘带；长裙上搭配有短裙或中裙、佩、腰带、玉饰。短、中、长裙又有折裥和无折裥之分。服装特点是裙长衣短，胸腰收紧，形体分明。

越剧在20世纪二三十年代绍兴文戏时期，其角色的穿戴大多借用生活中的衣衫、长袍和褂。扮官宦的有时也用庙里的神像蟒袍。后来改为向一些戏剧大班租用戏装，租赁的行头多以袄、衫、蟒、靠、箭衣为主，行头样式基本上是绍剧、京剧传统样式。有人称这时的越剧服装是"杂乱无章"时期。

越剧服装设计开始于1943年，专业舞美设计韩义在《雨夜惊梦》中，对剧中魔王及4个小鬼的服装作了设计。1943年11月，袁雪芬主演《香妃》时，因剧中人物有兄弟民族再加上出场人物身份较多，为了达到艺术上的统一，全部服装由韩义全权设计，由演员自己置办，戏院老板根据角色主次补贴一部分的置装费。这一次是越剧服装史上的一大变革。

20世纪40年代后期，越剧服装改革通过不断的艺术实践，总结改革的经验教训，逐步形成了独特的风格，并培养了一批专业设计师，如幸熙、苏石风、韩义、张坚安、陈利华等。

20世纪60年代以后，衣料试用了新颖的产品，使设计的天地更为广阔。有些利用古色古香的绸缎纹饰代替绣花，收到了很好的舞台效果。

改革后，越剧服装在配色上，突破传统衣箱常用的"上五色"和"下五色"的规范，增加了大量的中间色，具有淡雅、柔美、简洁、清新的特色，增强了优美，柔和的感觉。使得越剧在舞台上的演出更加精彩。

舶来的话剧在中国有着怎样的特点？

话剧是一种带有欧洲西方形式的戏剧，于19世纪末20世纪初传入中国，话剧主要是以无伴奏的对话、独白和动作为表演手段，将情节的发生发展呈现于人们眼前的一种戏剧形式。话剧传入中国以后，依据中国的特色逐渐发展成为具有中国特色的一种文学形式。

所有的戏剧在其表演的形式上都有着它各自的特色，对于话剧而言也不例外，话剧在表演上的特点，总的来说可以概括为以下几个方面：舞台性、直观性、综合性和对话性。

在舞台性方面，所有的戏剧在表演的时候，都必不可少的就是舞台，话剧也是如此，只不过在话剧中，各式各样的舞台设计、背景等效果更有利于演员对整个剧情的表现，同时也促使观众从各个方面欣赏话剧的表演，品味话剧所展现的特有风格。

从话剧的直观性方面，演出者通过各自的姿态、动作、对话等，表现出人物独特的造型，使人物的心理活动及感情变化，通过直观的视觉和听觉，呈现于观众眼前，从而使得观众对于剧情和人物的形象有了一个更深刻、更宏观的认识。

综合性方面，话剧在表演时以对话为主，整个表演过程穿插少量的音乐和歌唱，使其不那么枯燥。人物形象塑造的舞台效果突出，很好地反映了当时的社会情形。人物的对话、独白以及当中的潜台词等，都深刻形象地刻画出了人物形象的特征、人物的心理活动及情景的发展。

话剧中的对话性，是戏剧中较为独特的特点。在整个剧情的发展过程中，人物间的对话、独白、旁白及一些潜台词，占据了整个话剧大部分的表演形式，就连故事的主题思想。剧情的展现，人物形象的塑造也是通过对话的形式来体现的，在某些情节上做到意犹未尽。

话剧的出现让人们更形象地了解了所处时代各阶层人民生活的情形，同时也让人们对于戏剧有一种新的认识。

评书是在什么时间形成的？

评书是流行于中国北方地区的评书艺术，作为一种独立的说书品种，大约形成于清代初期。可以发现的许多资料都证明，评书表演形式虽然是口头讲说，但其艺人大部分来源于"唱曲"的转行。

评书，又称说书，广东粤语地区俗称"讲古"，古代称为"说话"，是中国一种口头讲说的表演形式。战国时，诸子百家为了可以成功地说服诸侯，经常旁征博引，用故事做比喻，后来形成许多脍炙人口的成语，像"怒发冲冠""刻舟求剑""滥竽充数"等，其实这就是早期的评书。评书宋代时期开始流行。不同地区的人都用本地区的语言说不同的故事，因此评书也是方言文化的一部分。而在中华人民共和国改革开放后，电子媒体及推广普通话的冲击之下，用方言的说书文化日渐衰落，处于濒临消失的状态。清末民初时，评书的表演为一人坐于桌后表演，折扇和醒木是表演道具，演员身着长衫；至20世纪中叶，演员不再用桌椅和折扇、醒木做道具，而是站立进行表演，服装也没有固定版式。

在北京流行的评书，相传是明末清初江南说书艺人柳敬亭（1587—1668年）来北京时传下来的。也有人说是清代北京鼓曲艺人王鸿兴拜柳敬亭为师，回京后改说评书，并于雍正十三年（1735年）在掌仪司立案授徒，开创的评书。至20世纪初叶，又有许多北方乡村表演"西河大鼓"和"东北大鼓"的"说唱"艺人进入城市后，纷纷改说评书。这是中国曲艺艺术在流传过程中出现的一个十分有意思的现象。

现在流传下来的传统评书，都具有民间口头文学的特征。它汇集了人民群众的智慧，既是历代评书艺人的心血结晶，也是群众艺术的创作成果。

相声表演第一人是谁？

目前见于文字记载最早的相声艺人是张三禄。根据相关资料可以推测出，张三禄原来是北京的八角鼓丑角艺人，说相声是之后的职业。

在清朝道光时期，张三禄开始他的艺术生涯。在《随缘乐》子弟书中说："学相声好似还魂张三禄，铜骡子于三胜倒像活的一样。"但是相声界普遍把朱绍文（穷不怕）称作他们的祖师爷。

相声在古代作"像生"，原指对别人言行举止的模拟，后发展成为"象声"。"象声"又叫"隔壁象声"，在明朝时期就流行起来。清朝时期有一定发展，直至民国时期，"象声"逐渐从一个人模拟口技发展成为单口笑话，名称也随之变成相声。从单一的单口相声，后来逐步发展为多种类型的单口相声、对口相声、群口相声，综合为一体，成为名副其实的相声，而经过多年不断的积累，对口相声成为大众最喜爱的相声表演形式。

相声的源头在北京，后在全国各地流行开来。相声被普遍认为于清咸丰、同治年间形成。到了晚清年代，相声就已经具有了现代的特色与风格。相声语言以北京话为主，各地也有以当地方言说的"方言相声"。

相声在形成过程中还广泛地融合了口技、说书等艺术形式，寓庄于谐，以讽刺笑料表现真善美，它的特点便是引人发笑，以"说、学、逗、唱"为主要艺术手段。相声的一大特色便是与观众进行亲近的交流，其他舞台艺术往往都无法企及相声演出所起到的剧场效果。除了喜剧性内容的原因之外，相声特有的艺术表现形式——对话的形式也是一个重要的原因。

相声在叙事表现艺术上，创作者能把孤立的事件贯穿起来，赋予其因果次序，从而构成故事虚构的情节及历史，并将这些内容灌输给观众。在这里，信息流动的单向性使观众处于被动地位。

东北二人转的源头是什么？

东北大秧歌和河北的莲花落是东北二人转主要源头。用东北人的俏皮话说：二人转是"秧歌打底，莲花落镶边"。莲花落也被称为"落子"，是北方的一种民间说唱艺术。二人转在民间的土壤上发展起来，唱词具有浓厚的乡村特色，俗、色、酸是其最大特点。

二人转常常被称为小秧歌、双玩艺、蹦蹦，又称过口、双条边曲、风柳、春歌、半班戏、东北地方戏等。在表演时，穿着鲜艳服饰的一男一女，手拿扇子、手绢，边走边唱边舞，以此来一段故事，二人转唱腔高亢粗犷，唱词诙谐幽默。二人转流行于辽宁、吉林、黑龙江三省和内蒙古东部三盟一市（现呼伦贝尔市、兴安盟、通辽市和赤峰市）。

清朝本兴起于东北地区，历史上除辽东、辽西有少量汉人外，少数民族特别是满族和蒙古族一直以白山黑水的东北地区为骑射家园。在康雍乾盛世期间，清朝实行严厉的"封关"政策，严禁汉人进入关东。乾隆盛世后，清朝的皇帝一代不如一代，国力逐渐衰弱，加上外国的侵略"封关"政策名存实亡，导致"闯关东"大潮在清朝末期和民国时期疯狂流行，大批山东、河北人进入东北，二人转就是"闯关东"的人从关内带至关外的。

据载：1934 年 4 月 27 日《泰东日报》第七版第一次出现了"二人转"这个名字。1953年 4 月，第一届全国民间音乐舞蹈大会在北京举行，东北代表团的二人转节目正式参加演出，从而"二人转"这个名字首次得到全国文艺界的认可，并且呼声越来越高。

天津快板的最高境界是什么？

天津快板的最高境界可用"平如无风湖面，爆如炸雷闪电，脆如珠落玉盘，美如酒醉心田"中的"平、爆、脆、美"四字来概括。

天津快板是由天津时调演变而来的，句式灵活，语句长短不限，但要求上下句对仗，尾字押韵。风格粗犷、明快、幽默，主要的伴奏乐器是竹板、大三弦和扬琴。这种戏剧形式是由群众自发创造并发展起来的。以天津方言来表演，在形式上采用了数来宝的数唱方式及快板书所用的节子板，同时配以天津时调中"数子"的曲调，用三弦伴奏，别具一格。

天津快板可由一人或多人进行表演，也可以化妆表演。天津快板是用天津方言演唱，分慢板、中板、快板。节奏轻快、语言流畅、通俗易懂、合辙押韵。常巧妙地使用天津土语制造俏皮的包袱儿。天津快板的基本格式是：五五八五，每两句分四小节唱完。其他的也是在这个基础上的演变唱法，节奏不变。

过去艺人们沿街卖艺时，经常见景生情，看见什么就说什么，擅长随编随唱，宣传自己的见解，抒发感情。从编、演，到传唱，比其他的说唱戏曲的形成都迅速，并且贴近生活，反映人民的心声。

在解放战争中，人民军队中进一步发挥了数来宝的战斗作用。战士们编演大量天津快板作品，鼓舞士气。人称天津快板大王的毕革飞赞誉天津快板说："歌唱英雄唱胜利，批评具体又实际。拿它娱乐都欢喜，指导工作有意义。"

天津快板艺术灵活多样，丰富多彩。既能娱乐大众，又能揭露现实，不仅在天津地区深受欢迎，在全国范围内也是群众喜闻乐见的娱乐形式。

"山东快书是从河里来的"中的"河"指的是哪条河？

艺人之间流传着一种说法："山东快书是从河里来的。"这里说的不是一般的河，而是横贯南北的古运河。

山东快书的孕育和形成，离不开天时、地利、人和，地利至关重要。据考证，山东快书发源于临清、济宁一带，临清、济宁都是运河上的大码头，这里商贾云集，客人无聊，需要娱乐活动，也就养得起艺人，为山东快书的形成提供了有利条件。

北宋末年，临清、济宁一带正是梁山好汉龙腾虎跃之地，武松的英雄故事在当时广为流传。于是以《武松传》起家的山东快书应运而生。

仅从地利角度分析，我们就能发现，山东快书的孕育、形成和发展，无疑是人民群众和民间艺人合作的成果，但也不排斥个别人物的杰出贡献。在曲艺发展史上，这种杰出人物大致有两类：或是创作方面才能出众，或是在表演方面不同凡响。

山东快书以说唱为主，语言节奏性强，基本句式为"二、二、三"的七字句，为保证演唱的明快，一般句子最后为三个字。表演时，左手击打两块相同的铜板（鸳鸯板）作为伴奏乐器。

山东快书都是站唱形式，表演上讲究"手、眼、身、步"及"包袱""扣子"的运用。唱词基本上为七字句，演员吟诵唱词，中间夹杂着一两句说白。曲目有"单段""长书""书帽"等形式。传统曲目《武松传》包括《东岳庙》《景阳冈》《狮子楼》《十字坡》等12个回目，可以分成几个回目，进行独立演唱，也可以连贯起来表演。

由于山东快书具有灵活简便、易演易编的特点，通常是一个或几个演员，用极简单的道具进行演唱，在瞬间就能收到较好的艺术效果。

再加上它不受场地的限制，无论田头工地、车站码头、街头巷尾，均可随时演出，迅速地反映现实生活，为经济建设服务。几百年来长久不衰，许多经典段子在群众中广为流传，深受人们喜爱。

舞剧是否就是舞台剧？

《红色娘子军》剧照

中国芭蕾舞剧。1964 年首演于北京。编导李承祥、蒋祖慧、王希贤，作曲吴祖强、杜鸣心等，舞台美术设计马运洪，主要演员白淑湘等。舞剧表现了中国第二次国内革命战争时期，在中国共产党领导下，海南岛的一支由妇女组成的红军连队，与当地国民党军及反动地主武装英勇斗争的史实。在舞蹈设计上，广泛地吸收了中国民间舞蹈，从部队生活和军事动作中提炼舞蹈动作，使它们与芭蕾的表演技巧相融合。它成功地塑造了吴琼花、洪常青等人物形象，是一部具有中国特色的芭蕾作品。

舞剧是舞台剧中的一个分类，是指在人物形象的塑造、演员感情的流露以及故事情节的发展上，都是以舞蹈的形式展现出来的一种戏剧形式。而舞台剧则是指所有可以呈现在舞台上的所有戏剧艺术。

舞剧是一种独立的艺术形式，是舞蹈发展到很高程度的产物。20 世纪30 年代舞剧在中国开始崭露头角，从此以后舞剧便在中国落地生根，逐渐地发展起来，同时也在世界的艺术殿堂上取得了奇迹般的成就。

1939 年中国舞剧的奠基人——吴晓邦，他创作的《罂粟花》，以一种新的舞蹈艺术模式开启了中国舞剧的开端，为舞剧在中国的发展奠定了基础。

中国的舞剧在创作时借助了传统戏剧中的舞蹈和苏联的芭蕾舞剧的形式，逐渐形成了带有我国民族特色的各种舞剧形式。如融合戏剧和其他形式的古典舞剧，采用民间歌舞的民族舞剧，借鉴国外芭蕾而形成自我芭蕾特色的芭蕾舞剧，以及展现现代美的同时又突出个人风格的现代舞剧等。而每一种舞剧形式的问世也代表了中国的舞剧的一种发展趋势，这期间诞生了一部部优秀的作品，而被后世所称颂，如众所周知的《和平鸽》《宝莲灯》《红色娘子军》《白毛女》等。艺术家们在创作时勇于探索与创新，融合中国传统的同时，也借鉴了西方的舞蹈观念，促使中国的舞剧进入一个辉煌的发展时期，为以后的发展铺平了道路。

在新的历史起点上，舞剧创作和表现题材上都有了很大的拓展。艺术家们勇于探索尝试，改变了以往舞剧的观念与动作语言，除去了单纯的现象性描述，将更多的视点转向于人物的内心矛盾，及对生命意义的探索方面，促使了中国的舞剧向多元化发展的趋势，也因此诞生了一大批优秀的舞蹈作品和舞蹈演员，将中国舞剧推向了一个新的高潮发展时期。

舞剧中除了专业的舞蹈演员之外，其中最重要的组成部分就是舞剧的音乐，音乐在舞剧中不仅是一种伴奏，对于人物的刻画及性格的塑造、剧情的展现和发展，都起着重要的作用，因此，舞剧的音乐被称为舞剧的灵魂。

中国的舞剧在形成和发展过程中，遵循着"古为今用""洋为中用"的原则，融会贯通古今中外的特色，同时加以创新和改造，而形成具有中国自己的特色的舞蹈形式，创造了舞剧界中一个又一个奇迹，影响着世界舞剧的发展。

哑剧是用肢体语言来表演的剧种吗？

哑剧是众多戏曲的剧种具有特殊表演风格的剧种，因为哑剧在表演的过程中，是不需要运用语言的，而所有的故事情节的展开及人物的活动都是通过人的身体动作和面部的表情来表达的。

"哑剧"在希腊语中最早是模仿者的意思，并且专指于戏剧的表演者，然而"哑剧"随着历史的发展和文化流传，它也逐渐演变成为一种特殊的戏剧形式。哑剧在表演时，身体就是语言，"语言"就是身体，没有人物之间的对话及唱歌，即使是演员在表演时，他所要的所有物质，也都是借助于人物的身体语言来加以"诉说"。哑剧在表演风格上，融合了多种艺术体系，因此哑剧在演出时，则要求演员必须得具备话剧的基本功，丰厚的舞蹈功底，以及一定水准的文学修养，故而哑剧被称之为"无言的诗人"。

在我们的生活中或是电影中，最直接的表述莫过于语言的表述，而对哑剧而言，其基本的表达方式只能是形体动作，即便如此，哑剧也是无法超出文字所要表达的意思范围，因为哑剧在传达意思时不过是将文字性的语言通过身体的动作上展现出来罢了。

哑剧在表演时因为得用上大量的肢体动作，而往往肢体动作的运用，又带有很多滑稽夸张的幅度，所以哑剧在很多时候也被认为是喜剧的代表，其中最著名的哑剧喜剧演员就包括了英国的卓别林，法国的马尔索，以及中国的哑剧演员王景愚，哑剧虽然"无语"，但是他们卓越的演出却为哑剧平添了一份色彩，从而让哑剧更容易被世人所接纳。

哑剧不仅是喜剧的表述，在悲剧及悲喜剧中也同样的适用。哑剧的"语言"可以说是世界通用的一种语言，因为每个国家都有着属于他自己的语言，而哑剧"语言"的出现，却将世界上所有的语言融为一体，在表达意思方面时，通过身体和面部表情的结合，使人能更容易理解其所要表达的种种意思，以达到一种"无声胜有声"的境界。

木偶戏是否就是用木偶来表演的戏剧？

木偶戏是指以木偶为媒介，通过人的操控来完成一些动作，达到演出效果的一种特殊剧种。根据操纵者操纵技术和木偶形态的不同，可以将木偶分为布袋木偶、提线木偶、杖头木偶和铁线木偶等。

布袋木偶指的是演员手指的运用，对木偶进行直接的操控，因此又称之为掌中木偶。布袋木偶在表演时具有明快的节奏，并且反应灵敏，其中木偶主要的结构是在它的偶头部位，而表演者指掌的功夫却是整个表演过程的关键所在，通过表演者不同的手部姿势的运用，表现出了木偶的不同动作。可以展现木偶的不同的内心活动，在整个木偶戏的表演中，表演者往往需要做到一心多用，且反应自如，也正因如此，使得布袋木偶的形象更加真实。

提线木偶指的是表演者用线牵引着木偶身上重要的关节部位，在表演时通过线的控制，使木偶完成各种动作，所以提线木偶又称之为悬丝木偶。木偶身上因为连着一定数量的线，所以这种木偶在表演时往往能具备和人一样的动作或者说比人能做到的动作难度系数还要大，还要精彩，给人感觉就像木偶被赋予了生命一样。提线木偶在操纵上，因为不同动作的展现，需要操控不同的线，因此在表演上，提线木偶相比于其他的木偶戏而言，在表演技巧上往往显得难度系数更大，也正因如此，它被认为是"有生命"的木偶。

杖头木偶是指以木头为主要操纵手法来完成一系列动作的木偶戏，又称为托棍木偶。这种木偶因其内部是空虚的，而在木偶的颈下有一可操控的木棍，其独特的结构构造，使得木偶的眼嘴是出于一种活动的状态，因此在表演上，杖头木偶可以将木偶的表情更加活灵活现地展现出来。而杖头木偶又根据其不同体形构造和表演风格，分为大木偶、中型木偶和小木偶。

铁线木偶是指在表演时运用木偶背上和两只手上的铁丝来完成一系列的操控动作，因此也被称为铁枝木偶。铁线木偶有别于其他的木偶，因为它是从纸影戏中逐渐演变而来的，因此在表演上，铁线木偶保留了纸影戏中的某些形式和纸影戏的操纵手法。

木偶戏是一种傀儡样式的戏剧，常常是借助于木偶的"表演"来刻画人物的形象。在表演中，它需要借助于操作人精湛的技巧，而木偶那完美的人偶造型，也吸引了不少观众的眼球，其完美造型和雕刻也成为木偶戏中不可或缺的一部分，而使木偶及木偶戏成为一段佳话，广为流传。

"一口道尽千年事，双手对舞百万兵"指的是中国戏剧中的什么剧种？

女子提水景片（皮影）

皮影戏是中国民间广为流传的一种戏剧。它是以白幕为银幕，用灯光将人物或动物的剪影投射于白幕上，借以表演故事情节的剧种，因此，皮影戏又称之"影子戏""灯影戏"。

皮影戏是我国最为古老的戏剧之一，其制作的原料往往是驴皮或纸板，在制作过程中将驴皮或纸板通过泡制、刮薄、磨平等方法处理后，再依据剧目的需要，绘制刻画出具有不同人物形象和特色的影人和道具，从而使得剧目的演出更具备完整性。皮影所刻画出的人物造型与戏剧中的人物是一样的，只不过在表演时皮影的舞台相比于戏剧而言就小很多。皮影戏在演出时，因为需要操作者在幕后进行剪影、演唱，还得配上音乐，因此在民间的娱乐活动中广受欢迎，即使传到了世界各地，也吸引了很多的戏迷，故而有人将皮影戏称为现代电影的始祖。

皮影戏在表演时是简单也是复杂的，简单在于它的舞台和道具小，且应有尽有，还不受场地的限制，操纵者也不会像戏剧那样有着专业的培训。这种方便的条件也便于皮影戏的传播，是一种轻便的艺术形式，因此也被称之为文化生活上的骑兵。也正因为如此，所以使得皮影戏在中国因为不同的地方领域，依据不同的地方特色，而形成了不同流派、不同特色的皮影戏。但是皮影戏也是复杂的，它的复杂在于它那表演艺术手法上。一幕皮影戏能否成功的关键在于操纵者的操纵技巧和唱功上，一个皮影往往需要五个竹棍的支撑，而在表演时一个操纵者一般情况下会操控几个皮影，其灵活连贯的操作却能让没有生命的影人"活"起来，从而呈现于观众的眼前，从而让人们觉得"影人"很有意思，这样也才能促进皮影的发展和传播；同时在表演时还得配合恰到好处的唱功，在紧张的锣鼓声中，通过唱功挑起人们的各种情绪，扣动人们的心弦。

皮影戏是我国结合了多种表演形式的一种剧种，展现了我国劳动人民丰富的想象力及艺术创造力，被广大的人民群众所喜爱。

◎第八章 **医学科技**◎

什么是经络?

经络是经脉和络脉的统称,指人体中运行气血、联系脏腑和体表,沟通身体内外,贯穿于整个人体上下的通道,是中医上的一个名词。

经络分为十二经脉,十五络脉,十二经筋,十二经别和十二皮部。在整个经络中,经是指通道,即十二经脉是主要的干道,在体内属于五脏六腑,在体表连接着各个肢节,贯穿上下,沟通内外,是一个周而复始,无头无尾的循环系统;络是指网络,即络脉是经脉的分枝,络脉在人体内形成一个网络,在人体内纵横交错,分布全身,连接了十二经脉,促使了十二经脉在人体内外的联系。经络具有联系脏腑,沟通内外,运行气血,营养全身,抗御病邪,保卫机体的作用,这些作用促使了人体各脏腑器官的协调与统一,而完成正常的生理功能活动。气血是人体生命的基础,气血的运行通过经络的通道,而到达全身各处,将营养物质输送于各组织器官,以达到营养组织,滋润筋骨,使各个关节得以畅通,从而促进了人体组织正常生理活动的完成。在整个经络系统中,经络联系了所有的脏腑器官,连接着人体的内外,促使了人体成为一个更完整的有机体。

在中医上,经络是中医基础理论的核心,是中医的重要组成部分,对人体针灸的实施和按摩起着一个基础的作用,对中医在临床上的实践有着决定性作用,指导着临床疾病的诊断和治疗。

中医四诊指的是什么?

中医四诊指的是望、闻、问、切,是中医上诊察疾病的基本方法。

四诊是在感官所及的范围,直接有效的获取信息,以达到对疾病的一个初步诊断,具有直观性和朴素性。望诊,是指医生通过自己的视觉对人体的全身或局部,排出物,分泌物进行有目的观察,以了解一个大概的情况。望诊包括望精神、望气色、望形态及舌象,望诊最好是在自然光线下或则光线充足的条件下进行。闻诊,是医生通过听觉和嗅觉来了解病人的声音和气味的变化,以了解患者发出异常的声音和气味,来对病情进行诊断。问诊,是医生通过对患者、患者家属、或其亲友,有目的询问病情的方法,以了解疾病的发生发展过程,对疾病有一个基本了解,问诊所获的资料,是中医诊断疾病最重要的依据之一,对分辨寒、热、虚、实,提供了重要的依据。切诊,也称为切脉或诊脉,它包括脉诊和按诊,是以手指或手掌,对患者的脉象或全身进行触、摸、按、压,来了解病情,诊断疾病的,其中脉诊是中医辨证的一个重要依据,是中医的独特诊法。

四诊各具其特色,不能相互取代。在临床上,四诊之间是相互联系,不可分割的,运用"四诊合参"的方法，对所得资料进行全面的分析，从而对疾病的发生发展做出正确的判断。

什么是八纲辨证？

八纲辨证是指根据四诊所得的基本病情资料，运用八纲进行综合分析，来辨别疾病现阶段病变部位、病情性质、判断其盛衰、病症类别，来作为辨证纲领的方法。八纲是指表、里、寒、热、虚、实、阴、阳。

表里辨证是指辨别疾病病位的深浅，表证是指疾病发生在肌表，病位比较浅且病情轻，多为外感疾病的初期，具有起病急、病程短、病情轻的特点，表证可分为表寒证、表热证、表虚证、表实证。里证是指病变在脏腑，病位比较深且病情加重，里证的起因或因表证入里，或因外邪直接入里，侵犯脏腑，或因情志饮食所致内伤性疾病，在临床上，里证的病程大多是比较长的，且临床上的表现是比较复杂的，里证分为里寒证、里热证、里虚证、里实证。寒热辨证是指疾病的性质，是反映

切脉罗汉塑像
四川新津观音寺明代重修大雄宝殿中，有一对切脉诊病罗汉十分生动传神。病僧平伸左手微笑待诊，医僧凝神定气，圆睁双眼，全神贯注地沉浸在诊脉之中。表现中医诊脉的古代艺术品不多，遗存今日实属罕见。

机体内阴阳盛衰的情况，在临床治疗上有着重要的意义。寒证是指寒邪入侵机体，或因机体阳气不足，或因阴气过盛，表现为机体机能活动受抑制或衰减的证候，寒证分为表寒证、里寒证、虚寒症、实寒证；热证是指机体感受热邪，或因机体阴气不足，或因阳气过盛，表现为机体机能活动亢进的证候，热证分为表热证、里热证、虚热证、实热证。虚实辨证是辨别人体内正气与邪气盛衰情况，正确的了解疾病的虚实情况，可以为诊断提供依据。虚证是指人体正气虚弱、不足而邪气不明显，脏腑功能衰退，分为气虚、血虚、阴虚、阳虚，体虚需补；实证是指邪气太盛，而正气未虚，脏腑功能亢盛的表现，包括气实、血实，体实则泄。阴阳是八纲的总纲，是辨别疾病的类别，及其疾病的证候的归属性，也是对表里、寒热、虚实加以总结的概括。临床上，凡是兴奋的、躁动的、亢进的、明亮的表证、热证和实证，以及表现向外的、向上的、容易发现的、病情变化较快的都归属于阳证；而与之相反的，即抑制的、沉静的、衰退的、晦暗的里证、寒证和虚证，及表现向内的、向下的、不易发现的、病情发展慢的皆归属于阴证。阳证是指体内阳气亢盛，正气未衰，阴证是指体内阳气虚衰、阴偏盛的证候。

八纲辨证是中医各种辨证的总纲，是一切辨证的基础。八纲中表里、寒热、虚实、阴阳不是单纯孤立存在的，也不是静止不变的，他们之间存在这相兼、夹杂、转化的错综复杂的关系。八纲辨证在运用时，应先辨表里，然后辨寒热虚实，最后再用阴阳加以总的概括，以找出疾病的关键，从而确立治疗的原则。

什么是脏腑辨证？

脏腑辨证是指以藏象学说为基础，运用四诊所收集的资料，来辨别疾病所在脏腑、疾病的起因、疾病的性质及体内正气和邪气的盛衰，为治疗提供辨证的方法。

脏腑辨证适用于内伤杂病，包括脏病辨证、腑病辨证和脏腑兼证辨证。脏病辨证包括了心的辨证、肺的辨证、脾的辨证、肝的辨证和肾的辨证，心在人体内是推动血液在血管内的运行，达到营养全身的目的，也是人的思维活动的表现，其生理与病理的状态都可在舌象上显露；肺的门户是鼻，能呼出体内混浊的气而吸入外界清新的空气，能将体内气、血、津液输送于全身各处，以滋养皮肤、毛发等，从而对人体起着调节体温，防御机体的功能；脾有消化吸收，转运水谷精微的功能，能调节和促进水液的代谢，还能统摄和控制脉管中血液的运行，使其不外漏，人体的食欲，肌肉都是脾功能好坏的外在表现；肝正常的疏泄，能使气机调畅，能调节人的精神情志，促使胆汁的正常分泌与排泄，肝还具有贮藏血液和调节血量的功能，其功能正常与否，往往能反映于人的眼睛。肾是生命的命门，主管和调节着人体内水的代谢，是维持人体生命活动的动力源泉，帮助肺呼吸。其功能的正常，影响着人的听力。胃受纳腐熟水谷，使人体内胃气下降；小肠受盛化物，能分辨食物水谷中的精华与糟粕；大肠是将食物中糟粕的部分排出体外；胆是贮藏和排泄胆汁；膀胱是贮藏和排泄尿液。脏腑兼证指的是临床上涉及两个或以上的脏腑的证候。在临床上，脏腑辨证多以脏病辨证为主，单纯的腑病是比较少见的。

脏腑辨证是各种辨证的基础，是辨证的核心，对疾病的部位、性质进行具体分析，以判断各宗疾病之间的病变关系，从而对疾病做出诊断。

什么是六经辨证？

六经辨证是指将外感疾病复杂的证候及其演变的过程，加以总结归纳，而创立的一种外感疾病的辨证方法。它以阴阳为总纲，用太阳、太阴、少阳、少阴、阳明和厥阴作为辨证纲领，从疾病的邪正盛衰、病变部位、病势进退进行辨别，从而指导临床治疗的辨证方法。

六经病证是脏腑经络病理变化的反映，分为太阳病、少阳病、阳明病、太阴病、少阴病和厥阴病六类。太阳病是外感伤寒病初期的表现症状，病邪由外入侵或病机在内，导致身体内太阳经脉及所属脏腑生理功能失调所引起的病症及其临床表现，太阳病在临床上表现为发热、恶寒、头痛、项强、脉浮等特征，分为太阳经证和太阳腑证。太阳经证是寒邪侵犯人体，正邪相争于肌表，而导致营卫失和的表现症状；太阳腑证是表寒通过经络而传入膀胱，导致膀胱气化被阻，小便不畅的表现症状。阳明病是外感伤寒病进一步入侵人体，传至阳明经，而引起的胃肠实热，引发津液耗损的表现症状，临床上表现为身热、汗自出、不恶寒反恶热的特性，分为阳明经证和阳明腑证。阳明经证是邪热充斥胃经，热燥相结合在胃中，导致的消耗津液，阳明腑证是热传至大肠，并与肠中干燥的屎相结合，导致津液被消耗。少阳病症是指外邪侵犯少阳胆腑，正邪相交于表里，导致少阳枢机不利，三焦不同，胆火上炎的特点，临床表现为口苦、咽干、目眩、寒热往来、胸胁苦满、心烦喜呕、不喜饮食，脉玄细，病变在胆。太阴病症是寒邪更进一步侵犯人体，到达太阴经，而导致脾胃虚寒，功能紊乱，临床上表现为腹满呕吐，食欲不振，腹泻，口不渴，时常腹有自觉疼痛，舌苔淡白滑，脉沉缓而弱。少阴病症是寒邪进一步向里侵犯，侵入少阴经，而引起的心肾功能衰减，机体抵抗力下降，导致全身阴阳的衰惫，六经中最危重的阶段，其临床表现为精神极度衰惫，似睡非睡的昏迷状态，脉细微，包括少阴寒化证和少阴热化证。少阴寒化证指心肾阳气虚衰，病邪入里从阴化寒，而表现的全身性虚寒证候；少阴热化证是少阴阴虚而阳亢，病邪入里从阳化热的虚热证候。厥阴证是指病邪侵入厥阴而导致的机体阴阳调节失调、寒热交错、厥热胜复的证候，厥阴病是伤寒病的最后阶段，其临床表现极其复杂，总的来说是肝、胃、胆功能失调所引起的寒热错杂、阴阳之气不顺接的特点。

经络脏腑是相互联系的一个整体，而六经辨证的运用，则能正确地掌握外感病的发生发展规律，具有重要的临场指导作用，其六经病症治疗的重则是三阳病重在祛邪，三阴病种在扶正。

何为卫气营血？

卫气营血是指外感温热病在其病程发展的过程中所表现的证候，用卫、气、营、血四个不同阶段对疾病进行分析和归纳，以此来说明病位深浅，病情轻重，及发病规律的辨证方法，为临床的治疗提供一定的依据，适用于外感温热病。

卫分证，是温热病的初期表现，指温热病侵犯人体体表，经口入肺，导致肺卫功能失调所表现的症状，临床表现为发热，微恶风寒，脉浮数，伴头痛，咳嗽，口干微渴，咽喉肿痛等。

气分证，是温邪向内，而侵入脏腑，体内正气邪气相当，而发生着强烈的相互抗争，体内阳热很重，其病变范围较广，临床表现为发热不恶寒，口干渴且尿液颜色呈黄色，舌红苔黄，脉搏洪大。

营分证，是温邪进一步侵犯内脏，并实质性损害机体的变化，以营热伤阴，心神被扰为主，病变在心和心包，是温热病发展过程中较深重的阶段，其临床表现为身体燥热并在夜间尤为显著，口不甚渴或不渴，心气烦躁不能安然入睡，有时会出现神志不清而胡言乱语，身上的斑疹若隐若现，舌为红色而没有舌苔，脉搏细数。

血分证是指温邪日内入人体血分，消耗人体血分和津液，热邪长久留于体内而消耗其阴气，是温热病最危重的阶段，也是卫气营血病变的最后阶段，并表累积心肝肾，其临床变现为身发热以夜间最为严重，烦躁不得安宁，神志恍惚而胡言乱语，时有吐血，鼻出血，便血，尿血，或见抽搐，角弓反张，牙关紧闭，或手足蠕动，舌质深绛，或持续低温，形体消瘦，脉细数。

卫气营血是温热的四个不同表现期，反映了病情由表及里，由轻到重的发展过程，临床上以此作为疾病的治疗原则，并推测预后转归的辨证方法。

何为三焦辨证？

三焦辨证是指以三焦为基础，将整个人体分为上、中、下三部分，并以上焦、中焦和下焦为纲领，阐述温病在体内自上而下的发生发展过程及其表现症状，来解释疾病发生先后、病位深浅、邪正盛衰及其传变规律的辨证方法。

三焦病症指的是所属脏腑的病理变化及临床表现，标志着温病不同的发展过程，包括了上焦病变，中焦病变和下焦病变。

上焦包括手太阴肺和手厥阴心包，上焦病症是由于温邪通过口鼻而侵入人体，到达肺和心包，是人体病变的初期，其病变部位主要在肺和心包，临床表现为轻微怕风寒，身体发热且不自主的有汗出，感觉口渴或不渴并咳嗽，尤其在午后更觉得燥热，脉搏浮数；当温邪侵入心包时，则感觉舌头活动不灵活同时四肢发冷，患者神志模糊而胡言乱语。

中焦包括了阳明胃、肠和太阴脾。温邪向下运行，而到达中焦，侵入脾胃，属于疾病发展的中期或极期。因脾胃的特点不一样，所以中焦病症分为阳明燥热和太阴湿热：阳明燥热的临床表现是面色发红耳朵很烫，身体发热，呼吸粗犷，便秘腹痛，口干咽喉干燥，口唇干裂，舌头焦灼，舌苔呈黄色或为焦黑色，脉搏沉实；太阴湿热则表现为面色淡黄，头脑胀身体感觉很重，胸口烦闷不感到饥饿，存在于机体内的热不能很好地散发出去而引起身体不适，导致了小便不畅，大便不通或者拉肚子，舌苔比较黄且腻，而脉搏细数。

下焦包括足少阴肾和足厥阴肝，下焦病症是指温邪继续向下侵犯，到达下焦，温邪久居体内而不退却，消耗着人体的阴精，导致肝肾的病变，为温病末期，临床上表现为身体燥热且面色潮红，手足发热，并且手心足心的温度高于手背足背，口干，舌燥，神情疲惫且听力下降，甚至耳聋，出现手脚蠕动或痉挛，脉搏虚弱，舌苔比较少，且感觉随时都能脱落。

三焦病症反映了疾病在体内自上而下的发生发展过程，及其相应脏腑的病变情况，在临床上对温病的辨证及内伤杂病有着一定的指导作用。

中医的保健——治未病的思想是什么？

治未病的思想源于《黄帝内经》，在其传世过程中，一直被列为及其重要的思想，其思想是：未病先防，有病防变。

未病先防，有病防变，则包含了：在没有病时，则应该防治；疾病已经体现，只是还未出现明显的病态，因此而采取的积极措施，防止疾病的进一步恶化；疾病症状已经出现，则应早诊断，早治疗，防止其进一步的转变。

未病先防，在预防疾病上有着突出的表现。疾病的发生是因为人体正气不足，当邪气入侵时，人体正气不能抵抗，从而导致了病邪的入侵。未病先防最主要的是通过增强人的正气，防止邪气入侵，以达到防治疾病的目的。

未病先防要求人顺应自然规律，遵循"天人相应"的观念——在社会生活中、思想上要保持一个好的情绪，避免不良的刺激，主动为自己营造一个好的环境，以此来提高自我心理的调节能力，避免易激易怒等不良情绪；生活作息时间有规律，适当的运动锻炼，并且持之以恒；同时在饮食方面，饮食的有节制，不可暴饮暴食，可以根据各自的不同情况来进行食补或进行适当的药补，而对于长期体弱多病人则可运用针灸、推拿或有益的药物，来调节人体的阴阳，从而达到防治的目的。在增强正气的同时，还得防范邪气的入侵。有病防变，则是指疾病已经出现或处于疾病的恢复期，但正气还未得到恢复，积极地采取有效的措施，防治疾病的进一步发展，转变或复发，达到对疾病疗效的巩固。

治未病，是中医上的一个养生说法，其主要思想在于防治，在疾病预防上有着重要的意义，在提高患者生活质量的同时，也为社会创造了更多的社会价值。

治法是指中医中的哪八法？

治法包括了汗法、吐法、下法、和法、温法、清法、消法和补法，是指在临床上，根据不同的疾病而确定的不同治疗方法。

汗法，又称解表法，包括辛温发汗和辛凉发汗，适用于各种类型的表证，是通过运用解表发汗药物，打开皮肤的呼吸通路，通过发汗的情况去除体内的邪气，从而起到调节营卫的作用，但过度的使用，易导致津液的耗散，所以在用时，应注意避免引起虚脱，而在津液亏损前提下则禁止使用汗法。

吐法，又称涌吐法，适用于误食毒物，停滞胃与胸膈以上的痰涎、宿食，导致的呼吸困难，使用具有催吐作用的药物或方法，引起呕吐，使病邪或有毒物质从口中吐出的治疗方法，因为吐法作用较猛，不可连续使用，不适合用于心衰体弱的人，对于怀孕，产后，和大失血者应慎用。

　　下法，又称泻下法，包括峻下法和缓下法，其中峻下法相对而言显得峻猛，下法适用于大便干燥秘结，胃内食物积滞不消花，水饮、谈滞、淤血停留于体内，通过运用泻下通便的药物，祛除体内的邪实，排除体内的积滞和积水，解除实热在体内的积聚，而对于表邪没有解除和呕吐的人，则不可用泻法。

　　和法，又称和解法，适用于半表半里和脏腑气血不和的病症，通过和解少阳，疏通表里，和解寒热，调理脏腑来达到祛邪的目的，不适用于病邪在表，病邪入里的实证。

　　温法，又称祛寒法，包括了温中散寒，回阳救逆，温经散寒，适用于里寒证或里虚证。临床上是运用温热性药物，促进和提高机体的功能活动，祛除体内的寒邪，已达到补益阳气的作用。但禁用于真热假寒，对于阴虚或阴液将脱得的人也不能运用温法。

　　清法，又称清热法，分为清热泻火、清热解毒、清热凉血、清热燥湿和清热解暑，运用寒凉性的药物，清除体内热邪的方法，适用于里热证，而对于表证、阴虚、胃火不足和真寒假热的患者禁用。消法，又称消散法，包括行气解郁，活血化瘀，消食导滞，适用于里实证，用消散和破积的药物，消散体内的积滞的方法，对于孕畜和虚弱的人，应配合补养气血的药物，禁用于只有虚证而没有实证的情况。

　　补法，又称补益法，分为补气、养血、滋阴、助阳。适用于虚证，运用有滋养性质的药物，通过补益气血阴阳，增强脏腑的生理功能，消除一切衰弱的证候，对于真实假虚的人应禁用。

　　中医中，八法都有其各自独特的特点，但在运用时是相互联系的，其主要目的是扶正祛邪，已达到疾病防治的目的。

治则的内容是什么?

　　治则是指治疗的原则，包括了预防为主，治病求本，调整阴阳，扶正祛邪，病治异同和三因制宜等内容。

　　预防为主则是指未病先防，既病防变，通过人的精神、锻炼、生活作息时间、饮食和药物的预防，来提升人体的正气，祛除人体邪气，做到"早发现、早诊断、早治疗"来预防疾病的发展，从而对人体的正气和邪气进行调节，促使人体的健康。

　　治病求本则是要找出疾病的根本原因所在，并针对疾病的本质进行治疗，它包括了标本缓急和正治与反治两种情况。"标"与"本"是相对而言的，一般情况下，"标"是指疾病的现象，即次要矛盾，"本"是指疾病的本质，及主要矛盾，标本的治则却是依据急则治标，缓则治本及标本同治的原则，且在一定条件下，"标"与"本"是可以相互转换的。正治与反治，则是根据疾病在临床表现和本质不一致的情况下，来确定治疗的方法，以使得其治疗原则不受假象的影响，正治是指疾病的临床表现和本质一致，采用与证候相反的治法，总体可概括为"寒则热之，热则寒之，虚则补之，实则泻之"；反治则是在临床疾病表现与本质不一致的情况下，采用与证候一致的治法，总体概括为"热因热用，寒因寒用，塞因塞用，通因通用"。

　　调整阴阳，是指人体应该保持阴阳平衡，这样人体才能达到一个健康的状态，阴阳不平衡则称之为阴阳失调，阴阳失调是指人体内部阴阳失去平衡，而导致的阴阳偏盛或阴阳偏衰的情况，在临床上的治疗方法则可概括为"寒则热之，热则寒之，虚则补之，阴阳双补"。

　　扶正祛邪，是指扶助正气，祛除邪气，促使疾病向痊愈的方面转化。扶正则是指扶住人体正气，增强体质，以提高机体的抗病能力，适用于以正虚为主的疾病；祛邪是指祛除机体内的邪气，减轻或祛除病邪对身体的毒害，从而使得正气得以恢复的目的，适用于以邪实为主的病症；对于存在着虚实夹杂的情况，则应扶正祛邪并用，以达到"扶正不留邪，祛邪不伤正"这一基本目的。

病治异同，则分为同病异治和异病同治。同一种疾病在其疾病发生发展的过程中，可表现出不同的症状，因此采用的治疗方法也不一样，称为同病异治；而对于不同的疾病，在其发生发展的过程表现出相同的症状，则可用相同的治疗方法，称为异病同治。

三因制宜，指的是因人制宜、因地制宜和因时制宜。因人制宜是得根据人的性别、年龄、体质及其生活习惯的不同，而选择适宜的治疗方法；因地制宜是根据不同的地理环境，而选择不同的治疗用药；因时制宜则是根据不同的季节气候，选择不同的药物以达到治疗的目的。

治则是临床治疗中所必须遵循的治疗法则，根据疾病的发展选择适当治疗原则，使之能更好地运用于临床，服务于人体的健康。

什么是外治法？

外治法是指通过运用非内服药物、手术或器械直接作用于人体局部病变的一种治疗方法。

外治法主要分为药物疗法、手术疗法和其他疗法。

药物疗法是根据疾病所在的部位及病情的发展情况，采用不同的药物剂量和给药方法，将药物直接作用于患处，从而达到治疗目的的方法，主要的药物疗法包括了敷贴药、搽擦药、熏洗湿敷药和热熨药。敷贴药是指将药物碾磨成细末，并用不同的液体调制成糊状，直接敷贴于患部，以达到治疗疾病的目的。搽擦药是能配合按摩所用的药酒，该药酒即可以直接搽于患处，也可在推拿时配合使用，以达到活血化瘀，舒展筋骨，驱除寒邪的作用。熏洗湿敷药，是指将药物放于容器中，用水煮沸后熏洗患处的一种疗法，具有舒松关节、活血止痛、促使气血通畅的作用。热熨药是指运用温热经络祛除寒邪的方法，采用能行气活血的药物，将药物加热后，热熨于患处，借助于热力的作用，治疗不易于外洗的躯体局部的新旧伤。

手术外治法则是运用各种器械和操作方法来达到治疗的方法，适用于外科手术的治疗，它包括了切开法、火针烙法、砭镰法、挂线法和结扎法。切开法是指在无菌条件下，用手术刀切开脓肿，使脓液排出，从而达到消肿止痛，促使臃肿愈合的目的。火针烙法，是指针在火中烧红后刺烫病变部以达到消散瘀肿、排出脓液、止血、去处多余组织的治疗方法。砭镰法是指运用三棱针作用于疮的表面，刺于皮肤表面或黏膜的方法，放出少量的血液，从而促使体内蕴藏的热度，随血排出体外的治疗方法。挂线法是指运用药制的丝线等，运用挂线的紧箍力，以达到阻滞气血、经络的流通，使局部组织坏死，以剖开瘘管或窦道的治疗方法。结扎法，是指利用线的紧力，通过结扎，促使病患部位的经络阻塞，气血不通，使得病变部位失去营养而逐渐坏死脱落，从而达到治疗目的。

其他疗法则包括引流法、垫棉法、药筒拔针法、针灸法、熏法、熨法、热烘疗法、滚刺疗法和洗涤法等。

中医外治法主要是对局部损伤进行治疗的一种方法，包含着多种多样的方法，在治疗时，应根据不同的病理特征，选择不同治疗方法，以达到治疗的目的。

如何服用中药?

近几年来,人们在药物的选择上更多地倾向于中药,然而更多的人却不知道怎样正确服用中药,或随意增减药量,或时断时续,没有规律,从而导致里治疗效果不佳的影响。

很多人会说,服用中药,那还不简单,不就是用把中药材先放在水里泡一会儿,用火煎煮,等煎好后,喝了不就行了……其实,中药也有它的性味,有它药性的讲究。因此在服用中药时应注意到以下几点:

首先是对服药的温度。对于不同的病情需要不同的服药温度,因此可以分为温服、冷服和热服三种。温服,即汤药的温度恰到好处,所有汤药大多数是需要温服的,尤其是对肠胃有一定刺激的中药,则更因选择温服。冷服是中药煎好以后,放凉后再服用,一般用于热证,像清热、解毒、止吐、降火这类的药,冷服的效果最佳。热服是在中药煎好之后趁热服用的药,多用于寒证,以达到补益虚弱的情况。

适当的药物剂量能达到最佳的治疗效果,而不适当的药物剂量不仅达不到治疗效果,在大剂量使用时,也会引起药物的毒性反应。因此根据不同的药物需要量,则可分为分服、顿服和特殊情况下的特殊服法。分服是指一剂汤药分两次或多次服用,且每次定量;顿服是指一剂汤药一次性服用,以充分达到药物的药性;特舒服用法只因为药物特有的性质而采取的服用方法,如像药性较强及有毒性的药物时,应从小剂量开始,逐渐增加用量,达到效果后立即停止,以免损伤人体的正气,而发生毒性反应。

正确的服药时间,也可使治疗达到事半功倍的效果。一般情况下,是一天一剂,分为早晚两次服用,但有时也得根据病情的情况而进行增减;如对于病变在膈肌以上,或对肠胃有刺激性的,则应把汤药放于饭后;若病变在腹部,或服用滋补类药时,则应在饭前服用;而对于有安神作用的药则是在睡前服用,这样才能起到安神催眠,促进睡眠的作用。

因为中药有其特殊的药性,因此在服用中药时,要适当忌口,避免其药性的降低,而影响了药物的药性,或产生了一定的副作用,造成对人体更大的损害。一般情况下,服药期间,应忌食生冷、油腻、辛辣及有刺激性的食物,忌烟酒等。

正确地服用中药,对疾病的发生发展起着很好的防治作用。中药的疗效或许较西药而言,相对缓慢,但在治疗疾病的"本"上却有着很好的效果。

什么是针法?

针法的运用是依据人体经络走向·运用针具刺入人体穴位,从而达到防治疾病的目的,同时针法也是中医针灸学中的一个分类。

针法中最常用的则是毫针,除此之外还包含了三棱针、皮肤针、火针、芒针等各式各样的针具。其总的针法技术包括了温针法、火针法、皮肤针法、刺络法和皮内针法。

温针法是指毫针在刺入人体穴位后,在针尾处放上少量捻紧的艾绒,并将艾绒点燃直到艾绒燃尽为止,以此来对毫针进行加温,以达到治疗疾病的目的,温针适用于关节酸痛、腹部冷痛的病症,在施针治疗时,因为毫针需要在穴位上留置一段时间,所以对有抽搐、痉挛或精神性疾病的人则不能使用,同时还得防治被施针的人的体位,嘱其不可随意变动体位,以免烧伤皮肤或烧坏衣被。火针法是指特制的针具在被烧红后,迅速刺入人体一定部位,且快速拔出,以达到治疗疾病的方法,火针刺法在运用时,应避开血管和内脏,防治不良事故的发生,并且力道要均匀,这样才能更好地达到治疗效果。皮肤针法是指用皮肤针浅刺人体穴位或部位的方法,促使经络功能的激发,从而调理人体气血,达到防治疾

针灸画像石拓片（局部）　东汉

画像石于山东微山市出土，为墓室内装饰图案。图左面有一个人面鸟身的神医，手执砭石正为病人做针刺治疗。把医者做成鸟像，正是为了象征战国名医扁鹊。

病的目的，皮肤针在运用时，应保持针具的完好，防治针尖有钩毛或生锈，在叩刺时动作做到轻且快，避免造成不必要的痛苦，然而皮肤针法对皮肤有创伤或溃疡的人则不能使用。刺络法是指运用三棱针叩刺身体，为身体放血且总血量不超过10毫升的方法，以达到调理脏腑，调节气血，疏通经络的目的，同时还能运用于如中暑、休克等危急情况下的紧急救治，刺络疗法即使有着许多好处，但却不适合应用于患有血液病的人。皮内针法是指将一种特质材料的小型针具埋置于皮下或皮内，留置一定时间的刺激方法，以提高某些疾病的治疗效果，多用于反复性发作的病症，在埋针时，应避开活动关节，避免感染，被埋针者没有疼痛或不适感为宜。

针法是建立于经络的基础上，以刺入人体穴位而不感疼痛，起到一个疏经通络，调理脏腑气血的作用，在运用的同时还涵盖了许多手法，以达到最佳的治疗效果，防治疾病的发生发展。

灸法有着怎样的神奇作用？

灸法是中医针灸学中的一个分类，广泛地运用于临床，其主要的作用是温经散寒，行气通络，扶阳固脱，升阳举陷，排毒泄热，防病保健等功效。

温经散寒是指当机体遇寒而影响了正常的气血运行，引起机体内出现的一系列由寒症引起的如闭经、痛经等痹症的病变，而通过灸法的热刺激，达到温热经络，祛除体内寒邪，从而促进气血在人体内的顺畅运行，以达到治疗的效果。行气通络是当血气在经络中运行不畅时，引起的经络受阻，而出现的一系列机体功能障碍的情形，应用灸法的治疗，灸治一定的穴位，调和了气血的同时，也促使了经络的畅通及促进了机体功能的平衡。扶阳固脱是指因为体内阳气衰弱且微小，而阴气显得过于旺盛，从而引发了一系列的危重情形，运用灸法的治疗，在扶持阳气而防止其脱落的同时，却起到祛除体内的阴寒，挽救像中风脱证、痢疾等垂危的急症。升阳举陷是因为体内阳气虚弱不固定，导致体内气虚下陷，而出现脏腑及组织等出现脱落，阳气陷入阴气之中，而引起所有脉象的症状都体现在体表的情形，运用灸法的治疗，来提升人体阳气，调节卫阳，疏通腠理，使机体恢复正常的功能。排毒泄热是当机体受到热邪入侵，或体内有毒素，通过灸法以热引热的功效，排除体内的毒素和热邪，宣泄脏腑实热，而达到治疗的目的。在防病保健上，灸法也有着不可忽视的作用，正确的应用灸法可使人阳气精血充足，增强人体的抵抗力，从而达到防病保健的作用。

除了以上的作用以外，灸法还有着消除体内郁结，温肾健脾等其他独特功效，不仅如此，在针法和灸法的运用上，灸法显得相对的简单便捷，且副作用小，疗效大，因此在生活中的很多领域如美容，都得到了很好的运用，并且在一定程度上减轻了病者的痛苦，从而提高了人体免疫力。

简单的推拿按摩手法真的可以缓解人体的不适吗?

推拿按摩是中医中流传比较久远的治疗方法,它是指通过运用人的手、足或器械,依循人体经络,运用推、拿、捏、揉等手法刺激人体部位或穴位,从而达到治疗人体疾病,恢复机体功能,增强人体免疫力的方法。

推拿按摩在实施时有很多手法,但其中比较常用的手法包括了按法、摩法、推法、拿法、揉法、捏法、颤法和拍法等。按法,是指利用指尖、指腹或手掌根部,作用于身体某部位或穴位上,力量由轻到重,逐渐下按的方法,起到了放松肌肉,打通机体闭塞的通路,缓解疼痛的效果。摩法是指用手指或手掌,作用于身体的某部位,同时以腕关节为中心,加上前臂的作用,施予循环均匀力道稍强的且做划圈样的抚摩,以达到促进肠胃蠕动,健脾和胃,活血化瘀的作用。推法是指用手指、手掌或其他部位,在人体的某一部位或穴位上用力,进行单方向的直线或弧形移动的方法,从而起着疏通经络,促使气血的流畅而达到止痛的目的,同时促进血液的循环,以达到调理气血的作用。拿法是指用拇指与其余四指,指腹相对,稍用力捏住某处皮肤或穴位,进行一紧一松的提拿揉捏的方法,在施力时,力道由轻到重,且动作应缓慢而有连贯性,拿法能起到祛风散寒,疏通筋骨与经络,同时缓解机体痉挛的功能。揉法是指用手稍微轻轻地贴在皮肤体表,并带动该处皮下组织做环旋运动的方法,在操作时动作应轻柔缓和,力道协调一致并且有规律,从而起到消散淤血,提神明目,缓解疼痛的功效。捏法是指利用三指或五指,运用对称的且循序而下的力,将皮肤和肌肉从骨面上捏起来的方法,有助于解除身体的疲劳,调理身体的阴阳,疏通机体的经络,促使体内气血的运行。颤法是指将指端或手掌作用于身体表面,借助于前臂和手部产生连续不断的颤动,而引起该部分频繁的小幅度的且速度较快的振动方法,从而达到镇静安神,调节肠胃,消除体内积滞的目的。拍法是指用手指指腹或手掌,有节律性且轻重交替地拍打着身体部位的方法,以达到疏通经络,缓解疼痛,消除疲劳的作用。推拿手法在运用时要求持久、有力、均匀、柔和及深透,这样才能起到推拿所要达到的目的和效果。

推拿按摩的手法多种多样,而不仅仅局限于以上的八种,很多时候在运用的时候,存在着很多手法相互之间相间的运用,推拿按摩在运用时方法简单、经济且实行性高,而对于疾病的防治和强身健体方面,起到了很重要的作用,并为大众广泛接受。

捏捏脊真的能治疗小儿的疾病吗?

捏脊疗法是指让双手拇指的指腹和食指、中指的指腹相对合,夹持背部脊柱的肌肤,通过食指、中指向后的捻动,与此同时,拇指向前推动的方法,来对疾病起到一定防治的治疗方法。捏脊疗法常用于治疗小儿因为脾胃受伤引起的肠胃疾病。

在人体经络中,背部正中线是指人体的督脉,而脊柱两边,旁开的 0.5 寸处,则是足太阳膀胱经在人体的背部走向,因此捏脊疗法通常是指提捏背部的正中线——督脉和脊柱两边的足太阳膀胱经,而督脉和足太阳膀胱经上一些穴位,却涵盖了五脏六腑在背部相对应的穴位,所以可以通过捏脊疗法,来促进经络的疏通,调节脏腑的功能。小儿的脾胃往往显得比较弱,因此容易引发肠胃疾病,很多时候小儿因为不知道饥饿,吃了过多的食物,而引起消化不良,造成脾胃吸收功能受影响,从而导致了小儿厌食、腹泻等脾胃虚弱等症状,通过捏脊疗法的运用则可以改善脾胃的功能,最终达到治疗的效果。小儿因为卫气在外的功能薄弱、阴阳不调而容易引发像感冒、咳嗽等肺系疾病，但通过捏脊疗法的刺激，可以调节阴阳，增强卫气的外在功能，提高机体的免疫力，从而减少呼吸系统的感染。小儿常常会因为胃气不和而导致夜晚啼哭，从而影响了睡眠，当通过捏脊疗法来调理脾胃，可以促使脾胃功能得以正常的运转，从而消除小儿腹胀、腹痛的现象，这样就能使小儿在晚上可以安然入睡。小儿在晚上有时会出现遗尿、多汗这些症状，而通过运用捏脊疗法则可以调节脊柱两侧的神经，起到防止遗尿、止汗的效果。

捏脊时应让小儿保持一种放松的状态，且让小儿背部保持平直，而捏脊的时间往往选择在早晨起床后或晚上入睡前进行，这样才能促使捏脊达到很好的疗效，而每次的时间应控制在3—5分钟内，且捏脊时手法应轻柔。因为捏脊时得暴露整个背部，所以室内的温度一定要适宜。当小儿出现发热，或皮肤出现破损，或皮肤上有疖肿或有皮肤病，心脏病及有出血倾向时，则不能使用捏脊，以免增加小儿的不适感而达不到治疗目的。

捏脊疗法不仅适用于小儿，很多时候也可适用于成人，通过对脊柱及脊柱两侧的提捏，起到了调整人体阴阳平衡，疏通脏腑经络，促进体内气血运行，从而达到增强身体免疫力的功能。捏脊疗法操作简单，可行性高，所以得到了大众的广泛接受。

拔罐会让身体轻松自如吗？

拔罐在中医上是指运用罐具，利用燃烧、抽吸和挤压等方法，促使在罐内形成一定的负压，并能吸附于皮肤表面，使相应部位的皮肤产生充血和淤血，从而达到防治疾病的方法。在拔罐中，常用的拔罐方法包括了火罐法、水罐法和抽气法，其中，火罐法却是运用最为广泛的。

火罐法中常用的罐具是玻璃灌，火罐法是指借助于酒精棉的燃烧而产生热力，排出罐内的空气，使罐内形成负压，同时吸附于体表的方法。火罐法中主要包括了闪火法、贴棉法、投火法和架火法。闪火法是指将95％酒精棉球点燃后，在瓶罐内环绕1—2次后快速撤出，并且迅速地罩在需要拔罐的部位上，闪火法因为不受其体位的限制，所以可运用于身体的多个部位，且不易造成皮肤烫伤。贴棉法是指在罐具底部贴一块约1厘米宽的酒精纱布，点燃后迅速地贴在施术部位，贴棉法多用于侧面的横向拔罐。投火法是用容易燃烧的薄纸片，燃烧后迅速地投入罐具内，并在其没有烧完时，快速的置于施术部位，可适用于侧面肢体的拔罐。架火法是指将不易燃烧不易传热的块状物，放于施术部位，随之物体上放上小块燃烧的酒精棉，立即罩上罐具的方法。

水罐法常用的罐具为竹罐，它是指将罐具放于装有水或药液的锅里，待液体煮沸后，用镊子将罐具取出，且罐口向下，同时用湿毛巾盖住灌口，然后迅速的置于施术部位，使其吸附于皮肤。

另一种常用的拔罐方法是抽气法。抽气法的罐具使用一种特殊材料制成塑料罐具，将罐具置于施术部位，用抽气筒将罐内的空气抽出，形成负压，使其吸附于皮肤。抽气法因其方便简单，多用于家庭拔罐。

拔罐在操作时要求轻、快、稳、准，同时得注意安全，防治皮肤的烫伤或灼伤，以免引发不必要的机体损伤。拔罐在形式上，也有着不同的方法，不同的形式方法对于疾病的治疗，有着不同的疗效。

火罐也好，拔罐也罢，抑或是说抽气法，其作用都是调节人体阴阳，促进血液循环，加强新陈代谢，提高机体免疫力，促使机体正常功能的恢复。

简单可行的刮痧对疾病有哪些治疗效果?

刮痧是指依据中医经络的理论基础,利用边缘圆滑的工具,按照一定的顺序与规律,刮拭皮肤及其相关部位,并使该处皮肤发生充血,以出现"痧症"的目的,来达到治疗疾病效果的方法。同时,刮痧也是作为传统医学中的自然疗法之一。

刮痧器

刮痧是中国民间使用的一种十分方便的治疗手段。主要适应于痧症腹痛、天行时疫等疾病。刮痧后,病人常感到局部或周身轻松,症状减轻。图中为一青玉刮痧器,上有"杏林春暖"铭。

刮痧相对于针灸而言,是简单可行的,同时操作也简单,并且其疗效也尤为显著,因此被广泛地运用于生活中。刮痧的治疗效果主要包括了活血化瘀、调整阴阳、舒筋通络、排除毒素、行气活血等功效。

通过刮痧可以调节肌肉收缩和舒张等情况,调节组织间的压力,增加气血在组织间的流动,以增加周围的循环血量,从而达到消散机体内的淤血,促进组织的新陈代谢的功效。

刮痧还可以调节和改善脏腑的功能,促使脏腑组织的正常功能运作,从而起着调节脏腑功能阴阳,促进机体内阴阳平衡的功效。

刮痧可以疏通机体经络,当机体软组织受损后,肌肉组织会处于一个持续收缩或痉挛的状态,使机体出现一系列的不适感,而导致机体发生继发性的疼痛,而通过刮痧则可以刺激局部组织,促进局部组织的循环,提高局部组织的痛感,从而达到缓解疼痛,消除肌肉的紧张,使经络畅通的目的。

刮痧还能排除体内毒素。因为刮痧时可以使局部组织发生充血,在通过刺激体表毛细血管的条件下,使血管扩张,促进了血液中有吞噬作用的物质的运输和加强,从而加快了体内废物和毒素的排除,使组织细胞及血液得到净化,从而加强了身体的抵抗力,减少疾病的发生。

刮痧也能行气活血。通过刮痧,可以促进机体经络的畅通,促使气血在机体内的顺畅运行,促进局部组织淤血的消散,从而更加促进了机体疼痛的减轻或消除,恢复正常的人体状态。

刮痧除了以上所具有的功效之外,还有着一定的保健作用,通过刮痧,调节人体体表卫气,可以消除机体疲劳,调整人体经气,达到增强人体免疫力的作用。

哪部著作奠定了中医学发展的理论基础?

我国现存医学文献中最早的一部经典著作是《黄帝内经》。我国古代的医学成就在这本书中得以集中反映,《黄帝内经》还创立了中医学的理论体系,奠定了中医学的发展的理论基础。

《黄帝内经》是早期中国医学理论典籍,世人简称为《内经》,原有18卷,最早著录于刘歆《七略》及班固《汉书·艺文志》。事实上,《黄帝内经》整本书里药方非常少,只有13个。它治病的过程就是先观看我们的气血怎么运转,然后内炼,通过调整经络、气血、脏腑来达到健康长寿的目的。

跟现代医学的方法相比,这种方法是截然不同的,现代医学是靠化验、靠器、解剖来内求。中医则是靠体悟、内观、直觉来内求,它实际上为我们提出了正确认识生命的一种方法、一种道路。

《黄帝内经》在总结秦汉以前医疗经验的基础之上，吸取和融合了古代哲学和自然科学的成就，从宏观角度论述了天、地、人之间的相互关系，讨论并分析了医学科学最基本的课题——生命规律，并开创了相应的理论体系和防治疾病的原则和技术。

2000多年来，历代医家正是根据《黄帝内经》所提供的理论原理、所采用的方法论和应用技术，再经过无数医者的努力探索和不断创新，才使得中医学术得到持续的发展，为中华民族的生存、繁衍以及人民的身体健康做出了巨大的贡献。《黄帝内经》之所以历代被奉为"医家之宗"，就是因为它的这些作用。时至今日，《黄帝内经》对中医学术的研究发展和临床实践仍然具有重要的指导意义。

《黄帝内经》承载着我国传统医学的基础理论思想和精髓，在中华民族繁衍生息的历史长河中，其作用和贡献是不可磨灭的。它的著成，标志着中国医学由经验医学上升至理论医学的新阶段，为中医学的发展奠定了理论基础，对后世医学的发展产生了十分深远的影响。

著名的"药都"在哪里？

河北省安国市，地处华北平原腹地，是京、石、津三角中心地带。安国药业非常兴旺发达，全国最大的中药材集散地就在这里，素有"举步可得天下药"之称，以"药都"和"天下第一药市"而闻名国内外。

安国市历史悠久，人才辈出。汉朝初年，高祖刘邦用安邦定国之意，将王陵候封为安国候。此地在西汉武帝元狩六年（公元前117年）被设立为安国县。其后不断变化，成为安国市。历史上加工生产的"蝉翼清夏""云片鹿茸""百刀槟榔"等4个品种被称为"祁州四绝"，精湛绝伦的加工技艺使安国赢得了"草到安国方成药，药经祁州始生香"的赞誉。改革开放以后，安国药业获得空前发展，初步形成了包括农工贸、产加销、科教服在内的产业格局，成为河北省"十大产业化典型"之一。

安国中药材种植每年保持在10万亩以上，已建成6个万亩以上规模种植基地，"祁花粉""祁薏米""祁菊花"等"新八大祁药"和"郑章黄芪"被评为河北省名优农产品。种植基地总投资6亿元，占地1.5平方千米，建筑面积60万平方米，年成交额达45亿元以上，经营范围涵盖日、韩等20多个国家和地区。它也是我国最大的中药材专业市场，集中药材贸易、信息、科研、医疗保健、加工、娱乐为一体的东方药城，在1994年，被评为"全国百强市场"第二名，还连续三年荣获"国家级文明市场"称号。

安国医药龙头企业发展迅速，已创建药都集团、安药集团、天下康制药有限公司等医药企业和美威饮片有限公司等一批规范化饮片加工企业。还拥有中药材技工学校、中药材研究所等科研教学机构和中药材种植实验场。

安国还被誉为"华夏珍药荟萃之区，举步走遍九州之地"的东方药城，是全国最大的中药材专业市场。

始创医案记载的人是谁？

淳于意（约公元前205—？），复姓淳于，名意，西汉初临淄（今山东淄博东北人）。他精通医道，辨症审脉，医术精湛，始创医案记载，《史记》记载了他的25例医案，被称为"诊籍"，是中国现存最早的病史记录。

淳于意从小就热爱医学，曾师从公孙光、公乘阳庆，学习黄帝、扁鹊的《脉书》《药论》等，擅长望、闻、问、切四诊，在望诊和切脉方面尤为拿手。淳于意为使自己专注医术，不惜辞去官职，放弃经营家产，而且他长期在民间行医，从不奉承封建王侯，品行高尚。当时的赵王、胶西王、济南王、吴王都曾召他做宫廷医生，他都一一拒绝了。

淳于意针对病人的病情，不仅采用药物治疗，还广泛使用各物理疗法及针灸术。一次，淄川王病了，淳于意前去诊脉。经诊断发现，临淄王原来是因为洗头发没有干，就入睡受风而引起的头痛、肢痛、身热、烦闷，和今天的风寒感冒相类似。淳于意立刻用冰水敷淄川王的额头，帮助降温，并在厉兑、陷谷、丰隆三穴施针，以此为肌肤降热。经过此方法治疗后，淄川王病情好转。所谓的物理降温，就是用冰袋或冷毛巾敷额或用酒精擦浴，是现代高热病人常用的降温方法，但在 2000 年前的汉朝，这无疑是一发明创造。

淳于意诊断疾病时还非常注意详细记录病案。他对各种典型病例进行整理、编撰的《诊籍》成为中国医学史上第一部医案。书中所述的针灸技术，在当时已经有效地应用了。虽然记病历在今天的医疗中是最为平常的事，也是对一个合格医生的最低要求，但《诊籍》的初创却非常艰难。淳于意克服种种困难，才最终形成了最初的医案，为我们研究汉代医学留下了的宝贵史料。在淳于意的医案中既包括王公贵族，也涉及平民百姓。在《史记·扁鹊仓公列传》记载的 25 例病例中，治愈的有 15 例，不治的有 10 例，涉及现代医学的泌尿、呼吸、心血管、外科、内分泌、脑血管、消化、传染病、中毒以及妇产科、儿科。

淳于意不仅是一名著名的医学家，还是一位热心医学传播者。他通过广收弟子将自己的医学知识精心传授。据《史记·扁鹊仓公列传》记载，冯信、唐安、宋邑、高期、王禹、杜信 6 人都是他的徒弟。

243

我国最早的医学方书是哪部？

现知我国最古的医学方书是《五十二病方》，由于该书出土时本没有书名，而它的目录列有 52 种病名，并且在这些病名之后有"凡五十二"字样，所以整理者根据这些而将此书命名为《五十二病方》，它与后世医方书的体例是相同的。

《五十二病方》是西汉文物，1973 年在湖南长沙马王堆三号汉墓出土。帛书《五十二病方》，现存 1 万多字，全书分为 52 题，每题都是治疗某种疾病的方法，少则一方、二方，多则二十余方。书中现存医方共达 283 个，用药有 247 种，病名有 103 个，所记载的大部分是外科病，其次为内科疾病，还有很少的妇儿科疾病。书中除外用内服法外，还有灸、熨、砭、薰等多种外治方法。

该书中对"癃"（淋病）的治疗，非常有效，现在治疗此病大多都沿用这些处方。尤其是膏淋、石淋、血淋、女子淋的分症治疗，可以说开辟了对淋病进行辨证论治的先河。全书以外科病所占比重最大，也最为明显。该书在论述疽病的治疗时，已初步采用了辨证论治的原则，其处方讲究加减化裁，注意对症用药。

《五十二病方》在记述痔疮的治疗时，除了运用各种药物疗法外，还记载了精湛的手术疗法。书中记载的其他治法多种多样，不仅以内服汤药为主疗法，而且还大量使用外治法，如烟熏或蒸气熏法、熨法、敷贴法、灸法、砭法、按摩疗法、角法（火罐疗法）等。治疗手段的多样化，标志着当时医疗水平的高超。

此外，值得注意的是，书里记载的某种疾病往往有多种不同的治疗方法，同一药物常常使用不同的名称，甚至字的写法前后也不一样，这些可以表明 283 个医方是长期搜集和积累的结果，里面可能保存着很多远古时期流传下来的原方。

《五十二病方》的成书年代无疑比《黄帝内经》和《神农本草经》早，是迄今为止我国已发现的最早古医方。

现存的最早妇产科专著是什么？

长沙马王堆三号汉墓出土的《胎产书》是我国现存最早的妇产科专著。该书首篇虽仅仅400多字，但对理解该书全文和研究古代医学有重要的参考价值，它的出土是优生学方面一个重要的发现。

在早期先民对于孕育的认知不足及医疗水平较低的情况下，人们觉得孕育是一件非常神秘和危险的事情，而不是一个自然过程，因此为了确保孕育过程的顺利和获得自己期望的子嗣，人们在错误联想的前提下，便产生出各种巫术性质的孕育信仰。

马王堆汉墓帛书《胎产书》记载了相关胎期宜忌、祈孕求男、产育保健等，这正是巫术性质孕育信仰的最早反映。《胎产书》中所提出的"殖人生子"理论是汉代以前医学对胎儿的十月生成、孕期保养认识的集中反应。而且书中对妊娠按月养生提出一些新见解，反映了当时对妊娠、胎产卫生的认识。全书的主要内容是记载妊娠养胎、产后保健以及产后埋胞等，又以孕期保健、优生优育为核心思想。

除此之外书中还记载了生男生女的选择、不孕妇女的求子法、逐月养胎法、产后胞衣的处理和埋葬以及产后处理等内容。虽然有些观点中有不少迷信成分，总体而言，从其择时受孕、孕期精神、胎儿发育、孕期调养及产后保健等方面的记述，不难看出《胎产书》在现代优生学上的重要价值，对后世产生了非常大的影响，至今优生学仍然提倡《胎产书》中所记载的这些内容。

本书还是后世逐月养胎说的起源，北齐徐之才，隋唐《病源》《千金》等所记载的逐月养胎法，都是根据《胎产书》的说法，又增加了分经养胎思想。可以看出，此书是汉代以前相当具有学术成就的优生思想的总结，是研究优生学的重要文献。

谁被称赞为"巾帼医家第一人"？

义姁是汉武帝时河东人，今永济人。她的一生充满着传奇色彩，是我国历史上最早的女医生，被誉为"巾帼医家第一人"。

西汉时，在医事制度上我国已经设有专门的"女医"，古时称为"视产乳之疾者"。而义姁是我国史书记载中最早的女医生。义姁生活在公元前128年前后，她从小聪明伶俐，虚心好学，爱好钻研医术，对民间医药尤其偏爱。每当遇到医生走村串户看病时，她总爱跟着学，仔细看医生怎样望、闻、问、切，或者竖起耳朵，听医生讲解医理，并虚心请教。时间长了，她不仅学到了许多医药知识，而且积累了丰富的实践经验。

有一天，外村抬来一个久治不愈的腹胀病人，病人的肚子胀得像充满气的皮球。义姁对病人仔细检查后，用针在他的大腿部和下腹部扎了几针，之后拿出一包自制的药粉撒在病人的肚脐上，同时还给病人熬服汤药。3天之后，病人的腹胀慢慢消退，呼吸变得十分均匀，不久就康复了。从此以后，义姁的医名便传开了。

后来，义姁开始悬壶济世，医术精湛的她受到人民的爱戴和欢迎。她不仅擅长治疗各种疾病，而且最擅长妇科。当时汉武帝的母亲王太后年老多病，汉武帝听人说义姁医术高超，于是派人追踪调查。结果证明：义姁不但擅长疑难杂症、内科，而且对针灸、外科也很精通，难能可贵的是她所用的药物只是些山间的藤叶草木，疗效却非常显著。最后，汉武帝将其召入宫内，让她作为王太后的特别侍医，专为皇太后治病，太后经她治疗后，病情果然好转，之后义姁便深得太后的信任。可惜在史书中，她的生平和医学成就大多没记载。

据有关史籍记载，中国是最早出现女医的国家，而义姁则是我国历史上第一位有名的女医生，她的事迹也流传至今。

中国现存最早的药物学著作是什么？

《神农本草经》简称《本经》或《本草经》，是对中国中草药的第一次系统总结，也是中国现存最早的药物学著作。《神农本草经》成书于东汉，是秦汉时期众多医学家总结、搜集、整理当时药物学经验成果的著作。

《神农本草经》中对每一味药的产地、采集时间、性质、入药部位和主治病症都有详细的记载。对各种药物怎样相互配合使用，以及简单的制剂，都做了记述。更难得的是，早在2000年前，我们的祖先经过大量的治疗实践，已经发现了很多特效药物，例如，大黄可以泻火，常山可以治疗疟疾，麻黄可以治疗哮喘等，这些都已被现代科学方法证实。

在我国古代，很多药物是植物药，所以"本草"成了药物的代名词，这部书也以"本草经"命名。在汉代流行托古之风，人们普遍厚古薄今，为了抬高此书的地位，加强人们的信任感，人们借用神农遍尝百草，发现药物这一广泛流传的传说，将"神农"放于书名之首，命名为《神农本草经》。就像《内经》冠以黄帝一样，都是出于托名古代圣贤的意图。

《神农本草经》提出的"君臣佐使"的方剂理论，一直被后世方剂学所沿用，而且其中规定的大部分药物学理论和配伍规则以及提出的"七情合和"原则在几千年的用药实践中发挥了重大作用，被誉为"中药学经典著作"。在很长一段历史时期内，此书都是医生和药师学习中药学的教科书，同时也是医学工作者案头必备的工具书之一。

《神农本草经》具有极高的历史地位，它系统地总结了东汉以前零散的药学知识，其中所蕴含的医学价值也是有目共睹的。是历代医家所珍视的书籍。其药物学方面的编撰体例也被长期沿用，作为我国第一部药物学专著，其影响是非常深远的。

《伤寒杂病论》的传世经历了一个怎样的过程？

3世纪初，东汉的张仲景广采众方，博览群书，用尽毕生的心血，写成《伤寒杂病论》一书。此书成书于200到210年，那时印刷术还没有发明，纸张稀少，因此这本书最初是写在竹简上的。

张仲景是我国古代著名农学家、传统中医学的集大成者和代表人物之一，他在219年逝世。失去了作者保护的《伤寒杂病论》开始了它在人世间的漂泊的历程。在那个时代，书籍的传播只能靠一份份手抄，想要流传开来是非常困难的。到了晋朝，《伤寒杂病论》命运中的第一个关键人物王叔和出场了，他在偶然的机会中看到了这本书。当时书已是断简残章，王叔和读着这本断断续续的奇书，非常高兴，决心搜集《伤寒杂病论》的各种抄本，并最终找全了关于伤寒的部分，开始加以整理，并将其命名为《伤寒论》。

王叔和与张仲景虽互不相识，却真是渊源颇深，王叔和不但为张仲景整理了医书，还为我们留下了最早的有关张仲

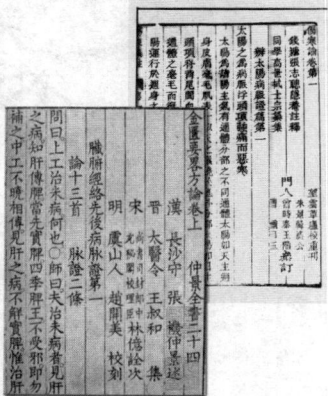

《伤寒论》与《金匮要略》内页

景的文字记载。之后，此书开始在民间流传，并受到医家推崇。南北朝名医陶弘景曾说只有张仲景这部医书，才是众多药方的祖先。可以看得出，这部奠基性、高峰性的著作把作者推向"医圣"的崇高地位。

到了宋仁宗时，《伤寒杂病论》又出现了一个命运的转折。当时一个名叫王洙的翰林学士在翰林院的书库里发现了一本被虫蛀了的竹简，书名是《金匮玉函要略方论》。其书的一部分内容与《伤寒论》相似，另一部分则是讲述杂病的。后来，奉朝廷之命校订《伤寒论》的名医孙奇、林亿等人将其和《金匮玉函要略方论》对照，知道此书是仲景所著，于是更名为《金匮要略》刊行于世。

从此，《伤寒杂病论》全书得以完整呈现。《伤寒论》和《金匮要略》在宋代都得到了校订和发行，现在我们看到的就是宋代校订本。《伤寒论》《金匮要略》与《黄帝内经》《神农本草经》并称为"中医四大经典"。

谁发明了麻沸散？

华佗（约公元前145—前208年），字元化，东汉末年著名医学家，汉族，沛国谯（今安徽亳州谯城）人，麻沸散的发明者。华佗与张仲景、董奉并称为"建安三神医"。华佗医术十分精湛，还被后世尊之为"外科鼻祖"。

华佗在针术和灸法上的造诣十分高超。他每次在使用灸法的时候，只取一两个穴位，灸上七八次，病就痊愈了。施针治疗时，也只扎一、两个穴位，并告诉病人针感会达到什么地方，等到针感到了他说过的地方后，病人就说"已到"，他即刻拔出针后，病也就马上痊愈了，非常神奇。

华佗在总结人们使用麻醉药物的经验基础之上，对人醉酒时的沉睡状态进行了仔细观察之后，发明了酒服麻沸散的麻醉术，并将其运用于医学，使外科手术的技术和疗效得到提高，并扩展了手术治疗的范围。自从使用麻醉法后，华佗的外科手术的成功率大为提高，治好的病人也越来越多。

当所遇病人患有只能用手术，不能靠汤药治愈的腹疾时，就让病人先用酒冲服麻沸散，服用后，麻醉开始发挥功效，等到病患完全麻醉失去知觉后，就可以进行外科手术，剖破腹背，将发病的部位割掉。若是病在肠胃，就割开洗涤，然后加以缝合，敷上药膏。四五天伤口就能愈合，一个月左右，病就能全好。

在当时华佗已能做胃肠缝合和肿瘤摘除一类的外科手术。一天，有个人推着车，曲着脚，大叫肚子痛。不久，气息微弱，喊痛的声音也渐渐消失。华佗按他的肚子，诊脉后，判定病人患的是肠痈。因病发突然，华佗立即给病人用酒冲服"麻沸散"，完全麻醉后，又给他做了手术。这个病人经过治疗，大约一个月就好了。因此，他的外科手术，得

刮骨疗毒图

到人们的推崇。明代陈嘉谟的《本草蒙筌》引用《历代名医图赞》中的一诗作了概括"魏有华佗,设立疮科,剔骨疗疾,神效良多"。

世界史最早的麻醉剂是华佗所使用的"麻沸散"。华佗采用酒服"麻沸散"的方法施行腹部手术,开创了全身麻醉手术的先河。这种全身麻醉手术,在我国医学史上是空前的,在世界医学史上也是十分罕见的创举。

谁是"鲍仙姑"?

鲍姑(约309—363年),山西长治人,名潜光,精通灸法,晋代著名炼丹术家,是我国医学史上第一位女灸学家。她和丈夫葛洪长期在广州罗浮山炼丹行医,岭南人民尊称她为"鲍仙姑"。

鲍姑出生于一个官宦兼道士之家,父亲鲍靓,字太玄,信奉道教,广东南海太守。她的丈夫葛洪生于282年,字稚川,江苏句容人,是我国1700多年前著名的科学家。晋元帝任命他为丞相掾,后又赐爵关内侯,又派他做散骑常侍,但是葛洪坚决推辞,之后长期隐居在广东罗浮山冲虚古观。生活在这样家庭中的鲍仙姑,在亲人长期的熏陶下,对道学医学极为热衷,最终学有所成。

鲍姑的一生,差不多都在广东度过,行医、采药足迹广阔,走过博罗、南海县、广州市、惠州市、番禺县、惠阳县、罗浮山一带,经常在崇山峻岭,溪涧河畔出没。作为一个封建时代的妇女,她能这样跋山涉水,采药行医,解救万民,着实令人佩服。她足迹所到的地方,在县志、府志和通史中均有记载,一些地方史书中,都把她称作仙人,她制的艾也被称为"神艾"。

作为一名卓越的民间女医师,她医术精湛,尤其擅长灸法。她运用越秀山脚下的红脚艾绒进行灸疗治疾,以艾线灸人身之赘瘤,一灼即消,疗效非常明显。

鲍姑逝世后,岭南人民为了纪念她在医学事业上的重大贡献,在广州越秀山下三元宫内修建了鲍姑祠。

我国最早的中药炮制学专著是什么?

《雷公炮炙论》是我国最早的中药炮制学专著,由刘宋雷所写,撰于约5世纪,原本记载药物300种,每种药先记述药材性状和与易混品种区别的要点,以辨别真伪优劣,它是中药鉴定学的重要文献。

《雷公炮炙论》于南北朝时期成书,南北朝刘宋时期以前的中药炮制技术和经验在这本书中得到了全面总结,这是中国中药炮制技术史上的第一次大总结。同时它也是一部制药专著,为中药炮制学奠定了基础。此后,中药炮制成为一门独立的学科。此书中将制药说成是修治、修事、修合等,记述干燥、净选、切制粉碎、水制、火制、加辅料制等法,对净选药材的特殊要求也有详细的论述,例如:当归分头、身、尾,远志、麦冬去心等。

《雷公炮炙论》原书已丢失,其遗失的文章多存在《证类本草》中,据统计有240多条。在明代的许多书中均附入此书中散失的文章,以"雷公炮制"放于书名之首,流传甚广的有《新刊雷公炮制便览》《雷公炮制药性解》等,但是此类书都不是《雷公炮炙论》的原本,都是收录了部分散失的文章而已。

1932年张骥通过收录散失的文章对此书进行了重新补辑,记载药物180多种,在原叙和上、中、下3卷中均有论述,并将其他古本草书中关于炮炙经验的记载也加入其中,另外70余种药物的炮制方法在书中也有详细记载,它代表了当代《雷公炮炙论》辑佚、研究的最高水平，现存 1932 年成都益生堂刻本。1949 年后开始有排印本，其中有很多方法至今仍被制药业所采用。

此书对后世产生了重大影响，历代制剂学专著经常以"雷公"二字冠于书名之首，反映出人们对雷氏制药法的重视和尊奉。

《千金方》成书于何时？

唐代孙思邈所著的《备急千金要方》，简称《千金方》或《千金要方》，成书于永徽三年（652年）。此书是一部综合性临床医著，集唐代以前诊治经验之大成，极大地影响了后世医家，1949 年后开始有影印本。

孙思邈认为生命的价值要比千金还珍贵，而一个好的处方在危急时刻可以救人一命，以此来说好处方贵如千金，因而用《千金要方》作为书名，简称《千金方》。对于当时留世的众多处方，孙思邈迫于卷帙浩繁，而时间仓促，要想去粗取精实属不易，于是博采群经，删繁去复，将其与个人经验相结合编纂成此书。

《千金要方》书影

《千金方》第一卷是总论，内容主要由本草、医德、制药等部分组成；其后主要是临床各科辨证施治。该书内容非常丰富，有妇科 2 卷、五官科 1 卷、儿科 1 卷、内科 15 卷（其中 10 卷按脏腑分述）、外科 3 卷；另外还有解毒急救 2 卷、脉学 1 卷、食治养生 2 卷和针灸 2 卷，总共 233 门，方论 5300 首。该书系统地总结了自《黄帝内经》之后到唐初的医学成就，在医学史上具有很高的医学价值。

中医学伦理学的基础就是《千金方》中第一篇所列的《大医精诚》和《大医习业》，其中关于妇、儿科专卷的记述，奠定了宋代妇、儿科独立的基础；而关于提倡以脏腑寒热虚实为纲的方法治内科病，与现代医学按系统分类有异曲同工之妙；书中还提到霍乱是因饮食而起，详细描述了附骨疽（骨关节结核）好发部位、认为飞尸鬼疰（类似肺结核病）属于肺脏证治，对消渴（糖尿病）与痈疽的关系也做出了相关解释，从这些记载中可以看出在唐朝时期我国对医学已经具有相当高的认识水平。

《千金方》一直为后世医学家所重视，对我国中医学的发展产生了深远影响。《千金要方》还流传到国外，对国际医学的发展也产生了一定影响。

我国第一部由国家颁行的药典是什么？

《唐本草》也称《新修本草》，唐高宗显庆四年（659 年）由苏敬、李绩等人集体编撰，之后由官府颁行，是我国历史上第一部由国家颁行的药典。

《神农本草经集注》的作者陶弘景生活在南北对峙的战乱时代，虽然他付出巨大努力，但书中记载难免会出错，存在着一定的片面性。所以苏敬于显庆二年（657 年）提议修订《新修本草》，此提议得到批准后，唐政府选拔了许孝崇、长孙无忌、李淳风、孔志约等 22 人与苏敬一同集体编修《新本草》。与此同时，政府开始在全国范围内征集药材，并要求配以实物图谱，使所编之书更为细致全面。在书籍修订时，他们秉承求真务实的态度，不被过去的医药经典所束缚，于 659 年撰成《新修本草》，唐政府立刻颁行。这部药典的颁布与政府的全力支持是分不开的。

《新修本草》正文部分包含序例和 850 种药，其中有些都是从异域传入的，如由大食传入的石榴、乳香等，波斯传入的青黛，印度传入的豆蔻、丁香等。药典由药解、图经、本草 3 部分组成，共 54 卷，图经部分根据药物的实际形态描绘出图样，药解是对药物的文字说明，比陶弘景《神农本草经集注》新增药物 114 种，分为玉石、禽兽、虫鱼、果、菜、草、木、米、有名无用 9 类。

《新修本草》中还记载了用白锡、银箔、水银调配成的补牙用的填充剂，开创了世界医学史上补牙的先例。这部书对古书中没有记载的内容加以补充，内容有误的就重新修订，具有很高的学术价值。

作为国家颁布的药典，《新修本草》迅速在全国范围内流行起来，成为医家必读的药物学经典。它凭借丰富的药学知识和较多的药物考证赢得了中外医药者的尊敬和推崇，并对后世药物学发展产生了深刻影响。

这是一部用政府名义编撰的药典，是一部绝无仅有的巨大著作。此书的完成表明中国药物学登上了一个高峰。这是中国，乃至世界上最早的由国家颁行的一部药典。

我国最早的骨伤科专著是什么？

《仙授理伤续断秘方》又名《蔺道人仙授理伤续断方》《理伤续断方》，是关于骨伤科的医学著作，也是我国现存最早的、很有科学价值的骨伤科专著，成书于公元 841—846 年。

《仙授理伤续断秘方》的编撰者是蔺道人，陕西西安人，他在治病方面造诣很高，并将其医疗绝技记述其中。此书只有一卷，书中的内容简洁明了，全面总结了理伤正骨的基本原则和手法，调理宜忌，各种整骨手法、方药应用。书中首先论述治伤的 14 个步骤，再论述打扑伤损服药次序及方药。书中对骨伤科常见的关节脱臼、手法复位、跌打损伤、牵引、固定、扩创、手术缝合、填塞等具体治疗方法都做了详细叙述，方药方面既有外洗外敷又有内服。

书中对唐以前骨伤科疾病诊治经验和取得的成就也进行了收录，记载有洗、贴、掺、揸以及内服多种方药，为骨伤科辨症、立法、处方和用药奠定了基础，临床应用价值很高。书中对骨折治疗方法进行了归纳，分为正确复位、夹板固定、功能锻炼、药物治疗四大原则，这也成了后世中医骨伤科治疗骨折的基本观点；书中对骨伤科常见疾病的诊断与治疗方法都有详细论述。其中夹板固定治疗骨折是骨伤科史上一项重大创造，具有操作简便、治疗时间短、骨折愈合快、功能恢复好、病人痛苦少、医疗费用低、无骨折并发症等许多优点，被尊称为"中国的接骨法"。

《仙授理伤续断秘方》中以活血化瘀作为治疗的原则，对伤愈后不留疤痕的技术也有记述，这一点是非常值得研究发掘的。该书采取理论与实践相结合的记述方法，不仅注重理论，对实践也相当看重，所以其学术价值和文献价值非常高。

《仙授理伤续断秘方》在我国骨伤科著作中具有不可磨灭的价值，其宝贵经验至今仍在临床中广泛使用，成为后世从业骨伤科者的圭臬，同时也是中医骨伤科医生临床必读之作。

哪部著作开创了外科疾病辨证施治先河？

《外科精要》开创了外科疾病辨证施治之先河。它是陈自明在医家李迅、伍起予及曾孚先等人有关外科学著的基础上进一步整理而形成的。此书重点介绍痈疽发背的诊断、鉴别及灸法、用药等，内容简要，切合实际。

《外科精要》又名《外科宝鉴》，全书3卷，共60篇。由宋代陈自明撰写，于景定四年（1263年）发行，是宋代有代表性的外科著作。陈家世代行医，具有非常丰富的临床经验，陈自明在担任建康府明道书院医学教授时，就广泛收集古今医家的"得效方论"，并结合个人经验，写成《外科精要》3卷，在明朝的《文渊阁书目》中有收录陈氏著书，在论述治疗痈疽时，一方面非常重视病因、病机、诊断、预后，另一方面极力反对拘泥于热毒内攻的说法和选用寒凉药物治疗之法。

《外科精要》对调补气血极为重视，书中特别强调了分辨善恶形证之法、以及灸法治疗痈疽的必要性。全书共有55论，选方70多首，都是极具参考价值的记载。但该书流传至今的非常少，目前流传的多为薛已的校注本，薛已在校注本书同时，又增加了个人治验并录一卷。

《外科精要》认为外科用药应该根据经络虚实情况，不能拘泥热毒内攻之说而专用寒凉攻伐之剂。在强调区分是痈是疽、是虚是实、是冷是热时，主张对症用药。书中对外科疾病的辨证论治强调从整体观念出发，主张内治、外治相结合，因此书中不仅内服方剂的数量很多，而且在外科医疗技术上也有非常大的进步，对后世外科学的发展产生了广泛的影响。

该书将辨证论治首先运用到外科临床，促进了中医外科学的发展，其学术贡献非常巨大。

什么是针灸铜人？

中国古代供针灸教学用的青铜浇铸而成的人体经络腧穴模型就是针灸铜人。北宋天圣年间，开始出现针灸铜人，明清和现代均有制作，是经络腧穴教学不可或缺的教学工具，也是我国古代一种伟大的创造。

早在2000多年前，《黄帝内经》中就提出了"经络"的概念，它是我国最早的中医著作。此后，我国古代针灸医术基本形成。要想用针灸救死扶伤，就必须对人体穴位经络有正确的了解。开始，中医主要依靠书籍和图本熟悉穴位。由于没有客观的实物作为参考，因此主观判断带来的错误是必不可少的。

针灸铜人便是在这种情况下产生的。针灸铜人指的是针灸教学中用以实物观察的人体图示，由北宋医家王惟一在总结前人经验的基础上发明创造的，铜人体表刻有经络和腧穴名称，胸膜腔有脏器，中空。它不仅是针灸教学的工具，也是考核针灸医生的模型。在考核时，将铜人体表涂蜡，体内则注入水银，考试者需要对各个穴位进行施针，如果施针穴部位准确，则针进而水银出。如判断失误，则针不能入。这种考核方法能使学生的学习水平得到更真实的体现，对针灸教学是一个极大的促进。

宋代共铸两具针灸铜人，这些铜人几乎都呈直立站立状。针灸铜人制成后，非常受人瞩目，宋金战争时，金人为索取针灸铜人，甚至将其作为一项议和的条件，可见针灸铜人在当时的重要性。可惜经过金元明清几个朝代后，原创的针灸铜人并没有保存下来，上述的两尊宋代天圣针灸铜人，至今仍下落不明。在明代时，曾有人对宋的针灸铜人进行复制并被保存下来。但到了近代，有的被外国

针灸铜人

侵略者掠去，又有许多珍贵铜人在战乱中被损毁。

针灸铜人是我国古代人民富于智慧的一项创造，在我国医学史上发挥了重大作用，是我国针灸学的一座丰碑。

《洗冤集录》成书于何时？

中国的法医学有很漫长的历史，很早就开始执行法医检验，第一部法医学专著是1247年由宋代宋慈所写的《洗冤集录》，它也是世界上第一部有系统的司法检验书。

宋慈出生于福建建阳的一个官僚家庭，曾4次担任高级刑法官。他经过长期的实践，积累了很多行政司法经验，而且参考了很多相关文献才著成此书。本书的主要内容包括宋代关于验尸的法令和验尸的方法与注意事项。其中包括对尸体现象、古代的交通事故、锐器损伤、各种机械性窒息死、中毒、高温致死、各种钝器损伤、病死与猝死、尸体发掘等涉及法医病理学方面的内容。

《洗冤集录》的主要成就有：尸斑的发生与分布，缢死的绳套分类，尸体现象与死后经过时间的关系，棺内分娩的发现，腐烂的表现和影响条件，缢沟的特征及影响条件，溺死与外物压塞口鼻而死的尸体所见，勒死的特征及与自缢的鉴别，窒息性玫瑰齿的发现，生前死后伤及自杀、他杀的鉴别，骨折的生前死后鉴别，致命伤的确定，各种刃伤的损伤特征，各种死亡情况下的现场勘验方法等。

《洗冤集录》是古代法医学的代表作。自此书以后，陆续出现的法医学著作还有《平冤录》《无冤录》《洗冤捷录》《洗冤法录》《律例馆校正洗冤录》等几十种，但是这些书籍，其核心内容都紧紧围绕着《洗冤集录》。所以该书成为后世所传诸书的祖本，在中国法医学发展史上有划时代的意义。此书还对尸体外表检验经验进行了系统的总结，汇集了宋代以前法医学尸体检验的各种经验，是一部系统指导尸体外表检验的法医书。在世界法医学史上做出了巨大的贡献。

《洗冤集录》不仅是中国古代法医学尸体检验的指导书籍，流传范围波及朝鲜、日本、越南等国家，成为亚洲古代法医学的代表作，为这些国家尸体检验的依据。此书在中外文化交流上做出了卓越的贡献。

第一部助产学专著是什么？

医学著作《十产论》由北宋杨子健编著，是我国古代妇产科医学上的重要文献，也是第一部助产学专著。《十产论》除叙明正产外，还比较详细地论述了各种难产（异常分娩）的病因、症状和助产方法。

杨子健（生卒年不详），字康侯，号退修，北宋四川青神县（今四川眉山青神）人，著名妇科专家。他在医学上精通《难经》《内经》，并熟读百科，著有《难经续演》《扩命方》（5卷）和《通神论》（15卷）等医学著作。北宋文豪黄庭坚曾在青神中岩寺游历时，与杨子健结识，过往甚密，并熟读杨子健的医学著作，对此人颇为欣赏，说他"岂易得哉"，对他的学术赞赏说"其说汪洋"，并为其《通神论》作序。杨子健尤其擅长妇产科，在其临床实践中，感到因为接生的人技术欠佳，而导致痛伤难产，产妇无辜丧命，胎儿白白殒命，于是他在临床经验基础上，参阅前人有关妇产科学说，编著了《十产论》。

《十产论》于北宋元府年间（1098—1100年）成书，是中国古代妇产科医学上的重要文献。《十产论》对各种难产的论述，具有较高科学水平切合实际。他对分娩过程及伤产原因分析得十分贴切。而且他对难产的处理方法都是源于实践，而非纸上空谈。例如，利用醋和冷水的刺激而使肌肉收缩，使脱出的"大肠"自行缩回，这不能不说是杨子健的临床经验之谈。

特别值得一提的是，《十产论》对转胎的手法，已有具体记述。除此之外，论及碍产（脐带缠肩等胎位或胎式异常所致之难产）、偏产（额先露）、倒产（足先露），其助产的技术操作手法，在当时的社会条件下，已经达到相当先进的水平。杨子健对难产的认识和处理方法与现代产科相比，虽然显得十分简陋。但在当时的医疗条件下，杨子健的这套方法已是十分先进了。

虽然在世界医学史上是16世纪法国医生阿姆布露斯·巴累（1517—1590年）所创异常胎位转位术，但是根据《十产论》所载的转胎手法，可以说在这方面的成就我国比西欧要早近500年。

《妇人大全良方》的作者是谁？

《妇人大全良方》的作者是陈自明，出身于世医家庭，擅长妇产科，他认为在所有病症中妇科病最为难治，特别是产科诸症多有危险，于是他搜集各家的长处，再加上家传秘方，编成了《妇人大全良方》。

陈自明（约1190—1270年），又名良甫，南宋临川人，生长于一个三代世医的家庭里，经常在东南一带行医，积累了丰富的临床经验。他于1237年担任建康府明道书院的医学教授，经过长期的临床和教学实践，发现以前关于妇产科的医书中存在不少错误记载，大多数书看起来"纲领散漫而无统，节目详略而未备"。对此，陈自明开始对历代有关妇产科的著作进行深入研究，为此，他阅遍了家藏医书，又不断从东南各地搜集医方，反复进行研究，再结合自己的临床实践经验，编写了《妇人大全良方》一书。

陈自明自称：我编写此书，不是为求与古人记载相异，只是对不全面的地方进行补充，将散乱的东西聚在一起，希望没有遗憾。后世对《妇人大全良方》给予了高度评价，说它"收录了各家的精华，文章提纲挈领，对于妇科病症，记述得非常详尽"。

《妇人大全良方》是当时最完善的妇产科专书，共24卷，原分8门，共260多篇论述。许多医书在该书中均有引述，对妊娠诊断、妊娠期特有疾病、孕期卫生、胎儿发育状态、孕妇用药禁忌、各种难产、产褥期护理及产后病症等方面，都进行了详细的叙述。在300多年后的明代，医学家薛己对《妇人大全良方》进行了探讨和分析，并于1529年加以校订，对书中的部分内容加以增删，将其分为10门，每论之下，都加按语，并附上许多治验和新方，使这部妇产科专书流传更加广泛。明代王肯堂在1602年到1607年之间著《证治准绳·妇科》时，仍采用了该书的十分之六七，可见，陈自明著的《妇人大全良方》对后世影响非常大。

《妇人大全良方》既包含前人的成就，也包含了作者本人的临床实践，内容全面而丰富，从理论上和实践上讲也形成了完整的体系，具有很高的实用价值和学术价值，它的编撰在一定程度上促进了中国中医妇科学的发展，也为妇科学的发展做出了卓越贡献。

第一部饮食卫生和食疗专著是什么？

元朝时的忽思慧，是我国古代著名的营养学学者，他所编著的《饮膳正要》全书共3卷，成于元朝天历三年（1320年）。该书是我国现存第一部完整的饮食卫生和食疗专书，也是一部古代营养学专著。

《饮膳正要》是一部专门讲述饮食和营养的书籍。该书记载的食疗方和药膳方非常多，对各种饮食的性味与滋补作用记载得尤为详细，并有乳母食忌、饮酒避忌、妊娠食忌等内容。它注重健康人的实际饮食需要，立论基础是正常人的膳食标准，由此，制定了一套饮食卫生法则。书中还对营养疗法、饮食卫生，乃至食物中毒的防治等做了具体阐述，其中附录版画20余幅，图文并茂，不仅是我国现存第一部完整的饮食卫生和食疗专书，也是一部很有价值的古代食谱。

《饮膳正要》共分3卷，卷一讲妊娠食忌、乳母食忌、养生避忌、聚珍异馔和饮酒避忌等；卷二讲原料，饮料和食疗，即包括神仙服饵、四时所宜、食疗诸病、食物相反、食物利害、食物中毒、诸般汤煎、五味偏走等内容；卷三讲蔬菜、粮食、各种肉类和水果等。其内容不仅包括了医疗卫生，还收录了历代名医的秘方、验方和具有蒙古族饮食特点的各种乳、肉食品，就连明代名医李时珍所著《本草纲目》也引用了该书的相关内容。

《饮膳正要》编撰的初衷是为当时皇帝延年益寿所用的专门书籍，但对人民百姓也发挥了相当大的作用。而且忽思慧在这部书中，将"养生避忌"放在篇首，可见他并不是一位纯营养观点，只从饮食出发的人，而是通过讲饮食，把着重点放在人的养生和健身上。

《饮膳正要》一书，是我国乃至是世界上最早的营养学和饮食卫生专著，对传播和发展我国卫生保健知识，起到了至关重要的作用。

中国历史上最大的方剂书籍是什么？

《普济方》广泛收集了明以前的医籍和其他有关著作并将其分类整理是中国历史上最大的方剂书籍，它是明初时编修的一部大型医学方书，是我国著名的医学著作。原书已丢失，现仅存残本。

《普济方》由是明太祖朱元璋第五个儿子周定王主编，经长史刘醇、教授滕硕等人执笔汇编而成，于1406年刊行于世，原本已散失，有一些残卷被少数藏书家收藏，除了永乐刻本存19卷，明抄本存35卷外，收有全文的唯有《四库全书》。《普济方》共有168卷，后来《四库全书》将其分为426卷，包括217类，共788法。该书还配插图共239幅。

该书共有61739首方子。全书由总论、伤寒杂病、脏腑身形、儿科、外科、妇科、针灸等内容组成。对于疾病的治疗方法也记载得非常详细，如汤药、按摩、针灸等。"是书一证之下，各列诸方，使学者依类推求，于异同出入之间，得以窥见古人之用意，因而折衷参伍，不至为成法所拘"，这是《四库全书总目提要》对此书的中肯评价。

作为我国古代最大的一部方书，此书对经方的记载最为齐全。全书共分为12部分，编排逻辑清晰，内容丰富。《普济方》收集了大量资料，除了收录历代方书外，还对史传、道藏、杂说、佛典中的有关内容进行了介绍，以至内容十分丰富，编写得也十分详细。《普济方》出版的数量比较少，所以在当时极为珍贵。加上该书又非常实用，所以很多人买不起，只能辗转传抄。后来经过一些年代，《普济方》原来的刻本逐渐散失。

《普济方》是一本非常实用的方书，它在所列的每一病症之下，都列有一些方子，学者或医生只要根据病症查看方子，再在各个方子之间选择一个即可。而且这本书也是非常宝贵的医学文献资料，保留了许多珍贵资料。

《本草纲目》为何被称为"东方药物巨典"？

明朝伟大的医药学家李时珍（1518—1593年）为修改古代医书中的错误而编写了《本草纲目》，这部著作倾尽了他毕生精力，此书历时29年编成，是他多年心血的结晶。

《本草纲目》共有52卷，记载了1892种药物，其中有374种都是新药，共收集11096

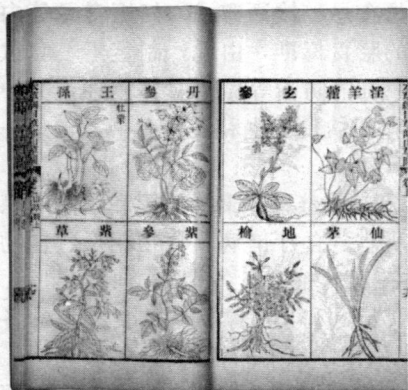

《本草纲目》内页

个药方，书中还有 1160 幅精美的插图，全书约 190 万字，分为 16 部、60 类。它的主要贡献是：在药物分类上，改变了以前的上、中、下三品分类法，采用了"析族区类，振纲分目"的科学分类方法，将药物分为了植物药、矿物药、动物药，又把矿物药分为玉部、金部、卤部、石部四部；植物药一类，根据植物的形态、性能和其生长的环境，分为草部、谷部、果部、菜部、木部 5 部，草部又分为醒草、毒草、山草、芳草、蔓草、水草、石草等几类；动物一类，则按低级向高级进化的顺序排列为虫部、鳞部、介部、禽部、兽部、人部 6 部。

《本草纲目》作为一部药学经典，在我国医药史上的作用是有目共睹的，该书系统总结了 16 世纪以前中医药学，除此之外，在历史、地理、训诂、植物、语言文字、动物、矿物、冶金等方面也有非常大的成就。《本草纲目》不仅纠正了过去本草学中的一些错误，还结合大量科学资料，提出了较科学的药物分类方法，加入先进的生物进化思想，并融入丰富的临床实践，本书也是一部具有世界性影响的博物学著作。它的编撰引起了世界各国的广泛关注，先后译成多种文字流传世界各地。

《本草纲目》是几千年来祖国药物学的总结。它所记载的药物数目，撰写的文笔，以及严密的科学分类，这些方面都是古代任何一部本草著作难以超越的，因此是当之无愧的"东方药物巨典"。它能够得以流传对人类近代科学以及医学方面作用重大，至今都是医生们必备的书籍之一。

"同心济世"是哪家药厂的宗旨？

明朝万历年间（1600 年），"陈李济药厂"在广州创办，至今已有 400 多年的历史。它是中国最古老的中药厂家，以"同心济世"为宗旨，在中国享有很高的声望，是国务院认定的"中华老字号"企业之一。

在清代，同治皇帝因服用"陈李济药厂"生产的"追风苏合丸"而药到病除，称其药具有神效。此后，以"杏和堂"为商号的广东"陈李济"，其盛名传遍大江南北。至今尚存的店名"陈李济"3 个大字是由翁同龢在光绪年间题写的。"陈李济"在清朝进入发展的兴盛阶段，在民国遭遇生死存亡，而至今仍屹立不倒，到现在，它已发展建设成为现代化国家重点中药企业。

"陈李济"作为中国最早建立的制药企业，始终坚持诚信为本、同心济世的原则，实在难能可贵。它还继承和发扬了以"仁"为核心的中华文明传统，始终把人民的健康放在首位。

"陈李济"所有的药物都是正品一等的地道货，肇庆的茨实、阳春的砂仁、化州的正宗橘红、东北的人参鹿茸、德庆的何首乌，尤其是作为镇店之宝的新会正宗陈皮，无一不是真品。"陈李济"还制造出了"乌鸡白凤丸""补脾益肠丸""壮腰健肾丸""追风苏合丸"等享誉中华的名牌产品；首创了蜡壳药丸包装工艺，为我国中成药的发展添上浓墨重彩的一笔。

在"同心济世"宗旨的带领下，历代"陈李济"人都主动承担行善救人的任务，将"免费为劳苦大众服务"作为店铺规章。

我国古代用什么方法预防天花？

天花在古代是一种极严重的传染病，我国早就注意天花的治疗，并且积极采取预防措施。到了明代，随着人们对传染性疾病认识的加深和治疗痘疹经验的丰富，痘接种术被正式发明出来了，并且开始被用于治疗天花。

清代医家俞茂鲲在《痘科金镜赋集解》中明确记载：种痘法在明隆庆年间（1567—1572年）就开始使用，乾隆时期，医家张琰在《种痘新书》中指出：能种痘，以预防天花。又说：种痘的人基本上都不会再得天花。这些记载表明，我国从16世纪以来，就已逐步推广人痘接种术，并且世代相传。

清初医家张璐在《医通》中讲述了痘浆、旱苗、痘衣等多种预防接种方法。它的详细做法是：将醮取痘疮浆液的棉花塞入接种儿童鼻孔中，或把痘痂研细，用银管吹入儿童鼻内；或将天花患者的内衣脱下，涂抹于其身上，让其感染。总之，通过这些方法使之产生抗体来预防天花。由上可知，我国最迟在16世纪下半叶已发明人痘接种术，到17世纪已普遍推广。康熙皇帝于1682年曾下令各地接种痘苗，至此，种痘术在全国范围内推广。

人痘接种法的发明，很快引起外国的注意。俄罗斯开始派留学生来中国学习这种方法。后来种痘法经俄国又传到土耳其和北欧。1717年，英国驻土耳其公使蒙塔古夫人在君士坦丁堡学会研究种痘法，1720年又为自己6岁的女儿在英国种了人痘。此后接种人痘的实验开始在欧洲各国和印度流行。18世纪初，突尼斯也实行此法。1752年，种痘法在日本开始流传了。其后又传到朝鲜。我国所发明的人痘接种术于18世纪中叶，已传遍世界各地。

我国人痘接种法的发明促进了人类医学的发展，是对人工特异性免疫发展的一项重大贡献。

我国第一部医学期刊是什么？

由清代名医唐大烈（1792—1801年）编著的《吴医汇讲》是我国最早的医学期刊，其主编唐大烈是江苏苏州人，因编撰《吴医汇讲》而在医学界闻名。

苏州雕版手工业在18世纪末就兴盛起来，许多名医在这里聚集，讲学之风盛行。众多医术高明者喜欢以医会友，对医学理论畅所欲言，对难解医学问题更是一起研究讨论。唐大烈从中受到很大启发，于是亲自联络医林名医高手，希望通过这种方式广泛征集医门佳作，在他这种创新精神的指导下，创办了我国最早的中医杂志——《吴医汇讲》。

《吴医汇讲》自清乾隆五十七年（1792年）创刊，到清嘉庆六年（1801年）停刊，前后历经10年，共刊出11卷，每卷都合订为一本，此书与年刊性质的中医杂志相似。从它的组稿过程和出版形式来看，和后世的杂志编刊完全相同。

《吴医汇讲》汇集了江浙地区41位医家的94篇文章，文章内容生动，形式多样。唐大烈编纂该书时，态度非常严肃认真，选稿也非常谨慎，对于有些稿件他还亲自修改，同时，对刻印、校勘诸多环节都一一仔细审查。杂志栏目更是新奇有趣，包罗万象，不仅有妇、内、外、儿各科，还有经典著作的注释阐发临诊随笔、历代医家论述、医话歌诀、医德教育、学术理论的争鸣探讨、方剂研究、药物真伪鉴定、读书方法和书评等，这本杂志的编撰，对当时江南一带中医学术经验交流起到了很大的促进作用。

而且唐大烈在选稿过程中从不以人取文，对文章的质量要求颇高。文章排列不以作者年资、地位分前后，而是先来的先贴。对于自己的文稿常常将其置于从属补样的地位，其精神非常可贵。他主张医学见解自由阐发，反对门户之见。学术观点可以不同，只要有理即可，这是他刊登文章的宗旨。

我国第一位留学博士是谁?

黄宽（1825—1878 年），我国第一批出国留学生之一，教育家、医学家，第一位留英学习西医并获得医学博士学位的学者，学成归国后从事临床与教学，医术精深，尤其擅长外科，成功进行中国首例胚胎截开术。他是中国最早担任西医教学的教师之一。

黄宽，号绰卿，早年因父母双亡，由祖母抚养成人。黄宽 12 岁时进入澳门教会学校马礼逊学堂（后迁校香港）。1850 年夏，黄宽中学毕业后，黄宽接受香港某英商赞助，在这一年 11 月 4 日考入英国爱丁堡大学，第一年攻读文学系，1851 年开始改修医科，以优异成绩完成大学五年本科的学业，获得医学学士学位和文学学士学位。随后他继续攻读病理学和解剖学博士课程，两年后获得西医从业资格。黄宽在英前后学习了 7 年成为中国第一个毕业于英国大学并获西医从业资格的留学生。

1857 年，黄宽作为中国第一位医学博士回到中国后，开始从事医学工作，1860 年黄宽在国内施行了第一例胚胎截开术。之后黄宽还曾担任教师，1864 年，博济医院开始招收西医学生，黄宽就参加了该院培养中国学生的教学工作。1867 年博济医院第一次进行尸体解剖，由黄宽执刀剖验。由此可看出，黄宽在当时博济医院的诊务、教学方面所占的重要地位。

1875 年黄宽又担任西南施医局主任。1876 年，学校开始扩充实验室设备，建立标本室，为黄宽进行医学研究提供了一个广阔的平台。1878 年 10 月 12 日，黄宽因项疽剧发，与世长辞。

推拿是一种什么疗法?

推拿也称按摩，是人类最古老的一种物理疗法。它是在正确理论指导下，结合现代医学理论，运用推拿手法作用于人体特定的部位和穴位，来达到防病治病效果的一种治疗方法。

推拿治疗是一种特殊疗法，是以手法操作为主的。推拿手法指的是推拿的人用手或肢体其他部位刺激或活动患者身体某些部位的肢体性规范化技巧动作。根据对患者刺激方式和活动肢体部位的不同，所形成的基本手法在许多动作和操作方法上都存在差异，并在此基础上形成由两个以上基本手法构成复合手法（如按揉法、推摩法等）；也可由一系列动作组合而成、有其操作规范（或程序）的复式操作法等。而作为其特色标志之一的学术派别，有些是从师傅那学到手艺，有的则是在实际体验中领略技法。据此可知，推拿手法之多超过百种。

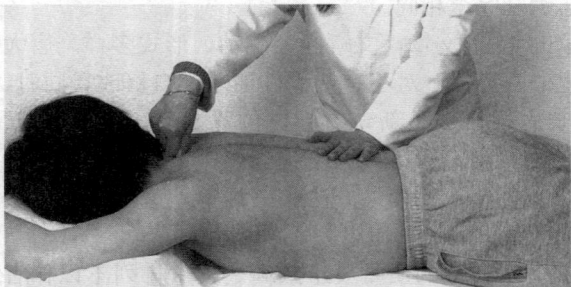
通过推拿治疗上部脊骨处的背痛。

其中有些手法经一定的培训后就能掌握，而有的则需有相当程度的功法基础（如内功推拿等）和临症体验之后才可以得心应手。推拿的常用基本手法大致可分为六大类，分别是：按摆动类、摩擦类、捏拿类、压类、捶振类和活动关节类等。

推拿所产生的效果也是非常明显

的，具有促进气血运行、调整脏腑功能、润滑关节、舒经通络、增强人体抗病能力等作用。它的这些功效经常用在神经系统、运动系统等常见疾病的治疗方面，效果非常好。而且推拿在人们日常生活中也起到一定作用，例如落枕或者颈椎病、急性腰扭伤，都可以用推拿来及时治疗。其实推拿不仅在落枕、扭伤以及腹泻方面有一定作用，对治疗其他疾病也有很大帮助，例如失眠。

此外，推拿这种新兴治疗方法，在延缓衰老、治疗更年期综合征、减轻肥胖、消除疲劳、皮肤美容等的临床研究中具有自己的优势，方便、容易、简单、廉价、无副作用的推拿疗法会受到越来越多的人的欢迎。

巫医是医生吗？

巫医是一个具有两重身份的人，他既可以通鬼神，又兼顾医药、治病，与一般巫师相比，他更专注于医药。巫医是我国古代最早的医生。

巫医，就是巫师和医师，古人生病时多求救助鬼神，所以往往将巫师和医师并提，称为巫医。从殷墟甲骨文可见，殷周时期的巫医治病，在形式上看是用巫术，营造一种神秘气氛，对患者有安慰、精神支持的心理作用，患者身体上的病，还需借用药物治疗，或采取技术性治疗。巫医的双重性（对医药的应用与阻碍）决定了他对医药学发展的功过参半。

在外科手术时，巫医们就是用假手术来暗示病人，使病人相信有病的器官已被切除，因而病人再也不会感觉痛苦了。巫医假称上天授予他神力，能治愈病人的疾病，用这种办法来影响病人功能失调的自主神经系统，进而使由于这个系统紊乱所引起的疾病或症状得以缓解。利用心理学来减轻病情或治愈疾病也是无可厚非的，现代医生也会使用这个办法来对病人进行治疗。但真正的危险在于，巫医们虽然在一定程度上缓解了病人的痛苦，但实际上，病症依然存在，并没有彻底治愈，这就可能会延误治疗最佳时期而致使病人有生命危险。

在人民生活水平极其低下的古代，当时的医疗水平也是非常落后的，很多人都相信巫医可以为他们治愈百病。但这些巫医大部分都没有做医生的资格，甚至许多人都是骗子，但他们对医学的发展也确实起过一定的促进作用。

自春秋开始，巫和医正式分家，此后巫师不再承担治病救人的职责，仅仅是问鬼求神，占卜吉凶，是一种封建迷信的象征；而大夫即所谓医生也不再求神问鬼，开始真正救死扶伤，悬壶济世。巫医于是退出了历史的舞台。

哪个国家是记录日食最早的国家？

夏朝中康时代记载的一次日食，是全世界现知最早的一次日食记录，所以最早记录日食的国家是中国。

我国古代天文学萌芽从原始社会就开始了。最早的天象观察，可以追溯到几千年前。帝尧时代，就设立有专职的天文官，国家派专人专门从事"观象授时"。在仰韶文化时期，已经有了对太阳上变化的多次记载，例如已经有描绘太阳边缘有大小如同弹丸、成倾斜形状的太阳黑子的记录。

我国古代的有关天文学现象的记载很丰富，对太阳、月亮、行星、彗星、新星、恒星，以及日食和月食、太阳黑子、日珥、流星雨等罕见天象，都有记载。甲骨文是我国最早的文字记载，在我国河南安阳出土的殷墟甲骨中，有关天文学现象的记载已经很丰富。所以远在公元前 14 世纪时，我国的天文学已很发达了。以现有的文字记载为依据，我国有世界上最早最完整的天象记载是举世公认的事实。

中国一直是敬鬼神、重农事。在遥远的古代，人们就将天象观测作为一个国家极其重要的政事之一，国家设置位高的专官，专门从事观测工作。天官根据观测到的天象来推测凶吉，安排农事，而朝廷对天官的期望也往往很高。

夏朝太康死后，仲康继位。吸取了前朝的教训，仲康进行了全面的整顿，新设立司天的职官羲和，任命胤侯执掌兵权。在这期间，某一个朔日，突然发生了一件对当时人来说惊天动地的大事。前一刻还光芒四射的太阳此刻正一点一点地消失，天色顿时由灰变暗。按照当时的天文认识和宇宙思想，一旦日食出现，则被认为是"天狗食日"，是上天给人类的警告，预示着国家将有大的灾难发生，而且这是一个可能会危及帝王的地位或者性命的灾难。因为国王被认为是上天的使者，所以只有国王亲自率众臣到殿前设坛焚香舍钱，太阳才能被重新召回，灾难也将避免，整个过程被称为"救日"。

这个事件在古文《尚书·胤征》中，有较为详细的记载。司马迁在《史记·夏本纪》中的记载："帝仲康时，羲和湎淫，废时乱日，胤往征之，作《胤征》。"这是我国也是世界上第一次关于日食的记载。

最早的恒星表是什么？

《甘石星经》是世界上最早的恒星表。

《甘石星经》原本不是一整部著作，而是后人把战国时期楚人甘德（今属湖北）、魏人石申（今属河南省开封）各自的一部天文学著作合并起来的，并命名为《甘石星经》。《甘石星经》已入选世界纪录协会世界最早的天文学著作。

春秋战国时期，随着生产力的发展，天文学方面取得了很多成就。"鲁有梓慎，晋有卜偃，郑有裨湛，宋有了韦，齐（一说是楚或鲁）有甘德，楚有唐昧，赵有尹皋，魏有石申夫皆掌着天文，各论图经。"（《晋书·天文志上》）所以甘德和石申夫并没有合作过，而是各自进行天文观测，并各有著作。甘德的著作为《天文星占》，石申夫的著作为《天文》。在汉朝时，这两部著作还是各自刊行的，后来有人把这两部著作合并，并定名为《甘石星经》。

对于金、木、水、火、土五大行星的运行，甘德和石申夫在当时都曾系统地观察过，并初步掌握了这些行星的运行规律。他们的著作中记录了800多颗恒星的名字，121颗恒星的方位，金、木、水、火、土五大行星的运动规律。《甘石星经》是世界上最早的恒星表，比希腊天文学家伊巴谷在公元前2世纪测编的欧洲第一个恒星表还早约200年。

此外，《甘石星经》不但记录800多个恒星的名字，并划分其星官，其体系对后世发展颇有深远影响。

《甘石星经》在宋代以后就失传了，今天我们看到的有关这部伟大的著作只是唐代的天文学书籍《开元占经》里《甘石星经》的一些片段摘录。后世许多天文学家在测量日、月、行星的位置和运动时，都要用到

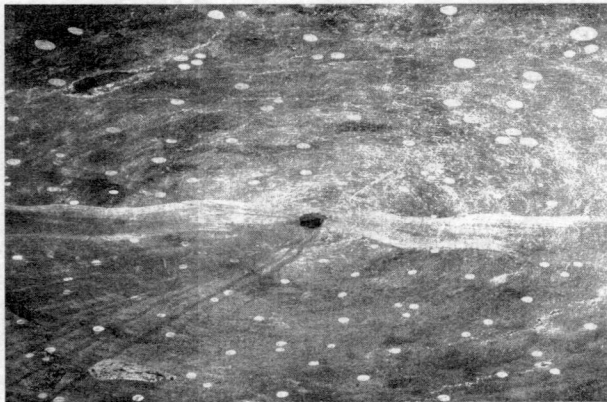

天象图

《甘石星经》中的一些数据，以做参考。因此，《甘石星经》在我国和世界天文学史上都占有重要地位。

《甘石星经》是迄今最古老的天文学著作，代表着战国时期我国天文学达到的最高水平。

中国最早的天文学专著是什么？

1973 年，在湖南长沙马王堆三号汉墓中出土的帛书《五星占》，是我国现存最早的天文学专著。《五星占》对研究古代天文学史具有极其珍贵的参考价值，它是中国最早的有关行星运行的记录，它的发现，进一步说明了在古代我国是世界天文学最发达的国家之一。

据考证，《五星占》成书约在汉文帝三年至十二年（公元前 177—前 168 年），距今已 2100 多年。在西汉初年，我国对于五大行星的视运动已观测得相当精细，书中列举的数值有力地证明了这一点。

《五星占》是用整幅丝帛抄写而成，约 8000 字，篇名是整理者加上的。《五星占》详细记载了五大行星，即水星、金星、火星、木星和土星的运行情况。书中还列有从秦始皇元年到汉文帝三年（公元前 246—前 177 年）约 70 年间内，木星、土星和金星在天空中运行的位置，及其他的一些相关的内容。书中所记载的金星的会合周期为 584.4 日，比现在测值 583.92 日只大 0.48 日；土星的会合周期为 377 日，比现在测值 378.09 日只小 1.09 日；土星的恒星周期为 30 年，比现在测值 29.46 年大 0.54 年；木星的会合周期为 395.44 日，比现在测值 398.88 日小 3.44 日；木星的恒星周期为 12 年，比现在测值 11.86 年大 0.14 年。这些数值的精度与现代的精确值已经很接近了。

我国古代，分别称水、金、火、木、土五大行星为辰星、太白、荧惑、岁星、填星（或镇星），这说明当时的天文学家和劳动人民对五大行星做出了非常细致的观察，并获得了丰富的知识，而《五星占》中已经出现了这五个名称。

我国古代，从帝王将相到平民百姓，都迷信巫术。殷商时期，人们通过龟甲牛骨上被火烧出的裂缝走向来占卜吉凶；在汉代，占星术十分流行，当时人们以观察天象变化来占测吉凶、趋利避害。《五星占》便是以五星行度的异常和云气星慧的变化来占卜吉凶的术数类帛书。

最古老且画星最多的星图是什么？

《敦煌星图》是敦煌经卷中的一幅古星图，为世界现存古星图中星数最多而又较古老的一幅，约绘制于唐中宗时期（705—710 年），现藏于英国伦敦大英博物馆。

敦煌经卷的画法从十二月开始，以每月太阳沿黄、赤道带分 12 段的位置变化为依据，先用类似墨卡托圆筒投影的方法把紫微垣以南的诸星画出，再在以北极为中心的圆形平面投影上画紫微垣。全图 1350 多颗星都是按圆圈、黑点和圆圈涂黄三种方式绘出的。在圆图上画北天极附近的星，在横图上画赤道上空的星，这种画法是现代星图画法的鼻祖。敦煌星图的描绘极为精细，描绘的恒星位置是用眼睛估计星与星之间的相对距离而得出的结论。绘制者还用不同的颜色区分了甘、石、巫三家星官。

《敦煌星图》是一个纸卷，长 3.94 米，宽 0.244 米，图册有手绘十二时角星图各一幅，北极区星图一幅，展示了从中国可见的整个北天星空，另有云气图 25 幅，附占文，星图后还画有一个电神。后来被斯坦因带到英国，但起初并未引起注意。20 世纪 50 年代初，李约瑟和陈世骧首先发现并在《中国的科学与文明》天文卷中加以介绍。这个图册将北极附近

（约相当于赤纬50—90度）单独成图，距北极较远处则分成12幅（称为横图），这和现代星图册的做法一样。

然而，据考究这卷星图只是当时某一正式星图的草摹本，原图的星数和大体轮廓得到保留，因为正式测绘的星图不会将圆形图上的内规和横图上的赤道与宿度等基本坐标线略去，而这幅星图却都略去了，这和与之相近时代的杭州吴越国王钱元瓘墓的石刻星图相比较就可以看出。

关于形图绘制的年代也可以根据图中的细节推测，此卷尾绘有戴硬脚幞头（古代的乌沙）的电神，而硬脚幞头在盛唐之末才流行，所以此图的绘制时间可能略晚于盛唐。

谁是第一个测量子午线的人？

僧一行，唐代最伟大的科学家，也是中国古代史上的伟大科学家。开元十二年，他第一次准确地提供了地球子午线一度弧的长度，是我国也是世界上第一个测量子午线的人。

僧一行（683—727年），唐魏州昌乐人，唐密第六代祖师，俗名张遂。年轻时天资聪颖，博览经史，精通阴阳五行之学。21岁时出家，后来到嵩山拜普寂为师修习禅门。因契悟无生一行三昧，所以名叫一行。后来四处游学参访，曾经一个人到天台山国清寺向一位隐名大德研习算术，学成之后，造诣颇深。在嵩山修禅期间，一行以博闻强记闻名于众。

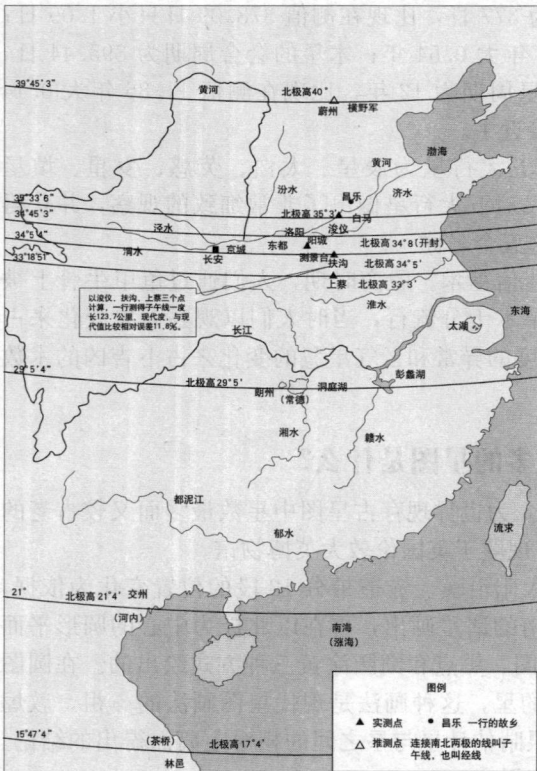

僧一行测量子午线示意图

公元724年，一行命人在河南地区测量日影长度和北极高度，并根据实测结果得知子午线1°的长度为351.27唐里，即现在的123.7公里。这是世界上第一次地面实测子午线的记录。

唐睿宗即位后，曾派人以礼征聘僧一行，他称病坚辞不就职，却徒步前往湖北武当阳玉泉寺从师悟真，修习律宗经论并纂集注疏，写成《摄调伏藏》10卷。直到开元五年，玄宗命僧一行的族叔礼部郎中张洽亲自到当阳强行征诏，他才应召入京，并受到玄宗的特别优待。此后的10年中，僧一行一直在两京从事科学和佛教活动。

僧一行学识渊博，通晓天文地理，开元九年至十一年（721—723年），他完成《大衍历》。新历较为准确地阐明了地球围绕太阳运行速度的规律，提出了正确划分二十四节气的方法。此历被使用了半个多世纪，在实际的使用中，被证明具有历法里程碑的意义，对后代编修历法有相当大的影响。

僧一行在天文方面有很多开创性的发明创造，开元十三年（725年），他受诏制成能测定日、月、五星在本身轨道上的位置的黄道游仪，而且证实了恒星的位置并不恒定的事实。他又制造能显出日月运行的规律并能自动计时的浑天铜仪，这是世界上第一只机械转动的时钟。他又发明了新的测量仪——"复矩"，能够准确测量出冬至、夏至、春分、秋分四天正午时刻的日影长度和漏刻昼夜分差。开元十二年（724 年），僧一行进行了一次天文地理测量，在世界科学史上，第一次较为准确地提供了地球子午线一度弧的长度。

开元十五年（727 年）九月，僧一行卧病不起，十月八日圆寂，享年 45 岁。玄宗亲制碑铭，下诏葬于铜人原，谥号"大慧禅师"。

地震仪是何时发明的？

张衡是我国东汉时期伟大的天文学家、发明家，为我国天文学、机械技术和地震学的发展做出了很大的贡献。他在阳嘉元年（132 年）发明的候风地动仪被称为"地震仪之祖"。

张衡，字平子，汉族，南阳西鄂（今河南石桥）人。祖父张堪是地方官吏，曾任蜀郡太守和渔阳太守。张衡幼年时候，家境衰落，生活上时常要靠亲友的接济。经历过这种贫困的生活，张衡接触到了社会下层的劳动群众和一些生产生活实际，对他后来的科学创造事业有积极的影响。

张衡是东汉中期浑天说的代表人物之一，世人所熟知的发明就是震铄古今的候风地动仪。他认识到宇宙的无限性和行星运动的快慢与距离地球远近的关系，并且正确地解释了月食的成因。然而，张衡发明的地动仪却毁于战火，现在所能见到的地动仪，是经后人复原的，并不是张衡发明的地动仪。

在《后汉书·张衡传》中关于地动仪的发明有较详细的记载。地动仪的预测原理是在"垂摆下方放一个小球，球位于"米"字形滑道交汇处，地震时，"都柱"拨动小球，小球击发控制龙口的机关，使龙口张开。张衡发明的这台仪器性能良好，甚至可以测到发生在数千里外的地震。当时曾预报过洛阳的一次地震，据当时记载："验之以事，合契若神。"这台仪器不仅博得当时人的叹服，就是今天的科学家也无不赞叹。

张衡的地动仪失传很久了，自 19 世纪以来，就有人力图根据《后汉书》的记载并运用现代科技知识，来复原张衡的这项发明。在国外，直到 19 世纪以后才有仪器来观测地震，候风地动仪不仅是中国最早的地震观测仪器，还是世界上的地震仪之祖。虽然，候风地动仪只能测出震中的大概方位，但它超越了世界科技的发展约 1800 年之久。

中国最早的天文台遗址在哪里？

东汉灵台是我国最早的天文台遗址，1974 年发掘，位于洛阳汉魏故城遗址南郊，即现在的河南省洛阳偃师市大郊寨村北。

灵台是东汉的国家天文观测台，创建于东汉建武中元元年（公元 56 年）。灵台原来是一个方形高台建筑，现在只存旧台遗址，灵台遗址中心为一方形夯土高台，面积达 44000平方米，东西宽约 31 米，南北长约 41 米，高 8 米。灵台下层平台为环筑回廊式建筑，上层平台为观测天象的场所，灵台四周各有五间建筑物，每间面阔 5.5 米，为观测人员整理天象时的衙署。

当时有崇拜四灵（东青龙、西白虎、南朱雀、北玄武）的习俗，所以遗留下来的灵台建筑涂色都不一样，并且是依方位施粉。西面建筑的墙壁涂的是白粉；东面建筑的墙壁涂的是青粉；南面建筑的铺地砖上有朱红色粉的痕迹。灵台的顶部原来置放仪器，是观测天象的露天观测台。

东汉科学家张衡，曾亲自参与主持、领导过灵台的天象观测和天文研究，他发明的地动仪当时就放在灵台上。地动仪发明以后，得到了皇帝的许可，将其安置在京城洛阳，并派专人负责观测工作。一天，地动仪西方龙嘴中的铜球忽然落下，负责观察的人上报了皇帝，但当时的洛阳一切如常并没有地震的感觉。于是，朝廷中很多人就开始怀疑地动仪的准确性，不过后来甘肃方面派人来上报朝廷，说那里发生了地震，于是人们对地动仪也信服起来。灵台一直到曹魏、西晋时还在继续使用，并且作为国家天文台达250年之久，在西晋末年毁于战乱。

灵台是当时最大的国家天文台，距今已有1900多年的历史。它为我国古代天文学的发展做出了巨大贡献，灵台遗址是我国现存的最早的一座天文观测台遗址。

第一部较完整的历法是什么？

西汉的《太初历》是汉武帝太初元年（公元前104年）到东汉章帝元和二年（85年）实施的历法（共实行188年），是第一部比较完整的历法。

《太初历》是我国历法史上一个划时代的进步。西汉初年的历法是沿用秦朝的《颛顼历》，但有一定的误差。于是，汉武帝命司马迁、星官射姓、历官邓平与民间历算家落下闳、唐都等20多人编制新历。太初元年，编成并命名为《太初历》。《太初历》规定一年等于365.2502日，一月等于29.53086日；原来以十月为岁首改为以正月为岁首；开始采用二十四节气以便于农时；以没有中气的月份为闰月，调整了太阳周天与阴历纪月不相合的矛盾。

《太初历》是中国第一部有完整文字记载的历法，首次把二十四节气订入历法，它以正月为岁首，对回归年和朔望月长度的调整，仍采用19年7闰的方法，过去年终置闰或年中置闰的混乱情况得到改善，闰月为中气的月份，这种置闰规则一直延续到今天。《太初历》还根据天象实测和多年来史官的记录，得出135个月的日食周期，第一次计算了日、月食发生的周期，发现在135个朔望月中，又23个"食季"（每个食季可能发生1—3次日、月食）。明确地指出了日、月食的发生有一定的规律性，为我国古代的日、月食预报打下了基础。

然而该历初制定时也有很多缺点，它把天文数据和黄钟（12音律之首）联系起来，以显示数据的神圣和奥秘，而且朔望月日数和回归年日数的计算上误差较大，这些缺点直到东汉章帝时（公元76—88年），才由李梵等人对它进行改革，制定了《四分历》。

《太初历》的编制是中国历法史上的第一次大改革，它不仅是我国第一部比较完整的历法，也是当时世界上最先进的历法。

现存实施最久的历法是什么？

现存实施最久的历法是《授时历》。

《大明历》是中国在元统一以前所用的历法，这部历法使用了700多年，但是却有很大的误差。元世祖忽必烈决定修改历法，命王恂与江南日官置局改历，以张易总理各项事务，诏命许衡赴京领改历事，至元十五年（1278年）诏郭守敬，十六年（1279年）诏杨恭懿改历。

郭守敬等人接受编制新历法的任务后，为编制新历法，向政府建议组织一次全国范围的大规模天文观测。元世祖接受了郭守敬的建议，派14名天文学家，到国内26个地点进行天文观测，测定了夏至日的表影长度和昼、夜时间的长度，为编制新历提供了较为精确的数据。

元十三年（1276年）六月至元十七年（1280年）二月间，许衡、王恂、郭守敬、杨恭懿等在东西6000余里，南北长11000里的广阔地带，建立了27个测验所，进行实测。

元世祖至元十七年（1280年）春天，新历法完成，元世祖按照"敬授民时"的古语，取名为《授时历》。《授时历》为元朝至元十八年（1281年）实施的历法名，原著及史书均称其为《授时历经》。《授时历》是我国历法史上的第四次大改革，它正式废除了古代的上元积年，截取近世任意一年为历元，打破了古代制历的习惯。

《授时历》反映了当时我国天文历法的新水平，有不少革新创造。在编制过程中，他们所创立的"三差内插公式"和"球面三角公式"，具有世界意义。按照《授时历》的推断，大德三年（1299年）八月己酉朔巳时，应有日食的那天确实有日食发生，是一次路线经过西伯利亚极东部的日环食。

明初颁行的"大统历"基本上就是"授时历"，所以说《授时历》是我国历史上施行最久的历法，达364年，对人们的生活产生了重大的影响。朝鲜、越南都曾采用过《授时历》。

郭守敬的生平事迹如何？

郭守敬（1231—1316年），元朝的天文学家、数学家、水利专家和仪器制造专家，他最大的成就就是制定了《授时历》。

郭守敬字若思，汉族，顺德邢台人，出生于元太宗三年（1231年），死于元仁宗延祐二年（1316年）。少年郭守敬曾在忽必烈的重要谋士、大学问家刘秉忠门下学习，这一段时间的学习对郭守敬后来的一生事业很重要。

刘秉忠守丧期满后回朝，郭守敬回到了他的家乡。此时的郭守敬已小有名声。脱兀脱和刘肃等人专门聘请郭守敬承担工程的规划设计整治开挖水流河道的工作。这项工程受到了时人的传颂，在郭守敬的调查勘测下，因战乱而破坏了的河道系统很快就畅通了；经过疏浚整治，水泽各归故道，并且在郭守敬的指点之下挖出埋没了近30年的石桥遗物。

1260年，忽必烈登上了皇位。他任命张文谦到大名路等地任宣抚使。张文谦是刘秉忠的同学，他知道郭守敬很有才能，便把郭守敬带在身边协助办事，郭守敬做了许多河道水

郭守敬像

利的调查勘测工作。中统三年（1262年）春，张文谦向忽必烈推荐了郭守敬。

郭守敬在多方面的实践中掌握了丰富的实际资料，在水利的治理方面也有很丰富的经验，被召见时，郭守敬向忽必烈提出了6项水利工程计划，他提出的计划都很具体且有说服力。忽必烈对他很赞赏，任命他为提举诸路河渠，掌管各地河渠的整修和管理工作。

元兵攻克南宋首都临安，全国统一在望。忽必烈想要编修新皇朝自己的历法，于是便改革原有的历法。郭守敬在这项工作中发挥了不可估量的作用，他创造力惊人，发明了10多件天文仪器，把我国天文仪器制造传统推向了新的高峰。郭守敬还进行了大量的天文观测，为新历提供了坚实的观测基础，经4年时间制定出了当时世界上最先进的一种历法——《授时历》。

1981年，为纪念郭守敬诞辰750周年，国际天文学会以他的名字为月球上的一座环形山命名，并把小行星2012命名为"郭守敬小行星"。

古代规模最大的历书是哪一部？

《崇祯历书》是由徐光启、李天经、汤若望等人历时5年编译的。这是中国第一部比较

全面地介绍欧洲天文学知识的著作，也是我国古代规模最大的一部历书。

这部历书因为是崇祯皇帝下令编纂的，所以命名为《崇祯历书》。《崇祯历书》包括 46 种，137 卷，节次六目是关于历法的，基本六目是关于天文学理论、天文数学、天文仪器的。从多方面引进了欧洲的古典天文学知识，还介绍了球面和平面三角学，在坐标系方面介绍了黄道坐标系。

全书的主编是徐光启，徐光启死后由李天经主持。崇祯二年（1629 年）九月成立历局，开始编撰，到崇祯七年（1634 年）十一月全书完成。其中参加翻译欧洲天文学知识的有耶稣会士日耳曼人汤若望、葡萄牙人罗雅谷。

《崇祯历书》包括天文学基本理论、天文仪器、必需的数学知识、天文表、传统方法与西法的度量单位换算表五类。《崇祯历书》采用第谷创立的天体系统和几何学的计算方法，引入了地球概念和地理经纬度概念，以及一些重要的天文概念和有关的计算方法。第谷是一个非常优秀的观测者，他关于仪器的刻度、误差方面在当时的欧洲做得最好，他的体系在实测和理论推算之间的吻合上也是做得最好的。

《崇祯历书》是介绍西方天文学的百科全书，它包括了西方天文学的各种理论和根据这种理论而编算出来的在中国传统的历法里通常不记载的各种天文表。

《崇祯历书》在 1934 年编完之后，由于反对派的干扰与明代晚期的战乱，并没有颁行。清代汤若望对《崇祯历书》进行了修整，更名为《西洋新法历书》，经清政府审批后，才被采用，并改名《时宪历》，正式颁行。

最早的自然科学家传略是什么？

《畴人传》是中国第一部记述历代天文学家、数学家学术活动及其成果的传记体数学史和天文历法史著作。《畴人传》由清朝阮元撰，始创于乾隆六十年（1795 年），完成于嘉庆四年（1799 年），凡 46 卷，33.7 万余字。

畴人是指有专业知识的人，由于《历书》内容是天文、历法，所以后世就称天文、数学工作者为畴人。《畴人传》共 3 编，收录了从上古到 19 世纪末约 400 个中国天文学家、数学家和约 50 个外国天文学家、数学家的传记。

从 18 世纪开始，在中国湮灭已久的古典数学书籍相继发现并重版，数学研究也渐次开展，清代阮元主编《畴人传》46 卷，于 1799 年出版。1840 年罗士琳编《续集》6 卷，1886 年诸可宝又续《三编》7 卷，收至光绪初年，并收 1884 年华世芳著《近代畴人著述记》作为《三编》附录。1898 年，黄钟骏放宽了收录标准，撰《畴人传四编》12 卷，书中包括一些主要的占星家和其他学者。长期以来《畴人传》是研究中国天文、历法和数学史的重要工具书。

《畴人传》内容涉及历代天文历法推算资料、论天学说、仪器制度以及算学等许多方面，但星占学并没有采收。书中所叙述的事迹、论说和著作，都是摘编有关典籍的原文。人物介绍只有人物姓名、籍贯、生卒年月、曾任主要官职，对个人的政治与文化成就都没有记载。

限于具体条件和编辑者业务水平，阮元对数学发展客观规律的看法还存在着不少的缺点，因此他在编辑《畴人传》的工作上就不可避免地出现一些缺陷，因为中国传统数学中好多重要内容在《畴人传》中被遗漏了。

最早的计算器具是什么？

算盘是中国人在长期使用算筹的基础上发明的，是最早的计算器，是我国古代的一项重要发明，在阿拉伯数字出现前是世界上广为使用的计算工具。

算盘的故乡在中国。古时候，人们用小木棍进行计算，并把用于计算的小木棍叫"算筹"，用算筹进行的计算叫"筹算"。随着生产的发展，更先进的计算工具——算盘发明了。用算盘计算称珠算，珠算有对应四则运算的相应珠算法则。随着时间的推移，算盘的使用更加广泛，人们总结出许多计算口诀，计算的速度也就更快，这又进一步推广了算盘的使用。

相对一般运算来看，如在加减法方面，熟练的珠算不逊于计算器。使用算盘时，依据口诀，上下拨动算珠，便可计算。正是由于珠算盘运算方便、快速，所以几千年来它一直是汉族人民使用最普遍的计算工具，没有一种计算工具可以完全取代珠算盘的作用，即使是现代最先进的电子计算器也不行。

有人说算盘的发明可以与中国古代四大发明相提并论，算盘使用广泛，在人们的生活中已经成为必需品，尤其是对做生意的人来说算盘更是必不可少的。北宋名画《清明上河图》中赵太丞家药铺柜就画有一架算盘。到了明代，算盘的使用方法更多，使用的范畴也更广，珠算不但能进行加减乘除的运算，还能计算土地面积和各种形状东西的大小。

算盘的普及促进了论述算盘著作的产生，流行最久的珠算书是 1593 年明代程大位所辑的《算法统宗》。《算法统宗》是以珠算应用为主的算书，书中载有算盘图式和珠算口诀，对口诀也有实例在算盘上演算；并首先提出开平方和开立方的珠算法；书末附录也是宝贵的数学史料，附录"算经源流"记载了自宋元以来的 51 种数学书名，因为其中大部分已失传，所以这个附录也显得尤为重要。

珠算除了口诀好记，运算简便外，算盘制作很简单，价格比较便宜，不但在中国被普遍使用，并且陆续流传到了日本、朝鲜和东南亚等国家和地区。

算盘的灵便、准确等优点是无可比拟的。在今天，虽然计算机已被普遍使用，然而古老的算盘不仅没有被废弃，反而在许多国家方兴未艾。在中国，各行各业都有一批打算盘的高手。使用算盘和珠算，需要脑、眼、手的密切配合，所以还可以锻炼人的思维能力。

现在，古老的算盘仍然发挥着重要作用。

最早的物候学著作是什么？

《夏小正》是我国最早的天文历法著作，也是中国最早的一部物候学著作。

《夏小正》因为原稿散佚与成形的问题，成稿年代争论很大。相传夏禹曾"颁夏时于邦国"，据记载表明，《夏小正》在春秋时代以前已经出现，因为春秋时代的杞国在使用它。夏纬瑛、范楚玉认为《夏小正》是春秋以前居住在淮海地区沿用夏时的杞人整理记录而成的，经文成书年代可能是商代或商周之际。

在我国古代，农业具有很重要的地位，因为农业生产与季节、天象有着极为密切的关系，我国古代的天文历法知识，就是在农业生产的实践中不断积累起来、又直接为农业生产服务的。夏代的历法是我国最早的历法，当时已经依据北斗星斗柄所指的方位来确定月份。《大戴礼记》中的《夏小正》，就是现存的有关"夏历"的重要文献。

《夏小正》是华夏民族数千年天文学史的初始阶段，反映出上古先民对时令气候的朴素认识，是我国现存最古老的天文历法著作。

《夏小正》由"经"和"传"两部分组成，共 400 多字。内容是按一年 12 个月，分别记载每月的物候、气象、星象和有关重大政事，特别是生产方面的大事。《夏小正》文句简奥不下于甲骨文，大多数是以二字、三字或四字为一个完整句子。《夏小正》历法很原始，时代很古老。

《夏小正》保留了许多夏代的东西，书中反映当时的农业生产的很多内容都是首次见于记载，为我们研究中国上古的农业和农业科学技术提供了宝贵的资料。《夏小正》原文收入《大戴礼记》中，在唐宋时期散佚。现存的《夏小正》为宋朝傅崧卿著《夏小正传》把当时所藏的两个版本《夏小正》文稿汇集而成。

我国第一部博物学著作是谁写的？

《博物志》共10卷，是我国第一部博物学著作。此书是继《山海经》后，我国又一部包罗万象的奇书，书中分类记载了山川地理、飞禽走兽、人物传记、神话古史、神仙方术等，填补了我国博物类书籍的空白。这本著作由西晋的张华编纂而成。

张华（232—300年），字茂先，范阳方城人，西晋文学家、政治家，西汉留侯张良十六世孙。父亲张平，曹魏时任渔阳太守。张华幼年丧父，家贫勤学。曹魏末期，作《鹪鹩赋》，通过对鸟禽的褒贬，抒发自己的政治观点，以表达自己的愤世嫉俗。张华博学多能，号称"博物洽闻，世无与比"，他是我国最早发现自然现象的人。

张华声名开始显著是因为阮籍说他"王佐之才也！"后来他被推荐任太常博士，又做过佐著作郎、长史兼中书郎等职。西晋时，官职达到司空，被封为壮武郡公。在晋惠帝时爆发的八王之乱中，遭赵王司马伦杀害，夷三族。

《博物志》为我国第一部博物学著作。书中内容包括神话、古史、博物等，记有山川地理、飞禽走兽、人物传记、奇异的草木虫鱼以及奇特怪诞的神仙故事。所记山川地理深受《山海经》的影响。前三卷所记的内容，性质几乎相当于《山海经》的缩写，内容采自古籍，并杂有新的传闻。其中书中已经记有五岳，又说"海外各国"，称五岳为"华、岱、恒、衡、嵩"。

张华知识十分渊博，精通方术，《博物志》除记有神人、神宫、神像、不死树外，还讲到了方士的活动，宣扬服食导引之法。这部广罗各种奇闻怪异的著作足可看出他非凡的才能，晋王嘉《拾遗记》称张华"好观秘异图纬之书，捃采天下遗逸，自书契之始，考验神怪，及世间闾里所说"。

关于兰花栽培技术最早的古书是什么？

《金漳兰谱》于1233年成书，是我国最早且完整的兰花专著，由南宋赵时庚著。

《金漳兰谱》全书共分5章，介绍了产于不同地区的32个兰花品种，对紫兰（主要是墨兰）和白兰（素心建兰）的30多个品种的形态特征作了简述，对兰花的品评、爱养、封植和灌溉等方面的经验也有大量介绍，并论及了兰花的品位。《金漳兰谱》产生的社会影响很大，宋明两代共有近10部兰谱，其中多数都是抄录《金漳兰谱》中的章节。

该书的作者赵时庚为宋朝皇族的宗室子弟，生卒年份不详。以当时字联名推测，大概是魏王廷美的九世孙。

艺兰发源于中国，外传至日本及朝鲜。现今日本栽兰已自成体系，但日本对中国兰花仍有很大的兴趣，日本兰花的历史渊源也是由中国开始。在朝鲜，兰花被当今朝鲜人民作为高雅的花卉，陈设于居室、寓所、大堂之中；艺兰也成为朝鲜人民崇尚之物，并将兰花作为一种高级的礼品来馈赠。

《金漳兰谱》与同时代王贵学编著的《王氏兰谱》是我国古代专述兰花的双璧。《金漳兰谱》可以说是我国保留至今最早一部研究兰花的著作，也是世界上第一部兰花专著。

分行栽培技术是什么时间发明的?

分行栽培技术早在公元前 6 世纪就被中国人发明了,而欧洲人直到 18 世纪才使压此项技术,比中国晚了 2000 多年左右。

在原始农业时期,人们就是把农作物种子直接散在土地上,这样长出来的庄稼就像满天的星斗杂乱无章。到了先秦时代,农业生产中出现了分行栽培技术。《诗经》中就有"禾役穟穟"的诗句,当时将行称"役";"穟穟"的意思就是说明分行栽培的庄稼长势良好;到了战国时期,出现了亩畎法,也是一种分行栽培的方法。

分行栽培技术包括分行栽培作物和彻底除草。分行栽培作物可以让作物成行生长,利于作物通风和接受阳光,这样作物就不会影响彼此的生长,风也能和缓的通过;中国古代有句谚语叫作"锄头自有三寸泽",即精锄确实可以保持土壤的水分。通过精细锄地,彻底除掉杂草,有利于作物成熟。在中国北方农业中这种做法极为重要,北方地区土地比较干燥,分行栽培与精细锄地无疑提高了这地区的农业产量。

分行栽培不仅有利于作物生长,还有利于排涝和保墒,最突出的一点便是为后来在此基础上对耧车的发明和用畜力耕地的发明准备了条件。由于人们已经认识到分行栽培有利于作物的快速生长,这就对于植物栽培的行距和株距都有严格的规定。耧车的出现为分行栽培提供了有利的工具。

到了元代时出现了耧锄,它是直接从耧车发展而来的,锄头的入土深度达 9 厘米至 16 厘米,超过手锄的 3 倍,而且速度快,每天所锄的地达 20 亩之多,这为分行栽培技术的持续发展提供了有力的条件。

牛耕技术是什么时候出现的?

牛耕技术是在西汉时期出现的,它的出现是农业生产技术的巨大飞跃,也标志着农耕水平达到新的高度。

春秋战国时期,我国进入了铁器时代,出现了铁器农具和牛耕技术,铁犁等多种铁器在春秋晚期的古墓葬中已有出现。牛耕技术的使用是耕作技术的一次重要改革,是人类社会进入文明时代的一个标志。

起初,牛耕技术出现于东方,商鞅变法后,秦国后来居上,也普遍使用牛耕。那时候,人们用马代劳,用于拉车或拉犁,马是耕田的主要畜力,商鞅重视农业,还专门规定:"盗马者死,盗牛者加。"

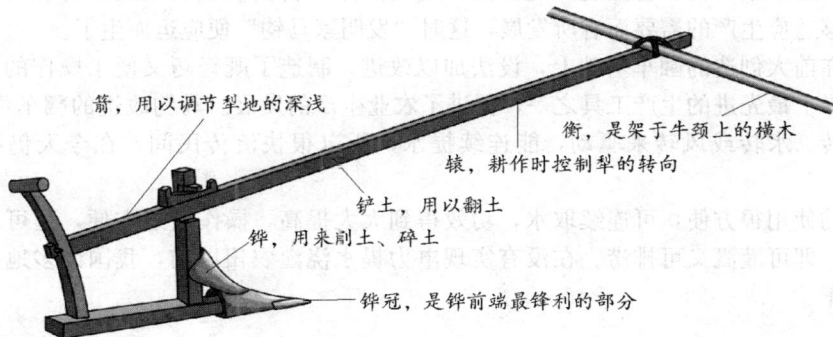

二牛一人式耕作法使用的长辕犁示意图

箭,用以调节犁地的深浅
衡,是架于牛颈上的横木
辕,耕作时控制犁的转向
铲土,用以翻土
铧,用来削土、碎土
铧冠,是铧前端最锋利的部分

到了汉代时期开始出现了牛耕技术，刚开始是驾二牛，后来发展到驾一牛。牛耕技术在西汉时期已经得到了广泛运用。到了东汉时，耧播技术传入河西，使河西成为"富甲天下"的地方。

牛耕技术一直持续到20世纪末，在中国农村存在了2000多年，对中国农村的生产和生活影响尤为深刻，在历史上是起过重要作用的。

牛耕的出现标志着人类生产力的进步，标志着农耕社会达到新的高度。畜力与铁器的结合，为精耕细作提供了条件。牛耕技术的普及说明生产力有所发展，极大地节省了社会劳动力，扩大了生产规模，促进了社会生产力的发展，进而推动了当时社会制度的变革，促进了奴隶制社会向封建制社会制度的转变。

如今，作为农耕时代标志的牛耕技术已经退出了历史舞台。耕牛也已经被诸多的农业机械取代，不再是农业生产的主要"动力"。

耧车是谁发明的？

我国古代的耧车是现代播种机的始祖，耧车是我国西汉时期的农学家赵过发明的。

我国早在战国时期就出现了播种机械，当时主要是一脚耧和二脚耧，但早期耧车也有很大的缺陷，那就是播种幅宽不一，行数不同。耧车也叫"耧犁""耩子"，由耧架、耧斗、耧腿、耧铲等构成，有一腿耧至七腿耧多种，以两腿耧播种较均匀，可播大麦、小麦、大豆、高粱等。

汉武帝的时候，赵过创造发明了能同时播种三行的三脚耧。三脚耧播种时，用一头牛拉着耧车，一人在前面牵牛拉着耧车，一人在后面手扶耧车播种。耧脚在平整好的土地上开沟播种，同时进行覆盖和镇压，省时省力，播种效率很高。后来，汉武帝下令在全国范围内推广播种机，改进了其他耕耘工具，提倡代田法，对当时农业生产发展起了推动作用。西方的第一部种子条播机是受到我国耧车的启示而制成的。

翻车是谁改进的？

翻车是一种水车，我国的应用水车有着悠久的历史，大约在东汉时期就出现了。东汉末年有个叫毕岚的人曾造过"龙骨水车"，那时的翻车还比较粗糙，直到三国时期，机械发明家马钧重新发明创造了一种新式翻车，才使得翻车广泛推广应用。

翻车是一种连续提水机械，是我国古代最著名的农业灌溉机械之一。毕岚制造的翻车，能大量引水，开创了我国水车历史的先河。但毕岚创造的翻车并未直接运用于农业生产，只是用于宫廷游乐。到了曹操统一北方后，魏国的生产得到恢复和发展，要求当时的科学技术也能够适应生产的需要而有所发展，这时"发明家马钧"便应运而生了。

马钧在前人创造的翻车基础上，设法加以改进，制造了既轻巧又便于操作的翻车，成为当时世界上最先进的生产工具之一，促进了农业生产的发展。马钧改进的翻车可用手摇、脚踏、牛转、水转或风转来驱动，能连续提水，所以很快流传民间，在今天仍有一定的作用。

翻车的使用很方便，可连续取水，功效得到大大提高，操作搬运方便，还可以及时转移取水点，即可灌溉又可排涝。在没有实现电力提水浇灌农田以前，我国许多地区一直使用这种翻车。

现存最早的化学专著是什么？

《周易参同契》是中国古代重要的炼丹文献，是现存最早的化学专著。

《周易参同契》简称《参同契》，作者魏伯阳，生卒年不详，东汉会稽上虞（今浙江上虞）人，号云牙子，著名炼丹家。这本书是借《周易》爻象论述作丹，研究养性延年，强己益身。据近代人研究，所谓"丹"是指人身体内部的能量流。该书采用符号作为表意手段，以烧炼外丹者使用的炉鼎象征人身，以炉鼎中变化的药物象征人体内的能量流。

《周易参同契》全书共约 6000 字，基本是用四字一句、五字一句的韵文及少数长短不齐的散文体和离骚体写成的，但此书却不同于其他书，书中叙述多采取象征或借喻的方法，且多隐语，读起来容易产生误解，所以历代都有很多注本行世。然而历代注释名家对它的基本内容的理解存在着分歧，有外丹说，有内丹说，有的认为外丹说、内丹说二者兼有。

魏伯阳认为黄金既然不朽，还丹能发生可逆循环变化，所以饵服黄金和还丹后，就能使人身不朽和返老还童。这种阐

老子传铅汞仙丹之道图
图中所绘为老君坐于崖下石台之上，面前有一炼丹用的三足鼎，鼎中开一圆孔，孔内放出一道黄色光柱，黄光中浮着一粒金丹。弟子立于炉前，倾听炼丹之道。

述饵服金丹能使人长生不老的类比法是不恰当的，但是企图把黄金、还丹的性质机械地移植到人体中以求长生的想法，虽然现在人看来是荒谬的，但在当时有些人却深信不疑。

限于当时认识的不足和知识的匮乏，魏伯阳在炼丹过程中产生了很多不正确的做法，炼丹术原本就很复杂，而他用《周易》的道理来解释炼丹的道理，这使其更加神秘，也影响了后世炼丹家的哲学思维。魏伯阳把铅汞作为炼丹的主要原料，所炼得的丹药是氧化汞之类的毒药，并导致服丹中毒，这实际上阻碍了炼丹术的发展。

《参同契》是用《周易》理论、道家哲学与炼丹术（炉火）三者结合而成的炼丹修仙著作。书中总结了当时的一些化学知识和化学变化，推动了古代化学事业的发展，在中国和世界科技史上占有重要的地位。

弓箭是什么时候出现的？

1963 年，在中国山西朔县峙峪村发掘出一枚旧石器时代晚期的打制石镞，这个石镞便是中国甚至是世界上已知的最早的弓箭实物。

这枚石镞加工精细，用薄燧石石片制成，坚硬而容易劈裂出刃口。镞的一端具有锋利的尖头，底端两侧经过加工，形成用以安装箭杆的凹形镞座。经放射性碳素测定年代，这枚长约 2.8 厘米的薄片燧石箭镞的产生年代距今约有 2.8 万年以上。但由于原始社会的弓

和箭杆是用易于腐烂的竹、木制作的，所以未能保存下来，所以这个石镞便是中国和世界上已知的最早的弓箭实物。

在旧石器时代，农业还没有形成，人类的主要生产活动是狩猎。为了捕捉猎物，而又不被猛兽攻击，原始人类便使用打制过的石块或者削尖的木棒等向猎物投击。后来，人们受到当木制棍棒被外力弯曲变形突然恢复原状时能产生较大能量的启发，于是就选取有弹力的木材或竹材通过坚韧的弦弯曲固定，制成了弓箭。对于以狩猎为主的原始氏族部落，弓箭的应用具有极大的意义。

后来，当人类社会进入新石器时代时，古人类生产和战斗工具不断改进，弓箭也得到不断的演进，箭镞由原来的打制石镞逐渐演变为精细的磨制石镞。镞的后部逐渐加长成为铤，并加上了使箭飞行稳定的尾羽。

弓箭一直是我国古代社会打仗、狩猎的一种主要工具，但随着清末近代化的开始以及西方洋枪大炮的传入，伴随着中国历史发展走过漫长岁月的弓箭终于像西山落日那样，不可挽回地消失在军事革命的地平线以下。

胆铜法最早出现在哪国？

胆铜法就是胆水浸铜法，是水法冶金的起源。胆铜法最早出现在中国，在世界冶金史上占有重要的地位。

胆铜法，就是把铁放在胆矾（硫酸铜）溶液里，胆矾中的铜离子被金属铁置换，产生的单质铜沉积下来的一种产铜方法。最早发现用铁可以置换出铜的是西汉初期的一些炼丹师。这一奇特的化学现象被历代炼丹师所关注，类似的记载不断。西汉成书的《淮南万毕术》有关胆水取铜的最早描述，其中有"曾青得铁则化为铜"的话，铁在放入硫酸铜溶液一段时间后，表面会附上一层红色的铜。这说明我国在西汉时期已观察到并记载了"曾青化铁为铜"的现象。

古代中国首创的"胆铜法"是世界化学史上一项重大的发明，它开启了现代水法冶金的先河。胆铜法是一种先进的炼铜方法，这种水法炼铜投资少，见效快，设备简单，技术操作容易，成本低廉，产出的铜质量精纯。水法炼铜在常温下进行，既免除鼓风、熔炉等设备，又节省大量燃料；水法炼铜减轻了工作的劳动强度，减少了环境污染。

胆铜法的问世引起北宋政府的重视，由于北宋社会发展很快，铜的需要量很大，所以胆铜法很快得到大力推广和发展。到南宋时期，利用胆铜法生产出来的铜已经占全国铜总产量的85%以上，并且人们已经根据不同情况掌握了合适的浸铜时间。

而直到16世纪，胆铜法才引起欧洲人的注意。胆铜法是中国对世界冶金技术的伟大贡献，在化学史上也占有重要的地位。

最早的降落伞是用来做什么的？

降落伞起源于中国，最早是杂技表演中的一种道具。后来随着人类航空事业的发展，用作空中救生，进而用于空降作战。

降落伞主要由柔性织物制成，是利用空气阻力，依靠相对于空气运动充气展开的气动力减速器，使人或物从空中安全降落到地面的一种航空工具。

降落伞主要由伞衣、引导伞、伞绳、背带系统、开伞部件和伞包等部分组成。伞绳是伞衣的骨架，要求很高，模量要求轻薄柔软，高弹性。伞线是连接材料，要求强度高、润滑好和捻度均匀稳定。伞带用作伞衣加强带和背带系统，采用双层或三层织物的厚型带，要求具备很高的强度和韧度。

随着科学技术的不断发展，降落伞已发展成为独立的完整体系，它使用范围广、种类多，是各国航天事业必须具备的用具。根据降落伞的用途和特点，可以分为几类：第一，人用伞，这种伞可以帮助飞行人员从空中飞回地面，包括各型伞兵伞、救生伞、运动伞；第二，投物伞，用于空投各种物资；第三，阻力伞，适用于各种飞机着陆刹车伞；第四，根据特种专业需要而设计的特种用途伞。

降落伞俗称"保险伞"。降落伞广泛用于航天航空领域，作用很多，它可以在飞机失事时拯救飞行员的性命；保持飞机弹射椅的姿态稳定；在飞机着陆时减速；飞行器的空中回收。

随着科技的发展，运输机的出现，产生了空降兵这一新的兵种，带来了空降作战这一新的作战样式。今后降落伞将得到进一步改进，并逐步为军队大量广泛使用，现在许多国家都有装备轻型化、高度机动化、兵员精锐化的精良伞兵队伍。今后，降落伞将会有更为广泛的应用领域。

中国人什么时候掌握了创造麻绳的技术？

绳索（或称绳子）在日常生活中是很常见的一种实用工具，它是通过扭或编等方式加强后连成一定长度的纤维。常被用买作为传递载荷，或者固定、连接某些物体的工具。据史籍记载，公元前 2800 年，中国人已经掌握了创造麻绳的技术，开始大量用大麻纤维制绳。

在 4000 多年前，人类一直处在用树皮制成纤维，用手心抵着大腿把纤维搓成线的时代。考古学研究表明，我国的先民们首先使用绳索在工具和武器上绑上把柄。到公元纪元开始时，在世界上大多数地区，大麻纤维已经成为主要制绳材料。手工制绳的时代以英国发明家马虚在 1775 年发明了制绳机而宣告结束。1950 年，开始用人造纤维来制造绳索。

在遥远的古代，做绳材料最先是细小的树枝、柳枝、蔓草或藤，我们先民最初凭借自己的双手在这个世界上立足并得到长远的发展时，最初的工具就是用这些东西捆扎在石头或木棍上。正是有了这些粗笨的材料制造出了绳，才有了后来的麻、棉、棕、丝、五金，直至今日的化学纤维——尼龙。

传统的制绳采用天然纤维作材料。包括：棉、多种麻、稻草、丝、羊毛和其他毛发等。现代用合成纤维来制绳，其主要有聚丙烯、尼龙、人造丝等。线、线绳、纱线等都较为细弱，但结构和功能与绳类似。在长期的实践过程中，麻是绳中最好的材料，而这在 3000 年前的中国和埃及就被发现和使用。

绳索的用途非常广泛，世界上生产的绳索，其中大部分是用于捕鱼业和航海业。其他绳索的应用也很广泛，从建筑中的材料固定到灯芯制作以及用缘绳下降法爬下悬崖等都离不开绳索。

世界上第一种塑料是什么？

漆是世界上第一种塑料，是用氧化铁或树脂等原料制成的用来装饰和保护物品的涂料。现代的涂料正在逐步成为多功能性的工程材料，是化学工业中极其重要的一个行业。

人类生产和使用漆的历史可以追溯到石器时代。据考古资料证实，在距今 7000 年前的原始社会，人类使用野兽的油脂、树汁以及天然颜料等配制原始的涂饰物质，用羽毛、树枝等进行绘画，用来装饰。河姆渡所出漆碗内外以朱色，是已知最早的漆器。除此之外，在其他地区也发现了喇叭形器、觚形器、嵌玉高柄杯等，反映出原始制漆的水平。

在商代，人们从野生漆树上取下天然漆来装饰器具以及宫殿、庙宇等；春秋时代，先人们就掌握了熬炼桐油制作涂料的技术；战国时代便能用生漆和桐油复配涂料，并在涂料中使用助剂的技术，涂料的发展到了一个新的时代。

漆的重要化学性质，早在公元前2世纪，中国人就发现了，他们还发现漆在蒸发过程会变质，发现通过在漆中放螃蟹壳，漆就会保持液态状，此时中国的生漆技术已经达到了成熟的程度。

公元前120年的《淮南子》和公元12世纪的李氏都提到螃蟹壳能够让漆保持液态的特殊功能。通过化学作用来保持漆长久的液态，这使中国的这项生物化学工艺具有了不衰的工业雏形模式。20世纪，高分子科学理论和各种高分子化合物的研制成功，为油漆发展开创了一个新时代。20世纪20年代，我国研制了专门用作涂料的成膜物质的醇酸树脂，各种新开发的合成树脂在涂料中很快得到应用。

油漆的用途非常广泛，可以用于家庭装修方面，还包括金属烤漆、汽车漆等。全世界涂料年产量很大，尤其是在发达国家，他们的涂料年人均消耗量达到10千克以上。现代的涂料工业发展成为现代化学工业中一个重要的行业。

铁犁是什么时候出现的？

铁犁出现在战国时代，是中国传统农具中最具代表性的生产工具，是农业生产中的耕翻农具。随着生产力的进步和社会制度的更迭，犁耕技术也在不断地发展进步，铁犁的出现是我国农业技术史上的一大进步。

历史上曾有几百年时间，中国在许多方面比世界上其他国家领先，犁在社会生产中产生了不可磨灭的作用，并且是中国领先世界的一大优势。西方人几千年来，数百万人以一种消耗体力极大，效率极低的方式犁地，造成时间与精力的极大浪费，只有中国较早地摆脱了劣犁的束缚。当中国犁传到欧洲后，直接导致了欧洲农业革命，中国犁曾被仿制，同时采用的种子条播机耧车和分行栽培法。欧洲农业革命引起了工业革命，从而导致西方国家成为世界强国。

在农业劳动中，耕田翻土是一项很重要的工作，传说专门的工具——耒耜在神农氏时代就已经出现了，其后最基本和通用的犁叫作"阿得犁"，仅能开出浅沟，有时也用于经常刮风和土壤疏松而干燥的地区。因为这种农具是全用木料制作，所以没有保存下来。目前西班牙仍在使用。

到了公元前2世纪，大量生产铸铁农具的私人作坊已遍及中国，那时并不缺乏这些先进的铁犁，它们在大多数家庭中并非珍贵之物。在汉代，大的官营铸造厂在许多省份建立起来。铁器在百姓中已非常普遍地使用，因此铁犁对人们来说已经是非常一般的东西。

耙地图砖画　东晋

铁犁的出现使中国古代农业在其发展史上进入了一个新的阶段。特别是两汉铁犁影响了我国古代农业长达2000年之久。铁犁的发明、应用和发展，凝聚了中国人和世界其他各国发明家的心血，并彰显了他们的智慧。

铸铁术是何时发明的？

铸铁术是中国人在公元前 4 世纪发明的。中国至少在公元前 4 世纪已经开始运用鼓风炉来铸铁，而欧洲在公元 7 世纪还没有这种类似的技术。

商周时期高度发展的青铜冶铸业，从生产能力的提高到矿石燃料整备、筑炉、制范技术的加强，为铸铁技术的发明和迅速发展提供了前提。最开始的铸铁件，形制与同类青铜铸件相似。早期的铸铁都是高碳低硅的白口铁，性脆硬，易断裂。随着农业生产的发展，为使铸铁能制作生产工具。战国前期发明了韧性铸铁，通过脱碳热处理和石墨化热处理，分别获得黑心韧性铸铁和脱碳不完全的白心韧性铸铁。

战国中期之后，铸铁器逐步取代其他工具，如木、石、铜、蚌器等，成为主要的生产工具，出土实物有铲、镰、锛、锄、斧、犁、铧、凿等。而且由于对铁器的大量需求，还促成了铁范（铸铁金属型）的发明。1953 年河北兴隆燕国冶铸遗址出土曾用来铸造锄、铁斧、镰和车具的铁范。这些铁范壁厚均匀，结构合理，形状和铸件轮廓相统一，有的范能一次铸两件器物，这表明铸铁技术在这个时期已达到相当高的水平。

铸铁在封建社会后期被广泛用作农具。公元 10 世纪已能铸造重达 50 吨的特大型铁铸件。五代之后，铁建筑物增多，如湖北当阳的北宋铁塔。唐宋时期湖南、广东、湖北、福建等地的铁都以质地优良著称，冶铁生产迅速发展。广东佛山成为著名的冶铸中心，所产铁锅远销东南亚，泥型铸造、铸锅等传统铸铁工艺于近代仍被使用。

铸铁术是我国古代劳动人民一项重要的发明创造，对中国文明的发展起了重大作用，对后世也产生了相当大的影响。

中国早期炼钢技术一项最突出的成就是什么？

灌钢法又叫生熟法，或团钢法，是中国早期炼钢技术一项最突出的成就。经过"块炼法""百炼钢""炒钢法"的发展历程，后来发明了灌钢法，成功解决了钢铁不能熔化，铁和渣不易分离，碳不能迅速渗入这一难题，为世界冶炼技术的发展做出划时代贡献。

南北朝时，綦毋怀文对炼钢工艺进行了重大改造和完善。綦毋怀文是南北朝时期著名的冶金家。陶弘景第一次记载了灌钢法，綦毋怀文曾用这种方法制成十分锋利的"宿铁刀"。綦毋怀文的炼钢方法就是选用品位比较高的铁矿石，冶炼出优质生铁，之后，把液态生铁浇注在熟铁上，经过几度熔炼，使铁渗碳成为钢，由于是让生铁和熟铁"宿"在一起，所以炼出的钢被称为"宿铁"。灌钢法是中国古代炼钢技术上一个重大的成就。

经綦毋怀文改进的灌钢法，是中国冶金史上的一项杰出成就和伟大创新，在世界炼钢史上占有一定地位，它使中国古代冶金技术屹立于世界之林。灌钢法的进一步革新，使钢的品质和产量大大提高，为隋唐以后社会生产力的大幅度提高提供了有利条件。

宋代用泥巴把炼钢炉密封起来，把生铁片嵌在盘绕的熟铁条中间，进行烧炼，效果相当好。明代又有改进，为使生铁液可以更好、更均匀地渗入熟铁之中，便把生铁片盖在捆紧的若干熟铁薄片上，不用泥封而用涂泥的草鞋遮盖炉口，使生铁可从空气中得到氧气而更易熔化，从而大大地提高了炼钢的效率。明中期以后，灌钢法进一步发展为苏钢法。

在 17 世纪以前，中国的炼钢技术长期处于世界领先地位，受到各国的普遍赞扬，灌钢法的出现是钢铁技术上的一次革新。

最早的错金银工艺品是依谁的名字命名的?

栾书缶，是春秋晚期晋国的器物，是目前所见最早的一件错金铭文铜器，具有极高的价值，相传是栾书子孙为祭祀祖先而做，多年来习惯上称作栾书缶。

此缶造型古朴，但缶上铭文线条柔韧婉转，婀娜多姿，呈风流妩媚之态。栾书缶高 50 厘米，口径 16.5 厘米，现藏中国国家博物馆。这只缶是用作祭祀祖先时的盛酒容器。缶的外形独特，盖上有四环形钮，口是直的，沿是平的，颈很长，肩很广，底是平的。器腹上有对称四环形耳，器表漆黑光亮，颈和肩部有错金铭文五行四十字。器盖内另外还有铭文二行八字，是传世最早的错金铭文铜器。

栾书，姓姬，栾氏（先秦时期男子称氏不称姓，虽为姬姓，却不叫姬书），名书或傀，谥号武。时人尊称栾伯，即栾武子。栾枝之孙，栾盾之子，士匄亲家。他是春秋中期晋国卿大夫，名满天下的阴险政客，栾氏家族振兴的奠基人，世卿世禄制的拥护者。

栾氏原来是晋国公族，晋靖侯的孙子名宾，封于栾邑，公孙宾另立宗庙，为栾氏，称栾宾。然而这个崭新的家族，却立刻显赫起来，并且位列世卿。之后的晋国爆发大规模内乱。曲沃代翼过程中，栾氏的地位虽然显赫但却尴尬，栾宾辅佐公子成师治理曲沃，栾共叔（栾共子，名成）支持晋侯，最后为保卫晋侯而战死。栾宾成为国家忠良，所以栾氏在晋武公灭掉原晋国大宗后，地位有增无减。

一直以来，栾书缶不仅被学术界视为春秋中期晋国的器物，更将其视为一件极具史料价值的珍贵文物，中国五千年璀璨的文明和无可比拟的丰富文字都存于栾书缶上。它不仅是中国古代的一种器物，更是中国书画艺术以其独特的艺术形式和艺术语言的高超体现。

二进位制的发明最早可以追溯到什么时候?

《周易》中的"易数"用的就是二进制，也就是约公元前 3000 年的伏羲发明了二进制。

《周易》相传是由伏羲画卦、周文王重卦、周公作爻辞，并经过孔丘修订而成为的。《周易》是我国最古老的经典之一。《周易》中的"易数"用的就是二进制。当代的电子计算机用的不是十进制而是二进制。换句话说就是伏羲发明了二进制，伏羲就是神农氏。他是中国原始农业的开创者，传说神农尝百草才有五谷，我国才有原始农业。伏羲对我国社会的进步做了很大的贡献，我国北京的先农坛就是为了祭奠神农（伏羲）而建造的。

易经八卦是一个双鱼太极图，四周围绕有乾、坎、震、艮、巽、离、坤、兑八字，象征着无极生太极，太极生两仪，两仪生四象，四象生八卦，八卦生六十四卦。八卦图上有由长短线不同排列组合而成的符号，由阳爻和阴爻构成。如果以阳爻为 1，以阴爻为 0，按照二进位制的逢 2 进 1 的规则，则这从乾到坤的 64 卦均可以用 0 和 1 两个数字表示出来。统观从"乾"到"坤"的"六十四卦"的排列，其二进位制数序排列恰好为从 63—0 的自然数顺序排列。

伏羲与黄帝被尊为中华民族的人文始祖，伏羲氏是我国古籍中记载的最早的王之一，他处在约为新石器时代中晚期，他善于观察，根据天地万物的变化，发明创造了八卦，结束了"结绳记事"的历史。他又结绳为网，教会了人们渔猎的方法，发明了瑟并教会人们音律，他的活动，标志着中华文明的起始。

八卦具有博大精深的文化内涵。以八卦为特征的伏羲文化，到现在仍吸引着国内外无数学者在探索、研究。北宋的哲学家邵雍（1011—1077 年）就是在研究《易经》的著作中提出了比较完备的二进制思想，只是他的二进制思想没有得到传播。

当代的许多学科也都深受《易经》的影响，并从中得到启示。据说，德国大数学家莱布尼茨发明二进制，也是受了八卦的启发。

最早的万向支架是什么时候发现的？

万向支架就是我们常说的常平架。汉晋时期制造的"被中香炉"内有世界上最早的常平架装置。

北宋时发明了指南针，不久后又有了罗盘。罗盘又有水罗盘演变到旱罗盘。旱罗盘因为磁针有固定的支点，在航海中指向的性能优越于水罗盘。但是在海上，当盘体随海船摆动幅度过大的时候，磁针会过分倾斜而靠在盘体上无法转动。为了消除水平加速度和船体倾斜的影响，通常将海洋重力仪安放在一种叫作"常平架"的万向悬挂装置上。常平架的平衡位置可通过调节重力仪配重，使整套装置的重心和支架的连线保持在铅垂方向。

公元 16 世纪，欧洲的航海罗盘出现了一种现在称为"万向支架"的常平架装置。由于海上船体摆动不定，所以用这种由两个直径略有差别的铜圈组成的支架，支架小圈内切于大圈，由枢轴联结起来，然后再由枢轴把它们安在一个固定的支架上，旱罗盘就挂在内圈中。不论船体怎么摆动，罗盘总是保持水平状态。

欧洲航海罗盘上的常平架装置，我国早在汉晋时期就已经出现了。

《西京杂记》成书于公元 4 世纪以前，记载了当时长安的巧匠丁缓所制的"被中香炉"。书中写道："为机环转运四周，而炉体常平，可置之被褥"之中。"被中香炉"的外壳为圆形，开有透气孔，由内外两个金属环组成，两环用转轴联结起来，外环又通过另一转轴与外架联系着；这 3 个转轴在三维空间中相互垂直，只要转轴灵活，炉缸可以做任何方向的转动，由于受重力作用始终下垂，不论小球怎么滚动，炉缸都能处于平衡状态，而不会使香灰洒落出来。

"被中香炉"在汉以后历代都有制造。它的常平架装置，是现代陀仪中万向支架的始祖，是我国古代劳动人民在机械史上的卓越发明。

谁是最早介绍西方几何学的人？

徐光启（1562—1633 年），字子先，号玄扈，明朝南直隶松江府上海县人，中国明末数学和科学家、农学家、政治家、军事家，官至礼部尚书、文渊阁大学士。他是中西文化交流的先驱之一，也是最早介绍西方几何学的人。

徐光启通天文、历算，习火器，与意大利天主教传教士利玛窦研讨学问，与传教士熊三拔共制天、地盘等观象仪。

徐光启中秀才后，在家乡和两广等地教书，他白天给学生上课，晚上阅读古代的农书，钻研农业生产技术。由于农业生产同天文历法、水利工程关系密切，而天文历法、水利工程又离不开数学，于是他又进一步博览古代的天文历法、水利和数学著作。万历三十二年（1604 年）中进士。

徐光启是一位很开明的士大夫，他经常与外国传教士在一起讨论科学知识，并且对外国的先进科学技术很感兴

徐光启像

275

趣。1606 年，徐光启请求利玛窦传授西方的科学知识，利玛窦爽快地答应了。利玛窦用公元前 3 世纪左右希腊数学家欧几里得的著作《原本》作教材，对徐光启讲授西方的数学理论。徐光启学习非常刻苦，经常是挑灯夜读，他遇到不懂的地方就虚心地向利玛窦学习，利玛窦也为他这种精神所感动。经过一段时间的学习后，他就完全弄懂了欧几里得这部著作，并为它的基本理论和逻辑推理所折服。他在学习过程中认识到了我国古代数学的很多不足之处。于是，徐光启建议利玛窦同他合作，一起把《原本》译成中文。

因为欧几里得的这部著作中的许多数学专业名词在中文里都没有相应的现成词汇。要译得准确、流畅而又通俗易懂，是很不容易的，所以利玛窦当初对这个建议感到很犹豫，在徐光启的一再劝说下，利玛窦最终同意了。于是从 1606 年的冬天开始，他们便开始了紧张的翻译工作。徐光启对翻译非常认真，常常是到了深夜，大家都回去休息了，他还独自坐在灯下加工、修改译稿。"平行线""三角形""对角""直角""锐角""钝角""相似"等中文的名词术语，都是经过他呕心沥血的反复推敲而确定下来的。

1607 年，《几何原本》前 6 卷正式出版，立即引起巨大的反响，成了明末从事数学工作的人的一部必读书，对我国近代数学的发展起了很大的作用。后来，徐光启又陆续译了许多其他的科学著作，继续把西方先进的科学知识传入中国。

现存最早的数学专著是什么？

《九章算术》是中国古代第一部数学专著，也是一本综合性的历史著作，是当时世界上最先进的应用数学，它的出现标志中国古代数学形成了完整的体系。

关于《九章算术》的成书年代，根据《九章算术》中的官名、地名等推断，现传本《九章算术》的成书年代大约是在公元 1 世纪下半叶。西汉的张苍、耿寿昌曾对《九章算术》做过增补，所以成书最迟在东汉前期。

《九章算术》的内容十分丰富，全书采用问题集的形式，收有 246 个与生产、生活实践有联系的应用问题。《九章算术》以计算为中心，密切联系实际，以解决人们生产、生活中的数学问题为目的，从此而确定了中国古代数学的框架。然而《九章算术》没有任何数学概念的定义，也没有给出任何推导和证明。魏景元四年（公元 263 年），刘徽给《九章算术》作注，才弥补了这个缺陷。刘徽在数学理论方面也是成绩斐然，他对其中的一些数学概念做了定义，全面论证了《九章算术》的公式解法，提出了许多重要的思想、方法和命题。

刘徽对《九章算术》中的一些不足都加以弥补。《九章算术》的算法抽象，相互关系不明显，刘徽对这些都有补充和发展。平面（或立体）图形经过平移或旋转，其面积（或体积）不变；把一个平面（或立体）图形分解成若干部分，各部分面积（或体积）之和与原图形面积（或体积）相等。以这两条为前提的出入相补原理，是中国古代数学进行几何推演和证明时最常用的原理。刘徽发展了出入相补原理，成功地证明了许多面积、体积以及可以演化为面积、体积问题的勾股、开方的公式和算法的正确性。

《九章算术》内容丰富，系统总结了战国、秦、汉时期的数学成就，对后来的中国数学著作有很大影响。《九章算术》在数学上还有独到的成就，书中最早提到分数问题，也首先记录了盈不足等问题，"方程"一章还在世界数学史上首次阐述了负数及其加减运算法则。

立体地图是何时发明的？

中国人在公元前3世纪就发明了立体地图，立体地图的发明是我国古代劳动人民的一项伟大创造。

司马迁写的《史记》中曾有关于一张公元前210年绘制的秦始皇墓地图的记载，书上写道："以水银为百川江河大海，机相灌输，上具天文，下具地理"。1985年6月《每日电讯》曾报道说：秦始皇墓地虽然还未打开，但是可能已经发现了。据说依据是墓入口处的地方发现了少量的水银。考古学家猜测这可能就是上述立体地图上所示的水银。

早在公元前3世纪，中国有香炉和罐子上出现蓬莱仙山的地图。这对以后立体地图绘制技巧的发展有着非常重大的影响。除此之外，沈括在《梦溪笔谈》中曾记载了木刻的立体地形图。

1130年黄裳也制作了一张木刻立体地图，哲学家朱熹对此很感兴趣，他便收集木刻地形图，进行深入研究。他有时自己用木刻或黏土来制作立体地形图。朱熹制作的一幅地形图的情况在黄裳的《鹤林玉露》里有这样的记述："（朱熹）尝欲以木作华夷图，刻山水凹凸之势。合木八片为之。以雌雄榫襄入，可以折。度一人之力可以负之。每出则以自随，后竟未能成。"

据记载，阿拉伯立体地形图的制作也是由中国传入的，后经阿拉伯又传到了欧洲。1510年，保罗·多克斯制作了欧洲最早的地形图，这是中国以外的国家有关立体地形图的最早记载。中国立体图形的发明，对世界做出了重大贡献。

最早发明双动活塞风箱的是中国吗？

中国是最早发明双动活塞风箱的国家，这种新式的鼓风工具在公元前4世纪时已在中国得到了广泛的使用，因此许多专家推测它的发明至少在公元前5世纪。冶金上最早应用的鼓风器是一种皮囊，随后是风扇，再之后才出现风箱。现存最早的活塞式风箱是明代制造的。

直至17世纪，中国在冶金术上一直处于世界领先的地位。这还要得益于双动式活塞风箱的发明。双动式活塞风箱是能驱使空气或液体产生连续气流或液流的泵，能持续不断地鼓风，是我国鼓风术上的重大进步，风箱正逆行程都做有用功，在使用过程中一端排气鼓风，一端吸取等量空气，因而能提供连续风流，鼓风效率得到很大的提高。这种双动式活塞风箱不仅被人们用来鼓风，还可以喷射液体，曾被改装成了火焰喷射器。

这是一个极其简单又聪明的发明，活塞式双动风箱外形是一个作为汽缸的长方形箱子，箱子有一个拉杆，通过推拉拉杆驱动活塞往复运动，促使活瓣一起一闭，以达到鼓风的目的。箱子两端各有一个进风口，箱侧有一个风道，风道侧端有出风口，口上有用羽毛或软纸片塞在四周的活塞。木风箱的动力有人力和水利等。风箱靠活塞推动和空气压力自动启闭活门，成为金属冶铸的有效的鼓风设备。

尽管西方早在公元前2世纪就发明了单动式泵，但却是靠其做向外冲程运动时喷射出空气或液体，是一种单向做功的压力筒。直至16世纪，在中国的双动式风箱才传入欧洲。1716年，J·N.德拉希尔依此原理发明了类似的双动往复式水泵，从而为后来的活塞式机械开辟了道路。

双动活塞风箱的记载始见于明代宋应星著的《天工开物》（成书于1634年），它不仅助于我国的冶金技术处于世界领先地位，在一定程度上，更反映出我国劳动人民的伟大智慧。

活字印刷术是谁发明的？

活字印刷术是北宋庆历年间平民毕昇发明的，他的发明比德国 J. 谷登堡的发明早约 400 年。

毕昇雕像

大约在东汉末年的熹平年间（172—178 年），我国出现了摹印和拓印石碑的方法，人们从刻印章中得到启发，大约在公元 600 年前后的隋朝，在人类历史上最早发明了雕版印刷术。但是当时的雕版印刷使用非常不便，每印一本书都要重新雕一次版，不但要用较长时间，而且加大了印刷的成本。

宋代的毕昇是一个从事雕版印刷的工匠，在长期的雕版工作中，他发现如果改用活字版，只需雕制一副活字，则可排印任何书籍，活字可以反复使用。虽然制作活字的工程大，但排印书籍方便。在这种启示下，毕昇发明了活字版。

毕昇发明的活字印刷提高了印刷的效率，虽然这是一个很伟大的发明，但是当时统治者和社会却并没有重视，直到毕昇死后才最终流传开来。

古代的印章对活字印刷也有一定启示作用。秦始皇在统一全国度量衡器时，曾在陶量器上用木戳印 40 字的诏书，考古学家认为，这是中国活字排印的开始，不过却未能广泛应用。

毕昇发明的活字是用铁铸成的，后来又出现了铜板活字，但铜板比铁板价格贵，到了明代木活字开始普遍使用。明朝很多著作都是木活字的印本。在清代，木活字技术由于得到政府的支持，获得空前的发展。

当然，用金属材料制造活字，依然是活字印刷的一个发展方向。铜活字印刷在清代进入新的高潮，最大的工程要算印刷数量达万卷的《古今图书集成》了，估计用铜活字达 100 万—200 万个。

◎第九章 **民俗礼仪**◎

古代的"姓氏"有哪几种来源?

在远古时期,部落还不多的时候,只有"姓",没有"氏"。后来人口繁衍过多,部落又分出了若干个部落,部落之间为了相互区别就又产生一个代号。这个代号就是最初的"氏"。有些小的部落没有"氏",还沿用老部落的"姓"。也有的部落,既有"姓",又有"氏"。人类社会继续发展,部落的数量越来越多,"氏"也就越来越多,而且远远超过了原来"姓"的规模。

"氏"产生时,已经进入了父系氏族社会。因此"氏"具有很强烈的时代烙印。从产生来源上面看,"氏"大致可以分为以下几种:

第一种是受到母系氏族社会的影响,出于对女性的崇拜,这些"氏"中,大都带有"女"字旁,比如姚、姬、姜、妫、嬴等。这些"氏"有些可能就是女族长的名。

第二种是以动植物或自然物件为"氏",比如,牛、羊、猪、马、蛇、龙、梅、柳、桃、花、麦、谷、叶、桑、山、水、林、风、云、江、河、石、金、铁、玉等。这些姓氏中,有相当一部分是部落的图腾,古代人认为这种图腾能够庇佑他们,给他们带来好运,渐渐地图腾就成为他们的氏。

第三种是皇帝分封诸侯国或爵位时产生的,比如楚、韩、齐、燕、赵、秦、魏、蔡、鲁、郑、宋、陈、司徒、司马、司空、上官、太史、王、侯、公孙等。

第四种,以出生地或居住地位姓氏,比如东方(伏羲住处)、西门、东门、东郭、欧阳(越王勾践,被封在乌程欧阳亭)、陶、巫等。

第五种是突变情况产生的姓氏,例如皇帝赐姓、躲避灾难而改姓、为避讳皇帝或圣人名讳而改姓、少数民族主动从属汉姓、少数民族姓氏的译音等。

姓氏是古代人非常重要的区分标志,战国时候贵族才有姓氏,贵族男子称氏,女子称姓,而且在婚姻上面还有"氏同姓不同者,婚姻可通;姓同氏不同者,婚姻不可通"的规矩,可见姓氏对于中华民族的发展确实具有很重要的作用。

古代人的"字"有哪些产生方式?

在古代,"字"不是每个人都能够拥有的,只有有身份的人才有资格为自己命"字"。《礼记·曲礼》中记载说,"男子二十冠而字","女子十五笄而字",意思是说不管男女只有在成年以后才会命"字"。命"字"的目的也很简单,就是为了让别人尊重他。"字"对于一个古代人来说,是敬称,同辈、晚辈、下属只能称其"字"而不能直呼其名。

古代人命"字"的方法有以下几种:第一种是名的意义的反复,比如屈原,字原,名平，广平才能成其为原，所以"原"是"平"的同义反复。还有孔子的学生宰予，字子我，季路的字是子由，颜回的字是子渊，陶渊明的字是元亮，诸葛亮的字是孔明，周瑜的字是公瑾，文天祥的字是景瑞，他们的名和字之间都有同义反复的意味。

第二种是名与字意思相反或相对。晋大夫赵衰，衰是减少的意思，他的字是子馀，意思是增多；曾点，名字的意思是黑色的点，他的字是子皙，意思是色白；朱熹，这个名字的意思是火焰光亮，他的字是元晦，带有暗的意思。

第三种，"字"是"名"内涵意思的衍生或推想。比如，三国大将赵云，字子龙，云中才会有龙，这个字寄寓了自己是一条"云中的龙"；另外还有，晁补之，字无咎，名补之，是补过错的意思，字无咎，则是在言明自己没有过错；岳飞，字鹏举，也是名字内涵意思的延展。

从这三种"字"产生或确定的方式来看，"字"与"名"有着非常紧密的联系，古人们常常用"字"来补充名字中未有展现出来的含义。除此之外，还有利用干支五行取"字"的，也有以排行取"字"的。"字"和"名"一样，具有时代气息，趋向于美词化或尊老化。

古代"号"的命定方式有哪些？

号，在古代也是敬称，又叫作别称、别号、别字。《周礼·春官·大祝》中记载，"号为尊其名更美称焉"。名和字大都由长辈代取，而号则是由自己确定的，也有别人赠送的。号并非唐宋时期产生的，它的起源很早，是到唐宋以后才流行起来的。六朝时期，大部分人没有号，只有少数的几个人有，比如陶潜和葛洪等。

号，一般都有寓意在其中，从这一点来看，号的确立，有三种方式。

第一种，以居住地自号，从有"号"资历最早的陶潜的号"五柳先生"，可以看出来，他的住所附近应该有五棵柳树；李白生活在四川青莲乡，因此自号为青莲居士；苏轼自号东坡居士；陆游，号龟堂；辛弃疾号稼轩居士；明武宗朱厚照，自号为锦堂老人；明世宗朱厚熜自号天池钓叟。最后两位的号，不仅能够看出他们曾经居住过的地方，还能知道他们身为帝王，对号的提倡力度有多大。

第二种，是以旨趣抱负为号。欧阳修晚年自号"六一居士"，志趣不过是"一万卷书，一千卷古金石文，一张琴，一局棋，一壶酒，一老翁"。贺知章自号四明狂客，金心农自号出家庵粥饭僧，杜甫自号少陵野老，都能体现出个人的趣味追求。

第三种，是他人赠号。有的以其轶事为号，比如李白，人称谪仙人；荀慧生，号白牡丹；张英杰，人送"盖叫天"的称号；牛俊国，号为"牛得草"；毛稚黄，人送"毛三瘦"；等等。有的以封爵、谥号为号，比如诸葛亮，被封为武乡侯，人称武侯；岳飞，谥号武穆。

号盛行起来的原因有两个：一个是伦理道德、繁文缛节的昌盛，使得号这种敬称发展壮大；第二个是文学进入一个发达的时期，文人为了讲究文雅，以号来标榜自己。到了明清时期，帝王将相也大力提倡号，以规范百姓的行为，使其崇尚德行，因此更加盛行。

古代等级称谓中都有哪些称呼？

中国古代有着非常森严的等级制度，不同的身份有着不同的称谓。通过这些复杂的称谓，能够看出在封建社会中，贵族和皇族们所占有的特殊地位。我国古代的等级称谓有君、臣、士、民、百姓、黎民、布衣、黔首、庶人等。

君，在奴隶社会的周朝时期，各诸侯国的诸侯，就被称为"君"。君的地位在天子之下，在大夫之上。在春秋战国时期，君还是贵族、功臣的封号，比如齐国的孟尝君、魏国的信陵君。后来，君这个称谓又被引申为对男子的尊称。

臣，在奴隶社会时期，指代的是男性奴隶，后来"臣"与"君"对立起来，指除了君以外的任何人，也可引申为对自己的谦称。

士，在商朝、西周和春秋时期，指的是最低层的人。周朝天子拥有天下，诸侯有国，卿大夫有家。家的范畴较小，是卿大夫的统治范畴，家中的官职，称为家臣，也叫作士。士，都是受过教育的，有才能的人，后来成为知识分子的统称。在战国时候，士可分为四类：第一类是学士，比如荀子、庄子等；第二类是方士或术士；第三类是食客，有士的名号，无士之实，多是贵族的心腹；第四类指的是策士，如苏秦、张仪等。

民，在奴隶社会时期，民指代的就是奴隶。当时，臣和民都指奴隶，不同的是，臣是驯服的温顺听话的奴隶，民则指暴戾的，不听使唤的奴隶。

君子，在古代时候，指代的是贵族男子，又指代有德行的人，常常和小人、野人对立起来。另外，君子，还是妻对夫的敬称。

百姓，在奴隶社会，是对贵族的统称。商朝的贵族，奴隶主，都是有姓氏的高等人群，所以他们被统称为"百姓"。商朝时期，商王是贵族的最高代表，他自称为"余一人"，到了周朝还有这种称号。到了战国后期，"百姓"成为平民的通称。

黎民，指的就是平民，有"众民"的意思。

布衣，也是平民。古时候，贵族、富人穿丝绸衣服，平民、穷苦人穿麻布衣服，所以称为布衣。

黔首，在战国时期的秦国，指的是平民。当时秦国的平民百姓都用黑布包头，"黔"指的就是黑色，黔首说的是黑头，渐渐地成为百姓的代称。

庶人，又称作是"黎民"，是西周之后用于对农业生产者的称呼。西周时期，还可当作是一种身份的封赐，身份要比奴隶高。

古代等级制度中，称谓是复杂多样的，以上几种称谓是比较常见的。

古代的宗族中都有哪些称谓？

中国古代的宗族关系中，也有着严格的称谓系统。这些称谓文化中蕴含着中华民族悠久的历史沉淀和变迁，体现着中国人对于成功的观念，又反映出古人的"自卑下之道"的"谦恭精神"。宗族称谓中主要有祖上、太祖、祖宗、太宗、小宗、宗子、世子、支子、嫡子、别子、庶子、嗣子、公子、考妣等。

祖上，指的是最早的先祖，后世的皇帝常常以可知的祖宗作为始祖，称其为祖上。如宋朝以僖祖作为始祖。后世人在修家谱时，常常攀附古代的名人作为自己的始祖。

太祖，指的是王朝建立者，三国曹魏，以曹操为太祖，唐朝则以李渊为太祖，宋朝以赵匡胤为太祖，明朝的太祖是朱元璋。太祖是一个朝代的开国皇帝，所以他的太庙百世不迁。

祖宗，是古人对先祖或有功德的先世的尊称。现代人也常用"祖宗"一词，有的指自己的先辈，有的带有溺爱的意味，如称调皮捣乱的小孩子为"小祖宗"。

太宗、小宗，在古代严格的宗法制度中，同一个祖宗的嫡系继承为太宗，其他的皆可成为小宗。太宗也用于皇帝的封号，比如唐太宗、清太宗等。

宗子，大宗的嫡长子，称为宗子。世子，常常用于指太子，古代的时候，"世"和"太"字意义相通。支子，嫡长子以外的儿子，都称为支子。嫡子，古代时候，男人可以三妻四妾，原配妻子所生的儿子，就是嫡子。嫡子一般具有父亲权利和地位的继承权。别子，指的是嫡子以外的儿子，和庶子的意思相同。嗣子，是自己没有儿子，以别人的儿子作为自己的儿子，成为嗣子。嗣子在古代礼法中有明确规定，同姓、同宗之子、辈分框当，才能成为嗣子。嗣子经过礼法认可后，具有和亲子一样的地位。

古代宗族中的称谓错综复杂，以上是最具有代表性的几种称谓。

中国古代的成年礼被称为什么?

冠礼是古代中国男性的成年礼。

成年礼作为年轻人成年的标志，多是由氏族长辈依据传统为青年人举行的仪式。男女青年通过成人礼，表示他们生理和智力方面已经成熟，并可以谈婚论嫁。

华夏族的男青年到成年时，由长辈为男子举行冠礼。根据经书记载，冠礼实行于周代。男子按周制在 20 岁行冠礼，天子诸侯多提早行礼以图早日执掌国政。相传周文王 12 岁而冠，成王 15 岁而冠。

古代冠礼都在二月举行，举办地点在祖庙里。受冠者在冠礼前十天内，父母通常会请人占卜问道，挑选良辰吉日举行冠礼。到了冠礼前三日，还要通过筮法挑选主持冠礼的大宾，同时还要选择一位"赞冠"者办助冠礼仪式。在行礼的时候，受冠者的父亲、大宾及受冠者都要穿上正式的礼服。由大宾在每次加冠毕后对受冠者读祝辞。

在祝辞结束后，受礼者拜见其母。再由大宾为他取字，周代取字通常多用伯、仲、叔、季，视排行而定。受冠者若父亲已逝，则需向父亲神主祭祀，表示在父亲面前完成冠礼。祭祀结束后要拜见伯、叔，然后吃一顿丰盛的饭食。加冠、取字和拜见家长的礼节因时因地各有不同。民间自 15 岁至 20 岁举行，各地不一。宋朝以后，某些地区将冠礼的仪式简化，仅在本家或自家范围内进行，不再举办宴席。在清朝中期以后，冠礼转移到婚嫁前举行。

冠礼标志着男青年跨入了成年人的行列，他们将从家庭中无责任义务的孩童转变为正式的成年人，开始成为社会中的一分子。

中国的"凿齿"习俗最早可以追溯到什么时期?

凿齿是产生于古代原始部落民族中的习俗，是指处于青春期的男女以敲折、拔除上颌两侧对称牙齿作为一种美的方式，也称"折齿""打牙"。

原始社会时期，一些民族在男女处于青春期的时候采用敲折、拔除、锯平、毁损等方式，对称地拔、毁中间或两侧上牙门齿或犬齿并以此为美。有些学者认为凿齿是为了区别族别和身份，或者是为起到美容、装饰、避邪的作用，但也有的认为与获得成丁及成婚资格有关。

"凿齿"的习俗最早产生于大汶口早期文化分布的地区，可溯源到 6000 余年前的新石器时代，之后逐步流行到中国东南部和长江黄河的中下游地区，在越、僚、乌浒等古族中也长期流行。在 20 世纪三四十年代，此俗在部分仡佬族、高山族仍然流行。

三国时期的吴沈莹在《临海水土异物志》中有这样的记载："夷洲女已嫁，皆缺去前上齿。""夷洲"指的是现在的台湾岛。清黄叔敬的《台湾使槎录·番俗六考》中也有类似记载："成婚，男女俱去上齿各二，彼此谨藏，以矢终身不易。"由此可见，"凿齿"与婚姻之间有着莫大的关联。

在《山海经·海内南经》中记载有"羿与凿齿战于寿华之野，羿射杀之，在昆仑墟东，羿持弓矢，凿齿持盾，一曰持戈"。《山海经·大荒南经》又有记载"有人曰凿齿，有蜮山者，有蜮民之国，桑姓，食黍，射蜮是食"。研究人员据此考证，"凿齿"的习俗在山东大汶口文化时期广为流行。

对于"凿齿"的寓意虽然说法不一，但历史学家们普遍认为，拔牙、凿齿与断发文身都起到了标志成年的作用。

中国最早的祭祀遗址在哪里？

禹墟相传是"禹会诸侯"的地方，位于安徽蚌埠市禹会区涡淮交汇处涂山脚下的禹会村，历经前后五次考古挖掘。禹墟被证明是中国出现最早的祭祀遗址。

在《汉书》中就记载有"禹会"的村名。到了北魏时期，郦道元在《水经注》中道出"禹墟在山西南"的说法，这正与蚌埠西南郊禹会村的禹墟相吻合。

2007年，考古专家对禹墟进行了第一次发掘，旨在寻找大禹所生活的龙山文化时期在淮河流域的遗迹。

2007年4月，王吉怀研究员带领9名研究生入住禹会村。5月1日下午3时，禹墟的发掘工作正式开始，封存在地下数千年的遗迹随着挖掘工作的

大禹陵

进展一点一点地重见天日。考古人员经挖掘发现，这片遗迹的夯土层面以上出土的人类居住遗址层及其散失的龙山文化时期陶片，对于下面夯土层的定性与断代起到关键作用，因为按照相关研究发现的规律，夯土层下方的具体断代肯定比陶片断代要早。

与此同时，仅有半个鸭蛋大小的3个鬼脸鼎足和多件石镞在相距北部夯土层发掘点南侧200米外的文化层出土，其中约为公元前2500年的"鬼脸式鼎足"是极具山东龙山文化特征的器物。这次禹墟发掘具有划时代的意义，使禹墟文化可以追溯到5000年前左右的新石器时代。

2008年4月28日，禹墟遗址开始第二次发掘。2009年10月15日，蚌埠禹会遗址考古项目第三次考古发掘正式启动。此次考古发掘面积将超过5000平方米，为历次面积最大的。通过考古人员对祭台的发掘整理，"禹会诸侯于涂山"的传说得到了基本印证。2010年5月26日，禹墟开始了第四次考古发掘，发现了面积超过10000平方米的棚屋建筑遗迹，这是禹会诸侯历史的又一重要物证。

2011年5月，禹墟第五次考古发掘工作开始并取得了突破性的进展。国内独一无二的祭祀坑群落和大量磨石相继出土，考古人员也由此证明了大禹会万国诸侯的时候，可能出现过一个规模空前的"临时城市"的论断，而禹墟也被确定为中国最早、最大的祭祀坑群落。

禹墟具有深厚的历史文化底蕴，在中国古代文明史上具有重要地位。

中国历史上的"谥法"最早出现在什么时期？

"谥法"最早出现在西周中叶稍后，是指中国古代帝王、诸侯、卿大夫、大臣等人死后，朝廷根据他们生前事迹和品德，为他们所评定的一个称号。

对于谥法产生的年代，历来众说纷纭，有三皇五帝说、周公制谥说、西周中期说和战国说，前两种是老的说法，后两种是近代的说法。王国维依据出土材料和文物，提出了谥法产生于西周中期的主张。

《谥法解》出自先秦古籍《逸周书》，其中提到了"维周公旦、太公望开嗣王业，建功于牧之野，终将葬，乃制谥，遂叙谥法"的故事，这是关于谥法最早的记载。可见立谥制度始于西周初年，天子、各国诸侯、卿大夫以及他们的王后和夫人等都可以作为立谥的对象。到了汉朝，除了帝王、后妃之外，列侯者只有在死后才可以由朝廷赐谥号。唐朝时，朝廷规定只有三品以上职事官才有资格得到谥号。

从周文王、武王至懿王，王号均自称。在武王之后，虽然自立王号者仍然存在，但有了谥法。谥法规定，天子及诸侯死后，由卿大夫议定谥号。秦始皇时废除了"谥法"。汉朝成立之后又恢复了谥法。东汉时出现了"私谥"。明清时期，礼部掌握定谥的权利。

在"谥法"出现的早期，人们多是借谥号表达后人对先人所做功绩的怀念，并没有太严密的规定。在周召共和时，产生了谥号的善恶。谥法在春秋时代逐渐制度化，出现了所谓的"子议父，臣议君"。由于诸国纷争，局势混乱，各国的谥法宽严不一，但在谥号的善恶上，各国却都是依照诸侯的生平事迹来定。由于权力的下移，各国的谥号管理都是在成立之初比较严格，到了后期逐渐放宽了标准。

谥法为历朝历代所沿袭，直至清朝末年才逐步消失。

最早记载 12 生肖的文献是哪一部？

12 生肖是一种古老的民俗文化，有关 12 生肖的起源，历代学者众说纷纭。但现有的关于记载 12 生肖的文献资料，以《诗经》为最早。

《诗经·小雅·吉日》里面有这样的记载："吉日庚午，即差我马。"这句话的意思是：庚午吉日时辰好，是跃马出猎的好日子。这是将午与马相对应的例子。由此可见，地支与 12 种动物的对应关系在春秋前后已经出现了。

12 生肖最早是用以记年的，由 11 种自然界的动物和传说中的龙所组成，顺序排列为子鼠、丑牛、寅虎、卯兔、辰龙、巳蛇、午马、未羊、申猴、酉鸡、戌狗、亥猪。在《北史·宇文护传》中，曾记载了宇文护的母亲写给他的一封信，信中说："昔在武川镇生汝兄弟，大者属鼠，次者属兔，汝身属蛇"。由此可见，12 生肖的用法在当时的民间已经十分常见了。

在古籍记载中，中原地区最初使用的是"干支纪年法"，即用 10 个天干符号（甲、乙、丙、丁、戊、己、庚、辛、壬、癸）和 12 个地支符号（子、丑、寅、卯、辰、巳、午、未、申、酉、戌、亥）配合来纪年。而西北的少数民族则以动物来纪年。在中原与西北少数民族的交往融合过程中，两种纪年法相互融合形成了现在的 12 生肖。这是另一种关于十二生肖来历的解释。

尽管很难确切地说明十二生肖到底是怎么产生的，但它极富趣味性和通俗性，已成为中华民族的宝贵遗产。

古时人们"折柳"是赠别的意思吗？

折柳赠别是古代的一种旅行习俗。因"柳"与"留"谐音，所以旅人在分别之际，折柳枝赠别亲人，以表示挽留之意。这种风俗历来在众多文人墨客的作品中颇为多见，但最早的出处是《诗经·小雅·采薇》。

285

折柳赠别的习俗在汉唐时最盛。长安是西汉、唐两代的都城，是全国的政治、经济和文化中心。官员商旅去关东各地及地方官员、外国使臣进入长安，都要路经灞桥。由于灞桥两侧遍植柳荫，自汉以来，送行者每至此桥，都会折柳赠别亲人，或曰为祝颂平安，或曰"柳"与"留"字音相谐，表依依不舍挽留之意。

追溯这种习俗的由来，最早可见于《诗经·小雅·采薇》中的"昔我往矣，杨柳依依"这句话。古人在送行的时候，往往借用赠柳来表示挽留客人、恋恋不舍的心意。同时也表达临行的祝愿，希望他到新的地方，能很快地生根发芽，就像柳枝一样可以随遇而安。

折柳除了送别之意外，也有辟邪的说法。清明时节，杨柳纷纷抽出新芽，民间很多地方有折柳、戴柳、插柳的习俗。人们将折下的柳条编成帽子戴在头上，或者是插在门楣、屋檐上，以求辟邪。谚语有"清明不戴柳，红颜成皓首""清明不戴柳，死后变黄狗"的说法，可见清明折柳辟邪的风俗流传甚广。

歃血为盟的最早记载是什么时候？

歃血为盟是古代缔结盟约时的一种仪式，又称喝"血酒"。《论语》中记载有齐桓公九会诸侯的故事，而此次会盟也是历史上所能找到的关于歃血定盟的最早记载。

歃血的原意是指以口含血，另一种说法是用手指粘血然后涂于口旁。到了近代以后歃血称喝"血酒"。对于这种歃血行为的起源，由于年代久远，至今已很难考察，但可以肯定的是歃血为盟首先流行于上流社会的统治阶层。

在春秋战国之前，西周王朝还没有设立郡县制度，在分封诸侯时，大诸侯下面又分封小诸侯，公、候、伯、子、男爵分五等，大、小诸侯各自占据一块土地，实施封建割据。这些诸侯国为了生存甚至是称霸天下，往往会寻找强大的靠山或者是拉拢别的诸侯国结成盟国，这就产生了最早的结盟。战国时期，苏秦和张仪游说各国缔结"合纵"与"连横"的盟约，而"歃血"的仪式就是在这些盟约缔结时举行的。

《论语》一书中，提到了齐桓公约五国诸侯会盟于北杏之地，这是我们所能找到的关于歃血定盟的最早记载。

中国的历史发展到了唐宋时期以后，统治阶级之间的结盟随着封建君主制度的确立而越来越少。但在江湖上的绿林好汉中却日益兴盛起来。

歃血为盟是中国酒文化的一种独特的现象，流传了几千年的歃血为盟的仪式直至中华人民共和国成立之后才逐渐消亡。

家讳是怎么回事？

家讳是家族内部遵守的避父祖名的做法，旧时称为父祖的名讳，也叫"私讳"。古人在起名字、言行、做文章时，对凡是含有父祖名的，都必须避开。家讳实际上是封建等级、伦理观念的体现。

"入门而问讳"，是《礼记·曲记》中所言的真理，意思就是说在访客之前，一定要了解客人的家讳是什么，以免因为无知而造成对人家先祖的不敬，甚至朋友反目。由此记载可见，家讳在中国古代已成为封建礼法的重要组成部分。

家讳在很多人的观念里只是规避父辈的讳，但事实上却并非如此，也包括避母亲的讳。唐代著名的"诗圣"杜甫，一生中诗作众多，但他的一生从未做过与海棠有关的诗，传说原因就是他母亲的名字叫海棠。

《唐律》中甚至明确规定，家讳是受法律保护的。根据唐朝的律法记载，当时如果官员的官职名称或府号犯了家讳，就不得"冒荣居之"。家讳与国讳相比，更侧重对长辈们的亲敬、崇仰与怀念之情，自发性更强。

古代的世家大族非常看重家讳，新官上任往往都要向上级请示，以避免冒犯长官的家讳，这被称为是"请讳"。

关于"黄花闺女"一词有着怎样的传说？

黄花闺女指的是没有出嫁的女孩子。从另一层含义上讲，指的是处女。这个称谓在我国民间十分流行。黄花闺女，又被称作是黄花女、黄花幼女。古代的未婚女子，喜欢贴"黄花"，她们会根据自己的喜好，在额头或脸颊上，画出各种式样的花纹。用以说明自己的身份，或者嫁娶状况。

"黄花闺女"一词的由来，还有一个传说。据说，在南北朝时期，宋武帝有位貌美的女儿，她就是寿阳公主。有一天下午，寿阳公主和宫女们在皇宫嬉戏，公主感到劳累时，就躺在含章殿的檐下休息了一会。恰巧一阵微风，携带着腊梅花瓣吹过来，几片花瓣落在公主的额头上，汗水浸渍后留下花瓣的花痕，在花痕的装饰下，公主更显娇柔妩媚。宫女们看到后，不禁惊喜一片。此时，皇后由此路过，看到公主脸上的花痕，十分喜欢，就命她保留三天。从此以后，寿阳公主经常用梅花装饰自己，不久之后，这种装束便被称为"梅花妆"。

后来，这种装束传到了民间，女孩子们十分喜欢，尤其是大官贵族的女孩子，更是效仿成风。可梅花妆具有季节性，于是很多大户人家的女孩便采制了黄色的花粉，作为粉料，做妆的时候，涂在额头上就可以。这种粉料，被人们称为"花黄""额花"，梅花妆的染料都采用黄色的，而且用这种装束的女子大都没有出嫁，渐渐地，"黄花闺女"便成了未婚女子的代名词。

这种习俗一直流传到金、元时期，游牧民族入主中原后，渐渐地消失了。不过，"黄花闺女"一词，却没有从此消失，而是一直流传下来，直到今日。"黄花"在古代还指菊花，菊花具有傲霜耐寒的特质，因此"黄花闺女"一词，常常比喻女子心灵纯洁、品德高尚以及情操贞洁等。

压岁钱是怎么来的？

压岁钱指的是在过年的时候，长辈给晚辈的零花钱。压岁钱由来已久，它又被叫作"压胜钱""压祟钱""押岁钱"。在我国汉朝的时候，就已经出现了压岁钱。不过，关于它的来历，还有一个流传很广的故事。

传说，在古时候，有一种叫作"祟"的妖怪，总喜欢在除夕的晚上出来，摸那些睡着的小孩子的脑袋。孩子们受到"祟"的惊吓，常常会哇哇大哭，接着他头痛脑热，渐渐地还会变成傻子。所以，在这一天晚上，家家户户都会开着灯，坐着不睡觉。这被叫作"守祟"。有一对老夫妻，老年得子，把儿子看作是心肝宝贝，到了年三十的晚上，怕"祟"来谋害自己的孩子，就给孩子八枚铜钱，让他玩。孩子玩累以后就睡觉了，于是老两口就用红纸把八个铜钱包裹起来，放在孩子的枕头旁边。半夜的时候，"祟"来摸孩子的头，不小心碰到红纸包，红纸包就发射出万道火光。"祟"被吓跑了。第二天，老两口把红纸包吓跑"祟"的事说给邻居听。以后，每到过年的时候，大家都按照老两口的描述去做，孩子们果然平安无事。原来，八个铜钱就是八仙，它们暗中保护着孩子们。因为"祟"和"岁"同音，所以，"压祟钱"渐渐变成了"压岁钱"。

压岁钱的来历，还有其他说法，一说，在太古时期，有一种叫作"年"的猛兽，每到年三十晚上，就会出来害人。小孩们非常害怕它，大人们为了驱赶孩子的受惊心理，就用一些饰品来安慰他们，这个被称为"压惊"。后来，渐渐地，饰物压惊变成了货币压惊，到了宋朝便有了"压惊钱"的说法，再后来就发展成为压岁钱。另外一个说法是，唐朝的时候，宫廷内有散钱之风。王仁裕著作的《开元天宝遗事》就提到，在唐玄宗年间"内廷嫔妃，每于春时，各于禁中结伴三人至五人掷钱为戏。"《宫词》也记载了"宿妆残粉未明天，总立昭阳花树边。春日内人长打白，库中先散与金钱。"压岁钱，就是从最初的掷钱为戏，到散与金钱，后来又发展成"洗儿钱"。

现在，春节的时候，长辈们还喜欢给晚辈们一些压岁钱，这也是旧习俗的传承。不过，不同的是现在已经没有铜钱了。压岁钱发展成为纸币以后，有的人喜欢用连号的新纸币作为压岁钱，这其中的含义，究竟是什么，就无从知晓了。

猫为什么没在十二生肖里面？

十二生肖是十二地支的动物代表，人们通用这十二种动物来表示出生年。在十二生肖之中，除了龙以外，都是生活中的常见动物，可偏偏就没有猫。关于猫不在十二生肖之列的故事，还有一个传说。

据说，在远古时期，人类是没有生肖纪年的。玉帝为了人们能够记住自己的出生年和自己的岁数，就想出了派生肖的方法。他打算用生肖大会的方式，选出生肖动物。于是，有很多动物接到了玉皇大帝的邀请。那个时候，老鼠和猫还是非常要好的朋友，像亲哥们一样。于是，他们决定一起去参加天庭的生肖大会。可是猫喜欢打瞌睡，它在开会的前一天，对老鼠说，"鼠弟！你知道我喜欢打瞌睡。明天去开会的时候，要是我睡着了，你叫我一声！"老鼠拍着胸脯说，没问题。可没想到的是，第二天老鼠一大早起来，就赶往天庭，把熟睡的猫丢在一边走了。等猫醒来之后，再赶往天庭，生肖大会已经结束了。猫没能列入十二生肖，对老鼠恨之入骨，因此一看到老鼠就会去抓。

这只是传说，可信度几乎为零。十二生肖产生的时间大概是在夏朝，不过，没有确切的文字记载。但可以推敲考证的是，在汉朝的时候，十二生肖已经成为完整的体系。而在汉代以前，家猫还没有出现。《礼记》中的山猫，《诗经》中的"有熊有罴，有猫有虎"，指的都是野山猫，不是家养的。现在家养的猫，祖先是印度的沙漠猫，大约在汉明帝的时候，进入我国。而这时，我国的十二生肖已经出现并成为成熟的体系，所以，猫没能出现在十二生肖中。

民间"麒麟送子"的传说是怎么来的？

麒麟，是我国神话传说中的一种神兽，有关的古籍文字记载中，它与龙、凤、龟齐名，共称为"四灵"，是神仙的坐骑。麒麟是一种象征吉祥、仁瑞的神兽，雄的称为麒，雌的称为麟，主太平、长寿。后来，麒麟也比喻有才能的人，民间还有麒麟送子的传说。

麒麟送子，是我国古代人们祈求生子的一种祈祷方式。晋王嘉《拾遗记》记载了这样一个故事，孔子在出生之前，父亲孔纥和母亲颜徵已经有了一个孩子孔孟皮，可是这个孩子生来就有足疾，不能担当祀事。老两口就觉得特别遗憾，希望能够再生一个孩子。后来他们到尼山向天神祈祷，没过几天，突然有一头麒麟从天而降，跑到他们的院子里。那头麒麟兽，行动敏捷，举止优雅，它举头哽咽了一下，肚子咕噜了一下，不一会儿从嘴里吐出一块方帛。孔纥捡起方帛，见上面写着，"水精之子孙，衰周而素王，徵在贤明"。麒麟吐出方帛后，一眨眼的工夫，消失得无影无踪。孔纥觉得这件事情非常蹊跷，心中疑惑不定。没过多久，颜徵就又生了一个男孩。这个男孩就是孔子。

后来，有人根据这个传说，绘出了一副《麒麟送子》图。这幅图，即是对这个传说故事的复述，也是民间祈求子嗣的一种风俗写照。祈求麒麟送子的方式也有很多种，有的进庙上香，诚心祈福；有的则用纸和竹签，扎出一个麒麟和小孩的模型，然后让不孕妇女扶着这个小孩骑到麒麟的背上，再在院子里走上几圈。

在南北朝时期，"麒麟"已经成为有才能孩童的代名词。当时的人们，对于聪颖可爱的男孩，称之为"麒麟儿"，也有自夸的父母，称自己的孩子说，"吾家麒麟"。后来，民间手工艺人们，把麒麟送子刻成木版画，作为商品叫卖。这些木版画上的麒麟兽，大都是龙首、狮尾、鹿身、马蹄，身披鳞甲；麒麟的背上，还会驮着一个胖娃娃，以示"麒麟送子"。

麒麟送子的传说在我国由来已久，从这个传说中，我们可以看出，中国文化的博大精深，能够体会到古代广大劳动人民非凡的创造力和想象力。

男左女右的习俗是如何形成的？

男左女右的习惯，在我们的日常生活中处处可见：婚照男左女右、夫妻除夕礼仪场合也往往都是男左女右，甚至于公厕也被安排的男左女右。这种习惯由来已久，已经成为人们思维之中的定式，如果有人违反，还会招来别人的嘲笑。

这个习俗的形成，还有从开天辟地的盘古说起。据说，盘古在化仙之后，身体器官，化成日月星辰、五岳四极、以及江海湖泊和万物生灵。其中日月二神是盘古的双眼所化，盘古的左眼化作了日神，右眼化作了月神。日神伏羲为男性，月神女娲为女性。他们都是上古之神，男左女右的习俗就从他们那里流传下来了。伏羲女娲图出土于乌鲁木齐市水磨沟的阿斯塔那哈拉和卓古墓群。图中的伏羲身在左侧，左手执矩，女娲在右，右手拿规。他们的头上还绘有日月和无数的星辰，寄寓了深刻的艺术内涵和神秘色彩。

男左女右的习俗形成，和神话传说可能存在一定的关联，但这种习俗的根源还是在于古代人的哲学观。我国古代哲学认为，宇宙的万物都有两个对立面，也就是阴和阳。从自然界的食物属相来看，食物都有大小、上下、长短和左右等，阳面指的就是大、上、长、左，而阴指的则是小、下、短、右。阳面性刚烈，阴面性柔弱。在人的阴阳分属上面，男性性暴刚烈，属于阳性，居左；女性性格柔弱、婉约，属于阴性，居右。因此，男左女右的分属也就这样在人的意识中形成了。

古老的中医受到古哲学的影响，对于男左女右的习俗形成也有一定的作用力。在中医中，男左女右表示着男女在生理上的差异，比如给男子把脉，必须是左手，给女子把脉，则必须是右手。中医在长久的施医救病的过程中，对于男左女右的分属，起到了一定的推动作用。

在中国几千年的文化中，男左女右已经成为一种天然的属性，出现在各个历史阶段，各个事物现象之中。当然，也不排除有例外的出现。在嘉陵江古栈道的千佛崖摩崖造像中，女皇武则天的造像就位于左边，而唐高宗李治的造像则位于右边，不过这也只是我国传统的男左女右习俗中的一个小小的例外！

为什么我国的房子大都是坐北朝南？

在我国，大部分房子都是坐北朝南，这已经成为我国传统建筑文化中的一种特色。这是因为我国大部分地区，都在北回归线以北，阳光在一年四季都是由南方射下来，因此坐北朝南有助于房屋采光。

根据考古发现，早在原始社会时期，我国的房屋建筑就有坐北朝南的规律。汉朝时期的政治家晁昏认为，在选取城址和房屋地址时，应该考虑到阴阳之和、水泉之味。自古以来，中国文化中就有"北为阴、南为阳""山北南为阴，山东水北为阳"的说法。我国建筑学中，根据这个规律发展出来的坐北朝南学说，不仅考虑到采光的问题，还考虑到了避风事宜。我国的地势决定了气候风向寒流等问题。冬天会有西北方向的西伯利亚寒流侵袭，夏天会有太平洋凉风吹来，一年四季风向不定。《史记·律记》中记载，"不周风居西北，十月也。厂莫风居北方，十一月也。条风居东北，正月也。明庶民居东方，二月也。清明风居东南维，四月也。景风居南方，五月也。凉风居西南维，六月也。间间风居西方，九月也。"根据风向阴阳属性差别，房屋建筑业大都避开西北方向的冷风寒流，采取坐北朝南的建筑格局。

另外，坐北朝南还受到山水术的方位学说影响。在五行之内，东为本、南为火、西为金、北为水，中为土；八卦中，南为高、北为坎、东为震、西为竟；而青龙、白虎、朱雀、玄武四位神兽，也分别占据了东、西、南、北四个方位。从这些山水术学说中，可以看出坐北朝南的原则是自然现象认识的正确体现，如此房屋建筑格局，能够得山川灵气，受日月光华，人在其中能够陶冶情操、颐养身体。

综上所述，在我国坐北朝南的建筑格局，有助于人类采光取暖，还能帮助人类合成维生素 D，预防佝偻病，提高人体免疫力。这种传统的建筑格局之内，包含许多的科学和智慧。

人们为什么将为正义事业献身称为"牺牲"？

"牺牲"一词，在我国的汉字文化中，表示为了正义事业而献身，或者是为了高尚的事情舍弃自身利益。"牺牲"在古代汉语中，原表示祭祀的禽畜，通常指牛、马、羊、犬、鸡和猪等。

在古代的时候，古人对于宗庙的祭祀非常重视，而且还制定了复杂、严厉的礼仪制度，即便是祭品也有着严格的规定。祭祀的时候，禽畜必须选用纯色的，这样祭祀仪式才够完整，这样的祭品才能称为"牺牲"。又因为古代祭祀是一种非常高尚的事情，祭祀的祈祷内容，也一般都具有非常强大的正义意义。"牺牲"一词，也渐渐地从专指祭品，发展到"为了某项高尚、正义的目的而做出的割舍"的内涵。

"牺牲"一词便是由此发展过来的，指的是为了某些正义事业而奉献或为了某些高尚的事情而做出割舍。

"烧纸钱"的习俗是怎么来的？

古时候，中国人在清明节前后，都要上坟为已故的亲人"烧纸钱"。这个习俗在中国由来已久，代表了人们对已故亲人的怀念之情。即便是在现代，有一些地方还流传着"烧纸钱"的民俗。关于这个民俗的来历，还有一个传说故事。

传说，在很久以前，有一个寒窗苦读十多年的秀才，他叫尤文一。他参加了很多次科举考试，都没能考到功名，一气之下，弃笔从商，投入发明造纸术的发明家蔡伦门下，学习造纸术。蔡伦很喜欢他，将全部技术都传给了尤文一。过了几年，蔡伦病故，尤文一继承了蔡伦的事业，把造纸术发扬光大。尤文一造出来的纸张品质非常好，而且产量也非常大。可是，当时用纸的人很少，尤文一为此茶饭不思，没多久就因为身体虚弱而一命呜呼。

家里人对尤文一的逝世，十分伤心，哭得死去活来。邻居们听说这件事后，就来帮着料理后事。尤文一的妻子边哭边说，家里条件不好，没什么陪葬的，就把仓库的纸烧给他，作为陪葬品。那些纸烧完以后，第三天，尤文一突然坐起来，叫嚷着说，"快烧纸，快烧纸。"邻居们看到以后，都以为诈尸了，吓得魂飞魄散。尤文一解释说："不要害怕，我真的活过来了。是你们给我烧的纸，到阴曹地府变成了钱。阎王爷收了我的钱后，就把我放回来了。"这件事很快传了出去，有个有钱有势的老员外不相信，说："我家用金银陪葬，比纸可贵重千万倍，为何我的先人不能复活呢？"尤文一说："老员外，金银是人间使用的，绝对不能带到阴曹地府；如果员外还是不信，可以打开祖坟，看看你先人坟墓里的金银，绝对是分文没少。"后来，员外派人打开祖坟，坟内陪葬的金银果然都还在！

这件事传出去以后，人人对于烧纸的事情，更加相信了，并且形成一种风俗，一直流传下来。不过，尤文一当初突然复活，却不是阎王爷把他放了回来，而是他根本就没有死。他是苦恼纸卖不出去，就和妻子谋划出来这么一个计策。后来，烧纸钱的习俗也就流传下来了。

叩手礼流行于我国哪个地区？

在我国南方地区，流传着一种"叩手礼"。这种礼节是，在主人给客人倒茶的时候，客人用食指和中指轻轻地叩敲桌面，以表达感谢之意。"手"和"首"是同音，"叩手礼"即代表了"叩首礼"。在这个礼节中，三个指头完全，代表了三跪，叩敲九下，即代表了"九叩首"。

这个叩手礼的由来，还和乾隆皇帝的三段趣闻有关。据说，乾隆皇帝微服私巡的时候，来到南方的一个茶楼里。当地的一个知府知道后，为了献殷勤，要去拜见乾隆皇帝。可是，皇帝是微服私巡，又不能公开皇帝的身份，要不然自己的乌纱都得丢掉。知府到茶楼后，坐在皇帝对面的末座上，皇帝是主人，又是以常人身份来到此地，免不了要给知府倒茶。知府见此情形，诚惶诚恐，可是又不能公开叩拜，于是灵机一动，挽起三根手指头，在桌面上轻轻敲了三下，以代表三跪九叩的大礼。就这样叩手礼的礼节就渐渐流传下来。

第二个故事说的也是乾隆皇帝南巡的趣闻。据说，乾隆带着两个太监，做便衣打扮，来到江南的一个茶馆。茶馆老板拎着一个长嘴茶壶，过来冲茶。他踮起茶壶，沓啦啦、沓啦啦、沓啦啦一连三洒，正好斟出一杯浅浅的茶水。乾隆皇帝看到之后，很是好奇，问掌柜的，为什么倒茶时不多洒一洒，也不少洒一洒，而是偏偏巧洒三下。茶店老板说，这是茶馆行规，叫作凤凰。乾隆皇帝听着有趣，也想试一试，于是给太监倒了一杯茶。太监在皇宫内，见皇帝都要三拜九叩，怎么能承受得起这茶水呢，于是，他急中生智，连忙用手指叩打桌面，以表示叩头的意思。

这两个故事，大意都是说乾隆皇帝巡游江南的时候，手下的人无意间发明了叩手礼，并流传了下来。从两个故事的情节上看，也许是民间讲故事的艺人，在故事的传承过程中从一个故事分成为两个。不过，从这两个故事中，还能够看出一个共同点，就是叩手礼确实是在南方出现并流行下来的。

"七出"一词最早出现在什么时期？

"七出"是指在中国古代规定夫妻离婚时所要具备的七种条件。在古时的法律、礼制和习俗中，当妻子符合其中任意一种条件时，丈夫及其家族就可以将妻子休掉。虽然在汉代的《大戴礼记》中已有"七去"的记载，但"七出"一词到唐代以后才正式出现。

汉代的礼制将"七去"作为一般人休妻的重要准则，"七去"可以说是"七出"的早期雏形，但一直未成为具有强制性的规定。到了唐代，《唐律》把"七出"列入法律规定之中，违反"七出"或者是义绝、和离、违律成婚等行为都将受到法律的处罚。

"七出"的主要内容是：一、"不顺父母"，即妻子不孝顺丈夫的父母，违背孝顺的道德在当时被认为是很严重的事情；二、"无子"，也就是说妻子生不出男孩来继后，中国的传统观念认为，为家族延续香火是婚姻最重要的目的，婚后"无子"被认为是"大不孝"；三、"淫"，指妻子与丈夫之外的男性发生性关系；四、"妒"，指妻子好嫉妒；五、"有恶疾"，指妻子患了严重的疾病；六、"口多言"，指妻子太多话或说别人闲话；七、"窃盗"，指妻子存有私房钱，即拥有自己的个人财产。

虽然已有明文规定，但唐朝离婚的法律规定执行起来并不是很严格，私下有不甚合理的理由离婚也常不被干涉，而地方官只有在其中一方对离婚不服的情况下，才依照律令进行审判。明代的很多名士都对"七出"的规定深恶痛疾，宋濂和俞正燮等人更是对"七出"制度中对女性的不公进行了猛烈的批判。到了清末民初，传统的婚姻制度与"七出"一起，受到众多具有民主意识的知识分子的广为批判。

缠足陋习的源起及废止如何？

缠足是指在中国封建社会，女性用一条狭长的布袋将足踝紧紧缚住，从而使肌骨变形，脚形纤小屈曲，以符合当时的审美观。它是中国封建社会特有的一种装饰陋习，对广大女性的身心毒害至深。辛亥革命后，各地方政府采取种种措施改革这一陋习，缠足才最终被废止。

对于缠足习俗产生的原因，一般认为是中国的封建社会长期处于封闭状态为其提供了物质前提，男耕女织的物质生产方式是其根本原因。

在当时社会，女性从四五岁起便开始裹脚，一直到成年之后，骨骼定型，方能将布带解开，也有终身缠裹，直到老死之日。关于缠足的起源，说法不一。有人称夏、商时期的禹妻和妲己便是小脚，有说始于隋朝，也有说始于唐朝，还有说始于五代，但对此学界并无定论。

在缠足始于隋朝的说法中，谣传隋炀帝曾征召百名美女在其去东都的过程中为其拉纤。在这拉纤的队伍中，有一个名叫吴月娘的女子。吴月娘对隋炀帝的横征暴敛早就深恶痛疾，她带着父亲为她打造的一把长三寸、宽一寸的莲瓣小刀。为了不引起注意，她就把小刀裹在脚底下，并用长布将脚裹小。她还在鞋底上刻了一朵莲花，走起路来会在地上印出一朵朵的小莲花，甚是好看。隋炀帝看到此番情景，顿时龙心大悦，立马命人将她召到自己身边，赏玩起她的小脚来。

吴月娘趁侍卫不注意，突然从脚底下抽出莲瓣刀向隋炀帝刺去。隋炀帝见势不妙连忙闪过，但还是被吴月娘刺破了手臂。吴月娘最终未能杀掉隋炀帝，为了不受凌辱，便纵身投河自尽了。隋炀帝对此大为震怒，于是便下旨：日后选美，无论女子如何美丽，"裹足女子一律不选"。但民间女子却纷纷裹起脚来纪念月娘，裹脚的风俗自此盛行开来。

道光年间，由外国人开办的耶稣教会发起"天足运动"。太平天国时期曾禁止妇女缠足。辛亥革命后，缠足陋习开始逐渐废绝。

新娘为什么要盖红盖头？

红盖头指的是古代人在举行结婚典礼的时候，新娘头顶上蒙着的那一块红布。这块红布一般都选用名贵的丝绸，质轻、柔软，而且还十分的美观，给新娘子一种美丽、神秘的感觉。红盖头是中华民族的风俗礼仪，在古代人结婚过程中必不可少的一道工序。

最早的盖头出现在南北朝时期的齐代，当时的妇女们为了抵御风寒，常常用一块布盖住头顶。到了唐朝的时候，这块盖顶布，就演变成了一种大型的帷帽，可以从头披到肩膀上。据说，唐明皇李隆基为了突破旧习俗，命令宫女用透额罗罩头。这指的是在帷帽前面加一个帘子，遮盖额头，也是一种装饰物。后来，渐渐地盖头成为结婚的时候，新娘不可缺少的喜庆装饰物。为了表达喜庆意味，盖头也都选用红色。

姑苏繁华图（局部） 清 徐扬
图中表现的是一婚礼场面。一对新人在堂上参拜长辈，阶下有鼓吹者作乐。

关于红盖头的由来，还有一个传说。在远古的时期，百姓得罪了天神，天神为了惩罚人类，就发动了洪水，将人类全部消灭掉了。只剩下了女娲和伏羲兄妹两人，为了延续种族，他们决定配为夫妻。可是又觉得天理不容，于是他们就爬到山顶上，向天祷告，"如果上天同意我们结为夫妻，就让天空中的两朵云聚合在一起；如果不同意，就让它们散开吧！"它们刚说完，那两朵云便渐渐地向一起移动，最终聚合起来。可是他们毕竟还是兄妹，女娲为了遮挡害羞之情，就用结草编制了一个扇子，挡住脸面。扇和苦同音，苦，也就是盖。结婚的时候，新娘子一般都会害羞，因此，这种执扇遮面的风俗就流传了下来。又因为丝织物美观、轻便，所以，渐渐地就用丝织品作为盖头替代了扇子。

在世界上，有很多民族的传说中，都有兄妹通婚的故事，而且也都有遮面避羞的描述，只是有的选用树叶，有的使用兽皮，有的采用了编织物。对于红色盖头的来源还有不同的说法，有人说是因为古时候女孩子不能随便出门，尤其是要出嫁的时候，必须待在家里。结婚的那天也是，于是就用一块布盖在头面上。因为是结婚，所以红色成为最理想的颜色。

不论哪种说法，红盖头确实已经成为中华民族婚俗史最光彩的一部分，成为整个中华民族婚俗文化不可或缺的一部分。

抢婚制盛行于什么时期？

抢婚是指男子通过掠夺其他氏族部落妇女的方式来缔结婚姻，也称"掠夺婚"，是原始社会的婚俗之一。抢婚制盛行于以男性为中心的游牧时代。

抢婚制的原因，大致有以下几个方面：一，在抢婚盛行的游牧时代，女子往往被视为是男子的财产，男子为了争夺女子，往往发生部落与部落、民族与民族之间的斗争。二，抢婚产生于对偶婚向个体婚演进的原始社会末期。但由于对偶婚难以树立性别权威，而男子在社会生产中的地位却日趋重要，他们就不再是将自己"嫁出去"，而是选择将女子娶回来。但由于当时的社会传统仍是女权社会，所以他们只能用暴力掠夺的手段来抢婚，同时实现社会由女权向男权的变革。

除上述原因之外，学者还指出了导致这种婚俗的另一重要原因：由于掠夺婚出现在母系氏族社会向父系氏族社会过渡之时，当时男性已经成为主要生产劳动力，妇女的地位下降，所以妇女为了生存常有溺杀女婴的现象，这就造成了男女比例的不平衡。同时，女子是氏族财产的一部分，是家庭劳动力的一分子，家长或族长不愿其被分流出去。

族外婚在父系氏族时代已发展成为必然趋势，抢婚也由此成了一种常见的婚姻形式。

家族与家族之间经常为了生存而斗争，所获俘虏，男的予以杀害，女的则可用以满足性的需要。有了这种诱惑，各家族之间经常发生以掠夺对方妇女为目的的战斗。随着生产力的发展，人类文明的不断进步，抢婚已被历史淘汰，现今的男女双方均有选择自己婚姻的权利。

时至今日，抢婚在我国少数地区发展成为一种象征性的表演。如我国西南云、贵、川、藏等省份保留着模拟式的带闹剧色彩的"抢婚"。抢亲后如果两家你情我愿便可正式成婚；如果经说和不成的，有时候往往会造成两家之间的隔阂，甚至男女两家长期成为冤家。

在自由婚姻盛行的今天，抢婚虽然已经改变了原来的意义，但作为一种古老的婚姻仪式，是一种宝贵的非物质文化遗产。

外婚制产生于什么时期？

外婚制是指同一氏族内男女禁止通婚，只能在外氏族男女间选择配偶的婚姻制度，又称"族外婚"。外婚制最早产生于旧石器时代的中、晚期。

外婚制的起源有多种不同的说法。但大多数人认为外婚制是为了避免血亲婚配的危害而产生的。

外婚制是于旧石器时代中、晚期从血缘集团内的群婚发展而来的，它始于原始社会的母系氏族社会向父系氏族社会过渡阶段，在父系社会时正式形成，之后被"对偶婚"所代替。

外婚制随着社会的发展而有不同的表现形式。最早期的外婚制是一个部落分为两个部分，两个部分的人只能与对方的异性通婚。由于人口增殖，氏族扩大和分化，原始社会后期开始出现近亲集团之间的通婚，而各近亲集团则实行外婚制。在中华人民共和国成立前，鄂温克族一直实行严格的氏族外婚制。

外婚制规定氏族成员只能在所属的集团之外选择配偶。这种情况因不同的时代、民族、国家和地区而异。在原始社会中，族外婚制是氏族组织普遍实行的婚姻制度，它规定同一氏族的男女不得互为配偶。中国古代一直实行严格的同姓不婚制，后改为同宗共姓不得为婚。

外婚制加强了各通婚集团间的社会经济联系，符合自然选择的法则，有利于人类种族的繁衍，它的出现是人类婚姻史上的巨大进步。

同姓不婚的传统是什么时候确立的？

同姓不婚是指中国古时出于伦理纲常的考虑，不允许同姓男女之间有嫁娶行为。这一传统是在西周时期确立下来的，是华夏民族实行族外婚时遗留下的规定。

春秋时期，人们对同姓婚配会造成后代畸形及不育已有进一步认识，但同姓婚配仍在贵族中时有发生。战国时期和汉代对同姓不婚多有不禁。到了唐朝，对同姓婚根据古代的制度明令禁止。宋、元沿袭了唐朝的制度。

中国从西周时代起，出于伦理和生理两方面的考虑，确立了同姓不婚这一婚姻制度。在《国语·晋语四》中有"同姓不婚，惧不殖也"的记载，《左传·僖公二十三年》中也提到"男女同姓，其生不蕃"，可见当时人们已经认识到了近亲结婚的严重性，认为同姓通婚将影响种族的繁衍和后代的素质。

中国的很多朝代对这一制度都有明文规定。唐律规定："同姓为婚者徒二年，同姓又同宗者以奸罪论。"明、清律规定："凡同姓为婚者各杖六十，离异。"

同姓结婚容易产生众多问题。第一点，不利于遗传基因，同姓结婚容易造成近亲繁殖，导致出生的婴儿畸形和带有先天性疾病的概率增大；第二点，出于政治需要，同姓不婚可以促进与异姓之邦的联姻，在客观上扩大和加强了与异姓集团的政治合作及军事联盟；第三点，崇尚伦理道德，古时多把同姓成婚视为乱伦。

同姓不婚是我国历史上婚姻制度的巨大进步，对后世的婚姻制度有很大的指导意义。

中国最早的冥器出现于什么时期？

冥器是指中国古人的陪葬物品，又称为明器。中国最早的冥器可追溯到商周时期。商周时期是个鬼神思想盛行的年代，人们当时在"万物有灵"的思想支配下，相信祖先的神灵能够保护自己，他们对过世的先人"事死如事生"，有时甚至事死重于事生。上层贵族在家人去世后，往往把大量的先人在世时用过的金银宝器、车马剑戟、玉和青铜礼器等实用器具随逝者一起埋入地下。一些下层百姓在这种风气的影响下，为了不让其先人在地下缺物少乐，在其财力可以承受的范围内，便把死者生时所爱和所用之物做成模型以代实物，与棺椁和少量实用器一起埋入墓中，这就是冥器

三彩冥器

的开端。

在已发掘的夏商时代的墓穴中，出土了大量陪葬的人、兽、日用器物及金银玉器等。战国至汉代早期盛行厚葬之风，许多王公贵族死后往往将大批生前所用之奴仆、器物陪同下葬。当时所用的冥器一般均是主人生前所用器具的实物。汉代后期，人们大多用代替品充当冥器，厚葬之风日益衰微。

汉代墓出土的各种陶狗、陶羊、陶壶、陶猪舍等，是真正意义上的冥器。隋唐时期，有专门的厂家生产各类冥器，通过专门被称为"凶肆"的店铺销售给有此需要者。现存的各种唐三彩镇墓兽、三彩马、杯盘相连体的三彩套盘等就是这些"凶肆"（出售丧葬用品的店铺）出售的商品。

北宋以后，纸冥器逐渐流行，其他质料明器减少；但在官僚地主墓中仍不乏陶、木冥器。宋元时期，陶瓷产品普及程度大大提高，用陶陪葬不再是贵族的专有。除了将主人生前所用的数件器物一起下葬外，还会添加一些有祝福、求吉含义的冥器。明末清初时，南方的丧葬常采用将军罐来盛放主人的骨骸。

冥器如果以礼器为主，则表明死者生前享有极高的政治地位；如果是以日常生活用具为主，则表明生者比较关心死者在死后世界中的财富和舒适生活。所以，随葬品形式的转变反映出一种集体意识的更动。

屈肢葬是哪个朝代的丧葬仪式？

屈肢葬是指在人死之后将尸体屈肢摆放成像胎儿在胎胞内的样子。它是中国墓葬制度史上的一个奇特现象。关于屈肢葬的渊源、流行时间和地区、表现意义等一直是困扰着相关学者的首要问题，但学界普遍认为屈肢葬是秦朝特有的丧葬文化现象。

屈肢葬与直肢葬一样都是秦国特有的文化现象，直肢葬者为秦宗室贵族，屈肢葬者为

殉葬的奴隶。在陕西和甘肃，特别是陕甘交界地区发掘的春秋战国时代的秦墓中显示，蜷曲特甚的屈肢葬占70％，直肢葬占12％，葬式不清者有18％。据此，学界普遍认为秦国殉葬的风气特别盛行，但根据文献尚不能直接证明屈肢葬是秦国的奴隶殉葬仪式。

但考古研究发现，屈肢葬并非仅流行于秦国，二里头文化遗址中也有蹲坐、仰屈、侧屈等葬式。特别是辛店文化的屈肢葬与春秋时代秦国的屈肢葬表现出惊人的相似。而在国外的很多地区，也都发现有屈肢葬的仪式，因此很多人认为屈肢葬并非中国特有的现象，而是流行于世界部分地区的文化现象。

而另一种主张认为，春秋战国秦墓与西周墓或中原地区东周墓在葬俗上差异很大，屈肢葬俗无疑应属于秦国自身的文化传统。西周墓中流行直肢北首葬俗，而秦墓中流行蜷曲特甚的西首葬俗，春秋时代的屈肢葬较少，战国时屈肢葬数量上有所增加，但像关中秦墓中蜷曲特甚的情况却十分罕见。

尽管围绕着屈肢葬到底是什么时期的丧葬仪式人们仍有争议，但屈肢葬属于秦朝丧葬风俗的论证已被人们普遍接受。

冥婚在哪个朝代最为盛行？

冥婚是指在旧社会时，有的少男少女在订婚后，未等迎娶过门就因故双亡，长辈们就为他们举行一个阴婚仪式，最后将他们埋在一起，成为夫妻，这是一种迷信的婚姻仪式，在宋朝时最为流行。

冥婚多出现在贵族或富户，贫寒之家无财力办冥婚。旧社会时人们认为少男少女在未完婚前死去后，如果不替他们完婚，他们的鬼魂就会作怪，使家宅不安。在这种观念下，长辈们就会为他们举行一个阴婚仪式，使他们成为夫妻，并骨合葬，免得男、女两家的茔地里出现孤坟，影响家宅后代的昌盛。

在汉朝以前，冥婚就已有之。由于冥婚耗费大量的人力、物力，当朝曾明令禁止。到了宋朝，冥婚的现象非常流行。但凡是未婚死亡的男女，其父母必托"鬼媒人"说亲，然后占卜问道，卜中得到允婚后，父母就开始替已逝的孩子做冥衣，举行合婚祭，将男、女并骨合葬。

清代时，随着贞节观的加强，妇女殉葬冥合的习俗仍很盛行。北京在清末民初时仍有阴婚风俗的残余现象。当时还有采用八抬大轿迎娶一张已故女人照片的情况，还有全份金灯执事的礼节，将阴婚办得极为隆重。

冥婚自产生以后在各个朝代都有流行，直至晚清封建礼教受到西方精神文明的冲击才逐渐消失。

中国古代最残忍的殉葬方式是什么？

殉葬是指以器物、牲畜甚至活人陪同死者葬入墓穴，以保证死者亡魂的冥福。其中，人殉是中国古代最残忍野蛮的殉葬制度。

用活人殉葬是古代丧葬常有的习俗。殉葬者都是死者的妻妾、随仆，也有用俑、财物、器具等随葬。在约5000年以前的龙山文化时期，人殉就已经出现了，商朝男女贵族墓葬有大量的人殉，但没有夫妻合葬、妻妇殉夫的现象。

商、周时期人殉就很盛行。考古工作者从已经发掘的古墓中发现，殷商时期的墓葬中有大规模的人殉现象。殷墟侯家庄商王大墓中有164具殉葬者的骸骨，商王妃妇好墓有16人殉葬，曾侯乙墓有21具殉葬者的尸骸。周幽王的墓中有百余尸体，除有一具男尸外其余全为女性。可见当时的君王死后，把生前享用的一切，包括美妻艳妾都送到坟墓中去为自己殉葬。

秦汉以后人殉的现象逐渐减少，通常使用木俑、陶俑殉葬。明朝时期，人殉之风死灰复燃，明太祖死后使用了人殉，英宗时期，殉葬制度被废除。清朝的皇太极、顺治时期，殉葬之风依然存在。康熙时期，残存了几千年的封建时代的殉葬制度最终被彻底废除。

1464 年，明英宗在临终前做了一个非常重要的决定：自他开始废除人殉制度。宪宗皇帝为表达对先帝决定的尊重，在临终前也再一

彩绘骑马俑　西汉

此群俑充分显示了汉军的威武阵容。

次强调不要殉葬。两代皇帝的坚持执行，终于给明初以来的人殉制度画上了句号。

清朝初年，满族皇室人殉制曾非常盛行。太祖努尔哈赤死后，其生前所宠爱的妃子都成了他的殉葬品。太宗皇太极死后也同样使用了人殉。妻妾殉夫的行为在当时还要被官府表扬并广为传颂，称她们为"烈女""节妇"，并修书、立牌坊。

汉将朱斐在康熙时曾上疏请求废除人殉制度，1673 年，康熙明令禁止了人殉这一残暴的制度，从而结束了清初这一残酷的习俗。

清朝灭亡以后，中国几千年来的人殉制度最终在文明的进程中消失了。

关于树葬最早的记载出现在哪里？

树葬是指把人的骨灰深埋在一棵指定的大树下，或是将骨灰撒在土壤里，并在上面种上一棵树作为纪念的一种新的骨灰的处理方式。树葬最早是出现在一本写三国时期南方少数民族将领孟获的史书中，据书中记载，孟获的妃子死了，就把她葬于树上，然后一群人围着树跳舞、唱歌，带有缅怀的意思。

树葬又叫作"挂葬""悬空葬""风葬""空葬"，是一种古老的葬式类型。树葬分为古代树葬和现代树葬。古代树葬在中国东北和西南的少数民族地区很常见。而现代树葬是殡葬的一种新形式，即人们以认养绿地的方式，种植一些树木，将亲人的骨灰撒在树下。

根据形式和木架结构的不同，又可以把树葬分为以下几种类型：悬尸于树，就是先用破布或棕皮包裹尸体，放入竹筐，将竹筐挂在山中的树林中，让尸体自然腐烂；缚尸于树，用藤条或绳索将死者直接捆缚于树上；置尸于台，就是在大树的两枝树杈上并排搭上树枝，上面再铺上树枝，搭一个小的平台，然后将死者安放于平台上。

树葬没有墓穴，也没有用可降解的特制骨灰坛，而只是在上面做标记，例如，只在树下放一块石头，石头上再钉上一块铜板，写上死者的姓名、生卒年月就行了，也可以在树上悬挂纪念牌，既不留坟头，也不立墓碑，只占用很少的土地。所以说，树葬是当今世界上最先进的殡葬行为理念之一。

人们对于树葬习俗的产生渊源有很多看法。有的认为树葬习俗的形成与游猎经济有关；但也有的学者提出，古人认为死人的精灵荡游在森林中，就像生活在活人的身旁，这可能导致树葬之俗的原因之一；还有的认为原始社会早期，人类居住于树上，基于灵魂观念的考虑，认为既然在生之时栖息于树上，那么死去之后也同样会以"树"为"家"。

传统殡葬方式唯一的作用就是寄托亲人对逝者的怀念之情。而现代树葬不仅可以寄托哀思，还可以绿化环境。因此，树葬既是树居生活的反映，也是原始生活在葬俗上的遗存。

崖葬是将人葬在悬崖上吗？

崖葬是指在崖穴或崖壁上安葬人的遗体的一种葬俗，也是风葬（露天葬）的一种。而中国最早的崖葬是杨有德船棺葬，即武夷山船棺，它是在溪河两岸悬崖峭壁的自然洞穴、岩隙或人工凿成的岩洞穴里安葬死者的一种葬俗。

传说崖葬是武夷人家为了铭记南海观音菩萨在洪水中的救助之恩而形成的习俗。按祖上风俗，武夷人家每一家人都要凿船架壑，连死后的棺木也要做成船形，并将死者安葬在洪水淹不到的岩壁洞穴中。那些架壑船和船棺千年不朽，至今还保留在九曲溪滨的峰岩壁洞上，游客们乘筏游九曲时就能够看见。

崖葬可分为三种类型：第一种是悬棺，是指在悬崖峭壁上钉桩搁棺匣；第二种是岩墩墓，即人工在石岩上穿凿洞穴作为墓室；第三种是岩罅，又称为崖葬，也就是利用自然岩罅放置棺木。

崖葬的这种风俗早在中国古代濮、越、巴、僚、汉等民族的部分人中盛行了，《临海水土志》对崖葬已有所记载。中国的崖葬主要是分布在福建、浙江、江西的仙霞、武夷山区，广西山区、西江流域，贵州、四川东南的长江及其支流沿岸，湖南、贵州和四川接壤处的西、辰、巫、武、沅等五溪流域，四川、云南的乌蒙山区北麓至金沙江边，台湾各岛屿等地区。

崖葬是一种奇特的葬俗，其神秘的丧葬文化色彩使人们越来越关注它在人文、历史、考古学等诸多方面的研究价值。

二十四节气中最早制定出来的是哪一个？

冬至俗称"冬节""长至节""亚岁"等，时间在每年的阳历12月21日至23日之间，是中国农历中一个非常重要的节气，也是中华民族的一个传统节日。早在2500多年前的春秋时代，中国就已经用土圭观测太阳，测定出了冬至，它是二十四节气中最早制定出的一个。

冬至是一年中北半球白天最短、夜晚最长的一天，北半球在理论上进入了一年中最冷的一天，冬至前是大雪，冬至后是小寒。古人对冬至的说法是：阴极之至，阳气始生，日南至，日短之至，日影长之至，故曰"冬至"。

过冬至的节俗，是中华民族历来的传统，宫廷和民间都十分重视。周代时，人们为了祈求与消除国中的疫疾，减少荒年与人民的饥饿与死亡，就在冬至时举办祭祀活动。唐宋时，冬至的重要性与新年无异。南宋孟元老《东京梦华录》中有云："十一月冬至。京师最重此节，虽至贫者，一年之间，积累假借，至此日更易新衣，备办饮食，享祀先祖。官放关扑，庆祝往来，一如年节。"

按照我国历法的传统，在一年里分为十二节与十二气，合称为二十四节气，以五日为一候，三候十五日为一节或一气，这就是择日学上所用的节气。择日学上是依农历的节气来选定吉日。而所谓的农历则为阴历和阳历的结合，阴历按照月亮所行的周期而定，是纯粹的月份，阳历指的就是二十四节气。我国古代将冬至分为三候："一候蚯蚓结；二候麋角解；三候水泉动"，意为此时气候虽已转暖，但仍然十分寒冷，冬至一阳生，麋感阴气渐退而解角，由于阳气初生，所以此时山中的泉水可以流动并且温热。

中国北方大部分地区在冬至这天还有吃饺子、南方吃汤圆的习俗。冬至这一民俗节日在中国民众的农耕生活中经过了几千年的自发传承，早已形成世世代代传习不断的全民族重大的生活内容和表现形式。

"春节"的名称是自古就有吗？

中国农历年的岁首是中国人民最隆重的传统节日春节。春节是象征团结、兴旺和表达对未来希望的佳节。据记载，中国人民过春节已有4000多年的历史。

关于春节的起源可谓众说纷纭，但是目前被普遍接受的说法认为春节由虞舜兴起。公元前2000多年的一天，舜即天子位，带领部落民众拜祭天地。从此，人们就把这一天当作岁首，这就是传说中农历新年的由来。但过年真正改名叫作"春节"却是在民国时候。

1912年辛亥革命成功后，孙中山先生在南京就任中华民国临时大总统时，宣布废除旧历改用阳历（公历），用民国纪年，并决定采用公历纪年，以公元1912年1月1日为民国元年1月1日，1月1日叫新年，但不称元旦。

但是民间仍然按照旧历过年，还是在当年2月18日（壬子年正月初一）过传统新年。根据这个情况，1913年（民国二年）7月，北平政府务总长向大总统袁世凯呈上一份四时节假的报告，称："我国旧俗，每年四时令节，即应明文规定，拟请定阴历元旦为春节，端午为夏节，中秋为秋节，冬至为冬节，凡我国民都得休息，在公人员，亦准假一日。"袁世凯于是批准把正月初一作为春节，同意春节例行放假，第二年起开始施行。从此夏历岁首称"春节"。

1949年9月27日，中国人民政治协商会议第一届全体会议决定在建立中华人民共和国的时候，采用公历纪年，旨在区分阳历和阴历两个"年"。由于二十四节气的"立春"处于农历年的前后，所以大会把阳历1月1日称为"元旦"，农历正月初一正式改称"春节"。

随着中华人民共和国的建立，春节庆祝活动变得更加丰富多彩。保留了过去民间习俗，摒弃了一些带有迷信性质的活动，新增了很多新的庆祝活动，使春节越来越具有时代气息。

元宵节最早出现于什么时候？

农历正月十五是中国的民俗传统节日元宵节，又称为"上元节""春灯节"，最早出现于西汉。

正月是农历的元月，古人称其为"宵"，而十五日又是一年中第一个月圆之夜，所以称正月十五为元宵节，又称为小正月、元夕或灯节，是春节之后的第一个重要节日。中国幅员辽阔，历史悠久，所以元宵节的庆祝方式各地略有不同，但是吃元宵、赏花灯、舞龙、舞狮子等是各地都有的几项重要民间习俗。

元宵节是中国的传统节日之一，2000多年的西汉就已经存在这种节日了。元宵节赏灯的活动开始于东汉明帝时期（28—75年），明帝提倡尊崇佛教，听说佛教有正月十五日僧侣会有观摩佛祖舍利、点灯敬佛的做法，于是下令在这一天夜晚皇宫和寺庙里点灯敬佛，命令士

卖元宵 清 选自《太平欢乐图册》

族庶民也都要点灯，以后这种佛教礼仪节日逐渐形成民间盛大的节日。

元宵节点灯的风俗经历了由宫廷到民间、由中原地区传播到全国各地的发展过程。正月十五日是一年中第一个月圆之夜，也是一元复始、大地回春的夜晚，人们对此加以庆祝，也是庆贺新春的延续。元宵节又称为"上元节"。按中国民间的传统，在这天上皓月高悬的夜晚，人们要点起彩灯万盏，来表示庆祝的意思。同时还要出门赏月、燃灯放焰、共吃元宵、竞猜灯谜，一家人团聚在一起欢庆佳节。

传统的元宵节是城市和乡村都很重视的大型民俗节日，但现在那些复杂的民俗节目已经被简单的"吃元宵"食俗所代替。

"二月二龙抬头"是什么意思？

我国民间有"二月二龙抬头"的节俗，又称花朝节、踏青节、挑菜节、春龙节、青龙节、龙抬头等，是汉族人民的传统节日，发展至今已流行于全国各民族地区。

由于这一节日时间是在农历二月初二，故称"二月二龙抬头"。龙抬头的风俗由来已久，主要活动是祭龙神。

对于这一节俗的由来，民间还流传着一个传说。传说在很久很久以前，陕西关中连年大旱。在陕西的马额塬上有一个并不起眼的小村子，村里有个小伙子叫水生。他见上天连年滴雨未下，便四处奔走求水。有一天，他在百里外的塬头村，听一位老伯讲了这样的话："关中天旱之事，玉帝早就知晓。曾命东海龙王的孙子前去播雨。可这小龙到了关中却一头窜到龙河里，把播雨大事给忘了。"水生便向老伯询问制服小龙之法。老伯说："必须弄到一根降龙木才行。"水生历经种种磨难最终找到了降龙木制服了小龙。小龙于是便腾空而起，在九霄云中不停地翻滚，霎时乌云密布、雷声大作，大雨倾盆而至。为了纪念这"龙抬头"的日子，人们规定每年农历二月二为"春龙节"。

《燕京岁时记》是清代文人富察郭崇的文章，他在文中也说："二月二日，……今人呼为龙抬头。是日食饼者谓之龙鳞，食面者谓之龙须面。闺中停止针线，恐伤龙目也。"可见当时的人们在这一节日期间通常要食面停针。如今，在我国的很多地区，这种习俗仍然存在。

豫北一带在20世纪80年代中叶，还保留着在"龙抬头"的日子里吃黍米的风俗。每到二月二早上，每家每户都要煎黍米糕，还流传着"二月二，煎年糕，细些火，慢点烧，别把老公公的胡须烧着了"的歌谣。

根据民谣所云："二月二，龙抬头，大仓满，小仓流。"可见人们过"二月二龙抬头"的节日并用各种形式进行纪念，根本原因是与农业生产有关系。

这一节俗寄托了民众祈龙赐福、保佑风调雨顺、五谷丰登的强烈愿望，在科学不发达的时代，起到了促进农事发展的巨大作用。

清明节最早出现于哪个朝代？

清明节是农历二十四节气之一，在仲春与暮春之交，也就是冬至后的106天，是一个祭祀祖先的节日，传统活动为扫墓。中国传统的清明节最早大约始于周代，距今已有2500多年的历史。

关于清明节的起源，据说是从古代帝王将相"墓祭"的礼制中演变来的。后来民间也跟风效法，在这一天祭祖扫墓。这种传统历代沿袭，最终发展成了我们今天的清明节。寒食和清明原本是两个不同的节日，到了唐朝，将祭拜扫墓的日子定为寒食节。随着后世的节日活动的演变发展，寒食节与清明节逐渐地融合在了一起。

"清明节"还有另一个由来，那就是我国农历二十四节气中的清明节气。清明节气在冬至后的第一百零五天，时间大致在春分前后，共有 15 天。一年中的这一时期是春意盎然、气温乍暖还寒的季节，世间万物正在逐步地复苏，生机勃勃，"清明"的称呼对于这一时期而言正是恰到好处。

清明节的传统习俗除了扫墓、踏青外，还有荡秋千、踢蹴鞠、打马球、插柳等一系列极为有趣的节日活动。这是因为寒食节要寒食禁火，为了防止吃冷的食物对身体不好，所以通常要举行一些体育活动，以强身健体。清明节，民间忌讳用针和洗衣服，大部分地区的妇女还忌讳走路。有的地区在天黑之前，还会在门前洒一条灰线，据说可以阻止鬼魂进宅。

清明节是对亲人寄托哀思的传统节日。清明节期间，人们往往通过踏青、扫墓来追悼先人，也是宣泄自己对已逝亲人的怀念之情。

清明节期间，正是春耕春种的大好时节，故有"清明前后，种瓜点豆"之说。2006 年 5 月 20 日，清明节经国务院批准列入第一批国家级非物质文化遗产名录。

人们过端午节的习俗是为了纪念谁？

端午节又称端阳节、午日节、五日节、五月节、重午、端五、午日等，是每年夏季驱除瘟疫的节日，时间为每年农历五月初五。关于端午节的由来流传着很多说法，但流传最广、最为人们普遍接受的说法认为，端午节是为纪念著名的爱国诗人屈原而产生的。

屈原死后，楚国的百姓极为悲痛，纷纷前往汨罗江凭吊屈原。渔夫们纷纷驾船在汹涌的江水中寻找屈原的尸身。其中有一位渔夫拿出为屈原准备的饭团、鸡蛋等食物，丢进江里。他认为如果让鱼龙虾蟹吃饱了，它们就不会去咬屈大夫的身体了。人们知道后纷纷效法。一位老郎中将一坛雄黄酒倒入江中，意在防止蛟龙水兽吞掉屈原的尸身。再后来，人们为了防止饭团被水中的蛟龙所食，想出用楝树叶包饭，并在外面缠上彩带的做法，这就是早期粽子的雏形。

自此之后，每年的五月初五一到，人们就开始举行龙舟竞渡的比赛来纪念屈原。除此之外还有吃粽子、喝雄黄酒的风俗。古人认为"端"字有"初始"的意思，因此"端五"就是"初五"。而按照历法五月正是"午"月，因此"端五"也就渐渐演变成了现在的"端午"。《燕京岁时记》记载："初五为五月单五，盖端字之转音也。"

端午节发展到今天，已经成为我国人民的传统节日。庆祝活动也越来越丰富，有吃粽子、赛龙舟、挂菖蒲、薰苍术、喝雄黄酒等。

历代以来，大量的文人墨客都以此作为创作来源，撰写了大量诗、词、歌、赋等文学作品。"中国端午节"为国家法定

裹角黍　清　选自《端阳故事图册》

节假日之一，已被列入了世界非物质文化遗产名录。

端午节包含着浓浓的古老的习俗，沉淀了中华民族丰富的文化记忆，承载着华夏儿女的民族情感，而屈原精神已成了端午节的节魂。

哪一节日被称为是"中国情人节"？

每年农历七月初七是我国汉族的传统节日七夕节。由于参加这个节日活动的主要是少女，故而人们称这天为"乞巧节"或"少女节""女儿节"。由于七夕节的起源是关于牛郎织女的故事，所以七夕节成了我国传统节日中最有浪漫色彩的一个，因此又被称为是"中国情人节"。

民间有七夕坐看牵牛织女星的习俗。相传，在每年农历七月初七的夜晚，是天上织女与牛郎在鹊桥相会的日子。由于织女美丽动人、心灵手巧，所以凡间的妇女就在这天晚上向她乞求智慧和巧艺，同时也有人向她求赐美满姻缘，所以七月初七也被称为"乞巧节"。夏秋时节，晴朗的夜空中繁星点点，象征天桥的银河横贯南北，在河的东西两岸，各有一颗闪亮的星星，遥遥相对，隔河相望，那就是牵牛星和织女星。

传说中人们在七夕的夜晚，可以在星空中看到牛郎织女在银河中相会的情形，在瓜果架下甚至可以偷听到两人在天上相会时说的情话。

女孩们摆上瓜果向天祈祷，乞求天上的仙女能赋予她们灵巧的双手和聪慧的心灵，让自己的针织女工技法娴熟，同时也乞求完美的爱情和婚姻。

传统中秋节有一些什么活动？

农历八月十五日是我国的传统节日中秋节。中秋节是我国第二大的传统节日，与春节、清明节、端午节并列为中国汉族的四大传统节日。

"中秋"一词，最早出现于《周礼》中。在我国古代的历法中，农历八月十五日处于秋季的中旬，因此将这一天称为"中秋"。由于一年分为四个季节，每个季节又分孟、仲、季三部分，因此秋中的第二月叫仲秋。唐朝时期，中秋节发展成为固定的民俗节日，中秋节也称为仲秋节、团圆节等，是仅次于春节的第二大传统节日。宋朝时，中秋节开始在全国范围内流行开来。到了明清时期，中秋节已与元宵节齐名，成为我国的主要节日之一。

中秋通常会有祭月的古老习俗。根据史料记载，周朝的历任帝王有春分祭日、夏至祭地、秋分祭月、冬至祭天的习俗。这种风俗在当时还甚为讲究，其祭祀的场所称为日坛、地坛、月坛、天坛，分设在东南西北四个方向。

祭月活动的不断衍变，催生了文人赏月的风俗，这种祭祀活动冲破严肃的定制变成了轻松的欢娱活动。民间的中秋赏月活动约始于魏晋时期，但只是小范围的存在并没有形成风潮。到了唐代，中秋赏月的风俗开始盛行，许多诗人的名篇中都有咏月的诗句。到了宋朝，以赏月活动为中心的中秋民俗节日广为流行，正式定为中秋节。宋人赏月与唐朝的欢愉之景相反，他们更侧重于感物伤怀、人情事态，最具代表性的当属苏轼的："人有悲欢离合，月有阴晴圆缺"和"但愿人长久，千里共婵娟"。

宋朝以后，民间在中秋节那天晚上通常会摆设大香案，上面放有月饼、西瓜、苹果、红枣、李子、葡萄等祭品。同时还要把月亮神像摆放在面朝月亮的方向，点上红烛，全家人依次拜祭月亮。在祭拜完成后，当家主妇会按照家庭人口的多少切开团圆月饼，意寓一家人能够平平安安、团团圆圆。

2006 年 5 月 20 日，中秋节经国务院批准列入第一批国家级非物质文化遗产名录。中秋节自 2008 年起被列为国家法定节假日。

腊八节喝腊八粥的习俗最早开始于哪一朝代?

每年农历的十二月初八是中国的传统民俗节日腊八节，人们习惯上称作腊八，是全国各地老百姓最传统、也是最讲究的习俗。在这一天家家户户都要喝腊八粥，喝腊八粥的历史已有 1000 多年，最早开始于宋代。

腊八节在历朝历代有着不同的叫法，夏代称腊日为"嘉平"，商代为"清祀"，周代为"大蜡"。腊八节是古代人民欢庆丰收、感谢祖先和神灵的祭祀仪式，通常又被称为是腊八祭、王侯腊或佛成道日。人们在这一天除了要祭祖敬神外，还要举行驱逐瘟疫的仪式。这一仪式作为史前时代的医疗方法之一，常作为巫术活动在腊月击鼓驱疫，今在湖南新化等地区仍有留存。后来腊八节演变为纪念佛祖释迦牟尼成道的宗教节日。

我国在腊八节喝腊八粥的习俗最早出现于宋代，发展至今已有 1000 多年的历史了。上至皇亲国戚下至黎民百姓，到了腊八这一天都要做腊八粥。清朝时，喝腊八粥的风俗最为盛行。在宫廷，皇室要向文武大臣、侍从宫女赐腊八粥，并向各个寺院发放米、果等供僧侣食用。在民间，家家户户都要做腊八粥祭祀祖先。

这一天，我国大多数地区都有吃腊八粥的习俗。腊八粥是用 8 种当年收获的新鲜粮食和瓜果煮成，一般都为甜味粥。中原地区的许多农家却喜欢吃腊八咸粥，粥内在大米、小米、绿豆、豇豆、小豆、花生、大枣等原料的基础上，还要加上肉丝、萝卜、白菜、粉条、海带、豆腐等。

腊八粥至今已经成了腊八节的符号象征，在历经千年的演变后，这一习俗被完好地流传了下来，并成为华夏民族重要的民俗传统。

303

中国的哪个节日被称为"老人节"?

农历九月九日是中国的传统民俗节日重阳节，在民俗观念中，因为"九九重阳"与"久久"同音，包含生命长久、健康长寿的寓意，所以又称"老人节"。

由于《易经》中把"六"认定为阴数，"九"定为阳数，九月九日，日月并阳，两九相重，故而叫重阳，也叫重九。

重阳节早在战国时期就已经形成，发展至今已有 2000 多年的历史。魏晋时期有了赏菊、饮酒的习俗，这在陶渊明的作品中有所体现。重阳在唐朝时期被正式定为民间的节日。重阳这天全家人通常会一起登高"避灾"，插茱萸、赏菊花。

重阳节是由多种民俗节日交融后形成的汉族传统节日。重阳节的活动一般包括出游赏景、登高远眺、观赏菊花、遍插茱萸、吃重阳糕、饮菊花酒等。

重阳食栗糕 清 选自《太平欢乐图》
浙江一带在重阳节做粉糕，又名栗糕。

重阳节历来有登高的习俗，金秋九月，天高气爽，登高远望既可以心旷神怡，又能够达到健身祛病的目的。此外，由于"高"和"糕"谐音，所以民间还流传有吃年糕的习俗。这种风俗原本是为庆祝秋粮丰收的，由于重阳节前后是丰收的时节，所以就把吃年糕沿用到重阳节的庆祝活动中。

我国的一些地区自20世纪80年代开始，便把九月初九定为老人节，倡导全社会树立尊老、敬老、爱老、助老的风气。1989年，我国政府正式将每年的这一天定为"老人节""敬老节"。上蔡县在2005年12月1日，被中国民间文艺家协会命名为"中国重阳文化之乡"。2006年5月20日，重阳节经国务院批准列入第一批国家级非物质文化遗产名录。

重阳节与除、清、孟三节并称为中国传统节日里祭祖的四大节日。秋季也是一年中收获的黄金季节，重阳佳节，寓意深远，人们对此节历来有着特殊的感情。

"小年"是我国哪个民族的传统节日？

"小年"是我国汉族的传统节日，它并非专指一个节日，而是意味着人们开始准备年货，准备干干净净过个好年，表示新年要有新气象。

"小年"也被称为谢灶、祭灶节、灶王节、祭灶，是人间祭灶的日子。根据各地风俗的不同，"小年"的日期也不尽相同。北方大部分地区称腊月二十三、腊月二十四的祭灶节为小年，中国国内有不少地区称正月十五元宵节为"小年"，也有地方将冬至叫作"小年"，江浙沪一带的很多地区称正月初五为"小年"。"小年"有三方面的寓意：一是指农历腊月是小年的年份；二是旧俗中有在腊月二十三或二十四日，祭灶的传统；三是树木等生长缓慢的年份。

在神话传说中，古代每家每户都有炉灶，玉皇大帝在每家派驻一位监督员即灶神（司命灶君、灶君、灶王爷、灶王），以监督考察这一家一年的所作所为。到了腊月二十三日小年这一天，灶王爷要上天向玉皇大帝报告每一家的善恶，玉皇大帝根据汇报来决定下一年对这家是奖励还是处罚，第二年新年灶神再回来继续监督这家的作为。祭灶节这一天，实际是各家欢送灶神上天的节日。由于灶王爷是男子，所以民间祭灶时有"男不拜月，女不祭灶"的习俗。

从周朝开始，历代宫廷都将祭灶的风俗列入祭典，并在全国范围内立下祭灶的规矩。祭灶的传统在这时期已经成为定制了。清朝从雍正年间开始，宫廷在每年的腊月二十三都要在坤宁宫祭神，与此同时也要祭祀灶王神。王公贵族甚至民间都纷纷效仿，于是在腊月二十三祭灶，成了一项在我国民间影响很大、流传极广的习俗。

"小年"发展至今已不再局限于祭灶，而是具有多种多样的活动形式，其文化内涵和外延都具有相对稳定的完美和谐的特征。

那达慕大会是哪一个少数民族的传统节日？

那达慕大会是我国蒙古族人民的传统活动，活动从每年农历六月初四开始，一直持续5天，是蒙古族人民的盛会。那达慕在蒙古语中的意思是"娱乐、游戏"，以表示丰收的喜悦之情。

蒙古族人举办那达慕的风俗由来已久。根据铭刻在石崖上的《成吉思汗石文》记载，那达慕活动起源于蒙古汗国建立初期。成吉思汗在1206年时被推举为蒙古大汗，他即位后规定每年7—8月间举行"大忽力革台"，旨在检阅自己的部队，维护和分配草场。同时他还把各个部落的首领召集在一起，举行那达慕大会，以表示团结友谊和祈庆丰收。

那达慕在最初举行时，只有射箭、赛马或摔跤中的某一项比赛。到了元明时期，射箭、赛马、摔跤这三项比赛结合一起成为定制。后来蒙古族人又将那达慕称为三项运动。

元朝时期，那达慕在蒙古草原上极为盛行，并逐渐演变为军事体育项目。元朝的统治者曾明文规定，蒙古族男子必须具备摔跤、骑马、射箭这三项基本技能。清朝时，那达慕以苏木、旗、盟为单位，半年、一年或三年举行一次，逐渐发展成为官方定期进行的娱乐竞技活动。时至今日，那达慕仍然是草原上最为热闹的节日活动。

那达慕依据规模的不同可以分为大、中、小三种类型。大型那达慕，摔跤选手为512名，骏马300匹左右，会期持续7至10天；中型那达慕，摔跤手256名，马100—150匹，会期持续5至10天；小型那达慕，摔跤手128名或64名，马30或50匹左右，会期持续3至5天。

那达慕大会不问出身，无论何种民族与宗教信仰的人，均可报名参加。大会上的各项活动是蒙古族人民力量、速度、耐力与智慧的比拼，比较全面地展示了在草原上生活的群众的综合素质。

那达慕大会，已在锡林郭勒草原上流传和发展了近800年，已经成为蒙古族文化传统的重要载体，深受各族群众的喜爱。

傣族的新年是什么节日？

傣族最隆重的节日是泼水节，也是云南少数民族中影响力最大，参与人数最多的节日。泼水节是傣族的新年，时间大概是公历的4月中旬，一般持续3至5天。

泼水节的第一天在傣语中的叫法是"麦日"，与农历的除夕相似；第二天傣语叫"恼日"（空日）；第三天是新年，叫"叭网玛"，意思是岁首，这一天被人们视为最美好、最吉祥的日子。

泼水节为傣历新年的庆祝活动，一般在阳历4月13日至4月15日之间。人们在节日期间会前往佛寺浴佛，然后互相泼水，飞溅的水花表示着真挚的祝福。

划龙舟也是泼水节的一项重要活动，除此之外还有跳象脚鼓舞和孔雀舞。傣族新年的第三天，泼水节的气氛达到了高潮。人人都要精心打扮，穿上节日的盛装到江畔观看龙舟竞渡。泼水节期间到处都洋溢着欢声笑语，气氛甚是热闹。

泼水节期间的种种庆祝活动，能够带给人以艺术的享受。

"水秋千"是水上的秋千吗？

水秋千是中国古代著名的水上运动，是跳水与荡秋千两种运动的结合，类似今天的跳水运动。水秋千在宋朝时就已经出现并且风靡全国，成为上至皇帝、下至平民都十分喜欢的体育运动项目。

玩水秋千时，人们在彩船船头立秋千，荡秋千时有鼓乐伴奏，当摆到几乎与顶架横木相平时，人体脱离秋千翻跟斗掷身入水。孟元老写的《东京梦华录》中有关于水秋千的记载："又有两画船，上立秋千，船尾百戏人上竿，左右军院虞候监教鼓笛相和，又一人上蹴秋千，将架（荡）平，筋斗掷身入水，谓之水秋千。"

《驾幸临水殿观争标锡宴》中，着重讲述了喜爱水秋千运动的皇帝宋徽宗是怎样组织水秋千表演的。表演的时间是在每年的三月，宋徽宗赵佶带着自己的家人和大臣，驾幸皇家水景园林金明池内的临水殿观龙船争标。

开赛之前，殿前停着两艘画船，船上立有秋千，船尾有艺人表演各类杂技，旁边还有一些禁卫军官兵击鼓吹笛助兴。然后一人现身登上秋千，稳稳荡起，越荡越高，当身体与秋千的横架差不多平行时，突然腾空而起，弃秋千而出，在空中翻几个筋斗，最后掷身入水。

和今天的花样跳水相比，水秋千的视觉效果要好出许多。水秋千比现代跳水难度系数更高，也更惊险。起跳处不是固定的跳板，而是飞荡在空中不断活动着的秋千板，对起跳时机的把握有极其严格的要求。秋千在活动中起活动跳台的作用，这使得水秋千表演的难度极大。因为秋千荡平只是一瞬间的事情，一旦没有适时跳离，它就会往回荡，再脱手跳离就很危险了。

这种高超的水秋千表演，每年只一次。每逢这天，连皇宫中的宫女都登楼上阁，撩开门窗上的珠帘，尽情观赏。

水秋千作为中国古代的娱乐活动，丰富了古代民众的生活，是我国珍贵的非物质文化遗产。

爆竹在中国有多久的历史？

爆竹产自中国，俗称"爆仗""炮仗""鞭炮"，爆竹的起源很早，自出现至今已有近2000年的历史。现代人都认为放爆竹作为节日的一种娱乐项目，能给人们带来欢愉和吉利。如果我们追溯爆竹的起源，就会了解古代人燃放爆竹的本意及其演变的历史。

唐朝初期，瘟疫四起，有个叫李田的人试着把硝石装在竹筒里然后点燃，使其发出极大的声响和浓烈的烟雾，结果驱散了疫病，这便是装硝爆竹的最早雏形。

后来人们发明了火药，将硝石、硫黄和木炭等填充在竹筒内燃烧，产生了"爆仗"。到了宋代，民间开始普遍用纸筒和麻茎裹火药编成串做成"编炮"（鞭炮）。

随着时间的推移，爆竹的品种花色日渐繁多，应用也越来越广泛。湖南浏阳，广东佛山、江西的宜春和萍乡、浙江温州等地都是我国著名的"花炮之乡"，生产的爆竹不仅畅销全国，而且还远销世界其他国家和地区。

燃放爆竹现今已成为具有民族特色的活动。人们除为了辞旧迎新而在春节燃放爆竹外，每逢重大节日及喜事庆典，诸如元宵节、端午节、中秋节及婚嫁、建房、开业等，也会燃放爆竹以示庆贺。

民间舞龙有着怎样的传说？

在各种大、中、小型文艺晚会、开业庆典、闹元宵等大型节日或庆典上，大家都容易看到人们舞龙舞狮加以庆祝。那么，你知道人们为什么要舞龙舞狮吗？难道仅仅是为了热闹吗？

传说在浙江金华县有一座奇灵山，山下有一条名叫"灵溪"的大溪流，当地的人们每天都用灵溪的水来浇灌稻田。有一天，县老爷和随从正在巡视乡野的时候，忽然看见几名大汉扛着一个大笼子，笼中是一条大蛇，仔细一看，大蛇居然还在流眼泪，于是县老爷动了恻隐之心，对几位大汉说："壮士们，这条大蛇能否卖给我？"几位大汉见县老爷要买这条大蛇，连忙应允。县老爷将大蛇带回家中饲养，起初县老爷命人喂生肉给大蛇吃，结果大蛇都不吃，后来才知道大蛇只吃米粮，和人类一样，这让县衙府中的人啧啧称奇。人们将大包大包的米丢进溪里，祭拜大蛇，希望来年又有个大丰收。就在这时，天气变得很奇怪，不是一连几天出大太阳将人晒伤，就是大雨连绵不断，这种情况让百姓们忧心忡忡。

一天，县老爷正在书房为这几天来的怪天气烦恼时，忽然看见大蛇回来了，并对他说："我原本是奇灵山的巨龙，也是掌管米粮的天神。由于不慎犯了天规，被玉帝贬到人间来；后来由于你的善心感动了玉帝，才让土地公放了我。但是，大家都把米粮丢进溪中祭拜，糟蹋了粮食，玉帝知道后大怒，要罚金华县大旱两年。"县老爷一听，大吃一惊，连忙问说："有没有补救的方法呢？"大蛇说："只要今后祭祀只用清水便可，不要用鸡、鸭、鱼、肉，以免玉帝动怒。"县老爷听完便下令全县老百姓照大蛇的话去祭祀。但是，县里还是有些人并不遵照大蛇的指示，依然用鸡、鸭、鱼等荤食祭祀。玉帝知道后，更加的震怒，说："不是说金华县的人民已经知道悔过了吗？他们还在继续糟蹋粮食！来人！将灵溪巨龙斩了！"就在巨龙被斩后，金华县天天下红雨，简直和血一般。属下将这奇怪的现象禀告给县老爷，并说："还有一件奇怪的事，就是在灵溪的岸边，从天上落下一条被分割的巨龙身体。"县老爷听完连忙赶到溪边，一看，大声惊呼："这不是我的大蛇吗？只知道人间难辨忠奸，岂知天上也是是非不分，巨龙啊巨龙，都是我们害了你！"

后来，人们知道后都十分后悔，所以每逢正月十五便舞龙，希望巨龙的身躯能接合起来，这个习俗就一直流传至今了。

两湖一带又有一种民间传说。传说战国时的鬼谷子和金角老龙相遇，鬼谷子说："据我掐算，近日有雨，城内三十六点，城外四十八点。"金角老龙有意让鬼谷子的预言落空，便利用职务之便，让城内下了四十八点，城外下了三十六点，结果城内不少老百姓死于水患。后来玉皇大帝问罪，金角老龙受到贬黜。为了赎罪，老龙便在每年的新春到来之际，逐门逐户地向老百姓鞠躬赔礼，并承诺一年的风调雨顺。于是，人们便据此传说，用竹条铁丝、绸缎纱布扎制成彩龙，每逢年节舞耍一番，表达欢快喜悦之情，也希望天遂人愿，祈雨祈福。

舞龙有送子的寓意吗？

后世的舞龙，不仅有祈福祈雨、彰显力量的意味，还有送子的意思。

灯与龙的结合，大约起始于宋时。因为"灯"与"丁"是谐音，龙又是中华民族吉祥的象征，龙灯也就寓意着"龙丁"，谁不希望自己的家里出一个"龙子"呢？所以兴旺人丁是舞龙的另一层寓意。我国民间有元宵节做"桔灯"（谐"吉丁"）、"添灯"（谐"添丁"）。用面粉捏制"十二生肖灯"（生肖和生育关系密切）、"送灯"（谐"送丁"）、"偷灯"，尤其是偷庙里的"莲灯""迎花灯""接灯""还灯""上灯棚""穿灯脚"、挂"子孙灯"、燃"照岁灯"等习俗。而且龙的品种丰富多彩，有竹龙、木龙、荆龙、草龙、布龙、纱龙、纸龙；有由荷花和蝴蝶组成的"百叶龙"，用刨花扎成的"木花龙"，用铁皮卷成的"铁皮龙"等。"龙灯会"一般在佳节、盛会时举行，场地选在广场、村头等宽敞的地方。这些习俗都含有繁盛人丁、兴旺家族、为下一代的健康成长求吉祈福的寓意。

浙江奉化还流行"盘龙灯"。龙灯队如果"盘"到子孙众多的大户人家，就放"百子炮"；如果盘到小户人家，就放三个连响炮。放炮者不能将炮蹲在地上放，认为炮一蹲地，就意味着这家子孙是"泥坯子"。要将炮提在手中放，寓意"龙子"一步登天。湖南湖北一些地方，人们相信龙灯对生育有利。在龙灯舞到门前时，那些多年求子不得的妇女，往往加钱加物，让"龙"绕一绕自己的身体，以许愿求得子嗣。

舞狮是在哪个朝代开始流行的？

舞狮是中国传统的民俗活动，又称"狮子舞"，多在年节和喜庆活动中表演，以寄托民众的美好意愿。早在南北朝时期，舞狮就已经开始流行了。

古时人们认为舞狮可以驱邪辟鬼。故此每逢喜庆节日，例如开张庆典、迎春赛会等，都喜欢舞狮助庆，而且狮子在中国人心目中为瑞兽，象征着吉祥如意，从而在舞狮活动中寄托着民众消灾除害、求吉纳福的美好意愿。因此，我国舞狮历史久远，早在《汉书·礼乐志》中记载的"象人"就是舞狮的前身；唐宋诗文中也多有对舞狮的生动描写。

舞狮在南北朝时期就开始流行，至今已有 1500 多年的历史。我国原本是不产狮子的，我国最早出现的狮子是在与西域的交流碰撞中传入的。在佛教的传说中，狮子是文殊菩萨的坐骑。舞狮子的风俗随着佛教的传入，也在中国逐渐地流传开来。相传舞狮子技艺来源于西凉的"假面戏"，但也有人认为舞狮是在 5 世纪时在军队中产生的，后来传入民间。到了唐朝时期，舞狮子的活动已成为盛行于宫廷、军旅、民间的一项活动，表演者通常装扮成狮子的模样，在锣鼓音乐的伴奏下，模仿狮子的各种形态动作，以取悦观众为目的。

我国现存比较有名的舞狮分为南狮、北狮两大类。南狮侧重于威猛，以各种高难度动作取胜；而北狮活泼灵动，以造型取胜。舞狮的动作包括扑、跌、翻、滚、跳跃、擦痒等。北狮在长江以北较为流行；而南狮则是流行华南、南洋及海外。随着舞狮技艺的不断发展，现在有将南北舞狮的技法融为一体的技艺，主要是用南狮的狮子，北狮的步法，称为"南狮北舞"。

近年来，随着中华文化在海外的广泛传播，舞狮亦跟随着闻名世界。在有华人聚居的地区，舞狮活动都相当盛行。舞狮不仅代表幸福欢乐，还是中华民族传统民俗的重要组成部分。

中国的舞龙传统最早是因何产生的？

舞龙是中国民间的传统活动，指的是把龙身用竹扎成圆龙状，节节相连，外面覆罩画有龙鳞的巨幅红布，龙前由一人持竿领前，竿顶竖一巨球的活动。舞龙最早是出于求雨的目的而产生的。

龙在国人的心目中，是我国四灵之首，是祥瑞的灵物。在中国沿海一带，人们将龙视作和风化雨的主宰，认为龙是主宰水的神兽。渔民为了祈求风调雨顺，往往要建立龙王庙进行祭祀。古时候，人们相信龙能行云布雨、消灾降福，为了表示对龙的敬重往往要举行各种庆祝活动，而舞龙的活动最早就是用于求雨的。

舞龙活动自诞生之日起就历代流传，经久不衰，其形式也在不断地变化和发展。时至今日，"龙"已成为整个中华民族的象征，舞龙已经发展成为我国众多民族的传统活动了。舞龙是全中华民族光辉历史的一部分，深受我国各族人民的喜爱。

经过几千年的流传和发展，我国现有的舞龙风俗有上百种，表现的形式更是多种多样。

舞龙能受到如此的喜爱，与它的群众性、娱乐性是分不开的。舞龙常常伴随着灯节，灯节虽始于汉初，盛于唐宋，但"舞龙"的习俗，相信是承继殷周"祭天"的遗风。中华民族是一个富有创造力的民族，舞龙表演也因地域、风俗的不同而种类繁多。常见的有火龙、草龙、毛龙、人龙、布龙、纸龙等近百种之多。龙灯的节数一般为 7 节、9 节和 13 节。

舞龙文化如今已经随着华人移民传到了世界各地，遍及东南亚、欧美、澳大利亚等各个华人集中的地区，成为中华文化的一个标志。

龙在传统文化中有着怎样的地位？

龙是中国神话中的一种善变化、能兴云雨、利万物的神异动物，传说能隐能显，春风时登天，秋风时潜渊。又能兴云致雨，为众鳞虫之长，四灵（龙、凤、麒麟、龟）之首，后成为皇权象征，历代帝王都自命为龙，使用器物也以龙为装饰。《山海经》记载，夏后启、蓐收、句芒等都"乘雨龙"。另有记载称"颛顼乘龙至四海""帝喾春夏乘龙"。前人分龙为四种：有鳞者称蛟龙；有翼者称为应龙；有角的叫虬，无角的叫螭。因为龙最初的形象是集合中原各民族的图腾特色而造出来的，所以一直也被视为中华民族的象征。除了在中华大地上传播继承外，还被远渡海外的华人带到了世界各地，在世界各国的华人居住区或中国城内，最多和最引人注目的饰物仍然是龙。

平遥文庙九龙壁
龙是中华民族的象征，封建时代为皇室专用。中国目前有四座琉璃九龙壁，北京故宫和北海各一座，山西大同一座，此为山西平遥文庙内的九龙壁。

"龙生九子"都有谁？

龙有九子这个说法由来已久，但是究竟是哪九种动物一直没有说法，直到明朝才出现了各种说法。综合来说，龙的九个儿子基本如下：

长子囚牛：平生爱好音乐，因此用来装饰胡琴的头。

次子睚眦：平生好斗喜杀，刀环、刀柄、龙吞口便是它的遗像。

三子嘲风：形似兽，平生好险又好望，殿角上的走兽是它的遗像。

四子蒲牢：形似盘曲的龙，平生好鸣好吼，洪钟上的龙形兽纽是它的遗像。由于蒲牢害怕鲸鱼，所以人们把蒲牢铸为钟纽，而把敲钟的木杵作成鲸鱼形状。

五子狻猊：形似狮子，平生喜静不喜动，好坐，又喜欢烟火，因此佛座上和香炉上的脚部装饰就是它的遗像。

六子霸下：又名赑屃，形似龟，平生好负重，力大无穷，碑座下的龟趺是其遗像。

七子狴犴：又名宪章，形似虎，它平生好讼，却又有威力，狱门上部那虎头形的装饰便是其遗像。

八子负屃：似龙形，平生好文，石碑两旁的文龙是其遗像。

九子螭吻：又名鸱尾、鸱吻，龙形的吞脊兽，口阔嗓粗，平生好吞，殿脊两端的卷尾龙头是其遗像。

凤凰有些什么祥瑞含义？

龙凤呈祥

凤凰是飞禽之长，也是皇权的象征，用于后宫嫔妃。凤从属于龙，龙凤呈祥是最有中国特色的图案之一。

凤凰，亦称为朱鸟、丹鸟、火鸟、鹍鸡。凤凰和麒麟一样，是雌雄统称，雄为凤，雌为凰，其总称为凤凰。凤凰齐飞，是吉祥和谐的象征。它跟龙的形象一样，愈往后愈复杂，有了鸿头、麟臀、蛇颈、鱼尾、纹、龟躯、燕子的下巴、鸡的嘴。自古以来凤凰就是中华民族文化中的重要组成部分。

凤凰的起源约在新石器时代，原始社会彩陶上的很多鸟纹是凤凰的雏形，距今约6700年的浙江余姚河姆渡文化出土的象牙骨器上就有双鸟纹的雕刻形象，这双鸟纹应是古代凤凰的最早记载。

凤凰也是中国皇权的象征，常和龙一起使用，凤从属于龙，用于皇后嫔妃，龙凤呈祥是最具中国特色的图腾。民间美术中也有大量的类似造型。凤也代表阴，尽管凤凰也分雄雌，但一般的是将其看作阴性。

凤凰亦有"爱情""夫妻"的意思。《诗经·大雅》载："凤凰于飞，刿刿其羽。"比喻夫妻和好恩爱。另外，神话中说，凤凰每隔五百年，就要背负人间的所有仇恨恩怨，纵身于烈火中，然后以更美好的躯体得以重生。因此，凤凰也有永生、美丽之意。

龟有着怎样的祥瑞意义？

龟是四灵中唯一真实存在的东西，据说也是所有动物中寿命最长的。人们不仅把龟当作健康长寿的象征，也认为它具有预知未来的灵性。远古时期，每当重大活动，都要请巫师烧龟甲，然后根据龟甲上爆裂的纹路来占卜吉凶。所以，人们都称龟为"神龟""灵龟"。在古代帝王的皇宫、宅院和陵墓里，都有石雕或铜铸的神龟，用来象征国运的久远；不少人起名字时，也愿意用上"龟"字，如"龟年""龟龄"等，以求长寿。

鹿有着怎样的祥瑞意义？

鹿在古代是很常见的动物，所以在生活中鹿之意象亦为人们所常用，如"逐鹿中原"即指竞争天下。鹿性情温顺，形象秀丽，尤其梅花鹿棕红色背毛配以白色斑点，备受人们的喜爱。《诗经·鹿鸣》中说："呦呦鹿鸣，食野之苹。"是说鹿遇到食物会鸣叫，以召唤同伴共同进食，后来人们常以此来比喻君臣间像鹿一样有乐共享。此外，鹿在古代还被视为"神物"，认为鹿能给人带来吉祥幸福和健康长寿——寿星就是骑着梅花鹿的。此外鹿、禄谐音，因此鹿常常也被视为禄位、财富的象征。

麒麟有着怎样的祥瑞意义？

麒麟，亦作"骐麟"，雄性称麒，雌性称麟，古代传说中的仁兽、瑞兽，是中国古代传说中的一种动物，与凤、龟、龙共称为"四灵"。被称为圣兽王，主太平、长寿。

311

麒麟玉书　明　《圣迹图》

麒麟是四灵之一，是百兽之长。传说孔子出生之前，有一只麒麟来到孔家，吐出玉书，兆示圣人孔子即将诞生。

麒麟在中国传统民俗文化中备受喜爱，如麒麟送子就是传统民俗画的常见题材。传说孔子将生之夕，有麒麟衔玉书至其家，上写"水精之子孙，继衰周而素王"，意谓他有帝王之德而未居其位。因此民间有"麒麟儿""麟儿"之美称。民间普遍认为，求拜麒麟可以得子。唐杜甫《徐卿二子歌》："君不见徐卿二子多绝奇。感应吉梦相追随。孔子释氏亲抱送，并是天上麒麟儿。"

麒麟按分类有送子麒麟、赐福麒麟、镇宅麒麟，其名字代表其寓意。麒麟因其深厚的文化内涵，深受人们喜爱。

鹤有着怎样的祥瑞意义？

松鹤图　清　沈铨

在中国，鹤尤其是丹顶鹤一直是长寿的象征，画家将鹤与古松画在一起，寓意"松鹤延年"。这类图是祝寿时的常见礼品。

所谓仙鹤，实际上就是丹顶鹤，其性情高雅，形态美丽，素以喙、颈、腿"三长"著称，直立时可达一米多高，看起来仙风道骨，被称为"一品鸟"，地位仅次于凤凰。古人多用翩翩然有君子之风的白鹤，比喻具有高尚品德的贤能之士，把修身洁行而有时誉的人称为"鹤鸣之士"。

鹤为长寿仙禽，具有仙风道骨，据说，鹤寿无量，与龟一样被视为长寿之王，后世常以"鹤寿""鹤龄""鹤算"作为祝寿之词。鹤常为仙人所骑，老寿星也常以驾鹤翔云的形象出现。鹤也常和松被画在一起，取名为"松鹤长春""鹤寿松龄"；鹤与龟画在一起，其吉祥意义是龟鹤齐龄、龟鹤延年；鹤与鹿、梧桐画在一起，表示"六合同春"；画着众仙拱手仰视寿星驾鹤的吉祥图案，谓为"群仙献寿"；鹤立潮头岩石的吉祥图案，名叫"一品当朝"。

而鹤、凤、鸳鸯、鹡鸰和黄莺的画称为"五伦图"，凤象征君臣，鹤象征父子，鸳鸯象征夫妻，鹡鸰象征兄弟，黄莺象征朋友。

鸳鸯有着怎样的祥瑞意义？

在我国古代，最早是把鸳鸯比作兄弟的。《文选》中有"昔为鸳和鸯，今为参与商"，"骨肉缘枝叶"等诗句，此处鸳鸯比喻兄弟之情。将鸳鸯比作夫妻，最早出自唐代诗人卢照邻《长安古意》诗，诗中有"愿做鸳鸯不羡仙"一句，赞美了美好的爱情，以后一些文人竞相仿效。

崔豹的《古今注》中说："鸳鸯、水鸟、凫类，雌雄未尝相离，人得其一，则一者相思死，故谓之匹鸟。"在人们心目中，鸳鸯是永恒爱情的象征，是一夫一妻、相亲相爱、白头偕老的表率，自古以来，在"鸳侣""鸳盟""鸳衾""鸳鸯枕""鸳鸯剑"等词语中，都含有男女情爱的意思，"鸳鸯戏水"更是我国民间常见的年画题材。其实这只是人们看见鸳鸯在清波明湖之中的亲昵举动，通过联想产生的美好愿望，于是人们将自己的幸福理想赋予了美丽的鸳鸯。事实上，鸳鸯在生活中并非总是成对生活的，配偶更非终生不变，在鸳鸯的群体中，雌鸟也往往多于雄鸟。

喜鹊有着怎样的祥瑞意义？

喜鹊自古以来就被中国人视为好运与福气的象征，农村喜庆婚礼时最乐于用剪贴"喜鹊登梅枝"来装饰新房，寓意"喜上眉梢"。此外，在中国的民间传说中，每年的七夕人间所有的喜鹊会飞上天河，搭起一条鹊桥，引分离的牛郎和织女相会，因而在中华文化中鹊桥常常成为男女情缘的象征。

人们相信喜鹊能报喜。据说贞观末年有个叫黎景逸的人，家门前的树上有个鹊巢，他常喂食巢里的鹊儿，长期以来，人鸟有了感情。一次黎景逸被冤枉入狱，受尽折磨。突然有一

荷花鸳鸯图　清　吴振武

古人认为鸳鸯雌雄之间形影不离，因而将其视为夫妻的象征。荷谐音"和"，此图即寓意夫妻和谐。

天，他喂食的那只鹊停在狱窗前欢叫不停，他暗自想大约有好消息要来了。果然，三天后他被无罪释放，因为喜鹊变成人，假传圣旨释放了他。有了这些故事印证，画鹊兆喜的风俗大为流行，品种也有多样：如两只鹊儿面对面叫"喜相逢"；双鹊中加一枚古钱叫"喜在眼前"；一只獾和一只鹊在树上树下对望叫"欢天喜地"等。

蝙蝠有着怎样的祥瑞意义？

蝙蝠是哺乳动物，又名仙鼠、飞鼠。蝙蝠简称"蝠"，因"蝠"与"福"谐音，人们以"蝠"表示福气，福禄寿喜等祥瑞。民间绘画中画五只蝙蝠，意为"五福临门"。旧时丝绸锦缎常以蝙蝠图形为花纹。婚嫁、寿诞等喜庆妇女头上戴的绒花（如"五蝠捧寿"等）和

一些服饰、器物上也常用蝙蝠造型。

但蝙蝠也有形象不佳的一面，冯梦龙在《笑府·蝙蝠骑墙》中写道："凤凰寿，百鸟朝贺，唯蝙蝠不至。"它说自己不是鸟类而是一种四足动物。后来轮到麒麟过生日，百兽都来朝贺，蝙蝠又不到。这次它说自己有翅膀能飞，是鸟不是兽。这个笑话，讽刺蝙蝠是一个滑头的骑墙派。

蟾蜍为什么能成为财富的象征？

人们通常把蟾蜍叫金蟾，古语讲"家有金蟾，财源绵绵"。传说中的三脚蟾蜍，通常被人们看成是财富的象征。传说它能口吐金钱，是旺财之物。相传此三脚蟾蜍原是一只妖邪，且法力高强，喜爱金银财宝，还危害人间老百姓。最后被修道士"刘海"收服，能吐出义钱，来济贫助人。三脚蟾蜍天性喜欢金银财宝，对钱财有敏锐洞悉力，很会挖掘财源。刘海禅师平生喜欢布施济贫，得到三脚蟾蜍之相助，救济贫穷百姓无数。此后，三脚蟾蜍被认定为"招财宝物"。金蟾的造型很多，一般为坐蹲于金元之上的三足蟾蜍，背负钱串，丰体肥硕，满身富贵自足，有"吐宝发财，财源广进"的美好寓意，所以民间有俗语"得金蟾者必大富"也。放置此物于家居或商铺之中，定然财运亨通，大富大贵。

蛤蟆仙人图　元　颜辉

图中仙人即刘海，传说他收服了千年的金蟾，金蟾能吐金钱。刘海走到哪里，就把钱撒到哪里，周济穷人，民间有"刘海戏金蟾，一步一吐钱"之说。后世奉刘海为财神，金蟾则被视为财富的象征。

什么是饕餮？

饕餮是中国传说中的一种凶恶贪食的野兽。《山海经》载：羊身，眼睛在腋下，虎齿人爪，是一种想象中的神秘怪兽。有一个大头和一个大嘴。这种怪兽没有身体是因为他太能吃，甚至把自己的身体也吃掉了。饕餮是贪欲的象征，所以常用来形容贪食或贪婪的人。古代青铜器上面常用它的头部形状做装饰，叫作饕餮纹。传说是龙生九子之一。一说是断头的蚩尤。现在则用来形容极度好食的人。

"岁寒三友"分别指什么？

所谓"岁寒三友"，指的是松、竹、梅三种植物。因为这三种植物在寒冬时节仍然可以保持顽强的生命力而得名，是中国传统文化中高尚人格的象征，传到日本后又加上了长寿的意义。宋·林景熙《霁山集·五云梅舍记》："即其居梁土为山，种梅百本，与乔松，修篁为岁寒友。"《孤本元明杂剧》："那松柏翠竹，皆比岁寒君子，到深秋之后，百花皆谢，唯有松、竹、梅花，岁寒三友。"清代《高宗御制诗三集》记载："南宋马远有岁寒三友图。所

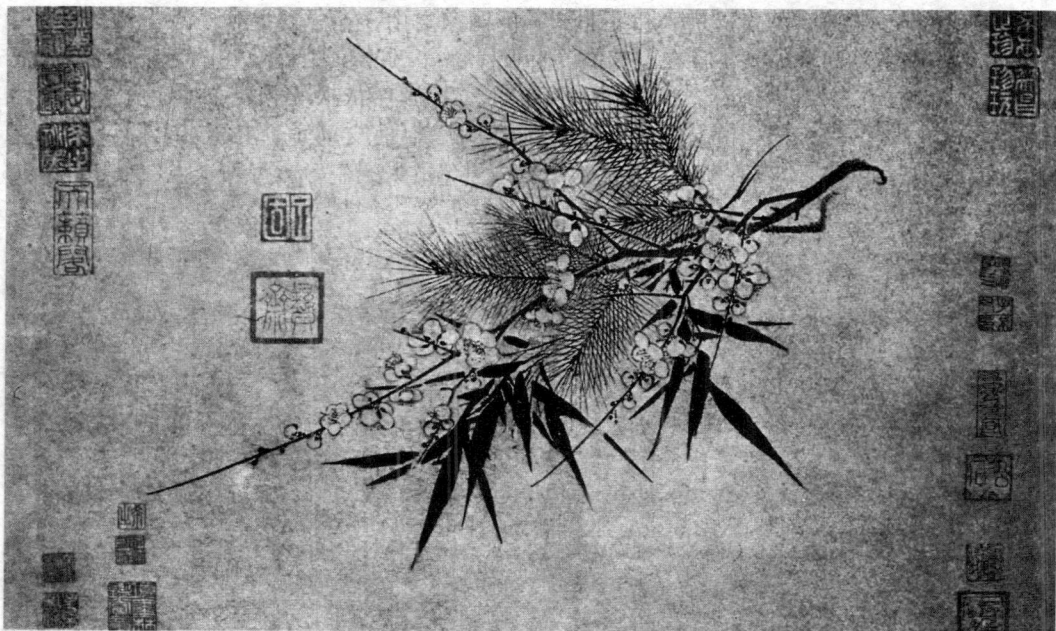

岁寒三友　南宋　赵孟坚

松、竹、梅凌霜傲雪，不畏严寒，并称为"岁寒三友"。被世人视为坚贞的象征，颇受文人喜爱。

绘松竹梅……三友图在内府。乾隆帝有题诗。"据此，可见宋代已把松、竹、梅作为岁寒三友了。松和竹在严寒中不落叶，梅在寒冬里开花，而有"清廉洁白"节操的意思，是古代文人的理想人格。

315

鱼有些什么吉祥寓意？

　　鱼在中国图案中是一个流传极广的装饰形象。我们可以看到，早在原始时期的彩陶上，就已经出现了许多优美生动的鱼形装饰形象。

　　在骨刻、石刻、玉雕、陶瓷彩绘以及织绣等历代工艺美术品中，众多的鱼形更是形态生动、造型优美，实在是中国图案美术中的珍品。中国人喜爱鱼纹，更赋予它一定的人情味。人们把盼望书信交流的美好情感称作"鱼雁传书"，把夫妻恩爱称作"如鱼得水"。鱼与"余"和"裕"音同和相近，因此，鱼一直都是民间吉祥物之一，例如过年时百姓都喜欢吃鱼，以希望年年有余、生活富裕。

十二生肖指的是哪些？

　　十二生肖即鼠、牛、虎、兔、龙、蛇、马、羊、猴、鸡、狗、猪，依次分配于十二地支，是中国民间计算年龄的方法，也是一种古老的纪年法。用以纪年、纪月、纪日或纪时辰时，则称为十二兽历。十二生肖（兽

藻鱼图

历）广泛流行于亚洲诸民族及东欧和北非的某些国家之中。在早期提到十二生肖的文献中与现今版本略有不同（如龙不存在，其位置由虫代替）。史载文献最早并广为流传的完整十二生肖循环是由东汉王充所著《论衡》中提出的，按顺序依次为：鼠、牛、虎、兔、龙、蛇、马、羊、猴、鸡、狗、猪。每一个生肖都对应一个地支（子、丑、寅、卯、辰、巳、午、未、申、酉、戌、亥）。例如子年的人属鼠，丑年的人属牛等。每一个人在其出生年都有一个动物作为生肖。

十二生肖

◎第十章 名典名句◎

什么是不食周粟?

　　指的是不吃周朝的粮食，形容坚守节操，志向高洁，典出《史记·伯夷列传》。伯夷、叔齐是商代孤竹国（今唐山附近）国君之子，因相互推让君位而离开孤竹国，前往周地，受到周文王的礼遇。后来，周武王准备讨伐商纣王，商朝贵族伯夷、叔齐坚决反对，但武王没有接受他们的意见。他俩便隐居在首阳山，采食树皮、野菜充饥，不食周粟，最后活活饿死。

《采薇图》（局部）　　南宋　李唐
伯夷、叔齐是古代名士的典范，备受后人尊敬。此图反映了伯夷、叔齐在首阳山采薇充饥而怡然自乐的情景。

什么是箪瓢陋巷？

箪指的是盛饭的竹器，比喻安贫乐道。典出《论语·雍也》。子曰："贤哉回也，一箪食，一瓢饮，在陋巷，人不堪其忧，回也不改其乐。贤哉回也！"孔子称赞颜回能坚守清贫的生活而自得其乐，是一个贤者。

什么是盗泉？

指的是宁死不接受不义之物，以保持清白节操。典出《尸子》卷下："（孔子）过于盗泉，渴矣而不饮，恶其名也。"春秋时代，有泉名为"盗泉"，孔子经过盗泉时，虽然口渴，但恶其名，坚持不喝这里的水。

什么是半部《论语》？

全句为"半部《论语》治天下"。古人认为只要熟悉和运用半部《论语》，就可以治理好国家。此典与宋代的开国宰相赵普有关，赵普为小吏出身，识字不多，他每次遇到不能解决的问题，就回家闭门读书，第二天总能想出办法来。后来人们才知道他只看《论语》。

据宋人罗大经的《鹤林玉露》记载，宋太宗时赵普再次为相，朝中有人不服，讥笑他平生所读只有一部《论语》而已。宋太宗闻言召见赵普询问。赵普回答："臣平生所知，诚不出此。昔以其半辅太祖定天下，今欲以其半辅陛下致太平。"

从此以后，赵普以"半部《论语》治天下"的故事就传开了。这个故事既说明读书不在多而在精，也反映了《论语》在社会生活和政治生活中的巨大作用，以及人们对《论语》的推崇。

什么是结缨？

指的是慷慨献身，为维护自身尊严而死。《左传·哀公十五年》记载，孔子的学生子路在卫国做官，在卫国内乱中，敌方用戈将子路系"冠"的带子割断了，子路因此停止战斗，捡起冠来，系上带子，结果被趁虚杀害。子路的观念与当时的士人一致，认为"君子死，不免冠"，也就是说身为君子一旦戴冠了，就是成年了，必须对自我负责，因此对冠至死亦须诚惶诚恐。子路死后受醢刑（剁成肉酱），对此孔子非常难过，看到有肉糜的饭都不再食用。子路的英勇就义，就是践行了孔子"临危授命"等教导，对于他的死，孔子给予了极高的评价，他说子路："岁寒然后知松柏之后凋也。"只有在危难时刻才能见到一个人的真正品质和操守。仁与义是中华文化中最高的道德准则，这也是"舍生取义""杀身成仁"的仁人志士一直为中国人代代传颂的原因。

什么是鸥鸟忘机？

机指的是巧诈之心，"鸥鸟忘机"比喻心地纯真，无巧诈之心。典出《列子·黄帝》：传说海边有个人喜欢鸥鸟，而无伤害鸥鸟之心，成群的鸥鸟跟他友好相处。后来他父亲让他捉鸥鸟回来赏玩，他存心捕捉时，鸥鸟却飞走而不停留下来。古人用鸥鸟忘机来比喻纯朴无杂念的人和无所猜忌的真诚相处，多用于描写超脱尘俗、忘身物外、倾心山水的田园隐逸生活。

什么是尾生抱柱？

指的是坚守信约。典出《庄子·盗跖》：传说古代有位叫尾生的人与一女子相约在桥下相会，结果女子没来。这时洪水上涨，尾生便抱住桥柱，直到被水淹死。

烟浮远岫图

途中秀美的山林是隐士们理想的归隐之地，许由堪称中国最早的隐士之一，其所代表的隐逸文化在中国流传了数千年。

什么是许由洗耳？

许由是唐尧时的高洁之士。许由洗耳指的是隐逸之士安贫乐道，志向高洁。典出东汉蔡邕《琴操》：帝尧晚年时，听说许由之贤，便想把君位让给他。可许由是个不问政事的清高之士，他不仅拒绝了尧的请求，还连夜逃至箕山，过上了隐居的生活。

当时，尧以为许由谦虚，又请他做九州长官。不料许由听了这个消息，更加厌恶，马上跑到山下的颍水边去，捧水清洗了耳朵，表示名禄之言污了他的耳朵。

什么是坐怀不乱？

形容男女相处，品行高洁。典出《荀子·大略》：春秋时，柳下惠夜宿城门外，遇一女子，柳下惠怕她着凉，便解开外衣把她裹在怀里，同坐了一夜，并没发生非礼行为。

于是柳下惠就被誉为"坐怀不乱"的正人君子，其行为得到了孔子、孟子等人的高度评价。

什么是请君入瓮？

意思是以其人之道还治其人之身。《新唐书·周兴传》记载，武则天称帝时，来俊臣和周兴是有名的酷吏，他们惯用各种酷刑逼人招供。当时有人告发周兴谋反，于是武则天派来俊臣审问。来俊臣请周兴吃酒，宴中问周兴："犯人不肯招供怎么办？"周兴说："拿个大瓮，周围用炭火烤，叫犯人站在瓮中，还怕他不招吗？"于是来俊臣叫人拿来大瓮，四面加火，周围用炭火烤，对周兴说："奉旨审问老兄。现在请您入此瓮。"周兴惶恐叩头伏法。

什么是退避三舍？

古时行军以三十里为一舍。此典比喻为避免冲突而对人让步。典出《左传·僖公二十三年》：春秋时，晋公子重耳曾逃亡到楚国，楚国国君收留了他，并给予十分优厚的待遇。晋公子重耳答应如果将来回国执政，遇到晋楚交战，一定会先退避三舍之地，

《晋文公复国图》（局部）　南宋　李唐

重耳逃亡楚国时，楚王问他将来何以为报，重耳说，将来若晋楚两军相遇，晋军自当"退避三舍"，此图记录了晋文公亡楚这一史事。

作为报答。

后来重耳当上晋国国君，在晋楚城濮之战中，果然先后退了三舍。

什么是曲突徙薪？

突：烟囱。薪：柴火。此典比喻有先见之明，防患于未然。典出《汉书·霍光传》：相传古时有人看见一户人家烟囱很直，旁边堆着柴草，就向主人建议："把烟囱改成曲形，把柴堆移到别处，不然会发生火灾。"主人不听。不久，这户人家果然失火。邻居都来救火，终于把火扑灭了。主人杀牛备酒，感谢邻居，请在救火时被烧伤的人坐上席。有人提醒主人说："你先前如果依照建议做的话，现在也就不会花费这么多来摆酒了。"

什么是引而不发？

引：拉引；发：射箭。引而不发是指拉开弓却不把箭射出去，比喻善于启发引导，也比喻做好准备而暂不行动，以待时机。典出《孟子·尽心上》："君子引而不发，跃如也。中道而立，能者从之。"

什么是难兄难弟？

原意形容两兄弟都好，难分上下。也可反用，讽刺两兄弟都坏。典出《世说新语·德行》：东汉陈寔有两个儿子，一个叫元方，另一个叫季方，都德行高尚。某日，元方和季方的儿子为自己父亲的功德争论起来，都说自己的父亲功德高，相持不下，便一同来请祖父陈寔裁决。陈寔说："元方难为兄，季方难为弟。"意思是他俩的功德都很高，难以分出上下。后来用这个成语指共过患难的人或彼此处于同样困境的人。

什么是吴下阿蒙？

吴下：现江苏长江以南；阿蒙：指孙吴大将吕蒙。后人用吴下阿蒙来比喻人学识尚浅。典出《三国志·吴书·吕蒙传》裴松之注引《江表传》：三国时，吴国大将吕蒙因军务繁忙不肯读书，后来接受孙权的劝告才努力学习。后来鲁肃接替周瑜的职务，经常与吕蒙商谈争论，总是落于下风。鲁肃拍着吕蒙的背说道："原先我以为老弟只有武略，如今看来，老弟学识卓见渊博，不再是当年的吴下阿蒙了。"吕蒙回答："士别三日，当刮目相看。"

什么是周公吐哺？

形容在位者礼贤下士。典出《史记·鲁周公世家》：周公唯恐失去天下贤人，"一沐三提发，一饭三吐哺"，就是说洗一次头时，曾多次握着尚未梳理的头发；吃一顿饭时，亦数次吐出口中食物，以迫不及待地去接待贤士。曹操的《短歌行》诗云："周公吐哺，天下归心。"

什么是马齿徒增？

比喻年岁白白地增加了，学业或事业却没有什么成就。典出《谷梁传·僖公二年》，"荀息牵马操璧而前曰：'璧则犹是也，而马齿加长矣。'"后因以"马齿徒增"谦称自己虚度年华，没有成就。

什么是祸起萧墙?

指祸乱发生在家里,比喻内部发生祸乱。典出《论语·季氏》:"今由与求也,相夫子,远人不服而不能来也;邦分崩离析而不能守也;而谋动干戈于邦内,吾恐季孙之忧,不在颛臾,而在萧墙之内也。"是说鲁国大夫季孙准备讨伐鲁国境内的附庸国颛臾,当时孔子的弟子冉有在季氏手下做官,便来征求孔子的意见。孔子反对季氏的征伐行动,认为财富平均,便没有贫穷;和平相处,便不会人少;安定,便不会倾危。做到这样,远方的人还不归服,就可发扬文治教化招致他们。现在季氏之忧,不在颛臾,而在萧墙之内。

什么是散木?

比喻无用之材。典出《庄子·人间世》:相传古时一棵很大的栎树,枝叶能遮荫上千头牛,树干有百尺围。看的人很多,但有一个姓石的木匠却不去看。他的徒弟问他为什么这样好的木材却不去看一看。他说,这是散木,做船船会沉,做棺材会很快腐烂,做用具会坏得快,做门户会吐脂,做屋柱会蛀,做什么都不行,我去看它又有什么用呢?

什么是南柯一梦?

形容一场大梦,或比喻一场空欢喜。典出唐李公佐《南柯太守传》:淳于棼做梦到大槐安国,被国王招为驸马,又任命为南柯太守,30年内有了五男二女,享尽荣华富贵。不料邻国进犯,他出师不利,妻子也死去,自己也被打发回家。醒后根据梦中光景寻找,发现所梦大槐安国原来是门前大槐树树洞中的蚂蚁窝,槐树南枝下的另一个蚁窝就是他做太守的地方。

什么是棠棣?

棠棣,又称唐棣,是一种树木名,即郁李。后用来比喻兄弟或兄弟之谊。典出《诗经·小雅》:相传周公为管叔、蔡叔兄弟不和而悲伤,召公为此做《棠棣》之歌,共八章,第一章云:"棠棣之华,鄂不韡韡,凡今之人,莫如兄弟。"

《击壤歌》说的是什么?

《击壤歌》是中国歌曲之祖。它表达了赞颂劳动、藐视"帝力"的态度。"击壤"是一种非常古老的投掷游戏。典出《帝王世纪》:传说尧时有壤父五十人,击壤于康衢,有观看者赞美尧帝:"大哉!尧之为君也。"其中一壤父反驳说:"日出而作,日入而息。凿井而饮,耕田而食。帝力于我何有哉!"意为:白天出门辛勤地工作,太阳落山了便回家去休息,凿井取水便可以解渴,在田里劳作就可以过上自给自足的生活。这样的生活多么惬意,遥远的皇帝老儿我也不稀罕喽,和我有什么关系呢?

《击壤歌》这首淳朴的民谣,描绘了上古尧时代

击壤之戏

"击壤"是一种非常古老的游戏,"壤"是用木头做的,前面宽后面尖,状如鞋。玩的时候,先把一只壤插在地上,人在三四十步开外,用手中的壤向地上的壤击去,投中即为赢。

的太平盛世，人们无忧无虑的生活场景，是劳动人民自食其力的生活的真实写照。

什么是乌台诗案?

"乌台诗案"是北宋元丰二年（1079年）发生的文字狱，御史中丞李定、舒亶等人摘取苏轼《湖州谢上表》中语句和此前所作诗句，以谤讪新政的罪名逮捕了苏轼，苏轼的诗歌确实有些讥刺时政，但此事纯属政治迫害。此事为苏轼政治生涯的重大转折，他因此被贬为黄州团练副使。所谓"乌台"就是御史台，因其官署内遍植柏树，又称"柏台"。柏树上常有乌鸦栖息筑巢，故称"乌台"。

什么是掉书袋?

掉书袋是讥讽爱引用古书词句，卖弄才学的人。一般称那些说话好引经据典、卖弄学问的人为"掉书袋"。典出宋代马令《南唐书·彭利用传》："对家人稚子，下逮奴隶，言必据书史，断章破句，以代常谈，俗谓之掉书袋。"

我国明末清初时的文学家张岱在他著的《陶庵梦忆》中记载了一件典型的"掉书袋"之事：有一次他到一个读书人家去做客，天黑时，他要告辞回家，主人挽留他道："请宽心再坐会儿，等看了'少焉'再走吧!"张岱不明白"少焉"是什么意思，主人说："我们这儿有位官宦先生喜欢掉书袋，因为苏东坡的《赤壁赋》里面有'少焉月出于东山之上'的句子，于是就把月亮叫作'少焉'，刚才我讲的'少焉'，就是指月亮。"

什么是田横五百士?

典出《史记·田儋列传》：秦末时，原田齐宗室中的田儋和田荣、田横兄弟反秦自立，儋为齐王。后来田儋被秦将章邯所杀，从弟田荣为王。项羽伐齐，荣被杀，田横收复失地，立荣子田广为王，自为相。楚汉战争中，汉王刘邦派使者郦食其赴齐连和，终于说服了田广与田横。于是田横解除了战备，设宴大事庆贺。正当齐国懈备之际，汉将韩信争功好胜，趁郦食其在齐未归

田横五百士 徐悲鸿

此画是徐悲鸿大师最重要的两幅之一，完成于1930年，徐悲鸿被田横及其五百壮士的精神所打动，他甚至把他自己也绘入了画中。

之机，引兵东进，攻入齐国。田横、田广非常愤怒，认为刘邦背信弃义，便立即处死了郦食其。后来韩信陷齐都城临淄，田广逃亡中被杀，田横孤军奋战，自立为王。后与其徒属五百人入海，居岛中（今田横岛）。后田横自杀，誓死不降汉，其所从五百士也一同自杀。后人常以田横五百士为守义之士的典范。

什么是草木皆兵?

全句为"风声鹤唳，草木皆兵"，即把风声和鸟叫声当成了敌人追赶的异常声响，一草一木也看成了敌人的军队。典出《晋书·苻坚载记》：东晋时，前秦统一北方后，一直想吞并偏安东南的晋朝，秦王苻坚亲自率领90万大军攻晋。晋国派大将谢石、谢玄领8万兵马

迎战。苻坚当然很傲慢，根本没把晋军看在眼里。不料首战失利，苻坚慌了手脚。他和弟弟苻融趁夜去前线视察，他看到晋军阵容严整，士气高昂，连晋军驻扎的八公山上的草木，也影影绰绰像是满山遍野的士兵。后来双方在淝水（今安徽瓦埠湖一带）决战，秦军被彻底击溃，损失惨重，秦王苻坚自己受伤，弟弟苻融也阵亡了。前秦军队仓皇北逃，他们听到风声鸟声，都以为是晋兵仍在后穷追不舍，结果当他们回到北方时，百万大军已失去了十之七八。后人便以草木皆兵形容人在受过刺激后，心灵变得脆弱不堪，一旦风吹草动都会受不了，或者亦可形容岌岌可危的处境。

什么是华亭鹤唳？

表示对过去生活的留恋。典出南朝宋刘义庆《世说新语·尤悔》："陆平原河桥败，为卢志所谮，被诛，临刑叹曰：'欲闻华亭鹤唳，可复得乎？'"陆平原即陆机，因其曾任平原内史，故称。华亭在今上海市松江县西。陆机于吴亡入洛以前，曾闭门勤学十年，常与弟陆云同游于华亭墅中，欣赏园中仙鹤。后以"华亭鹤唳"为感慨生平，悔入仕途。

什么是千金市骨？

比喻招揽人才的迫切。典出《战国策·燕策一》：燕昭王招纳贤才，老臣郭隗向他讲了一个寻找千里马的故事，说从前有位国君用千金求购千里马，三年都没有买到。有位侍臣用五百金买下千里马的骨头，带回来见国君，国君大怒。侍臣回答："天下人得知你肯用五百金买回马骨，还怕千里马没有人送上门来吗？"结果不到一年，他就得到了三匹千里马。

什么是沧海一粟？

比喻非常渺小，微不足道。典出宋朝苏轼《前赤壁赋》："寄蜉蝣于天地，渺沧海之一粟。"苏东坡因反对王安石变法而被贬苏州。其间他两次游览黄州赤壁，并写下著名的《赤壁赋》和《后赤壁赋》。

赤壁图　明　仇英
苏东坡的《赤壁赋》备受后人称赞，"明四家"之一的仇英曾据其意境绘制数幅《赤壁图》，此为其中之一，从中我们不难感受《赤壁赋》中"寄蜉蝣于天地，渺沧海之一粟"的意境。

《赤壁赋》形象地描绘了月下泛舟的场景，并写出苏轼与朋友争辩的过程。

他的朋友认为：曹操当年十分风光，但到了现在，也是死了，人的这一生十分短暂，如蜉蝣之于天地，粟米之于大海，匆匆而过，微不足道。但苏轼认为：人的一生虽然短暂，但可以创造价值，死而无憾。

什么是白云苍狗？

"白云"指白色云朵；"苍狗"指黑色的狗，比喻世事变幻无常。典出唐杜甫《可叹》："天上浮云似白衣，斯须改变如苍狗。"亦作"白衣苍狗"。

诗人王季友之妻嫌其穷困，离他而去，但世人却说这是因为王季友有外遇。杜甫深感不平，便写了《可叹》诗为王季友鸣屈。杜甫认为：这种把好人变成坏人的社会舆论，就如同白云苍狗一样。

秋天高空白云聚成许多形状，看的人可以会意为各种动物或什物，但不大一会，就又变成别的形状。白云与苍狗是两种毫不相干的事物，但世情之冷暖和舆论却能使它们发生关联和使之变化无常。起初可以像一件白衫，瞬息之间能使之变成黑狗。

什么是孟母断织？

此典故有两种说法。据《韩诗外传》记载，孟子年少时，有次吟诵诗文，其母在一旁纺织。孟子（受其影响）突然停了下来。过了一会儿，又开始吟诵。孟母知道他忘记了，便问他："为什么中间停顿了？"孟子回答说："忘记了，一会儿又记起来。"孟母便拿起刀子割断了织物，说："这个织物割断了，能够再接上去吗？"从此，孟子读书非常专心了。

第二种说法出自《列女传》：孟子年少时，有一天放学回家，其母问他："学习怎么样了？"孟子说："和往常一样。"孟母便拿剪刀将织好的布剪断了，孟子见状非常害怕，便问母亲原因，孟母说："你荒废学业，就如同我剪断这布一样。有德行的人学习是为了增长知识，以求平时能平安无事，做起事来可以避开祸害。如果你现在就荒废了学业，就不免于做卑微的劳役，甚至成为盗窃之辈。"孟子听说后很受感动，于是日夜勤学，师从子思，终成一代大儒。

什么是东床快婿？

东晋时期，太尉郗鉴派一门生去王家给自己的女儿招一名乘龙快婿。王家同意了，并邀请他到东厢房去看，王家的子弟，包括儿子、侄子等都在那里。门生逐个观察以后，就回去向太尉禀报。他说，王家的子弟看上去个个是青年才俊，卧虎藏龙。但是他们知道我是来招女婿以后，态度就显得非常矜持，不自然。唯有东床上面有一个青年人，旁若无人、袒腹而食，根本不把这个消息当成一回事。太尉听到这里，马上脱口而出："此人正是佳婿！"第二天，他再去派人去打听这个青年人是何许人也，原来此人正是王羲之。此后人们便称女婿为"东床快婿"。

什么是结草衔环？

比喻感恩报德，至死不忘。"结草"与"衔环"本是两词。

"结草"典出《左传·宣公十五年》：晋国大夫魏武子有位爱妾祖姬，无子。魏武子每次出征都的时候嘱咐儿子魏颗说："我若死了，你一定要选良配把她嫁出去。"

后来魏武子病重，又对魏颗说："我死之后，一定要让她为我殉葬，使我在九泉之下有伴。"等到魏武子死后，魏颗没有把祖姬杀死陪葬，而是把她嫁给了别人。后来秦桓公出兵伐晋，晋军和秦兵交战，晋将魏颗与秦将杜回相遇，正在二人厮杀难分难解之际，突然一老人用草编的绳子套住杜回，使其站立不稳，摔倒在地，当场被魏颗所俘，使得魏颗在这次战役中大败秦师。当天夜里，魏颗梦见了那位老人，老人说："我就是祖姬的父亲。我在九泉之下感谢你救女之恩，今天这样做是为了报答你！"

"衔环"典出《后汉书·杨震传》中的注引《续齐谐记》：杨震父亲杨宝9岁时，在华阴山北，见一黄雀被老鹰所伤，坠落在树下，为蝼蚁所困。杨宝怜之，将其带回家养伤，百日之后，黄雀羽毛丰满，就飞走了。

当夜，有一黄衣童子向杨宝拜谢说："我是西王母的使者，君仁爱救拯，实感成济。"并以白玉环四枚赠予杨宝，说："它可保佑你的子孙位列三公，为政清廉，处世行事像这玉环一样洁白无瑕。"后来杨宝的儿子杨震、孙子杨秉、曾孙杨赐、玄孙杨彪四代官至太尉，且都刚正不阿，为政清廉，为后人所敬仰。

什么是苏武节？

赞美忠贞不屈的节操，尤其体现在爱国方面。典出《汉书·苏武传》：汉武帝天汉元年（公元前100年）派中郎将苏武旄执节出使匈奴，被匈奴扣留19年。匈奴的首领单于多次威胁利诱，劝说苏武投降，却被苏武严词拒绝了。单于见劝说无效，就把他流放到北海（今贝加尔湖）边牧羊，并断绝食物供应，希望这样可以改变苏武的信念。单于说："什么时候这些羊生了羊羔，你就可以回到中原去。"

苏武到了贝加尔湖边，发现分给他的羊都是公羊，这里人迹罕至，交通不便，单凭个人的能力是无论如何也逃不掉的。苏武只好和这些羊做伴，每天拿着手中的"节"放羊，心想总有一天能够拿着回到自己的国家。

当时正是数月寒冬，下着鹅毛大雪。苏武渴了，就吃一把雪；饿了，就嚼毡毛、掘野鼠充饥。就这样一直坚持了19年，后来汉匈关系缓和，苏武终于能回到汉朝，此时他所持旄节上的毛都脱落了，苏武须发皆白。苏武忠贞不屈的精神，受到后人的敬仰，他的事迹被编成歌曲、戏剧、故事等，广为流传。

什么是沧海桑田？

沧海：大海；桑田：种桑树的地，泛指农田。大海变成农田，农田变成大海。比喻世事变化很大。

典出葛洪的《神仙传·麻姑》：汉桓帝时，神仙王方平下凡到蔡经家里……一会儿麻姑也到了，蔡经全家都见了她。她进来拜见王方平，王方平也站起来迎接她。

麻姑自己说道："从上次接见以来，已经看到东海三次变为桑田。刚才到蓬莱仙岛，见东海水又比过去浅了，计算时间大约才过了一半，难道又要变成丘陵和陆地吗？"方平笑道："圣人都说，东海又要干涸，行将扬起尘土呢！"

《麻姑献寿图》（局部） 清 冷枚

麻姑曾数次见证沧海桑田，可见其长寿，后人又传说每年王母寿诞，麻姑都以灵芝酿酒祝寿，因此人们视麻姑为寿星，为女性祝寿时，一般会献上麻姑献寿图。

什么是杵臼之交？

杵：即舂米的木棒；臼：为舂米时放谷子的石臼。杵臼之交比喻交朋友不计较贫富和身份。典出《后汉书·吴佑传》：汉儒生公沙穆到京城游学，因资粮匮乏，就变装受雇为吴佑舂米；吴佑跟他交谈，发现他很有才能，二人就定为杵臼之交。

什么是东山再起？

指退隐后再度出任要职，也比喻失势后重新得势。典出《晋书·谢安传》：东晋时期，谢安坚决辞去官职到会稽附近的东山隐居，经常有文人前来拜访他，与他饮酒赋诗。前秦南侵，东晋危在旦夕，谢安临危授命，当了东晋的宰相，指挥军队在淝水成功打败前秦军队，并趁机率军北伐收复许多失地。

什么是陈蕃室？

借指胸怀天下者的居室。典出《后汉书·陈蕃传》：陈蕃15岁时，所居室院污秽不堪，父亲的朋友薛勤来访，问他："为什么不打扫待客？"陈蕃回答："大丈夫应当扫除天下，何必在乎区区一居室呢？"薛勤认为陈蕃胸怀大志，从此对他刮目相看。这便是"陈蕃室"一词的来源。待到清朝之时，刘蓉的《习惯说》中讲到："蓉少时，读书养晦堂之西偏一室，……室有洼，径尺……即久而遂安之。一日，父来室中，顾而笑曰：'一室之不治，何以天下家国为？'"于是又出现了"一屋不扫，何以扫天下"的反驳观点。

327

什么是相濡以沫？

比喻一家人同在困难的处境里，用微薄的力量互相帮助，延续生命。典出《庄子·大宗师》：泉水干了，两条鱼一同被搁浅在陆地上，互相呼气、互相吐沫来润湿对方，显得患难与共而仁慈守义，其实与其这样，倒不如湖水涨满时，各自游回江河湖海，彼此相忘来得悠闲自在。

庄子的意思是说，与其称誉尧而谴责桀，不如把两者都忘掉而把他们的作为都归于事物的本来规律。因此相濡以沫实质上是并没有感情色彩的本能性求生行为，但现在一般用来赞扬亲情爱情的忠贞，与"患难见真情"相似。

什么是解衣推食？

形容对人热情关怀，甚至有笼络之意。典出《史记·淮阴侯列传》：楚汉相争时，韩信奉刘邦之命，率军攻打齐王田广，消灭了田广和前来增援的楚军大将龙且。韩信平定齐国后，派人向汉王上书说："齐国人狡诈多变，反复无常，并且南面的边境与楚国交界，如果不设立一个暂时代理的王来镇抚局势，必定不能稳定齐国。为了稳定当前的局势，请允许我暂时代理齐王。"

当时，汉王刘邦正被楚军困于荥阳，看到来信，刘邦只得册立韩信为齐王，征调他的军队攻打楚军。

韩信被册立为齐王后，一心一意且属汉国。项羽见韩信

韩信

韩信（约公元前231—前196年），西汉开国功臣，中国历史上杰出的军事家。他为汉朝天下立下了赫赫战功，后因遭到刘邦的疑忌，以谋反罪处死。

占领齐地，就派一名叫武涉的人去劝说韩信，让他脱离汉王，自立为王。韩信拒绝说："汉王不仅重用我，封我为大将军，让我指挥几万人的大军，而且还非常关心我，'解衣衣我，推食食我'（把衣服脱给我穿，把食物让给我吃），所以我才能够到今天这个样子。汉王对我如此亲近、信赖，我怎能背叛他呢？"

什么是程门立雪？

比喻求学心切，而且对有学问的长者非常尊敬。典出《宋史·杨时传》：杨时到洛阳拜见程颐，程颐正在午睡，杨时与游酢就侍立在门外没有离开。等程颐察觉的时候，门外的雪已经一尺多深了，但杨时依然站在那里。

程颐被杨时诚心求学的精神所感动，尽心尽力地教导他。后来，杨时不负重望，学到了程门理学的真谛。

楊龜山像

杨时　明　《三才图会》

杨时是程门四大弟子之一，他南下福建为官时，程颐感慨地说："吾道南矣！"后来杨时在福建开办学院，弘扬理学，死后配享孔庙。

什么是一字师？

指订正一字之误，即可为师，亦指尊称仅更换诗文中一二字而使诗文更加经典的人。典出五代王定宝《唐摭言·切磋》：李相读《春秋》，叔孙婼之"婼"应读"敕略切"，李误为"敕暑切"，旁边小吏帮他纠正过来，李公大为惭愧，于是"命小吏受北面之礼，号曰'一字师'"。

什么是鼓盆而歌？

表达对生死的乐观态度。典出《庄子·至乐》：庄子的妻子去世了，惠施前来吊唁，只见庄子满不在乎地叉开双腿坐在地上，一面敲击瓦盆，一面唱歌。惠施说："你同妻子共同生活，生儿育女过了一辈子。现在她死了，你不哭已经不近人情，竟然还敲盆唱歌，也未免太过分了！"庄子说："不然。妻子刚死的时候，我又何尝不悲伤！不过转念一想，当初她本来就是没有生命的；不但没有生命，而且也没有形体；不但没有形体，也没有变成人的那种元气。后来恍恍惚惚之间，有了变成人的那种元气，元气变化成她的形体，形体变化为有生命。如今，又重新变化为死。这种生与死的变化，正像春秋冬夏四季的变化一样，是十分自然的事情。现在她怡然安卧于天地之间，如果我呜呜地为此痛哭，那就太不懂得自然变化的至理了，所以我就不哭了。"

什么是沆瀣一气？

比喻志趣相同的人在一起，现在表示臭味相投的人勾结在一起，为贬义。典出宋代钱易的《南部新书·戊集》：唐僖宗当政期间，京城举行会试。有个叫崔瀣的很有才华，考下来自己感觉也不错就等着发榜了。而主管这次考试的官员名叫崔沆，他觉得崔瀣的文章不错，便将崔瀣录取了。发榜那天，崔瀣见自己榜上有名，非常高兴，去拜访崔沆。正巧"沆""瀣"二字合起来是一个词，表示夜间的水气、雾露。于是，爱凑趣的人就把二人名字合在一起编成两句话："座主门生，沆瀣一气。"意思是，他们师生两人像是夜间的水气裹在一起，言外之意是二人有舞弊嫌疑。

什么是好好先生？

形容一团和气、与人无争、不问是非曲直、只求相安无事的人。典出南朝刘义庆的《世说新语·言语》：后汉时候的司马徽从来不说别人的短处、坏处，他跟人说话时，不论是美的还是丑的、好的还是坏的，他都说好。别人问他"身体好吗"，他就回答"好"。曾经有个人告诉他，自己的孩子死了，司马徽回答说："非常好。"结果他妻子就责备他说："别人因为你品德好，才告诉你这件事，为什么你听到人家的孩子死了，你也说好呢？"司马徽接着说："你说的这些话也非常好！"

司马徽之所以总说"好"，是由于当时社会斗争复杂，有不少文人因言论获罪下狱，甚至惨遭极刑。因此，司马徽经常装糊涂，从来不说别人的短处，无论事情是好是坏，他都回答"好"。

后来，人们就将脾气随和、四面顺应，不肯轻易得罪人的人称为"好好先生"。

司馬徽

司马徽
司马徽号水镜先生，就是《三国演义》中向刘备推荐卧龙、凤雏的那位名士。

什么是皮里阳秋？

皮里：指内心。阳秋："阳"为避"春"讳，实为"春秋"，指《春秋》。《春秋》相传为孔子编订的鲁国历史，其对历史人物和事件往往寓有褒贬而不直言，这种写法被后世称为"春秋笔法"。"皮里阳秋"就是指藏在心里而不说出来的言论。典出《晋书·褚裒传》："谯国桓彝见而目之曰：'季野有皮里阳秋。'其言外无臧否，而内有所褒贬也。"

什么是郢匠挥斤？

比喻纯熟、高超的技艺。典出《庄子·徐无鬼》：古代郢人鼻尖上沾上一点如苍蝇翅膀大小的白垩，他让匠人用斧子把白垩削掉。匠人挥动斧子呼呼有风，得心应手地削尽白垩，而郢人鼻子却不曾受伤，其脸上也毫无惧色。

什么是中山狼？

比喻忘恩负义的无耻之徒。典出明代马中锡的《中山狼传》：赵简子在中山打猎，一只狼将被杀时遇到了东郭先生，并求东郭先生救了它。狼对东郭先生说："先生，如果你能借布袋让我躲一会儿，等灾难过去，我一定会报答你的大恩的。"东郭先生答应了。猎人没有发现狼，向远处走了。危险过去后，狼反而想吃掉东郭先生。

什么是抱刺？

刺：名片。抱刺就寓意求人引荐。典出《后汉书·文苑传上·祢衡》：东汉祢衡生性傲慢，为了寻找名人替他引荐，便用木片做了一块名刺，外出求人，但一直也没找到合适的对象。久而久之，名刺上的字都磨灭了。

什么是挂冠？

指辞官、弃官。典出东晋袁宏的《后汉纪·光武帝纪五》：王莽执政时，杀了逢萌的儿子。逢萌见政治黑暗，天下将大乱，就摘下帽子挂在长安东郭的城门上，携家眷泛海而去，客居于辽东。

什么是楚囚？

本指春秋时被俘到晋国的楚国人钟仪，后用来借指被囚禁的人，也比喻处境窘迫、无计可施的人，现在多用来比喻陷入敌方阵营但仍然坚贞不二的人。典出《左传·成公九年》：楚共王在位时，楚国攻郑，钟仪随军出征，由于战败，钟仪沦为战俘，后来郑国人将他转交晋国，称其为"楚囚"。

在被囚期间，钟仪怀念故国，不忘家乡，被关押两年，仍带着楚国的帽子。晋景公感其忠贞，将钟仪释放出来，并召见了他，询问其家世。钟仪说："我的先世是职业乐师。"晋景公让他奏乐，钟仪拿起琴，弹起了楚国的乐曲。晋景公又让他评论一下楚共王，钟仪拒不评论。

晋国大夫范文子得知后，对晋景公说："这个楚囚，真是既有学问，又有修养。他尊敬君王，不忘故旧，应该放他回去，让他为晋楚两国修好起一些作用。"晋景公听从了范文子的建议，释放了钟仪。

什么是李广难封？

形容功高不赏，命途乖舛。典出唐王勃《滕王阁序》："嗟乎！时运不齐，命途多舛；冯唐易老，李广难封。"西汉大将李广屡击匈奴，身历70余战，战功显赫，有"飞将军""猿臂将军"之称。当时，诸部校尉以下，才能、名声不如李广而因军功封侯者有数十人，唯独李广至死未被封侯。

什么是断袖之癖？

原指男子的同性恋行为，现男女不限。典出《汉书·董贤传》：西汉的董贤长得很美，深受汉哀帝的喜爱，两人形影不离，同车而乘，同榻而眠。一次午睡，董贤枕着哀帝的袖子睡着了。哀帝想起身，却又不忍惊醒董贤，便拔剑割断了衣袖。

什么是五日京兆？

比喻任职时间不会长或即将去职，也指凡事不做长久打算。典出班固的《汉书·张敞传》：西汉时期，平通侯杨恽因居功自傲而被判死刑，与杨恽有关的官员几乎都被停职，唯有他的朋友京兆尹张敞因为受汉宣帝的信任暂时还没有停职，张敞的手下絮舜认为他也即将停职，说他是"五日京兆"而拒绝办公，结果张敞在卸任之前严惩絮舜。

接舆歌凤说的是什么？

接舆是春秋时楚国的隐士。姓陆，名通，字接舆。平时"躬耕以食"，佯狂不仕，所以也被人们称为楚狂接舆。典出《论语·微子》：楚国狂人接舆唱着歌从孔子车前走过，他唱道："凤兮凤兮，何德之衰？往者不可谏，来者犹可追！已而！已而！今之从政者殆而！"意思是说：凤鸟啊凤鸟！你的德行怎么衰退了呢？过去的事情已经不能挽回了，未来的事情还来得及把握。算了吧，算了吧！如今那些从政的人都危险啊？孔子认为他是贤人，于是下车，想和他交谈，但接舆很快就走开了。唐代李白有诗曰："我本楚狂人，凤歌笑孔丘。"

楚狂接舆 明 《圣迹图》
接舆是楚国的隐士，他路遇孔子，将孔子比喻为凤鸟，劝他不要为政治而奔波，转而归隐山林。

331

什么是身无长物？

形容极其贫穷。典出南朝刘义庆的《世说新语·德行》：王恭从会稽回来，王大去看他。王大看王恭坐着一张六尺长的竹席，就对他说："你从东边回来，一定有很多这种东西，能不能给我一条？"王恭没有回答。王大离去后，王恭就把席子给王大送去了，自己没有竹席了，就坐在草垫上。后来王大听说此事，十分吃惊，就对王恭说："我本来以为你那里有很多呢，所以才要的。"王恭回答说："您不了解我，我身边从来没有多余的东西。"

什么是问鼎？

指图谋夺取政权，也指夺取某些体育运动的顶尖成绩。典出《左传·宣公三年》：楚庄王以讨伐外族入侵者的名义来到周天子的都城洛阳，在周天子境内检阅军队。周定王派大夫王孙满去劳军，楚庄王借机询问九鼎的大小轻重。

因为九鼎是大禹治水时，用九州进贡的铁铸成的，九鼎被视为传国重器，是国家和权力的象征。它象征着天子的尊严、王位的神圣，从来都是奉若神明，不容许任何人过问的。听到楚庄王的问话，王孙满便说："政德清明，鼎小也重；国君无道，鼎大也轻。周王朝定鼎中原，权力天赐，鼎的轻重不当询问。"楚庄王问鼎，大有欲取周朝天下而代之的意思，结果遭到定王使者王孙满的严词斥责。

什么是长乐老？

借指凭靠阿谀取荣而长保禄位的人。典出《新五代史·杂传十六·冯道》："当是时，天下大乱，戎夷交侵，生民之命，急于倒悬。道方自号'长乐老'，著书数百言，陈己更事四姓及契丹所得阶勋官爵以为荣。"五代时期，冯道历事后唐、后晋之宰相，契丹灭后晋，又到契丹任太傅，后汉时任太师，后周时任太师、中书令。他一人事五朝，且官职都不下宰相，在中国历史上绝无仅有。后人对其多有贬斥，认为他毫无原则，不守臣节。

什么是弹冠相庆？

比喻一个人做了官，而他的朋友也互相庆贺，认为将有官可做，多用于贬义。后泛指坏人得意的样子。典出东汉班固的《汉书·王吉传》：王吉与贡禹很要好，王吉做了官，贡禹也拿出帽子弹去灰尘，准备出仕。

什么是捉刀人？

原指曹操。因上古以刀为笔，在甲骨、竹简上刻字，所以后又称代人写文章者为"捉刀人"。典出南朝刘义庆的《世说新语·容止》：传说魏武帝曹操要接见匈奴的使者，却觉得自己的相貌不好看，不足以震服匈奴，就让他认为相貌较好的崔琰代替他接见，他自己则握刀站在坐榻旁边做侍从。接见完毕后，曹操派间谍去问匈奴使者："魏王这人怎么样？"匈奴使者评价说："魏王气质高雅，不同寻常，但是坐榻边上拿刀的那个人，才是真正的英雄。"曹操听说后，就派人追去，杀掉了这个使者。

什么是坠楼人？

"坠楼人"指晋石崇的宠姬绿珠，一般引申为忠于夫君的女子。典出《晋书·石崇传》：石崇宠爱丽姬绿珠，为她造金谷园。绿珠能吹笛，又善舞。石崇自制《明君歌》以教之。

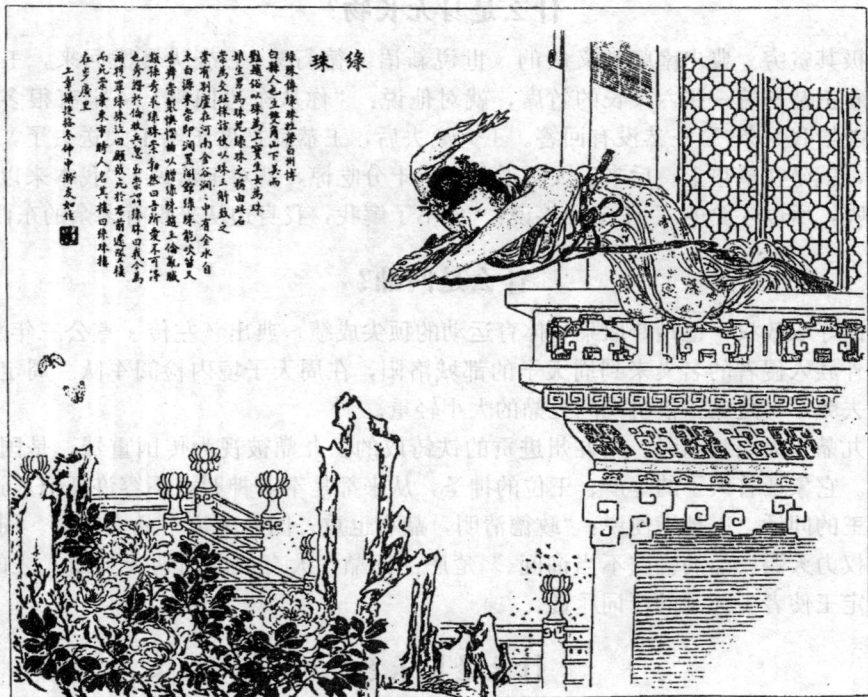

绿珠　清　吴友如
绿珠是中国历史上著名的美女，她为石崇跳楼而死，后人怜之，便让她做了八月桂花神。

孙秀闻其名，惊其艳，故遣使求绿珠。石崇怒曰："吾所爱，不可得也！"孙秀恼羞成怒，在赵王司马伦前陷害石崇。其时石崇正在楼上设宴，有士兵来缉拿他。石崇对绿珠说："我今为尔获罪。"绿珠哭着说："当效死于君前！"遂自投于楼下而死。杜牧有诗："日暮东风怨啼鸟，落花犹似坠楼人。"

什么是画虎不成反类犬？

比喻好高骛远，却终无成就，反贻笑柄，也比喻仿效失真，反而弄得不伦不类。典出范晔《后汉书·马援传》：东汉伏波将军马援的两个侄子喜欢结交游侠，马援写信告诫他们说："你们应当学谦恭好学的龙伯高，而不要学豪侠好义的杜季良。因为豪侠学不到，反而成为轻薄，就像画虎不成反类狗一样。"

什么是应声虫？

比喻自己胸无主张，随声附和他人的人。典出唐代刘束的《隋唐嘉话》：相传古时有人得了应声虫病，他说什么，肚里的虫也说什么。有人叫他读《本草》，当他读到中药"雷丸"时，虫就不做声了。于是他就吃"雷丸"，病果然好了。

什么是上下其手？

比喻玩弄手法，串通作弊。典出《左传·襄公二十六年》：楚襄王二十六年（公元前547年），楚国攻打郑国，穿封戌和公子围合攻郑国大夫皇颉，穿封戌俘获了他。战后，公子围争功，穿封戌不服，请太宰伯州犁裁决。伯州犁对皇颉介绍公子围时便有意把手抬高，介绍穿封戌时便把手降低，于是皇颉会意说是公子围俘获他的。

什么是羞与哙伍？

哙指樊哙。韩信鄙视樊哙，不屑与他同为列侯。泛指以跟某人在一起为可耻。典出司马迁的《史记·淮阴侯列传》："信尝过樊将军哙，哙跪拜送迎，言称臣，曰：'大王乃肯临臣！'信出门，笑曰：'生乃与哙等为伍。'"

什么是弄獐宰相？

多用来讥讽缺乏文化知识，又自以为是的为官者，也用来讽刺常用错别字、文化水平低的官员。典出《旧唐书·李林甫传》：唐朝权相李林甫一次写信庆贺亲戚生了孩子，将"弄璋"（古称生男为"弄璋"，璋为玉器）写成了"弄獐"（獐为一种野兽）。后人便以"弄獐宰相"来戏称没有文化的权贵。

什么是丧家之犬？

比喻无处投奔、到处乱窜的人。典出《史记·孔子世家》：孔子到郑国时，与弟子们走散。这时有个郑国人对子贡说："东门有一个人，额头长得像尧，颈项长得像皋陶，肩膀长得像子产，自腰以下比禹短三寸，神情疲惫，像只丧家之犬。"子贡见到孔子后，把这番话如实告诉了他。孔子欣然笑着说："说我像尧啊像舜啊我看未必，说我惶惶如丧家之犬，倒真有点儿神似。"

微服过宋　明　《圣迹图》

孔子离开宋国到郑国时，与弟子走散，结果被郑国人形容为丧家之犬，此图记录的就是这件事。

什么是伴食宰相？

　　用来讽刺无所作为、不称职的官员。典出《旧唐书·卢怀慎传》：唐代官员卢怀慎开元三年升黄门监，与紫微令姚崇共同处理军机大事。卢怀慎胆小怕事、懦弱无能，遇事不敢自己做主，把一切事务全推给姚崇处理。很多人都对卢怀慎的这种吃饭不做事的行为不满，私下送他"伴食宰相"的外号。

什么是执牛耳？

　　泛指在某一方面居最有权威的地位。典出《左传·哀公十七年》：当时各国诸侯订立盟约，必须举行"歃血为盟"的仪式。先将牛耳割下取血，并将牛耳放在珠盘上，由主盟者执盘，当时便称主盟者为"执牛耳"。

什么是食言而肥？

　　指不守信用，只图自己占便宜。典出《左传·哀公二十五年》：在春秋时代，鲁国有个大臣叫孟武伯，他最大的毛病是说话不算数。有一天鲁哀公举行宴会招待群臣，孟武伯参加了。在宴席上，孟武伯不喜欢另一位大臣郑重，便故意问他："先生怎么越来越胖了？"哀公听见了，说："一个人常常吃掉自己的诺言，能不胖吗！"

什么是唾面自干?

形容受了污辱,却依然极度容忍,不加反抗。典出《新唐书·娄师德传》:娄师德的才能颇受武则天赏识,招来很多人的嫉妒。在他弟弟外放做官的时候,他告诫他弟弟说:"我现在得到陛下的赏识,已经有很多人在陛下面前诋毁我了,所以你这次在外做官一定要事事忍让。"他弟弟说:"就算别人把唾沫吐在我的脸上,我也自己擦掉。"娄师德说:"这样还不行,你擦掉就是违背别人的意愿,要能让别人消除怒气,你就应该让唾沫在脸上自己干掉。"

什么是杜撰?

指没有根据的编造、虚构。典出宋代王楙的《野客丛书·杜撰》:古时候,有个叫杜默的人,喜欢作诗。但是,他写的诗,内容空泛,不着边际,毫无真情实感。而且,他的诗不讲韵律,有人说他写的东西,诗不像诗,文不像文,实在是不伦不类。他却常常在诗的后面署上自己的大名"杜默撰"三字,所以经常被人耻笑。后来人们就把"杜默所撰"简化为"杜撰"了,用来指称信口开河或不通文理的文章。

什么是逐客令?

秦始皇曾下令驱逐从各国来的客卿,后泛指主人赶走不受欢迎的客人为下逐客令。典出《史记·李斯列传》:秦国贵族劝秦始皇下令驱逐在秦做官的外国人。楚人李斯当时在秦做客卿,也在被驱逐之列。这时李斯写出了著名的《谏逐客书》,慷慨陈词,反对逐客。秦始皇被李斯说服,废除了逐客令,并恢复了李斯的官职。

什么是牛衣对泣?

牛衣:牛畜御寒遮雨的覆盖物。牛衣对泣原指睡在牛衣中,相对涕泣;后比喻夫妻共度贫困生活。典出《汉书·赵尹韩张两王传》:王章少时为诸生,求学于长安,与妻共居。一日,王章得病,因贫无被,只好睡在麻编的牛衣之中,自料必死无疑,便与妻诀别而泣。其妻斥之曰:"仲卿!京师朝中贵人无一超乎君,今贫病交迫,不自发愤图强,反而啜泣,无志气也!"

什么是青蝇吊客?

原指死后只有青蝇作为吊唁的宾客,后比喻人生无一知己。典出《三国志·吴志·虞翻传》裴注:三国时期,会稽人虞翻在孙权手下任都尉,他为人狂放不拘,敢于直言劝谏。他因醉酒骂张昭与孙权,被孙权流放到交州。虞翻在流放途中潜心钻研古籍,广收门生。闲暇中,他感慨自己没人可以交谈,死后只有青蝇作为吊唁的宾客。

《泰山刻石》局部 秦 李斯

李斯本是楚人,后为秦朝丞相,正是他的《谏逐客书》让秦朝保留了人才,最终统一六国。此为李斯手书的《泰山刻石》,是秦代小篆的标准字体。

335

什么是糟糠?

指贫穷时共患难的妻子。典出《后汉书·宋弘传》:光武帝的姐姐湖阳公主不幸亡夫,刚刚守寡,想下嫁宋弘,便托光武帝说亲。光武帝对宋弘说:"贵易交,富易妻,这都是人之常情。"宋弘却说:"贫贱之交不可忘,糟糠之妻不下堂。"

什么是社鼠?

全句为"城狐社鼠",比喻依仗权势作恶的人。典出《晏子春秋》:齐景公问晏子:"治理国家怕的是什么?"晏子回答说:"怕的是社庙中的老鼠。"景公问:"说的是什么意思?"晏子答道:"说到社,把木头一根根排立在一起,并给它们涂上泥。但是老鼠却栖居于此。你用烟火熏则怕烧毁木头,用水灌又有怕毁坏涂泥。这种老鼠之所以不能被除杀,是由于社庙的缘故啊。国家也有啊,国君身边的便嬖小人就是社鼠啊。在朝廷内便对国君蒙蔽善恶,在朝廷外又向百姓卖弄权势,不诛除他们,他们便会胡作非为,危害国家;要诛除他们吧,他们又受到国君的保护,国君包庇他们,宽恕他们,实在难以对他们施加惩处。"

什么是掩鼻工谗?

指因嫉妒而设计陷害。典出《韩非子·内储说下》:战国时期,魏襄王送给楚怀王一位美人,楚怀王对她非常宠爱,楚王的夫人郑袖因此非常嫉妒。有一天,郑袖对这位美人说:"君王非常喜欢你的美貌,可是不喜欢你的鼻子,你要得到君王的长久宠爱,今后见君王时,最好把鼻子掩住。"这位美人听了就按她说的去办。楚王对此大为不解,就前去问郑袖其中的缘故。郑袖装出欲说不说的样子,在楚王的再三追问下,她才说这位美人是厌恶楚王有臭味。楚王听后非常生气,便下令将美人的鼻子割掉了。

◎第十一章 政治军事◎

传统的封建官制有些什么特点?

中国古代的封建官制,是指在皇帝之下设置的中央官制与地方官制上下两级官僚机构。中央政府作为皇帝的辅政机构,主要设置宰辅、宰相及负责各方面事务的政务机构。在地方上,建立了一整套由中央层层统摄的严密的地方统治机构。

同时,为保证各级官僚机构有充分的人选及各级官员对皇帝尽忠尽责,还配备了一套比较系统、完备的官吏选拔及职官管理制度。

在这种制度下,各级官吏只对皇帝负责。官吏们依据等级地位的高下,分别成为拥有不同权限的权贵阶层。但他们不得以贵族的身份进行治理,而必须以皇帝的仆役资格行使治理。大小官吏的任免予夺等一切权力,都集中在皇帝手中。

中国传统的行政制度是怎样的?

夏商周时期实行的是封国建藩的地方行政体制,诸侯虽然具有地方长官的属性,但仍保留着相对的独立性。

西汉郡国图 明 《三才图会》

此为明代人所绘的西汉地图,当时推行的是郡国并行制,郡由皇帝直接控制,而国则由分封的诸侯王管理,七国之乱后,大量国被削减成为郡,促进了皇权的集中。

进入封建社会以后,专制主义中央集权制度的建立,不仅表现为中央政权集中掌握在皇帝手中,而且还表现在地方权力集中到中央,由中央对地方的统属关系所构成的行政组织形式,称为郡县制。

在漫长的历史沿革过程中,地方行政机构的组成层次曾出现过:郡县或州县两级制;州、郡、县,或路、府、县,或道、府(州)、县三级制;省、路、府、县,或省、道、府、县四级制。经过这样划分,就形成了一张大网,逐层布下,遍布全国每一个角落,而提控网纲的就是皇帝。

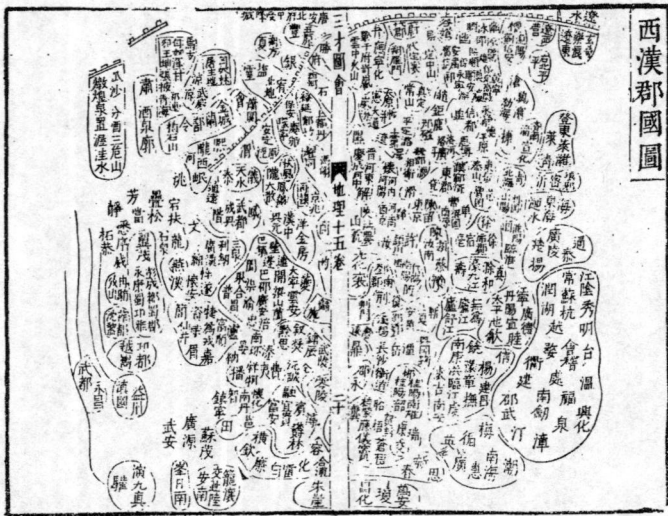

在地方权力的分配上，历代统治阶级的指导思想都是：分割地方权力，使之各有其主，并且使地方官吏之间互相制约。

传统的封爵制度经历了哪些演变？

爵又叫爵位，是中国古代帝王对有血缘关系的亲族和功臣授予的一种称号，是社会地位高低和享受物质利益多少的标志。一般依据血缘关系的亲疏或功劳的大小授予不同的爵位。商、周时期，封爵就是分封诸侯，爵称同时也是官称。春秋战国时期，封爵制度发生了很大变化，主要依据对国家的贡献与功劳的大小来授予爵位。

秦国推行的是典型的军功爵制，把在战争中立下的军功同爵位、享受的待遇联系起来。汉代实行两种封爵制度，一种是将宗室封为王、侯两等，另一种是对功臣的封爵。以后各代基本依照秦制。元代，凡是宗室、驸马通称诸王。明代以皇子为亲王，亲王之子为郡王。文武官员的封爵是公、侯、伯三级，各加地名为封号，但只有岁禄而无实际的封邑。清代宗室封爵为十等，按宗亲世系分别授予，宗室凡年满20岁均可具名题请。另外，对皇帝的妃嫔、女儿、姐妹、姑母，以至功臣的母亲、妻子等，也授予封号。

魏国公徐达　明　《三才图会》

明代文武官员的封爵是公、侯、伯三级，徐达受封魏国公，刘基受封诚意伯。明代不封异姓王，徐达的武宁王爵位是死后追封的，且不能世袭。

339

古代的招聘制度如何选拔官员？

招聘作为一项选拔官吏和征求人才的办法，在我国由来已久。早在《孟子》一书中便记载了商汤派人五次往返，"以币聘"伊尹的故事。后来，类似这种的招聘层出不穷。

在我国历史上，人才招聘的黄金时代当推两汉。汉代的招聘制度归纳起来有以下特点：

一是按州县定名额，与地方官的举荐连在一起，成为一项较为经常性的制度。二是专门招聘精通某种学问、技艺的。如汉昭帝始元五年（公元前82年），招聘精通《孝经》《论语》《尚书》的专门人才。三是特为办一件事情而招聘，事毕而罢。

汉代以后，在九品中正制度下，招聘制度徒具虚名。特别在隋唐以后，科举成为主要选官方法，招聘制度渐趋衰微。但是三国曹操，唐朝李渊、李世民，明朝朱元璋，元朝忽必烈时期，也利用招聘办法选拔了不少人才。

征辟制选士是如何操作的？

征辟制是汉代选拔官吏制度的一种形式。征，是皇帝征聘社会知名人士到朝廷充任要职。辟即官府辟除，是中央官署的高级官僚或地方政府的官吏任用属吏，再向朝廷推荐。前者多为名望高、品学兼优的社会名流，被征召者多委以要职，称为"征君"。辟除制在汉武帝以前就已推行，直到隋朝被废。

什么是"孝廉"？

孝廉是汉代选拔官吏的科目之一。孝，指孝悌；廉，指清廉。始于董仲舒贤良对策时的奏请，他主张由各郡国在所属吏民中荐举孝、廉各一人。后合称为"孝廉"。举荐每年进行，以封建德行为人才标准，为当时士大夫参与政治的主要途径。到了明清则俗称举人为孝廉。

六部各有些什么职能？

六部产生于隋代，分为以下六种：

吏部：主管全国文职官吏的挑选、考查、任免、升降、调动、封勋，大体相当于现代组织部的职能。

户部：主管国家户籍、田亩、货币、各种赋税、官员俸禄，大体相当于现代的农业部、财政部。

礼部：主管朝廷重要典礼（如祭天地、祭祖先等）、科举考试、接待外国来宾，类似于现代的教育部和外交部礼宾司。

兵部：主管全国武职官员、练兵、武器、驿站，相当于现代的国防部。

刑部：主管国家司法、行政，大体相当于现代的司法部。

工部：主管兴修水利、重要的土木建筑工程，大体相当于现代的水利部和建筑工程部。

各部的最高长官是"尚书"，副长官称"侍郎"。

什么是总督、都督、提督？其各有哪些职能？

总督：是管辖一省或数省军政的地方最高长官，这个职称始于明朝。但明代的总督，主要负责军务和粮饷，还不是固定的职务。但从此总督职权日益扩大，兼掌民政，实际上

湘军将臣图　清　吴友如

画中称曾国藩为"赠太子太傅原任武英殿大学士两江总督一等勇毅侯谥文正曾公国藩"，
其中"两江总督"为官职名称，"一等勇毅侯"为爵位，"文正"为谥号。

逐渐成为地方军政首长。清康熙以后，总督成了正式的封疆大臣，品级为一品，军政民刑都管。

都督：汉末就设置都督，三国时有"都督诸州军事"。都督一职，在汉末设置时，主要指领兵打仗的将帅，一般不理民事。魏晋以后，有些都督往往兼任驻地的刺史，这样就总揽了军政大权，形成了"军管"。唐代各州都设都督，大都成为当辖区的军政总首长，往往会形成"割据"的独立王国。

提督：这个官职主要是在清朝成为要职。有两种提督：一种是提督学政，各省一人，掌学校政令，负责岁、科考试，考察师生的优劣，又称为学政、学台。凡全省大事，他有权和督、抚一起参加讨论。另一种是提督军务总兵官，负责一个省的军务。他是从一品，和总督同，比巡抚、藩台、臬台三大宪的品级还高。

古代授官有哪些不同的名称？各有什么区别？

征：招聘授官，尤指朝廷直接招聘授官。

辟：招聘授官。

选：量才授官。

荐：下级向上级推荐授官。

举：选拔。

点：指派，尤指皇帝指派。

简：任命。

补：任命补缺，多指照例补缺。

进：升任，尤指高级官员的升任。

起：由民间征聘。或罢官后另授官职。

赠：对官员的先世或已死的官员授予职称，封衔。

古代兼代官职有哪些不同的名称？各有什么区别？

领：常指兼任。

摄：兼理，尤指暂兼。

守：兼理，指比本职高的兼职。

行：兼管，指比本职低的兼职。

判：中枢官兼任地方官。

知：同"判"。

权：暂代官职。

假：同"摄"。

署：代理无本官的职位，也称"署理"。

护：上级官员离职，由次一级官员守护印信代行职权。

古代任免升迁有哪些不同的名称？各有什么区别？

"三省六部"制出现以后，官员的升迁任免由吏部掌管。官职的任免升降常用以下词语：

拜：用一定的礼仪授予某种官职或名位。

除：拜官授职。

擢：提升官职。

迁：调动官职，包括升级、降级、平级转调三种情况。为易于区分，人们常在"迁"字的前面或后面加一个字，升级叫迁升、迁授、迁叙，降级叫迁削、迁谪、左迁，平级转调叫转迁、迁官、迁调，离职后调复原职叫迁复。

谪：降职贬官或调往边远地区。

黜："黜"与"罢""免""夺"都是免去官职。

去：解除职务，其中有辞职、调离和免职三种情况。辞职和调离属于一般情况和调整官职，而免职则是削职为民。

乞骸骨：年老了请求辞职退休。

古代官吏是怎样休假的？

我国的休假制度由来已久，从汉代起，政府机关便规定每5天休息一日，称"五日休"。唐代改为"旬休"，每10天休息一日。在休假日里，政府机关的办公活动还是照样进行的。譬如汉代的霍光在休假时，就往往由上官桀去代他办公，这大概是采取轮休的办法。

除定期的休假日外，还有节假日。唐代中秋节给假3日，寒食清明4日；明代冬至给假3日，元宵10日。此外还定有"急假"，官吏用以处置紧急家事，一年以60日为限。

对官吏的假日，历代均有严格的规定。唐代规定三品以上假满之日，须到衙门报到，否则罚俸禄一月。清朝初年，随着西方的传教士进入我国，"礼拜天"这一宗教用语开始在我国出现。辛亥革命后，开始实行星期日休息制。

魏徵　明　《三才图会》

魏徵是唐代有名的言官，唐太宗时期，他的职位就是谏议大夫。魏徵忠心进谏的事迹，被后世引以为佳话。

古代的考勤制度是怎样执行的？

我国的考勤制度起源很早，但当时的考勤，主要是对国家官吏而言。至于考勤表的使用，根据文献记载，当不晚于清代。清政府在国家机构中设置"画到薄"专司考勤。画到簿为官吏考功的重要凭证之一，与红本一起存入内阁大库，以备查验。但由于它反映不出迟到、早退等情况，所以没有多大的约束力。

咸丰年间，成立总理衙门，为了防止画到溜号的弊端，提高办事效率，就规定对其官吏"核其勤惰"，分别予以"请奖"或者"参劾"，这便是历史上考勤与奖惩相结合的开始。

古代言官有些什么职权？

古代帝王为了听取建议和批评意见，专门设立了言官。言官在各朝的称谓，不尽相同，秦朝设谏大夫，属郎中令；两汉时改称谏议大夫，属光禄勋；隋朝时仍称谏议大夫，属门下省；唐沿隋制，又增设左、右拾遗。宋朝时专门设立谏院，首长称左、右谏议大夫，言官可以参议军国大事，拾遗补缺，实际是皇帝的高级谋士。

什么是"衙门"?

枢密"衙门"是指旧时官员办公的机关,因此,凡是古代此类机构均可称为衙门,高至皇帝属下的各部,低至州县官府都是衙门。早在先秦时代,武装的仪仗,为了显得威武,所以常模仿猛兽,以士兵为锋利的爪,把军前大旗做成牙形,慢慢演变出现了指官府为"牙门"的说法。再演变,"牙"字被专用的"衙"字代替,才定型为"衙门"。

不过,老百姓眼中的"衙门",多是指和自己关系密切的基层州县衙门了。县衙负责全县治安、生产、税收、征兵、地方祭祀、传达御旨、陈情上奏、缉拿盗匪、民生衣食住行几乎全管。县官像是一县之家的大家长,人们称其为父母官不无道理。

中国历代是怎样开科取士的?

科举是中国古代读书人的所参加的人才选拔考试,它是封建王朝通过考试选拔官吏的一种制度。由于采用分科取士的办法,所以叫作科举。

科举制最早起源于隋朝。隋朝统一全国后,用科举制代替九品中正制。科举制度在唐朝得以完善。唐代科举考试的科目分常科和制科两类。每年分期举行的称常科,由皇帝下诏临时举行的考试称制科。唐代取士,不仅看考试成绩,还要有名人的推荐。因此,考生纷纷奔走于公卿门下,向他们投献自己的代表作,叫投卷。向礼部投的叫公卷,向达官贵人投的叫行卷。武则天开创殿试,还开创了武举。

宋朝是科举制度的改革时期。宋代也有常科、制科和武举。不过,宋代常科的科目比

殿试图　明　佚名
殿试是科举的最后一关,由皇帝或皇帝亲派大臣对贡士进行策问,殿试录取者即称"进士"。其中前三名分别称状元、榜眼、探花。

唐代大为减少，其中进士科仍然最受重视，进士一等多数可官至宰相，所以宋人以进士科为宰相科。宋代科举形式上放宽了录取和作用的范围，又确立了三年一次的三级考试制度。宋代科举开始实行糊名和誊录，并建立防止徇私的新制度。

明朝是科举制度的鼎盛时期。明代统治者对科举高度重视，科举方法之严密也超过了以往历代。明代以前，学校只是为科举输送考生的途径之一。到了明代，进学校却成为科举的必由之路。明代正式科举考试分为乡试、会试、殿试三级。

科举制度在清朝走向灭亡。科举制发展到清代，日趋没落，弊端也越来越多。已不适应新的时局变化，到了1906年，清政府正式下令废止科举，延续了1300多年的科举制终于消亡。

什么是监生？什么是贡生？

监生即国子监的学生。或由学政考取，或地方保送，或皇帝特许，后来捐钱就能取得监生资格。其名始于唐代。明初由各省选送了才行俱优的生员入监为监生，举人会试落第者亦可入监。清入监肄业的有贡生、监生、官生（七品以上官子弟之聪敏好学者）、经提学官考选提拔的廪增附生及满洲勋臣子弟、先贤后裔等。乾隆以前，考课很严，后渐成虚文。清后期捐纳监生泛滥，此类监生多以之求官，监生之名，反而为人贱视。

科举时代，挑选府、州、县生员（秀才）中成绩或资格优异者，升入京师的国子监读书，称为贡生。意谓以人才贡献给皇帝。明代有岁贡、选贡、恩贡和细贡；清代有恩贡、拔贡、副贡、岁贡、优贡和例贡。清代贡生，别称"明经"。会试考中的考生被称作"贡生"，第一名为"会元"贡生相当于举人副榜。

科举考试要经过哪些步骤？

童生试：也叫"童试"，明代由提学官主持、清代由各省学政主持的地方科举考试，包括县试、府试和院试三个阶段，院试合格后取得生员（秀才）资格，方能进入府、州、县学学习，所以又叫入学考试。应试者不分年龄大小都称童生。

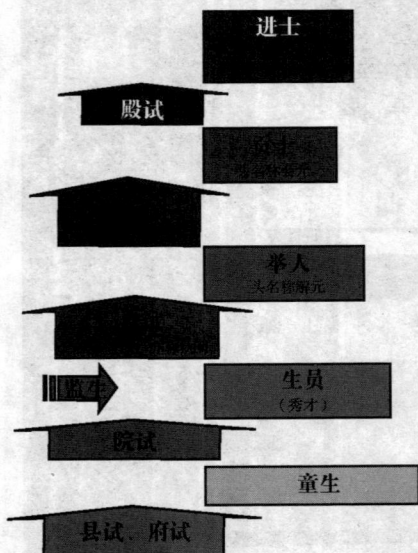

科举之路

古代士子从童生到进士，需要经历童生试、乡试、会试、殿试，分别取得秀才、举人、贡士、进士之名号。

乡试：也称为"大以"，是明清两代每三年在各省省城（京城）举行的一次考试，因在秋八月举行，故又称秋闱（闱，考场）。凡本省生员与监生、贡生、荫生、官生，经科考、录科、录遗考试合格者，均可应考。主考官由皇帝委派。考后发布正、副榜，正榜所取的叫举人，第一名叫解元。

会试：各地于秋季发解举人，冬季集中于京师礼部，参加于来春举行的考试，称会试。唐、宋时已然，至元代皇庆二年始有其名。明清两代每三年在京城举行的一次考试，又称"礼部试""春试""春闱""礼闱"。考试由礼部主持，皇帝任命正、副总裁，各省的举人及国子监监生皆可应考，录取三百名为贡士，第一名叫会元。成贡士后可参加殿试。

殿试：是科举制最高级别的考试，皇帝在殿廷上，对会试录取的贡士亲自策问，以定甲第。实际上皇帝有时委派大臣主管殿试，并不亲自策问。录取分为三甲：一甲三名，赐"进士及第"的称号，第一名称状元（鼎元），第二名称榜眼，第三名称探花；二甲若干名；赐"进士出身"的称号；三甲若干名，赐"同进士出身"的称号。二、三甲第一名皆称传胪，一、二、三甲统称进士。

什么是朝考？

新科进士取得出身后，由礼部以名册送翰林院掌院学士，奏请皇帝，再试于保和殿，并特派大臣阅卷，称为朝考。考试以诗文四六各体出题，视其所能。考试后，以成绩等第分别授职。最优者录用为翰林院庶吉士，其余则担任主事、中书、知县等职。

科举考试有哪些"榜"？

副榜：亦称"备榜"。科举考试中的一种附加榜示。即于录取正卷外，另取若干名之意。会试副榜始于明永乐时，乡试剐榜始于明嘉靖时。清初，会试与乡试亦有副榜。

两榜：唐代进士考试分甲乙科，称两榜。清代以会试（进士）、乡试（举人）为甲榜乙榜，合称两榜。唐黄滔《酬徐正字寅》诗："名从两榜考升第，官自三台追起家。"《儒林外史》第二六回："他父亲是个武两榜。"

状元、榜眼、探花的称谓经历了哪些演变？

殿试初设时，设三甲取士，一甲三人都可以称为状元。因为第一名位于榜首，第二人、第三人分列左右，在进士榜的位置好像人的双眼。于是将黄榜之上，榜首之下的一甲二、三名统称为金榜之眼，不分第二、第三，全称作榜眼。到南宋时期，将探花的称谓专属第三名，而榜眼也成为进士第二人的专用名称，状元也成为第一名的专属。

什么是"科举四宴"？

为了笼络天下士人通过科举考试，踏上仕途为统治者效劳，古代科举制度还组织顺利通过科举考试的士子参加由官方、朝廷主办的盛大庆祝宴会，以示恩典，这就是我国古代著名的科举四宴。科举四宴中的鹿鸣宴、琼林宴是文科宴，会武宴、鹰扬宴为武林宴。

鹿鸣宴兴起于唐，是为新科中举的举人而设的宴席。在省城举办乡试以后，由州、县长主持宴请中举的士子，因为宴会上要唱《诗经·小雅》中的"鹿鸣"之诗："呦呦鹿鸣……"因而取名为"鹿鸣宴"，有祝贺之意。

琼林宴是为新科进士举行的宴会，由礼部主持，始于宋代。"琼林"原为宋代名苑，在汴京（今开封）城西，宋徽宗政和二年（1112年）以前，在琼林苑宴新及第的进士，此后相沿通称为"琼林宴"。其后又有闻喜宴、恩荣宴之称谓。

鹰扬宴是武科乡试放榜后考官及考中武举者共同参加的宴会。其名源于《诗经·大雅·大明》"维师尚文，时维鹰扬"。所谓"鹰扬"，是取威武如鹰之飞扬的意思。

会武宴，是武科在皇宫殿试放榜后在兵部举行的宴会。规模排场浩大，群英聚会，盛况空前。

在封建时代，学子们不仅把这种宴会当作殊荣，而且更重要的是当作学术地位、任职高低的一种标志。尽管与宴者是少数人，但对大多士子具有极大的吸引力，都视为人生四大喜事之一，奋力追求。

什么是"公车"?

早在汉代,便有了以公家车马送应试举人赴京的传统。后来,满洲贵族入主中原,为了发展文治,需要笼络天下的知识分子。

顺治八年(1651年),朝廷做出规定:"举人公车,由布政使给予盘费。"即应试举人的路费由政府的布政使供给,路费的多少,因路程的远近而不同。广东琼州府最多,每名三十两,山东最少,每名只有一两。其余地区,由三两至二十两不等。另外还规定,云南、贵州和新疆的应试举人除每人发给白银三两,还发给火牌,凭牌供给驿马一匹,车上插一面"礼部会试"黄布旗,这样,"公车"就成了应试举人的代称。

可以说,"公车"是公共汽车的前身,不过其只为赴京应试的举人服务,普通老百姓是无缘乘坐的。

为什么科举考试要弥封考卷?

贡院内的号棚

历代为了防止考试阅卷录取中的弊端,多采用弥封考卷的办法。唐代开科取士时,试卷上有举人的姓名、籍贯,能靠特权录取。武则天曾下令用纸糊上举人姓名,但没有形成制度。

考卷弥封制度始于宋。宋太宗淳化年间采用监丞陈靖的建议,推行"糊名考校"法。糊住姓名、乡贯,决定录取卷后,才拆弥封。以"革考官窝私之弊"。不过从字体上,或许还能辨认。因此宋真宗大中祥符八年(1015年)设誊录院,由书吏抄试卷副本,而让考官评阅副本。

什么是"五魁"?

酒席上,我们经常能听到人喊"五魁首""六六六""七个雀""八匹马",那么什么是"五魁"呢?实际上,"五魁首"是"五经魁首"的简称。"五魁首"者,系指古人苦读《诗》《书》《易》《礼》《春秋》五种经籍著作,以求功名,夺得魁首。明代科举考试,以儒家五经(《诗》《书》《礼》《易》《春秋》)取士,每经的第一名叫"经魁";每科前5名,必然分别是每一经的第一名(经魁),俗称"五魁"。

民间将"魁"解释成"鬼之脚右转,如踢北斗",魁跟中国古代的星宿崇拜有很深的关系。魁星,又称奎星,是天上二十八星宿之一,"奎主文运"。古时,魁星楼、魁星殿遍布全国各地,保佑各地的考生,金榜题名。

在古代民俗中,魁星除了保佑学生,也能保佑老师。魁星和文昌帝君、朱衣神、关公(文衡帝君)、吕洞宾,合成"五文昌",是教书先生的行业神。

什么是"八股文"？

八股文是明清科举考试时所采取的专门文体、也叫制义、时艺、八比文等。因为它要求文章中应有四段对偶排比的文字，一共八部分，所以叫八股文。"股"是对偶的意思。

八股文的特点是：题目采自《四书》《五经》，论述内容以程朱学派的注解为准，结构体裁有一套硬性的规格。全文由破题、承题、起讲、入题、起股、中股、后股、束股、大结等各部分组成，作用互不相同。

八股文对字数也有一定的限制，文中要求点句、勾股，涂改的字于文末以大字注明，试题低两格而试文顶格，不符合规定的试卷取消资格。

八股文从内容到形式都很死板，使士人没有自由发挥的余地，因此后人用"八股文"比喻空洞死板的文章或迂腐的言论。

古代曾有哪些重要的兵役制度？

兵役制度是国家的重要军事制度之一，它随着国家的出现而产生，又随着国家的经济情况、政治制度和军事需要而变化。我国从古到今，曾有过多种不同的兵役制度。

民军制：夏、商、周时代，兵役寓于田制之中，有受田权利的成年男子，都有服兵役的义务，平时耕牧为民，战时出征为兵。西周时规定每家出一人为"正卒"，随时准备出征；其余为"羡卒"，服后备兵役。军队的核心由王家和贵族子弟组成。

征兵制：秦始皇统一中国后，规定17岁至60岁的男子无论贵贱都必须服兵役两年。守卫京师一年称"正卒"，守卫边防一年称"戍卒"。西汉初年，规定年满20岁的男子都要向官府登记，从23岁起服兵役两年。一年在本郡服役，学习骑射，称"正卒"，一年守卫京师或屯田戍边，称"卫士"，或"戍卒"。

府兵制：这一制度始于西魏，隋唐逐渐完善。唐代的府兵建立在均田制基础上，男子20岁至60岁受田，都有服兵役的义务。府兵由设置在各地的军府管理，平时散居务农，农隙进行教练，还要轮番宿卫京师或戍守边防，战时奉命出征。战争结束后，"兵散于府，将归于朝"。府兵的社会地位较高，可免除赋役，征战有功者可得勋级，死亡者家属可受抚恤。

募兵制：北宋时，朝廷直接管辖的禁军，从全国各地招募；守卫各州的厢兵，在本州范围内招募；守卫边境地区的藩兵，从当地少数民族中招募；保卫乡土的乡兵，由各地按户籍抽调的壮丁组成。此外，还强迫罪徒当兵。士兵的社会地位降低。

世袭兵役制：早在三国、两晋时就实行过这种制度，把士兵之家列为军户，父死子继，兄终弟及，

武童试字　清　吴友如
文科举考八股文，而武科举则比试武艺，同时为了防止武官不识字，考武举时还要测试文字。此图就是清朝末年一次武举考试中比试文字的场景。

木兰从军图　清　吴友如

木兰从军是中国脍炙人口的故事。据推测，此诗应该作于北魏时期，当时实行的是世袭兵役制，木兰家应该是军户，其父亲年迈，又无长男，不得已木兰才代父从军。

世代服兵役。元代初期，规定15岁以上70岁以下的蒙古族男子"尽金为兵"，后因兵源不足，又规定汉人20户出一兵，凡当过兵的"壮士及有力之家"都列为军户，世代为兵。明代，各卫所的军士，少数驻防，多数屯田，农时耕种，农隙训练，战时出征。军士之家列为军户，世代服兵役。清代的八旗兵，也采用世袭兵役制。凡16岁以上的八旗子弟，"人尽为兵"，世代相袭。后又招募汉人当兵，称"绿营兵"。

古代的军衔有哪些等级？

元帅：唐代设有元帅、副元帅等战时最高统帅，宋有兵马大元帅，元有都元帅、元帅。

将军：春秋时晋国以卿为将军，战国时始为武官名，汉代将军名号颇多，魏晋南北朝更繁，隋唐以后历代皆设有将军官名。

校：古代军队的编制单位，统带一校之官称校尉。汉武帝初置中垒、屯骑、步兵、越骑、长水、胡骑、射声、虎贲八校尉，为专掌特种军队的将领，其地位略次于将军，后通称将佐为八校。

尉：春秋时晋国上、中、下三军皆设尉，秦汉时太尉、大尉、中尉地位颇高，以后带尉字的官员地位逐渐下降。唐代折冲府以300人为团，团设校尉。明清时的卫士和八九品阶官称校尉，清代七品官中有正尉、副尉。

士：夏商周三代，天子、诸侯皆有上士、中士、下士之官，是卿大夫以下的低级官职，秦以后间有袭用古制而以上、中、下士为官职者。

将军一词是怎么来的？

奴隶社会没有将军，掌管军事的官职叫司马。那时国家军队数量并不多，天子只有六军（每军2500人），诸侯最多不超过三军。各军的统帅叫卿，卿以下叫大夫（师），大夫以下叫士。

到了春秋时代，诸侯为了扩大势力范围，不断增加兵力，因此，大国诸侯常常拥有三军以上的兵力，而编制上也只有三军，只能设三卿。于是就把扩充军的统帅称作"将军"，意即将领一军的意思。以后军队数量越来越大，将军也就越来越多了。作战时军队得由一人统率，因此，在将军中选拔出"大将军"或"上将军"来全盘指挥。

到了汉代，军队数量更多，于是又出现了骠骑将军、车骑将军、卫将军等级列。以后，各朝将军的名称虽不尽相同，但将军分成许多级别这一原则却是相同的。

"三军"的意义经历了怎样的演变？

所谓"三军"最早源于春秋后期。春秋时，大国通常都设三军，如晋、齐、鲁、楚等国，但各国称谓有所区别，如晋国称中军、上军、下军；楚国称中军、左军、右军；齐国、鲁国和吴国都称上、中、下三军。三军各设将、佐等军衔，其中中军的地位较高，也更为骁勇善战。

后来，随着时代的演进，上、下、中军渐渐被前军、中军、后军所代替。到了唐宋以后，这已经成为军队的一种固定建制。不过，这时候的"三军"与春秋时候又有不同，主要在于"三军"各军是担任不同作战任务的各种部队。三军的前军是先锋部队；中军是主将统率的部队，也是主力；后军主要担任掩护和警戒任务。

今天，前军、中军、后军编制已完全消亡，而被现代的陆、海、空三军所替代。

马踏匈奴　霍去病墓石雕

霍去病是中国历史上第一个骠骑将军。汉武帝元狩二年（前121年），封击败匈奴的霍去病为骠骑将军，秩、禄同大将军，金印紫绶，位同三公。

中国古代有海军吗？

我国是世界上最早建立海军的国家之一。大约在3700多年前，夏朝出兵攻打山东半岛上一个叫斟寻的小国时，双方都有武士持戈驾舟迎战。公元前6世纪，我国便有了比较完善的海军组织。伍子胥在太湖里帮吴国训练海军，他把战舰划分为许多种类，分担攻坚、驱逐、冲锋等任务。

我国记载最早的海战发生于公元前485年，当时吴国军舰从海路进攻山东半岛的齐国，双方的舰队在黄海相遇，展开激战，结果吴军被齐军打败。

我国历史上第一个建立雄厚海军力量的是三国时的孙吴。东吴的水军主力在长江，共有 500 艘战舰。

我国又是第一个在战舰上安装火炮的国家。11 世纪初，我国战船上开始采用火球、火箭。到 12 世纪初，南宋的战船上，大部分都安装有火枪、火炮等武器，比欧洲早两个世纪。

中国第一支骑兵产生于什么时候？

春秋时期秦穆公的"畴骑"，是我国历史上最早的骑兵。"畴骑"，见之于《韩非子·十过》。以往旧注大多为"畴，等也。言马齐等皆精妙也"。或者注为："畴骑，同一规格的马。"这种解释是不妥当的。《史记·历书》裴骃集解引如淳曰："家业世相传为畴。"清人钱大昕说："如氏家业世世相传之解，最为精当……而凡世相传之业，皆可当畴人之目也。"因此，"畴骑"应释为"世世传习骑术者"。古多世业，父子相传，兄弟相及，在骑兵刚刚出现的时候，骑术是一种比较特殊的军事技术，因而成为"世世相传之业"是很自然的。

中国最早的军事院校产生于什么时候？

一般认为，我国军事院校的历史，最早始于 1043 年北宋庆历年间的武学。其实早在前秦时期，就有了军事学校。据《资治通鉴》记载，前秦皇帝苻坚于公元 380 年 2 月办过实属军事院校的教武堂，教员是晓达阴阳、精通孙武兵法的专门家，学员则是身经百战的骁勇战将，而校址则选在位于水陆交通要道的渭城，可见当时苻坚对这所军事院校是何等重视。

不过教武堂办起来之后，却遇到了一些文武大臣的反对。最后，反对的呼声压过了支持的，苻坚不得不下令解散了这所教武堂。

战争中有哪些指挥工具？

古代战争是通过旗、金、鼓进行调度指挥的，古人称之为"三官"。鼓与金、旗都是古代指挥战争的用具。

鼓是用来鼓舞士气，指挥军队前进的讯号。在战斗中，擂鼓是进攻与冲锋的信号，它起着鼓舞士气的作用，直接影响到战争的胜负。据文献记载，每次战斗要击鼓三通，共于槌，每通鼓则为 333 槌。

铜钲　春秋
所谓"鸣金"，就是敲击铜钲。铜钲的声音清脆响亮，一般用作收兵的讯号。

金，也是一种战争中所用的指挥讯号。"鸣金收兵"的金就是钲，是一种铜质响器，敲击铜钲表示军队收兵、免战或坚守。

军旗，也是指挥战争的重要讯号。旗是古代指挥军队的重要工具，不同颜色表示不同方面，分别指挥各方，东方为青旗，南方为赤旗，西方为白旗，北方为黑旗，中央为黄旗，黄旗可指挥全军。另外，全军的灵魂是帅旗，因此战斗中夺取敌方帅旗成为将士的首要目标。

什么是"露布"?

露布是古代军旅上一种专用的文书，有时也写在木板上，所以也叫露版。目的是公布最新形势，以鼓励士气。在露版上插羽毛，表示急上加急，类似如鸡毛信。

到隋已制定了一套宣露布的礼仪。《隋书·礼仪志》载："开皇中，乃诏太常卿牛弘、太子庶子裴政撰宣露布礼。及九年平陈，元帅晋王，以驿上露布。兵部奏，请依新礼宣行。承诏集百官、四方客使，并赴广阳门外，服朝衣，各依其列。内史令称有诏，在位者皆拜，宜讫，拜，舞蹈者三，又拜。"

号角有些什么作用?

古代军旅中使用的号角是用兽角做成的，故亦称"角"，它是东汉时由边地少数民族传入中原的。由于它发声高亢凌厉，在战阵上用于发号施令或振气壮威，如"鸣角收兵"之例。后来，角也用于帝王大臣出行时的仪仗。随着角被广泛使用，制角的材料也就改用了较易获得的竹木、皮革，还有铜角、螺角。角的型号也长短大小有别，以适应不同的需要。元明以后，竹木、皮革制作的角渐消失，铜角使用最为广泛。到清末，新军创建，"洋式"军号盛行，角就退出历史舞台了。

军队中有哪些通信暗码?

从记载上看，最早制定军队秘密通信暗码的是周代初期的著名军事家太公望，即姜子牙。他制定了两种通信密码，一种叫阴符，一种叫阴书。

阴符是一种较为简便的秘密通信手段，使用者事先制造一套尺寸不等、形状各异的"阴符"。每只符都代表一定意义，只为通信双方知道。在战争过程中，收符者根据收到阴符的尺寸、形状，即可明白统帅部的意图。

阴符共有八种：一、大胜克敌之符，长一尺；二、破阵擒将之符，长九寸；三、降城得邑之符，长八寸；四、却敌极远之符，长七寸；五、警众坚守之符，长六寸；六、请粮益兵之符，长五寸；七、败军亡将之符，长四寸；八、失利亡士之符，长三寸。

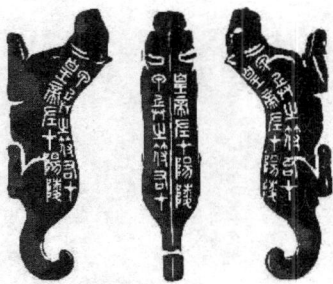

阳陵虎符拓片

阳陵虎符是秦始皇称帝后所制，虎颈至胯间左右各有错金篆书铭文两行十二字，书曰："甲兵之符，右才（在）皇帝，左才（在）阳陵"。此件虎符是秦始皇发号施令的实物。

后来，在这八种阴符基础上，发展成各种不同用途的虎符、兵符、令箭、金牌、符节，使之能表达更多的内容，这些通信方法，一直沿用到清代末期才被淘汰。

阴书比起阴符来，又进了一步，应用"乙合而再离，三发而一知"的方法。所谓"一合而再离"，就是把一份完整的军事文书，裁成三份，分写在三枚竹简上。

所谓"三发而一知"，就是派三个通信员分别持这三枚竹简，分别出发，到达目的地后，将三枚竹简合而为一，就能通读文书原意。中途即令其中一人或二人被敌捕获，也不致泄密。

中国传统十大兵书有哪些？

《孙子兵法》是我国现存最早的兵书，春秋末孙武著，今存本 13 篇。

《孙膑兵法》是战国时齐国孙膑所作，共 39 篇，图 4 卷，隋以前失传，1972 年在山东临沂县西汉墓中重新发现其残简。

《吴子》是由吴起、魏文侯、魏武侯辑录，共 48 篇，今存"图国""料敌"等 6 篇，都系后人所撰。

《六韬》传说为周代吕望（姜太公）所作，后经研究，认定为战国时的作品，现存 6 卷。

《尉缭子》传说为战国尉缭所作，共 31 篇，今存 5 卷，共 24 篇。

《司马法》是战国时齐威王命大夫整理古司马兵法，共 150 篇，今存本仅 5 篇。

《太白阴经》是由宋代可筌撰写，共 10 卷，《四库全书》收录的 8 卷本是后人合作的。

《虎铃经》是由宋代李许洞撰写，全书共 20 卷 120 篇。

《纪效新书》是由明代戚继光在东南沿海平倭时撰写，共 18 卷。

《练兵实记》是由戚继光在蓟镇练兵时撰写，正集 9 卷，附集 6 卷，此书和《纪效新书》亦称戚氏兵书。

◎第十二章 **饮食文化**◎

中国的面点是从什么时候开始出现的?

面点指的是除正餐之外的小份额的食品。广义上的面点，包括点心、小吃、糕点以及主食；狭义上的面点，指的则是粗放一些的主食。从面点的产生和演变规律来看，应该是先有主食、小吃，后有点心、糕点。面点由主食进化过来，经历了很长的一段历程。

人类最初生存最大的问题就是温饱问题。因此，作为填饱肚子的主食，应该是最早出现的。远古时代，类人猿学会用火的时候，他们将野生植物的籽实放在薄石板上烤，并且以此为食。这些“食物”就可以看作是主食的开端。这种“食物”非常简单，但已经具有面食的基本属性。后来经过很长一段历史进程的摸索，先民们渐渐学会去掉植物籽实的外皮，将整粒的籽实通过烤、煮、蒸制成可口的饭了。这样主食的发展更加完善。在屈家岭

家务俑一组　唐

这组俑为泥胎施彩，表现了舂粮、簸粮、磨面、擀面和烙饼的家务情景。女俑上身穿白襦，外罩半臂衣，下身系蓝裙，衣饰整洁。

文化遗址中，发掘出来一个巨大的陶锅，高为 3.44 米，直径为 8.76 米，容量为 6250 立方厘米。据考古学家的考证，这应该是 4600 年前用来煮饭的器具。

到了商代的时候，主食仍然很单调，在已经发掘的甲骨文中，也没有发现"面点"或"精细面食"的文字记载。大体可以推断，当时还没有足够的技术，来满足面点的生产。西周时期，农业发展迅速，手工业也有了极大的发展，出现了杵臼、石磨、石碓、蒸锅、陶饼铛、青铀刀具等。奴隶主们将奴隶的职责进行分化，也出现了一批从事厨务劳作的努力。早期的面点，可能就是在这样的条件下产生的。

根据史料考证，我国在西周到战国这段历史上，出现了近 20 多种面点，其主要用料是黍米和稻米，有的破碎蒸，有的整颗煮，还有的制成糊状烙。有的还加入了料馅，有蜂蜜、有花卉、有肉，多为圆形，好像现在的糕点，也有点像饼食。自此，面点开始进入人类的食物范畴。

再以后，经历了 4000 多年的发展，中国面点的花色、种类层出不穷，令人目不暇接，人们也渐渐形成了风格独特的饮食文化。面点作为食物的一种，确实在一定程度上丰富了人们的生活。

中国的饺子有什么文化内涵？

饺子是一种半月形的有馅的面食。这是中国的传统食物，在中国有着很深的民族色彩。

饺子多以冷水和面粉为原料，揉成光滑的面团，盖上毛巾或湿纱布放置一段时间，大概半小时，这样做的目的是使面粉充分发醒，制成的饺子皮软而筋道。接下来将面团揉搓成直径为 3 厘米左右的圆长条，接着刀切成一个个小小的面剂子。用擀面杖将面剂子擀成饺子皮。用饺子皮包裹事先准备好的饺子馅，包好后，就可以放在沸水中煮。饺子漂

饺子是深受人们喜爱的一种面食，是有中国特色的元素符号之一。

浮起来以后，再煮五六分钟，就可以吃了。饺子馅的种类也有很多种，有鸡蛋韭菜、猪肉大葱、羊肉大葱、素三鲜等，种类非常之多。

现在任何时候都可以吃饺子，并没有什么忌讳。但有一点，除夕守岁的时候，饺子是必备的食品，很少有人吃别的食品，这是中华民族的传统。饺子又叫"交子"，意指新旧交替，也有承上启下、秉承上苍的意思。

从某种意义上说，饺子是中华民族祈求吉祥平安的一种食品，代表了人们的美好愿望。现在，有一些地方还流传着出远门前吃饺子的习惯，这里面仍旧含有祝福平安的意思。

喝汤的最好时间是什么时候？

汤对人体来说，非常容易消化，而且还有极为丰富的营养物质，人体容易吸收，对人体具有极好的保健效果。美国有一项调查研究，他们调查 6 万人的营养状况时，发现营养良好的人大都喜欢喝汤。这不是一个偶然现象，汤汁能在小肠内均匀分散，很容易被小肠吸收，因此对人体具有极好的补益作用。

这一点很多人也已经认同，但对于喝汤的时间却始终没有共性认识。有的人只是随心所欲的，愿意什么时候喝，就什么时候喝。其实，什么时候喝汤与汤对人体的补益效果有着很大的关系。

饭前喝汤和饭后喝汤的效果就有很大不同。俗话说"饭前喝汤，苗条又健康；饭后喝汤，越喝越胖"，这句俗语有它一定的道理。饭前喝一些汤汁，口腔、食道得到润滑，这样可以防止干硬食物对消化道的刺激，能够在肠胃内对食物进行稀释和搅拌，从而促进消化。还有一点极为重要，饭前喝汤能够促使胃内食物与胃壁充分接触，增加饱腹感，进而降低食欲。这样做还有助于减肥。反过来，饭后喝汤，一方面已经吃饱了，再加入一些汤，不仅营养过剩，造成肥胖，还容易伤害肠胃；另一方面，汤汁进入肠胃后回稀释已经混合好的食糜，影响肠胃的消化吸收功能。

早中晚三餐中，午餐更适合喝汤。这是因为午餐时，喝汤吸收的热量最少，能够阻止身体发福。晚餐喝汤则容易造成过多的营养物质堆积到体内，引起体重增加。另外，在肠胃进入休息状态以后，或者说，不是两餐之间，不应该随便喝汤、加餐，这样会影响肠胃的休息，容易引起食欲不振。

总而言之，汤对人体有极好的补益效果，如果能够正确地喝汤，补益效果会更加明显，更有助于身体健康！

中国菜肴的食材选用有什么讲究？

食材是菜肴制作过程中的第一道工序，中国素以择料的严谨著称。大厨师傅的厨艺技能虽然对于菜肴的美味有着决定性作用，可是没有上好的食材，再技艺高超的厨师也不可能做出高水平的美味佳肴。因此，食材的选用对于菜肴有着很大的意义。

食材选择过程中要遵守"随菜选料""物尽其用"和"食用安全"原则。随菜选料指的是制作特定的菜肴，要根据菜肴的质量标准，严格选择品种、品质优良的主料、辅助料和调配料。物尽其用指的是尽可能在制作过程中减少食材的损耗，这样有利于菜肴的制作。食用安全原则就是从菜肴的源头——食材上，保证能够安全食用，不会对人体造成伤害或毒害作用。常见的有毒食材有河豚、苦瓠子、长霉的花生仁、酸败油脂、腐败肉类、发芽土豆以及米猪肉等，这些都是有毒食物食材，绝对不能选做食材。

选择食物食材时，除了遵守以上三点原则外，还要注意以下几点：

第一：注意食材的产地和品种。食材的种类不同，性质也不同，就是同一种类内的不同品种，也会表现出巨大的差异，比如鳊鱼中的三角鳊、长春鳊和团头鲂。因此，选取食材时，必须清楚所选的食材是哪个品种。另外，即便是同一个品种，不同的产地，也会出现不同的性质，这对菜肴的风味会产生影响。选择食材时，也必须把产地因素考虑在内。

第二：注意食材的上市季节。食材大部分都是自然界中的动物或植物，它们在生长过程中，只有在某个特定的时期，才会表现出最佳的食用性能。因此，选择时，必须注意将食材与其上市最佳季节对应起来，这样可以保证食材的最佳品质。比如，湖北吃水产品有一种说法是"春鲢鳊、夏鳝白、秋皖鲤、冬鲫鳜、立夏之鲥、白露之蟹"，大厨们掌握了这种季节性，就能够适时做出美味佳肴，以供人们享用！

第三：注意食材出自部位。材食的口味会根据食材选择的不同部位而呈现出不同的口感。部位不同、组织结构差异就很大，性质上也必然不同。比如鸡肉中鸡腿肉和鸡脯肉，就有嫩与老的区别，猪肉中五花肉、里脊肉、腿肉的性质也大不相同。根据食材来自的不同部位，选用不同的烹饪方法，该炖的炖、该爆炒的爆炒。只有这样，食材才能符合物尽其用的原则。

食材的选用是保证菜肴质量的第一环节，只有选择了最佳的食材，才能从基础上保证菜肴质量，如此一来，菜肴的美味与否，就真的要看厨师的技艺是否高超了！

上乘的中国菜需要怎样的刀功？

大厨的刀功是其厨师技艺的基本功，厨艺是否高超，看其刀功就能观出一二。刀功是指烹饪原料被切割成一定形状时的运刀技法，它是在漫长的历史发展进程中逐渐积累出来的。当然，随着烹饪技法的发展，刀法也在不断发展和完善。

烹饪过程中的刀法可以分作很多类。根据用刀时，刀面与菜墩面的夹角不同，刀法可以分为平刀法、直刀法、斜刀法以及其他刀法。

平刀法是指刀面与菜墩面的夹角近乎零度的刀法，用刀时先用刀锋接触原料，然后割进原料，将其分割。这种刀法的力度较直刀法要小。平刀法根据用刀方式，又可分为拉刀片、推刀片、平刀片和抖刀片。拉刀片是借助拉力和压力割分原料，腕力在其中发挥着重要作用，适用于韧性原料。推刀片是推力和压力的配合运用，力度较小，适用于脆嫩的原料。平刀片是刀锋上直接对原料产生压力作用，适用于无骨的软嫩原料。抖刀片和平刀片的用力方法相同，不同的是抖刀片是波浪式在原料内前进，刀口呈波浪状。

直刀法是刀面与菜墩垂直方向，刀锋与原料接触后，用力将原料分开。根据用刀的方式不同，可以分为直切、铡切、推切、拉切和锯切。直切的刀法是直上直下的，施刀者直接在背上用力，力度小但劲猛，适用于脆嫩的原料。铡切，是针对带壳或略带小骨、体型小、质硬、易滑的原料，用刀时需要另一手帮忙，将原料分开。推切需要推力和压力配合着将原料切断，适用于切割体薄、质地软、易破碎的原料。拉切，用力方式和推切类似，

古代庄园的食材多为自产。

不过用力方式是拉力，方向为拉刀的斜下方，适合于坚韧、体小的原料。锯切、拉切和推切的结合，一般用于质地松散的原料。另外，直刀法还有砍和剁两种刀法，用力都很猛，适用于大骨头类原料。

斜刀法的刀面与菜墩面的夹角小于 90°，用刀方式和平刀法类似。这种刀法又可以划分为斜刀正片和斜刀反片两种。斜刀正片指的是直压进刀时，刀锋斜向左下方，或推或拉，采用推刀片或拉刀片的方式用力，比较适合与韧性、质软、体型小的无骨原料。斜刀反片与斜刀正片的不同之处在于刀锋朝外，刀背朝里，用力方向是外下方，比较适合脆性原料的切割。

其他刀法是带有特殊用途的用刀方式，主要有刮、剜、削、剔、拍等。

刀法高超与否代表了一位大厨的刀功的深厚。每一个高级名厨，都能够熟练地运用各种刀法，以至于达到炉火纯青的地步。只有熟练地运用刀法，才能为进一步成为特级大厨奠定基础。

烹饪原料上浆的主要作用是什么?

上浆，又叫"着衣"，是烹饪原料加工过程中的一道非常重要的工序，是指一些特殊的方式，将调料和辅助料裹到原料的外面，就好像给它们穿上了一层衣服。上浆过程中原料加热后，表面会形成一层由淀粉、蛋白质等高分子物质组成的保护层，具有导热性差、通透性弱的特点，对原料起到一定的保护作用。

上浆对食材的保护作用主要表现在以下几个方面:

第一，能够适度保证食材的嫩度。上浆后，食材的含水量会增加，保护层的弱通透性能够有效防止在食材加工或加热过程中的蛋白质深度变性，还能防止水分流失，在很大程度上保证菜肴制作完成以后的脆嫩和滑嫩的口感。

第二，能够协助保持食材形态。制作菜肴的时候，食材受热会引起变形，上浆后的高水分状态和受到保护的结缔组织不会因受热而发生巨大的变形。成菜以后，可以保证光泽、饱满、舒展的视觉效果。

第三，有助于营养成分的保护。上浆就是上了一层保护层，它能够降低热敏性营养成分遭到热破坏，并减少水溶性营养物质的流失。另外，上浆食材中含有大量的营养成分，在一定程度上提高食物的营养价值。

第四，能够协助保持菜肴鲜美。上浆的配料本身就得保证鲜美的滋味，上浆以后，对原料的滋味是一种补充和协调作用，甚至能大大增加原料的鲜美滋味。

上浆的配料包括淀粉、鸡蛋、食盐、水等，还有一些调味料，比如味精、食盐等。食盐不仅是重要的调味料，也是上浆过程中的关键物质。加入食盐能够在原料表面形成一层电解质溶液，它能够提取肌肉组织上暴露的蛋白质，同时可提高蛋白质的水化作用，利于上浆的进行。淀粉是上浆必不可少的辅助料，它的作用就是食材受热后在其表面形成保护层，最后凝固，以达到上浆的目的;鸡蛋的营养价值更加丰富。由此可以看到，食材上浆不仅能够保护食材，更能提高菜肴的可口性，是菜肴制作过程中一道非常有价值的工序。

挂糊是一道怎样的工序?

挂糊指的是烹饪前在原料其表面均匀地裹上一层湖液的过程。它的基本操作过程是先用面粉、淀粉、米粉、鸡蛋(或水)等调成一定浓稠的糊液;在烹饪之前，将原料从糊液中拖过。这样做的主要目的是较好地保持原料的鲜味和水分，从而达到外香脆内鲜嫩的效果。

　　挂糊工序主要用于煎炸的食物，其主要作用表现在三个方面。第一是有效地保护营养成分。食材挂糊后能够避免合高温油脂直接接触，能有效地阻止营养物质在高温下的损耗。经过高温处理的挂糊食材，外部水分大量挣脱，内部的水分得到有效保持，形成独特的口感。第二，挂糊能够使菜肴表现出悦目的色泽。糊液内的蛋白质和糖类在高温油脂内，发生羰氨反应和焦糖化作用，会变成金黄、淡黄、褐红等颜色，看起来非常可口。第三，给菜肴增加诱人的香味。原料在油锅中加热后，会产生浓浓的香气，不过因为原料外的糊层，所以香气不至于散失掉。另外，糊液也会在高温油脂作用下，生成醛、酮、酯等物质，增加菜肴的香气。

　　由此可见，挂糊的确是一道非常重要，也是非常实用的烹饪工序。那么，挂糊有哪些呢？常见的糊有六种，它们是蛋清糊、全蛋糊、蛋泡糊、水粉糊、发粉糊和脆浆糊等。

　　蛋清糊，是用淀粉或者面粉，与蛋清调制而成，经常见于软炸，能够使菜肴亮白、松软。

　　全蛋糊，又叫蛋粉糊，是用全蛋与淀粉（或面粉）调制而成，能够使菜肴呈现出外部酥脆内部松嫩的独特风味。

　　蛋泡糊，利用蛋清起泡的特性，将鸡蛋清搅拌成泡沫状，按照 7：3 的比例加入淀粉和面粉，调制均匀即可。常常用于松炸，能够使菜肴呈微黄色，看起来特别饱满，而且质地松嫩。

　　水粉糊，俗称淀粉糊，在清水中加入淀粉，调制均匀即可。常用于脆熘、炸，能够使菜肴变得干香酥脆，呈现出金黄色，一看就特别有食欲。

　　脆浆糊，是用淀粉、面粉、植物油、发酵粉和水等调制而成的，用于脆炸，效果与发粉糊类似，不同的是脆浆糊的效果更加松酥。

　　挂糊对于改善原料的风味，具有十分明显的作用，而且不同的糊液还能呈现出不同的风味，仅凭这一点，就能得到大部分人的青睐。这真是一道既简单，又实用的烹饪工序。

中国菜的食材搭配遵从什么原则？

　　中国菜风格独特、风味别具一格，这和食材的搭配有着很大的关系。不同的食材搭配在一起，能够呈现出不同的风格和风味。如何正确地搭配食材，这在中国菜系文化中也有着十分重要的地位。

　　菜肴的搭配需要遵循的原则很多，主要包括色香味的配合、量的配合、形状的配合、营养成分的配合等几个方面，按照"变中有不变，不变中有变"的原则，可以将菜肴搭配原则，分为四个方面。

　　第一是数量配置适当原则。这一原则包含两方面的意思：一是用量必须适中，二是用量比例要适当。用量指的是一份或一套菜肴里，必须按照一定比例配置各种食材；比例指的是一份菜肴主料的量必须多余配料；如果是几种主料，主料之间比例应该得当，而且突出。

　　第二是合理搭配感官性状原则。这个原则一般指在菜肴中，要体现出来各种原料之间在色泽方面的对比、香味方面的融合和互补、形态方面的变换与统一、质地上面的变换和类似。在色泽上面讲究顺色和俏色，顺色是选用颜色相近的原料，俏色是选用具有对比强烈的色调。香味方面，要注意突出主料的香味，用配料弥补主料的不足。形态的搭配上，讲究块与块配、片与片配、丁与丁配、丝与丝配，还要注意配料体积必须小于主料体积。质地配合上，讲究主料选用相同质地的，要脆都脆，要软都软，主配料上，则要求以不同的质地相配合。

第三是规格档次的严格把握原则。这是指在选择配料时，要根据菜肴的标志，严格掌控食材的档次配合。大众化菜肴，主配料选用大众原料即可，高标准的菜肴，必须按照严格的工艺要求，选择配料。在同一规格的菜肴上，主配料之间应该遵循"高高配，低低配"的原则，即主配料应该属于同一档次。

第四是营养成分的科学组配原则。这条原则强调的是根据原料种类的不同，营养成分的差异，调配出品种齐全、营养合理、比例适当的菜肴。这是一项比较复杂的工作，它需要根据人体对营养的需求，根据各种食材中营养成分的不同，选择出能够相互配合，相互补益，而且是有助于人体营养吸收的食材来，然后根据严格的比例调配。

通过菜肴搭配的四个原则，不难看出，中国菜肴之所以自成一派，很大程度上是因为原料搭配这个近乎艺术的菜肴搭配基础！

整料出骨是一种怎样的烹饪技法？

整料出骨是在制作鸡、鸭、鱼等菜肴时，为了做到造型美观、工艺精细，而剔除整只原料中的主要骨头或全部骨头的一项烹饪加工技术。

这项加工技术不仅便于菜肴制作时的加热，更有助于原料入味，能够形成风味浓厚的美味佳肴；它还能促进菜肴的外形美观，方便进食，人们在享用这种菜肴时，不必顾忌骨头带来的不便；最后一点是能够提高菜肴的价值，菜肴在制作过程中，加入剔骨的工艺，首先就直接提高了成本，而且，这还是一项工艺复杂、技术难度大的加工技法，更展示了大厨们精湛的厨艺。

整料出骨的技术很复杂，以整鸡出骨为例，做一简单的介绍。简单地说，整鸡出骨分为三个步骤。

第一步，划破颈皮，斩断颈骨。在鸡右颈距离翅肩部 7 厘米左右处划一道长 7 厘米左右的刀口，去气管和食管以及食囊，后将颈骨从刀口拉出斩断，注意不能斩破颈皮，也不能扩大刀口。

第二步，去翅骨。完成第一步后，将鸡尾朝下，从颈脖刀口处翻皮，连带皮肉慢慢地剥离下去，露出翅膀的关节后，割断翅关节的筋腱，翅膀脱离鸡身后，抽出翅骨，于翅关节处斩断。

第三步，去身骨。第二步完成后，将鸡胸朝上放置，一手按住龙突骨，一手拉鸡脖，将突出的龙突骨按下去，然后继续翻皮，若遇皮骨连结紧密，可以用刀割开。剥开到腿部时，鸡胸朝下放置，两手分别执握左右大腿，用拇指继续剥皮。肱骨关节露出后，用刀割断筋腱，继续剥皮，直到肛门处。斩断鸡尾椎骨后，除后腿骨外，全部骨头都已和皮肉分开，取出骨头后（内脏仍在其内），割断肛门附近的直肠，洗净肛门。

第四步，去后腿骨。翻开腿皮，沿着胫骨到肱骨的方向，划开一刀口，刮净骨上面的肉，取下肱骨和胫骨，然后将鸡皮翻回去。

第五步，翻回鸡皮。清水洗净鸡肉后，将鸡皮翻回去，外观上仍是一直完整的鸡。

整料出骨技术非常复杂，是切配工作中的一种特技。

苏州有哪十大风味小吃？

苏州城历史悠久，苏州小吃也天下闻名。它和南京小吃、上海小吃、长沙小吃并列为中国四大小吃。苏州的小吃街就有数十条之多，比较著名的有阳澄湖餐饮一条街、碧凤坊、李公堤国际风情水街、真善美饕苑、凤凰街等。不过，最著名的还是苏州十大特色小吃。

一、苏式鲜肉月饼。苏式月饼金黄油润，皮层松软，口味咸甜可口，风味多栏，南方人个个都爱吃。咸味的有火腿、香葱、虾仁等种类，甜味的有核桃仁、玫瑰花、松子仁和赤豆等。最招人馋的还属鲜肉馅月饼，在一些老字号、老招牌的前面，经常能够看到排队等待月饼出锅的场面。中秋节的时候，吃月饼的人更是接踵而至、络绎不绝。

二、枫镇大面。这是一种由肉骨、鳝骨和焖肉以及焖肉汤浇灌的面条，汤料中还加入了酒糟和螺蛳，做法非常复杂，但散发出肉香和酒香的面条，绝对是苏州一绝。

三、红白汤奥灶面。这种小吃的特色是风味多，有红油鲍鱼面、白汤卤鸭面、焖肉面、野生虾仁面等，滋味独特，爱好者数不胜数。

四、鸡头米羹。这个小吃吃起来还非常有讲究，必须选用南塘的鸡头米，吃的时候还不能过量，而是少量，一次吃完，最后一点就是必须在中秋节时吃，错过了就只能等来年了。

五、蟹壳黄。蟹壳黄是苏州人最喜欢的茶点之一。曾经在缺食少粮的年代，它还被用来当作早点。也许就是因为这个原因，现在蟹壳黄成了著名的苏州小吃。

六、鱼味春卷。这是苏州春卷的一绝。春卷薄如纸、圆如镜，加入鱼肉，更是极品美味，也正应和了"鱼米之乡"的特点。

七、油氽紧酵。这种小吃又被祢作"兴隆馒头"，含有兴旺发达之意。这是一种用酵量少、蒸出来以后外脆内松的面食。

八、小馄饨。江南最常见的小点。皮质很薄，露出馅内的一点粉红色，常常盛到白瓷汤碗中。汤内再撒入葱花、蒜苗、虾皮、紫菜等，真是汤鲜味美。

九、糖粥。苏州的糖粥声名远播，糯米糊中加入一些赤砂糖，表面撒上红色豆沙，吃的时候搅拌一下，入口甜、热、香！

十、酒酿饼。春节后，苏州的大街上会弥漫出浓浓的酸甜味，这是酒酿饼的芬芳。酒酿饼是春天时候的一种小吃，只有春天才有。外形像小月饼，内有料馅。

苏州的十大小吃，是苏州小吃的代表，彰显着苏州小吃的独特风味。

广州有哪些名小吃？

广州的名小吃有艇仔粥、炒田螺、蒸肠粉、沙河粉、果蒸粽、双皮奶等。

艇仔粥，在旧时的广州西郊，常常会有文人雅士来这里游河，有的小艇则专供艇仔粥，卖给那些文人雅士。现在陆地上倒是有不少艇仔粥的小吃店。这是一种用新鲜河虾和鱼片煮出来的粥食品，属于粥品类小吃。现在的艇仔粥里还加入了炒花生仁、凉皮、葱花、海蜇和姜等调味品。艇仔粥甚至进入了五星级酒店，成为广州特有的粥品。

炒田螺，是一种油炸类小吃，炒之前先下油锅捞一下，然后用带有芳香味的紫苏草和田螺一起炒。这样的炒法，会炒出一种香中带辣、辣中有甜的怪味来。不过，这个怪味却受到了南方人的喜爱，现在连北方人、港澳同胞也特别青睐这种味道。有些紫苏炒田螺中，还加入了葱、酸、豆豉和辣椒等，味道更佳。

蒸肠粉，又叫布拉蒸肠粉，是一种米制品。管周的银记肠粉最负盛名，它们的牛肉肠粉以薄韧香滑著称。肠粉又被叫作卷粉、猪肠粉（外形像猪肠），是将米浆放在多层蒸笼中，逐张蒸成薄片，然后在其上面放上鱼片、虾仁、鱼类等，然后卷成长条。这是广州人最爱吃中一种粉面类小吃。

沙河粉也是一种粉面类小吃，有着百余年的历史。其做法是用白云山上的九龙泉水浸泡大米，然后将大米磨成粉浆，蒸熟后切成条即可。吃的时候，可以干炒、湿炒、凉拌等，味道非常别致。

果蒸粽，这是一种粽子类小吃，是当之无愧的广东小吃。正宗的果蒸粽个头非常大，闻起来有一股浓烈的糯米香和豆香。吃下去的时候，会感觉身体内有一股暖流，一口一口地细细咀嚼，还有五花肉的甘味、冬菇的鲜味，真是人间极品。

双皮奶应该算作甜品类小吃。清晨的时候，新挤出来的牛奶煮开后，倒入一个碗里面后，鲜奶表面会慢慢地结出一层奶皮。等冷却后，去奶留皮。倒出的牛奶中加上细糖和蛋清，置放在火上炖，不久又会结出一层奶皮。将炖好的牛奶倒回到碗里面，双皮奶就做好了。双皮奶滑爽厚道、香甜可口，有着浓郁的香气，很受人们的喜爱。

以上小吃，不过是广州许许多多的小吃中的几种，不过，从这几种小吃上，我们能够看出广州人在吃上面确实非常讲究。

古人一天吃几顿饭？

煎饼图　三国

图中的婢女头梳发髻，身穿彩衣，蹲跪在一个热气腾腾的平底锅前烧火煎饼，身后还有两大盆待用的原料。

吃、穿、住、行是一个人的基本生活保证，现代人为保证一天的人体所需，大都是正常的一日三餐。然而在古代，因为生产力的低下，人们生活水平的不富足，所以大多数的人民都只是一日两餐，对于更贫穷的人而言一日只有一餐。

古人讲究"日出而作日落而息"的生活规律，这也是对广大的劳动人民而言。在吃饭上，因为古代的生产力不发达，人们生活水平的落后，人们也没有足够的粮食储存，所以一般而言，古人一天就只吃两餐，即朝食和哺食；因为一天只吃两餐，所以两餐的时间不能间隔太小。古人吃饭的时间是按照太阳的位置来确定的，当太阳上升至东南角时，大致相当于上午的九点，这个时间古人就会暂时放下手中的农活，进食这一天中的第一顿饭，及朝食，也称为饔；当太阳的位置位于西南方向时，大致相当于现在的下午四点左右，这个时候古人就吃第二顿饭也是最后一顿的进食，即哺食，也称之为飧。一天之中，因为上午的劳动量相对的大，下午的劳动量相对少，并且临近日落，所以朝食比哺食要食的多点，而下午的哺食很多时候都是上午所剩下的。古人在一天进食餐数和时间上，都有着很大的讲究，除了饔和飧这两顿正餐，及这两个进食的时间外，其他时候即便是饿了，也只能是喝野菜汤或者水。

在汉代以后，一日两餐逐渐变为三餐或四餐，当然这是针对富人或有钱人而言的，大多数的贫穷老百姓，仍然是一日两餐或一日一餐，主要还是以清粥为主。

关于"粥公粥婆"有着怎样的故事？

不知从什么时候开始，在街面上出现了"粥公粥婆"这样的粥店，并且深受人们的喜爱，然而对于"粥公粥婆"的来源却有着很多的传说。

相传在乾隆年间，广州大部分地区都传染了瘟疫，尤其以潮州的疫情最为严重，此事震惊了朝廷，朝廷立即派出医术高明的太医去潮州帮助灾民控制疫情。但疫情并没有因为太医们的到来而停止，就在太医们感到束手无策的时候，他发现了几个小村庄并没有受到瘟疫的传播，他们中很多人身体都很健康，于是太医们走访了这几个村庄，才知道原来有一对老夫妇在熬粥给他们喝，而这些村民正是因为喝了这对老夫妇熬的粥，才没有感染瘟疫，即使当中有一些人出现了一些轻微的症状，但在喝了他们的粥之后就完全的康复了。太医们根据村民们的描述寻找着这对老夫妇的踪迹，终于在一个乡村里找到了他们，他们因为擅长熬粥，因此被村里人称为"粥公粥婆"。他们的粥之所以能控制疫情，原来是因为这对老夫妇在粥里除了加入大量的五谷杂粮之外，还添加了许多的具有滋补作用的药，这种粥在吃过之后，不仅不会感染瘟疫，而且还能使身体更加的健康，后来太医们在粥公粥婆的帮助下控制了广州的疫情，太医们将这种情况呈报给了乾隆，乾隆听后很是高兴，于是将粥公粥婆封为"广州食神"，从此以后这对老夫妇的名声响彻了整个中原大地，与此同时，很多人前来学习熬粥，并向他们寻医问药，甚至更有善心人资助他们开了名为"粥公粥婆"的粥店，从此"粥公粥婆"的粥店就开始在中国大地上开设了起来，"粥公粥婆"的故事也流传开来。

当然在民间，关于"粥公粥婆"的故事有着很多传说，不管是哪一种传说，主要的还是诉说着他们的粥治病救人的故事。现如今，无论大街小巷，都能看见这家店的招牌，而他们的粥无论在营养上，还是在口感上，都很诱人，并且被人们广泛称颂。

在古代人们是怎样度过炎热酷暑的？

夏日时节，酷暑难耐，每当此次，各式各样的避暑解热的方法都开始呈现于人们的眼前，比如开空调，喝冰镇的冷饮，在清凉的河水里游泳等，然而在遥远的古代，古人们又是怎样度过酷暑难耐的夏日的呢？

古时的气温虽然没有现在这样的高气温，但是在夏日时节，尤其是三伏天时节仍然是热不可忍。面对如此的酷暑时节，古人们亦有许多解暑的方法，比如扇子、傍水而建的凉屋、冷饮、瓷枕等。

扇子是我们众所周知的生活用品，也是最常见的解暑用具，然而扇子在最开始诞生时却不是用于纳凉，它仅仅是作为一种礼仪工具，一种权势地位的象征。随着历史的发展和人们对扇子的不断改造，才逐渐地被用于取风纳凉，在炎热的夏日帮助人们祛暑清热。也正因如此，扇子的种类也越来越多，制作的程序也越来越精密。与此同时，人们充分地发挥了自己的想象，将各式各样的中国书画也搬上了扇面，从此以后，扇子也作为一种文化的传承，传播着中国的文化哲学。

凉屋，是一种傍水而建的屋子。在屋旁建立一大水车，运用水车转动的方式，推动扇轮的转动，在转动的同时将水中的凉气缓缓地不断地送入屋内，来降低屋内的温度。使人走进凉屋有一种心旷神怡的感觉，此种消暑降温的方式，比空调的降温效果更好，同时也不会引发现代人易患的"空调病"。

炎炎夏日，除了身体上解暑外，还得将人体内的"暑"适当去掉，因此就有了在酷暑时饮冷饮的习惯。而在炎炎夏日，又在哪儿去找那么多的冰呢？其实在古时，人们从冬日的十二月，就开始凿冰并将之储存于修建的冰窖中，以备来年盛夏之用，同时还制做出许多饮品，供人们消暑。随着时代的发展，每当酷暑之时，冰的运用也越来越广泛，被制成了各种的饮品，在炎热的夏日渗透着人的心脾，祛除炎热带给人们的烦恼。除此之外，还有一些用于消暑的食物和草药，也被广泛用于夏日消暑。

夏日中，再多的消暑方式倘若不能睡一晚好觉，可能也是无济于事的，于是古人发明了瓷枕，在瓷枕的枕面上有一层釉，当人们枕在上面时，有一种冰冰凉凉的感觉，让人们在晚间消除了无法入睡的燥热，于是有"半窗千里月，一枕五更风"这一说法，足见瓷枕在古代颇受人们的喜爱。同时，不同形状、不同制品的瓷枕有着不同的文化意蕴，也体现了中国文化的博大。

在古代，人们总是能想到各种各样的避暑方法，比如通过观赏自然风景来祛暑，在河边垂钓来抑制身上暑热的扩散，或者通过下棋对弈来忘记周围的暑热等，不管哪种方式，最主要的还是在于静心，正所谓"心静自然凉"，在炎热的盛夏，心静了，就少了一些内在的烦躁，多了一份内在的清凉，也就更能达到消暑的目的。

中国历史上谁是第一个吃"涮羊肉"的人？

"涮羊肉"在北京是一种人所周知的特色饮食，并被广大的人民众群所喜爱。其实每一种食物都有一个起源，"涮羊肉"也不例外。"涮羊肉"在中国的历史上与元朝世祖忽必烈有着一定的关联，因此忽必烈也被认为是吃"涮羊肉"的第一人。

元世祖时期，忽必烈率军远征南下，与敌方经过了多次的战斗之后，军中的将士包括忽必烈在内人人都饥肠辘辘，疲惫不堪，忽必烈猛然想起了家乡的清炖羊肉这道菜肴，于是吩咐厨师杀羊烧火，然而正当厨师在忙着割羊肉的时候，忽必烈突然接到急报说敌情发生了变化，忽必烈一面吩咐下属准备战斗，一面焦急地等待羊肉做熟后可以尽快食用，而厨师们也知道忽必烈暴躁的性情，在焦头烂额之际，灵光一闪，迅速地将厚实的羊肉切成薄薄的一片，在沸水中搅了几下，待肉色一变，快速地捞入碗中，再放上盐等其他调料，呈给忽必烈吃，忽必烈在接连吃过几碗之后，快速奔向战场，带领自己的将士英勇迎敌，最后还生擒敌军的主将，旗开得胜，赢得了这场战役的胜利。在后来胜利的庆功宴上，忽必烈特意吩咐了他的厨师做这道战前吃的羊肉片。厨师在制作的过程中，筛选了羊肉的精致部分，并且添加了更多的佐料，忽必烈和众将士在吃过之后赞不绝口。忽必烈非常高兴，为其赐名"涮羊肉"，从此以后，"涮羊肉"就成为一种美味的宫廷佳肴，然而直到清朝光绪年间，"涮羊肉"才开始流传于民间，并被民众所喜爱。

黄瓜为什么不叫"绿瓜"呢？

黄瓜，也称作青瓜、胡瓜，在中国各地都有分布。它是西汉时期，张骞出使西域时，从外地带回来的，所以当时的人都称其为胡瓜，到了五胡十六国的时候，赵皇帝石勒非常忌讳"胡"字，因此，胡瓜更名为黄瓜。

后赵王朝的建立者石勒，原本是羯族人，也就是中原人所说的胡人。他在襄国（今河北邢台）登基做了皇帝以后，就制定了一条法令，严禁任何文章中出现"胡"字。有一天，石勒在单于庭召见地方官员。襄国郡守樊坦却穿着破衣服来朝见。石勒质问他为何衣冠不整的就过来了。樊坦慌乱中回答说，"这都怪胡人没道义，把衣物都抢掠去了，害得我只好褴褛来朝。"他刚说完，就知道犯了忌讳，当即叩头请罪。石勒看他有知错之心，也没有怪罪。后来，等到用膳的时候，石勒指着一盘胡瓜试探樊坦，可否知道那是什么东西。樊坦明白石勒的用意所在，恭敬地回答说，"紫案佳肴，银杯绿茶，金樽甘露，玉盘黄瓜。"胡瓜也就有了黄瓜之名。

实际上，黄瓜之名出现的时间，应该是在隋朝的时候。隋文帝的妻子，独孤皇后是鲜卑人。他们的孩子隋炀帝杨广，有一半是胡人血统。杨广本人十分崇尚汉族文化，鄙夷胡人。唐朝书作《贞观政要》中记载，"隋炀帝性好猜防，专信邪道，大忌胡人，乃至谓胡床为交床，胡瓜为黄瓜，筑长城以避胡。"唐朝杜宝著作的《大业杂记》中也记载着，"大业四年（608年）九月，（炀帝）自幕北还至东都，改胡床为交床，胡瓜为白露黄瓜，改茄子为昆仑紫瓜。"由此可见，黄瓜之名的由来，确实是在隋朝时期。

我们现在所吃的黄瓜，是未成熟的嫩瓜。黄瓜成熟以后，外皮就是黄色的，口感老，仔实硬。隋朝时期，他们所吃的黄瓜可能就是已经成熟的老瓜，所以，在更名的时候，就选用了黄瓜之名。

瓜果蔬菜中为何没有"北瓜"呢？

瓜果蔬菜中，有西瓜、东瓜（冬瓜）、南瓜，偏偏缺了北瓜。东、西、南都有瓜，偏偏没北瓜。独缺北瓜，并非没有一点原因，关于这点，还得先从一个神话故事说起。

《西游记》中有一段虚构的神话故事，讲述了唐太宗李世民平定天下以后，因为连年征战，惹下了不少鬼债。很多冤魂向阎罗王诉苦，状告李世民杀孽深重。李世民也因此重病缠身。为了延年益寿，他颁布圣旨，招募奇能异士，让这些人携带瓜果，奔赴阴曹地府，献给阎罗王。当时有个叫刘全的人，他非常爱自己的妻子，可妻子却不长命，年纪轻轻就离开人世。刘全看到圣旨后，想着进入阴曹地府寻找爱妻亡魂，于是，随着护卫皇榜的士兵觐见了唐太宗。唐太宗将北瓜放在刘全的头顶上，然后给刘全服下毒药。阎罗王看到刘全带来的北瓜，大为欢喜，并为刘全的爱妻之情所感动，于是将刘全和他的妻子，放回阳间。因为北瓜被献给了阎罗王，所以人间就再也没有北瓜这种水果了。

这只是个关于"北瓜"的神话。其实，瓜果蔬菜中没有北瓜，是因为以东、南、西、北等方向名词命名瓜果名称的时候，因为我国的政治文化中心靠近北方，而造成了一种视觉盲区。因此，就没有北瓜一说。在有些资料上显示，南方的有些地区，将一种或数种瓜果，称为北瓜，可是因为这类瓜果影响范围小，或者中途更为其他的名字，所以"北瓜"这一名称就被消溺了。

中国以吃冷食为主的节日是什么？

中国吃冷食为主的节日是寒食节，亦称"禁烟节""冷节""百五节"。在夏历冬至后105天，清明节前一两天。过节时，禁烟火，只吃冷食，所以叫作"寒食节"。在后世的发展中逐渐增加了踏青、秋千、蹴鞠、牵勾、祭扫、斗卵等风俗，寒食节的历史有两千余年，有"民间第一大祭日"的说法。

"之推言避世，山火遂焚身。四海同寒食，千古为一人。深冤何用道，峻迹古无邻。魂魄山河气，风雷御宇神。光烟榆柳火，怨曲龙蛇新。可叹文公霸，平生负此臣。"唐代诗人卢象的这首《寒食》诗说的就是"介子推绵山焚身"的故事。相传，人们过寒食节即为纪念介子推。

汉代以前寒食节禁火的时间较长，期限为一个月。汉代将清明前三天确定为寒食节。南朝时《荆楚岁时记》载：在冬天过去的150天，会有疾风甚雨，被称作寒食，要禁火三天。唐宋时期将清明前一天作为寒食节。从先秦到南北朝，寒食都是一个很大的节日。唐朝时它仍然是一个较大的节日，但是光景不如以前，寒食节逐渐被清明节吞并。到明清两代，"清明"的叫法多于"寒食"，前者基本取代后者。到现代，大多数地方的百姓只知有"清明节"，却不知有"寒食节"了。但还有少数地方有禁火或食冷之俗，如山西、山东的一些地方。

365

面条是起源于中国的吗?

老北京炸酱面

考古发现和史料证明,面条起源于中国,已经有四千多年的制作食用历史。面条是一种制作简单、食用方便、营养丰富,既可以做主食又可当快餐的食品。

面条花样繁多、品种多样,地方特色极其丰富。在中国全盛时期的唐朝,宫廷便对季节面条提出要求,即冬天的"汤饼"和夏天的"冷陶"(冷陶即现今之冷面、过水凉面)。"挂面"出现在元代,可以长期保存;明代又发明了技艺高超的"抻面"。到了清代,最有意义的是"五香面"和"八珍面"的出现,在乾隆年间还出现了方便面的前身——耐保存的油炸的"伊府面"。中华面食在清朝时发展得已经相当成熟且稳定,甚至每个地区都有各自的风味,如中国五大名面:两广伊府面、北方炸酱面、四川担担面、山西刀削面及武汉热干面。

现在,面条已经成为人们生活中常见的一种面食。它既可以当主食又可以当快餐,早已成为世界人民所喜爱的健康保健食品。

我国的"方便面"是在什么时候开始出现的?

我国在清朝的时候就已经有了现代意义上的方便面雏形。面条发展到清代,由于制作工艺的飞速发展,出现了我国历史上最早意义上的"方便面"——伊府面,简称"伊面",既可以汤煮,亦可作干炒。相传清朝年间,曾任惠州知府及扬州太守等职的书法名家伊秉绶在位于宁化的家中宴客,厨师误将煮熟的鸡蛋面放入沸油锅,只好捞起后佐以高汤上桌。由于宾客吃过后赞不绝口,这道菜就流传了下来。

而世界上第一袋方便面于 1958 年 8 月 25 日制成,是日清食品公司的创始人安藤百福(已故,原名吴百福,日籍台湾人)销售的袋装"鸡汤拉面"。其后,日清公司推出了调料单独包装的方便面,并于 1971 年增加了杯装方便面。

由于伊面与现代的方便面有相似之处,所以又被喻为方便面的鼻祖。伊府面在中国南北方皆有制作,尤以闽、赣最出色。伊府面是用鸡蛋液和面做的,这是它的最大特征;面经沸水煮后用冷水冲凉、烘干,再经油炸后就变成了半成品。

"蛮头"是指古代的哪一类食品?

"蛮头"即馒头,是我国的传统面食,即把面粉加水、糖等调匀,发酵后蒸熟而成的食品,外形为半球形或长条。其松软可口,营养丰富,是餐桌上不可或缺的主食之一。

最早的馒头是人头状的,据说是诸葛亮发明的,相传诸葛亮行至泸水,风浪太大士兵不能渡河,所以要祭河神,但诸葛亮又不愿滥杀无辜,因此,就想到用面做成人头形状,内置猪牛羊肉来代替,称为"蛮头",最终他们真的安全渡河,这种面食也得以流传下来。

我们在正史中是找不到这段故事的,但在许多笔记中都有这样的说法,如明人郎瑛《七修类稿》记载:馒头的本名叫蛮头,诸葛要征讨蛮地,途中需以人头祭神,诸葛不愿,就命以面包肉做成人头的形状来祭祀,故称"蛮头"。可以说是现在的夹心馒头的前身了。清朝的《谈征》中写道:大概在蛮地,要以人头祭神,武侯用面代替人头祭神,因此就有了蛮头，现在被称为馒头。

馒头的说法从此在民间广为流传，诸葛亮也被尊奉为面食行业的祖师爷。诸葛亮创制的馒头，内加牛羊肉为馅，工序十分烦琐。于是，后人便省去了做馅的工序，就成了现在的馒头。而有馅的，则称为包子。

在江南地区，一般将制作时加入肉、菜、豆蓉等馅料的馒头叫作包子，而普通的馒头叫白馒头。在我国，由于人口众多，口味各异，各地区的馒头作法也各不相同，由此延伸出了各式各样的馒头，如肉馒头、生煎馒头、玉米面馒头、菜馒头、白面馒头、油炸馒头，叫法也不尽相同，如蒸饼、炊饼、饽饽、馍馍、大馍等。

馒头是我国北方小麦生产区人们的主食，在南方也颇受欢迎。

腊八节吃什么？

传统意义上的过年从腊月初八就已经开始了，而在腊八节那天，中国汉族地区民间流传着吃"腊八粥"（有的地方是"腊八饭"）的风俗。腊八粥是一种在腊八节时人们用多种食材熬制的粥，也叫作七宝五味粥。

腊八粥是从印度天竺传入的，把农历十二月初八作为佛陀成道纪念日，在佛教称"法宝节"，俗称"腊八节"。不过后来喝腊八粥的习俗，并非只有佛门，而是作为一种民间风俗，在农历十二月八日吃腊八粥，以此来庆祝丰收，这个风俗一直流传到今日。最早的腊八粥是用红小豆来煮，后来不断变化，地方特色显著，腊八粥的做法也随之逐渐丰富多彩起来。

《燕京岁时记·腊八粥》中记载道：腊八粥是用黄米、江米、小米、菱角米、栗子、红豇豆、白米、去皮枣泥等，和水煮熟，然后再用红桃仁、葡萄、杏仁、瓜子、花生、榛穰、松子及白糖、红糖，来做点染。腊八粥是古代腊祭保存下来的风俗，和腊八饭一样。《祀记·郊特牲》说：腊祭是一年的第十二个月，腊八粥与八方食物合在一块，同米一起煮熟，有合聚万物、调和千灵的意义。腊八粥结合我国传统养生文化和美食文化，被称为养生佳品。

喝腊八粥最讲究的地区有北京，由于这是他们固有的皇城思想，所以在煮粥的工序上也最为讲究的。他们在白米中掺入的东西较多，如红枣、松仁、桂圆、葡萄、莲子、核桃、栗子、杏仁、白果、青丝、玫瑰、红豆、花生等达20多种。人们在腊月初七晚上就开始为熬腊八粥做准备，洗米、泡果、剥皮、去核，等到半夜时分开始用微火炖，直至第二天清晨，腊八粥才算熬好了。

清代营养学家曹燕山撰《粥谱》，对腊八粥的健身营养功能叙述得十分详尽，说它营养丰富，便于吸收，是"食疗"佳品，具有和胃、补脾、清肺、益肾、利肝、消渴、明目、通便、养心、安神的作用，而这些都已被现代医学所证实。

喝腊八粥对于老年人来说，是非常有益的，但不能喝得太多。其实，不只是腊八，平时喝的各种粥，对老年人也是大有裨益的。

元宵节最主要吃什么？

正月十五吃元宵，是我国多年以来的传统。每逢正月十五，家家户户都会吃元宵来庆祝佳节。元宵也叫作汤圆，它的种类更是新奇多样。

汤圆的发展有一个循序渐进的过程。唐朝元宵节的主要食品是面蚕。王仁裕（880—956年）的《开元天宝遗事》记载：每年正月十五，食面蚕的习俗到宋代仍有遗留，但食品

367

种类比唐朝更为丰富。吕原明的《岁时杂记》中记载：京人用绿豆粉调羹，用煮熟的糯米为丸，糖为臛，叫作圆子盐豉。捻头杂肉煮汤，称为盐豉汤，这些都是在上元节食用的。到南宋时，就出现了所谓的"乳糖圆子"，这应该就是汤圆的前身了。

从宋代起，民间就流行着一种在元宵节那一天吃的新奇食品。这种食品，最早叫"浮元子"，后称"元宵"，生意人还称之为"元宝"。它是用玫瑰、芝麻、豆沙、黄桂、核桃仁、果仁、白糖、枣泥等做成的，用糯米粉包成圆形，荤素皆可，可汤煮、油炸、蒸食，风味各异，有团圆美满之意。

当时在陕西，汤圆不是包的，而是在糯米粉中"滚"成的，然后再经油炸或煮食。但在那时汤圆主要用来祭祀，并不是作为节日食品。到了宋代，郑望之的《膳夫录》才记载道：上元节的食品是使用油锤制成的。油锤的制法，据《太平广记》引《卢氏杂说》中"尚食令"的记载，与后代的炸元宵类似，也有人称之为"油画明珠"。这时的元宵才开始走向平民化。

到了明朝，人们才以"元宵"来称呼这类糯米团子。刘若愚在《酌中志》记述了元宵的做法：用糯米和细面，以核桃仁、白糖、玫瑰为馅，洒水滚成和核桃一般大，在江南被称为汤圆。

近千年来，元宵的制作越来越精致。就面皮而言，就有粘高粱面、江米面、黄米面和玉米面。馅料则更为丰富，各种口味应有尽有。甜的有山楂白糖、什锦、豆沙、芝麻、桂花白糖、花生等；素的有芥、蒜、韭、姜组成的五辛元宵，代表着勤劳、长久、向上的意思。

中秋节人们吃得最多的是什么？

月饼，一般意义上说就是在中秋节吃的饼，是人们在中秋节吃得最多的食物。月饼在我国有着十分悠久的历史。

据史料记载，早在商、周时期，江、浙一带就有一种边薄心厚的"太师饼"，据说是纪念太师闻仲的，这很可能是我国月饼的"始祖"。汉代张骞出使西域时，引进了芝麻和胡桃，这为"月饼"的制作增添了材料，这时才出现了以胡桃仁为馅的圆形饼，称之为"胡饼"。

"月饼"一词最早出现在南宋吴自牧所著的《梦粱录》中，那时的月饼呈菱花形，和菊花饼、梅花饼等共存，并且是"四时皆有，任便索唤，不误主顾"，也就是说那时候月饼并不是只有中秋节才有的。至于月饼这个名词的来历，早已无从考证。但是从苏东坡"小饼如嚼月，中有酥和饴"的诗句中可以找到月饼这个名称的来源以及做法的根据。

明代时期就有大量关于月饼的记载，这时的月饼已呈圆形，并且只在中秋节吃，是明代起民间盛行的中秋节祭月时的主要供品。《帝京景物略》中记载：在八月十五祭月时，祭祀的果饼一定是圆形的。每家在月亮升起的方向架设祭桌，对着月亮拜首，然后焚烧纸，最后撤下的贡品要分给每个家人。亲戚相送的月饼直径可达60厘米。

月饼的团圆之意，应该也是从明朝开始的。从明朝有关月饼与中秋节民俗的资料来看，能够得出月饼取意团圆的历史轨迹：中秋节祭月后，全家人都围坐一起分吃月饼月果（祭月供品）。因为月饼是圆的，又是合家分吃，因此逐渐形成了月饼代表家人团圆的寓意。

如今，月饼的品种繁多。各地月饼都有不同的口味，按产地分有广式月饼、苏式月饼、台式月饼、京式月饼、滇式月饼等；按口味来分，有咸味、咸甜味、甜味、麻辣味；按馅来分，有梅干月饼、五仁、豆沙、桂花月饼、蛋黄月饼等；按饼皮分，则有混糖皮、酥皮、奶油皮浆皮等；从造型上又有光面与花边之分。

重阳节的代表性食物是什么?

重阳节也是敬老节，民间要做重阳糕来孝敬老人。后人在重阳节这一天，还保留吃"重阳糕"的习惯。因为在没有山的地方无高可登，有人就从登高想到了吃糕，以吃糕代替登高，代表步步升高。因为专在重阳吃，就被命名为"重阳糕"。重阳糕的蒸法与年糕相同，不过蒸糕比较小，糕也较之薄一点。为了美观好吃，人们把重阳糕做成五颜六色，还要在糕面上洒上一些木犀花（故又称桂花糕），这样制成的重阳糕，香甜可口，美味诱人。

据说，现在流行的重阳糕，就是从当年发给三军士兵的干粮演变而来的。

唐德宗时，曾规定以"二朔""上巳""九月九"作为岁时三节令。自此，重阳节的习俗活动，在全国普及开来。在重阳登高的同时，唐德宗还鼓励人民学武习射，锻炼骑术。这一风气一直沿袭到清代。直至民国，当时还曾衍用重阳登高习武的意义，把九月九日定为"体育节"。

九月九日，正巧二九相逢，"九"又同长久的"久"同音，是长寿的象征。1988 年，我国政府把九月九日定为"老人节"，也称"敬老节"。

重阳登高是旧时习俗。

祭灶的传统食品是什么?

腊月二十三是小年，主要节日习俗活动包括祭灶、扫房、吃糖瓜或糖果等，其中以祭灶王爷活动最为盛大，而祭灶少不了的物品就是祭灶饼。

传说到了腊月二十三，灶王爷便要升天，向玉皇大帝报告这家人一年的善恶，玉皇大帝根据灶王爷的汇报，再将这一家在新的一年中应得的吉凶祸福的命运交于灶王爷之手。送灶神的仪式称为"送灶"或"辞灶"，百姓供上红烛、糖瓜，用隆重的礼节送灶神上天，祈望灶神"上天言好事，下界降吉祥"。如今，农村很多地方还沿袭这种风俗。

在北京，这一天晚餐之前，每家家长都要先将糖瓜在灶门前烤化，然后抹在灶王爷、灶王奶奶的嘴唇上。至更尽时分，家家将杆立于院内，挂上天灯，燃放鞭炮，全家男子对画像膜拜，用抑恶扬善之词，送灶王爷上天，去向玉帝启奏人间一年之善恶，而妇女是不能参拜的，只能在内室扫除炉灶，燃灯默拜。

民谣中"二十三，糖瓜粘"，指的就是每年腊月二十三或者二十四日的祭灶，有所谓"官三民四船家五"的说法，也就是官府在腊月二十三日，一般民家要在二十四日进行祭灶，水上人家则到了二十五日举行祭灶。

乞巧节的经典美食是什么?

巧果是传统产品,以芝麻为制作主料,很有特色。它是乞巧节的经典美食。

乞巧节吃的巧果也称作"巧饽饽",通常是用模子做出来的,是既可观赏又能食用的小面食。它多半都呈几何图形的,上面还印有各种很精美的吉祥图案花纹。比如经常见的就有老虎、猴子、大公鸡、狮子、猫咪、小猪、鸣蝉、莲蓬、桃子等。把巧果放铁锅中烙熟以后,用红线绳加上秸草支撑着串起来,下头缀上彩色穗子,然后把十几个巧果串成一串,挂在墙壁间或是小孩的脖子上,作为装饰品或是零食。据说小孩吃了这样的巧果之后,就心灵手巧了。

巧果属沪式糕点中的传统产品,民间常以"七曲八弯"来形容"七巧"的形状。这样的习俗在上海郊县农村还有,新婚妇女在农历七月初七(俗称巧日)走娘家时,都从娘家带些巧果回来。因此,每年农历七月初七前后是巧果的生产旺季。

巧果的制作需要特制小麦粉25千克,饴糖3千克,芝麻仁4千克,绵白糖5千克,嫩豆腐2千克,食盐0.3千克,植物油12千克。制作时,在绵白糖、饴糖、豆腐、精盐中加适量水搅拌均匀,然后将小麦粉、芝麻仁加入继续搅拌成水调面团,放置片刻,使面团处于松弛状态。面团调制时加水的量要恰当,面团宜偏硬一些,以便压制皮面。之后,再将面团等分若干块,静置5分钟左右。随后用手工成型或机械成型后,在油锅里加热至175℃左右,先将生坯筛净扑粉,以防粉受高油温焦化而污染油质,影响制品色泽。再将生坯倒在笊篱中慢慢放入油锅;待浮上油面后,迅速用笊篱拨动生坯,并不断翻身,等呈金黄色时,立即捞出油锅,迅速沥去多余的油,摊开冷却,趁微热装入箱内密封。

经过这些工序制成的巧果呈棱形小块,厚薄均匀,表面呈金黄色,油润,无生粉,入口松脆,有芝麻香味。

"八珍"的说法最早出现在哪里?

"八珍"是我国传统菜肴中的八种珍贵食品。它的名字最早出现在《周礼·天官冢宰》:"食医,掌和王之六食、六饮、六膳、百馐、百酱、八珍之齐。"周代八珍乃是后世之八珍筵席的先驱之作,但中国历代"八珍"的内容各不相同。

周代的八珍指的是《礼记·内侧》所列:淳母(肉酱油浇黄米饭)、炮豚(煨烤炸炖乳猪)、淳熬(肉酱油浇饭)、渍(酒糖牛羊肉)、炮牂(煨烤炸炖羔羊)、捣珍(烧牛、羊、鹿里脊)、熬(烘制的肉脯)以及肝膋(网油烤狗肝)8种食品。

元代八珍是指迤北八珍(又称蒙古八珍或北八珍),记录在元末陶宗仪《南村辍耕录》卷九中:所谓八珍,就是醍醐(精制奶酪)、麆沆(有人认为是马奶酒,也有的人认为是獐)、驼乳糜(驼奶粥)、天鹅炙(烤天鹅)、野驼蹄、鹿唇、紫玉浆(西域葡萄酒)及玄玉浆(马奶子)。

明代八珍是明代张九韶的《群书拾唾》所记录的:龙肝(可能是娃娃鱼或穿山甲的肝,也可能是蛇的肝,也有人认为是白马肝)、凤髓(是锦鸡的脑髓)、豹胎、鲤尾(很可能是穿山甲的尾,因为古时称穿山甲为"鲮鲤")、鸮炙(烤猫头鹰)、猩唇、熊掌以及酥酪蝉。

清代八珍之一的"参翅八珍"是指参(海参)、骨(鱼明骨,也称鱼脆)、翅(鱼翅)、肚(鱼肚)筋(鹿筋)、窝(燕窝)、掌(熊掌)、蟆(蛤士蟆)。

民国时期又出现了上八珍、中八珍、下八珍。但因地域不同,八珍的内容也有所不同。如北京上八珍:燕窝、猩唇、猴头(菌)、豹胎、驼峰、熊掌、鹿筋、蛤士蟆。

到了现代，因以前的八珍中，有很多已经属于保护动物，国家明令禁止捕杀食用，如熊、猴、象、鹿、天鹅、猫头鹰、猩猩、豹、犀牛、野骆驼、海豹、娃娃鱼等。这些动物自然也就不能被列入八珍之中了。所以当代的八珍只有在国家允许食用的动植物范围来定，而且需从"珍、稀、贵、美"的角度去评选，目前没有确切定出是哪八珍。

"杂烩"指的是什么?

"杂烩"，顾名思义，也就是用几种原料混合烹烩而成的菜肴，其制作历史悠久，相关传闻也非常多。

在中国烹饪史上，最早发明"杂烩"的是齐鲁人娄护，字君卿。是汉武帝时期的人，曾做过京兆吏。当时娄护常常往来于汉武帝母舅王谭、王根、王商、王立、王逢"五侯"家中，他由此创造出了"五侯鲭"佳肴。鲭，也就是用鱼和肉以及山珍海味烹制的杂烩，即"五侯杂烩"。

据传，南宋时期，抗金名将岳飞被奸贼秦桧诬陷致死。当时福州的名厨，特意取用多种原料烹制了一道名为"杂烩"的菜。有一次官府接待一位来自京都的大官，特意请他品尝这位名厨的"杂烩"羹，当大官问及菜名为何叫"杂烩"时，厨师就大胆应道："小的识字不多，只听人讲杂是杂种的杂，烩是秦桧的桧，木字偏旁换为火字旁。"这位京都来的大官听了虽然感到惊恐，但不知是酒喝多了，还是也痛恨秦桧，只是虚张声势地喝了一声："滚!"从此，"杂烩"一词由福州传到各地。

还有说在晚清年间，也就是 1896 年，清政府派洋务大臣李鸿章前去俄国参加尼古拉二世的加冕典礼，然后出使美国。一次，李鸿章用中国菜宴请美国高级官员，这菜味鲜美，令人赞不绝口。当美国官员问到菜名时，不内行的翻译却解答为"杂碎"，于是西方人把好吃的中国菜称为"杂碎"，一时传遍美国。从此，英文辞典里便出现了"杂碎"的译音，在美国唐人街华侨开设的餐馆，也改名为"杂碎"馆，之后在杂碎馆食单上，没有不写"李鸿章杂碎"的，"杂碎"的名称由此大振。杂碎、杂烩，是一菜双名，因此又称"李鸿章杂烩"。

此菜选料"杂"，荤素皆有，一菜多样，琳琅满目，质地嫩、滑，色、香、软、脆、味俱美，因此，无论官场还是民间筵席饮宴，人们都非常喜爱。

"食医"是干什么的?

食医是周代掌管宫廷饮食滋味温凉和分量调配的医官。"食医"这一称呼，出自《周礼·天官·冢宰》，书中记载在主管医疗卫生的官员下设置了 4 种不同职责的医官：食医、疾医（内科医生）、疡医（外科医生）和兽医。食医主要负责调配王室贵族饮食的寒温、滋味、营养等，相当于现代的营养师。

饮食的制作、烹饪是膳夫的事，食医要做的是对食、饮、膳、馐进行调和及搭配。对饮食寒温的确定，可以与四季的气温相比拟，也就是主食应当温，羹汤应当热，酱应当凉，而饮料和酒应当寒；对饮食五味同季节的搭配也有讲究，春天多吃酸味食品，夏天多吃苦味食品，秋天应多吃辛味食品，冬天多吃咸味食品。无论哪一季节都应作甘甜滑润的食品加以调和食用，可润肠通便。

至于肉食和主食的配合也有适宜的方法：牛肉应同粳米饭配食，羊肉应与粘黄米饭配食，猪肉应和高粱米饭配食，狗肉应与小米饭配食，鹅肉应同麦饭配食，鱼应与菰米饭配食。饮食调配复杂、讲究，这只是对天子、王侯与上等贵族之家的食膳而言的，但也充分说明，早在两千多年前的古人已对饮食养生健身提出了较为系统的看法。皇室将"食医"列于众医之首，说明了当时对食养、食疗的重视。虽然这些做法还欠科学与全面，但仍不失参考、借鉴价值。

古人用来保持人民生命健康的方法是：用主食作营养品，用水果来做辅助品，用肉类作补品，用蔬菜来做充养品，而药物是用来治疗疾病的。这样就比较全面地介绍了饮食的养生保健的内容与作用。现代生活中，人们越来越认识到饮食养生保健的重要，食疗也出现了前所未有的普及。

后来医事分科越来越细，到了元代分为13科，虽然没再设"食医"这个科目，但食养、食疗已经被广大医务人员所接受，其中的方法也融化到了各科的治疗与保健之中。

"八大菜系"包括哪些？

菜肴在烹饪过程中有许多流派。鲁、川、苏、粤四大菜系形成比较较早，后来，浙、闽、湘、徽等地方菜也渐渐出名，于是形成了我国的"八大菜系"。

菜系，也叫作"帮菜"，是指在选料、切配、烹饪等技艺方面，经过长期演变而自成体系，具有鲜明的地方风味特色，并为社会公认的菜肴流派。

一般说来，中国北方寒冷，菜肴以浓厚，咸味为主；中国华东地区气候温和，菜肴则以甜味与咸味为主；西南地区多雨潮湿，菜肴多为麻辣浓味。

鲁菜系，由齐鲁、胶辽、孔府三种风味组成，是宫廷最大菜系。其中鲁菜以清香、鲜嫩、味纯著称；胶辽菜以海鲜见长，口味以鲜嫩为主；孔府菜有"食不厌精，烩不厌细"的特色。它以孔府风味作为龙头，对其他菜系的产生有着重要的影响，因此大多数人认为鲁菜为八大菜系之首。

川菜系是以成都、重庆菜为代表，四川菜系各地风味较为统一，主要特点在于味型多样。它主要流行在西南地区和湖北地区，在中国大部分地区都有川菜馆。

苏菜系在烹饪学术上一般称之为"苏菜"，而在一般餐馆中，经常会被称为"淮扬菜"。它由徐海、淮扬、南京与苏南四种风味组成，是宫廷第二大菜系。至今国宴仍以江苏菜系为主。

粤菜，由广府、客家、潮汕三种风味构成，粤菜馆在中国大部分地区都有，在国内外的影响都极大。

中华老字号全聚德

闽菜是以闽东、闽南、闽西、闽北、闽中、莆仙等地方的风味菜为主而形成的菜系，以闽东与闽南风味为代表。闽菜以烹制山珍海味著称，色香味形俱佳，尤以"香""味"见长。

浙菜系，以杭州菜为代表，主要流行于浙江地区。它同江苏菜系中的苏南风味、安徽菜系中的皖南、沿江风味比较接近。

湘菜系，以长沙菜为代表，擅长香酸辣，有浓郁的山乡风味。湘菜在湖南地区非常流行，在中国大部分地区都设有湘菜馆，是民间第三大菜系之一。

徽菜系，它不等同于安徽菜。徽菜主要流行于徽州地区与浙江西部。同江苏菜系中的苏南菜系较近。徽州菜名主要有两百多个品种，擅长烧、炖，讲究火功，很少爆、炒，并习惯用火腿佐味，冰糖提鲜，善于保持原汁原味。

宫保鸡丁是哪里的传统名菜？

宫保鸡丁是黔菜传统名菜，由鸡丁、干辣椒、花生米等炒制而成。因为它入口鲜辣，鸡肉的鲜嫩，配上花生的香脆，广受大众欢迎。尤其在英美等西方国家，宫保鸡丁几乎成为中国菜代名词，情形就如同意大利菜中的意大利面条。

关于宫保鸡丁的来历，许多人认为和清朝的丁宝桢有关。最可信的说法是：丁宝桢是贵州省织金县牛场镇人，是清朝咸丰年间进士，曾担任山东巡抚，后任四川总督。他小时曾不慎落水，刚巧被桥边一户人家救起，他为官后记起此事，遂前去感谢，那户人家做了这道菜招待，他吃后觉得味道很好，就加以推广，这也就是这道菜的真实来历（《织金县志》有相关的记载）。

其他的说法还有：丁宝桢他一向十分喜欢吃辣椒与猪肉、鸡肉爆炒的菜肴，据说在山东任职时，他就命家厨制作"酱爆鸡丁"以及类似菜肴，很合胃口，但那时这菜还未出名。调任四川总督后，每次宴客，他都让家厨用花生米、干辣椒同嫩鸡肉炒制鸡丁，肉嫩味美，很受客人欢迎。后来由于他戍边御敌有功被朝廷封作"太子少保"，人称"丁宫保"，他的家厨烹制的炒鸡丁，也被称为"宫保鸡丁"。

宫保鸡丁的做法是先用蛋白1个、盐1/2茶匙与太白粉2大匙搅拌均匀，调成"腌料"备用。再拿酱油1大匙、太白粉水1大匙、糖1/2茶匙、盐1/4茶匙、米酒1茶匙、酱色和白醋1茶匙、麻油2大匙、蒜末1/2茶匙调拌均匀，调成"综合调味料"，然后将鸡胸肉切成约1厘米的方块状碎丁。

把切好的鸡丁用"腌料"搅拌均匀，腌上半小时。鸡丁腌好以后，烧热5杯色拉油，先把鸡丁倒入锅内，用大火快炸半分钟。在鸡肉炸到变色以后，先捞出来沥干油汁备用。在锅里留约2大匙的油，烧热后把切好的干辣椒下锅，用小火炒香后，再放入花椒粒及葱段一起爆香。爆香后把鸡丁重新下锅，用大火快炒片刻后，倒入"综合调味料"继续快炒。最后加入花生米，炒拌几下就可以起锅了。

宫保鸡丁成菜色泽金黄，鸡肉鲜嫩，花生米香脆，咸辣中略带酸甜，非常可口，在我国大江南北都很受欢迎。

"三不粘"因何得名？

三不粘，又叫桂花蛋，是用鸡蛋、淀粉、白糖加水搅匀炒制而成的。它不仅色彩金黄，味道甘美，更让人称奇的是它不粘盘子、不粘筷子、不粘牙齿，这也正是它叫"三不粘"的原因。

相传清朝乾隆年间，安阳有一个县令，他的父亲喜欢吃花生和鸡蛋，可因为年龄太大，牙齿不行，县令就让厨师每天煮花生、蒸鸡蛋羹给自己的父亲吃。时间一久，县令的父亲对这些就没有什么兴趣了，食欲变得越来越差。县令命厨师变换一下饭菜的做法。厨师绞尽脑汁，将鸡蛋与花生的做法变换了许多花样，县令的父亲还是不愿意吃。有一天，一个厨师突然想到了一种新的做法，他将鸡蛋黄加水打碎后，再加入白糖，然后倒入锅里炒出了一盘色、香、味俱佳的菜肴，临时取名叫桂花蛋，县令的父亲尝过之后，对这道菜赞不绝口。从此，桂花蛋就成了县令家的主要菜肴，一家人对此百吃不厌。

不久，乾隆皇帝到江南巡察民情，路过安阳，提出要品尝安阳的风味小吃。安阳县令就让厨师精心炒制了一盘桂花蛋，献给乾隆品尝。乾隆吃了这道菜肴以后，十分高兴，他对这道菜肴不粘盘子、不粘筷子、不粘牙齿非常称奇，当即就下了圣旨，将桂花蛋赐名为"三不粘"。并命县令把此菜肴的制作方法给了皇宫里的御膳房，以方便自己和后宫嫔妃及皇亲随时品尝。于是，这道菜就从安阳古城传入了北京紫禁城，成了一道御菜。

现在，"炒三不粘"经过厨师们的不断改进，又在金黄似月的"炒三不粘"周围放上用京糕切刻而成的晶莹鲜红的小兔，为此菜增添了不少神奇的色彩，使这道菜更加富贵雅丽。"三不粘"的金黄与京糕的鲜红相互照应，鲜艳喜人。这道菜的特点在于软香油润、浓甜不腻，有益智、开胃的功效。这让"炒三不粘"成为安阳烹饪园里的一朵奇葩，也是豫菜中的佼佼者。

杭州名菜"叫花鸡"是怎么来的？

叫花鸡是杭州的名菜，据说这道菜早在南宋时期就有了。

叫花鸡是江南名吃，其历史非常悠久。它是把加工好的鸡用泥土和荷叶包裹起来，用烘烤的方法制作的一道特色菜。它的色泽枣红明亮、芳香扑鼻、板酥肉嫩，是家宴野餐、馈赠亲友的上品。它选用家养肥壮母鸡宰杀洗净，将火腿丁、干贝丝、肉丁、香菇香茶以及各种香料同上好调味品放入鸡肚，将鸡的身外包上荷叶用潮湿的泥巴涂遍，再置于炭火上慢慢烘烤，烤熟后，用力拍掉泥巴，异香扑鼻而来，使人垂涎欲滴的肥嫩"叫花鸡"就做好了。

叫花鸡之所以叫这个名字，还是有典故的。相传，很久以前，有一个叫花子，沿途乞讨流落到常熟县的一个村庄。一日，他偶然得来一只鸡，想要宰杀煮食，但既无炊具，又没调料。他来到虞山脚下，将鸡杀死后取出内脏，带毛涂上黄泥、柴草，将涂好的鸡置火中烘烤，等到烤熟后，剥掉泥壳，鸡毛也随着泥壳脱去，露出了鸡肉。食之，肉质酥软可口。后人在此基础上进行改造，创出了叫花鸡。

还有说是当年乾隆皇帝微服出访江南，一不小心流落荒野。有一个叫花子见他可怜，便将自认为美食的"叫花鸡"送给他吃。乾隆困饿交加，自然觉得这鸡十分好吃。吃毕，便问它的名字，叫花子不好意思说是"叫花鸡"，于是就胡译为"富贵鸡"。乾隆对这道菜赞不绝口。叫花子事后才知道这个流浪汉就是当今皇上。这"叫花鸡"也因为皇上的金口一开，变成了"富贵鸡"，流传至今，倒也成了一道可登大雅之堂的名菜。

如今，在烹调技术不断创新改进的条件下，叫花鸡更是独具特色，加工方法更为丰富，最终形成一系列产品，现有十几种产品，满足了更多人士口味的需求，使得这独特的饮食文化更加闻名，让更多的人品尝到这美味佳肴。

东坡肉的发源地在哪里？

东坡肉相传是北宋诗人苏东坡（四川省眉山人）创制的，东坡肉的最早发源地在湖北黄冈。

1080年，苏东坡谪居黄冈，由于当地猪多肉贱，才想出这种吃肉的方法。宋代人周紫芝，在《竹坡诗话》中记载："东坡喜欢吃猪肉，在黄冈时，作《食猪肉诗》道：'慢着火，少着水，火候足时他自美。每日起来打一碗，饱得自家君莫管。'"1085年苏东坡从黄州赴任，经过常州、登州任上回到都城开封，在朝廷里任职，但没过多久，又受到排挤。

1089 年，苏东坡主动要求调往杭州任太守，在杭州任职期间，他发动民工疏浚西湖，大功告成后，西湖多了一座长堤，既给百姓带来水利之益，又美化了西湖景色。百姓为了感谢他给地方办了这件好事，就给他送猪肉和黄酒。苏东坡觉得西湖是由民工疏浚的，就命厨师按照他特有的烧肉经验"慢着火，少着水，火候足时它自美"，为民工烹制佳肴以示慰劳。由于送来的肉烧法独特，酥而不烂，肥而不腻，味美异常，因此"东坡肉"一时被奉为美食，传为佳话，并作为汉族佳肴，流行于江浙一带。

东坡肉

东坡肉色、香、味俱佳，深受人们喜爱，它用猪肉炖制而成。一般用的是成块约二寸许的方正形猪肉，一半为肥肉，一半是瘦肉，入口肥而不腻，带有酒香。慢火、少水、多酒，是制作这道菜的秘诀。

做东坡肉时应将猪五花肋肉刮洗干净，切成 10 块正方形的肉块，放在沸水锅内煮 5 分钟后取出洗净。取大砂锅一只，用竹算子垫底，先铺上葱，放上姜块，再将猪肉支面朝下整齐地放在上面，加入白糖、酱油、绍酒，最后放入葱结，盖上锅盖，并用桃花纸围封砂锅边缝，置旺火上，烧开后加盖密封，用微火焖酥后，将砂锅端离火口，撇除油，将肉皮面朝上装进特制的小陶罐中，加盖置于蒸笼内，用旺火蒸 30 分钟到肉酥透即成。

做好的东坡肉皮薄肉嫩，味醇汁浓，色泽红亮，酥烂而形不碎，香糯而不腻口。

麻婆豆腐是哪一菜系中的名品？

麻婆豆腐是我国八大菜系之一——川菜中的名品，它的主要原料由豆腐组成，特色体现在麻、辣、酥、嫩、烫、香、鲜、活 8 字，被称为"八字箴言"。

麻婆豆腐（又称陈麻婆豆腐）最早创立于清朝同治元年（1862 年）。在成都外北万福桥边，有家"陈兴盛饭铺"，由于店主陈春富死得早，小饭店便由老板娘经营，女老板脸上有麻点，人们都叫她陈麻婆。当年的万福桥是一座横跨府河、不长却相当宽的木桥，两旁挡有高栏杆，桥上常常有贩夫走卒、推车抬轿的苦力在此歇脚、打尖。这些人经常是买点豆腐、牛肉，再从油篓子里舀一些菜油要求老板娘代为加工。时间一长，陈氏对烹制豆腐就有了一套独特的烹饪技巧。她烹制的豆腐色味鲜美，与众不同，深得人们喜爱，陈氏所烹的豆腐由此扬名，吸引众多人前来购买。饭铺因此被称之为"陈麻婆豆腐"。

麻婆豆腐的制作方法是：将豆腐切成约 1 厘米见方的块状，放到碗里用沸水烫一下（不能下锅烫煮），然后将水分沥干，把豆瓣和酱油装入碗里，蒜苗切碎，豆豉用刀压成茸或者剁成细末，将淀粉和味精放到一个碗里加水兑成芡汁；再在锅中放油烧到六成热，倒入肉末炒散、炒熟后起锅装进碗里待用；再往锅中放油烧至六成热，放豆瓣、酱汨、辣椒粉、豆豉炒红炒香；加入半碗汤（水也可），烧沸后将豆腐、肉末放入烧三、四分钟；然后放蒜苗，烧半分钟后放勾芡，放红油，起锅之后撒上花椒粉即可。

据《成都通览》记载，在清朝末年时，陈麻婆豆腐已经是成都著名食品。在饮食界中具有重要的地位，深得国内外美食者好评。经过陈麻婆豆腐历代传人的不懈努力，陈麻婆川菜馆历经 150 年，仍然长盛不衰。

满汉全席指的是什么?

满汉全席是满清宫廷盛宴,也就是清代宫廷中举办宴会时满人和汉人合做的一种全席。

满汉全席既有宫廷菜肴的特色,又有地方风味的精华;注重突出满族菜点的特殊风味,其中烧烤、火锅、涮锅是不可缺少的菜点,同时又将汉族烹调的特色——扒、炸、炒、熘、烧等发挥得淋漓尽致,是中华菜系文化的瑰宝和最高境界。满汉全席上的菜起码要有108种(南菜54道与北菜54道),分3天才能吃完。满汉全席菜式荤素皆有,咸甜皆备,取材广泛,用料精细,山珍海味无不包括在内。

满汉全席不仅菜点精美,而且十分注重礼仪,具有引人注目的独特风格。入席前,先上二对香,茶水与手碟;台面上有四鲜果、四干果、四看果及四蜜饯;入席后先上冷盘,后热炒菜、大菜、甜菜逐一上桌。满汉全席共有六宴,均用清宫著名大宴命名。聚集满汉众多名馔,择取时鲜海味,搜寻山珍异兽。

全席共有冷、荤、热肴196品,点心茶食多达124品,计肴馔320品。用的是全套的粉彩万寿餐具,银器使之更加富贵华丽,用餐环境古雅庄重。席间专门请名师奏古乐伴宴,礼仪严谨庄重,具有典雅遗风,秉承传统美德,让客人流连忘返。全席食毕,就可领略中华烹饪之博精,饮食文化之渊源。

满汉全席主要以北京、山东、江浙菜为主。平时我们所说的"满汉全席"中的珍品,其中大部分是黑龙江地区特产(出产):如犴鼻、鱼骨、猴头蘑、熊掌、鲟鱼子、哈什蟆、鹿尾(筋、脯、鞭等)、豹胎及其他珍奇原料等。后来在满汉全席上逐渐出现了闽粤等地区的菜肴。其中54道南菜包括:30道江浙菜、12道福建菜、12道广东菜等。北菜54道有:12道北京菜、12道满族菜、30道山东菜。如果当时的川菜流行起来,满汉全席更是锦上添花。

满汉全席汇集了宫廷满席和汉席的精华,后来就成为大型豪华宴席的总称,菜点在不断地在增添和更新,又是中华美食的缩影。

宴饮中有哪些礼仪?

在中国的古代,设宴款待宾客有很多的讲究,谁先落座、怎么喝酒,甚至连座次也有非常严格的规定。客人一般不会随便轻举妄动,以免喧宾夺主,做出以下犯上的事情,那样很可能会引起不必要的后果。

《史记·项羽本纪》中详细记载了关于鸿门宴上面的座次安排。项羽、项伯当时握有重兵,实力超过沛公,二人东向坐,范增是项羽的亚夫,也是项羽之臣,南向从地而坐,属于陪客坐席。沛公刘邦是客人,实力弱,北向坐;张良是刘邦之臣,陪坐与刘邦之侧,是侍奉之席位。从鸿门宴上面的座次安排,就能够看出,古人在宴饮的时候,确实有非常严格的座次规矩。清代的顾炎武,对古人座次之礼非常有研究,经过考证得到一个结论,"古人之坐,以东为尊。"当然,他所做的结论只是说室内的座次规律;如果在祭祀中,庙堂上的神主牌位都是东向席位。在殿堂之上,大都以南向为尊。比如,北京故宫的御座,都是坐北朝南的。发展到现在,座位几乎已经不以方向论尊卑,不过在宴饮的时候,主人或尊贵的客人,还是要坐于上席座位的。现在的上席座位,一边指正对着门口的位置,主人常坐于这个位置。如果主人想要突出某位尊贵的客人,他会将此位置让出来。主人陪坐一旁,又或者坐在和门口最近的位置。

入席以后,为表示礼貌,主人一边要先给客人斟酒。斟酒也有先后顺序,一般是先长后幼，先尊后卑。斟酒倒茶的多少也有讲究，俗话说"浅茶满酒"，意思是倒茶要浅一些，不能过满，以八分不溢为敬；斟酒则是越多越满越好。主人斟完酒以后，才给自己斟。有的主人或客人，不善饮酒，或者滴酒不沾的客人，可以征得主人或其他来宾允许后，以茶或饮料代酒。

宴席开始后，主人必须首先恭敬地站起来，端着酒杯向客人敬酒，这在宴席中叫作"献"，客人也必须端起酒杯站起来表示回敬。主人一般会说，"先干为敬"，一口喝掉杯中酒后，就酒杯倒转，表示一滴不剩。客人们也会相应，各自喝掉杯中酒。之后，客人需要回敬主人，一般是给主人斟酒后，给自己斟，这叫作"报"。

这种一来一往的敬酒礼仪由来已久，现今虽然有些变化，但无论这种礼仪如何发展变化，中国人在宴饮礼仪中谦卑、尊敬是不会变的。

茶叶外传的历史是怎样的？

茶，最早起源于中国，喝茶的习俗也最早兴起于中国。当今世界上有 60 多亿人口、160 多个国家都有喝茶的习惯，还有 50 多个国家种植茶叶，全都是受我国饮茶文化的影响。从茶在各国语言中的词语就能够看出一些端倪，英语中的 Tea、德语的 Tee、法语的 The、荷兰语 Thee、意大利和西班牙语的 Te、南印度的 Tey、斯里兰卡的 they 以及拉丁语的 Thea，这些都是闽南语茶的发音（Dei）直译而成的。印度语和日语中的 Cha，是由汉语茶的发音直译过去的。这些都能看出茶的故乡在中国。

有确切文字记载的，茶叶传到日本是在唐代。唐永贞元年（805年），日本的最澄禅师到当时的天台山国清寺留学，他回日本的时候带着一些茶树种子。后来，日本的空海和尚也多次游历中国，并带着茶籽回国。到了宋朝的时候，日本的荣西和尚两次来华留学，也把中国的茶树带回日本种植。渐渐地，茶树在日本扎根发芽，并且逐渐成为日本农民的副

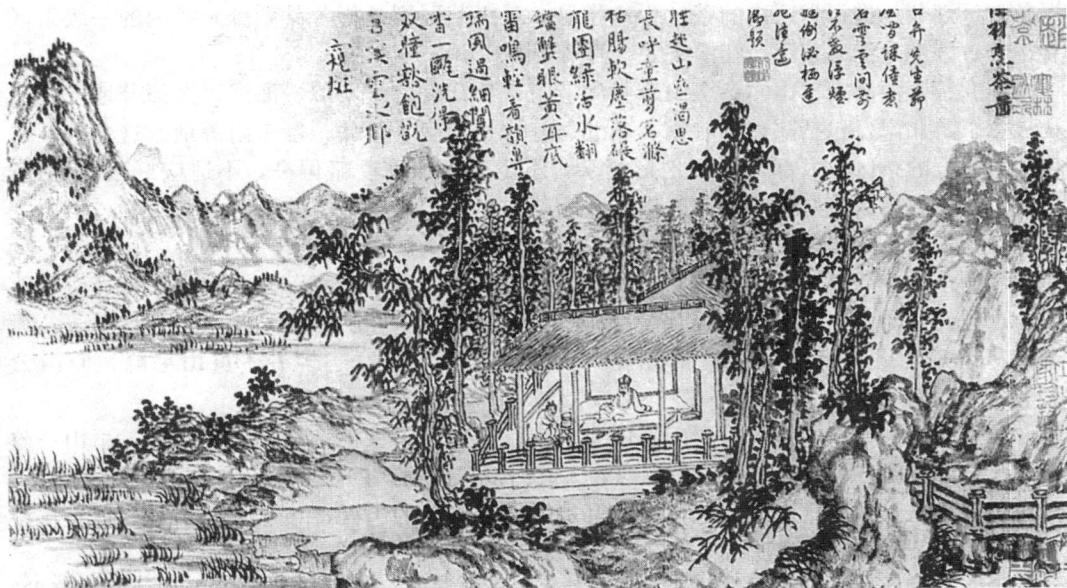

陆羽烹茶图　明　赵原

《陆羽烹茶图》是一幅将诗和画巧妙结合在一起的著名作品。画题诗为：山中茅屋是谁家，兀会闲吟到日斜，俗客不来山鸟散，呼童汲水煮新茶。

业。荣西和尚还用汉语撰写了《吃茶养生记》，提倡日本国民喝茶。佛教由中国传入高丽国的时候，茶叶也进入了朝鲜半岛；到了公元12世纪，高丽国的松应寺和宝林寺大力提倡饮茶，促使茶文化普及民间。

1517年，葡萄牙人将中国茶叶带了回去。从此，茶叶进入欧洲。十几年以后，欧洲也开始盛行饮茶之风。葡萄牙的公主凯瑟琳喜欢饮茶，1662年她嫁到英国后，极力推崇皇室饮茶之风。在1714年到1729年，乔治一世时期，英国伦敦市场上出现了大量的中国茶叶，这时饮茶习俗已风靡整个英国。英国后将茶叶传到美洲殖民地，后来又渐渐地传到了法国、德国、丹麦、瑞典、西班牙和匈牙利等国。茶叶在美洲盛行起来以后，还引发了美国的独立战争。那就是著名的波士顿倾茶事件。

1618年，中国使者将几箱茶叶送给了俄国沙皇。从此，茶叶在俄国国土上流行起来。茶叶后来成为中俄贸易的主要商品之一。1780年，茶叶南传进入印度。1841年，锡兰（今斯里兰卡）的咖啡遭受虫灾，中国茶树此时被引进锡兰。20世纪60年代，我国的茶叶传入非洲几内亚、马里，西北非的摩洛哥等国。

现如今，茶已经成为一种世界文化，世界各地各国家的人们都非常钟爱饮茶。这也算是中国数千年茶文化的延伸和对世界的贡献吧！

中国茶区的分布概况如何？

中国茶区幅员辽阔，东起台湾东部海峡，西至西藏自治区易贡，南自海南岛榆林，北到山东省荣城市，地跨中热带、边缘热带、南亚热带、中亚热带、北亚热带和暖日温带，包括了21个省（区、市）和上千个县市。垂直分布上，则从海拔几十米到海拔2600米，都有茶树分布。当然，在不同的地区，分布的茶树类型、品种，各有不同。

根据地区不同，我国茶区划分有三个级别，一级茶区指的是全国性划分，二级茶区根据各省区划分，进行省区内的茶叶生产指导，三级茶区则是指各县划分。我国的一级茶区有4个，分别是江北茶区、江南茶区、西南茶区和华南茶区。

江北茶区西起大巴山，冬至山东半岛，南自长江，北到秦岭、淮河，大部分地区位于长江中下游北岸，包括陕西、甘南、鄂北、皖北、豫南、苏北、鲁东南等地。这个茶区是我国最北方的茶区，大部分地区地形复杂，不少茶区酸碱度略偏高，不适应好茶叶生长，但是也有少数山区，有良好的小气候，适应茶树生长，比较著名的茶有六安瓜片、信阳毛尖等。整个茶区的茶树大多为灌木型中叶种和小叶种，主产绿茶。

江南茶区在长江中下游南岸，包括浙江、湖南、江西等省和苏南、皖南、和鄂南等地区。这里是中国茶叶的主产区，年产量为全国总产量的三分之二。主产红茶、黑茶、绿茶、花茶等，比较有名的茶有西湖龙井、君山银针、洞庭碧螺春、黄山毛峰、庐山云雾等。

西南茶区主要指的是我国西南部的米仑山、红水河、大巴山以南、南盘江、巫山、盈江以北、方斗山、神农架、武陵山以西，大渡河以东的地区的茶叶生产地区，包括了云南、四川、贵州三省和西藏东南部地区。这里是中国最古老的茶区，茶叶品种丰富，有灌木型和小乔木型茶树，主要生产绿茶、红茶、沱茶、紧压茶和普洱茶等。

华南茶区指的是中国南部的茶叶生产地区，包括广东、广西、福建、海南、台湾等省。这地区年降雨量充沛，年平均气温为19℃—22℃，茶年生产期在10月以上，土层深厚，有机质含量丰富，非常适合茶树生长以及生产茶叶。这个茶区内有小乔木、乔木、灌木等各种类型的茶树，茶资源丰富，主要生产乌龙茶、红茶、花茶、白茶和六堡茶等。

中国幅员辽阔，地质资源丰富，气候多样，适合各种茶树生产。茶区的划分，为规模的、系统的管理茶树，有针对性的指导茶叶生产提供了帮助。

世界上最早的一卷茶叶专著是什么？

《茶经》是世界上最早的一卷茶叶专著，它是由唐朝中期著名的学者陆羽所著。陆羽是我国也是世界上茶学的最早创建者。

陆羽（733—804年），唐朝复州竟陵（今湖北天门）人，汉族，字鸿渐，一名疾，字季疵，号东冈子、桑苎翁、竟陵子，又号茶山御史。他善于写诗，酷爱饮茶，对茶叶的种植和制作有着深厚的兴趣，并对此进行了深入的调查研究。他是一位诗人、记作家、史学家和地理学家，尤其在茶道上有很深的造诣，对中国茶业和世界茶业都有着极大的贡献，著有《茶经》一书。

《茶经》是陆羽流传于世的最著名的著作之一。全书共有7000多字，分为三卷。上卷有三方面内容，一是茶的名称、性状和品质，二是采茶制茶的用具，三是讲述茶叶的种类和制作方法。中卷介绍烹饪茶叶的器具。下卷有六方面内容，一是讲述煮茶的方法以及水的品质对茶的影响，二是介绍各地饮茶的风俗，三是汇编有关茶的故事和效用，四是列举全国重要茶叶的生产地，五是讲述采茶、制茶和饮茶过程中，哪些茶具和茶器能够省略，六则是教人用绢帛抄《茶经》张挂出去。

《茶经》一书全面叙述了我国茶区的分布，茶叶的生长、采摘、制作和品尝等内容，有很多名茶都是陆羽发现的，比如浙江的顾渚紫笋茶，陆羽将它评为上品，后来被列为贡茶。还有义兴郡（今江苏宜兴）的阳羡茶，也是陆羽举荐进贡的。在陆羽之前，饮茶并无什么讲究，即便有茶道也不会大行；但陆羽却将茶系统地解剖出来，将茶的防病治病、充饥解渴等功能，提高到一门学问和技艺的地步。由此开始，饮茶之道的讲究才慢慢兴盛起来。

陆羽被尊称为"茶圣"是在其离世之后，不过，在其生前，极为嗜茶，并且被戏称为"茶仙"。他受到社会的推崇，不是以茶人的身份，而是以文人墨客的身份成名的。基本可以说，他是在成为名人墨客之后，才逐渐在茶业上表现其杰出才能的。因此，茶对于陆羽来说，可以说是第二成就，但却是其一生中最光辉的亮点！

被陆羽称为"茶中第一"的是什么茶？

顾渚紫笋，属绿茶，产于浙江湖州长兴的顾渚山，是上品贡茶中的"老前辈"，早在唐代便被茶圣陆羽定为"茶中第一"，也是我国产制历史最悠久的名茶之一。因其鲜茶芽叶微紫，嫩叶背卷似笋壳而得名。

顾渚紫笋茶在唐代时已是贡茶，当时，在顾渚山设有规模宏大的贡茶院。"凤辇寻春半醉回，仙娥进水御帘开。牡丹花笑金钿动，传奏湖州紫笋来。"这是唐代诗人张文规对当时紫笋茶进贡情景的生动描述：皇帝对湖州顾渚紫笋茶十分喜爱，所以宫女一听到顾渚紫笋茶已经运到宫的消息，便立即向正"寻春半醉"的皇帝禀报。

自顾渚贡茶院创建以来，紫笋茶的制茶工艺不断发生变化：唐代时，将其蒸青，压制成饼；宋代时，改为蒸青、茶膏或者压制为龙团茶；明代时，为条形炒青散茶；20世纪70年代，被重新发掘，改制成半炒半烘的条形茶。

紫笋茶在每年清明到谷雨期间采摘，标准为一芽一叶或者一芽二叶初展。新品紫笋茶有的芽叶相抱，有的芽挺叶稍展，形如兰花。顾渚紫笋的鲜叶十分幼嫩，炒制 500 克干茶，约须芽叶 36000 个。极品紫笋茶叶成品色泽翠绿，银毫明显，味甘醇而鲜爽，香孕兰蕙之清；茶水清澈明亮，叶底细嫩成朵，有"青翠芳馨，嗅之醉人，啜之赏心"的美誉。顾渚紫笋外形紧洁，完整而灵秀。用开水冲泡后，汤色清澈，茶味鲜醇，香气馥郁，回味甘甜，有一种沁人心肺的美妙感觉。

1979 年，在浙江省名茶评议会上，顾渚紫笋茶被列为一级名茶；1986 年，在全国花茶、乌龙茶优质产品评选会上，顾渚紫笋茶又被评为全国名茶。

绿茶是怎么制做出来的？

绿茶是我国茶类中产量最大的一种，在各个茶区都有生产，但以浙江、安徽、江苏三省的质量最优，其产量也最高。这三地是我国绿茶的主要产地。绿茶较好地保留了鲜叶内的天然物质，如叶绿素的保留率在 50% 左右、茶多酚咖啡因的保留率在 85% 以上，维生素损失也降到很少，因此具有很好的防衰老、抗癌、防癌、消炎、灭菌的特殊效果，是一类很好的保健茶。

绿茶具有悠久的历史，是最早出现的茶品种之一。最初绿茶的生产过程只是简单地采集野生茶树嫩芽，然后经过曝晒而成。经过数千年的发展，绿茶的加工生产逐渐发展，并形成一套完善工序。绿茶的加工，可以简单地分为三道工序，分别是杀青、揉捻和干燥。

杀青是最关键的一道工序，通过杀青，促使鲜叶中的活性酶钝化，进而保证茶叶内的各种物质成分处于静止状态，不再发展化学变化，从而保证了绿茶的品质。杀青一般都是高温处理，首先破坏的是酶活性，组织多酚类物质发生氧化，这样茶叶就不会变成红色。从外观表现出来的是叶内水分蒸发，叶子变软，这一步为揉捻创造条件。水分蒸发后，鲜叶内的青草香类物质不再挥发，这就保证了绿茶的香气。杀青工艺受到很多因素的制约，主要有投叶量、杀青温度、杀青时间和方式等。这个过程是一个有机的整体，各个因素之间也有相互牵制的作用，需要灵活处理。

揉捻是绿茶的外形塑造过程，指的是利用外力，将柔软的叶片卷转成条，以缩小其体积，便于冲泡。揉捻工艺可以分为冷揉和热揉两种，冷揉指的是杀青以后，茶叶晾凉后揉捻，热揉则是杀青后的茶叶趁热揉捻。一般情况下，老茶叶采用热揉，这样有利于条索紧结，可以较少碎末度，嫩叶常采用冷揉，可以保证泡茶后茶水色泽黄绿明亮。现在，除少数名茶，还需要手工揉捻外，大部分绿茶揉捻都已实现机械化。

干燥指的是揉捻以后，茶叶水分的蒸发处理。干燥的方法有烘干、晒干和炒干三种。绿茶的干燥工序，一般都要先烘干，后炒干。一般不会直接炒干，因为揉捻以后，茶叶中水分很高，直接放入炒干机内，会结成团块，茶汁也会黏结在锅壁之上。

我国的绿茶品种很多，不但品质优良，而且造型独特，是大部分中国人的饮茶之选。

季节不同喝茶也有不同的选择吗？

饮茶，目前已经是世人所公认的养生妙法之一。按照我国中医的说法，因为茶叶的品种、产地不同，性热不同，因此也有着不同的寒温甘苦等茶性，所以对人体的功能也就不同。若要通过饮茶达到更好的保健效果，那就必须辨析茶的性能寒热，根据不同的季节选择不同的茶叶，以便通过饮茶对身体起到补益的作用。

春天多饮花茶。一年之计在于春，春天是万物复苏的季节，人体和大自然一样，也会进入舒展阶段。此时，应该多喝一些茉莉、桂花等花茶。因为花茶性温，在春天饮花茶不仅可以散发冬天人体内蓄积的寒气，还能促进阳气生发。花茶具有清爽的香气，饮后可令人振奋，消除乏困。

夏天宜喝绿茶。夏天骄阳似火，酷热难耐，人体出汗多，津液消耗大，这个季节宜选用毛峰、龙井、碧螺春等绿茶。绿茶性寒味苦，有极好的消暑、解毒、去热、降燥、止干渴的效果，更有生津、提神、强心的功能。绿茶富含维生素、矿物质、氨基酸等营养成分，滋味甘香，既能消暑解热，又能增添影响，确实是夏天必需的饮品之一。

秋饮青茶。秋天气候干燥，人们常有口干舌燥之感。青茶性味适中，介于红茶、绿茶之间，不寒不热，正好适用于人体在秋天的口干舌燥之感。常饮青茶能够润喉、益肺、生津、润肤，还能有效地去除体内的余热，生发津液。

冬喝红茶。冬天寒气重，气温低，人体机能受气候影响，阳气减弱，因此对能量和营养有较高的需求。红茶性味甘温，含有极高的营养物质，能够补益身体，蓄积阳气。冬天常饮，能够御寒保暖，还能提高身体抵抗力，增强人体对冬天低温的适应能力。

不同的茶，性味甘苦不同，对人体也有着不同的影响。爱喝茶的人，不妨尝试了解一下茶的性味，以便采用正确的饮茶方式，达到保健强身的效果！

泡茶时该用什么水温？

一杯好茶来之不易，既需要上好的茶品，也需要上好的水质。可有了这两样，也未必能够泡出上好的茶水来。这是因为泡茶的水温，对于茶香、茶的甘苦还有一定的影响。那么泡一壶上等的茶水，究竟需要什么水温或者说火候呢？

古人对于泡茶时水温的控制十分有讲究。宋代蔡襄在《茶录》记载有："候汤（指烧开水煮茶）最难，未熟则沫浮，过熟则茶沉，前世谓之蟹眼者，过熟汤也。沉瓶中煮之不可辨，故曰候汤最难。"明代《茶疏》中关于泡茶水温也有相关记载："水一入铫，便需急煮，候有松声，即去盖，以消息其老嫩。蟹眼之后，水有微涛，是为当时；大涛鼎沸，旋至无声，是为过时；过则汤老而香散，决不堪用。"它的意思是说，泡茶烧水时，应该大火烧开，不要文火慢煮。刚沸腾起泡的水最好，泡出来的茶，气香味佳；如果水沸腾了很长时间，这就是俗称的"老水"，用它泡茶，茶水的鲜度和爽度，就会减少许多，而且茶叶还会浮到水面上，喝起来不方便。

用现在的观点，看泡茶水温的问题，还有看泡什么茶品。如果是高级绿茶，特别是采集嫩芽而成的名茶，不能用沸水冲泡，用 80℃ 左右的水，效果较好。茶叶越嫩，水温则应该越低，这样出来的茶水滋味鲜爽，颜色鲜嫩明亮。在高温下，茶汤容易出现黄色，滋味也苦，这说明咖啡因被浸泡出来，而且维生素 C 被大量破坏。饮泡各种花茶、红茶、和档次较低的绿茶，应该选用沸腾的开水。因为低温水浸透性差，不能将茶中的有效成分泡出来。如果是乌龙茶、普洱茶和花茶等，茶量较大，茶叶老，也必须选用 100℃ 的沸水。有时，在冲泡前，需要将茶具放在开水中烫热，冲泡后也要在茶壶外淋开水，这样做的目的是为了提高泡茶水的温度。

一般情况下，水温和茶叶中浸出物的浓度有直接关系。水温高，浸出物就多，茶汤浓度就大；反过来，水温低，浸出物量少，茶汤淡。具体到哪种茶需要什么样的水温条件，这就需要因茶而定了！

381

斗茶是怎么"斗"的?

斗鸡、斗蟋蟀是古代人的业余娱乐项目,古书上有不少相关的记载和描述;可关于"斗茶"的娱乐却出现的不多,但这也和斗鸡、斗蟋蟀一样,是古人津津乐道的娱乐方式之一。

斗茶,又被称作"茗战""斗茗",举行时间大概是在每年的清明节前后。在新茶刚出时,各地的茶乡会所,便会将各地有名的茶品或茶技师傅聚在一起,进行比赛。这种比赛刚开始是一种"雅玩"文化,到了元明清时期,渐渐地演化成饮艺风俗。

斗茶大概出现于唐朝,在宋朝盛行起来。北宋时期,国家安定,统治者重文轻武,大量的文人墨客大量担任朝廷要职。在这种安定的社会背景下,清闲的生活,使他们开始有闲心探讨饮茶艺术。同时,茶艺的盛行,又为文人们增添了娴雅之趣。为了比拼茶艺,斗茶便盛行开来。

杭州"清河坊茶会"上的斗茶表演

品茶是斗茶的基础。由于不同的茶,香味、甘苦不同,文人墨客们为了分辨茶质,渐渐地将品茶发展为斗茶。斗茶时,主持者要请三五个品茶名士,他们作为评委。各个茶品的拥有者按照自己的茶艺,将其带来的茶按照一定的程序煮后,交给品茶评委。评委根据所品茶的色相、芳香度、茶汤的香醇度以及茶具的优劣和煮茶的火候等,评出上佳者。斗茶的参加者如果在斗茶中胜出,必须竭尽所能,展示各种精细的技艺和工序,泡出一手拿手的好茶。茶道这种茶艺文化,在某种程度上受到斗茶的影响,而快速成长起来。

斗茶这项活动源自福建建安民间,有唐冯贽《记事珠》一书中的记载为证。举行斗茶仪式的地点,一般选择在山林野外,以便应和茶香的自然之趣。它在茶艺文化的发展历程中,起到了极大的促进作用。

水质对泡茶有影响吗?

水质对于一杯茶的性味有着极为重要的影响。同样的茶,采用相同的烧水程序,不过水质不同,那么泡出来的茶味道香气也不一样。

水质对于泡茶的影响因素很多。各种水的性质不同,水内含有的溶解矿物质不同,对泡出的茶汤也有着极大的影响。陆羽的《茶经》中记载着:"其水用山水上,江水中,井水下。其山水,拣乳泉,石池,漫流者上,其瀑涌湍激勿食之。其江水取去人远者,井取汲多者。"这句话的意思是说,泡茶的水最好选用泉水。泉水从山石之间,缓缓流淌而出,含有较高的钙、镁离子。江水不是理想的泡茶水,不过比起井水来,稍强一点。雨水是一种比较纯的水,不过,下雨季节不同,水质也不同,对泡茶也有着不同的影响。一般而言,秋雨最好,梅雨次之,雷雨最不适宜用作泡茶。

一般在乡下,有泉水,泡茶时候自然选择泉水,这样能够泡出味纯、色正的好茶水来。在城市里,没有山水、泉水,只能用蒸馏水,这种水比农村的自来水要好一些,不过,也不是最佳的泡茶水,只能算是普通的。市场上出现的矿泉水,由于品质不一,对于茶品的影响也很大。不过，对于饮茶而言，不同的人喜欢不同的香味，并不能限定哪一种水就是最好的泡茶水，可根据个人喜好而定。

茶叶的冲泡时间和次数有什么讲究？

茶水的香浓和色味，与冲泡的时间和次数不同有着很大的关系，一般情况下，第一泡茶冲泡的时间越长，色味越浓，而次数越多，色味则越淡。对于茶品而言，其所需要的最佳冲泡时间和次数，因茶品的不同而有不同。

红茶和绿茶一般情况下，取3克左右的干茶，用200毫升的沸水冲泡，闷泡4—5分钟便可饮用。不过，这种方法还有个缺点，那就是水温过高，容易将茶叶烫熟；水温高，能够有效地浸出茶香。最有效的红绿茶温度应该控制在80℃左右，时间在7—8分钟。泡茶时，水量不宜过大，一次喝不完，浸泡时间长了以后，茶水会变凉，茶香与茶色会受到影响。一般红茶和绿茶的冲泡三四次为宜。

饮用乌龙茶，多选用小型紫砂壶。壶内茶叶量较多，泡茶时间不宜过长。时间长的话，茶水就会变苦！第一泡时间控制在1分钟之内，第二泡控制在1分钟15秒，第三泡多数在1分钟40秒，第四泡掌握在2分钟15秒左右，第五、第六泡时间逐渐加长，以茶水颜色香味恰到好处为宜。这种泡茶方式，浸泡次数不超过6次为宜。

通过以上两种茶的冲泡方法，可见，泡茶水温与用茶数量也和泡茶时间有着一定的关系。茶叶适量，泡茶时间长一些；茶叶量大，泡茶时间应适当缩短，这样可以防止茶水过浓。水温高，泡茶时间短一些；水温低，泡茶时间适当放长一些，这样可以控制茶叶内物质的浸入量，以达到上佳的茶水效果。茶叶量的多少也和泡茶次数有一定关系，感性的认识结果应该是：茶叶量大，泡茶时间短，泡茶次数适当增加；茶叶量小，泡茶时间可适当放长一些，而泡茶次数则不应该过多。

383

茶文化博大精深，但也并非一成不变；爱品茶的人，总喜欢摸着自己的规律品茶品性。其实，只要不过于极端，用适当的方法、适合自己的方法饮茶、品茶，就是对茶文化的一种探究，就是一种茶性与人性的极致结合。

怎样辨别茶叶质量？

选购茶叶对于嗜好喝茶的人来说，是一门极好的学问；选择茶叶的质量一般，甚至是次品，那么对于该茶也品不出什么好滋味来；如果选择了上乘的好茶，那么品茶就是一种极致的享受，非常难得。由此看来，选茶从某种程度上来说，可以算作是品茶的基础。

选购茶叶需要掌握大量的茶叶知识，包括各类茶叶的分级标准、茶叶的审评和检验方法等。不过，对于某一种茶叶而言，观察其质量，则主要从色、香、味、形这四个方面入手。

第一，看色泽。茶叶色泽发暗、发褐，这是茶叶内物质发展氧化后的现象，这种茶应该是陈茶。如果茶叶上有非常明显的焦点、泡点或叶边缘有焦点，这种茶不好，不宜选购。色泽花杂，颜色深浅不一的茶叶，也极有可能是陈茶。刚刚生产出来的新茶，一般色泽比较清新，呈现墨绿色或嫩绿色。选绿茶，则要选颜色翠碧的，看起来鲜润活气的茶叶；青茶则选择那些灰绿色的，稍微带有一些光泽的。

第二，看外形。茶叶都有自己特定的外形特征，有瓜子片状的，有银针状的，也有圆珠形的，还有叶片松包形、叶片紧结形等。一般来说，新茶的外形条棱明显，粗细、大小均匀，长短适度，这种茶是上等茶。如果条索不分明，外观不整，还带有茶梗和茶籽的，这是下等茶。嫩度高的茶叶，芽头多，细实；嫩度低的茶叶，松粗、叶肪隆起、老茶叶多。条形茶叶，选取那些圆直、均匀度好、条索细紧的；扁形茶叶，挑选那种光滑度好的；颗粒状茶叶则选用颗粒结实的，松散的是次品。

第三，闻茶香。新茶都有很浓的茶香，尤其是上品新茶，芳香度更是分明。新茶的香气可以分为浓香型、清香型和甜香型；质量越是上乘的茶叶，香气越醇，有种沁人心脾的感觉。绿茶冲泡或咀嚼，发出甜香味的是上品，若发出青涩气、粗老气，则不是好茶叶。陈茶，香气一般都会变淡，有时会附带一股陈气味。

第四，品茶味。这是最直接的选茶方式，因为能够直接品尝到茶水。一般来说，茶水入口甘鲜、浓醇，入肚后，口留余香者最好；绿茶茶水颜色碧绿、明澄为上品。

根据色、香、味、形，基本上就能够将茶叶的品质判断出来。不过，正确的判断，还需要丰富的经验积累，并非一朝一夕，就能够做到的。爱品茶的人，不妨业余时间，去逛逛茶市，练习一下色、香、味、形判别法！

如何正确贮藏茶叶？

新茶做好以后，要使用适当的方法储存起来，以便日后饮用。如果储存不当，受潮或因水分过大而发霉，就会严重影响茶水的色、香、味。茶叶的储存方法主要有以下几种：

第一种冰箱保存法。这是最简单的一种方法，把茶叶放在一个无异味、能密封的干燥的容器内，放进冰箱的冷藏柜中即可。茶叶量不大，用塑料袋也可以，不过前提是塑料袋必须具有防潮性能。

第二种方法是铁罐储存。选用有双层盖子的铁质茶叶罐，将茶叶放到里面，尽量装满，减少罐内的空气。双层盖子盖紧后，用胶带封闭缝隙口。然后找个两层的尼龙袋，将茶叶罐放在里面封口，如此才能达到最好的储存效果。

第三种是复合薄膜储存法。选择防潮效果比较好的复合薄膜袋，茶叶装入后，挤出袋内的空气，封口机封口。外面再套上一层塑料袋，扎紧口。

第四种方法使用保温瓶储存。这种方法是最适用的茶叶存放方法。选择一个保温瓶，瓶内清洗干净，放在干燥处晾干，必须保证瓶内干燥。将茶叶装进去，盖好保温瓶塞子，然后用白蜡密封，再用胶带封好。

茶叶不容易存放，因为它容易吸收异味，吸湿性能比较强。对于常规的茶叶，用上面

古人常用的几件贮茶工具
这是中国古代几件比较常用的茶叶贮存装置，依次为竹器和金属贮具。

的方法即可；可对于珍贵的名茶，则必须采用更为妥当的保存方法，这样才不至于让价格不菲的茶叶白白浪费掉。

名优绿茶的保持方法。这是所有茶叶中最容易老化变质的一类。个人储存这类名贵的茶叶，最好采用生石灰吸湿储存法。其步骤是：首先选择能够密封的容器；其次将生石灰块装在布袋中，放在容器内；再次是用牛皮纸将茶叶包裹好，放在生石灰的布袋上面；最后是密封容器，并将容器放在阴凉干燥的环境里。如果条件允许，还可以将以上放置一段时间的茶叶，使用镀铝复合袋包装起来，封口后放进冰箱里面。这样可以保证茶叶在两年左右不变质。

普洱茶的保存方法。如果方法得当，普洱茶可以越陈越香。对于这种茶，现在最常用的保存方法是"陶缸堆陈法"，一般步骤是选以阔口的陶缸，把新茶和老茶掺杂后，放进缸内，这样做有利于陈化。马上用来饮用的茶饼，可先拆为散茶，放在陶罐内半个月，就可以取出来饮用。其实，这两种方法，都是普洱茶的"茶气调和法"，目的是普洱茶陈化，有利于享受高品质的茶汤。

高品质的红茶和乌龙茶，相对于绿茶其陈化速度较慢，储存还是比较方便的，不过必须注意要避开光照和高温，以及有异味的物品。

茶叶在储存时有很多种方法，不过储存之前，一定要注意，如果是绿茶，其中水分绝不能超过5%，如果是红茶不能超过7%。其次，应该注意到的就是避光、隔热。无光、无热源，是保存茶叶的最好的外部环境！

哪种茶被称为最奇趣的茶？

黄山毛峰因"白毫披身，芽尖似峰"，产于黄山而得名，被称为"最奇趣的茶"。黄山毛峰成茶外形细嫩扁曲，多毫有锋，色泽油润光滑；冲泡时杯中雾气绕顶，滋味醇甜，鲜香持久，是我国名茶之一。

黄山毛峰采摘细嫩，采摘标准分别为一芽一叶、一芽二叶初展；一芽一、二叶；一芽二、三叶初展。特级黄山毛峰开始采摘于清明前后，一级至三级黄山毛峰在谷雨前后进行采制。鲜叶进厂后要先进行拣剔，剔除冻伤叶及病虫危害叶，把不符合标准的叶、梗以及茶果拣出，以保证芽叶质量匀净。然后将不同嫩度的鲜叶分别摊放，让部分水分散失。为了保质保鲜，要求做到上午采，下午制；下午采，当夜制。

特级黄山毛峰，外形美观，每片茶叶约半寸，绿中略微泛黄，色泽油润光亮，尖芽紧紧依偎叶中，酷似雀舌，全身白色细绒毫，峰显毫露，匀齐壮实。

"金黄片"和"象牙色"是特级黄山毛峰外形同其他毛峰不同的两大明显特征。黄山毛峰的条索细扁，翠绿之中略微泛黄，色泽油润光亮。尖芽被包裹在叶中，如雀舌一般，并带有金黄色鱼叶，又叫作"叶笋"或"金片"。这是区别于其他毛峰的重要特征。

黄山毛峰冲泡时应该使用水温为90℃左右的开水为宜。冲泡后，茶色清澈明亮带有杏黄色，馥郁酷似白兰，喝入口中，滋味鲜浓，回味甘甜，醇和高雅，白兰香味长时间在齿间环绕，久久不退。

黄山毛峰之所以成为中国著名的历史名茶，是因为它的色、香、味、形俱佳，品质风味独特。1955年被中国茶叶公司评为全国"十大名茶"，1982年又荣获中国商业部"名茶"称号，1983年获中国外经贸部"荣誉证书"，1986年被中国外交部定为"礼品茶"。

著名的西湖龙井茶因何得名？

西湖龙井茶，因为产于中国杭州西湖的龙井茶区而得名，是中国十大名茶之一。"欲把西湖比西子，从来佳茗似佳人"，龙井不仅是地名，而且还是泉名和茶名。

西湖龙井茶有"四绝"：香郁、味甘、形美、色绿。特级西湖龙井茶外形扁平、光滑、挺直，色泽嫩绿光润，叶底细嫩呈朵，香气鲜嫩清高，滋味鲜爽甘醇。在清明节前采制的龙井茶被称为明前龙井，"院外风荷西子笑，明前龙井女儿红。"这优美的诗句，堪称西湖龙井茶的绝妙写真。

龙井茶历史悠久，最早可以追溯到唐代。"茶圣"陆羽所撰的世界上第一部茶叶专著《茶经》中，就有杭州天竺、灵隐二寺盛产茶叶的记载。北宋时期，西湖群山生产的"香林茶""白云茶""宝云茶"都已成为贡茶。元代，龙井茶的品质得到了进一步提升。在明代的《钱塘县志》中也有记载说"茶出龙井者，作豆花香，色清味甘，与他山异"。

在明朝期间，龙井茶还只是诸多名茶中的一员，但到了清代，龙井茶则位居诸多名茶之首了。乾隆皇帝曾六巡江南，有四次都前往龙井茶区观看茶叶的采制过程，并品茶赋诗。乾隆皇帝对西湖龙井茶非常喜爱，还将胡公庙前的 18 棵茶树封为"御茶"。从此，龙井茶驰名中外，贸易异常繁荣，问茶者络绎不绝。

从龙井茶的历史演变看，龙井茶之所以能够成名并发扬光大，首先在于龙井茶有较高的品质，其次也离不开龙井茶本身所具备的文化底蕴。所以龙井茶不仅具有茶的价值，还有一种文化艺术价值。

洞庭碧螺春的产地在哪里？

洞庭碧螺春是我国名茶中的珍品，产于江苏苏州太湖之滨的洞庭山，以形美、色艳、香浓、味醇而驰名中外。

碧螺春茶外形卷曲如同海螺，茸毫毕露，细嫩紧结，银绿隐翠，它的许多特点与其他名茶不同。冲泡后，雪花飞舞，白云翻滚，水色浅，味醇而淡，香气清高持久，令人回味无穷。用温开水冲泡，仍能够沉于杯底。如果先放水后放茶，也照样会下沉。叶底如雀舌，放香展叶，可以称得上是名茶极品。

碧螺春采制的技艺十分高超，采摘有三大特点：采摘较早；摘的一般是较嫩的；拣得十分干净。通常采初展开的一芽一叶，芽长 1.6—2 厘米，叶形卷曲如同雀舌。碧螺春茶采摘时间通常在谷雨前后进行。碧螺春炒制的特点是：手不离茶，茶不离锅，揉中带炒，炒中有揉，炒揉结合，不断操作，起锅即成。炒制的主要工序分为：杀青、揉捻、搓团显毫、烘干。炒制时应该做到"干而不焦，脆而不碎，青而不腥，细而不断"。

高级的碧螺春，半斤干茶就需要茶芽 6—7 万个，足见茶芽的细嫩。炒成后的干茶条索紧结，色泽银绿，翠碧诱人，白毫显露，卷曲成螺，因而取名"碧螺春"。

有关碧螺春的由来，民间一直流传着一个故事。据说，在清康熙年间，当地人在洞庭湖东碧螺峰石壁上发现了一种野茶，便将其摘了下来带回，之后就作为饮料使用了。

有一年，茶叶获得丰收，采茶的竹筐都无法装下，采茶的姑娘就将多余的茶叶放进怀里，却没想到茶叶因沾了热气，散发出阵阵香气，惊异的姑娘们直嚷着："吓煞人香！"这"吓煞人香"是苏州方言，意思是香气非常浓郁。从此，众人纷纷议论此事，"吓煞人香"也就成了茶名。清康熙三十八年（1699 年），康熙皇帝南巡到太湖，觉得"吓煞人香"这个名字不够文雅，便赐名"碧螺春"。

碧螺春作为我国的名茶之一，常被视为高级礼品。在国际上，碧螺春更是声名远播，远销美国、德国、比利时、新加坡等国家。

太平猴魁茶属绿茶吗？

太平猴魁，属于绿茶类尖茶，是中国历史名茶。主要产于安徽省黄山市北麓的黄山区（原太平县）新明、龙门、三口一带。

太平猴魁的产地黄山区，土质肥沃，低温潮湿，云雾笼罩，所以茶质非同寻常：外形魁伟，色泽苍绿，茶芽挺直，肥壮细嫩，全身毫白，具有清汤质绿、水色明、香气浓、滋味醇、回味甜的特征，属于尖茶中品贡最优秀的一种，有"猴魁两头尖，不散不翘不卷边"的美称。

关于太平猴魁的来历有这样一个故事。清末，南京太平春、江南春等茶庄纷纷在太平产区设茶号收购茶叶加工尖茶，并运销南京等地。为了使自己的茶叶别具一格，江南春茶庄从尖茶中将幼嫩芽叶挑出作为优质尖茶供应市场，获得成功。后来，凤凰尖茶园的猴坑茶农王老二，选肥壮幼嫩的芽叶，精制成王老二魁尖。由于猴坑所产魁尖风格独特，质量超群，使得其他产地魁尖望尘莫及，特别冠以"猴魁"的美誉。

太平猴魁的制作一般分为萎凋和干燥两道工序，而关键在于萎凋。萎凋分为室内萎凋及室外日光萎凋两种，要根据气候灵活掌握。在春秋晴天或夏季不闷热的晴朗天气，采取室内萎凋或复式萎凋为佳。其精制工艺在于剔除梗、片、蜡叶、红张、暗张之后，用文火烘焙至足干，以火香衬托茶香，待水分含量只剩下 4%—5% 时，趁热装箱。这样既不破坏酶的活性，又不促进氧化作用，且保持毫香显现，汤味鲜爽。

太平猴魁的色、香、味、形独具一格，有"刀枪云集，龙飞凤舞"的特色。它的奇特之处在于用 95 度左右的开水冲泡 3 分钟左右后，白茶舒展，还原呈玉白色，叶片莹薄透明，叶脉呈翠绿色，枝茶匀称成朵。

我国的普洱茶产地在哪里？

普洱茶因产地旧属云南普洱府（今云南普洱）而得名，现在泛指普洱茶区所生产的茶，是以公认的普洱茶区的云南大叶种晒青毛茶作为原料，经过发酵加工而成的散茶和紧压茶。

普洱茶外部色泽褐红，内在汤色红浓明亮，滋味醇厚回甘，香气独特陈香，叶底褐红。普洱茶有生茶和熟茶之分，生茶是自然发酵，熟茶经人工催熟。

"越陈越香"是普洱茶区别于其他茶类的最大特点。"香陈九畹芳兰气，品尽千年普洱情。"普洱茶被称为"可入口的古董"，其他的茶贵在新，而普洱茶贵在"陈"，它往往会随着时间的推移不断升值。

普洱茶是用优良品种云南大叶种的鲜叶制成，它的外形条粗壮肥大，普洱熟茶色泽乌润或者褐红，陈香味儿很浓，有"减肥茶""美容茶"的美称。

喝普洱茶最好选用景德镇等地生产的专用薄胎瓷器皿，主要是因为陶瓷器皿泡茶不走味，普洱茶的

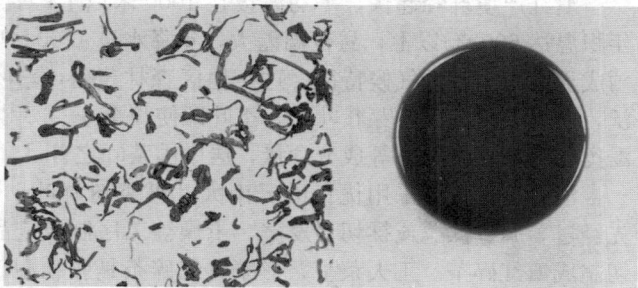

云南普洱茶及茶汤

香气和滋味才能较好保持。在原则上，水应选用软水，像纯净水、矿泉水等，也可用自来水。茶汤的香气、滋味和水温有很大关系，普洱茶要求用100℃的沸水冲泡，才能泡出普洱茶的香味。

普洱茶具有暖胃、防治动脉硬化、防治冠心病、降血压、抗衰老、抗癌、降血糖、减肥、降脂、解酒等功效；还有清热、消食、去腻、利水、通便、消暑、解毒、祛痰、止咳生津、益气、祛风解表、延年益寿等功效。

"祁红"指的是哪种茶？

祁门红茶是我国的历史名茶，简称为祁红，主要产于安徽省祁门、东至、贵池、石台、黟县以及江西浮梁一带。似花、似果、似蜜的"祁门香"闻名于世，位居世界三大高香名茶之首。

在清代光绪年间，祁门红茶才开始制成，是工夫红茶的珍品。成品茶条索紧细苗秀、金毫显露，汤色红艳明亮、滋味鲜醇酣厚、色泽乌润。其香气与果香相似，又带兰花香，香气清爽且持久。它不仅可以单独泡饮，也可加入牛奶调饮，一直以"香高、味醇、形美、色艳"四绝闻名于世。

茶叶的自然品质属祁门的历口、闪里、平里一带的最优。当地的茶树品种高产质优，植于肥沃的红黄土壤之上，并且由于气候温和、雨水充足、日照适度，因而生叶柔嫩且内含丰富的水溶性物质。

祁门红茶采摘标准十分严格，高档茶以一芽一二叶为主，一般均系一芽三叶和相应嫩度地对夹叶，春茶采摘六、七批，夏茶采六批，秋茶少采或不采。与绿茶的制作方法最明显的区别在于：祁门红茶在进行炒、揉之后要用太阳或火进行加温发酵，使其内部结构发生改变。

清饮最能品味出祁红的隽永香气，即使添加鲜奶也不失其香醇。春天饮红茶以祁红最宜，下午茶、睡前茶也较适合。据史料记载，祁门在清代光绪以前，并不种植红茶，而是盛产绿茶，制法与六安茶相似，故曾有"安绿"之称。到了光绪元年，黟县人余干臣从福建罢官回籍经商，在此地建立茶庄，祁门遂改制红茶，并一举成为后起之秀。

"祁红特绝群芳最，清誉高香不二门。"祁门红茶堪称红茶中的极品，享有盛誉，被冠以"群芳最""红茶皇后"的美称。

"滇红"指的是哪种茶？

云南红茶，简称滇红，产于云南省南部和西南部的临沧、保山、西双版纳、凤庆、德宏等地。

滇红产境群峰起伏，平均海拔在1000米以上，属亚热带气候，年均气温18℃—22℃，年积温达6000℃以上，昼夜温差大，年降水量1200—1700毫米，有"晴时早晚遍地雾，阴雨成天满山云"的气候特征。这一地区森林茂密，落叶枯草形成了深厚的腐殖层，土壤肥沃，使得茶树高大，芽壮叶肥，茶叶即使长至5—6片叶，仍然质软而嫩，尤其是茶叶的多酚类化合物、生物碱等成分含量，居中国茶叶之首。

滇红制作主要采用优良的云南大叶种茶树鲜叶，采摘一芽二、三叶的芽叶作为原料，先经过萎凋、揉捻或揉切、发酵、干燥等工序制成成品茶；再加工为滇红工夫茶，又经揉切制成滇红碎茶。工夫茶呈条形茶，红碎茶是颗粒型碎茶。前者滋味醇和，后者滋味浓烈富有刺激性。所有的工序，长期以来，均是手工操作。成品茶外形条索紧结、色泽乌润、雄壮、肥硕、叶底红润匀亮，金毫特显，毫色有淡黄、菊黄、金黄之分，汤色鲜红，滋味醇厚，香气鲜浓，富有收敛性，滇红的品饮多以加糖或加奶调和饮用为主，加奶后香气仍然浓烈。冲泡后的滇红茶汤红艳明亮。高档滇红，茶汤同茶杯接触处常显金圈，冷却后立即出现乳凝状现象。

大红袍属于什么茶？

大红袍产于福建崇安东南部的武夷山，是武夷山岩茶（乌龙茶）中的珍品，我国十大名茶之一。武夷山地区气候适宜，茶树种类繁多，非常适合茶叶生长。这里的大红袍、铁罗汉、白鸡冠、水金龟被并称为"四大名枞"。

关于大红袍的来历还有一个传说。传说古时候，有一秀才上京赶考，经过武夷山病倒了；天心庙的老方丈看见后，就给他喝了一碗茶，病就好了。后来，这个秀才中了状元。他回到武夷山谢恩。老方丈说他得的是鼓胀病。还带他看了悬崖峭壁上的三株大茶树，介绍说每年春天茶树发芽，老百姓就会给山上的猴子穿上红衣裤，猴子们会爬到茶树上采茶叶，还说这种茶叶能够治百病。状元临走时带了一盒茶叶，回到京城，正巧皇后肚疼鼓胀，遂将茶叶献给了皇上。皇后喝了茶水之后，肚子很快就不痛了。皇上大喜，了解到茶叶的来龙去脉后，特别赐给三棵大茶树一件大红袍。大红袍盖到茶树上后，茶叶竟然发出闪闪的红光。后来，人们就把这种茶树命名为"大红袍"。

大红袍属于乌龙茶类，是闽北青茶中的名品，经历了晒青、凉青、做青、炒青、初揉、复炒、复揉、走水焙、簸拣、摊凉、拣剔、复焙、再簸拣、补火等多道工序而制成，是古代用来进献皇宫的贡品，其品质属上乘佳品。

这种茶明显的品质特征是：色泽鲜润褐绿，外形紧结，泡水后茶水颜色橙黄明亮，红绿相间的叶片，十分具有美感。它最突出的品质就是香气馥郁，香高而持久。大红袍非常耐冲泡，冲饮七八次之后，仍有香味。茶水也是极具特色，香气清爽，吸入身体后，有一种幽幽的香味，入口甘爽滑顺。

六安瓜片为什么被称为"最复杂的绿茶"？

六安瓜片是中国最复杂的绿茶之一。之所以这样说，有三方面原因：一、它是唯一一种没有芽梗的叶茶，而且采摘期仅仅在谷雨的前后十多天里面，就是产地也限制在了皖西齐头山附近；二、由于其加工工艺极为复杂，尤其讲究烘焙的火候，老一点不行，嫩一分也不可；三、在茶叶的塑型上也极有雕琢艺术，以至于冲出来的叶片如同翠绿的瓜子片。因为这些复杂而烦琐的工序，所以六安瓜片被称为最复杂的绿茶。即便是今天，它的生产仍需要极大的人力投入。

第一步是采摘。六安瓜片的茶叶采摘地，仅限于大别山北麓的霍山县和金寨县的部分地区，以齐头山的最好。采摘的时候，也极为讲究，只要最嫩的叶片，既不能有芽，也不能有梗，一根枝条上顶多也就能选出五六片合格的。这种茶是唯一的一种以单叶为单位进行采摘的茶叶。

第二步是扳片。采摘回来的嫩叶，先要摊开、凉凉、散热，然后再进行手工扳片。扳片是指用手工将叶片与嫩叶、枝梗分开。这样做的好处，是将老嫩分开，除杂去劣，保证茶叶品质。另外，扳片还有利于叶内多酚物质以及蛋白质、春蕾物质转化，提高茶叶的香味。

第三步是老嫩分炒。炒片时，分为生锅和熟锅，每次炒片，投入鲜叶量不能多，把握

389

在 50 克到 100 克之间。生锅利用高温翻斗，迅速完成杀青，熟锅则是利用低温，炒拍塑型。

第四步是拉老火。这一步是六安瓜片加工过程中最关键的一道工序，它决定着茶叶的色泽、香气、颗粒粉碎度和上霜度。拉老火采用木炭、明火迅速烘烤。进行时，两个人抬烘笼，2—3秒钟翻动一次，来回翻动、上下抬动，大概需要 70—80 次，才算是完成。

最复杂的绿茶"六安瓜片"至此才算正式生产出来。这种茶能够驰名中外，也多亏了它独特的生产工艺和品质优势。不过，前些年来，"六安瓜片"经过了不少的风风雨雨，产量曾一度严重下降。幸运的是，六安市委、市政府对"六安瓜片"已经重视起来，强力抓品牌、品质，进一步发掘"六安瓜片"深厚的历史底蕴。"六安瓜片"也逐渐以崭新的姿态出现在人们眼前。

最理想的饮茶器具是什么？

饮茶之风在我国流传已久，若论饮茶之器具，最佳的当属紫砂壶。

饮茶在我国有着悠久的历史，古代文人雅士常常聚在一起，品茗赋诗。据汉代《华阳国志》、司马相如《凡将篇》以及杨雄的《方言》等书的记录，武王伐纣时就将茶作为贡品。宋代大诗人王安石也曾有"人固不可一日无茶饮"之语。可见饮茶在古代人生活中占据十分重要的地位。

唐代以前，茶器和食器不分。随着饮茶风气日益普及，茶器日趋工巧，唐代末年出现了饮茶最理想的用具——紫砂壶。它以紫砂泥为原料，经艺人精心制作，壶的颜色紫红、质地细柔、泽地典雅、造型古朴、贵如鼎彝。到了宋代，紫砂壶已在文人中广为使用，大诗人欧阳修在诗中说道："喜共紫瓯吟且酌，羡君潇洒有余情。"诗中的"紫瓯"即为紫砂壶。宋代后期到明代，宜兴紫砂生产崛起，很快成为全国紫砂器的生产中心，在以后的数百年中，宜兴始终独领中国紫砂壶制作之风骚。

宜兴位于苏、浙、皖三省交界，地处太湖之滨，古代称为阳羡，唐代已经是著名的产茶基地。在宜兴，很早就出现了用丁山和蜀山的泥土制作的饮茶工具紫砂壶。明人周高起的《阳羡茗壶录》一书中记载道，明代嘉靖制紫砂器艺人龚春的出现，把中国紫砂器制作推进入一个新的境界。

清代中期，"西泠八家"之一的陈鸿寿加入紫砂壶设计制作行列，使集书法、绘画工艺为一体的紫砂壶刚问世，就得到了社会肯定。此后，许多书画家参与紫砂壶的绘画及书写，诸如海上画派盟主任伯年和吴昌硕，为制作紫砂壶，几乎荒废本业。

我国最早的制酒者是谁？

仪狄，女，据《世本》《吕氏春秋》《战国策》等先秦典籍的记载，她是夏禹时代司掌造酒的官员，相传是我国最早的酿酒人。

公元前 2 世纪史书《吕氏春秋》中记载道："仪狄造酒"。在《战国策·魏策》中也有关于仪狄造酒的说法。汉代许慎的《说文解字·酒字条》中这样记载道：过去，夏禹的女儿叫仪狄去酿酒。仪狄经过一番努力后，酿出味道很好的美酒，献给夏禹，夏禹喝了，觉得的确好喝。但是他说，后世的君王，如喝了这样的美酒，一定会亡国的。从此就疏远了仪狄，同时自己也和酒断绝了关系。因而，仪狄奉旨造酒，不但没受到奖励，反而遭到了惩罚。

关于仪狄造酒的说法，在《太平御览》中如是说道："仪狄始作酒醪，变五味。"另外还有一种说法，叫"仪狄作酒醪，杜康作秫酒"。醪指的是糯米经过发酵而形成的醪糟儿，性温软，味甜，在江浙一带十分常见。今天在不少家庭中仍有自制的醪糟儿。醪糟儿洁白细腻，稠状的糟糊可作为主食，上面的清亮汁液十分接近酒。还有一种说法是"酒之所兴，肇自上皇，成于仪狄"。讲的是自上古三皇五帝的时候，就有各种各样的造酒方法流传在民间，是仪狄将这些造酒的方法归纳总结起来，使之得以流传于后世的。

古代的酒器分类和现代的一样吗？

社会发展日新月异，酒器作为日常生活的一部分，也随着生活方式的不同、制作技术的发展，而发生了相应的变化。现代的酒器种类繁多，样式、品种也各有不同，甚至同一种酒，不同的年份也会出现不同的酒器。但在古代，酒器的数量相对就没有今天这么多。

尊，是古代酒器的一种，口大、脖颈高，圆足。其上面还有各种动物造型。壶也是一种古代酒器，大肚子，长脖子，圆足，可以盛酒，也可以盛水。成语"箪食壶浆"，指的是犒劳军旅的意思，看来壶的容量应该不小。毕竟军旅一般

红楼夜宴

酒量都很大的。爵，是古代用来温酒用的酒器，有三条腿，容量较大。角，指的是有两个尖角的饮酒器。觥，形状像一个牛角，长方圈足，有盖子，盖子常常制成动物的形状。杯，是椭圆形的酒器，可以用来盛取汤、水和酒。杯的材质有很多种，有铜质的、有银质的，有玉质的，还有瓷器的。卮，也是酒器的一种，《鸿门宴》中就有"卮酒安足辞"的记载。

古代的酒器按照用途划分，可以分为盛酒器、贮酒器和饮酒器。这种分法的依据，也是根据容器容量的大小划分的。如果按照材质划分，则有玉、青铜、银和瓷等。青铜类的酒器比较贵重，多出现在皇室贵族的家中。

现代的酒器种类就无法统计了，不过，铜质、玉质和银质的酒器几乎已经没有了，大部分都是玻璃的，也有瓷器类的。玻璃材质的酒器，制作工艺简单，能够制做出各种造型，瓷器类的也较为普遍。

米酒的故乡在哪里？

早在公元前 1000 年，中国人就发明了米酒。不少西方人都错误地认为米酒是日本人发明的，其实，日本酿造清酒的技术是从中国引进的。

我国造酒的历史非常悠久，甲骨文中就提到了公元前 1500 年用酒祭祀的事。公元前 8世纪，还曾发现了古代诗人描绘人喝醉酒情景的诗句。据历史记载，最早在公元前 1000 年左右，我国就发明了发酵酿酒技术。中国优越的造酒技术，在于最早使用酒曲酿酒，这种技术在很久以后才流传到日本以及世界各国。

米酒主要原料是糯米，酿制工艺简单，口味香甜醇美，深受人们喜爱。米酒在北方一般称为"米酒"或"甜酒"，在南方是常见的传统地方风味小吃。糯米酒还常在一些菜肴的

制作中作为重要的调味料，可消除腥膻气味、增加醇香甜味、增强食欲。

米酒的制作工艺非常简单，先要把糯米浸上一天一夜，第二天蒸熟，然后把煮好的糯米饭倒入适中的缸里，加适量清水和药酒，让米饭在里边发酵。经过7—10天后，在米缸中再加一些清水，再过四五天，就酿成了米酒。米酒深受我国劳动人民喜爱，自古农家就有自酿自饮和用米酒待客的风俗。唐代有"把酒话桑麻"和"樽酒家贫只旧醅"的诗句。

米酒还可以入药，是保健佳品，明代李时珍在《本草纲目》里举出70余种可入药的酒中，米酒列为首位，足见功效不凡。我国古代民间俗语就有"米酒粮食精，越喝越年轻""人参补气，米酒养人"的说法。

酒曲是什么时候出现的？

我国是世界上最早酿酒的国家，早在公元前1000年左右，我国就发明了发酵酿酒技术。我国优越的造酒技术，在于酒曲的发明。酒曲的起源已不可考，关于酒曲的最早记载是周朝著作《书经·说命篇》中的"若作酒醴，尔惟曲蘗"，所以酒曲大约在周朝时就已经出现了。

酒曲分为天然酒曲和人工酒曲。天然酒曲是由于谷粒保管不善而发霉发芽，然后被水浸泡发酵形成的。人们通过观察，总结了其产生的各种条件，经过试制，终于制出了人工酒曲，这就是古籍上所说的"曲蘗"。

早在殷商时代，我国就能成熟地用"曲蘗"酿酒，到周王朝时期，酒曲的种类大为增加。酒曲中所生长的微生物主要是霉菌，中国人对霉菌有很好的利用，也可以称作为一项重大的发明创造，日本一位著名的微生物学家坂口谨一郎教授从生物工程技术在当今科学技术的重要地位的角度出发，认为中国人对霉菌的利用甚至可与中国古代的四大发明相媲美。

酒曲的生产技术在北魏时代贾思勰所著的《齐民要术》中第一次得到全面总结，在宋

酿酒画像砖　东汉

代酒曲品种齐全，工艺技术完善，已达到极高水平，酿酒理论知识不断发展，使酒曲在生产技术上跃上了一个新台阶。

现代酒曲大致分为麦曲、小曲、红曲、大曲、麸曲五大类，分别用于不同的酒。麦曲主要用于黄酒的酿造；小曲主要用于黄酒和小曲白酒的酿造；红曲主要用于红曲酒的酿造；大曲用于蒸馏酒的酿造，麸曲是用纯种霉菌接种以麸皮为原料的培养物，是现代才发展起来的，可用于代替部分大曲或小曲，主要用于白酒生产。所以酒曲酿酒是中国酿酒的精华所在。

现在，酒文化依然是我国的一种标志性文化，随着时代的发展，我国古代人民所创立的酒曲酿酒法将日益显示其重要的作用。

白酒酿造技术是什么时候出现的？

白酒酿造技术最早出现在元代。明代李时珍在《本草纲目》中说："烧酒非古法也，自元时起始创其法。"又有资料提出"烧酒始于金世宗大定年间（1161 年）"。

我国传统酒的启蒙期在公元前 4000—2000 年，即由新石器时代的仰韶文化早期到夏朝初年，当时酿酒的主要形式是用发酵的谷物来制作水酒。

我国传统酒的成长期是从公元前 2000 年的夏王朝到公元前 200 年的秦王朝。酒曲的发明，使我国成为世界上最早用曲酿酒的国家。醴、酒等品种的产出，仪狄、杜康等酿酒大师的涌现，为中国传统酒的发展奠定了坚实的基础。酒成为帝王及诸侯的享乐品。当时的政府对酿酒业很重视，所以酿酒业得到很大发展，官府设置了专门酿酒的机构，酒由官府控制。

这个阶段，酒饮用范围还局限于社会的上层，部分人还对酒存有戒心。因为商、周时期，皆有以酒色乱政、亡国的教训；秦汉之交又有设"鸿门宴"搞阴谋者。酒被引入政治斗争，遂被正直的政治家视为"邪恶"，因此使当时酒业的发展受到一定影响。

我国传统酒的成熟期在公元前 200 年的秦王朝到公元 1000 年的北宋。《齐民要术》《酒法》等科技著作问世，新丰酒、兰陵美酒等名优酒开始涌现，黄酒、果酒、药酒及葡萄酒等酒品也有了发展。各方面的因素促使中国传统酒的发展进入灿烂的黄金时代。

陶渊明是古代一位著名的爱酒之人。

酒的大兴，是自东汉末年至魏晋南北朝时期。魏晋时期酒业大兴，饮酒不但盛行于上层，而且普及到民间的普通人家。汉唐盛世经济得到很大的发展，社会富裕，对外贸易的兴起，外来酒文化进入中国，中西酒文化得以互相渗透，为中国白酒的发明及发展进一步奠定了基础。

1000 年的北宋到 1840 年的晚清时期，是我国传统酒的提高期。西域的蒸馏器传入我国，举世闻名的中国白酒发明出来了。到明代酒度较高的蒸馏白酒已普及了。白、黄、果、葡、药五类酒竞相发展，这时中国白酒已深入人们生活，成为人们普遍接受的饮料佳品。

中国是世界文明古国，是酒的故乡。中华民族 5000 年历史长河中，酒和酒类文化一直占据着重要地位。酒是一种特殊的食品，虽属于物质，但又同时融于人们的精神生活之中。

◎第十三章 建筑名胜◎

第一座"干栏"式房子是在哪里出土的？

干栏式房子在中国古籍中也被称为干兰、阁栏、葛栏、高栏。民族志和考古学中的栅栏居或水上居址，都属于干栏式房子，文献传说的巢居则被认为是干栏房子的前身。从考古发现来看，迄今为止最早的干栏式房子是浙江余姚河姆渡遗址出土的房子。

这种干栏式房子是带前廊的长屋干栏建筑，占地面积比较大，采用梁头榫、转角柱卯、平身柱卯、柱脚榫、带稍钉孔榫、方木插阑、楞和企口板、柱头等先进技术，形成独具特色的构筑方法，属于木结构，建造的目的是使居住地能有良好的防潮和通风性能。

干栏式房屋在建造过程中一般先用木柱构成底架，其中底架通过打桩来支撑，并且要高出地面。然后，在桩木打成的基础上架上横梁，铺上板材，最后在木板上立梁架和屋顶，从而形成架空的建筑房屋。

干栏建筑是南方少数民族的建筑风格，古代在百越民族的居住区比较流行。这种建筑主要的建筑材料为竹木，大部分是两层，下层堆放杂物，放养动物，上层住人。这样做主要是为了适应雨水多并且比较潮湿的自然环境。

干栏式建筑既可以预防蛇虫猛兽的侵害，还可以防潮。此外，下面养殖家禽家畜，也极大地利用了空间。至今，我国西南一些少数民族地区，还采用这种古老而实用的建筑形式。当然，其他民族也存在干栏，但都受到汉式建筑和佛教建筑的影响，相比之下，我国西南地区的干栏式建筑更具有民族性。

河姆渡遗址的干栏式建筑，代表着我国新石器时代的建筑水平。

第一座古代遗址博物馆是什么？

半坡遗址博物馆是中国第一座古代遗址博物馆，也是全国重点文物保护单位。这座博物馆于1957年建成，位于西安市东6千米灞河东岸半坡村北的村落遗址上，1958年4月1日正式对外开放。

1953年春天，西北一支文物清理队在西安市郊灞河东岸半坡村的北面发现了距今约5600年前的人类遗址，面积约为5万平方米。这一新石器时代母系氏族典型的聚落遗址，属于仰韶文化类型。

为了更好地保护这个文化遗存，人们建起一座2300平方米的大厅，把发掘出的40多个房屋遗址和周围的窑穴严密地保护起来，并且硬化了房屋遗址中的断墙、柱洞、窑穴和路面等，使之可以长期保存。同时，在遗址中发掘的汲水器皿、各种炊器、丧葬用的陶罐等遗物仍然放在原来的位置上。

博物馆另外还建立了两个陈列室，里面陈列着已经发掘出来的一部分实物与模型，如当时人们使用过的石斧、石网坠、石纺轮、砍削器、石刀、骨针、骨叉、箭镞等工具，还有绘着人头形、鹿形、鱼形等花纹的陶器。除此之外，陈列室还有作装饰品用的碧玉耳坠和骨珠子等。

不仅如此，遗址中还保留有公共墓地、储藏物品的公共仓库与地窖等。这些先民们使用过的窖穴、陶窑、墓葬等遗迹，不但具体而生动地展现了我们祖先开拓史前文明的艰难足迹，也让人们比较系统地了解到当时人们的食物、穿着、居住和社会生活等状况。

半坡遗址是黄河流域规模最大、保存最完整的原始社会母系氏族村落遗址。遗址的发掘与整理，尤其是博物馆的建成，对研究中国仰韶文化的分期和原始社会历史都有极其重要的科学价值。

现存最完整的城墙位于何处？

现存最古老的城墙是西安城墙，位于陕西西安市中心区。西安城墙是中国古代城市、城堡和城池抵御外侵的防御性建筑，包括吊桥、闸楼、箭楼、正楼、角楼、敌楼、"女儿墙"、垛口等一系列军事设施，构成严密完整的军事防御体系，是中国保存最为完整的城墙。

西安城墙呈长方形，完全用黄土分层夯打而成。古代的武器装备比较落后，并且城门是唯一的出入通道，因此城门成为封建统治者苦心经营的防御重点。

西安城墙

西安城墙有四座城门，分别为长乐门、安定门、永宁门和安远门，这些城门又分别有正楼、箭楼、闸楼三重防御城门。

位于最外面的闸楼，主要用来升降吊桥。位于中间的箭楼，正面和两侧都设有方形的窗口。位于最里面的是正楼，正楼是城的正门。围墙连接了箭楼与正楼，供人通过，叫作瓮城，瓮城中还设有通向城头的马道，上面设有台阶，便于上马。

城墙四角都有突出城外的角台。这些角台大部分是方形，只有西南角，设为圆形。角台上还修有比敌台更高大的角楼，表明这里在战争年代具有极其重要的地位。城墙上外侧筑有 5984 个垛墙，又称雉堞，雉堞上面有用来瞭望和射箭的垛口。"女墙"是内侧的矮墙，没有垛口，用来预防士兵往来行走时跌下去。

正对城门处设有可以随时起落的吊桥。升起的时候可以阻断进出城的通道。城四周环绕着很深很宽的护城河，起到防御作用。

现存的城墙建于明洪武七年到十一年（1374—1378 年），距今已有 600 多年历史，可以说是中国现存最完整的一座古代城垣建筑，也是中世纪后期中国历史上最著名的城垣建筑之一。

"天下第一关"指的是什么？

山海关在古代被称为榆关，也叫作渝关，又叫临闾关，向来有"天下第一关"的美誉。明朝洪武十四年（1381 年），中山王徐达修建了界岭、永平等关，并在这里创建了山海关。之所以命名为山海关，是它北倚燕山、南连渤海的缘故。

山海关的城池周长约为 4 千米，整个城池和长城相连，以城为关。城厚 7 米，高 14 米。全城有四座主要的城门，是一座防御体系较为完整的城关。山海关以威武雄壮箭楼为主体，旁边为靖边楼、临闾楼、牧营楼、威远堂、东罗城、瓮城、长城博物馆等长城建筑，完美地展示了中国古代城防建筑的独特风格。

"天下第一关"匾额由明代著名的书法家萧显所写，长 5 米多，高 1.5 米，字为楷书，与城楼的风格浑然一体，艺术价值很高。

山海关是一座历史悠久的文化古城。明代的城墙、保存完好的街道小巷使得古城更加古朴典雅。当然，最有特点的应该是关城东门，天下第一关的城楼耸立在长城之上，气势恢宏。登上城楼的二楼，可以看到山海关的全貌和关外的景色。向北望去，可以看到角山长城的雄姿。在万里长城上漫步，可以感受到炎黄子孙的非凡智慧与祖先的伟大。

中国境内保存最为完整的古代县城是哪一座？

平遥古城位于山西北部，是一座具有 2700 多年历史的文化古城，同时也是中国境内保存最为完整的古代县城，更是目前我国唯一以整座古城申报世界文化遗产而获得成功的古县城。

平遥古城始建于西周宣王时期，春秋时属于晋国，战国时属于赵国。平遥古城在秦朝被置为平陶县，汉时被置为都县，是宗亲代王的都城，北魏改名为平遥县。清代晚期，平遥古城被称为"古代中国华尔街"。这是因为总部设在平遥的票号（又叫票庄或汇庄，是专门经营汇兑业务的金融机构）有 20 家之多，占全国半数以上。其中，规模最大的是清道光年间创建的、以"汇通天下"而闻名于世的中国第一家票号"日昇昌"。

平遥古城建筑布局遵从了八卦的方位，街道格局则为"土"字形，交通脉络由纵横交错的 4 大街、8 小街、72 条蚰蜒巷构成，基本保持了明清时期的县城原貌，体现了明清时期的形制分布和城市规划理念。

南大街北起东、西大街衔接处，南到大东门，是平遥古城的中轴线。清朝时期，南大街控制着全国 50% 以上的金融机构。南大街街道两旁，传统名店与老字号林立，是最为繁盛的传统商业街。

西大街被称为"大清金融第一街"。它西起下西门，与东大街呈一条笔直的主街，东和南大街北端相交。

平遥古城多样的文化遗存，不但反映了中国古代不同民族、不同地域的艺术进步和美学成就，也代表了中国古代城市在不同历史时期的建筑形式、施工方法及用材标准等。

同时，平遥古城是中国汉民族城市在明清时期的杰出范例，在中国的历史发展中，为人们展示了一幅非同寻常的经济、社会、文化及宗教发展的完整画卷。

丽江古城是在什么时候建造的？

丽江古城又称为大研镇，最初建于宋末元初（12 世纪末—13 世纪初），盛于明清，距今大约有 800 年的历史，是第二批被批准的中国历史文化名城之一。

丽江古城位于云贵高原，海拔为 2400 余米，是一座没有城墙的古城。古城融合了纳西、汉、白等民族建筑艺术的精华，基本保留了大片明清年代的土木结构居民建筑，大多为三坊一照壁的楼房。当然，其中也不乏四合院的存在。丽江古城的建筑非常精巧，生动灵活，门窗上雕饰的花鸟图案色彩艳丽。街道依山傍水，用红色的角砾岩来铺，干净整洁，不泥泞，不飞灰，石上也有很多精美的花纹图案，古朴自然。

在丽江古城，不得不提的还有泉水。清澈的泉水分成三股主流穿城而过，在城区变幻的细流穿越大街小巷，流遍千家万户。

丽江古城城市布局错落有致，民居既融和了各民族的精华，又有纳西族的独特风采，既具有山城风貌，又富于水乡韵味。丽江古城拥有悠久的历史，古朴自然，综合价值和整体价值较高，反映了地方特色和民族风情，也反映了当时社会的进步和风貌。

丽江古城蕴涵着丰富的民族传统文化，集中体现了纳西民族的兴旺与发展，不仅是研究中国文化史、建筑史不可多得的重要遗产，更是研究人类文化发展的重要史料。

北京四合院是什么时候出现的？

从元代正式建都北京，大规模建设都城开始，四合院就与北京的宫殿、街区、衙署、胡同和坊巷同时出现了。当时，元世祖忽必烈分给迁京的官员住宅，北京传统四合院住宅大规模形成便由此开始。

数百年的建造使北京四合院不管是平面布局，还是内部结构、细部装修，都形成了北京特有的风格。四合院属于封闭式的住宅，一般以东西方向的胡同坐北朝南，由分居四面的北房（正房）、南房（倒座房）和东西厢房组成，四周再用高墙围合，对外只有一个街门，位于宅院东南角，关起门来便自成天地，具有很强的私密性。四合院房间总数一般是北房有3间正房，2间耳房，共5间；东、西房各3间，南屋不算大门4间，连大门洞、垂花门共17间。

北京四合院的中间为庭院，院落非常宽敞，在庭院中可以种花置石，一般都种海棠树，摆放石榴盆景，此外，人们还用大缸来养金鱼，表达追求吉利的思想和愿望。

北京四合院

北京四合院虽然是居住建筑，却蕴含着深刻的文化内涵，是中华传统文化的载体。四合院的营建极其讲究风水，从择地、定位到确定每幢建筑的具体尺度，都按照风水理论进行，显示了独特的文化特征。

北京故宫是在哪一年开始兴建的？

北京故宫于明朝永乐四年（1406年）开始兴建，永乐十八年（1420年）建成，是明清两朝的皇宫，也是最高权力中心的代表。当时，这座宫殿被称为紫禁城，1925年开始称为故宫，是中国古代建筑最高水平的体现，是世界上规模最大、保存最完好的古代皇宫建筑群。

故宫位于北京城的中央，坐北朝南，占地面积为72万平方米，建筑面积达15万平方米，以南北为中轴线，四周有10米高的城墙，宫外有50多米宽的护城河。这种格局显示了森严的等级制度，充分体现了皇权至上的封建统治思想。

历史上，由于火灾等原因，故宫曾多次修建，然而其基本格局并未改变。南部前朝和北部后廷两大部分是故宫的主体建筑。前朝有太和、中和、保和三大殿，重大典礼等活动都在这里举行，因此，这里是封建皇权的象征。后廷有乾清宫、交泰殿、坤宁宫等，还有供皇帝、皇后、嫔妃居住的宫殿等。重重的墙门和庭院把故宫组合得井井有条。这种前朝后廷、界限分明的特点，表达了中国古代等级森严的思想和观念。

故宫不仅是伟大的建筑，还是我国收藏最为丰富的文物博物院。

故宫以其雄伟的建筑艺术、丰富的文化艺术，不断吸引着全国甚至全世界的人驻足欣赏。它的规划和建筑，继承和发扬了中国古代艺术传统，是中国古代艺术成就的最高体现。

北京故宫

现存最早的无梁殿在哪里？

无梁殿原来被称为无量殿，因殿内供奉无量寿佛得名。又因为整个建筑没有一根梁柱，也不用一颗木头或钉子，从上到下，全都用巨砖垒砌成券洞穹窿顶，因而也被称为无梁殿。

1381年，南京紫金山下建立起了一座宏伟的砖石建筑——无梁殿。因为无梁殿是坚固的石砖结构，因此，虽然在600年间几经战火，依然屹立不倒，完好无损。

无梁殿坐北朝南，前面有宽阔的月台，东西长53.8米，南北宽37.85米，高22米，重檐歇山殿房顶铺有灰瓦，房脊上饰有正吻、仙人和角兽，正脊中部有三个白色琉璃喇嘛塔。这座殿堂是明代灵谷寺的主要部分，明朝灵谷寺唯一留下的建筑也只有这座殿。

无梁殿塔座中空为八角形，并且和殿内的藻井相通。民国年间，殿堂斗拱采用水泥制作，殿墙采用明代的大砖砌筑。殿前檐墙开有门窗，其中窗户是拱券形式，用壶门状的水磨砖砌筑。

殿内由东西横向并列的三个通长拱券构成。拱券下有浑厚的墙体，前墙有五个券洞，后墙两边分别设有一个券洞。中券正上方藻井的顶部有一个用来漏光的八角形空洞，非常美观。

由于列券的侧向水平推力非常大，因此该殿有前后檐墙，厚度将近4米。无梁殿的结构虽然很简单，但却十分牢固，殿内还有很多蜡像，包括明皇帝、孙中山先生等著名人物。

无梁殿建筑年代之久远、结构之坚固、气势之宏伟，堪称国内同类建筑之最。

最长的长廊在哪里？

风景秀丽的北京颐和园万寿山南坡与昆明湖之间的狭长地带，有一条共273间的彩色画廊，这就是名传天下的长廊。它东起邀月门，西止十丈亭，全长728米，1992年被吉尼斯世界纪录认定为世界最长的长廊。

乾隆十五年（1750年），长廊建成。后来，长廊在战争中被英法联军烧毁。光绪十二年（1886年），长廊重建。

长廊临昆明湖、傍万寿山，蜿蜒曲折。长廊之上，雕梁画栋，一幅幅斑斓的彩画，色彩鲜明，富丽堂皇，绚丽无比，风采迷人。廊上的每根枋梁上都有彩绘，共有14000余幅关于山水风景、花鸟鱼虫、人物典故的图画。许多画面是乾隆皇帝南巡时临摹的沿途景色。画中的人物都取材于中国的古典名著《红楼梦》《西游记》《水浒传》《三国演义》《聊斋》《封神演义》等，因此，长廊是一条名副其实的艺术画廊。

长廊中间建有象征春、夏、秋、冬的"留佳""寄澜""秋水""清遥"4座八角冲檐的亭子。这些建筑以排云殿为中心，向东西两个方向对称展开，将万寿山前的建筑连贯起来。长廊东西两边各有伸向湖岸的一段短廊，把对鸥舫和鱼藻轩两座临水建筑连接起来。长廊沿途花树繁密，山水秀丽，景色宜人。

廊的地基随着万寿山南麓地势的高低而起伏，走向随着昆明湖北岸的凹凸而弯曲。建筑设计师巧妙地利用廊间的建筑作为变向和高低的连接点，避免了长廊过长、过直和地势不平的缺点，营造出了曲折、绵延、无尽的廊式。

哪里的孔庙最为有名？

宏伟的大成殿

大成殿是孔庙的正殿，是孔庙中最宏伟的建筑。"大成殿"之名源自《孟子·万章下》"孔子之集大成"一语，宋徽宗命名，清雍正皇帝书匾。世界上约有2000座孔庙，凡有孔庙必有大成殿。

孔庙又被称为文庙，从汉武帝"罢黜百家，独尊儒术"之后成为用于祭祀孔子和推广儒家文化的重要礼制性建筑，几乎遍布全国各地。其中，山东曲阜的孔庙最为著名。

鲁哀公十七年（公元前478年），曲阜孔庙以皇宫的规格建成。孔庙以孔子的故居为庙，经过历代的扩建与增修，数量很多。根据史料，明代全国就有约1560所府、州、县三级文庙，清代更甚，达1800多所。

曲阜孔庙属于祭祀孔子的本庙，占地面积约为95000平方米，是一座庞大的建筑群。曲阜孔庙前为栽种桧柏的神道，体现出一种庄严肃穆的气氛，能够把人们崇敬的情绪调动起来。孔庙以南北为中轴，分为左、中、右三路，庙的纵长为630米，共分为九进院落，气势恢宏，布局严谨。

孔庙内的十三碑亭、大成殿以及圣迹殿东西两庑陈列有大量的碑碣石刻，尤数汉碑数量最多。此外，历代碑刻的珍品也有很多。汉代之后的碑刻有1044块，记录了封建皇帝加封、追谥、修建孔庙和祭祀孔子的事情。当然，其中也不乏文人学士、帝王将相谒庙的诗文题记。这些碑刻对研究封建社会经济、政治、文化、艺术等有极其重要的作用。

除碑刻外，孔庙还有许多著名的石刻艺术品，主要包括汉画像石、明刻圣迹图和明清雕镂石柱等。汉画像石有90余块，题材非常广泛，记录了人们的社会生活、神话传说、历史故事等。

曲阜孔庙现存规模仅次于故宫古建筑群，是中国三大古建筑群之一，是中国古代大型祠庙建筑的典范，是中国历史最长、渊源最古的建筑物，在世界建筑史上占有重要的地位。

五岳中现存规模最大的岳庙是哪个？

中岳庙指的是嵩山中岳庙，原名太室祠，位于河南嵩山南麓的太室山脚下，是五岳中现存规模最大、保存较完整的古建筑群，也是河南省规模最大、最完整的古代建筑群，为国家级重点文物保护单位。

秦代，中岳庙初步创建，用来祭祀太室山神。西汉元封元年（公元前110年），汉武帝游览并礼祭嵩山，人们为了使已入晚年、好大喜功、贪恋长寿的汉武帝高兴，精心设计了一场骗局，使皇帝和随行的官员在登上太室山时听到很神奇的"万岁"的声音。

果不其然，汉武帝听后非常高兴，马上下令祠官扩建太室神祠，不准砍伐山上的树木，而且还给神祠供奉了山下的百产，从而巩固了中岳庙的地位。同时，太室山还被封为"嵩高山"，简称"嵩山"，和本来就有的四岳并列，称之为"中岳"。

中岳庙的地理位置得天独厚，"背倚黄盖峰，面对玉案山"，总面积达11万平方米，规模非常宏伟，布局十分谨严，红墙黄瓦，气势恢宏。

中岳庙的规格很高，依照山势的倾斜坡度，由南向北，依次依层建造。庙院东西宽166米，南北长650米，高差达到了37米。中岳庙的中轴建筑中有一个七进11层的院落，东西则有6座宫院，现共存有514间古建筑。其中，尤以中岳庙大殿最为有名，成为河南省现存最大的古代单体木构建筑，也是五岳庙中规模最大、规格最高的殿堂。

中岳庙犹如一群历史老人，静谧地肃立着，对游人诉说中国辉煌的古代文明。中岳庙历经2000多年的风吹雨打，沧海桑田，经过数代人不懈的修葺重建，才得以完好地保存到现在。

中国佛教的"祖庭"是哪里？

河南白马寺创建于东汉永平十一年（68年），位于河南省洛阳老城以东12千米处，是佛教传入中国之后兴建的第一座寺院，有中国佛教的"祖庭"之称。

白马寺建造在洛水、邙山之间，已有1900多年的历史，以它高峭的宝塔、巍峨的殿阁、独特而美好的景色吸引着络绎不绝的中外游人。

它的建造与我国佛教史上著名的"永平求法"有着密不可分的联系。传说，汉明帝刘庄晚上在南宫就寝，梦到一位神仙金色的身体有光环围绕，并降落在衙殿中。第二天得知，梦里的居然是佛，于是派遣使臣秦景、蔡音等前往西域拜求佛法。蔡、秦等人在月氏（今阿富汗一带）与天竺（古印度）高僧竺法兰和迦什摩腾相遇，所以邀请佛僧到中国去宣讲佛法，之后便用白马驮着佛像、佛经，千里迢迢，历经艰辛，终于在永平十年（公元67年）抵达京城洛阳，宣讲佛法。

之后，汉明帝下令仿造天竺的建筑样式修建寺院。为了铭记白马驮经的功劳，寺院取名为"白马寺"。从这之后，历代的高僧甚至外国的名僧都会到这里求法，所以白马寺被尊为"祖庭"。

白马寺的院落是长方形，坐北朝南，寺内的主要建筑有天王殿、大雄殿、接引殿、大佛殿、齐云塔等。该寺自从建寺以来，经历了多次兴废，其中，建筑规模最大的是在武则天时期。

寺内保存了大量元代夹纻干漆造像，如十八罗汉、三世佛、二天将等，十分珍贵。1961年，白马寺被中华人民共和国国务院公布为全国第一批重点文物保护单位之一。

哪座寺庙号称"天下第一名刹"？

少林寺又叫"僧人寺"，位于中国河南省郑州市登封嵩山五乳峰下，这里不仅是少林武术的发源地，也是中国汉传佛教禅宗祖庭，因其坐落于嵩山的腹地少室山下的茂密丛林中，所以取名"少林寺"。少林寺因少林功夫而名扬天下，号称"天下第一名刹"。

少林寺是中国汉传佛教禅宗祖庭。北魏太和十九年（495年），少林寺初步建立。公元32年后，印度的名僧菩提达摩到这里传授禅法，政府为佛陀立寺，提供衣食。这之后，寺院的规模逐渐扩大，僧徒渐渐增多，声名远扬。人们把达摩称为中国佛教禅宗的初祖，把少林寺称作禅宗的祖庭。从唐朝开始，少林寺以禅宗和武术名扬四海。

少林寺建筑群主要包括常住院（人们通称的少林寺）、塔林与初祖庵三部分。其中，主体建筑为常住院，山门、天王殿、大雄宝殿、法堂、方丈院、立雪亭、千佛殿沿着中轴线从南到北依次排列。

由山门到千佛殿共七进院落，总面积达30000平方米。一座处在2米高的砖台上，左右配以硬山式侧门与八字墙的单檐歇山顶建筑是山门的正门，正门整体配置高低相衬、威武气派。门额上"少林寺"三个大字由清康熙帝亲笔题写。

少林寺在鼎盛时期规模十分宏大。然而，在1928年的战争中，军阀石友三烧毁了少林寺，不仅烧毁了建筑，许多珍贵的藏经、寺志、拳谱等也都被毁。

1982年后，国家为便于中外文化交流对少林寺进行了大规模的修复重建。1983年，国务院确定少林寺为全国重点佛教寺院。

"武庙之祖"指的是哪座庙？

解州关帝庙是目前我国最大的关帝庙，位于山西运城市解州镇西关。解州关帝庙北靠银湖（盐池），面对中条山，景色十分秀丽。因为解州东南10千米处的常平村是三国蜀将关羽的故乡，所以解州关帝庙是武庙之祖。

关帝庙兴建的历史非常早。根据记载，陈隋时期，解州关帝庙就已经开始修建了。宋元明清时期，在对关公美化、圣化和神化的基础上，解州关帝庙进行了大规模的修复、扩建和重建的工作。

到了清朝末年，关帝庙多次遭遇火灾，损失惨重。庆幸的是，民国年间，政府对关帝庙进行了修复和重建。中华人民共和国成立之后，解州关帝庙被列为国家重点文物保护单位，又一次被修复和维护。

目前，解州关帝庙的占地面积约为7.3万平方米。庙宇中的众多建筑坐北朝南，沿南北向中轴线分四大部分有序展开。为纪念刘、关、张桃园结义，中轴线的南端建立了"结义园"。中轴线北端的主庙是进行祭祀关公活动的主要场所。一座"万代瞻仰"的石牌坊建于中轴线东端，"威震华夏"木牌坊则建在西侧。

解州关帝庙这座气势恢宏、历史悠久的古老庙宇有着自己独特的价值与意义。它代表了中国博大精深的传统文化，一朝又一朝的封建统治者在这里向臣民灌输封建伦理道德和封建纲常思想；而百姓在社会压迫下从关公身上汲取仗心而起、勇于抗争的精神和力量。因为有了关帝庙，人们得以将"忠""诚""信""义"一代代传承，时至今日，它已成为传统民族文化的精神纽带和实物载体，并为现在和将来的道德文化发展提供有益的参考和借鉴。

善化寺在哪里？

善化寺又被称为南寺，位于山西大同城内西南角，是一组比较完整的辽金时期的建筑群，气势宏伟，粗犷豪放，为全国重点文物保护单位。

善化寺在唐朝开始建立，到了玄宗时期，开始称为开元寺。五代后晋国初年，开元寺被改为大普恩寺，辽末保大二年（1122年）被毁，金朝初年开始重修，历时15年最终完成，元朝时仍被称为普恩寺，并且颇具规模。明代，该寺被正式称为善化寺。

善化寺的面积为13900多平方米，山门、三圣殿和大雄宝殿沿着中轴线依次排列。大雄宝殿作为寺中最大的殿宇，前有月台，左右有钟鼓。大殿面积宽阔，殿中从东往西依次排列有东方阿闪佛、南方宝生佛、中央毗卢遮那、西方阿弥陀佛、北方微妙闻佛五座佛像，栩栩如生、惟妙惟肖。

除此之外，大殿的东西两侧也有很多神态各异、性格突出、生活气息浓郁、极富感染力的塑像，这些塑像描绘有帝王、臣子，以及具有天竺风格，身着铠甲、裹着皮毛，抵挡北国寒气的士兵，有的美、有的丑，有的善、有的恶。除了雕像外，殿内西、南两壁上均藏有绘于清朝康熙二十五年（1686年）至四十七年（1708年）间关于佛教的壁画，艺术价值较高。

三圣殿建于金代天会到皇统年间，是善化寺的中殿。之所以被称为三圣殿，是因为在佛坛上供有释迦牟尼、普贤菩萨、文殊菩萨三尊"华严三圣"佛像。值得一提的还有位于大雄宝殿与三圣殿之间的一座独具风格的普贤阁，吸引了众多游客驻足观赏。

善化寺是一座重檐九脊顶方形楼阁，整个寺院建筑左右对称，主次分明，高低错落，是全国现存辽、金寺院中布局最完整的一座。寺内还保存着壁画、碑记等珍贵的文物，其中金代的泥塑个性突出，造型优美，堪称国之瑰宝。

天坛是怎样的一座建筑？

天坛在明永乐十八年（1420年）开始建造，最初实行天地合祀，叫作天地坛。嘉靖九年（1530年）实行四郊分祀制度后，在北郊另建地坛，原天地坛改名为天坛，专门从事祭天、祈雨和祈谷等活动。

北京天坛的占地面积为272万平方米，主要的建筑包括圜丘、祈年殿等。祈谷坛与圜丘坛之间用墙相隔，分居中轴线南北。圜丘于明嘉靖九年建成，又因为是举行"祀天大典"的地方，所以被称为祭天台。坛墙北圆南方，表示天圆地方的寓意。皇穹宇等建筑都位于圜丘坛内，而祈年殿、祈年门、皇乾殿等建筑则位于祈谷坛。

祈年殿是古代明堂式建筑中仅存的一例，也是天坛的主要建筑。明永乐十八年（1420年），祈年殿建成，当时被称为"大祀殿"。祈年殿为矩形，直径24.2米，高38.2米，里面分别包含了四季、十二月、十二时辰以及周天星宿等寓意。

皇穹宇

皇穹宇是天坛的主要建筑之一，也是木结构建筑，采用单檐圆顶模式，殿内的绘画用的是彩画描金手法。

天坛的圆形围墙被称为回音壁，墙体光滑坚硬，利于声波反射，再加上本身圆周曲率精确，因此声波可以沿着墙体连续传播，发出回音，甚是神奇。

天坛的两次劫难分别来自英法联军和八国联军的侵略。当时，几乎所有的陈设和祭器都被他们掳去。更为甚者，八国联军还把司令部设在这里，把大炮架在圜丘坛上，对紫禁城和正阳门展开攻击。

1961年，天坛被国务院公布为"全国重点文物保护单位"，1998年又被联合国教科文组织确认为"世界文化遗产"。2009年，北京天坛入选中国世界纪录协会中国现存最大的皇帝祭天建筑。北京天坛处处展示中国古代特有的象征、寓意等艺术表现手法，是华夏文明长期积淀的产物。

现存唯一的三塔是什么塔？

崇圣寺三塔位于云南大理古城以北1.5千米苍山应乐峰下，原崇圣寺正前方，建筑群距离下关14千米，背靠苍山，面临洱海。三塔由一大二小三座佛塔组成，呈鼎立之态，是大理历史的象征，也是佛教盛行大理的见证。

大理国之所以被称为"佛国"，是因为从大理南诏国中期开始盛行的崇尚佛教之风，到大理国时期，有了巨大的发展，各地佛寺众多。而崇圣寺三塔就是在佛教发展的过程中建立的，并成为云南佛教活动的中心。后年清咸丰年间，崇圣寺被毁。

三塔不是同时建造的，主塔千寻塔与崇圣寺同时建造。千寻塔是中国现存唐塔最高者之一。它是方形密檐式空心砖塔，高度达 69.13 米，总共分为 16 层。两座八角密檐式的空心砖制小塔位于主塔南北，建于五代大理国时期。两小塔层数相同，高度相同，均为 10 层，各高 42.4 米。千寻塔与南北两个小塔的距离都是 70 米，呈三足鼎立。远观，三塔卓然挺立，气势不凡。

千寻塔既具有唐塔的特征，又有自己的特点，内地的唐塔大多为奇数层，而千寻塔却是偶数层。除此之外，中原塔下大上小，从基座向上收缩，而三塔则上下较小，中部较大，造型奇特，具有曲线美。塔身的内壁设有木质楼梯，人们可以登上塔顶欣赏大理国全景，由此吸引了众多中外游人。

三塔虽然已有千年的历史，经历了多次的灾难，但依然屹立不倒，完好无损。1961 年三塔被列为首批国家级重点文物保护单位。1978 年，在三塔发现了 600 多件南诏大理国时期的佛教文物，极具艺术价值和文化价值。

崇圣寺三塔是大理"文献名邦"的象征，是古代历史文化的象征，是南诏国和大理国时期建成的一组颇具规模的佛教寺庙，也是中国南方最古老、最雄伟的建筑之一，具有极高的观赏与研究价值。

雷峰塔的历史是怎样的？

雷峰塔地处浙江杭州，又名黄妃塔，传说是吴越王钱弘俶为了庆祝宠妃黄氏得子而建造的。又因为雷峰塔地处杭州西湖南岸夕照山的最高峰——雷峰顶上，所以取名为"雷峰塔"。旧塔在 1924 年倒塌，现在已经重建。

雷峰塔是于北宋太平兴国二年（977 年）建造的一座佛塔。元朝时，雷峰塔还保存得较为完好，因此有"千尺浮图兀倚空"的记载。雷峰塔于明朝嘉靖年间开始被毁。当时，倭寇怀疑塔内藏有明朝的军队。最终，除砖体塔身外，雷峰塔木质的塔檐、栏杆、塔顶、平座等结构都被烧毁。

此外，还有一个传言，说雷峰塔的塔砖可以用来驱病、强身甚至安胎，所以很多人就开始在塔砖上磨取粉末，甚至有人趁此机会从塔内偷取经卷，谋得私利。雷峰塔坍塌于 1924 年 9 月 25 日下午，其原因是内部被挖空，导致塔不堪重负。

1999 年 10 月，杭州市决定重新建造雷峰塔。2002 年 10 月 25 日，新雷峰塔在旧塔的原址上正式建成，塔座部分成为遗址的展示厅，并陈列许多的文献资料，供人观赏。

雷峰塔原塔一共有 7 层，重檐飞栋、窗户洞达、壮丽美观。塔基底部存放有龙莲座释迦牟尼佛坐像、佛螺髻发舍利的纯银阿育王塔等数十件佛教珍贵文物的井穴式地宫。此外，雕版印刷的佛教《一切如来心秘密全身舍利宝箧印陀罗尼经》经卷藏于古塔的转塔内，十分珍贵，为佛教的研究提供了实物资料。

雷峰新塔建在遗址之上，完全按照南宋初年重修时的设计大小和风格建造。塔通高为 71.679 米，由台基（起到保护罩的作用）、塔身和塔刹三部分组成，其中塔身高为 49.17 米。新塔外观是一座八面、五层楼阁式塔，塔身的设计沿袭了被烧毁前的平面八角形楼阁式造型，再用铜瓦覆盖，飞檐翘角下挂着铜风铃，古色古香，风姿绰约，还兼具遗址文物保护罩的功能。

雷峰塔之所以闻名，一般的说法是，它与北山的保俶塔同位于一条中轴线上，是西湖塔中的一组对景。在雷峰塔未塌之前，西湖上曾呈现出"南北相对峙，一湖映双塔"的美景。

哪座塔被称为"中华第一塔"?

定县开元寺塔又被称为"料敌塔",位于河北定州城内南门里东侧,建于北宋,是中国现存最高的砖木结构古塔,素有"中华第一塔"的美誉。

北宋咸平四年(1001年),定州僧人慧能从印度取经得舍利子回国,由此,宋真宗赵恒便下旨建造开元寺塔。开元寺塔直至1055年才建成,耗去大量的人物、物力、财力,所以民间流传有"砍尽嘉山木,修成定州塔"的说法。开元寺塔还有一个名称为料敌塔(或瞭敌塔)。这个名称的来源是因为当时定州的军事地位非常重要,宋朝想利用这座塔瞭望敌情,从而防御契丹攻击。

开元寺塔是八角形的楼阁建筑,高达83.7米,共8层,由塔基座、塔身和塔刹三部分组成。塔身从下至上逐层收缩,总共分为11级,由内外层衔接而成,通过回廊,踏上阶梯,就可以到达塔顶。不仅如此,回廊还形成了塔内藏塔的奇特结构,这一结构使开元寺塔更加巍巍壮观,挺拔秀丽。另外,塔开门方式很有特色,塔身外部1到9层4个正方向辟门,4个侧方向辟彩绘盲窗,10至11层因军事所需,八面辟门。

开元寺塔造型端庄威武,有"中山巨观"的美称。从远处看,开元寺塔既具有北国山川的雄浑气势,又有江南秀水的柔美风姿。登塔远望,可"东观碧海连天,西看嘉山虎踞,北视滱水龙盘,南眺银河茫茫",一切美景尽收眼底,令人流连忘返。

开元寺塔历经千年的剥蚀和十多次地震,曾在清光绪十年(1884年)被毁,东北角自上而下坍塌坠落,是中国建筑史上一个不小的损失。然而,国家对这一文物非常重视。国务院在1961年将其公布为第一批全国重点文物保护单位,并在1986年投资近2000万元展开维修,2001年工程竣工,2002年正式对外开放,吸引了众多游客。

游客置身塔中,可以领略宋代的建筑、绘画、佛教艺术,被其文化内涵所折服。游客登上塔顶,远望美景,俯瞰城池,又被其开阔雄壮的气势所折服。

开元寺塔是一座集建筑艺术、书法绘画艺术、佛教文化、历史价值于一体的宝塔,在中国古代建筑史中占有极其重要的地位。

开封铁塔为什么被称为"铁塔"?

开封铁塔建于北宋皇祐元年(1049年),因此地为开宝寺,又称"开宝寺塔"。这座塔其实是一种琉璃塔,不属于铁塔类型,因为遍体通砌褐色琉璃砖,混似铁柱,因此从元代起民间称其为"铁塔",享有"天下第一塔"的美称。

铁塔成等边八角形,高55.83米,共13层。铁塔的设计十分巧妙,采用中国传统的木式结构形式,砖与砖之间如同斧凿,严丝合缝,有榫有槽,造型精巧。铁塔还装饰有造型优美、形象生动的图案,是宋代砖雕艺术中的杰作。这些砖雕包括飞天、麒麟、坐佛、菩萨、狮子、伎乐、花卉等几十种图案。塔顶还嵌着一只葫芦式的铜质大宝珠,远观,就像一顶庄严的僧帽。

铁塔不仅设计精巧,而且结构坚固,虽经地震、河患、狂风暴雨和人为的破坏,依然屹立不倒。铁塔之所以屹立不倒,是因为塔心柱支撑了铁塔的主要重量,各种外壁砖瓦构件又与塔心柱紧密扣接,组成了强有力的抗震体系。所以,铁塔虽历尽900多年的风雨,依然如故。无可厚非,这是一个非常了不起的科学设计,被游人和建筑专家称奇。

1961年，铁塔被国务院定为全国重点文物保护单位。铁塔公园周围，亭台楼阁，繁花绿树，景色迷人，风景秀丽，包含了数十个景点，与开封古城墙遥相呼应。巍巍铁塔屹立在公园内，登塔远望，可以把具有浓厚历史气息的古城开封尽收眼底。

铁塔犹如中原文化中一颗璀璨夺目的明珠，巍巍耸立在古城开封城东北隅，并以其独特的建筑艺术和雄壮的风姿吸引着中外游客，成为我国著名的旅游胜地。

我国现存最古老的纯木结构楼阁式建筑是什么？

应县佛宫寺释迦塔位于山西省朔州市应县城内西北佛宫寺内，是佛宫寺的主体建筑，俗称应县木塔，历经了940多年的剥蚀和狂风暴雨、强烈地震、炮弹轰击等，依旧巍然屹立。它是我国现存最古老、最高大的纯木结构楼阁式建筑，是我国古建筑中的瑰宝，世界木结构建筑的典范。

应县木塔高67.3米，属于塔内藏塔的结构。塔身共分为5层，里面有4层暗层，所以总共有9层。辽清宁二年（1056年），应县木塔初步建造，金明昌六年（1195年）增修完成。应县木塔的奇特之处在于全靠斗拱、柱梁镶嵌穿插吻合，用50多种斗拱的垫托接连砌建而成，不用一钉一铆，堪称艺术珍品。

应县木塔的设计非常巧妙，不仅充分利用了传统的建筑技巧，还大胆继承了汉、唐以来富有民族特点的重楼形式，广泛采用斗拱结构，由54种不同的斗拱，每个斗拱都形成一定的组合形式，梁、坊、柱形成一个整体，从而使每层都构成八边形中空结构层，其艺术价值和建筑价值都很高。

木塔是宗教祭祀的地方，塔内雕刻有很多栩栩如生、神态生动的佛像。其中，释迦佛的佛像位于第一层，顶部穹窿藻井更显得高大肃穆、高深莫测。6尊比例协调、色彩柔美的如来画像位于内槽壁面，两侧的飞天活泼灵动、神采奕奕，堪称佳作。木塔二层由姿态生动的一个主佛、两位菩萨排列。三层则有一个面向四方的四方佛。释迦牟尼塑像位于5层，八大菩萨分作八方，围绕着它，显得气势恢宏、形象生动。

应县木塔利用塔心无暗层的高大空间布置塑像，是建筑结构与使用功能设计合理的典范，增加了佛像的庄严与神秘感。

除佛像之外，应县木塔还发现了一批辽代写经、刻经和木板套色绢质佛像画等众多珍贵的文物，对于进一步研究辽代的政治、经济、文化等方面的内容，具有很大的价值。

应县木塔三层解构

木塔上段包括五层平坐、五层明层、瓦顶及塔刹，塔身到塔刹有虚实变化，既突出了塔的高耸，又表现了节奏的变化；塔的中段从二层到四层，每层由平坐斗拱带、勾栏柱间带、柱上斗拱带及屋檐瓦顶带组成，虚实相间，步步提升，这种结构使人感觉到木塔的动态美；塔的下段包括双层台基、副阶围墙及环周柱，双层重檐，这种结构充分表达了古塔的庄重稳定感。

应县木塔设计科学严密、构造完美、巧夺天工，是一座既有民族风格、民族特点，又符合宗教要求的建筑，在我国古代建筑艺术中可以说达到了最高水平，即使现在也有较高的研究价值。

什么塔开启了中国以铜造塔时代？

在金属中方便铸造、装饰的材料就是铜，铜色泽亮丽，防腐蚀性较强，所以铜塔漂亮美观，但因其成本较高，历史上保存下来的铜塔不多。据《金石粹编》记载，公元955年，越王召集工匠造八万四千宝塔，开启了中国以铜造塔的时代。

国内最早的铜塔现存于山西省五台山台怀镇五台山显通寺藏珍楼中，这是一座元代钟形铜塔，是一座覆钵式、楼阁式和亭阁式相结合的铜塔，1573到1619年由到云南化缘的妙峰禅师所铸，铜塔高8米，塔身上装饰有各种花纹和佛教神像，整体看起来精细、玲珑、秀美。

峨眉山上的华严铜塔是中国最大的铜塔，其时代久远、体形高大和铸造精良。关于这座铜塔的铸造者已无史料可考，历来说法不一，有的说是元朝万华轩铸造；也有人说是皇家赐给万华轩的。华严塔塔高6米，14层，上刻《华严经》全文，共195048字。铜塔铸造工艺精湛，如今字迹清晰可读，每层所刻飞檐、栏柱、门窗，巧夺天工，人物栩栩如生。

近代以来，朱炳文创造了三个"中国之最"。中国第一座全铜宝塔桂林铜塔是目前世界上最高的铜塔，高达42米，共9层，用600吨铜铸，同时这也是中国第一座铜塔、中国第一座水中塔和中国第一高度的铜建筑。桂林铜塔雄伟无比、高耸入云、金光灿灿，得到了国内外广大游客的称颂。

坐落于西湖南岸林木郁秀的夕照山上的新雷峰塔创造了中国的多项第一：铜塔高度和体积第一，用铜总量第一，铜面积层次第一，钢结构彩铜塔第一，铜塔高72米，用铜280吨以彩铜工艺全面装饰，各种色泽交相辉映，五彩缤纷。

采用唐宋楼阁式建造的天宁寺宝塔是中国第一座高塔，塔高153.79米，中国第一座青铜铭文瓦宝塔，每层分别设"天""宁""人""地"主题，突现盛巨造塔的历史文化内涵。

比意大利比萨斜塔倾斜度更大的是什么塔？

在辽宁省葫芦岛市绥中县前卫镇的塔根胡同内，矗立着一座古老的宝塔，由于这座宝塔是歪的，所以被称为前卫歪塔，也名瑞州古塔。它的倾斜度比意大利比萨斜塔更大。

前卫歪塔虽然几经地震与洪水破坏，却始终斜而不倒。塔身高为10米，向东北方向倾斜12度，塔尖水平位移为1.7米。

前卫斜塔塔座是须弥式，中间有砖雕花卉，雕有莲花"卍"字纹、卷云纹等纹的平座被三面的斗拱托起。平座上是莲座，莲座上就是塔身。塔身四个方向都有门，称为佛龛供奉佛像、神位的小阁子。佛龛四面雕有莲蓬图案，而有两侧雕的是卷草纹。前卫铁塔的每面柱顶用普柏枋连接，再用斗拱挑起塔檐。斜塔风景独特，当人们站在塔下斜视，会觉得斜塔似乎要迎面倒下，给人惊心动魄的感觉。

前卫歪塔什么时候开始倾斜已经无法考证，专家推测，前卫塔是在明朝的一次地震中倾斜的。明隆庆二年（1568年），地震活跃地带辽西走廊发生了大地震，宁远、前卫城中很多房屋被震得面目全非，宁远卫城作为明朝在关外的坚固城堡，其城墙也被震塌。所以他推测，前卫塔也是在这个时候倾斜的。当然，除此之外，风力、地下水侵蚀等因素也会对它的倾斜产生影响。

从倾斜角度来看，前卫歪塔堪称世界第一。意大利比萨斜塔的倾斜度是5度40分，我国的上海松江区天马山护珠塔倾斜度是6度52分，南京方山定林寺塔的倾斜度是7度59分54秒，而前卫歪塔的倾斜度为12度。因此，前卫歪塔被称为"世界第一斜塔"，实属当之无愧。

现存最古老的铜塔位于哪里？

显通寺铜塔是现存最古老的铜塔，位于山西省五台县五台山台怀镇北侧显通寺大殿前，是五台山寺庙群中最大的一座，占地面积为43700平方米，现有大小房屋400多间。

显通寺两塔铸于1368—1644年间，原本有5座，象征着5个台顶。人们到这里朝拜，就好像登上了五台山一般。现在只有2座塔完好无损，即位于大殿东西两侧的2座铜塔。据考证，大殿西边的"多宝如意宝塔"是明代四川重庆府陈挺杰等人在云南捐助资金，并于万历二十四年（1596年）七月初九建成。而东边的"南无阿弥陀佛无量宝塔"则是显通寺僧人胜洪等出钱在万历三十八年（1610年）铸成。

两塔造型非常奇特，是由楼阁、亭阁、覆钵三种形式组合而成，亭亭玉立，玲珑剔透，是明代铜铸艺术中的佳品。双塔都是13层，高度均为8米。塔基上刻有佛像、经文等。此外还有四大金刚托塔像。大如拇指的小铜庙、小指大小的土地像等都位于西塔下层的西南角，构造巧妙，精致美妙。

关于塔内奇小的塑像，还有这样一个传说。当康熙帝看到这些奇小的塑像时，便不由自主地感叹道："好大的土地！"刚刚说完，只见土地急忙叩头，虔诚地感谢皇上的赐封，并且，从这之后，便以"山西大土地自居"了。

显通寺铜塔特别引人注目的原因，除了拥有悠久的历史、旺盛的香火之外，还有一个不可忽略的原因是寺内珍藏着历朝历代留存的宝贵文物。例如大文殊殿前的两座碑亭，一个有字碑，另一个无字碑。其中，有字碑是清朝康熙帝皇帝亲自书写的。

此外，在挂着"大显通寺"匾额的山门外两侧，各有一座石碑，石碑上模仿龙形和虎形，分别写着"龙""虎"两个大字。寺庙中用龙虎把守大门，非常奇特，而这两座石碑又是唐代的遗物，所以极其珍贵。

哪个皇陵的建造开创了历代统治者奢侈厚葬的先例？

秦陵兵马俑被称为"世界第八大奇迹"之一，于1974年在陕西省西安市临潼区西杨村被发现，位于临潼县城以东的骊山脚下，秦始皇陵园东侧1000米处。秦始皇嬴政从即位时就营建陵园，修筑时间长达38年，工程浩大，气势恢宏，开创了历代封建统治者奢侈厚葬的先例。

秦陵兵马俑共有3个兵马俑坑，一号坑为"品"字形的步兵部队，面积达14220平方米，东西长230米，南北宽62米，深约5米，是一位叫杨新满的农民在打井时挖出的。二号坑占地面积为5000平方米，形状为曲尺形，由骑兵、步兵（包括弩兵）和战车等组成，是一支多兵种的特殊部队。三号坑面积达520平方米，形状为凹字形，属于指挥机关，统帅一、

秦兵马俑一号坑

410

二号坑。3 个坑所包含的数量极多，价值极高，共有 7000 余件陶俑、400 余匹陶马、数十万件兵器和 100 余辆战车，为研究秦朝的相关历史提供了丰富的实物依据。

秦始皇陵兵马俑分为步兵、骑兵、弓弩手等。步兵和骑兵身材魁梧，体格匀称；战马体形健硕，昂首伫立，肌肉丰满，鬃毛分飞，机警敏捷，活灵活现；武器种类繁多，栩栩如生。兵马俑充分体现了秦陶俑雕刻崇尚写实、手法严谨、性格鲜明、形象生动的艺术特点，表现了极高的造型艺术，展示了秦始皇统一六国、威震四海的恢宏气势，堪称世界上精美绝伦的文化艺术宝库。

秦始皇陵兵马俑成为现实主义的完美杰作，保留了极高的历史价值。这种陵寝制度为以后历代帝王陵墓所效仿。

四大名亭指的是什么？

四大名亭分别为安徽滁州的醉翁亭、北京的陶然亭、湖南长沙的爱晚亭和杭州西湖的湖心亭，是因我国古代文人雅士的文章而闻名。

醉翁亭坐落在安徽滁州市西南琅琊山麓，紧靠峻峭的山壁，具有江南亭台特色，小巧玲珑。宋代大散文家欧阳修的传世之作《醉翁亭记》中记载的就是这座亭子。醉翁亭历史悠久，经过数百年来的多次劫难和复建最终形成今天的规模。新中国成立后，人民政府将醉翁亭列为省级重点文物保护单位。

陶然亭公园位于北京市南二环陶然桥西北侧，周围有很多著名的历史胜迹。这些胜迹都有文人墨客觞咏的历史，都曾出现过各领风骚的辉煌时期。现代的陶然亭公园，是一座集古建与现代造园艺术为一体的建筑，园内楼阁参差，亭台掩映，林木葱茏，花草繁茂，景色优美，突出了中华民族亭文化的主要特征。

八柱重檐的爱晚亭位于湖南长沙岳麓书院后面青枫峡的小山上，原名叫"红叶亭"，又叫"爱枫亭"。后来根据唐代诗人杜牧《山行》中"停车坐爱枫林晚，霜叶红于二月花"而称为爱晚亭。清乾隆五十七年（1792 年），岳麓书院院长罗典建造了爱晚亭，顶部是绿色的琉璃瓦，外柱为花岗石方柱，内柱为红色木柱，非常壮观。亭额上"爱晚亭"3 个字是1952 年湖南大学重修爱晚亭时，毛泽东亲自写的。此外，亭内横匾上还刻有毛泽东的手迹词作《沁园春·长沙》。

湖心亭建立于明嘉靖三十一年（1552 年），位于浙江杭州西湖中心的小岛上，又叫振鹭亭，万历年间经过重建，改称为"湖心亭"。湖心亭的建筑，外观为两层，翘角飞檐，雕梁画栋，金碧辉煌。湖心亭四面清水澄澈，郁郁葱葱，绿荫丛中还有"虫二"碑，相传为乾隆皇帝所题。

在湖心亭眺望西湖，青山苍苍遥峙，绿水盈盈环抱，一片山光水色，这就是所谓的"湖心平眺"，是清"钱塘十景"之一。游人在这里游玩，看起来好像是"蓬莱宫在水中央"，意境独特，美不胜收。

"天下第一名楼"指的是哪座楼？

黄鹤楼位于湖北省武汉市蛇山的黄鹤矶头，是江南三大名楼之一，也是国家旅游胜地四十佳之一，素有"天下江山第一楼"的美称。黄鹤楼在北宋至 20 世纪 50 年代属于道教的圣地，成为吕洞宾传道、修行和教化的场所。

黄鹤楼于三国时代东吴黄武二年（223 年）建立。

唐永泰元年（765 年），黄鹤楼已经初具规模，但之后战乱频繁，导致黄鹤楼屡建屡废，仅在明清两代就被毁7次，维修和重建了10次，所以便有了"国运昌则楼运盛"的说法。最后一座黄鹤楼于同治七年（1868年）建造，光绪十年（1884年）被毁，现在遗址上只留下被毁前的一个铜铸楼顶。1981年，黄鹤楼又一次重建。

黄鹤楼以清代的"同治楼"为原型，高度为51.4米，建筑面积达3219平方米，共有5层，屋面用黄色琉璃瓦覆盖，绚丽无比，雄伟而多姿，众多的圆柱和翘角更使黄鹤楼增添了无限魅力。

黄鹤楼中部大厅正面的墙上有很多优美的浮雕，上面表述的是历代关于黄鹤楼的神话传说。三层设有夹层的回廊，陈列着与此相关的诗词书画。2、3、4层外还有四面回廊，用来远眺观景。5层是瞭望厅，在这里可将大江景色尽收眼底。

黄鹤楼占据着独特的地理位置，背倚武昌城，面临扬子江，相对晴川阁，由于它这种地理位置以及前人流传至今的诗词、文赋、匾额、楹联、民间故事和摩崖石刻等，黄鹤楼成为自然价值和文化价值都很高的名楼，享有"天下绝景"和"天下江山第一楼"的美誉。

"江南三大名楼"之首是什么？

滕王阁位于南昌城西，赣江之滨，与湖北黄鹤楼、湖南岳阳楼并称为"江南三大名楼"，因为初唐诗人王勃的《滕王阁序》，让它在三大名楼中最为著名，被称为"江南三大名楼"之首。

滕王阁在唐永徽四年（653年）建造，当时，唐高祖李渊的儿子李元婴在这里任洪州都督，李元婴受到宫廷生活的影响，在调任洪州都督的时候，他从苏州带来一班歌舞乐伎，整天在都督府里歌舞娱乐，后来便在临江的地方建造了这座阁楼，成为盛宴歌舞的地方。李元婴贞观年间，曾经在山东省滕州任职，为滕王，而且还在滕州建造了一个阁楼叫作"滕王阁"，所以他把洪州的阁楼也称"滕王阁"。

滕王阁的主体建筑净高为57.5米，面积是13000平方米。滕王阁的台座约为12米高，总共分为两级。台座上的主阁从外面看为3层，实际上里面有7层，包括3个明层，3个暗层和屋顶中的设备层，构成了"明三暗七"的结构。

阁楼采用碧色的琉璃瓦，光彩夺目，仿宋形式的正脊鸱吻，高达3.5米，风格独特。台座底下还有两个南北相通的人工湖，其中，北湖上建有九曲风雨桥，楼跟湖交相辉映，景色宜人。

滕王阁实际上是古代储藏经史典籍的地方，与图书馆的性质类似。封建士大夫们也总喜欢在这里宴请和迎送宾客。典型的例子是，明代的朱元璋在鄱阳湖之战中大胜陈友谅后，就在这里设宴，还命令大臣们作诗填词。

1983年10月1日，滕王阁于举行了奠基大典，开始又一次重修。1985年10月22日重阳节，正式开工重修于1989年

滕王阁

412

10 月 8 日重阳节胜利落成，给古城南昌增色添辉不少，吸引着纷至沓来的中外旅客。

四大回音建筑是什么？

回音建筑是我国古代劳动人民巧妙地运用回音的原理而建成的，现在比较著名的回音建筑有四处，包括重庆潼南石琴、北京天坛回音壁、山西蒲州普救寺塔和河南三门峡市蛤蟆塔。

重庆潼南石琴位于涪江岸边。潼南定明寺的右侧有 36 级石梯，这些石梯摩岩而凿，就像一把巨大的石琴。行人走在石梯上，踏上每个阶梯，犹如踩到一根琴弦，发出"咚！咚！咚！"的琴音。最奇妙的是，有七级石阶还能踏出高低不同的音调，极为美妙，神奇悦耳，所以又被称为"石磴琴声"。

北京天坛的回音壁内侧墙面光滑平整，利于反射，声音沿着内壁不断反射，久久回荡，悠远绵长，令人称奇。如果站在壁前小声地哼唱，和声会随之而起，婉转动听，深沉悠扬。当放声歌唱的时候，回声会从四面八方传来，让人心旷神怡，感受美好，深深陶醉其中。

普救寺塔又被称为舍利音塔，位于山西永济市普救寺内。塔共有 13 层，高 50 多米，塔身为方形。登塔的人把石头扔在地上就会发出回音，如果把石头扔在前面的空地，回声会从塔底传来；把石头投在后面的空地，回声从塔顶传来。这些现象是由于塔身中空而导致。普救寺塔还有一个名称叫作"莺莺宝塔"，因为这里是古典名著《西厢记》的源头，为了纪念崔莺莺而得名。

蛤蟆塔位于河南三门峡市，建于清康熙年间，当人们站在离塔身四周几丈远的地方击掌或叩石的时候，塔内便会传来类似蛤蟆"呱呱呱"的回声，回声伴随着叩石、击掌的加速会越来越响亮、逼真，如有万千只蛤蟆在鼓膜低唱，妙不可言，发人遐思。

我国最大的园林在哪里？

我国最大的园林是苏州园林。苏州园林是指苏州城内的园林建筑，以私家园林为主，起始于春秋时期的吴国，形成于五代，成熟于宋代，兴旺于明代，鼎盛于清代。

苏州是我国著名的国家级历史文化名城，有"人间天堂，园林之城"的美誉。这里山清水秀，城市格局完整，自然景观优美，是著名的旅游胜地，也是江南的经济文化中心。苏州以园林典雅而闻名天下，有"江南园林甲天下，苏州园林甲江南"的说法。驰名中外的苏州园林采用缩景的手法，给人以小中见大的艺术效果，为苏州赢得了"园林之城"的称号。

苏州园林虽小，但景致独特。这是因为古代造园家通过各种艺术手法，独具匠心地创造了各种美景。他们栽植花木，叠山理水，用大量的楹联、书画、匾额、碑石、雕刻、家具陈设和各式摆件等配置园林建

山亭盛景

这是清人所绘的表现苏州园林假山和亭台相映成趣的画，从这幅图我们可以看出：苏州园林的建筑非常注重建筑物、山、水之间的和谐搭配。

筑，创造了独特的意境，反映了古代文化意识、审美情趣和哲学观念，从而显得诗情画意，为文人所称咏。

在园中行游，景物变幻无穷，有时幽深，有时明媚，令人赏心悦目。此外还有图案精致的花窗，悠远的小路，醉人的芳香，让人回味无穷，流连忘返，达到"不出城廓而获山水之怡，身居闹市而得林泉之趣"，"虽由人作，宛若天开"的艺术境地。

苏州园林以意境见长，以独具匠心的艺术手法在有限的空间内点缀安排，移步换景，变化无穷。1985年，它被评为中国十大风景名胜之一。1997年，苏州园林作为中国园林的代表被列入《世界遗产名录》，成为中华园林文化的翘楚。

清明上河园位于何处？

清明上河园位于河南省开封市西北，东与龙亭风景区相邻，占地面积为510亩，是国家黄河旅游专线重点配套工程。

清明上河园是一座主题公园，以宋代著名画家张择端的代表作《清明上河图》为蓝本，按照1:1的比例复原再现了宋代的历史文化。张择端绘制的巨幅画卷《清明上河图》的主要建筑有城门楼、虹桥、街景、店铺、河道、码头、船坊等，生动形象，宏大具体，详细描绘了北宋都城人民的生活面貌，体现了都城开封繁荣昌盛的景象以及皇家文化的特点。

清明上河园占地面积为500余亩，水面面积达到150亩，50余艘古船位于河面，非常壮观。院内还有400余间宋式房屋，风格独特，气势磅礴，是中原地区古色古香、值得观赏的宋代建筑群。

世界上最大的城市中心广场是什么？

天安门位于我国首都北京市区中心，面临长安街，是世界上最大的城市中心广场。

天安门城楼处在北京城的中轴线上，明永乐十五年（1417年）建成。城楼原名为承天门，表示皇帝"承天启运，受命于天"的思想。清顺治八年（1651年）城楼重建之后，开始改称为天安门。

天安门全高为33.7米，共有五阙城门、九楹重楼。2000余平方米雕刻精美的汉白玉须弥基座上有10米高的红白墩台，墩台上便是金碧辉煌的天安门城楼。城楼下是金水河，碧波粼粼，河上有5座金水桥，精美淡雅。此外，城楼前挺秀的华表和两对石狮与天安门相得益彰，使天安门显得更加雄奇庄严。

中华人民共和国成立初期的1954年，国家拆除了长安左门和长安右门、户部刑部、中华门等衙署以及棋盘街、仓库等建筑，扩建了天安门广场，设立了人民英雄纪念碑。伟大领袖毛泽东去世之后，国家又在广场南面原中华门的位置上建立了毛主席纪念堂，表达对伟人的敬意和怀念。1999年，在国庆五十周年大典举行之前，更换了天安门广场的全部地砖，换下来的旧地砖收藏价值颇高，收藏家纷纷前来，引起一股收藏热潮。

从1987年11月开始，天安门正式对中外游客开放。在此之前，极少有普通老百姓可以像今天这样接近天安门，尽情瞻仰它丰美的雄姿，因此，自从开放之后，天安门广场便吸引着成千上万的中外游客竞相观赏。

考古发现的最早的建筑设计图是什么？

《兆域图》出土于河北省平山县三汲公社中山国古墓，为战国中晚期的作品，它是目前国内见到的最早的一张建筑设计图，也是世界现存最早的建筑设计平面图。

这幅地图是长方形铜板，厚约 1 厘米，长 94 厘米，宽 48 厘米，背面有一对铺首，正面为金银嵌成的兆域图。图示陵墓的平面，中间是王堂，两边为哀后堂、王后堂、大夫人堂等，有官垣环绕。图间有文字说明，详细地描述了各部分的名称、长度，一共 443 个字。铬文中说"其一从葬，其一藏府"，从中可以了解到，版一共有两件，一件从葬，另一件藏在府库，而这一份是从葬的物品。

这块铜板之所以被称为"兆域图"，是因为这份图版上有"兆法"的字样，"兆域"一词在典籍中指的是"陵墓区"。

《兆域图》是青铜器中仅存的关于建造方面的地图，对制图史的研究产生了积极的影响，是我国建筑史上不可多得的实物材料。《兆域图》显示了 2400 多年前的中国北方少数民族卓越的创造力和聪明才智。

此外，《兆域图》在历史学、社会学、语言学、考古学等方面都具有很高的研究价值，在地图史上也占有一定的地位，比外国最早的罗马帝国时代的地图早 600 年。

天一阁是在何时修建的？

天一阁始建于明嘉靖四十年（1561 年），建成于明嘉靖四十五年（1566 年），曾是明兵部右侍郎范钦的藏书处。

天一阁是我国现存最古老的私人藏书楼，同时也是世界上现存历史最悠久的私人藏书楼之一。它坐落在浙江省宁波市月湖之西的天一街。1982 年 3 月，天一阁成为全国重点文物保护单位。2003 年，天一阁又被评为国家 4A 级旅游景点。不久之后的 2007 年，天一阁又被国家公布为全国重点古籍保护单位，可见其重大的历史意义。

天一阁是由明朝兵部右侍郎范钦主持建造的。范钦爱好收集古代典籍，存书达到了 7 万多卷，其中地方志和登科录为世间少有。乾隆三十七年（1772 年），皇帝下诏修撰《四库全书》，当时，范钦的八世孙范懋柱进了 638 种藏书，数量非常巨大。于是，乾隆皇帝便按照天一阁的房屋、书橱款式，最终建造了著名的"南七阁"用来存放所撰修的七套《四库全书》。由此，天一阁闻名全国。

为了使藏书得到保护，范钦订立了严格的族规，女子不得上楼便是一例。此外，范家还留下了世代子孙"代不分书，书不出阁"的遗教。然而，由于经历的时间过于久远，天一阁的藏书最终还是遗失了一部分。

鸦片战争时期，天一阁中的《一统志》等数十种古籍被英国侵略者掠去。咸丰年间（1851—1861 年），阁内的许多藏书又被盗贼偷走，被法国的传教士和造纸厂买走。后来天一阁又经历了许多劫难。到 1940 年，阁内的藏书只剩下 1591 部，共 13038 卷。中华人民共和国成立之后，政府为了保证藏书的绝对安全，专门设置了管理藏书的机构。此外，流失在外的 3000 多卷原藏书最终得以回归，使现藏的珍版善本达到了 8 万卷之多。

天一阁现占地面积为 2.6 万平方米，除了以藏书文化为核心之外，还是一个集藏书的研究、保护、陈列、社会教育、旅游观光于一体的专题性博物馆。

世界上最大的会堂式建筑是哪个？

人民大会堂位于北京市长安街南侧、天安门广场西侧，是召开中华人民共和国各届全国人民代表大会的地方，也是中华人民共和国党和国家领导人和人民群众举行政治、外交活动的场所，同时是全世界最大的会堂式建筑。

　　"人民大会堂"这个名称是 1959 年 9 月 24 日，周恩来总理邀请专家参观的过程中确定的，在此之前叫作万人大礼堂。新名称是由著名的桥梁专家茅以升书写的。

　　1958 年 10 月，人民大会堂开始动工，仅仅用了 10 个月的时间就完成了从设计图纸到会场内外所有装修及设备的安装调试。1959 年 9 月，大会堂的建成是中国建筑上的一个奇迹。它的建立展现了中华人民共和国成立 10 年来辉煌的建设成就。

　　人民大会堂巍峨壮丽，建筑平面呈"山"字形，外部是浅黄色的花岗岩墙面，下面有五米高的花岗石基座，上面有黄绿相间的琉璃瓦屋檐，周围有 134 根圆形的廊柱，显得器宇轩昂。

　　人民大会堂分为三部分，中间为举行重大会议、群众集会及文艺演出的万人大礼堂，北面为可容纳 5000 人的宴会厅，南面为以各省、自治区、直辖市、特别行政区名字命名的厅室。全国人大常委会一般也在大会堂南面开会和办公。大礼堂内部设备非常齐全，有声、光、温控制和自动消防报警、灭火等。大会堂建筑壮丽典雅，雄伟有气势，极具民族特色。此外，四周层次分明的建筑，构成了一幅与天安门广场整体相配衬的庄严绚丽的图画，使大会堂更有气势。

　　人民大会堂完全由中国工程技术人员自行设计、施工，追求建筑艺术与城市规划、人文环境相协调。北京市规划委员会、北京市文物局 2007 年 12 月 19 日将人民大会堂建筑批准列入《北京优秀近现代建筑保护名录（第一批）》。

"天下第一山"是指哪座山？

　　泰山位于山东省中部，是中国最美、最令人震撼的十大名山之一，被称为我国的"五岳"之首，有"天下第一山"的美誉。

泰山玉皇顶古代皇帝封禅处

泰山位于泰安、济南、淄博三市之间，海拔为1545米，地质年龄近30亿年，东西长约200千米，南北宽约50千米。山体雄伟高大，分三层，属台阶式地质结构。主峰玉皇峰在泰安市城区北部，其主脉、支脉、余脉涉及周边十余县，贯穿整个山东中部。

泰山的称呼最早见于《诗经》。"泰"是极大、通畅、安宁的意思。《五经通义》云："宗，长也，言为群岳之长"，可见泰山出名甚早，历史意味浓厚。孔子留下了"登泰山而小天下"的赞叹，杜甫则留下了"会当凌绝顶，一览众山小"的千古绝唱。

泰山的自然景观雄伟高大，著名的风景名胜有百丈崖、天柱峰、日观峰等。泰山既有秀丽的麓区、静谧的幽区、开阔的旷区，也有旭日东升、云海玉盘、晚霞夕照、黄河金带等自然奇观，令人流连忘返。山上的很多松柏，把泰山装点得更加庄严、巍峨、葱郁。潺潺的溪流，飘渺多变、神秘莫测的云使泰山宛如人间仙境。

数千年精神文化的渗透和渲染以及人文景观的烘托使泰山闻名天下，拥有2500余处历代刻石，14处石窟造像等，文物藏品也达到了万余件。

2000年来，神圣而庄严的泰山一直是帝王朝拜的对象。秦始皇嬴政、汉武帝刘彻、光武帝刘秀、唐高宗李治、大周皇帝武则天、唐玄宗李隆基、宋真宗赵恒等都曾来这里封禅祭祀。这些人文杰作和自然景观和谐地融合在一起，成为中国艺术家和学者的精神源泉，同时也是中华古代文明的信仰。

第一奇山是哪座山？

黄山地处安徽省南部黄山市境内，是三山五岳中的三山之一，素有"天下第一奇山"的美称。黄山为道教圣地，遗址遗迹众多，传轩辕黄帝曾在此炼丹。徐霞客曾两次游黄山，留下"五岳归来不看山，黄山归来不看岳"的感叹。李白等大诗人在此留下了壮美诗篇，以"黄山四千仞，三十二莲峰"盛赞其雄伟。黄山是著名的避暑胜地，是国家级风景名胜区和疗养避暑胜地。1985年入选全国十大风景名胜，1990年12月被联合国教科文组织列入《世界文化与自然遗产名录》，是中国第一个同时作为文化、自然双重遗产列入该名录的。

绵山位于哪里？

绵山又被称为介山，地处山西介休，位于太岳山脉，居介休、灵石、沁源三县的交界处，与介休城相距20千米处，海拔为2072米。绵山历史悠久，博大精深，自然风光优美，人文景观雄壮，人称"北方九寨沟"。

北魏的时候，绵山就修筑了寺庙建筑，到唐朝时有了一定规模，俗称"九里十八弯，二十四座诸天小庙，各处罗列"。

绵山的景观也非常丰富，有光岩寺、白云庵、云中寺、地藏殿、龙王庙等。此外，直径为1米的铁锅水从崖壁流入，不但风景壮观，而且味道甘甜，被称为"一锅泉"。更神奇的是，一个"之"字形的石级位于泉的南面，一直到达沟底，"石洞水"与周围的奇树山花、青山怪石交相辉映，令人赏心悦目。

绵山古迹众多，山古水活，又伴随着大量的古老传说，以其鲜明的个性位居我国名山之列。今日的绵山正在恢复其原来的魅力，"万壑千崖增秀丽，往来人在画图中"，给游人留下了美妙而永恒的记忆。

中国发育最典型的岩溶地貌在哪里？

天造奇观的云南石林位于云南省昆明市石林彝族自治县境内，是我国发育最为典型的岩溶地貌，素有"石林博物馆""天下第一奇观"等美誉。

根据考证，石林一带在远古以前是滇黔古海的一部分。石林开始形成大约是在2.7亿年前的石灰纪时代。那时，大海中的石灰岩经过海水的不断冲刷，最终留下了很多溶沟和溶柱。之后，由于地壳运动的原因，亚欧板块与印度板块发生碰撞，地壳不断上升，沧海最终变为陆地，经过亿万年的烈日考晒和雨水冲刷，再加上地震、风蚀的影响，终于在距今200万年前形成了如此瑰丽壮观的景象。由于一丛丛巨大的灰黑色石峰、石柱直指苍穹，就好像处在繁密的森林里一般，所以称之为"石林"。

石林面积达1100多平方千米，最显著的特点是石多似林。景区范围广大，气势恢弘。形态奇特的剑状、蘑菇状、塔状、柱状、城堡状、石芽、原野，雄奇的峰林、湖泊、瀑布、溶洞等如飞禽走兽，像人间万物，惟妙惟肖、栩栩如生。溶洞、秀水、奇石、飞瀑等构成一幅千姿百态、气势雄伟的美景，游人置身其中，心驰神往，简直是天造奇观，美不胜收。这种极具美学价值的景物集中体现了世界能给予人类的最大惊奇，人们被它深深折服。

从不同的角度来观赏，所看到的石林风光也不同。远近高低各不同是石林景观最真实的写照。在高处远观，石林就像一片稚嫩的幼苗，在红亭绿树的映衬下显得异常美丽。再从另一个角度观看，石林又像层层叠起的积木，错落有致，疏密有致，极富观赏性。

石林是世界上唯一位于亚热带高原地区的喀斯特地貌风景区，是首批中国国家重点风景名胜区、中国国家地质公园、世界地质公园，与北京故宫、桂林山水、西安兵马俑齐名，成为中国四大旅游胜地之一，吸引着无以计数的游客。

最壮观的海潮在哪里？

我国历史上最著名的观潮胜地有3处：山东青州涌潮、广陵涛和钱塘潮。其中，钱塘江大潮是我国最为壮观的海潮，被誉为"天下第一潮"。

潮汐指的是月球和太阳的引潮力作用使海洋水面发生周期性涨落的现象。钱塘江发源于安徽省黄山，流经安徽、浙江两省，是浙江省的第一大河。

钱塘江大潮之所以著名壮观，与它独特的地理位置息息相关。南岸以东近50万亩的围垦大地可以挡住江口，而杭州湾又呈喇叭口状，潮水很难退回。再加上江口东段河床突然抬高，使得大量的潮水从钱塘江口奔涌而来时来不及均匀上升，只好层层相叠，因此形成壮丽的前浪叠后浪的景象。

当然，钱塘江大潮还与水下沉积的泥沙有关。这些沉沙使潮水的前坡变陡，也使其速度变缓，对潮流起到阻挡、摩擦作用，从而形成壮观的潮水浪叠浪的景观。除此之外，沿海一带东南风与潮水方向大体一致，进一步助长了大潮的势力，使钱塘江大潮更加壮观。

早在汉魏、六朝时期，观赏钱塘江秋潮就已蔚然成风，至唐宋时，此风更盛。相传农历八月十八是潮神的生日，因此潮峰最高。南宋朝廷曾经规定，这一天在钱塘江上校阅水师。从此以后，观潮的风俗沿袭下来，成为观潮节。

哪个泉被誉为"天下第一泉"?

趵突泉又名槛泉,位于山东省济南市中心区,南靠千佛山,东临泉城广场,北望大明湖,面积为158亩,是以泉为主的特色园林。该泉位居济南72名泉之首,被誉为"天下第一泉"。

趵突泉是古泺水之源。古时称"泺",宋代曾把它的名字定为"趵突泉",也有"娥英水""温泉""瀑流水""三股水"等名称。趵突泉有文字记载的历史可以追溯到商代,长达3000多年。

"趵突"就是跳跃奔突的意思,"趵突腾空"是明清时济南八景之首,是世界独特景观,非常有名。趵突泉水味道甘美,清澈透明,是非常理想的饮用水。相传,乾隆皇在济南品尝了趵突泉水之后大加赞赏,并封趵突泉为"天下第一泉"。严冬,泉水水面上水气袅袅,像一层薄薄的烟雾,当地人把它称为"云蒸雾润"。

趵突泉景色非常美丽,地理位置优越,与周围的景物相得益彰。泉池中放养的金鱼,大的可以超过三尺。泉的东侧隔来鹤桥还有一个望鹤亭茶社,专为游人用泉水沏茶。

趵突泉从1956年开始辟为公园,几经扩建,已经成为格调高雅、环境优美、融合中国南北园林特点的著名公园。园林内名泉荟萃,金线泉、柳絮泉、马跑泉、漱玉泉等20多处名泉分布其中。公园内的名胜古迹也有很多,有宋代的"泺源堂""娥英祠",元代的万竹园等,精巧典雅。此外,趵突泉还有著名女词人李清照的纪念堂,古朴而宁静,国画大师李苦禅、王雪涛纪念馆也在院内。

趵突泉周边的名胜古迹数不胜数。历代文化名人像苏轼、曾巩、张养浩、元好问、王守仁、蒲松龄、王士禛、何绍基、郭沫若等,都对趵突泉及其周边的名胜古迹有所题咏,使趵突泉的文化底蕴更加深厚,成为济南的象征与标志,与千佛山、大明湖并称为济南三大名胜,同时成为海内著名的旅游胜地。

"天下第一汤"指的是什么?

安宁温泉又叫碧玉泉,坐落在云南省安宁市境玉泉山麓,螳螂川畔,这里山川秀丽、盆塘泉水、深可及腹,被明代文人杨慎誉为"天下第一汤"。

安宁温泉最大的特色是有9处出水口,水温在42℃—45℃,含碳酸钙、镁、钾、氡等微量元素,没有硫黄味,对皮肤病、风湿性关节炎和多种肠胃疾病均有疗效。

传说,安宁温泉在东汉时被发现,出名于明代。永乐年间,安宁温泉由一个叫李绶的贤达,在几间茅屋的基础上修建。而安宁温泉能够名冠天下离不开两个重要人物,第一位是我国著名旅行家、地理学家徐霞客,他这样评价安宁温泉,说"滇南最多,此水实为第一池,此处不可不浴",可见其优秀。

第二位是明代中叶的诗人、著名的学者杨慎。他在滇充军期间到过安宁温泉,亲笔写下"天下第一汤"5个字悬于泉区的门额上,认为安宁温泉具有"泉水澄清,浮垢自去,苔污绝迹,温凉适宜,宜于烹饪,无色无味,茗茶可饮"7大特点,无泉能及。此后,来安宁温泉的人络绎不绝。

安宁温泉四周景色秀丽,古有温泉八景,包括"冰壶濯玉""龙窟乘凉""春圃桃霞""晴江晚棹""烟堤听莺""山楼看雨""云岩御风""溪亭醉月"等,景色迷人,令人流连忘返,陶醉其中。如今,安宁温泉区内设有民族风格的宾馆、设备完备的疗养院、大型的饭店及商场，是极其美妙的旅游胜地。

此外，安宁温泉疗养院还有高中频电疗、光疗、按摩、针灸、脉冲水疗按摩机、静电治疗等，水疗有全身浸浴、半身浸浴、上行沐浴、周围淋浴、雨状浴、雾状浴等，成为一处集休闲、治疗、养生于一体的温泉度假区。

台湾唯一的天然湖是指什么？

日月潭

日月潭位于台湾省南投县鱼池乡水社村，是台湾唯一的天然湖，地处玉山山脉之北、能高瀑布之南，介于集集大山（潭之西）与水社大山（潭之东）之间。日月潭潭面辽阔，海拔约 760 米，面积约 900 万平方米，旧称水沙连、龙湖、水社大湖、珠潭、双潭等，也叫水里社。

日月潭由玉山与阿里山之间的断裂盆地积水而成，湖面海拔 760 米，面积约 9 平方千米，平均水深为 30 米，湖周长约 35 千米，是全省最大的天然湖泊，也是全国有名的高山湖泊之一。日月潭所处地区四周环山，湖水清澈，湖中有天然小岛浮现，就像明珠一般，形成"青山拥碧水，明潭抱绿珠"的秀美景观。清人曾作霖称赞它是"山中有水水中山，山自凌空水自闲"，也说是"但觉水环山以外，居然山在水之中"。300 年以来，日月潭就以这"万山丛中，突现明潭"的奇景而居宝岛美景之首，四海闻名。

日月潭青山绿水，风景如画，群峰倒映湖中，别有一番韵味。每当日落西山之时，更富有诗情画意。日月潭中有一个小岛，以该岛为界，北半湖形状像圆日，南半湖形状像弯月，因此称之为日月潭。

日月潭除了能泛舟游湖之外，其环湖的美景也有很多，如涵碧楼、慈恩塔等。慈恩塔高约 45 米，建于海拔 955 米的青龙山上，一共有 9 层，是环湖风景区的最高点。此外，日月潭还有玄奘寺、文武庙、德化社、山地文化村及孔雀园等著名景点。

我国最大的瀑布位于何处？

位于贵州省安顺市的黄果树大瀑布，是贵州第一胜景，是中国的第一大瀑布，也是世界最阔大壮观的瀑布之一。

黄果树大瀑布的实际高度为 77.8 米，宽为 101 米，瀑布连接着云南、贵州两省的主要通道，周围岩溶广布，山多水急，气势恢宏。它是珠江水系打邦河的支流白水河九级瀑布群中规模最大的一级瀑布。其名称来源是因为当地有一种常见的植物叫作"黄果树"。

从地质学角度看，黄果树瀑布属于喀斯特地貌中的侵蚀裂典型瀑布，由于河床出现了一个裂点，再加上河水长年累月的冲刷和溶蚀，裂点处便形成一个落差，也就是瀑布的基本面貌。然而，由于雨水不断冲刷等原因，原先形成的瀑布不断向后撤，经过 3 次大的变迁，最终才稳定下来。这种后撤的现象被称为"向岩后撤"。其间，它后撤的距离达到 205

米，三道滩、马蹄滩、油鱼井就是由于后撤而遗留下来的痕迹。

　　明代伟大的旅行家徐霞客在考察大瀑布时，对黄果树瀑布给了极高的评价。黄果树大瀑布是世界上唯一可以从上、下、前、后、左、右 6 个方位全面观赏的瀑布，同时，还有水帘洞自然贯通，可以从洞外"摸"到瀑布。

　　黄果树瀑布不只是一个瀑布，以它为核心，在它的上游和下游 20 千米的河段共形成了雄、奇、险、秀风格各异的 18 个瀑布，形成一个庞大的瀑布"家族"。1999 年，黄果树瀑布被世界吉尼斯总部评为世界上最大的瀑布群，列入吉尼斯世界纪录。

我国最大的峡谷在哪里？

　　三峡是万里长江中一段山水壮丽的大峡谷，也是我国最大的峡谷。它西起重庆奉节县的白帝城，东至湖北宜昌市的南津关，全长 193 千米。峡谷两岸悬崖绝壁，江中滩峡相间，水流湍急。唐代大诗人李白经过这里时曾留下了传颂千古的诗句："朝辞白帝彩云间，千里江陵一日还；两岸猿声啼不住，轻舟已过万重山"。

　　长江三峡主要由瞿塘峡、巫峡、西陵峡 3 部分构成。瞿塘峡是三峡中最短最雄奇险峻的一个峡。瞿塘峡全长 8 千米，西起奉节县夔门（白帝山），东到巫山县大溪镇。虽然瞿塘峡很短，却有"西控巴渝收万壑，东莲荆楚压羣山"的卓越气势。古人曾这样形容瞿塘峡，说"案与天关接，舟从地窟行"。

　　巫峡是由长江横切巫山主脉背斜形成的，是三峡中景色最美的一段，位于重庆巫山和湖北巴东两县境内，全长 45 千米。巫峡幽深曲折，包括金蓝银甲峡和铁棺峡等。峡区有奇山异石、峭壁陡崖、雄奇壮丽、幽深险峻。

　　西陵峡全长约 66 千米，是长江三峡中以滩多水急而闻名的山峡，位于湖北秭归、宜昌两县境内，西起香溪口，东达南津关，很是壮观。

　　世界上最大的水电站工程——三峡工程建成之后，长江三峡的高山峡谷又出现了一道独特的风景，叫作"高峡出平湖"，为长江三峡增添了更多的魅力。

我国哪座山有"秀甲天下"的美誉？

　　峨眉山位于四川峨眉山市境内，地处长江上游，屹立于大渡河与青衣江之间，地势陡峭，风景秀丽，有"秀甲天下"的美誉。

　　峨眉景区随海拔高度的不同而呈现不同的气候特征：海拔处在 1500—2100 米的地区属于暖温带气候，海拔处在 2100—2500 米的地区属于中温带气候，海拔在 2500 米以上的地区则属于亚寒带气候。一般而言，海拔 2000 米以上的地区在每年的 10 月到次年 4 月期间都会被冰雪覆盖。

　　峨眉山位于四川盆地西南部，因此雨量较多，云雾较多，日照较少。峨眉山以多雾而著称，常年云雾缭绕，风景独特。在峨眉山中间，积云的重量导致中间出现了一条"界线"，山下的那一部分被称为"阳间"，而山上的那一部分被称为"阴间"。由于云雾多，因此在界线位置上，游人会听见清晰的雷声。置身云中，很是奇特。但只有"阳间"会下雨，"阴间"则不会下雨。

　　峨眉山景区的面积为 154 平方千米，主要包括大峨、二峨、三峨、四峨四座大山。其中，峨眉山的主峰为大峨山。峨眉山之所以被称为"峨眉山"是因为大峨、二峨两山遥遥相对，飘渺而美丽，就像画眉一般。

　　峨眉山是一个集佛教文化与自然风光为一体的风景名胜区。2007 年，峨眉山景区被国家旅游局首批正式批准为国家 5A 级旅游风景区。峨眉山还是中国四大佛教名山之一，全山共有僧尼约 300 人，寺庙近 30 座，其中著名的有报国寺、伏虎寺、清音阁、洪椿坪、仙峰寺、洗象池、金顶华藏寺、万年寺八大寺庙。

1996 年 12 月 6 日，峨眉山与乐山大佛共同被列入《世界自然与文化遗产名录》，成为全人类自然和文化的双重遗产。

我国古代最伟大的建筑工程是什么？

山海关城楼

长城是我国古代最伟大的建筑工程。现存的长城遗迹主要是始建于 14 世纪的明长城，西起甘肃的嘉峪关，东到辽宁的鸭绿江边，全长 8851.8 千米，平均高 6—7 米，宽 4—5 米，与天安门、兵马俑一起被世人视为中国的象征。

长城始建于春秋战国时期，起初是为防御北方异族侵扰而建的工事。秦始皇统一中国后，下令蒙恬率领 30 万大军打败匈奴，之后便把分段修筑的长城连接起来。在之后的历朝历代中，长城又被不断重修和维护。尤其是明朝在灭元之后，为了防止蒙古人卷土重来，花了 100 多年的时间对长城进行了修筑和维护。到明代末年，长城经过了 2000 多年的修筑，总长度达到 5000 万米以上。

明代的长城，东起鸭绿江，西达祁沙山。明代修筑长城的技术比较先进，主要用砖石砌筑，并采用石灰砌缝等，异常坚固。而在明代以前，长城的修筑多用土夯建筑或石砌。明长城从山海关到鸭绿江约长 2000 千米的城墙全部是由土石叠成，上面插着柳条，所以又被称为"柳条边"墙。这段城墙由于工程太过简单现在已经被毁。不过，从山海关到嘉峪关这一段大部分还是保存了下来。其中，修筑得最坚固的是山海关到居庸关一段。

清代，长城逐渐失去防御的作用，最终失去了这个功能，只剩下观赏性，成为世界上的游览胜地。这个游览胜地基本上都是在明代时期修建的，它东起山海关，穿过很多山峰、河谷、溪流，跨过河北、山西、绥远、陕西、宁夏、甘肃等省区，最终到达甘肃的嘉峪关，共 6000 余千米，所以又被称为万里长城。

长城宛如一条巨龙盘旋在我国北方辽阔的土地上，气势磅礴，庄严雄伟。它以悠久的历史、浩大的工程、雄伟的气魄著称于世。现在，它已被联合国教科文组织列入《世界遗产名录》，作为世界人类文化遗产的重点而加以保护。

哪里的山水有"山水甲天下"之称？

位于广西东北部的桂林是世界著名的旅游胜地和历史文化名城，典型的喀斯特地形构成了别具一格、鬼斧神工的桂林山水，形成"山清、水秀、洞奇、石美"的桂林"四绝"，自古就有"桂林山水甲天下"的美称。

桂林地处漓江西岸，因为盛产桂花、桂树成林而得名。2000多年的历史使桂林具有丰厚的文化底蕴，在秦始皇统一天下后设置桂林郡、开凿灵渠、沟通湘江和漓江，桂林便成为沟通南北交通的重镇。宋代以后，桂林被称为"西南会府"，是广西的政治、经济、文化中心，地位极高。在漫长的历史时光里，桂林的美丽景色吸引着无数的文人墨客，刻下了2000余件石刻和壁书，留下了很多脍炙人口的诗篇和文章。不仅如此，这里还有很多颇具价值的历史遗迹。

桂林山水是对桂林旅游资源的总称，千百年来，桂林吸引着游人前来驻足观赏。桂林山水项目很多，景色优美。其中，规模最大、风景最美的是漓江风景区。桂林漓江风景区以桂林市为中心，由漓江一水相连。漓江的水蜿蜒曲折、明洁如镜，游人划船穿行其中，顿时心生"人在画中游，山在水中走"的感叹。

"山青、水秀，洞奇、石美"是桂林山水得以闻名中外的原因。尤其是这里的山，更是千姿百态，吸引游人，自古"桂林山水甲天下"的荣誉便是一个证明。

2009年，桂林漓江风景区以83千米岩溶水景入选中国世界纪录协会中世界最大的岩溶山水风景区，成为中国旅游的又一世界之最。

"人间天堂"位于何处？

苏州是中国著名的历史文化名城之一，素来以山水秀丽、园林典雅而闻名天下，因此有"人间天堂"的美誉。

苏州古典园林历史非常悠久，可上溯至公元前6世纪春秋时吴王的园囿。东晋（4世纪）时期，私家园林开始出现在记载中。经过历朝历代的建造，私家园林日益繁盛。到了明清时期，苏州成为中国最繁华的地区，私家园林的建造达到鼎盛，最盛时达到200余处，现在大约有10处还保存完好，具有很高的艺术价值。

苏州园林素有"江南园林甲天下，苏州园林甲江南"的美誉，在设计方面非常独特，善于利用空间组合成多变的景致，结构上以小巧玲珑取胜。最有名的为"苏州四大名园"，包括狮子林、沧浪亭、拙政园、留园四处，其中，拙政园和留园更是被列入中国四大名园。

苏州园林吸收了江南园林建筑艺术的精华，代表了中国私家园林的风格和艺术水平，是中国优秀的文化遗产，1985年，还被评为中国十大风景名胜之一。也被联合国列为人类与自然文化遗产。

"千佛洞"在哪里？

位于甘肃省敦煌市境内的莫高窟俗称"千佛洞"，现有735个洞窟、4.5万平方米的壁画、2415尊泥质彩塑，是世界上现存规模最宏大、保存最完好的佛教艺术宝库，被誉为20世纪最有价值的文化发现。

在河西走廊的西端，长约1630多米的莫高窟被开凿在鸣沙山东麓断崖上。莫高窟以其精美的壁画和塑像闻名于世，上下分为5层，错落有致，壮丽美观。

关于莫高窟的建造，流传有这样一个故事。十六国前秦苻坚建元二年（366年），沙门乐尊者来到这个地方，看到鸣沙山上金光万道，犹如千佛，与夕阳相互呼应。他感叹不已，连连叩拜，并萌发了开凿之心，由此，开始了建造莫高窟的历史。后来，十六国、北朝、隋、唐、五代、西夏、元等继续兴建，最终成为佛门圣地，称为敦煌莫高窟。从4世纪开

敦煌壁画

凿到 14 世纪,1000 多年的历史长河中,敦煌莫高窟吸引了众多的人们前来捐资开窟,包括佛门弟子、达官贵人、商贾百姓、善男信女等,可谓络绎不绝,经久不衰。

敦煌莫高窟从开始建造到清代建造结束,历经 1500 多年的不断描绘,最终建造了 480 多个洞窟,错落有致。洞窟中布满了以佛教故事为题材的壁画和各种彩塑佛像。彩色佛像数量很大,高低不同,共有两千多身,最大的一个高达 33 米。壁画不仅技术高明,而且数量也很多,如果一方方连接起来,可以排成约 25 千米长的画廊。此外莫高窟还珍藏有很多价值极高的古代经卷、文书、画卷等,是中华文化中的瑰宝,是古代劳动人民智慧的结晶。

敦煌石窟艺术集雕塑、绘画、建筑于一体,展示了立体的、全面的、串联的艺术。古代艺术家不仅继承了中原汉民族的艺术特点,还融合了西域民族艺术的优良传统,并在此基础上吸收和融合了外来的表现手法,最终发展为具有鲜明、独特特色的佛教艺术品,成为人类的文化宝藏与精神财富,为研究中国古代政治、经济、文化、宗教、民族、外交等提供了珍贵的资料。

莫高窟是一座伟大的艺术宫殿,是一部形象的百科全书。莫高窟于 1961 年被国务院首批列为全国重点文物保护单位。1987 年,莫高窟又被联合国教科文组织列入世界文化遗产保护项目,并于 1991 年被授予"世界文化遗产"证书。

中国现存窟龛最多的石窟是哪个?

龙门石窟位于河南省洛阳市南郊 12 千米处的伊河两岸,是中国著名的三大石刻艺术宝库之一。龙门石窟经过自北魏到北宋 400 多年的开凿,至今仍存有造像 10 万余尊,碑刻题记 3600 余品,窟龛 2100 多个,是我国现存窟龛最多的石窟。

北魏年间,孝文帝感到国都偏北不利于统治,而地处中原的洛阳自然条件比较优越,于是决定把都城由平城迁到洛阳。龙门石窟就开凿于这个时期。

北魏和唐代大规模营建龙门石窟超过 140 年,因此,在龙门的所有洞窟中,北魏洞窟所占比重较大,达到了 30%,而唐代更甚,占到 60%,其他朝代总共只占 10% 左右。

龙门石窟是名副其实的大型石刻艺术博物馆。石窟中珍藏有大量的宗教、美术、建筑、书法、音乐、服饰、医药等方面的实物资料,折射出当时政治、经济、文化以及时尚等真实状况,对研究当时的历史现状产生了极大的影响。

同时,龙门石窟中也有很多书法艺术品。其中,龙门二十品是极其著名的书法精品,由后代碑拓鉴赏家从众多的石刻造像题记中千挑万选而出。这些碑刻不仅记录了关于洞窟的史实,还为石窟考古分期断代提供了坚实的依据。

龙门石窟也是皇家意志和行为的体现，历代皇室贵族都在这里进行发愿和造像。北魏时期，造像的生活气息更加浓厚，趋向活泼、生动。唐代的造像不仅继承了北魏的优秀传统，而且汲取了汉民族的文化特点，不可避免的，也融合了外来文化，创造出纯朴自然而又自由生动的写实作风，成为佛雕艺术精品中的精品。

1961年，龙门石窟被国务院公布为全国第一批重点文物保护单位。2007年4月，它又被原国家旅游局评定为全国首批"5A级旅游景区"。2009年，龙门石窟被中国世界纪录协会收录，创造了现存窟龛数量中国之最的记录。

天涯海角位于何处？

天涯海角位于海南三亚市西郊23千米处，背靠马岭山，面向茫茫大海，奇石林立，水天一色。海湾沙滩上写有"天涯""海角"和"南天一柱"巨石，非常壮观，是我国的著名景点。

"天涯"两字被刻在一个10米高的巨石上，据记载，是由清雍正年间的崖州知州程哲题写的。"海角"两字则刻在另一块尖石上，据说由清末的文人题写。一尊擎天拔地的圆锥形巨石位于"天涯"左侧几百米的地方，被称为"南天一柱"。它气势雄宏，使"天涯海角"美不胜收。

古时候，天涯海角交通非常闭塞，人也很少，因此成为封建王朝流放"逆臣"的地方。这里记载了历史上贬官逆臣的凄惨人生。唐代宰相要德裕的"一去一万里，千之千不还"表明了他的心声和悲剧境遇。宋朝的名臣胡铨的"区区万里天涯路，野草若烟正断魂"也是如此。天涯海角记录了他被贬逆臣的遭遇，再由代文人墨客描绘题咏，便成为极具神秘色彩、拥有浓厚历史气息的旅游胜地。

现在的天涯海角已经开辟为自然风光漫游区，吸引着中外不可胜数的游客。景区内建有钓鱼台、海水浴场以及海上游艇等设施。拥有独特魅力的"天涯购物寨""天涯画廊""天涯民族风情园"等位于海角景区。此外，附近的"点火台""望海阁"等组成了多层次、多角度的游览胜地。除石刻群之外，历史名人雕塑园、笆篱凝霞景区、黎族风情园、"天涯路"和海天自然景区等美不胜收的胜景也为天涯海角增添了很多情趣，吸引了众多游客。

天涯海角以原始、古朴、自然为主要特色，各种奇石异木和高山流水、百川归海等园林景观营造的生态氛围和文化意境令人流连忘返、回味无穷。

中国最早的华表出现在什么时候？

华表是中国的一种传统建筑形式，旧时的华表多用作道路的标志，也有为路人留言的作用，现在多是指大型建筑物前面做装饰用的巨大石柱。华表在传说中起源于尧舜时期的"谤木"。

《淮南子·主术训》中曾记载有"尧置敢谏之鼓，舜立诽谤之木"的故事。所谓谤木，也叫"诽谤木""华表木"，即尧舜时期立于交通要道处的木牌，百姓如果看到尧有过失，就可以在上面写进谏之言。尧时的诽谤木以横木交于柱头，指示大路的方向。今天，天安门前的华表作为中华民族的标志，仍然保持了尧时诽谤木的基本形状。

从秦始皇开始，华表完成了由木变石的转变，由告示牌变成了帝王柱、皇权标，从广为民用到皇家独享。从秦始皇开始，打造华表的材料多是用坚硬的花岗石，由底座、蟠龙柱、承露盘和其上的蹲兽组成，头上常盘踞雄狮，周身缠绕蟠龙，上部横插着雕花的石板，

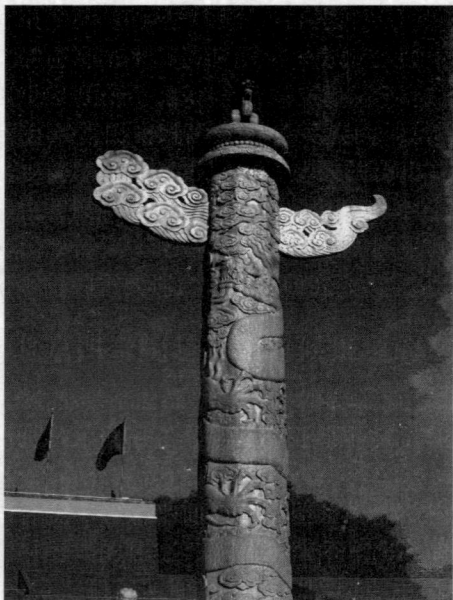

华表

426

成了一种专制集权的象征。自此之后，华表一般都出现在宫殿、陵墓外的道路两旁，通常被称为"神道柱""石望柱"等。

在天安门前的汉白玉华表，建成于明永乐年间，留存至今已有500多年历史。这对华表间距为96米，通高为9.57米，其直径为98厘米，重20多吨。每根华表由须弥座柱础、柱身和承露盘组成，华表的周身雕刻着精美的龙和云，柱顶上部横插着一块云形的长片石，远远望去，仿佛是直入云霄一样，给人一种庄严的感觉，现今已经成为中华民族威严的象征。

华表是我国特有的古代文化遗产之一，它的发展演变，体现出了一种中国社会的本质性变化。华表随着历史的发展而产生，也随着朝代的更替改变着它的历史作用。